RES ARENDT ARTMANN AUSLÄNDER

ANNES R. BECHER ULRICH BECKER BENN

OBROWSKI BÖLL BORCHERT BRAUN FELIX

ANN BROCH BROCK BROD BRONNEN

AN CIBULKA CLAUDIUS DÄUBLER DELIUS

ATT EDSCHMID EHRENSTEIN EICH EINSTEIN

HTWANGER FLAKE FLEISSER FRANK BRUNO

IS FÜHMANN FÜRNBERG GEORGE GLAESER

ASS GREGOR-DELLIN GRESSHEIM GRIMM

HÄRTLING HASEN UPTMANN

NBÜTTEL HERRMANN-NEISSE HERMLIN

G HEYM STEFAN HILBIG HILDESHEIMER

THUSEN HOLZ HORVÁTH HUCH HUCHEL

UENS JOHNSON JOHST JUNG JÜNGER

KAISER KANT KASACK KASCHNITZ

BÜHNE AUF!

Bühne auf!
Die Erstlingswerke deutscher Autoren
des 20. Jahrhunderts
Ein bebildertes Lexikon

Herausgegeben von
ELMAR FABER und CARSTEN WURM

Unter Mitarbeit von MICHAEL FABER,
ULRICH FAURE, CORNELIA HEINRICH,
DANIEL JURISCH, ARON KOBAN und
TINA STÖCKEMANN

Verlegt bei
Faber & Faber in Leipzig

In der 1. Auflage wurden 1000
Exemplare gedruckt.

Copyright © 2012 by Verlag
Faber & Faber Leipzig

Alle Rechte vorbehalten
Printed in Germany.
ISBN 978-3-86730-124-4

Die Gestaltung lag in den Händen
von Rainer Groothuis, Mitarbeit
Anna Dütschler, Hamburg
Bildbearbeitung: Grafotex, Leipzig
und Johanna Ballon, Berlin
Gedruckt auf Schleipen extra weiß
der Cordier Spezialpapier GmbH,
Bad Dürkheim
Gebunden in f-color Feinleinen der
Gebr. Schabert GmbH, Strullendorf
Druck und Bindung: Offizin Andersen
Nexö Leipzig GmbH, Zwenkau bei Leipzig

Inhalt

Die Autoren

RHEINSBERG

BRECHT/BAAL

Brecht/Baal

ARNO SCHMIDT

LEVIATHAN

ROWOHLT

Das Grotterbuch

ULRICH BECHER · MÄNNER MACHEN FEHLER

Graurer Habicht in der Luft

Die

Janosch Geiser

EIN
PFUND
Orangen

Peter Handke Die Hornisse

Leonhard Franck
Die Räuberbande

ERICH KÄSTNER, HERZ AUF TAILLE

PETER WEISS / FRÅN Ö TILL Ö

Christoph Hein Einladung zum Lever Bourgeois

Die Erstlingswerke
deutscher Autoren
des 20. Jahrhunderts
Eine Paraphrase
Von Elmar Faber

Es war mir schon immer ein faszinierendes Thema, nach dem Debüt von Autoren und Verlagen zu fragen, also die Anfänge auszuforschen, womit literarisches oder verlegerisches Leben beginnt. Ist in den Erstlingswerken schon etwas angelegt, das auf Vervollkommnung schließen läßt, oder sind es bereits Stücke von Meisterhand, die prachtvolle Zukunft schon in sich tragen?

Jedem Anfang wohnt ein Zauber inne, erinnerte einmal Hermann Hesse, und meinte damit wohl das Staunen darüber, wohin die Wege vom Anfang führen, wenn man sie später überblickt. Verwirrende Ambivalenzen, beglückende Affinitäten ergeben sich.

Zunächst ein Blick in die Verlagswelt. Konnte man beispielsweise dem Verlag Eugen Diederichs eine hundertjährige Verlagskarriere zutrauen, als man 1896 seine ersten beiden Gedichtbände (der Verfasser war der Buchkünstler E. R. Weiss) in der Hand hielt, deren Verse unter dem Titel *Die blassen Cantilenen* und *Elisabeth Eleanor* nur verhöhnt wurden und von denen in den ersten zwanzig Jahren kaum mehr als 30 Exemplare verkauft werden konnten? Oder ließ sich Ernst Rowohlts Erfolg als Verleger voraussagen, nachdem er 1908 in München ein Gedichtbändchen seines gleichaltrigen Bremer Freundes Gustav C. Edzard herausgegeben hatte? »Gedruckt für Ernst Rowohlt« mit einem Kredit der Firma Offizin W. Drugulin in Leipzig für 200 numerierte Exemplare. Und: Versprach Gustav Kiepenheuer einer der großen Verleger der Weimarer Republik zu werden, der die geistigen Zeitströmungen der zwanziger Jahre bündelte, nachdem er 1910 in Weimar mit einem Bildband von Wilhelm Bode *Leben in Alt-Weimar* sein Verlegerdasein begründet hatte? Klassizität als Lebensform für jemanden, den man später der geistigen Revolte bezichtigen sollte! Oder – um im eigenen Hause zu bleiben – ließ der Verlagsstart von Faber & Faber Leipzig 1990/91 mit Manfred Bofingers kubistischem Kinderbuch *Graf Tüpo, Lina Tschornaja und die anderen*, dem man zuerst keine 600 verkäuflichen Exemplare zutraute und das schließlich doch eine Auflage von 30 000 Exemplaren erreichte, voraussehen, daß der Verlag einmal zur ersten deutschen Adresse für illustrierte Bücher aufsteigen könnte?

Eine kleine, vorsätzliche Abschweifung, gewiß, aber sie ist leicht – und auf vielseitige Weise – übertragbar auf die Betrachtung von Erstlingswerken deutscher Autoren des 20. Jahrhunderts. Oder ließ das erste publizistische Auftreten von Günter Grass mit einer Werbeschrift auf *75 Jahre Meierei Bolle in Berlin* aus dem Jahre 1956 etwa schon den späteren Nobelpreisträger vermuten? Wohl kaum. Und kündigte sich in den Texten zum Deutschlandtreffen der Jugend in Berlin 1964, die Sarah Kirsch für einen Bildband unter dem Titel *Sonnenseite* verfaßte, etwa schon die feinsinnige Lyrikerin an? Das ließ sich nicht herauslesen. Waren andererseits Uwe Johnson mit den *Mutmaßungen über Jakob* (1959) oder Fritz Rudolf Fries mit dem von südlicher Heiterkeit gefärbten Roman *Der Weg nach Oobliadooh* (1966) nicht sofort Kabinettstücke der Literatur gelungen, als diese die literarische Bühne betraten?

Es geht turbulent zu an den Anfängen literarischen Schaffens. Schon die wahrnehmbaren Texte stecken voller Verblüffungen. Kaum ein Licht fällt auf die ungeschriebenen, die aufgegebenen, verworfenen, die im Papierkorb gelandeten Skripten, die viel über das Glück oder die Plagen des Anfangs aussagen könnten. Zahlreiche literarische Autoren, deren Rang im Literaturbetrieb des 20. Jahrhunderts unbestritten ist, haben ihr öffentliches Auftreten mit wissenschaftlichen Texten begonnen, mit abwegigen Themen zum Teil, die auf die spätere Poetenlaufbahn noch nicht hindeuteten. August Stramm, der Pionier des Frühexpressionismus und einer der Klassiker der Moderne, trat zuerst mit einer Arbeit über *Das Welteinheitsporto* hervor, einer historischen und finanzpolitischen Untersuchung über die Briefpostgebührensätze des Weltpostvereins. Franz Fühmann bearbeitete zunächst die Lebenserinnerungen des Deutsch-Amerikaners Carl Schurz, und er brillierte mit einer Parteitagsrede über *Die Wiedergeburt unserer nationalen Kultur*, die 1952 in einer Schriftenreihe der DDR-Blockpartei NDPD veröffentlicht wurde. Erst dann kamen seine anklagenden, geschichtsschürfenden und hintergründigen Dichtungen.

Schon im literaturgeschichtlichen Raum hatte es diese andersartigen Vorboten zur eigentlich literarischen Existenz zuhauf gegeben. Friedrich Schiller versuchte sich vor den *Räubern* mit einer 1780 bei Cotta/Stuttgart veröffentlichten Arbeit über den *Zusammenhang der thierischen Natur des Menschen mit seiner geistigen*. Ludwig Tieck interessierten die *Taten und Feinheiten renomirter Kraft- und Kniffgenies*, die gar in einer zweibändigen Ausgabe von 1790/91 Unterschlupf fanden.

Tatsächlich treffen wir die Autoren vor ihrer »literarischen« Selbstfindung in vielerlei Professionen, als Wissenschaftseleven, als Übersetzer, Herausgeber von Zeitschriften, Betreuer von Liedersammlungen und Kinderschriften, als Verfasser von Hörspielen und anderer rundfunkjournalistischer Arbeiten, als Vor- und Nachwortschreiber und schließlich als Lektoren in zahllosen Verlagsstuben. Wir finden sie in Tätigkeiten und an Orten, wo das Schreiben geübt wird, in das man ja als Hauptbeschäftigung hinüberwechseln will. An manchen Autoren bleibt aus diesen »Vorgeschichten« ein legendärer Ruf haften. Für Hans Werner Richter zählt beispielsweise als literarische »Erstlingsbeschäftigung« die 1946/47 erfolgte Herausgabe der Zeitschrift *Der Ruf*. Als »Unabhängige Blätter der jungen Generation« deklariert, sorgte diese Zeitschrift in Nachkriegsdeutschland für Aufsehen. Sie erreichte zeitweilig über 100 000 Abonnenten. Ihr kritisches Vermögen, fern von allen orthodoxen politischen Vorstellungen der Zeit in West und Ost, sorgte für Unbehagen bei den Alliierten, so daß ihr 1947 von den Amerikanern die Lizenz wieder entzogen wurde. Hans Werner Richter und sein Mitherausgeber Alfred Andersch blieben ratlos zurück.

Hans Werner Richter erwarb sich damit aber ein literarisch geprägtes Identifikationszeichen, das ihn bald darauf zum Mittelpunkt der »Gruppe 47«, des »Establissements der Schmetterlinge«, wie er diese später umschrieben hat, aufsteigen ließ.

Man sieht schon an diesen knappen Betrachtungen, wie schwierig es ist, die authentischen Erstlingswerke der Autoren zu benennen bzw. was man überhaupt als »Erstlingswerk« ansehen, anerkennen oder verstehen will. Eine Unsicherheit, die noch dramatischer wird, wenn die Autoren selbst nicht wissen, was sie als ihr Erstlingswerk ausgeben sollen, oder wenn sie mit der Editionsgeschichte ihrer eigenen Werke mehr »spielend« umgehen.

So beschreibt Peter Hacks in einer Anthologie in heiterer Gelassenheit sein Stück *Das Volksbuch vom Herzog Ernst oder der Held und sein Gefolge* als denjenigen Text, mit dem er die Liste seiner Arbeiten eröffnet habe. Der Dramatiker reminisziert eine Zufriedenheit, die aus der Überraschung rührt, »daß in diesem ersten Werk eine Unmenge meiner späteren Absichten, Haltungen und Urteile als, freilich noch unerzogene, Vorformen angelegt sind. Ich würde sagen: Ein Hacks-Brevier«. Er will dort schon das Thema angelegt sehen, das sein eingeborenes ist, »den Widerspruch zwischen dem, was ist, und dem, was nicht ist«, aufzudecken. Das Stück ist, mit zwei anderen, 1957 im Berliner Aufbau-Verlag erschienen. Hacks hatte es ab 1952 vorgedacht, nachdem er schon andere dramatische Versuche hinter sich hatte, zu denen die Verleger meist sagten: Kommen Sie mit Ihrem nächsten Stück wieder! Eine belehrende Geschichte. Hacks wirft damit einen Lichtstrahl auf sein Anfangsschaffen. Er will auf seine schöpferische Utopie aufmerksam machen. Alles andere läßt er beiseite. Sein eigentliches Erstlingswerk *Das Windloch*, ein Kinderbuch, auch für Erwachsene, wundervolle Geschichten von Henriette und Onkel Titus, bereits 1956 in Gütersloh erschienen, hat er dabei einfach unterschlagen.

Auch andere Autoren lenken das eine und andere Mal von ihren Erstlingen ab. Günter de Bruyn erkennt in dem Roman *Der Hohlweg* sein Erstlingswerk und versieht es mit einem sarkastischen Urteil: »Thema verfehlt, 5«. Es ist dies aber offenbar ein Fehlgriff. Sein Erstlingswerk ist eine kleine Erzählung von 1960 mit dem Titel *Hochzeit in Weltzow*, und auch eine andere Erzählung *Wiedersehen an der Spree* (1960) ist noch vor *Der Hohlweg* erschienen. Mitunter stecken in den Zweifeln verwickelte Editionsgeschichten, die Entstehungs- oder Veröffentlichungsdaten durcheinander geraten lassen. Manchmal sind es auch Verdrängungsrituale, weil dem Autor die Liebe zum Erstling abhanden gekommen ist oder weil dessen Charakter nicht mehr in die Erinnerungen späterer Tage paßt. »Erstlingswerk! Übrigens gibt es das überhaupt nicht«, bemerkte einmal Christa Wolf und resümierte, daß »immer noch frühere Versuche in immer noch jüngeren Jahren« vorlägen, »von halb und dreiviertel ausgeführten Roman- und Dramenplänen über Tagebücher, politische und private Gelegenheitsdichtungen, gefühlsgesättigte Briefwechsel mit Freundinnen bis hin zu den kindlichen Märchenerfindungen …« Gewiß. Und doch steht die *Moskauer Novelle* von 1961 als ihr Erstlingswerk in den Büchern, ein Text, über den sie nur zögernd Auskunft zu geben bereit war, weil die Mühe einer weiteren Verarbeitung dieser literarischen Jugendsünde sich für sie nicht zu lohnen schien.

Arg hat auch Reiner Kunze sein Erstlingswerk gezaust. Nach seinem Ortswechsel aus der DDR in die Bundesrepublik Deutschland hat er den Gedichtband *Die Zukunft sitzt am Tische* (zusammen mit Egon Günther) das »Produkt eines poetologisch, philosophisch und ideologisch Irregeführten« genannt. Ein Blick in die Ausgabe von 1955 des Mitteldeutschen Verlages Halle macht den Sarkasmus und die individuelle Anspannung verständlich, mit denen er die Aussagen von Gedichten wie *Mohr* oder *Die Stufen des Treppenbauers*, fast zärtlichen Lobliedern auf Marx und die Partei, zu verdrängen versucht. Und doch, oder vielleicht gerade wegen dieser Spannungsfelder erreichen die Erstausgaben dieses Gedichtbändchens beachtliche Antiquariatspreise von mehreren hundert Euro, zumal wenn sie noch mit Widmungen an »liebe Genossen« der höheren Parteinomenklatura versehen sind.

Auch Günter Kunert sieht heute mit scheelen Augen auf die *Wegschilder und Mauerinschriften*, die er 1950 in einen Gedichtband des Berliner Aufbau-Verlages eingestellt oder eingeritzt hat, als er noch meinte, die Aufgabe des Künstlers sei es, an einer neuen Welt mitzubauen. 1950 war das. Ansichten aus der Aufbruchzeit in Deutschland, die man sechzig Jahre später bequem als Windelscheiß abtun kann.

Ich erzähle das alles, weil hier ein Spannungsfeld offenbar wird, das häufiger als man denkt zwischen den Autoren und ihren Erstlingswerken entstanden ist. Die literarischen Hypotheken, die man sich selber aufgebürdet hat, lassen sich aber nicht unterschlagen. Die literarische Republik des Einzelnen ist unteilbar, wie die Republik aller Dichtung eines Volkes unteilbar ist. Meisterhaftes steht hier wie dort neben weniger Geglücktem, neben Randständigem, Spektakuläres neben Leisem, Bestseller stehen neben Flops und Sitzenbleibern. Es ist deshalb gut, daß es eine Bibliographie zur deutschen Literatur gibt, die die *Erstausgaben deutscher Dichtung* zwischen 1600 und 1990 genau verzeichnet, ein Standardwerk, das die Bücherkundigen nach seinen Herausgebern einfach den *Wilpert/Gühring* nennen. Gemeint ist Literatur als Hochkultur. Wo sie die Grenzen streift zum Trivialen oder wo Umfang und Bedeutung eines literarischen Werkes noch nicht als aufnahmewürdig für dieses Nachschlagewerk empfunden wurden, gibt es genügend Spezialbibliographien, um auch den weniger bekannten Texten und Autoren auf die Spur zu kommen. Wir richten uns mit den *Erstlingswerken deutscher Autoren des 20. Jahrhunderts*, die wir für dieses bebilderte Lexikon zur Kommentierung ausgewählt haben, nach den Vorgaben im *Wilpert/Gühring*, nehmen allerdings dort nur auf die literarischen Erstlingswerke Bezug, nicht auf wissenschaftliche oder politische Abhandlungen, nicht auf Herausgeberschaften und Übersetzungen des jeweils behandelten Autors. Es möge uns nachgesehen werden, daß wir die Erstlingswerke der deutschsprachigen österreichischen und Schweizer Autoren mit in diese Phalanx eingereiht haben. Nichts liegt uns ferner als großdeutsche Gestik. Es geschah der Einfachheit und der Würde der deutschsprachigen Literatur als Ganzes halber, die ja ohne die großartigen Leistungen der Österreicher und Schweizer gar nicht zu denken ist. Freilich wollten wir auch ein paar Kompromisse machen. So sind Autoren in unser Betrachtungsfeld gekommen, die noch nicht im *Wilpert/Gühring* aufgenommen sind, weil wir glauben, daß sie schon einen

Platz im Kanon der deutschsprachigen Literatur des 20. Jahrhunderts gefunden haben. Ein Beispiel ist Jurek Becker. Außerdem werden ein paar wenige Autoren besprochen, die Hausautoren des Verlags Faber & Faber sind, sicher eine verständliche Entscheidung, zumal die Initialzündung für dieses Lexikon ja die Verlagsreihe *Die Graphischen Bücher. Erstlingswerke deutscher Autoren des 20. Jahrhunderts* geliefert hat. Lücken werden bleiben. Mancher, der das Lexikon aufschlägt, wird Autoren vermissen, die ihm liebgeworden sind. 225 Erstlingswerke werden besprochen, eine Anzahl, für die die Kraft der Herausgeber gerade ausgereicht hat. Es war mühevolle Kleinarbeit zu leisten. Das Lexikon ist ein offenes Manuskript, in das weiter hineingeschrieben werden kann. Unser Wunsch ist dessen fortschreitende Vervollständigung durch Literaturbesessene, die dies leisten können.

Eine Welt tut sich auf. Große Begabungen, große Würfe, im Alphabet des Jahrhunderts unvergeßliche Namen kommen uns entgegen. Ingeborg Bachmann mit ihrem Gedichtband *Die gestundete Zeit*. Sie erhält für diesen Erstling den Preis der »Gruppe 47« im Jahre 1953. Jurek Becker mit dem Roman *Jakob der Lügner* (1969), einer Geschichte über die faschistische Schreckenszeit, deren warmherzige Erzählweise im krassen Gegensatz zur erschütternden Tragik des Geschehens steht. Brecht mit dem Stück *Baal* (1922), für das er den Kleistpreis erhielt und das in einem Theaterskandal endete. Hermann Broch mit der *Schlafwandler-Trilogie* (1931/32), einem der wichtigsten Romane des 20. Jahrhunderts über den Verfall der bürgerlichen Werte. Elias Canetti mit dem Roman *Die Blendung*, der mächtigen Metapher auf das Thema *Geist und Welt* (1936). 1919 verletzte Hans Henny Jahnn mit dem Drama *Pastor Ephraim Magnus* alle Tabus bürgerlicher Moral. »Ein wahnsinniges Buch«, urteilte die Zeitkritik. Ein anderes Theaterstück, ebenfalls ein Erstlingswerk, *Der Lohndrücker* von Heiner Müller, brachte Jahrzehnte später (1957) fast eine ganze Republik durcheinander, indem es die Arbeiter aus den Randzonen ihrer gesellschaftlichen Existenz heraustreten ließ und sie zu rebellischen literarischen Figuren machte. 1906 debütierte Robert Musil mit dem Roman *Die Verwirrungen des Zöglings Törless*, seinem einzigen großen Erfolg bei Lebzeiten, einem Buch, das erst durch Vermittlung Alfred Kerrs einen Verlag fand und dessen broschierte Ausgabe 3,– Mark, die gebundene 4,– Mark kostete und heute zwischen 1200,– und 2200,– Euro in den Antiquariaten gehandelt wird.

1909 kündigte Joachim Ringelnatz mit *Simplicissimus Künstlerkneipe und Kathi Kobus* sein urkomisches Talent an. 1924 erschien Joseph Roths Roman *Hotel Savoy* in einer neugegründeten Romanreihe des Verlags Die Schmiede, von dem der Autor meinte, er hätte in Deutschland dafür 4 ½ Leser gefunden, in Rußland dagegen 200 000.

1949 erschien Arno Schmidts irritierender Erzählband *Leviathan*, in dem er seine Flucht aus Schlesien gegen Kriegsende verarbeitete und von dem bis 1962 kaum mehr als 600 Exemplare verkauft wurden. Noch viele Jahre später behauptete der Autor, es würden immer noch Remittenden davon zurückgegeben. Dennoch prägten diese ersten tagebuchartigen Berichte sein Gesamtwerk, und sie trafen ein Lebensgefühl (gibt es kein Entkommen vor dämonischen Gewalten?) besonders in den intellektuellen Kreisen.

Im Osten, der DDR, zog ab 1950 ein *Ochsenkutscher* durchs Land. Mit diesem Roman eröffnete Erwin Strittmatter die Serie seiner volkstümlichen Dorfromane, in denen die Welt und zum Teil die halbe deutsche Geschichte zu Hause ist. Bereits seit 1912 verzauberte der kleine heiter-ironische Erstlingsroman *Rheinsberg* von Kurt Tucholsky die deutschen Leser, ein »Bilderbuch für Verliebte«, das für den deutschen Buchmarkt über ein Jahrhundert hinweg ein Bombengeschäft werden sollte. Und damit das Z als letzter Buchstabe des Alphabets nicht fehlt, nenne ich am Ende des exemplarischen Spaziergangs zu den Erstlingswerken deutscher Autoren des 20. Jahrhunderts noch Stefan Zweigs Gedichtband *Silberne Saiten*, eine wohl typisch Jung-Wiener Dichtung, virtuos und verspielt und manchmal ein wenig geschwollen, vielleicht einfach späte Romantik, 1901 erschienen, zum Beginn des Jahrhunderts, der erste Baustein zu einem großen literarischen Œuvre.

Welchen Sinn macht dieser Kurzfilm, der hier abgerollt ist? Es wird daraus ersichtlich, daß die Erstlingswerke deutscher Autoren des 20. Jahrhunderts keine stümperhaften Gehversuche sind, sondern daß sich in ihrer Summe ein bedeutendes Stück deutscher Literaturgeschichte widerspiegelt. Und ein beeindruckendes Kapitel Literatursoziologie! Wie kaum anderswo treten hier Protagonisten auf, die im landläufigen Literaturbetrieb kaum wahrgenommen werden: Die Förderer der jungen Autoren, die die Debütanten an der Hand nahmen und sie in die Verlage führten, besessene Lektoren, die sie beratschlagten, die Typographen, Einbandkünstler und Illustratoren, die dem Stoff Gestalt gaben, Drucker, Sponsoren und Mundpropagandisten, und schließlich die namenlosen oder schon weithin gerühmten Feuilletonisten und Kritiker, die von der ersten Zeile, vom ersten Blatt an ihre Liebe oder ihre Zweifel entdeckten und den in die Literatur Drängenden das Kreuz steiften – oder ihnen die Beine wegschlugen. Ein abendfüllendes Programm, das in den Einzelbeiträgen unseres Lexikons die entsprechende Würdigung findet.

Die Erstlingswerke sind ja zum Teil auch der schamhafte Begleiter einer Geschichte des Flops, die häufig noch spannender als die Geschichte der Bestseller ist. Wer denkt an dieser Stelle nicht an Franz Kafkas Erstlingswerk *Betrachtung*, jene feingeschliffenen Prosaminiaturen, die, 1912 bei Rowohlt erschienen, in einer 800er Auflage erst 1924 ausverkauft wurden. Zwölf Jahre lang nur deprimierende Verkaufszahlen für einen Autor, der später dem Weltruhm entgegengeht. Oder denken wir an das Erstlingswerk von Heinrich Böll *Der Zug war pünktlich*, das im Erscheinungsjahr 1949 nicht über 270 verkaufte Exemplare hinauskam, und nach drei Jahren kaum mehr als 650 Exemplare an die Frau oder den Mann brachte. Dem Nobelpreisträger von 1972 fehlte im ersten Jahrzehnt das Publikum. Es erging ihm wie anderen später berühmten Autoren auch, wie Arno Schmidt, der ebenfalls im Jahre 1949 mit dem Erzählband *Leviathan* debütiert hat. Glänzende Texte zur falschen Zeit. Die Leute wollten in der Nachkriegszeit keine Kriegsbücher, keinen

Abgrund (wie bei Arno Schmidt), sie wollten Aufbruch. Die literarischen Erstlingswerke sind eben auch Katalysatoren, die drängende Zeitstoffe schneller umsetzen als das Publikum sie aufzunehmen bereit ist. Deshalb sind Erstlingswerke, editionsgeschichtlich gesehen, so interessant. Sie verraten, ob ein Autor sich treu bleibt oder welche Lebens- und Zeitumstände ihn zu Wandlungen seiner Anschauungen zwingen.

Es ist gewiß eine gewagte These zu vermuten, daß Bertolt Brechts Erstlingswerk *Baal*, mit dem er auf Wanderschaft durch die deutsche Verlagswelt zog, sich vier Ablehnungen holte, beim fünften Verlag, Kiepenheuer, die versprochene Auflage von 2000 Exemplaren auf 800 reduziert bekam, wesentlich zu seiner baldigen Geschäftstüchtigkeit beigetragen haben mag. Poesie mußte – auch! – zu Geld werden, auch sie bedurfte dieser »belebenden Wirkung«. Und so war sich Brecht später nicht zu schade, den feschen Wagen der Autofirma Steyr gebrauchslyrische Verse auf ihre Motorhauben zu schreiben.

Erstlingswerke und die Geschichte der literarischen Flops sind – ich sagte es – ein vertrautes Paar. Ihrer Partnerschaft haftet etwas Zwangsläufiges, zugleich aber etwas sehr Charmantes an. Immer wieder gern wird ja die Geschichte von Hermann Hesses dichterischen Anfängen erzählt, von den Schlappen seiner ersten beiden Bücher, des Gedichtbands *Romantische Lieder* und der Prosaminiaturen *Eine Stunde hinter Mitternacht* (beide 1899), für die er noch Herstellungskosten zuzahlen mußte und von denen im ersten Verkaufsjahr nicht mehr als 54 in dem einen und 53 Exemplare in dem anderen Fall abgesetzt werden konnten. Daraufhin trat Hesse in seinem dritten Buch hinter sich selbst zurück und taufte es *Hinterlassene Schriften von Hermann Lauscher herausgegeben von Hermann Hesse*. Eine verrückte Geschichte. Sie gehört eigentlich nicht mehr in den Zeitrahmen, den sich dieses Lexikon gesteckt hat: *Erstlingswerke deutscher Autoren des 20. Jahrhunderts*.

Wir haben uns aber entschlossen, einige Erstlingswerke, deren Erscheinungsdaten vor 1900 liegen, in das Lexikon aufzunehmen, weil deren Autoren prägend für die Literatur des 20. Jahrhunderts geworden sind, wie Hermann Hesse oder wie Thomas Mann oder wie Gerhart Hauptmann. Das wird begrüßt werden, zumal die Literaturgeschichtsschreibung für das 20. Jahrhundert gern mit dem Naturalismus beginnt und auch wichtige, das Jahrhundert prägende Verlage in einer Gründungswelle vor 1900 entstanden sind. Hier sprengt das Lexikon vereinzelt seine zeitliche Rahmung. Nachfolgende Liebhaber unseres Themas werden sicher darüber nachdenken, was dieser Ausgabe in einer späteren Überarbeitung noch vorgespannt oder nachgetragen werden soll. Wir, die Herausgeber, sind einstweilen froh darüber, über 225 Autoren zu berichten, aufzuschreiben, was deren Erstlingswerken widerfahren ist. Als Verdienst glauben wir uns gutzuschreiben, daß alle Erstlingswerke abgebildet werden, Schutzumschläge, Einbände, manchmal Varianten davon, Titeleinläufe, schöne Seitenpaare, und daß wir Fakten ausgraben konnten, die heute mitunter nicht einmal mehr unseren fleißigen Antiquaren zur Verfügung stehen: Die seinerzeitigen Auflagen, manchmal die seinerzeitigen Preise, und die verblüffenden Rezeptionsgeschichten der besprochenen Bücher, die manchmal mehr über den Geschmack der Zeit aussagen als manches dickleibige Geschichtswerk. Auf die Angabe der heutigen Antiquariatspreise der Erstlingswerke, die wir ursprünglich mit anbieten wollten, haben wir am Ende verzichtet, weil diese zu große Unterschiede aufweisen und oft den Launen des Tagesgeschäfts unterworfen sind.

Bei den Erstlingswerken hatten wir es mit schmalen Bändchen zu tun von mitunter nicht mehr als 12 Seiten und mit ganz großen Brocken wie beispielsweise der dreibändigen Ausgabe von Theodor Däublers Epos *Das Nordlicht*, Halbpergamentbänden mit mehr als 1100 Seiten. Ein Erstlingswerk, das das Hauptwerk des Autors geblieben ist, woran er über zehn Jahre schrieb. 30 000 Verse zur Huldigung von Sonne und Erde und ihrer Verschmelzung – eine Vision, die wahrscheinlich nicht die unsere werden kann. Ein Werk übrigens, das auch die Außergewöhnlichkeit des Verlages zeigt, in dem es erschienen ist, des Verlages Georg Müller in München. Ein Erstlingswerk von 1100 Seiten in Halbpergament. Welcher Mut eines Verlegers war dazu erforderlich, welches Selbstvertrauen, welche Selbstverleugnung?

Überhaupt wurden viele verlagsgeschichtliche Informationen zusammengetragen, wie man sie so in dieser Fülle kaum in einem anderen Nachschlagewerk finden kann.

So erfahren wir über das Medium Erstlingswerke auch etwas über die deutsche Verlagsgeschichte im 20. Jahrhundert, über die Verfaßtheit deutscher Verlagshäuser, ohne die die Bücher der Autoren gar nicht an das Publikum herangebracht werden könnten. Dabei lernen wir kulturelle Netzwerke kennen, da kommen wir aus dem Staunen nicht mehr heraus.

Ein letztes ist festzuhalten: Im zitierten *Wilpert/Gühring* wird unter dem Autor Uwe Johnson der Roman *Mutmaßungen über Jakob* als dessen Erstlingswerk notiert. Es erschien 1959, in einem Jahr, das literarische Großereignisse vermeldete. Auch *Die Blechtrommel* von Günter Grass erschien in diesem Jahr. Beide Bücher wurden – wie man es auch nimmt – von der Kritik gefeiert. Johnsons *Mutmaßungen* wurden geradezu enthusiastisch gelobt. *Die Blechtrommel* wurde ein großer Erfolg. Die *Mutmaßungen*, das, vom Stoff her gesehen, große gesamtdeutsche Ereignis, blieb in den Verkaufszahlen dahinter zurück. Alles gut und richtig. Nur sind die *Mutmaßungen* gar nicht Uwe Johnsons Erstlingswerk. Dies war ein ganz anderer Roman: *Ingrid Babendererde*. Er entstand 1956, wurde vier Verlagen in der DDR angeboten, aber keiner konnte sich entschließen, ihn zu drucken, zu brisant die Probleme: Fluchtgeschichte und Kampf zwischen christlichen und sozialistischen Jugendorganisationen. Aber auch Siegfried Unseld bei Suhrkamp, dem der Roman vorgelegt wurde, reagierte pikiert. Zu illusionslos und eine eigenartige Heimattümelei, hieß es aus seinem Verlag, Blut- und Bodenromantik hätte Deutschland genug gehabt. Rigorose Urteile auf beiden Seiten der deutschen Grenze. Die 1. Auflage bei Suhrkamp erschien erst 30 Jahre später, 1985. Eine deutsche Erfahrung.

Derselbe Uwe Johnson, dem das widerfuhr, half, das Erstlingswerk eines anderen deutschen Autors, von Fritz Rudolf Fries, nach Frankfurt am Main zu vermitteln. Dessen Roman *Der Weg nach Oobliadooh* über das Schicksal junger Leute im Leipzig der fünfziger Jahre erschien 1966 bei Suhrkamp. Heute lacht man darüber, daß sich die DDR von dem Text gefährdet glaubte, weil sich die jungen Leute des Romans angeblich verführen ließen von einem Schlager von Dizzy Gillespie namens *Oobliadooh* und dabei vergessen würden, die Riten der sozialistischen Gesellschaftsordnung ernst zu nehmen. Erst 23 Jahre später erschien das Buch in der DDR, nachdem der Verleger des Berliner Aufbau-Verlages sich jahrelang für das Aufbrechen der dogmatischen Entscheidung eingesetzt hatte.

Auch eine deutsche Geschichte.

Auch Christoph Heins Erstlingswerk *Einladung zum Lever Bourgeois*, ein Erzählband von 1980 im Aufbau-Verlag Berlin, geht eigenartige Wege. Wegen eines Mißverständnisses zwischen Druckerei und Verlag, das wir im Einzelartikel beschreiben, kam es zu einer Erstauflage von 15 000 Exemplaren. Ein Auflagenereignis ersten Ranges für ein Erstlingswerk. Und alle Exemplare wurden in kurzer Zeit verkauft. Geschmähtes Leseland DDR! In der Bundesrepublik erschien der Erzählband unter dem Titel *Nachtfahrt und früher Morgen* bei Hoffmann und Campe und wurde ein eher leidlicher Erfolg, der den Autor so bekümmerte, daß er den Verlag wechselte und mit allen weiteren Ausgaben für die Bundesrepublik zu Luchterhand ging.

Alle diese Bücherschicksale zeigen uns, daß die Erstlingswerke deutscher Autoren des 20. Jahrhunderts neben allen beschriebenen Bewegungsspielen auch noch die lange gespaltene und doch immer zusammengehörende literarische Welt in Deutschland blitzlichtartig beleuchten, die fast ein halbes Jahrhundert die Entscheidungen von Autoren und Verlegern beeinflußt hat.

Wir werden auf Tatsachen stoßen, wie wir es zu Beginn der von Faber & Faber herausgegebenen Reihe *Die Graphischen Bücher. Erstlingswerke deutscher Autoren des 20. Jahrhunderts* einmal vermerkten, die das Jahrhundert in seinen vielen Zäsuren eindrucksvoll beleuchten. Wir werden von individuellem Versagen erfahren, von verlegerischem Glanz und literarischer Kurzsichtigkeit, von politischer Zensur und literarischer Rebellion. Selbst ein so modischer Begriff wie »work in progress« wird seine Ausleuchtung erfahren.

Geben wir also die Bühne frei für das hinreißende Mysterienspiel, das uns die Rätselhaftigkeiten des Anfangs erschließen will.

A

… siehe Seite 31

AICHINGER

DIE
GRÖSSERE
HOFFNUNG

B F V

Seelchen klopfte, zur ewigen Reise bereit, gegen das Herztürlein. Schutzengel faßte seine Zitterhand und mit einem guten Schwung saßen sie auf dem sausenden Goldstern. Es ging ins Richthaus der Ewigkeit. Seelchen suchte seine Zitterhand an den protzenden Tugendkoffern wieder ruhig zu streichen. Aber der Schutzengel klopfte daran, und da es so hohl von innen redete, nickte er ernst vor sich hin. — Seelchen wartete auf ein Wort, aber er schwieg nur. Da lag Seelchen im ewigen Schweigen, wie das Mücklein im Spinnennetz.

Schon legte der Goldstern seine Strahlenbrücke aus Haus der Ewigkeit. Seelchen trippelte mit Kisten und Koffern an Engelhand durchs ragende Tor ins Innere.

Der diensttuende Engel durchsuchte das Tugendgepäck. Er griff nach einem prallen Sack, darauf mit zierlichen Zügen zu lesen stand: „Meertiefe Gedanken."

„Zu nichts mehr nutz", tat der Engel und stülpte den Sack am Bodenfenster. Seelchen schrie fast auf.

8

… siehe Seite 29

… siehe Seite 34

… siehe Seite 22

Aichinger, Ilse {geb. 1921}
Die größere Hoffnung.
Roman. 1.-3. Aufl. Wien, Amsterdam:
Bermann-Fischer, 1948. 399 (+ 1) S.
20 x 12,5 cm. Hln. mit Umschl. von
Rudolf Müller-Hofmann. Druck:
Brüder Rosenbaum, Wien.

Ilse Aichinger gehörte mit ihrem Roman
Die größere Hoffnung zu den ersten
deutschsprachigen Autoren, die sich mit
dem Holocaust literarisch auseinander-
setzten. Die meisten Österreicher und
Deutschen mieden das Thema geflissent-
lich und wollten von Aichingers Buch
nichts wissen. Auch gutwillige Kritiker wie
Joachim Kaiser verhielten sich zunächst
eher reserviert gegenüber Aichingers
Versuch. Kaiser sprach 1980 (*Süddeutsche
Zeitung* vom 22./23. November 1980)
davon, daß er wie viele andere Kritiker
und Freunde Aichingers »Angst vor dieser
damals fast ruchlos wirkenden ›Freiheit‹
hatte«, mit der Aichinger Metaphern für die
ungeheuerlichen Vorgänge bildete. Wenn
die Opfer in jener Nachkriegszeit über die
Konzentrations- und Vernichtungslager
schrieben, dann meist in Form von
Erlebnisberichten oder, wie Eugen Kogon,
in einer wissenschaftlichen Abhandlung,
Der SS-Staat (1946).

Auch Aichinger hatte zunächst eine
Erzählung über ihre Erlebnisse als Kind
einer jüdischen Ärztin und eines von der
Familie geschiedenen »arischen« Lehrers
in Wien schreiben wollen. Mit zwei
jüdischen Großeltern gehörte sie zu den
sogenannten Mischlingen, die vorläufig
von Deportation und Vernichtung ver-
schont worden waren. Doch sie war trotz
ihrer katholischen Konfession vom normalen Leben ausgeschlossen, durfte nicht
studieren, mußte um die Mutter fürchten und verlor die Großmutter und andere Verwandte im Vernichtungslager. Die
Zwillingsschwester überlebte die Zeit fern

der Familie in England. Aichinger brach ihre
nach Kriegsende begonnenen autobiographischen Bewältigungsversuche bald ab, um
sich in einer fiktiven Geschichte freier mit
dem Thema auseinandersetzen zu können.
Die Arbeit daran nahm sie so in Anspruch,
daß sie deshalb ihr Wunschstudium
Medizin nach fünf Semestern 1947 beendete. Aichinger schrieb ihr Buch in der »Küche
einer armseligen Wohnung«, in der sie mit
ihrer Mutter zur Untermiete untergekom-
men war, und später im Dienstzimmer
der Mutter, die »Ärztin in einer Anstalt
für Unheilbare, Alte, Abgeschobene« war,
wie sie sich sechzig Jahre später erinnerte.
Der Roman handelt von dem Mädchen
Ellen, dessen Mutter nach England ausrei-
sen konnte, während ihm das Visum ver-
wehrt wurde. Die Großmutter nimmt Gift,
um sich vor der Deportation zu schützen.
Das Mädchen sucht die Gemeinschaft eines
Kreises jüdischer Kinder, will gar freiwillig
den Gelben Stern tragen, um dazuzuge-
hören. Doch als »Halbarierin« bleibt sie
isoliert. Ihre starke Hoffnung, den Weg ins
Heilige Land zu finden, trägt sie traumwandlerisch durch Krieg und Verfolgung.
Kurz vor der Einnahme ihrer Heimatstadt
eigentlich schon bei den alliierten Truppen
in Sicherheit, kehrt sie zu einer Brücke im
Kampfraum zurück und wird von einer
Granate zerrissen.

Einige eindrucksvolle kurze Publikationen in der wichtigen Nachkriegszeitschrift *Der Plan* und im *Wiener
Kurier* führten zur Bekanntschaft mit
dem Kritiker Hans Weigel, der sie und
ihr Romanmanuskript im Juli 1947 dem
soeben aus dem Exil in Wien eingetroffenen Verleger Gottfried Bermann Fischer
empfahl. Der Schwiegersohn und Miterbe
von Samuel Fischer hatte in der österreichischen Hauptstadt zwei Jahre lang einen
Verlag geführt, ehe er 1938 vor den einmar-
schierenden Nazis nach Schweden fliehen
mußte. Jetzt eröffnete er in Amsterdam und

Umschlag von Rudolf Müller-Hofmann

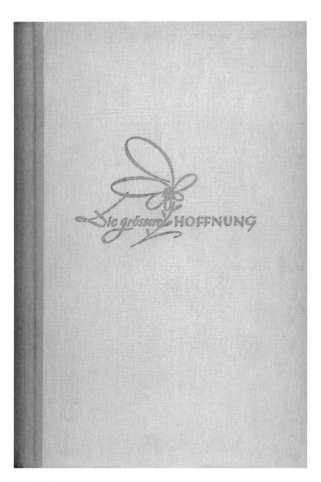

Einband

uns ihr Manuskript. Es war Ilse Aichinger mit ihrem Roman *Die größere Hoffnung*, den sie, fast noch ein Kind, in den vergangenen Leidensjahren geschrieben hatte. Wir lasen ihn, fasziniert, noch am gleichen Tage. Wir hatten eine große Dichterin gefunden, aber auch einen Menschen von so reinem Charakter, solch leidenschaftlicher Liebe zu allem Leben, daß wir sie ganz in unser Herz schlossen.«

Die sowjetische Zensur – Wien war seinerzeit unter alliierter Verwaltung – beanstandete einige Formulierungen im letzten Teil des Manuskripts. Daraufhin nahm sich Aichinger den gesamten Text noch einmal vor und überarbeitete die ursprüngliche Fassung. Bermann Fischer hatte das neue Manuskript Anfang 1948 auf dem Tisch und schrieb ihr am 15. Januar, daß es »nun eine viel zusammenhängendere Form bekommen« habe und veröffentlicht werden könne. Er kündigte ihr das Erscheinen für das »späte Frühjahr« an. Bermann Fischer und seine Frau förderten die junge Autorin in jeder Hinsicht, zeitweise beschäftigten sie Aichinger auch als Lektorin, bis sie andere Einnahmen hatte.

Die Kritik nahm von dem Buch zunächst keine Notiz. Zu groß war die eingangs zitierte Unsicherheit, ob man in Aichingers artifizieller Art über das tragischste Thema der Zeitgeschichte schreiben durfte. Nach einer Rezension unter dem Kürzel »schr.« in der *Wiener Tageszeitung* (3. Juli 1949) folgten verhalten zustimmende Besprechungen erst 1951 und 1952 von Friedrich Sieburg, Walter Maria Guggenheimer und anderen. Wesentlich später sollten sich Walter Jens und Peter Härtling nachhaltig für den Roman einsetzen. Inzwischen sind mehrere Dissertationen und Buchveröffentlichungen über den Roman und seine Autorin erschienen. Die entscheidende Förderung erhielt Aichinger jedoch durch Hans Werner Richter, den sie Anfang der fünfziger Jahre

Wien Firmensitze, von denen aus er seine Autoren wieder auf dem deutschsprachigen Markt einführen wollte. Aichingers Roman nahm er als willkommene Bereicherung in sein Startprogramm, war ihm doch die Auseinandersetzung mit den Verbrechen des Nationalsozialismus eine Herzenssache. In seinen Memoiren *Bedroht – bewahrt* (1967) erinnerte er sich: »Eines Tages meldete sich bei uns, auf Empfehlung des Kritikers und Journalisten Hans Weigel, ein bildschönes dunkelhaariges Mädchen, krampfhaft ein Papierbündel unter dem Arm haltend. Sie lächelte uns schüchtern aus ihren lustig-ängstlichen Augen, die fast chinesischen Schnitt hatten, an und reichte

in Ulm kennenlernte. In dieser Zeit arbeitete sie für das Frankfurter Haus des S. Fischer Verlages, und zugleich wirkte sie in der Volkshochschule Ulm, die von Inge Scholl, einer Schwester der von den Nazis hingerichteten Widerstandskämpfer Geschwister Scholl, geleitet wurde. Hans Werner Richter, der in Ulm las, lud sie zur nächsten Tagung der »Gruppe 47« in Bad Dürkheim Anfang Mai 1951 ein. Dort trat sie zusammen mit Ingeborg Bachmann und Paul Celan erstmals vor großer Öffentlichkeit auf. Ein Jahr später erhielt sie für ihre *Spiegelgeschichte* den Preis der »Gruppe 47« und war damit eine der bekanntesten Schriftstellerinnen der Zeit. Ihren Roman unterzog sie für die Neuveröffentlichung im Taschenbuch (S. Fischer 1960) einer erneuten gründlichen Revision, der rund hundert Seiten des Erstdruckes zum Opfer fielen. So wird der Leser, nicht nur der Sammler, den Erstdruck besonders schätzen. CW

Literaturauswahl
ILSE AICHINGER: »*Daran glauben müssen*«; in: Renatus Deckert (Hrsg.): *Das erste Buch. Schriftsteller über ihr literarisches Debüt* (2007). GOTTFRIED BERMANN FISCHER: *Bedroht – bewahrt. Der Weg eines Verlegers* (1967). GOTTFRIED BERMANN FISCHER, BRIGITTE BERMANN FISCHER: Briefwechsel mit Autoren (1990). Britta Herrmann, Barbara Thums (Hrsg.): »*Was wir einsetzen können, ist Nüchternheit*«. *Zum Werk Ilse Aichingers* (2001). GISELA LINDEMANN: *Ilse Aichinger* (1988). Samuel Moser (Hrsg.): *Ilse Aichinger. Materialien zu Leben und Werk.* (1990). NICOLE ROSENBERGER: *Poetik des Ungefügten. Zur Darstellung von Krieg und Verfolgung in Ilse Aichingers Roman »Die größere Hoffnung«* (1998).

Altenberg, Peter
{eigtl. Richard Engländer, 1859-1919}
Wie ich es sehe.
Berlin: S. Fischer, 1896. 246 S. 8°. Br.

Für Peter Altenberg waren Künstler Menschen, »die nichts zu tun haben. Vollkommen Überflüssige des Daseins. … Diese hat das Schicksal dazu bestimmt, die Vielzubeschäftigten zum Verweilen zu bringen vor den Schönheiten der Welt.« Er lebte ein solches Künstlerdasein lange, ehe er eine Zeile veröffentlicht hatte. Aus einer wohlhabenden Wiener jüdischen Kaufmannsfamilie stammend, hatte er sich erfolgreich gegen ein Berufs- und Erwerbsleben gesperrt. Das Jurastudium in Wien und Graz brach er ebenso ab wie eine Buchhandelslehre in Stuttgart. Neben der Familie gab es immer Menschen, Künstlerfreunde und vor allem liebende Frauen, die ihm das Leben erleichterten. In den Jahren um das Erscheinen seines ersten Buches war es die Bürgerstochter Ännie Holitscher, die ihm selbstlos zur Seite stand. Altenberg verbrachte viele Stunden des Tages in Caféhäusern, unter anderem im »Café Griensteidl«, wo die angehenden Schriftsteller von »Jung Wien«, wie Arthur Schnitzler, Hugo von Hofmannsthal, Felix Salten, Richard Beer-Hofmann und Hermann Bahr, verkehrten. Altenberg berichtet in seinen Erinnerungen *So wurde ich*, daß sie ihn eines Tages vor einem »Extrablatt« mit der Meldung über ein vermißtes Mädchen sitzen sahen. Soeben hatte er aus diesem Stoff die Erzählskizze *Locale Chronik* gestaltet. Erstaunt hätten die Caféhausfreunde erkannt, daß er schriftstellerische Fähigkeiten habe. Altenbergs Briefen an Ännie Holitscher dagegen ist zu entnehmen, daß er die Weggefährten schon Anfang 1894 kennenlernte, und Schnitzler hielt in seinem Tagebuch fest, daß Richard Beer-Hofmann am 25. Februar dieses Jahres im Kreis der Freunde eine »Novelette«

von Richard Engländer vorlas. Altenberg berichtete in Bezug darauf am 1. März seiner Ännie, daß Hofmannsthal ihm »heute die Hand wie einer Geliebten« gedrückt habe – der Ritterschlag für den angehenden Dichter.

Entscheidend für das Buch war aber die Bekanntschaft, die er ebenfalls Anfang 1894 mit dem wesentlich jüngeren Karl Kraus schloß. Dieser veranlaßte Altenbergs erste Veröffentlichung, den Druck der *Localen Chronik*, in der kurzlebigen Wiener Literaturzeitschrift *Liebelei* (Januar 1896) und brachte auch Altenbergs erstes Buch auf den Weg: »Später schickte er hinter meinem Rücken die in Nachtkästen, Tischladen, Kleiderkiste etc. etc. verstreut liegenden Manuskripte meines ersten Buches *Wie ich es sehe* an den ersten Verleger Deutschlands in modernibus, S. Fischer, Berlin«, erinnert sich Altenberg in *Vita ipsa*. Hedwig Fischer, die Frau des Verlegers, nahm in ihren Erinnerungen für sich in Anspruch, die Verlagsentscheidung herbeigeführt zu haben. Sie erledigte in den ersten Jahren

ihrer Ehe nebenamtlich Lektoratsarbeit. Man hatte ihr Altenbergs Manuskript während des Sommerurlaubs 1895 nach Heringsdorf an die Ostsee geschickt. »Aus einer großen Pappschachtel packte ich große, lose Blätter mit einer großen, losen Handschrift aus, die mich beim ersten Hinsehen an eine Frauenhandschrift denken ließ. Gleich beim ersten Lesen hatte ich ein gutes Gefühl für die kleinen, locker gefügten Skizzen: Jugend, Liebe und Zauber des alten Österreich lagen darin … Mein Mann fand mich in Tränen über dem Manuskript, und das war die beste und wortloseste Empfehlung zur Annahme.« Altenberg nahm regen Anteil am Druck des Buches, kritisierte die Absätze im Probedruck, änderte an den Texten und fügte neue hinzu. So kamen bis in den Dezember hinein alle paar Tage Korrekturbogen nach Gmunden, wo er vorübergehend logierte. Im April 1896 war das Buch schließlich fertig, und Altenberg sandte es den Freunden.

Gerade weil es in Form und Gehalt unprätentiös war, erregte das Buch einiges Aufsehen. Altenberg stand unübersehbar für eine neue, auf Liebe, Genuß und Natürlichkeit bestehende Weltanschauung, vorgetragen in einem die mündliche Rede nachahmenden Plauderton. Hugo von Hofmannsthal schrieb, es handele sich um ein »völlig romantisches Buch«. »Es betet mit gutem Gewissen Nichtigkeiten an. Das Buch hat so ein gutes Gewissen, obwohl es um alles Wichtige völlig unbekümmert ist, daß man gleich sieht, es kann kein richtiges deutsches Buch sein. Es ist wirklich wienerisch.« Schnitzler brachte aus Berlin von Otto Brahm, dem Intendanten, und von Gerhart Hauptmann Worte der Anerkennung für Altenbergs Buch mit. Die öffentliche Resonanz war also einhellig positiv, die familiäre dagegen durchaus gemischt. Allzu offen hatte der Sohn den Alltag der Engländers mit dessen Pikanterien und Zwistigkeiten geschildert.

Titelblatt

In den Nachauflagen des Buches mußte er deshalb die Erzählung *Familienleben* herausnehmen.

Altenberg war mit einem Schlag eine feste Größe im Wiener literarischen Leben, ohne freilich dadurch materiell auf eigenen Füßen stehen zu können. Fortan schrieb er seine Skizzen für Wiener und deutsche Zeitungen und Zeitschriften, um sie anschließend regelmäßig seinem Berliner Verlag zum Druck zu übergeben. Er gehörte zu den wenigen Autoren, denen Kraus die Spalten seiner *Fackel* öffnete. Die Identifikation des Autors mit seinem ersten Buch ging soweit, daß er seither sein Pseudonym, das er in Erinnerung an glückliche Jugendtage bei Freunden in Altenberg an der Donau gewählt hatte, auch privat zu seinem eigentlichen Namen machte.

Die erste Auflage betrug nach der bei S. Fischer üblichen Zählung tausend Exemplare. Entgegen Altenbergs Befürchtung war sie bald ausverkauft, so daß mehrfach Nachauflagen gedruckt wurden. Der Autor nutzte schon die 2. Auflage von 1898, um Texte zu ergänzen und zu streichen. Bekannt sind auch Ergänzungen in den Auflagen von 1910 und 1922. CW

Literaturauswahl
PETER ALTENBERG: *Leben und Werk in Texten und Bildern.* Hrsg. v. Hans Christian Kosler (1981). HEINZ LUNZER, VICTORIA LUNZER-TALOS: *Peter Altenberg. Extracte des Lebens. Einem Schriftsteller auf der Spur* (2003). CAMILLO SCHAEFER: *Peter Altenberg oder Die Geburt der modernen Seele* (1992).

Andersch, Alfred {1914-1980}
Die Kirschen der Freiheit.
Ein Bericht.
Frankfurt/Main: Frankfurter Verlagsanstalt, 1952. 130 S. 20,5 x 14,4 cm. Ln. mit Umschl. v. Gisela Andersch. Druck: Fränkische Gesellschaftsdruckerei, Würzburg.

Hier liegt ein Buch vor, von dem ich mit Sicherheit annehme, daß wir es nach der Publikation in nicht mehr als 70 Exemplaren verkaufen werden«, behauptete der Rowohlt-Lektor Kurt Marek in einem Gutachten vom 23. April 1952. Er irrte sich gründlich. Die Meinung, daß der Rowohlt-Verlag das Buch herausbringen müßte, teilte er zwar mit dem Verfasser, doch Andersch hatte diese Skepsis offenbar verstimmt, so daß er ohne Zögern das Manuskript an einen Kollegen, den Herausgeber der *Frankfurter Hefte*, Eugen Kogon, weiterreichte, der damals zugleich Verleger der Frankfurter Verlagsanstalt war. Kogon sagte umgehend eine Veröffentlichung zu. Andersch, in seiner unzerstörbaren Eitelkeit, glaubte an »eine kleine Sensation« und an die längst ersehnte Chance, berühmt zu werden.

Tatsächlich stellte sich der Veröffentlichungstermin von *Die Kirschen der Freiheit* in ein Zeitfenster, das für die Geschichte eines Deserteurs (aus autobiographischem Material) nicht günstiger sein konnte. Gegen die Remilitarisierung der Bundesrepublik Deutschland war eine breite gesellschaftliche Front entstanden, deren Protagonisten im Oktober 1952 in einem exemplarischen Urteil der 1. Großen Strafkammer des Dortmunder Landgerichts wegen ihrer Demonstrationen gegen die Wiederbewaffnung Haftstrafen aufgebrummt worden waren. Es war eine Erfahrung des Ich-Erzählers in *Kirschen der Freiheit*, daß es zum Prozeß der Selbstfindung gehört, Denken, auch zaghaftes

Denken, in den Mut des Handelns umzuwandeln, und daß folgerichtig Fahnenflucht den Mut zur Freiheit darstellen kann. Dieser literarischen Rückblende entsprach die aktuelle gesellschaftliche Problematik. Der Verleger baute darauf eine professionelle Vertriebsstrategie auf. Eine Vorankündigung des Titels in den *Frankfurter Heften*, die später fast identisch in der *Neuen Rundschau* abgedruckt wurde, legte den Schwerpunkt auf die Zwielichtigkeit des Treueeids. »Lesen Sie«, hieß es, »was er (A. A.) in unvergleichlicher Schilderung des Lebens in Krieg und Frieden über den Treueeid schreibt.« Ein neunseitiger Vorabdruck des entsprechenden Kapitels »Der Eid« aus dem *Kirschen*-Bericht lenkte das Interesse des Lesers unzweideutig auf den widerständigen, »gegen Hitler desertierten« Alfred Andersch. Dessen großer Versuch, Kunst und Leben (Politik ist Leben) in Übereinstimmung zu bringen, erfuhr einen angemessenen Zuspruch.

Die Kirschen der Freiheit wurde in vielen namhaften deutschen Zeitungen besprochen. Innerhalb eines halben

ALFRED ANDERSCH

DIE KIRSCHEN DER FREIHEIT

EIN BERICHT

FRANKFURTER VERLAGSANSTALT

Titelblatt

Jahres sammelte man 77 Rezensionen, ein unglaublich dickes Paket an kritischen Meinungsäußerungen für ein literarisches Erstlingswerk, hauptsächlich positive. Da und dort wurde der Band auch verbal beschossen. Er sei »eine geladene Pistole«, eine »Bombe« und dergleichen, politisches Streugut aus der Sprache des Feuilletons.

Zum Zeitpunkt der Veröffentlichung war Alfred Andersch kein Unbekannter mehr. Er hatte 1948 in einer Schrift *Deutsche Literatur in der Entscheidung* die literarische Situation seiner Zeit zu analysieren versucht. Er hatte bereits diverse Beiträge für Zeitungen und Zeitschriften verfaßt. Er war als Mitherausgeber einer Zeitung der deutschen Kriegsgefangenen in den USA hervorgetreten, die *Der Ruf* hieß, und die als Nachkriegszeitschrift in Deutschland unter gleichem Namen ihr Antikriegsprogramm fortsetzte, hier als »Unabhängige Blätter der jungen Generation«, in Mitherausgeberschaft von Hans Werner Richter. In gewisser Beziehung war dies die Keimzelle der späteren »Gruppe 47«, die Hans Werner Richter dominierte und bei der Alfred Andersch häufiger Gast war. Der Debütant war also genaugenommen (auch als Leiter des Frankfurter Abendstudios seit 1948) ein Angehöriger der Elite der zeitgenössischen Literatur in Deutschland, der die Bedeutung und die Wirkung seines autobiographischen Berichts genau abschätzen konnte. War er nun auf dem Wege zum Ruhm? Um berühmter zu werden als Thomas Mann, wie er es einmal als Menetekel an seinen Glaubenshimmel geschrieben hatte? EF

Literaturauswahl
ELEONORE KUNZ: *Das publizistische und literarische Wirken Alfred Anderschs von 1945 bis zum Ende der fünfziger Jahre* (1984). HANS WERNER RICHTER: *Im Etablissement der Schmetterlinge. Einundzwanzig Portraits aus der Gruppe 47* (1986).

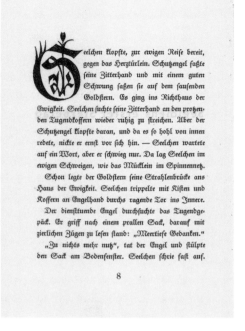

Broschureinband und Innenseite

Andres, Stefan

{Pseudonym Paulus Andres 1900-1979}
Das Märchen im Liebfrauen-Dom.
Fünf Märchen für Marienkinder.
Mit 7 Zeichnungen u. Initialen v. Franz
Jahn, Leipzig. 1.-4. Tsd. Leipzig: J. Bohn &
Sohn, 1928. 55 S. 17,5 x 12 cm. Br.
Druck von J. Bohn & Sohn, Graphischer
Betrieb, Leipzig.

Stefan Andres war von seinen Eltern
schon vor der Geburt für das
Priesteramt bestimmt worden. Lange Zeit
verfolgte der Müllerssohn aus dem Mosel-
land hartnäckig dieses Ziel, obwohl er von
Geistlichen mehrfach für ungeeignet erklärt
worden war. Kurz vor seinen ersten literarischen Veröffentlichungen war er 1927
vom Kapuzinerorden aus dem Noviziat
entlassen worden. Erst 1929 sollte er nach
einer neuerlichen Enttäuschung durch
Vertreter des Klerus von allen theolo-

gischen Ambitionen Abschied nehmen.
Er begann zur Enttäuschung der Familie
Germanistik, Kunstgeschichte und Philosophie in Köln, Jena und Berlin zu studieren. Andres' erste literarische Schritte
waren eng mit der katholischen Monatsschrift *Der Marienborn* verbunden, die
in der Mainzer Diözese von der franzis-
kanischen Schwesternkongregation des
»Marienbundes im Dienste der Diaspora«
herausgegeben wurde. Vom Januar 1928
bis zum September 1929 war Andres ver-
antwortlicher Redakteur dieses Blattes,
wie der Andres-Biograph Michael Braun
ermittelt hat. Der *Marienborn* wurde bis
zu seiner erzwungenen Einstellung nach
Hitlers Machtübernahme von dem kon-
fessionellen Leipziger Verlag J. Bohn &
Sohn publiziert. In der Zeitschrift veröffentliche Andres 1928/29 auch eigene
Gedichte, Legenden und Märchen, die teilweise in seinem ersten Buch nachgedruckt

wurden. Auch *Das heilige Heimweh*, eine frühe Fassung des Romans *Die unsichtbare Mauer* wurde hier gedruckt; darin setzte sich Andres mit dem Talsperrenbau am Oberlauf der Dhron auseinander – ein einschneidendes Kindheitserlebnis, das die Familie zur Aufgabe ihrer Wassermühle zwang.

Gottsuche, der rheinische Katholizismus und die Herkunft aus dem Moselländischen prägten auch die im ersten Buch von Andres versammelten fünf Märchen. Sie stehen in der Tradition der Marienlegenden und künden von der Wundertätigkeit der Mutter Gottes. Die Erzählungen sind kurz und einfach gebaut. Die Hauptfiguren, die kaum individuelle Züge tragen, sind fromm und gottesfürchtig. Sie werden für ihre Tugendhaftigkeit durch die Hilfe Mariens im diesseitigen Leben oder durch Aufnahme in den Himmel nach dem Tod belohnt. Es handelt sich also um Erbauungsliteratur, die vom »Marienbund« bei der Christenlehre eingesetzt werden konnte. Die bescheidene Broschur ist mit einfachen Zeichnungen von Franz Jahn illustriert, die den andachtsvollen Inhalt unterstützen. Andres widmete das Buch seinem ehemaligen Novizenmeister: »Meinem Meister P. Hermann Josef in Treue / Paulus Andres«. Für das Pseudonym Paulus Andres latinisierte er seinen zweiten Vornamen Paul.

Ein nennenswertes Echo auf die Publikation ist nicht überliefert. Andres widmete sich recht und schlecht seinen Studien, machte mit rechtsradikalen und antisemitischen Studentenkreisen Bekanntschaft, von denen er jedoch wieder Abstand nahm, als er seine spätere Frau, die Tochter eines schlesischen Holzfabrikanten, kennenlernte. Wie groß auch die Sorgen waren, die aus dieser familiären Konstellation im »Dritten Reich« erwuchsen – seine Frau galt als »Halbjüdin« –, so bewahrte sie ihn letztlich vor den Umarmungsversuchen durch die nationalsozialistische Kulturpolitik, die

seine ab 1933 regelmäßig erscheinenden »bodenständigen« Bücher gern vereinnahmt hätte. Im italienischen Positano fand er 1937 ein Refugium, das seine Familie schützte und von dem aus er seine widerständigen Texte nach Deutschland senden konnte. CW

Literaturauswahl
MICHAEL BRAUN: *Stefan Andres. Leben und Werk* (1997). Michael Braun, Georg Guntermann, Birgit Lermen (Hrsg.): *Stefan Andres. Zeitzeuge des 20. Jahrhunderts* (1999). Wilhelm Große (Hrsg.): *Stefan Andres. Ein Reader zu Person und Werk* (1980). HANS WAGNER: *Stefan Andres* (1974).

Arendt, Erich {1903-1984} und J. Morera i Falcó
Herois.
Narracions per a combatents.

[12] Illustracions Rosuero. Barcelona: Edicions 27 Divisió – Tallers Gràfics de l'Editorial Ramón Sopena. Empresa Collectivitzada, [1938]. 80 S. 22 x 15,5 cm. Br.

Lange Zeit galt der Gedichtband *Trug doch die Nacht den Albatros* (Berlin: Rütten & Loening, 1951) als früheste Buchveröffentlichung des Berliner Lyrikers. Erich Arendt selbst hatte den zuvor mit dem Katalanen Joaquin Morera i Falcó veröffentlichten Prosaband ganz aus dem Gedächtnis gestrichen. Geschrieben zur Unterstützung der Spanischen Republik im Widerstand gegen die faschistische Rebellion, fiel das Buch aus der sonstigen Struktur von Arendts Werk heraus. Seit der Neuveröffentlichung der Texte in *Spanien-Akte Arendt* (Rostock: Hinstorff, 1986) kann das Buch nicht länger ignoriert werden. Arendt schrieb die Texte in Deutsch. Die Manuskripte gingen aber wie die Druckbelege auf Arendts Flucht aus

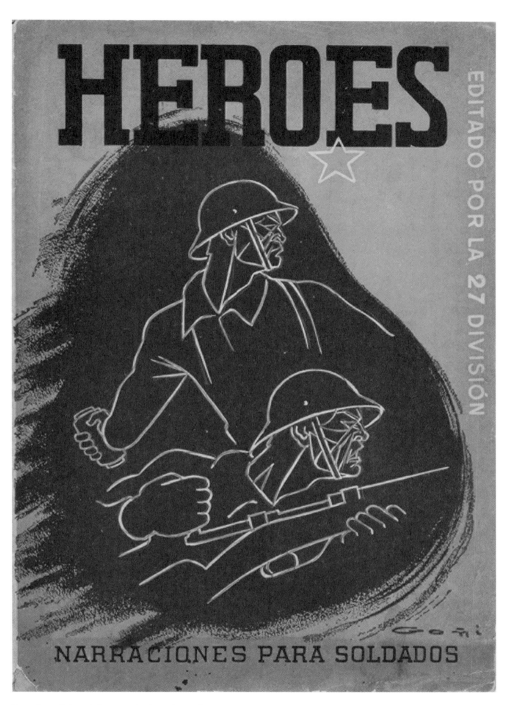

Broschureinband der spanischen Ausgabe

Frankreich über Franco-Spanien, Curaçao und Trinidad nach Kolumbien verloren. Für die Neuausgabe mußten die Texte deshalb aus dem Katalanischen rückübersetzt werden. Sie sind in der Originalausgabe nicht namentlich gekennzeichnet, die Forschung hat jedoch Arendts Anteil eindeutig identifiziert.

Befragt nach seinem Mitautor, konnte sich Arendt an nichts mehr erinnern, als daß sie zusammen einer »Gruppe katalanischer Schriftsteller der sozialistisch-kommunistischen Gewerkschaft« angehörten und in derselben 27. Division »Carlos Marx«, einer Einheit der republikanischen Armee (nicht der »Internationalen Brigaden«), Dienst taten. Nach Arendts Abschied aus Spanien infolge der Niederschlagung der Republik verlor sich der Kontakt zu Joaquin Morera i Falcó. Arendt, der schon Anfang 1934 über die italienische Schweiz nach Spanien gekommen war und auf Mallorca als Angestellter die spanische Sprache sehr gut erlernt hatte, diente von 1937 bis 1939 in der Truppe vorwiegend als Journalist, Übersetzer für das Pressebulletin der Internationalen Brigaden und Lehrer innerhalb der Alphabetisierungskampagne der spanischen Armee. Seine journalistischen Arbeiten erschienen in dem deutschsprachigen Organ der Vereinigten Sozialistischen Partei (PSUC) *La Llibertat* und in der katalanischen Zeitung der Partei *Treball*. Der Band *Herois* faßt die besten Texte zusammen. Gedruckt wurde er in der »Kollektivierten Druckerei« der 27. Division in Barcelona. Zugleich entstand eine spanische Ausgabe *Héroes. Narraciones para soldades*. Der Vertrieb wird hauptsächlich innerhalb der 27. Division und der republikanischen Armee erfolgt sein. Selbst wenn die Auflagen, deren Höhe nicht bekannt ist, eine respektable Größe gehabt haben sollten, sind heute noch existierende Exemplare äußerst rar. Unter der Franco-Diktatur war das Buch tabu, selbst über seinen fernleben-den Autor führten die spanischen Behörden noch 1960 eine geheimdienstliche Akte.

Die Reportagen und Anekdoten berichten aus dem Frontgebiet und dem aragonesischen Hinterland. Sie dienten vor allem dazu, den Kampfesmut der Soldaten wachzuhalten. Die Überlegenheit der Franco-Truppen, von Deutschland und Italien aufgerüstet und militärisch unterstützt, wurde mit jedem Kriegsmonat drückender. Deshalb brauchte auch die Republik wie jede kriegführende Partei Selbstlosigkeit und Todesmut. Die literarischen Mittel entlehnte Arendt der Kriegsliteratur, die in Deutschland seit dem Ersten Weltkrieg Konjunktur hatte. Nur wenige novellistische Anekdoten ragen aus dem propagandistischen Heldenpathos heraus. Erst aus dem Erlebnis der Niederlage erwuchs die Bitterkeit, die seinen Spanien-Gedichten, gesammelt in *Bergwindballade* (Berlin: Dietz, 1952), ihren Rang verlieh. CW

Literaturauswahl
Peter Böthig, Tilo Köhler (Bearb.): *Menschen sind Worttiere. Erich Arendt. 1903-1984. Texte und Bilder* (2003). Silvia Schlenstedt (Hrsg.): *Spanien-Akte Arendt. Aufgefundene Texte Erich Arendts aus dem Spanienkrieg* (1986).

Artmann, Hans Carl {1921-2000}

med ana schwoazzn dintn.

gedichta r aus bradnsee.

Vorbemerkung von Hans Sedlmayr.
Einleitung v. Friedrich Polakovics.
Mit Worterklärungen im Anhang. Salzburg: Otto Müller, 1958. 96 S. 19 x
19,5 cm. Pp. Einband u. typographische
Gestaltung v. Prof. Friedrich Polakovics.
Druck: Gottlieb Gistel & Cie., Wien.

Avantgardismus und Popularität sind Begriffe, die sich auszuschließen scheinen. Der Fall von H. C. Artmanns erster Buchveröffentlichung widerspricht jedoch dieser These. Bis 1969 erreichte der Band mit Dialektgedichten sechs Auflagen, mittlerweile wird die 12. ausgeliefert. Die 3. Auflage gibt als Auflagenhöhe 7.-11. Tsd an, also dürfte die 1. Auflage bei zirka 3000 Exemplaren gelegen haben.

In der experimentellen »Wiener Gruppe«, zu der neben Artmann unter anderen Friedrich Achleitner, Gerhard Rühm und Oswald Wiener gehörten, kam es auf Grund dieses Erfolgs sogar zu Irritationen und zur zeitweisen Entfremdung zwischen dem Autor und seinen Mitstreitern. Anfänglich hatten Achleitner und Rühm gemeinsam mit Artmann nach dessen Idee Gedichte im Dialekt geschrieben. Davon zeugte eine kollektive Veröffentlichung in der Zeitschrift *alpha* (1956). Die »Wiener Gruppe« unternahm es seit etwa 1952, die Dichtung durch Sprachversuche und formale Experimente, wie Lautgedichte und serielle Wortreihen, zu erneuern. Häufig traten die Gruppenmitglieder in verschiedenen Kellerlokalen, zum Beispiel im »club cité«, und später in der »kleinen schaubühne« auf. Der Wiener Dialekt hatte in diesem Zusammenhang eine ähnlich exotische Wirkung wie alogische Lautreihungen. Artmanns Dialektgedichte besaßen jedoch für das Publikum den entscheidenden Vorzug, daß sie, wenigstens für

das Wiener Ohr, verständlich waren und meist in vertrauter Weise Charakterbilder enthalten oder wie im Chanson kleine Geschichten erzählen. Vorgetragen sind sie mit schwarzem Humor. Artmann erfuhr fortan bei seinen Lesungen ungewöhnlichen Zuspruch.

Da auch später die Initiative für die Sammlung und den Druck seiner Texte von Freunden ausging, darf angenommen werden, daß der Autor der Einleitung, der Gymnasiallehrer und Lyrikredakteur Friedrich Polakovics, den Dichter zur Veröffentlichung drängte. Beide hatten die Kindheit in der proletarischen Wiener Vorstadt Breitensee (»bradnsee«) verbracht und waren dort mit jenem Karussell (»ringlgschbüü«) gefahren, das in mehreren Gedichten des Bandes eine Rolle spielt. Von Polakovics dürften auch die Worterklärungen am Ende des Bandes stammen – für jene Wiener, »die, durch ein widriges Geschick ihrer Muttersprache entfremdet, anders des nötigen Verständnisses entbehren müßten«. Sie fallen jedoch so schmal aus, daß interessierte Nordlichter schier verzweifeln. Zu den Fähigkeiten von Polakovics gehörte auch die Malerei, von der eine eindrucksvolle Probe den Einband schmückt: Porträts von sechs skurrilen Artisten, die zu einem Panoptikum in Brauntönen nebeneinander montiert sind.

Der Otto Müller Verlag zählte seit seiner Gründung 1937 und der Übernahme des Werkes von Georg Trakl im Jahr darauf zu den führenden österreichischen Lyrik-Verlagen. In den fünfziger Jahren wandte er sich verstärkt der zeitgenössischen Lyrik zu. Artmann paßte hier also gut hinein. In der Verlagschronik heißt es: »Endlich gab es auch einmal einen ›lauten‹ Erfolg in der Lyrik: Artmanns ›med ana schwoazzn dintn‹ war die Sensation des Herbstes und nicht nur in Wien.« Die Kritik war anfangs gespalten. Während Alfred Schmeller schon das Erscheinen der ersten Dialektgedichte

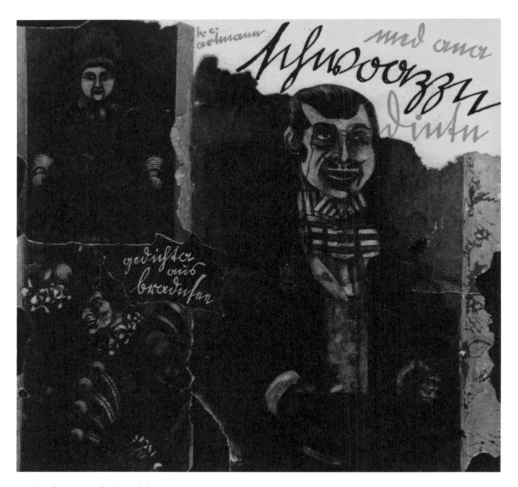

Einband von Friedrich Polakovics

bei *alpha* begeistert im *Wiener Kurier* besprach, war Hans Weigel empört über die Verunglimpfung der deutschen Sprache (*Heute*, 24. Oktober 1959). Später korrigierte er sein Urteil stillschweigend. Beim Publikum wurde Artmann sogleich Mode. »Jetzt schossen dialektdichtende Briefträger, Kanalräumer, Straßenbahner und Rauchfangkehrer wie die Fliegenpilze aus dem poetischen Wiener Boden«, bilanzierte der Literarhistoriker Alfred Treiber 1969 die Wirkungsgeschichte. Auch zahlreiche prominente Imitatoren waren darunter bis hin zu dem Chansonnier André Heller. Artmann, der kein »schmoez« (Schmalz) vertrug, wandte sich bald wieder von der Dialektdichtung ab. Ein Höhepunkt war allerdings noch einmal die Übertragung von François Villon in die Wiener Mundart: *baladn* (1968).　CW

Literaturauswahl
MICHAEL BAUER: *Verzeichnis der Schriften H. C. Artmanns von 1950 bis 1996* (1997). Gerald Bissinger (Hrsg.): *Über H. C. Artmann* (1972). Josef Donnenberg (Hrsg.): *Pose, Possen und Poesie. Zum Werk Hans Carl Artmanns* (1981). MICHAEL HOROWITZ: *H. C. Artmann. Eine Annäherung an den Schriftsteller & Sprachspieler* (2001). Erich Kleinschmidt, Wolfgang Schmitz (Hrsg.): *Sammeln und Lesen. Die Kölner H. C. Artmann-Sammlung Knupfer* (2006). PETER PABISCH: *H. C. Artmann. Ein Versuch über die literarische Alogik* (1978). PETER PABISCH: *Die Wiener Gruppe. Im Gedenken an H. C. Artmann* (2001). *Werke und Jahre. 1937-1962.* Otto Müller Verlag Salzburg (1962).

Ausländer, Rose
{geb. Scherzer, 1901-1988}

Der Regenbogen.
Gedichte.

Aufl.: 400 Expl. Cernăuti, Rumänien: Literaria, 1939. 85 (+ 3) S. 22 x 15,5 cm. Br. Entwurf des Einbandtitels: M. Rubinger. Gedruckt im Juni 1939 bei Tipografia »Sebastian«, Bucureşti.

Selten und gesucht sind viele erste Bücher, doch der schmale Gedichtband *Der Regenbogen* von Rose Ausländer gehört zu den rarsten. Die Auflage betrug 400 Exemplare, überliefert sind jedoch nach Ermittlungen des Ausländer-Biographen Helmut Braun nur fünfzehn Exemplare, so im Nachlaß der Autorin (zwei Stück), in den Nachlaßbibliotheken von Alfred Margul-Sperber (Bukarest) und Manfred Hausmann sowie an beiden Standorten der Deutschen Nationalbibliothek in Frankfurt am Main und Leipzig. Der Grund für die Seltenheit liegt in der Biographie der Autorin wie im Gang der europäischen Geschichte begründet. Die Tochter eines jüdischen Kaufmanns stammt aus einem entlegenen Winkel Europas, der in der ersten Hälfte unseres Jahrhunderts von einer schweren Krise in die nächste taumelte und der Literatur zugleich so viele Talente zuführte wie sonst nur bedeutende kulturelle Zentren. Czernowitz war die Heimat von Paul Celan, Alfred Margul-Sperber, Rose Ausländer und Alfred Kittner sowie der jiddischen Autoren Itzig Manger und Elieser Steinbarg. Sie alle wurden getragen von der kulturbegeisterten jüdischen Bevölkerungsschicht, die etwa ein Drittel der Einwohnerschaft ausmachte. Ihre große Zeit hatte die Bukowina als Kronland der Habsburger Monarchie, die im Interesse der wirtschaftlichen Entwicklung den Juden wie den anderen Nationalitäten volle Freiheit und Entwicklungsmöglichkeit gewährte. Es folgte unter rumänischer Herrschaft wirtschaftlicher Verfall, Rumänisierung und Bedrohung der Minderheiten. Während des Zweiten Weltkrieges betrieben Hitlers rumänische Handlanger den Holocaust an der jüdischen Bevölkerung.

Rose Ausländer, die mehrfach für längere Zeit in den USA gelebt hatte, war nach Kriegsbeginn im Oktober 1939 nach Rumänien zurückgekehrt, um ihrer hilfsbedürftigen Mutter beizustehen. Mit ihr harrte sie unter fürchterlichen Bedingungen in Czernowitz aus, zuletzt in der Illegalität, unterstützt durch Freunde in Bukarest, die Lebensmittel herbeischafften. Ihr widmete sie das erste Buch.

Der Regenbogen erschien im Juli 1939 unter vergleichsweise normalen Verhältnissen. Angeregt durch einen Gedichtband, den sie 1935 von Margul-Sperber erhalten hatte, arbeitete sie zielstrebig auf das Buch hin. Sie publizierte verstreut in Zeitungen und Zeitschriften seit ihrem 30. Lebensjahr, doch an einen eigenen Band wagte sie erst jetzt zu denken. Nach den Gepflogenheiten des kleinen Czernowitzer Verlages Literaria, der auch Margul-Sperbers Gedichte publizierte, mußte die Autorin das Buch selbst finanzieren und herstellen lassen. Der Freund half bei der Zusammenstellung des Manuskripts und der Überwachung von Satz und Druck. Die Arbeit des Czernowitzer Druckers glänzte nicht durch Solidität: »Körner hat leider sehr schluderhaft gearbeitet. Eine große Anzahl von Exemplaren ist beschmutzt, schief gedruckt. Fast alle sind ungleichmäßig gedruckt: einige Seiten zu fett, einige hingegen sehr blaß, manche kaum leserlich«, schrieb die Autorin verärgert an Margul-Sperber. Der Verlagsbuchhändler Niedermayer übernahm das Buch in Vertrieb, ohne aber viel für den Absatz sorgen zu können. Rose Ausländer organisierte selbst den Versand von Besprechungsexemplaren. Trotz des bald einsetzenden Krieges erschienen eini-

ROSE SCHERZER-AUSLAENDER

DER REGENBOGEN

GEDICHTE

LITERARIA / CERNĂUȚI, RUMĂNIEN
1939

Titelblatt

ge Rezensionen in Czernowitz, Rumänien und der Schweiz. Den Czernowitzer Juden brachte das Buch im »grauen Dasein Glanz und Farbe, Sinn und Trost«, wie es im *Czernowitzer Morgenblatt* (20. April 1940) hieß. In Deutschland war das Buch einer Jüdin tabu. In Aufregung versetzte Rose Ausländer der Zuspruch von Manfred Hausmann, Hans Carossa und Arnold Zweig, denen sie ihr Werk gesandt hatte. Neben Freundlichkeiten las sie bei Hausmann auch herbe Kritik. Für ihn steckte in ihrer Lyrik »zu viel Persönliches, Nur-Persönliches«, weshalb er ihr die Lektüre von Rilkes *Briefen an einen jungen Dichter* empfahl.

Tatsächlich liegt in vielen Gedichten das persönliche Erleben auf der Hand. Sie handeln von Melancholie und Einsamkeit, von Liebesglück und -enttäuschung. Am auffälligsten sind im Kapitel *Rausch des Herzens* die elf titelgebenden Sonette *Der Regenbogen*, die die ganze Klaviatur der Liebe bedienen. Der Zyklus endet, nachdem das lyrische Ich vom Geliebten verlassen wurde, mit dem Traum von seinem Tod. Auf dem schwarzen Grund sieht es seinen »Todesmohn« brennen.

Die Wirkungsgeschichte wurde durch den Einmarsch sowjetischer Truppen in Czernowitz am 28. Juni 1940 abrupt beendet. Laut Hitler-Stalin-Pakt durften sie die Nordbukowina besetzen. Die »arischen« Deutschen wurden im Nazijargon »heim ins Reich« geholt. Die Juden durften bleiben, wurden aber sogleich drangsaliert, wenn sie der ›Bourgeoisie‹ angehörten. Viele junge Männer, wie Rose Ausländers Bruder, wurden von der Sowjetarmee zwangsweise rekrutiert. Angehörige der ›Bourgeoisie‹ wurden gar nach Sibirien verschleppt, so Rose Ausländers Verleger Niedermayer, der verschollen bleiben sollte. Damit war auch das Schicksal des Buches besiegelt. An einen regulären Verkauf war nicht mehr zu denken. Rose Ausländer hatte mit ihrer Mutter und Schwägerin um das nackte Überleben zu kämpfen. Deshalb ging der größte Teil des Bestandes in den Wirren der folgenden Jahre verloren. Einige Exemplare muß die Autorin gerettet haben, denn 1957 konnte sie bei einem Besuch in Paris eines davon Paul Celan widmen. Nach dem Ende von Holocaust und Krieg begann Rose Ausländer völlig neu. In den USA, wohin sie auf Einladung von alten Freunden 1946 für einige Jahre ging, begegnete sie der modernen englischsprachigen Lyrik und verabschiedete sich von Reim und Metrik. Aus diesem Grund wollte sie von ihren alten Werken nichts mehr wissen und lehnte alle Versuche ab, die Gedichte ihres ersten Bandes neu zu drucken.   CW

Literaturauswahl
Helmut Braun (Hrsg.): *Rose Ausländer. Materialien zu Leben und Werk* (1991). HELMUT BRAUN: *»Ich bin fünftausend Jahre jung«. Rose Ausländer. Zu ihrer Biographie* (1999). CILLY HELFRICH: *»Es ist ein Aschensommer in der Welt«. Rose Ausländer. Biographie* (1995).

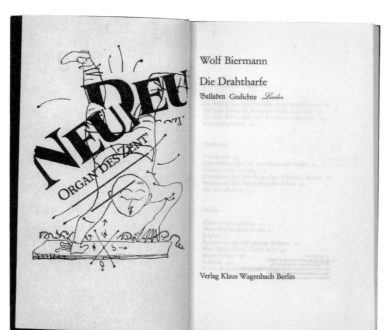

… siehe Seite 53

Das Gesetz des Atum

von

W. Bergengruen

Drei Masken Verlag München

… siehe Seite 50

··Max Brod··

Tod den Toten!

Axel Juncker
Verlag · · · ·

in · · · · ·
Stuttgart

… siehe Seite 75

B

Bachmann, Ingeborg {1926-1973}
Die gestundete Zeit.
Gedichte.
Frankfurt am Main: Frankfurter
Verlagsanstalt, 1953. 60 S. 22,3 x 15 cm. Br.
(= studio frankfurt 12). Druck: Lothar
Woeller, Frankfurt/Main.

Zum Weihnachtsfest 1953 versandte die Frankfurter Verlagsanstalt eine Grußpostkarte. Darauf war das Gedicht *Die gestundete Zeit* von Ingeborg Bachmann abgedruckt, das dem gerade erschienenen Band 12 der Reihe *studio frankfurt* den Titel gegeben hatte und für die Reihe die Aufmerksamkeit vergrößern sollte. Etwa drei Wochen später erhält Ingeborg Bachmann eine dieser Gedichtpostkarten zurück, und zwar vollgeschrieben mit ironischen Kommentaren ihres Freundes Hans Werner Henze (mit dem im weiteren Lebensverlauf ein umfangreicher Briefwechsel entstehen wird). »›Es kommen härtere Tage‹. Noch härter!«, bemerkt er in Anspielung auf eine ihrer Verszeilen und bezogen auf die zehn Tage nach Erscheinen des Gedichtbandes, also noch vor Weihnachten 1953, vollzogene Auflösung der Frankfurter Verlagsanstalt. Es muß davon ausgegangen werden, daß vor dem Hintergrund dieser Turbulenzen nur wenige Exemplare des Erstlingswerks ausgeliefert werden konnten. Jedenfalls gilt das Bändchen heute als antiquarische Rarität und hat entsprechende Antiquariatspreise.

Die Veröffentlichung der Gedichte hat eine Vorgeschichte. Schon 1952 hatte Hans Weigel in einer Sammlung von *Stimmen der Gegenwart* einige Gedichte Bachmanns veröffentlicht, von der erste Prosa sogar schon 1946 in der *Kärntner Illustrierten* erschienen war. 1952 war auch ihr erster Roman *Stadt ohne Namen* vollendet worden, der freilich keinen Verlag fand und von dem nur ein erstes Kapitel erhalten geblieben ist. Ingeborg Bachmann war zwi-

schen 1951 und 1953 Rundfunkredakteurin. Hans Werner Richter, der Gründer und Moderator der »Gruppe 47«, hat während eines Wien-Besuchs Gedichte von ihr auf ihrem Büroschreibtisch beim Sender RWR (Rot-Weiß-Rot) entdeckt: »Ich lese sie alle«, notiert er, »und vergesse das bevorstehende Interview... Die Gedichte sind für eine Anfängerin zu vollendet, zu ausgereift, in ihrer Weltsicht nicht die Gedichte einer jungen Frau, dieser Frau, die da vor mir steht.« Auf der Tagung der »Gruppe 47« in Niendorf/Ostsee 1952 kommt es zum Auftritt der Ingeborg Bachmann (von der es danach heißt, sie sei vor Aufregung in Ohnmacht gefallen). Wahrscheinlich ergibt sich dort auch der erste Kontakt mit Alfred Andersch, dem Herausgeber der Reihe *studio frankfurt*, der dann davon sprach, daß die Begegnung mit der »Gruppe 47« der nicht zu unterschätzende Multiplikator ihrer »magischen Publizität« geworden sei. Schon im Dezember 1952 waren in den *Frankfurter Heften* (Heft 53) zwei Gedichte von Ingeborg Bachmann erschienen. 1953 erhielt sie den Preis der »Gruppe 47«. Damit

Titelblatt

ist sie in dem vielleicht wichtigsten Zentrum des Literaturbetriebs der Nachkriegszeit angekommen. Zu Recht, wie man längst weiß, denn ihre Lyrik, ästhetisch von hoher Strahlkraft, ist auch in ihren Botschaften ein Spiegelbild der zerrissenen Zeit, der Krisen, denen der Mensch ausgesetzt ist, und der Macht der Sprache, mit deren Hilfe sich das Individuum selbst erneuern kann.

Der Gedichtband *Die gestundete Zeit* fand in der Presse nur zögernd Resonanz. Erst als der *Spiegel* 1954 ein literarisches Bachmann-Porträt veröffentlicht und über die junge deutsche Lyrik nachsinnt, ändert sich die öffentliche Wahrnehmung. Bald ziehen Blätter wie die *Frankfurter Allgemeine Zeitung* (18. September 1954), *Welt und Wort* (H. 9/1954) und die *Schweizer Rundschau* mit entsprechenden Betrachtungen nach. Fortan machte es keine Schwierigkeiten mehr, mit Verlagen Verbindung zu finden. Eine Neuauflage des Bandes erschien 1957 im Piper Verlag München. EF

Literaturauswahl
JOSEF-HERMANN: *Interviews mit Schriftstellern. Texte und Selbstaussagen* (1986). HANS WERNER RICHTER: *Im Etablissement der Schmetterlinge. Einundzwanzig Portraits aus der Gruppe 47* (1986). Hans A. Neunzig (Hrsg.): *Lesebuch der Gruppe 47* (1983).

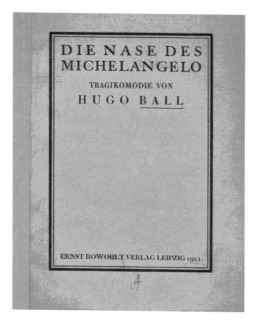

Ball, Hugo {1886-1927}
Die Nase des Michelangelo. Tragikomödie.

Leipzig: Ernst Rowohlt Verlag, 1911. 72 S. 20,5 x 19,5 cm. Br.

Sehr geehrter Herr! / Anbei die gesamte Korrektur zurück mit der Bitte, mir das Ganze nach Richtigstellung nochmals zu übersenden. – / Für Ihr freundliches Entgegenkommen und die überwiesenen 50 Mk besten Dank – « Das schreibt Hugo Ball am 10. Juni 1911 an den Rowohlt Verlag, der das Stück *Die Nase des Michelangelo*, um dessen Endkorrekturen vor Drucklegung Ball den Verlag bittet, wahrscheinlich im Juli 1911 dem literarischen Publikum vorstellte. Über die Auflagenhöhe der ersten eigenständigen Publikation Balls ist nichts bekannt. Vermutet darf werden, daß die Erstauflage nicht viel mehr als 500 Exemplare betrug.

Der Ernst Rowohlt Verlag in Leipzig war zum damaligen Zeitpunkt noch keine erste verlegerische Adresse, wie es manche Darstellung gern glauben machen möchte. Sein Engagement für junge Literatur war anfangs bescheiden und entwickelte sich erst langsam. Die Werke seiner Hauptautoren Herbert Eulenberg, Max Dauthendey und Paul Scheerbart waren verlegerisch zumeist Flops, allein die Herausgabe der bibliophil angelegten *Drugulin-Drucke*, die aber wesentlich auf gesicherten Literaturbestand zurückgriffen, verbreiteten Rowohlts Ruf als ambitionierter junger Verleger.

Wer Hugo Ball an den Rowohlt Verlag vermittelt hat, ist ungewiß. Kurt Pinthus, der damalige »Haupt-Lektor [...] seit Beginn des Verlages«, wie er sich selbst bezeichnete, war es jedenfalls nicht. Wahrscheinlich war es Herbert Eulenberg, dessen Werke im Verlag veröffentlicht wurden, und mit dem Ball nachweislich seit Anfang 1911 bekannt war.

Hugo Ball entwarf das Stück in seiner Heidelberger Studentenzeit, wie sein Bio-

Broschureinband

graph August Hofmann mitteilt. 1910 brach der damals Vierundzwanzigjährige nach acht Semestern das Studium der Philosophie, Germanistik und Geschichte in München und Heidelberg ab. Er schrieb neben dem Stück an seiner Dissertationsschrift über *Nietzsche in Basel*, die er zwar zu Ende brachte, aber nicht mehr einreichte. Anschließend ging er nach Berlin, wo er an der Schauspielschule von Max Reinhardts Deutschem Theater einen Regiekurs belegte. Von daher rührte die Bekanntschaft mit Eulenberg.

Rowohlt war das Manuskript im Frühjahr des Jahres 1911 zugegangen. Er sagte eine Veröffentlichung zu und bat um Veränderungen. Am 5. Mai schrieb Hugo Ball: »Sehr geehrter Herr Rowohlt! / Infolge einer grösseren Reise hat sich die Bearbeitung um einen Monat verspätet. Ich hoffe, dass das Stück nun in allen Teilen Ihre Zufriedenheit und Zustimmung findet. – « Die Bearbeitung fand Rowohlts Zustimmung. Nicht aber die des breiteren Publikums – diese Erfahrung teilte Ball mit vielen heute berühmten Autoren in ihren Anfangsjahren –, und auch nicht die der Theater. Zu zuversichtlich fiel Balls an Rowohlt adressierte Prognose aus. »Man würde unter Reinhardt hier (gemeint ist Berlin) oder in München zuverlässig eine Premiere erzielen, die den weiteren Erfolg der Tragikomödie garantierte.« Zu einer Aufführung des Stückes kam es nie. Einzig und allein in einer von Kurt Pinthus geschriebenen Sammelbesprechung in der *Zeitschrift für Bücherfreunde*, dem Organ der Gesellschaft der Bibliophilen und des Vereins deutscher Buchgewerbekünstler (N. F. 3. Jg. H. 5/6), fand die Veröffentlichung freundliche Erwähnung. Es hieß dort, das Stück wirke beim Lesen »halb erheiternd, halb erschütternd. Trotz der sechsfüßigen Jamben ist die Sprache frisch und lebendig, ohne Phrase und Überschwang.«

An der Neuveröffentlichung in der Reihe *Die Graphischen Bücher. Erstlings-*werke deutscher Autoren des 20. Jahrhunderts bei Faber & Faber Leipzig 1999, die mit sechs Originallithographien des Berliner Bildhauers, Zeichners und Schriftstellers Wieland Förster ausgestattet ist, kann man überprüfen, ob dieses Urteil Bestand hat. M F

Literaturauswahl
HUGO BALL: *Briefe 1904-1927*. Hrsg. v. Gerhard Schaub u. Ernst Teubner (2003). EMMY BALL-HENNINGS: *Hugo Ball. Sein Leben in Briefen und Gedichten* (1930). Mara Hintermeier und Fritz J. Raddatz (Hrsg.): *Rowohlt Almanach 1908-1962* (1962). Eva Zimmermann u. a. (Hrsg.): *Hugo Ball. Dichter, Denker, Dadaist* (2007).

Barlach, Ernst {1870-1938}
Der tote Tag.
Drama in fünf Akten.
Mit 2 Illustrationen v. Ernst Barlach.
Berlin: Cassirer Verlag, 1912.
79 S. 35 x 32 cm. Pp.
Dass. (= Zehntes Werk der Pan-Presse.)
Textband u. Bildband mit 27 Lithographien. 35 x 32 u. 49 x 65 cm. Br.

Ernst Barlach erwähnt in einem Brief an Charitas und Georg Lindemann vom 21. Januar 1908 erstmalig seine Arbeit an dem Drama. Er sei innerhalb des ersten Arbeitsjahres »bis zum vierten Akt gelangt«. Somit können wir davon ausgehen, daß er mit der Niederschrift 1907 begann, in jenem Jahr, das ihm, vermittelt durch den führenden Bildhauer der Berliner Sezession, August Gaul, die Bekanntschaft mit dem Verleger und Kunsthändler Paul Cassirer bescherte. Eine glückliche Fügung, da Cassirer schon bald dem Künstler vorschlug, ihm für die Überlassung aller künftigen Werke ein festes Jahresgehalt zu zahlen. Barlach hatte dadurch zunächst keine Geldprobleme mehr. Das Drama, das er ursprünglich unter dem Titel *Der Göttersohn* begonnen hatte, schloß er schließlich, noch einmal unterbrochen durch einen längeren Aufenthalt als Preisträger des Villa-Romana-Preises in Florenz, am 24. Juni 1910 ab. Die eigenhändige Reinschrift trägt noch den Titel *Blutgeschrei*, der erst später aufgegeben wurde zugunsten der endgültigen Fassung *Der tote Tag*. An seinen Verlegerfreund Reinhard Piper schreibt er am 5. Juli 1910 nach München: »Ich habe mein Drama fertig, so wie man es vorbehaltlich einiger Flickerei eben nennt. Mein Plan ist, wenn es glückt, eine Reihe von Zeichnungen dazu zu leisten, und dann würde Cassirer es vielleicht herausgeben.« In den 1928 bei Cassirer unter dem Titel *Ein selbsterzähltes Leben* erschienenen Erinnerungen liest sich das so: »Als er (gemeint ist Cassirer) mich aufforderte, ein lithographisches Werk für die Pan-Presse beizusteuern, erwähnte ich ein Drama, das man vielleicht als Gerüst zur Aufreihung von Motiven benutzen könne. Er zuckte weder mit der Wimper, noch zögerte er einen Augenblick, mit der Antwort: ›Na ja, also zeichnen Sie.‹«

Aber erst im Oktober 1912 erschien die Buchausgabe, zeitgleich mit der Mappenedition, die mit 27 vom Künstler signierten Originallithographien als 10. Druck der Pan-Presse in einer Gesamtauflage von 210 Exemplaren erschien. Die Höhe der Erstauflage der Volksausgabe, die als brauner Hadernpappband und im Format von 35 x 32 cm erschien, ist nicht bekannt. Der Verlag hatte den Titel am 24. Oktober 1912 im *Börsenblatt* wie folgt angekündigt: »Ernst Barlach, der bekannte und vielbewunderte Bildhauer, der an Visionen so reiche Gestalter, einer der Größten unserer Zeit, kommt hier zum ersten Mal auch als Dichter zu Worte. Sein Drama *Der tote Tag* ist eine tiefe und reife volkstümliche Dichtung, überraschend durch die Fülle von bildhaften und packenden Einzelheiten, blendend in der energischen Kürze der Sprache. Diese spannende Tragödie, die im Kampfe

einer Mutter um ihren Sohn eine Reihe von Konflikten heraufbeschwört, und die darin verschlungene dramatische Schilderung mit ihren Fabel- und Hausgeistern, mit dem unerkannt dazwischentretenden blinden Vater, erinnern an die stärksten Seiten alter Volksmärchen.« Das Stück wurde 1919 im Schauspielhaus Leipzig uraufgeführt. Barlach wurde gefragt, ob er zur Premiere kommen wolle. Er wehrte ab und meinte: »Das werde ich bleiben lassen. Niemand ist im Theater weniger am Platz als der Autor.« Das Stück hatte keinen rechten Erfolg. Die Kritik meinte, das Drama sei nur für Intellektuelle geschrieben, obgleich Barlach ja gerade das Gefühl für Magisches ansprechen wollte.

Thomas Mann, der das Stück 1924 in einer Aufführung der Münchner Kammerspiele sah, war später des Lobes voll: »Es ist im Innersten deutsch und heimlich, wie ein Lied aus *Des Knaben Wunderhorn*, märchenvertraut in seinen Motiven dem nationalen Sinn –, es ist tief volkstümlich.« Dieses Lob teilten nicht alle. Alfred Döblin etwa, der Erfinder des modernen Romans, schrieb: »Da stehste staunend vis-à-vis. Bei einem las ich: von Barlach wird alles ins Mystische zurückgestoßen. Da haben wir ja den Salat: die Dumpfheit, Gärung, Unklarheit – Mystik. Das Brüten, Würgen,

Broschureinband

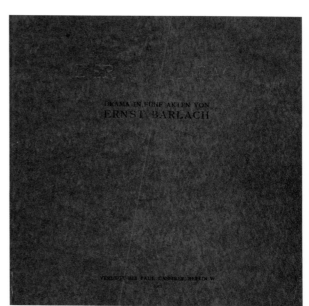

Kollern – Mystik. Liebe Herren, grässlich rückständig, ungeistig, eine Frühgeburt ist Barlach.«

Die Mappe der Pan-Presse wie die selbständige Buchveröffentlichung wurden zunächst kein wirtschaftlicher Erfolg. »Cassirer«, vermerkt Barlach, »begann ein generöses Herumschenken in Stadt und Land, und der Textband, warm geworden im Nest, gab sich drein.« Erst der einsetzende Erfolg des Bildhauers nach dem Ersten Weltkrieg und die einhergehende Rezeption seiner Dichtung (der Uraufführung am Leipziger Schauspielhaus folgten weitere Aufführungen in Berlin, München, Aachen, Wien und Düsseldorf) machten den Dichter Barlach breiter bekannt. 1919 erschien eine zweite, im Impressum mit 1918 ausgewiesene Auflage; eine dritte folgte noch im gleichen Jahr; eine vierte und die letzte zu Lebzeiten Barlachs kündigte der Verlag in einer Anzeige im *Börsenblatt* am 19. Februar 1925 an. Freilich darf man daraus nicht schließen, daß die Buchausgabe ein Erfolg geworden sei, da keine Angaben über die Auflagenhöhen bzw. die Exemplarzahl der Bindequoten zu finden waren. Bemerkenswert bleibt vielleicht noch, daß sich auch die Psychoanalyse des Dramas annahm. Carl Gustav Jung, der mit Freud befreundete Psychologe und Psychiater, hielt einige Vorträge darüber, was von Barlach aber als einigermaßen abwegig empfunden wurde.

Bei Faber & Faber Leipzig ist in der Reihe *Die Graphischen Bücher* eine bibliophile Ausgabe des Stückes erschienen, mit Originalradierungen von Clemens Gröszer, Berlin. MF

Literaturauswahl
ERNST BARLACH: *Ein selbsterzähltes Leben* (1928). *Ernst Barlach. Die Briefe. Bd. 1. 1880-1924. Hrsg. v. Friedrich Dross* (1968). REINHARD PIPER: *Briefwechsel mit Autoren und Künstlern. 1903-1953. Hrsg. v. Ulrike Buergel-Goodwin u. Wolfram Göbel* (1979).

Becher, Johannes R. {1891-1958}
Der Ringende.
Kleist-Hymne.

Aufl.: 510 Expl., davon 10 sign. Expl. auf Van Geldern-Bütten. Berlin: Heinrich F. S. Bachmair, 1911. 6 Bl. 24,5 x 18,5 cm. Heft. Druck: E. Künstler & Sohn, Berlin.

Bechers Jugend war gekennzeichnet durch anhaltende Konflikte mit den Autoritäten Elternhaus und Schule. Der Sohn eines Richters in München hatte Mühe, das Abitur zu bestehen, und sollte sein Studium nicht zu Ende bringen. Anderthalb Jahre vor der Veröffentlichung seines ersten Buches geschah eine Katastrophe, deren psychische Folgen den Dichter und späteren Kulturminister der DDR lebenslang nicht losließen: Zusammen mit seiner Geliebten, einer Tabakhändlerin, wollte Becher 1910 Selbstmord begehen. Sie starb durch eine Kugel von seiner Hand, er kam mit einem Lungensteckschuß davon. Eine Anklage verhinderte der Vater, ein steifer wilhelminischer Beamter, der gleichwohl seinen Sohn liebte und dessen Krisen in den kommenden Jahren auf ungeschickte Weise begleitete.

Becher wandte sich mit einer Gedichtsammlung zuerst an Waldemar Bonsels, der seinerzeit in München den kleinen Bonsels Verlag betrieb. Doch der war gerade im Begriff, seine Firma zu veräußern. Immerhin nahm er Becher in seinen neuromantischen Freundeskreis auf und bestärkte ihn in seinen literarischen Ambitionen. Der Verlag Albert Langen in München, an den sich Becher sodann mit Bonsels' Empfehlung wandte, war bereit, Bechers Gedichtmanuskript zu drucken, doch verlangte die Verlagsleitung von ihm einen Druckkostenvorschuß von 400 Reichsmark, um den sich Becher in der Familie und bei dem Mäzen Alfred Walter Heymel im Juli 1911 vergeblich bemühte.

In Bonsels Kreis lernte Becher einen jungen Mann kennen, Heinrich F. S.

Bachmair, mit dem ihn bald eine innige Freundschaft verband, wie er sie bislang in seinem Leben nicht gekannt hatte. Bachmair war nur wenig älter und der Dichtung mit ähnlichem Enthusiasmus wie er verbunden. Als Bachmair sein Studium in Berlin fortsetzte, folgte ihm Becher wenig später nach und nahm seine Wohnung nur wenige Häuser von der des Freundes entfernt im Stadtbezirk Friedrichshain. In der Zeitung lesend, sagte Bachmair am 20. Oktober 1911 zum Freund, daß zum hundertjährigen Todestag Heinrich von Kleists am 11. November Feiern stattfinden werden. »Darauf Becher: ›Ich habe eine Kleist-Hymne geschrieben.‹ Ich: ›Die drucken wir!‹« erinnerte sich Bachmair Jahrzehnte später an das für beide entscheidende Ereignis. Weil Becher den Text nicht zur Hand hatte, forderte er das Manuskript *Die Jugendwelt* telegrafisch von Albert Langen zurück. Noch am selben Tag setzten die Freunde den Vertrag über die Hymne *Der Ringende* auf. Die einmalige Auflage betrug 500 Exemplare, für die zunächst ein Ladenpreis von 50 Pfennig festgesetzt wurde, plus zehn Exemplare einer »Luxusausgabe« auf handgeschöpftem Van-Geldern-Bütten. Damit war zugleich Bachmairs Verlag gegründet, den er vorläufig in seiner Wohnung, Memeler Straße 80, betrieb. Mit dem endlich eingetroffenen Text ging er zum Sohn seiner Wirtin, der in der Druckerei E. Künstler & Sohn angestellt war. Nach einem Monat, rechtzeitig zum Jubiläum, lag das Heft fertig gedruckt auf dem Tisch. Auf einer Bauchbinde stand: »Zu Kleists 100. Todestag. Preis 75 Pfennig«. Doch weder der aktuelle Anlaß noch der mäßige Preis vermochten es, die Buchhändler für das Werk einzunehmen. Bachmair berichtete, daß einige unwillig bereit waren, das Heft in Kommission zu nehmen, wenn er ihnen einen Stapel Bücher zu zwanzig Mark abkaufte. Der Verkauf war eine einzige Enttäuschung, nur der Absatz

J.R. Becher. Zeichnung v. L. Meidner. 1919 (?)

Porträt J.R. Becher von Ludwig Meidner, 1919

Titelblatt

zweier Luxusausgaben zum Preis von 10 Mark schuf zwischenzeitlich ein kleines Erfolgserlebnis.

Immerhin erschienen einige anerkennende Rezensionen. In der *Aktion* (Nr. 44, 1911) schrieb Alfred Richard Meyer eine wohlwollende Besprechung. In der Münchner Literaturzeitschrift *Janus* hieß es: »Ein junges Talent von außerordentlichen Maßen und einer gewaltigen Explosivkraft sprengt hier zum ersten Male seine Fesseln unter der Maske des ringenden Kleist. Die Sprache ist von großer Originalität, und ein starker Strom von neuartigen und lebendigen Bildern flutet durch die kleine Dichtung.« Der Rezensent erkannte richtig, daß die Dichtung mehr von der Lebensproblematik des Autors als von der Kleists lebte. Verbindend war wohl vor allem der Suizid, dem der eine erlegen und der andere entronnen war. Es handelt sich um eine Hymne auf die Einsamkeit, der Becher Sinn und Schönheit geben wollte. Problematisch war die Strukturlosigkeit des langen, eruptiven Textes. Becher sprach später in seinem *Tagebuch 1950* schlicht von einem »mißratenen Opus«.

Bachmair druckte ferner den Gedichtband *Die Gnade des Frühlings* und weitere Werke von Becher. Beim fünften Titel innerhalb von vier Jahren gingen ihm die Kräfte aus, hatte er doch zugleich eine Reihe von anderen Mißschlägen mit weiteren unbekannten expressionistischen Autoren zu verkraften. Anfang 1914 mußte er seinen Verlag liquidieren. Das halbfertige zweibändige Werk *Verfall und Triumph* überließ er mit einem letzten Verlust dem Hyperionverlag in München. Im Liquidationsvertrag zwischen Bachmair und Becher vom 9. März 1914 wurde festgelegt, daß die beiden ersten Bücher, also auch *Der Ringende*, »aus dem Handel gezogen und, soweit noch vorhanden, vernichtet« werden sollten. Bachmair sprach in seiner Rückschau auf die Anfänge von der halben Auflage.

Becher tat seine nächsten Schritte unter der fürsorglichen Obhut von Harry Graf Kessler und dem Insel-Verlag, mußte jedoch noch Jahre durch ein Tal der Tränen gehen, ehe er seine selbstzerstörerischen jugendlichen Eskapaden zu beenden vermochte. Sein erster Verleger meldete sich bei Kriegsausbruch freiwillig an die Front, von wo er später desillusioniert zurückkehren sollte. CW

Literaturauswahl

JOHANNES R. BECHER, HEINRICH F. S. BACHMAIR: *Briefwechsel 1914-1920. Briefe und Dokumente zur Verlagsgeschichte des Expressionismus. Hrsg. v. Maria Kühn-Ludewig* (1987). ALEXANDER BEHRENS: *Johannes R. Becher. Eine politische Biographie* (2003). JENS-FIETJE DWARS: *Abgrund des Widerspruchs. Das Leben des Johannes R. Becher* (1998).

Becher, Ulrich {1910-1990}
Männer machen Fehler. Erzählungen.

Berlin: Ernst Rowohlt, 1932. 248 S., 2 Bl. 18,6 x 11,2 cm. Ln. mit Deckelzeichn. des Autors. Druck: Jul. Kittls Nachf. Keller & Co., Mährisch-Ostrau.

Als Ulrich Becher, wahrscheinlich 1931, den Rowohlt Verlag besuchte, erschien ihm dieser »wie ein im Krisenorkan havariertes Schiff, das so leicht nicht untergehen kann, weil sein hünenhafter Kapitän strotzt vor listig-lustiger Vitalität, Erfahrungsreichtum, Flair und Courage, und weil seine Mannschaft auf ihn schwört.« Gewiß. Dennoch, das Schiff wäre 1931 fast auf einen Fels gelaufen, wenn nicht das Geld der Ullstein-Gruppe es vor größerem Schaden bewahrt hätte. Und die noch in den Vorweihnachtstagen 1931 (so das Copyright) oder doch erst im Januar 1932 (so der Titeleindruck) erschienenen Novellen *Männer machen Fehler* dürften nicht gerade dazu beigetragen haben,

Einband, gestaltet von Ulrich Becher

die Fracht zu erleichtern, die sich das Verlagsschiff aufgeladen hatte.

Ulrich Becher, ehemaliger Schüler eines Berliner Realgymnasiums und Eleve der Freien Schulgemeinde Wickersdorf, von der Peter Suhrkamp seit 1926 pädagogischer Leiter war, war als 17jähriger Malschüler in den Einflußbereich von George Grosz gelangt, dem er in der Manier der Einbandzeichnung auf seinem Titel *Männer machen Fehler* immer noch huldigt. Die literarischen Kabinettstücke des Bandes, skurril und hintersinnig zugleich, hatten nur ein kurzes Leben auf dem deutschen Buchmarkt. Bereits 1933 wurden sie von den Nazis als »entartete Kunst« verboten. Dadurch wurde eine weitergehende Anerkennung des Autors auf dem deutschen Buchmarkt verhindert, wenngleich eine wohlwollende Kritik von Peter Suhrkamp in der *Vossischen Zeitung* sowie Rezensionen in *Das literarische Echo* oder in *Deutsche Republik* dem jungen Autor eine vielversprechende Zukunft voraussagten. Schon 1932 ging Becher nach Wien. Er kehrte nach der Indizierung seiner Erzählungen nicht mehr nach Deutschland zurück. Er heiratete 1934 die Tochter des Satirikers Roda Roda, der ihn überhaupt kräftig unterstützt haben dürfte, und trat, wie viele andere Kollegen auch, die aufgezwungene Emigrationsreise durch die Welt an, die ihn erst in die Schweiz, dann nach Brasilien, schließlich nach New York und von dort wieder zurück nach Europa führte. 1946 feierte er mit dem dramatischen Possenspiel *Der Bockerer*, einer in New York zusammen mit Peter Preses verfaßten Auseinandersetzung mit dem Faschismus, einen beachtlichen Erfolg. – Eine zweite Auflage von *Männer machen Fehler* erschien erst 1959 im Rowohlt Verlag. Der Aufbau-Verlag Berlin und Weimar besorgte eine Ausgabe für die DDR im Jahre 1962.   EF

Literaturauswahl
ULRICH BECHER: *Murmeljagd.
Autobiographischer Roman* (1977). Mara Hintermeier u. Fritz J. Raddatz (Hrsg.): *Rowohlt Almanach 1908–1962* (1962).

Becker, Jurek {1937-1997}
Jakob der Lügner.
Roman. Aufl.: 10 000 Expl. Berlin u. Weimar: Aufbau-Verlag, 1969. 270 S. 18,8 x 11,6 cm. Ln. mit Umschl. Einband und Umschl. v. Sigrid Huß. Druck: Grafischer Großbetrieb Völkerfreundschaft, Dresden.

Als das fertige Manuskript von *Jakob der Lügner* im Mai 1968 im Berliner Aufbau-Verlag eingeht, wird Wolfgang Joho, selbst Autor einiger Nachkriegsromane, Chefredakteur der Zeitschrift *Neue Deutsche Literatur* von 1960 bis 1966 und Präsidiumsmitglied des Schriftstellerverbandes der DDR um ein Gutachten gebeten. Darin schreibt er: »Dies ist eine außergewöhnliche Geschichte hinsichtlich Fabel, Erzählweise und literarischem Gewicht, eine, die aus dem Rahmen fällt und den Durchschnitt weit überragt.« Dieses Urteil wird von weiteren Notatoren

Jurek Becker w
geboren. Einen
seiner Kindheit
Ghetto und KZ
blieben seine B
Deutschland. De
Studium der Ph
lebt er als frei
steller in Berli
literarischen Ar
sich auf Filmdr
spiele und Ka
der Lügner" ist i

6,90

Titelblatt und Umschlag von
Sigrid Huß

sekundiert, bis ins DDR-Ministerium für Kultur hinein, dessen Hauptverwaltung Verlage und Buchhandel heute als *die* Zensurbehörde definiert wird. Ihr Gutachter Eberhard Mehnert meint: »Dieses Manuskript wiegt schwer, es wiegt doppelt schwer für einen Erstling … So hat (Becker) ein ergreifendes Bild von dem Mut und der Weisheit und der Güte einfacher jüdischer Menschen gezeichnet, ohne zu heroisieren. Ein Erstling, der offenbar in jahrzehntelanger gedanklicher Arbeit gewachsen ist, ein entsetzliches Schicksal zu beeindruckender Kunst formend, in der Tragisches und Komisches nebeneinander stehen.«

Es ist eine Lüge, die Jakob, Internierter des Warschauer Ghettos benutzt, eine wohltätige Lüge: Er behauptet, er sei im Besitz eines Radios, was unter Todesstrafe steht, wenn es die Wahrheit wäre. Er braucht diese Lüge, um allen Hoffnung zu geben und Mut zum Überleben. Er verbreitet, das Radio würde ihm Nachricht geben vom Näherrücken der russischen Truppen, von baldiger Befreiung.

Jurek Becker hatte bislang Filmdrehbücher geschrieben und Texte für das Berliner Kabarett »Die Distel«. Auch für den Jakob-Stoff gab es zuerst ein Exposé für ein Filmdrehbuch, das schon 1963 der DEFA, der staatlichen Filmgesellschaft der DDR, vorlag, für das man sich allerdings nicht kurzfristig entscheiden konnte. Das hatte keine politischen Gründe. Vielmehr erwies sich eine geplante Zusammenarbeit mit der polnischen Filmgesellschaft als schwierig, die dafür sorgen sollte, daß mehrere Szenen des Films an Originalschauplätzen in Polen gedreht werden konnten. Die Verzögerungen benutzte Becker, um den Filmstoff in einen Roman umzuheben, um dann – umgekehrt – daraus wieder einen Film zu machen. Und so wurde es auch. Der Aufbau-Verlag, der sich seit 1966, seit Kenntnis des Filmexposés und anderer Textproben von Becker, um ein Romanmanuskript bemühte, konnte 1967 sein Werben um diese wundersame Beschreibung einer neuen Jakobslegende erfolgreich abschließen und die Romanveröffentlichung für 1968 vorsehen, und sie mit ein wenig Verzug 1969 realisieren. Dabei wurde, was den Verlagsvertrag betraf, ein Kompromiß geschlossen. Die Filmrechte wurden ausgeklammert, so daß Jurek Becker, als er 1969 eine Festanstellung als Drehbuchautor bei der DEFA erhielt, seine Aussichten verbessern konnte, aus dem Stoff doch noch

„Schlendern in einem Städtchen, aus dem du dein Leben lang nie weiter weggekommen bist als eine Woche, die Sonne scheint dir freundlich auf den Weg, so freundlich wie auch die Erinnerungen sind, um derentwillen du doch bloß dein Haus verlassen hast…" Erinnerungen an vergangene friedliche Zeiten, an Aaron Ehrlicher, den Kartoffelhändler, der nie mit sich *handeln* ließ, an den Tabakladen von Chaim Balabusne, an die Libauer 38 und an Josefa Litwin, deren Heiratsangebot du ausschlugst, womit du vielleicht das Glück deines Lebens verspielt oder gewonnen hast. Gute Erinnerungen — bis die Sperrstunde Jakob Heym, den ein verrückter Zufall aus einem Gleichen zu einem Besonderen gemacht hat, in die Gegenwart zurückruft: In seine alte Stadt, von der heute — 1943 — ein Teil zum Ghetto wurde, zu der braunäugigen Lina, zu dem Liebespaar Mischa und Rosa, zu dem Nörgler Kowalski und den anderen gewöhnlichen, seltsamen, besonderen Menschen, die aus Jakobs wohltätigen Lügen Hoffnung und Kraft zum Überleben schöpfen.

Schutzumschlagentwurf: Sigrid Huß.

einen Film zu machen. Der große Erfolg des Romans half, die Verfilmung zu beschleunigen. 1974 wurde der Stoff unter der Regie von Frank Beyer, der schon in den sechziger Jahren als Regisseur für das Filmprojekt vorgesehen war, verfilmt. Es wurde der einzige Film aus der DDR, der als bester ausländischer Film für einen Oskar nominiert war, den Preis aber knapp verfehlte.

Der Roman löste eine Flut von Rezensionen aus, die sich über Parteien – und innerdeutsche Grenzen hinweg vornehmlich in ihrer Bewunderung einig waren. Der Roman erschien in vielen Nachauflagen in Ost und West, in unterschiedlichen Buchgenres und Buchclubausgaben. Er wurde in über 20 Sprachen übersetzt. Der Welterfolg, der aus dem besternten Himmel des Schutzumschlags der Erstausgabe noch nicht herauszulesen war, bezeichnet den größten Romanerfolg Jurek Beckers, der ihm je vergönnt war. Es ist ein Buch, das mit Preisen geehrt wurde und das heute zum Kanon der deutschen Literatur des 20. Jahrhunderts, ja – wie Volker Hage meinte – sogar der Weltliteratur gehört. EF

Literaturauswahl
JUREK BECKER: *Briefe*. Hrsg. v. Christine Becker u. Joanna Obrusnik (2004). BEATE MÜLLER VON NIEMEYER: *Stasi – Zensur – Machtdiskurse. Publikationsgeschichten und Materialien zu Jurek Beckers Werk* (2006).

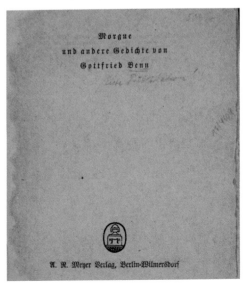

Benn, Gottfried {1886-1956}
Morgue und andere Gedichte.
Aufl.: 500 Expl., 5 Expl. auf echtem Pergament gedruckt. Berlin: Verlag Alfred Richard Meyer. 8 Bl. 18 x 14 cm. Br. (= Lyrisches Flugblatt Nr. 21.) Druck: Druckerei Paul Knorr, Berlin-Wilmersdorf.

Wohl nie in Deutschland hat die Presse in so expressiver, explodierender Weise auf Lyrik reagiert wie damals bei Benn.« Der das 1948 in seinen Erinnerungen *Die maer von der musa expressionistica* rückblickend aufschrieb, war Benns erster Verleger, Alfred Richard Meyer, genannt Munkepunke, der eigentliche Entdecker Gottfried Benns, der den Dichter gleich 1912 in die Literaturgeschichte als den sogenannten Höllenbreughel einsortierte. Und Else Lasker-Schüler beschwor in einem undatierten Brief von 1913 an Kurt Wolff den Verleger, unbedingt das Buch *Morgue* zu lesen. Sie sei gewöhnlich mißtrauisch gegenüber dieser »Arzt Art«, »aber diese Gedichte hat ein *wirklicher* Tiger gedichtet«. Seine Balladen seien so »ungeheurig und eigenartig«, daß sie gleich einen Essay über Benn geschrieben und auch noch sein Bild dazu gezeichnet hätte. Und im *Zwiebelfisch* (4. Jg., H. 2/1912) konnte man lesen:

»Gottfried Benn, Morgue und andere Gedichte. 21. Flugblatt von A. R. Meyer, Wilmersdorf.

Junge Mediziner finden zuweilen gegen das Grauen, das ihnen das Allzumenschliche in ihrem Berufe anfangs einflößt, als bestes Hemmungsmittel brutalen Zynismus. – Gewöhnlich tobt sich das am Stammtisch oder vor entsetzten kleinen Mädchen aus. Hier klatscht es einer erbleichend schluckenden Mitmenschen in 500 Flugblättern ins Gesicht. Bilder von einer Scheußlichkeit ohnegleichen aus der Morgue, den Entbindungsanstalten, Schilderungen von Krebsbaracken und Blinddarmoperationen, von denen auch nur Zeilen zu zitieren

Heftumschlag

unmöglich ist. Der Stil ist nicht schlecht: knapp und verbissen. Es soll wohl eine Mitleidsorgie sein, wie etwa Panizzas: *Liebeskonzil.*

Kraftgenie? Talent? Vielleicht: Gewisse Stoffe zu meistern, braucht's aber etwas mehr: Größe zum Beispiel oder Form in höchster Vollendung. Immerhin: nil humani … Wer sie aber lesen will, diese - - - Gedichte, der stelle sich einen sehr steifen Grog zurecht. Einen sehr steifen!!!«

Es ist frappierend, welches »Halleluja« und welches »Pfui Teufel« über Benns Erstlingswerk gesungen bzw. ausgeschüttet wurden, eine Spaltung des literarischen Geschmacks, die zu diesen Texten bis heute anzuhalten scheint.

Benn war wohl zum ersten Mal 1910 der Öffentlichkeit aufgefallen, als er in einer Berliner Zeitschrift Gedichte unter der Überschrift *Rauhreif und Gefilde der Unseligen* erscheinen ließ, jugendstilgeprägte Verse, die die späteren emphatischen Aufschreie noch nicht vorausahnen ließen, die den jungen Arzt schlagartig bekannt machten.

A. R. Meyer entschied sich innerhalb eines Tages für die Gedichte im Band *Morgue*, die ihm der Redakteur Adolf Petrenz von der Berliner *Täglichen Rundschau* zur Begutachtung zugeschickt hatte. Bereits acht Tage später war das *Lyrische Flugblatt Nr. 21* fertig. Es wurde im März 1912 an den Buchhandel ausgeliefert. Die Auflage soll bereits einen Monat nach Erscheinen beim Verlag vergriffen gewesen sein, wie aus dem bereits angeführten Brief der Else Lasker-Schüler (1913) an den Verleger Kurt Wolff hervorgeht. Freilich ist das nicht ganz glaubhaft, denn Benn war immer ein schwer verkäuflicher Autor.

Eine bemerkenswerte Neuausgabe von Benns Gedichten erschien im Münchner Verlag Der Bücherwinkel, 1923. Umschlagillustration: Rolf von Hoerschelmann, Auflage: 300 Exemplare. In der Reihe *Die Graphischen Bücher* bei Faber & Faber Leipzig wurde 1993 eine Ausgabe von 999 numerierten Exemplaren publiziert. Diese war in wenigen Monaten vergriffen. Sie wurde im Buchdruck hergestellt und von Ingo Regel, Leipzig mit 12 Originalholzschnitten ausgestattet. Die Ausgabe wird im Antiquariatsbuchhandel hoch gehandelt. M F

Literaturauswahl
CARSTEN DUTT: *Gottfried Benn, Morgue und andere Gedichte.* In: Günther Emig u. Peter Staengle (Hrsg.): *Erstlinge (2004).* ALFRED RICHARD MEYER: *Die maer von der musa expressionistica (1948).* KURT WOLFF: *Briefwechsel eines Verlegers 1911-1963 (1966).*

Bergengruen, Werner {1892-1964}
Das Gesetz des Atum.
Roman. Mit 21 Zeichnungen v. R. von Hoerschelmann. München: Drei Masken Verlag, 1923. 301 S., 1 Bl. 18,6 x 12,5 cm. Br. (= Sindbad-Bücher.) Druck: Paul Schettlers Erben, G.m.b.H, Großdruckerei Cöthen (Anh.).

Werner Bergengruen hatte bereits bewegte Lebensjahre verbracht, ehe er seine Existenz als Schriftsteller begründete. Der Sohn eines baltischen Arztes war zu seinem Leidwesen mit seinen Brüdern fern vom Elternhaus auf ein Gymnasium in Lübeck geschickt worden, damit er nicht in eine russische Schule gehen mußte. Seine Heimatstadt Riga gehörte bis zum Ende des Ersten Weltkrieges zum russischen Zarenreich, mit dem die herrschende deutsche Schicht im Baltikum in einem spannungsreichen Verhältnis lebte. Nach der Schule studierte er in Marburg, München und Berlin verschiedene Fächer, ohne einen Abschluß zu machen. 1914 trat er als Freiwilliger in die deutsche Armee ein, um den ganzen Weltkrieg im Osten

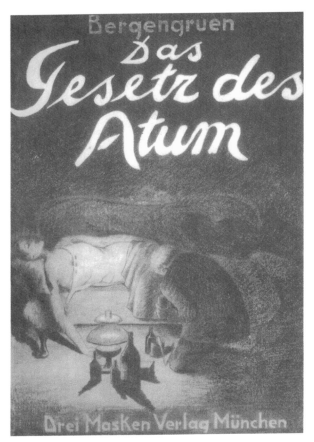

Broschureinband von Rolf von Hoerschelmann,
Leineneinband siehe Seite 37

Gesetz des Atum. Doch der finanzielle Ertrag wurde entscheidend geschmälert durch eine Verzögerung in der Auszahlung; so wurde der Wert des Honorars durch die 1923 galoppierende Inflation aufgezehrt. Immerhin konnte sich Bergengruen durch die Publikation einen gewissen Namen machen, was er der Zeitung noch im Alter anrechnete, zumal die Redaktion nach seinen Erinnerungen mit dem *Gesetz des Atum* überhaupt den ersten Fortsetzungsroman in ihrem Blatt veröffentlichte. In den folgenden Jahren bildeten Einkünfte, die er mit Übersetzungen aus dem Russischen verdiente, einen gewissen materiellen Rückhalt. Seine Übertragungen von Hauptwerken Turgenjews, Dostojewskis und Tolstois wurden später immer wieder nachgedruckt. Auch seine seit 1923 regelmäßig erscheinenden eigenen Bücher fanden allmählich ein Publikum, das er durch ausgedehnte Lesereisen zu vermehren wußte.

Die Buchausgabe des Romans im Münchner Drei Masken-Verlag, die mit Illustrationen von Rolf von Hoerschelmann versehen ist, erschien fast zeitgleich mit einem Novellenband, *Rosen am Galgenholz*, und einem Erzählungsband *Schimmelreuter hat mich gossen*. Nach Bergengruens eigenen Aussagen ist aber der Roman als Erstling anzusehen. Der Autor wollte von seinen frühen Büchern später nichts mehr wissen. »Beide sind mit Recht vergriffen, verbrannt, vergessen«, heißt es in seinem 1962 widerwillig verfaßten Lebenslauf *Knurriculum vitae*, wobei er das dritte Buch ganz aus dem Auge verloren hatte. Der Roman stellt immerhin eine bedeutende Talentprobe dar, in der Bergengruen seine Erfahrungswelt einzubringen wußte: den baltischen Osten und seine Berührungen mit dem russischen Kulturkreis sowie das Studenten- und Burschenleben in Marburg mit Trinkgelagen und Duellunwesen. Die literarische Struktur wurde vor allem geprägt durch Bergengruens Beschäftigung mit der

mitzumachen. Nach dem verlorenen Krieg kämpfte der aus dem kaiserlichen Heer entlassene Offizier im Dienst eines baltischen Freikorps in Lettland gegen die Rote Armee und die lettische Emanzipationsbewegung, bis die Großmächte 1920 die lettische Unabhängigkeit besiegelten. Seine Frau Charlotte, die er 1919 als Medizinstudentin während eines Urlaubs in Marburg geheiratet hatte, stammte aus der jüdischen Familie von Fanny Mendelssohn-Hensel und Wilhelm Hensel. Das Paar pendelte Anfang der zwanziger Jahre zwischen Tilsit, Memel, Berlin, Marburg und Danzig hin und her, ohne irgendwo dauerhaft Fuß zu fassen. In dieser Zeit leitete Bergengruen die Zeitschriften *Ost-Information* und später *Baltische Blätter*, mit denen die Ziele der Baltendeutschen weiterverfolgt wurden, und er arbeitete intensiv an seinen literarischen Plänen.

1922 publizierte die *Frankfurter Zeitung* in Fortsetzungen den Roman *Das*

Romantik und dem phantastischen Erzählen Chamissos und E. T. A. Hoffmanns, dem er sich am stärksten verbunden fühlte. Im Roman spielt ein Siebenmeilenstiefel eine entscheidende Rolle. Formal strukturiert wird das Werk nach dem Vorbild der 1805 pseudonym erschienenen *Nachtwachen. Von Bonaventura*, in dem ebenfalls ein Ich-Erzähler während seiner Nachtwachen eine Beichte ablegt. Auch die Rezeption der zeitgenössischen Phantastik, die durch Alfred Kubin und Gustav Meyrink einen großen Aufschwung nahm, besaß Einfluß auf die Romangestaltung, wie in dem Kommentar zur Neuausgabe (1987) von Marianne Wünsch dargestellt wird. Ähnlich den Helden von Kubin und Meyrink entwickelt sich die Selbstfindung von Bergengruens Hauptfigur, Nikolai Laurentius, äußerst problematisch, ja endet im Verlust der Identität.

Bergengruen erlebte während der nationalsozialistischen Zeit seine großen Erfolge mit historischen Romanen und Erzählungen, in denen er sich verdeckt mit dem Machtmißbrauch des herrschenden Regimes auseinandersetzte. Seine ersten Versuche gerieten darüber fast völlig in Vergessenheit. CW

Literaturauswahl

WERNER BERGENGRUEN: *Dichtergehäuse. Aus den autobiographischen Aufzeichnungen* (1966). WERNER BERGENGRUEN: *Von Riga nach anderswo oder Stationen eines Lebens. Bücher, Reisen, Begegnungen* (1992). HANS BÄNZIGER: *Werner Bergengruen. Weg und Werk* (4., veränd. Aufl. 1983). CARL J. BURCKHARDT: *Über Werner Bergengruen. Mit vollständiger Bibliographie, fünf Porträtskizzen und Lebenslauf* (1968). FRANK HOLGER WALPUSKI: *Aspekte des Phantastischen. Das Übernatürliche im Werk Werner Bergengruens* (2006). MARIANNE WÜNSCH, *Nachwort zu: Bergengruen, Das Gesetz des Atum* (1987).

Bernhard, Thomas {1931-1989}
Auf der Erde und in der Hölle. Gedichte.
Aufl.: 1000 Expl. Salzburg: Otto Müller Verlag, 1957. 128 S. 18,5 x 10,8 cm. Br. Einbandgestaltung: Karl Weiser. Druck: »Welsermühl«, Wels.

Immer wieder fällt auf, daß die Autoren, wenn sie die literarische Bühne betreten, dies häufig mit Gedichten, mit Gedichtsammlungen, tun. Auch Thomas Bernhard, den wir später als einen der großen Romanciers des 20. Jahrhunderts feiern (neben dem spektakulären Bühnenautor), auch wenn er sich selbst mehr als »Geschichtenzerstörer« denn als Geschichtenerzähler verstanden wissen wollte, hat sich zuerst mit zyklisch gebündelten Gedichten in der Literaturszene angemeldet. Die Gedichte ließen freilich schon etwas von der zentralen Thematik vorausahnen, die Bernhards Werk einmal beherrschen sollte: Tod und Verfall und die noch anderen Infamitäten der Welt. Die insgesamt 71 Gedichte des Erstlingswerks sind leitmotivisch unterteilt: Hinter den Bäumen ist eine andere Welt / Die ausgebrannten Städte / Die Nacht, die durch mein Herz stößt / Tod und Tymian / Rückkehr in eine Liebe.

Schon vor der ersten Gedichtsammlung hatte sich Bernhard, der an der Hochschule für Musik und darstellende Kunst in Wien studierte, das Mozarteum in Salzburg besuchte und dort die Bekanntschaft mit Gerhard Lampersberg, dem Förderer vieler Talente der österreichischen Avantgarde, machte, im Schreiben geübt und als Gerichtsreporter des *Demokratischen Volksblatts* in Salzburg abstruse Lebensgeschichten erzählen gelernt.

Zwei Menschen waren es, die Thomas Bernhard als »existenzscheidend« für sich ansah und – wie seinen autobiographischen Texten zu entnehmen ist – als

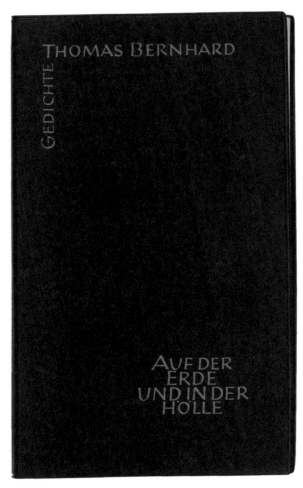

Einband von Karl Weiser

Wenn man sich nach Förderern umsieht, die Bernhards Talent frühzeitig erkannten, begegnet man auch Carl Zuckmayer. Er kannte Bernhard schon als kleines Kind auf Grund seiner Kontakte zum Großvater Johannes Freumbichler, für den er 1936 das umfangreiche Manuskript *Philomena Ellenhub* an den Wiener Zsolnay Verlag vermittelt hatte. Zuckmayer verhalf Bernhard zum Reportereinstieg beim Salzburger *Demokratischen Volksblatt*, einer Zeitung der österreichischen Sozialdemokratie. Diese Tätigkeit hat Bernhard später als elementare Schule seiner schriftstellerischen Arbeit bezeichnet. Zuckmayer begleitete Bernhards Buchveröffentlichungen als Rezensent. Mit einer leidenschaftlichen Besprechung des Romans *Frost* hat er Bernhard sicher zum Durchbruch als Erzähler auf dem deutschsprachigen Buchmarkt verholfen, und er scheint auch Anteil daran gehabt zu haben, daß Bernhard 1957 Zugang zum Verlagsprogramm von Otto Müller fand.

Der Otto Müller Verlag, 1937 gegründet, der Verleger 1939 verhaftet, der Verlag 1941 zwangsverkauft wegen Unvereinbarkeit seiner Arbeit mit dem nationalsozialistischen Regime, 1946 wiederbelebt, war neben der Vermittlung geisteswissenschaftlichen Wissens auch der schönen Literatur verpflichtet. Mit dem Erwerb der Rechte an Georg Trakls Werk (1938) hatte er sich, neben seiner theologischen und geisteswissenschaftlichen Ausrichtung, auch als schöngeistiger Verlag etabliert. Neben klassischen Ausgaben fanden Bücher zeitgenössischer Autoren, vor allem der österreichischen Literaturszene, Platz im Verlagsprogramm. Mit einer Reihe *Neue Lyrik* warb er um junge Autoren, und so ist es kein Zufall, daß nach *Auf der Erde und in der Hölle* noch ein weiterer Gedichtband *In hora mortis* (1958) von Thomas Bernhard bei Otto Müller erschien. Der katholische Verlag hatte aber vermutlich auch seine Schwierigkeiten mit Thomas Bernhards Weltsicht. 1961 lehnte

prägend für seine literarischen Neigungen empfunden hat. Dies waren sein Großvater Johannes Freumbichler, selbst Schriftsteller, mit ausgeprägtem Sinn für die Philosophie, für Schopenhauer, Pascal, Montaigne und andere europäische Größen, sowie Hedwig Stavianicek, sein »Lebensmensch«, wie er vermutete. Eine innige Freundschaft verband ihn mit dieser 35 Jahre älteren Frau, die er während seines Aufenthalts in der Lungenheilstätte Grafenhof bei St. Veit im Pongau kennengelernt hatte, und deren Zuneigung er sich bis zu ihrem Tode im Jahre 1984 bewahrte. Für ihn war sie eine Art Mutterersatz und Kontaktperson zur Wiener Gesellschaft.

er nach längerem Zögern die in einem Band mit dem Titel *Frost* (nicht zu verwechseln mit dem 1963 im Frankfurter Insel-Verlag veröffentlichten gleichnamigen Roman) versammelten 144 Gedichte ab, die dann im Œuvre als geschlossene Sammlung nicht wieder auftauchen. Schon bei den Gedichten in *Auf der Erde und in der Hölle* war es zu Mißverständnissen gekommen. Das Manuskript (der »Provokateur« seiner Umgebung deutete sich an) enthielt vernehmbare Absagen an Gott, die der katholische Verlag zugunsten einer positiver besetzten religiösen Bilderwelt verändert wissen wollte. Eine Neuausgabe des Gedichtbandes ist unseres Wissens nicht erschienen.

Das Erstlingswerk Bernhards machte ihn in der engeren Literaturszene bekannt und beförderte weitere Kontakte. »Vielleicht sind diese Gedichte die größte Entdeckung, die ich in den letzten Jahren in unserer Literatur gemacht habe … sie tragen die Merkmale großer moderner Dichtung«, jubilierte Carl Zuckmayer 1959, und Wieland Schmied entdeckte (1958) in Bernhards Gedichten »eine ›Biographie des Schmerzes‹, er leidet ebenso an der vergänglichen Fülle wie an der Dürre der Erde«. Die literarische Welt hat seitdem nicht aufgehört, über Thomas Bernhard, den Zerstörer und Wiedererrichter, den Schamlosen und Verschämten, den Hasser und den Liebenden, immer wieder neu nachzudenken. EF

Literaturauswahl
THOMAS BERNHARD: *Der Atem* (1978).
THOMAS BERNHARD/SIEGFRIED UNSELD: *Der Briefwechsel. Hrsg. v. Raimund Fellinger, Martin Huber u. Julia Ketterer* (2009). GITTA HONEGGER: *Thomas Bernhard. »Was ist das für ein Narr?«* (2003). BERNHARD SORG: *Thomas Bernhard* (1977).

Biermann, Wolf {geb. 1936}
Die Drahtharfe.
Balladen. Gedichte. Lieder.

Mit Frontispizzeichnung v. Ronald Paris und Notenbeispielen des Autors. 1.-4. Tsd. Berlin: Verlag Klaus Wagenbach, 1965. 78 S., 3 Bl. 12,5 x 21,4 cm. Br. (= Quarthefte Nr. 9.) Satz u. Druck: Poeschel & Schulz-Schomburgk, Eschwege.

Bevor es im September 1965 zur Veröffentlichung der Sammlung *Die Drahtharfe* kam, der »Songs und Gedichte voll politischer Brisanz, Asphaltgeschmack, Sentiment und Aggressivität«, wie die *Frankfurter Allgemeine Zeitung* schrieb, war Wolf Biermann bereits durch Mitwirkung an Lyrikabenden oder Kabarett-Treffs aufgefallen. An der Akademie der Künste der DDR hatte es im Dezember 1962 Stephan Hermlin dem Liedermacher ermöglicht, seine Texte vorzutragen. Hanns Eisler, der weithin bekannte Komponist, verhalf

Broschureinband

Biermann seit 1960 zu wichtigen Impulsen über das Verhältnis von Wort und Musik, was Biermanns Lied-Produktionen nachhaltig beeinflußt haben soll. Wolfgang Neuss, der Mitte der sechziger Jahre als einer der besten deutschen Kabarettisten galt, plante im April 1965 einen »gesamtdeutschen Kabarett-Treff« im Rahmen des Ostermarsches in Frankfurt am Main. Der gemeinsame Auftritt wurde mitgeschnitten und kam als Schallplatte bei Philips heraus. Gerhard Zwerenz schrieb den Text für die Plattenhülle. Biermann erreichte eine gewisse Bekanntheit im Westen Deutschlands, die Klaus Wagenbach neben dem politischen Grundtenor der Biermann-Texte mit veranlaßt haben mochte, dem Liedermacher die Spalten seiner *Quarthefte* zu öffnen. Immerhin rückte der Unbekannte aus dem Osten Berlins damit in eine erlesene Gesellschaft. Die ersten acht *Quarthefte*, die erschienen waren, hatten Kurt Wolff, Christoph Meckel, Johannes Bobrowski, Günter Grass, Hans Werner Richter, Ingeborg Bachmann, F. C. Delius und Stephan Hermlin bestritten, bereits leuchtende oder aufgehende Sterne erster Ordnung der zeitgenössischen Literaturszene. Wolf Biermanns *Drahtharfe* wirkte in dieser Zunft wie ein beabsichtigtes Risiko.

Bereits 1964 hatte der Liedermacher das Manuskript dem Rowohlt-Verlag angeboten. Der hatte abgelehnt, weil sich Hans Mayer, der lange Jahre die Leipziger Universitätsgermanistik dominiert hatte, als Gutachter nicht gerade begeistert zum Biermann-Konvolut geäußert hatte. Mehrere Gedichte der *Drahtharfe* waren schon vor 1965 in Anthologien veröffentlicht worden, da die Texte ohnehin bereits seit 1960, hauptsächlich in der Zeit von 1961 bis 1963 entstanden waren. In Anthologien von DDR-Verlagen finden sich Texte aus der *Drahtharfe* in *Liebesgedichte* (1962), in *Sonnenpferde und Astronauten* (1964),

in *Nachrichten von den Liebenden* (1964) sowie in *Meine Mietskasernenbraut* (1965), in Sammlungen, die in Halle/Saale bzw. in Ostberlin herausgegeben wurden.

Die Gedichte der *Drahtharfe* lösten in der deutschen Medienlandschaft ein konträres Echo aus. In der Bundesrepublik Deutschland wurde Biermann gefeiert und in den »Rang eines wirklichen Dichters« erhoben. »Deutschland hat wieder einen politischen Dichter«, konstatierte *Die Welt*. Der *Spiegel* fügte hinzu: »Mit soviel Poesie und Verve hat keiner seit Brecht den Kommunismus behandelt.« Der Kanon des Enthusiasmus zog sich von Nord bis Süd: »Wenn von der kritischen jungen Lyrik von drüben die Rede ist«, stellte die *Frankfurter Allgemeine Zeitung* fest, »so muß man an erster Stelle von Wolf Biermann sprechen.«

In der DDR dagegen wurde Biermann geschmäht. In den Parteizeitungen stellte man ihn als schmutzigen Versemacher dar, als Verkörperer »eines spießbürgerlich-anarchistischen Sozialismus«. Wir wissen, wohin diese Töne und die Intoleranz führten, bis zur Ausbürgerung Biermanns aus der DDR im Jahre 1976. Biermann hat diesen sinnwidrigen Diskurs, das geballte Lob auf der einen Seite und die Verteufelung auf der anderen einmal so dargestellt: »In Ost und West arbeitet man fleißig am Märtyrer-Denkmal für mich und mir bricht der Schweiß aus, wenn ich denke, wie schwer das abzubauen sein wird.«

Die *Drahtharfe*, Zeugnis einer rebellischen Generation, hat noch im Jahr der Ersterscheinung mehrere Auflagen erlebt, nach unseren Recherchen bis zum dreißigsten Tausend. Dieser buchhändlerische Erfolg setzte sich, etwas geläutert, fort bis Anfang der achtziger Jahre, wo man den Druck des vierundachtzigsten Tausend registrieren konnte. Das Bändchen war längere Zeit die erfolgreichste, was heißt auflagenstärkste Lyrikveröffentlichung im Klaus Wagenbach Verlag, vielleicht sogar in der Bundesrepublik Deutschland. Es bekam erst 1983 mit Erich Frieds *Liebesgedichte*(n) Konkurrenz, ebenfalls ein *Quartheft* bei Wagenbach.

Wenn man heute die Reden und Gesänge des Liedermachers Wolf Biermann besieht, staunt man über die Aufregungen der fernen Tage. Die Zeitbilder von damals sind verblaßt. Die »Scheißhaufen«, in die Biermann trat, sind geblieben.   E F

Literaturauswahl

EVA MARIA HAGEN: *Eva und der Wolf* (2006). Heinz Ludwig Arnold (Hrsg.): *Wolf Biermann* (1975). Klaus Wagenbach (Hrsg.): *Warum so verlegen? Über die Lust an Büchern und ihre Zukunft* (2004).

Bobrowski, Johannes {1917-1965}
Hans Clauert, der märkische Eulenspiegel.
Ausstattung und Illustrationen (31 Holz-stiche) v. Werner Klemke. Aufl.: 10 000 Expl. Berlin: Altberliner Verlag Lucie Groszer, 1956. 91 S. Ln. mit Umschl. Satz, Druck, Einband: VEB Leipziger Druckhaus, Leipzig.

Für Freunde, Kritiker und Literatur-historiker beginnt Johannes Bobrowskis Werk mit dem ersten Gedichtband *Sarmatische Zeit* (1961), der ihn schlag-artig berühmt machte. Christoph Meckel etwa beschreibt in *Erinnerung an Johannes Bobrowski* (1978) eine Nacht im Januar 1961 mit »Umarmungen, Gelächter, Kaviar und Sekt« zur Feier des endlich erschienenen »ersten Buches«. Für Sammler beginnt die Bibliographie dagegen mit drei anderen Titeln, den von Bobrowski herausgegebenen Gustav-Schwab-Büchern *Die schönsten Sagen des klassischen Altertums* (1954), *Die Sagen von Troja und von der Irrfahrt und Heimkehr des Odysseus* (1955) und dem ersten selbst verfaßten Werk *Hans Clauert, der märkische Eulenspiegel*. Bobrowski war

seinerzeit der einzige Lektor im Altberliner Verlag Lucie Groszer, der das Büchlein im November 1956 drucken ließ. Von 1950 bis 1959 war »Bo«, wie er von seiner Chefin Lucie Groszer genannt wurde, verantwort-lich für die Programmentwicklung des klei-nen Ost-Berliner Privatunternehmens, das auf Kinder- und Jugendbücher spezialisiert war. Auch Märchen und Sagen aus dem Harz, aus Thüringen, von Rügen und eben aus Brandenburg prägten das Gesicht. Der Schelm aus dem märkischen Trebbin kam also bei der Ausschau nach neuen Titeln für das Verlagsprogramm in Bobrowskis Blickfeld. Der Autor schrieb in einem Brief an

Umschlag von Werner Klemke

Otto Baer vom 28. Januar 1957 etwas herab-lassend über die Entstehungsgeschichte: »Der Text war eine drei, vier Stundensache, sehr linkshändig und ohne anderen als Honorarehrgeiz«. In einem Interview mit Josef-Hermann Sauter dagegen bekannte er sich zu dem Volksbuch und betonte, daß er sich bemühte, die hier studierten »volkstümlichen Redewendungen« und das »volkstümliche Sprechen« in seinen späteren bedeutenden Romanen und Erzählungen produktiv werden zu lassen.

Bobrowski nennt in den Vorbemerkungen zum Buch seine Quelle *Hans Clawerts werkliche Historien*, 1587 von dem Stadtschreiber von Trebbin, Bartholomäus Krüger, veröffentlicht. Ihm gefielen offenbar der Mutterwitz und die Aufmüpfigkeit des Schlossers und Büchsenmachers, der selbst dem Landesherrn Streiche spielte. Er nennt ihn einen »rechten Kerl« und bringt ihn in einen Zusammenhang mit Kleists »Roßkamm« Hans Kohlhase, dessen Gerechtigkeitssinn in einem regelrechten Bürgerkrieg mündete. Der Erzähler hat von den 35 Episoden in Krügers Buch 18 ausgewählt und zum Teil stark verändert nacherzählt. Eine 19., frei erfunden, fügte er hinzu. Für die Illustration des Buches gewann der Verlag mit Werner Klemke einen der bekanntesten Buchkünstler der Zeit, dessen realistische, humorvolle Holzstichkunst sehr gut zu den Schwänken paßte. Das Buch erschien im November 1956 in einer Auflage von 10 000 Exemplaren. Erst lange nach dem Tod des Dichters brachte der Verlag 1983 eine Neuausgabe heraus, farbig illustriert von Peter-Michael Glöckner.   CW

Literaturauswahl
Johannes Bobrowski oder Landschaft mit Leuten. Eine Ausstellung des Deutschen Literaturarchivs (1993). *Johannes Bobrowski. Selbstzeugnisse und neue Beiträge über sein Werk. Redaktion v. Gerhard Rostin u.a.* (1975). LUCIE GROSZER: *Erinnerungen an Johannes Bobrowski*, in: *Marginalien, H. 105* (1987) *u. H. 141* (1996). CHRISTOPH MECKEL: *Erinnerung an Johannes Bobrowski* (1978). ANDREAS DEGEN: *Johannes Bobrowski. Leben und Werk* (2009). HOLGER GEHLE: *Erläuterungen zu: Bobrowski, Werke. 6. Band* (1999). EBERHARD HAUFE: *Bobrowski-Chronik. Daten zu Leben und Werk* (1994). KLAUS VÖLKER: *Johannes Bobrowski in Friedrichshagen. 1949-1965* (2007). GERHARD WOLF: *Johannes Bobrowski. Leben und Werk* (1967).

Böll, Heinrich {1917-1985}
Der Zug war pünktlich.
Erzählungen.
Aufl.: 3000 Expl. Opladen: Friedrich Middelhauve Verlag, 1949. 145 S. 18 x 11,4 cm. Pp. mit Umschl. Umschl.- u. Einbandentwurf v. Karl Staudinger. Druck: Dr. Friedrich Middelhauve GmbH, Opladen.

Etwa Mitte Dezember 1949 – für das Weihnachtsgeschäft viel zu spät – erschien Heinrich Bölls Erstling, die Erzählung *Der Zug war pünktlich* im Friedrich Middelhauve Verlag Opladen. Angekündigt war der Titel zur Frankfurter Buchmesse in Halbleinen zu 6,– DM, erschienen ist aber die Auflage wesentlich später als Pappband zum reduzierten Preis von 4,80 DM. Von der bereits im Dezember des Jahres einsetzenden Pressearbeit abgesehen, begann die eigentliche Vertriebsarbeit für den Titel erst im darauffolgenden Frühjahr, worüber unter anderem eine Anzeige im April 1950 im *Börsenblatt des deutschen Buchhandels* Auskunft gibt, die die Erzählung als »Neuerscheinung des Frühjahrs« ankündigt.

Der Verleger Dr. Friedrich Middelhauve (1896–1966) war ein umtriebiger Mann. Nach seiner Promotion hatte er zuerst 1921 eine Buchhandlung, danach den Verlag und 1924 eine Druckerei gegründet. Die Arbeit der Buchhandlung und der Druckerei darf man erfolgreich nennen, allein Middelhauves verlegerischem Engagement war in der Frühzeit wenig Glück beschieden. Dennoch beantragte er nach dem Zweiten Weltkrieg, 1947, bei der zuständigen Besatzungsmacht erneut eine Lizenz zum Betreiben eines Verlagsgeschäfts. Erst für den wissenschaftlich ausgerichteten Westdeutschen Verlag und etwas später für den schöngeistigen Friedrich Middelhauve Verlag, beide in Opladen. Georg Zänker, der erste Verlagsleiter bei-

Umschlag von Karl Staudinger

der Verlage, war auf Heinrich Böll durch den Abdruck einer seiner frühen kürzeren Geschichten in der bei Willi Weismann in München herausgegebenen *Literarischen Revue* aufmerksam geworden. Ein erstes Gespräch zwischen ihm und dem Autor fand am 15. Dezember 1948 statt. Böll übergab bei dieser Gelegenheit das in zirka zwei Monaten niedergeschriebene und etwa Ende Mai 1948 abgeschlossene Typoskript *Der Zug war pünktlich*, das damals nur einen anderen Titel trug. Es hieß: *Zwischen Lemberg und Czernowitz* (oder auch: *Przemysl*). Das Typoskript war zuvor sowohl vom Willi Weismann Verlag als auch vom Kasseler Harriet Schleber Verlag abgelehnt worden.

Zänker reichte den Text umgehend an den für den Verlag als Außenlektor tätigen Paul Schaaf weiter, der selbst zu den ersten Autoren des Middelhauve Verlags gehörte. Bereits am 8. Januar 1949 setzte sich Schaaf mit Böll in Verbindung und sagte dem Autor, daß er von der literarischen Qualität seiner Arbeit angetan sei. Nachdem im darauffolgenden Monat auch der Verleger Heinrich Böll seine innere Anteilnahme an der Geschichte mitgeteilt hatte, stand einem Verlagsvertrag nichts mehr im Wege. Ende April 1949 schlossen Verlag und Autor eine Vereinbarung über das Erscheinen des Textes und über eine Vorschußzahlung auf die kommenden Erlöse von zuerst 100, später 200 DM monatlich. Weiterhin sollte neben der selbständigen Erzählung ein Sammelband vorbereitet werden, der verschiedene andere kleinere Arbeiten vereinte, und der im Frühjahr 1950 unter dem Titel *Wanderer, kommst du nach Spa…* auch erschien. Warum aber im Verlauf des Lektorats der ursprünglich von Böll vorgesehene Titel seines Erstlings verändert wurde, ist nicht überliefert.

Die verspätete Auslieferung der Erzählung und der für »Kriegsgeschichten« um diese Zeit nicht sonderlich aufgeschlos-

sene deutsche Buchmarkt verhinderten eine breitere Resonanz auf Bölls ersten in Buchform gedruckten Text. Eine wissenschaftliche Erhebung aus jüngster Zeit hat für den Absatz des Titels genaue Zahlen ermittelt. Danach wurden im ersten Jahr nach Erscheinen von der Erzählung zirka 270 Exemplare verkauft, in den ersten drei Jahren bis Ende 1952 nicht mehr als 650 Exemplare. Heute ist man erstaunt darüber, mit welcher Entschlossenheit die meisten Deutschen den Krieg verdrängten. Man wollte sich nicht erinnern. Das Thema von Bölls Erzählung war in den ersten Jahren der Nachkriegszeit nicht gefragt. Man wartete schon zögerlich auf das deutsche Wirtschaftswunder, und da paßten die menschlichen Erschütterungen und die Trümmer des Krieges vorläufig nicht hinein.

Heinrich Böll, dem 1972 in Anerkennung seiner literarischen Leistungen der Nobelpreis verliehen wurde, fehlte dadurch als jungem Autor das größere Publikum. Das sollte sich – wie wir wissen – freilich gewaltig ändern.

Als der Verlag Faber & Faber Leipzig Heinrich Bölls frühe Erzählung 1998 in das Programm der Verlagsreihe *Die Graphischen Bücher* aufnahm, übernahm Bernhard Heisig fast leidenschaftlich den Illustrationsauftrag und schuf dazu sieben schmerzvolle Originallithographien. Ihm war der Krieg – wie Böll – unauslöschlich ins Gedächtnis eingegraben. MF

Literaturauswahl
HEINRICH BÖLL: *Meine Moral bei 20 Grad Kälte*; in: Hans Daiber (Hrsg.), *Wie ich anfing. 24 Autoren berichten von ihren Anfängen* (1979).
HEINRICH VORMWEG: *Der andere Deutsche. Heinrich Böll. Eine Biographie* (2000).

Borchert, Wolfgang {1921-1947}
Laterne, Nacht und Sterne.
Hamburg: Verlag Hamburgische Bücherei,
1946. 20 S., 17,5 x 12,7 cm. Br.
Druck: Konrad Kayser, Hamburg.

Im Dezember 1946 erschien im Verlag
Hamburgische Bücherei Wolfgang
Borcherts Gedichtband *Laterne, Nacht
und Sterne*. Die zum Abdruck gelangten
Gedichte entstanden in den Jahren 1940
bis 1945. Die Auflagenhöhe des schmalen
Bändchens betrug etwa 500 Exemplare, ein
exakter Nachweis ließ sich nicht führen. Die
Publikation war mehr als Gabe an Freunde
als zum Verkauf gedacht. Die Hamburgische
Bücherei war – bis zum Erlöschen im Jahre
1956 – ein kleiner Hamburger Verlag, den
der Schriftsteller und Kulturredakteur
Bernhard Meyer-Marwitz leitete. Wolfgang
Borchert, der insbesondere durch sein auf-
rüttelndes Nachkriegsstück *Draußen vor der
Tür* zum Sprecher der sogenannten verlorenen Generation avancierte, hatte im
April 1946 eine Auswahl von 60 Gedichten
zusammengestellt, die er, bereits todkrank
im Krankenhaus liegend, zunächst an seine
Freundin Aline Bußmann mit der Bitte
schickte, sie »nicht zu streng« durchzusehen
und weiterzuempfehlen. Das Manuskript
sollte eigentlich an den Rowohlt Verlag
weitergegeben werden. Borchert selbst, der
1921 in Hamburg geborene und im Alter
von nur 26 Jahren am 20. November 1947
verstorbene Dichter, resümierte im August
1944 in einem Brief an die Eltern: »… ich
bin seit einiger Zeit darüber hinaus, meine
Gedichte für etwas wichtiges anzusehen, das
nicht verloren gehen dürfte. Wenn von den
paar Tausend … nur zwei – drei übrig bleiben, die es wert sind, dann will ich zufrieden
sein.«

Borchert schien trotz ausbleibender
ärztlicher Erfolge – ein viel zu spät diagnosti-
ziertes Leberleiden fesselte ihn die zwei letzten Lebensjahre fast ausschließlich ans Bett –

Broschureinband und Titelblatt

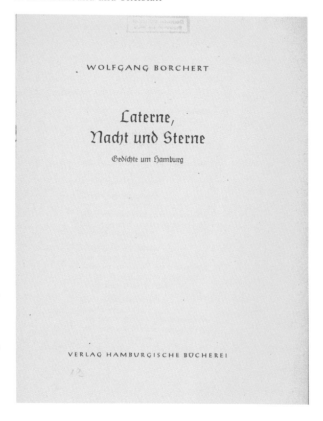

optimistisch. Seine kleine Erzählung *Die Hundeblume* war in zwei Teilabdrucken am 30. April und 4. Mai 1946 in der *Hamburger Freien Presse* erschienen. Der Verleger Ernst Rowohlt zeigte sich beeindruckt und stellte einen Band mit Geschichten in Aussicht, sobald weitere »Hundeblumen« vorlägen. Daraus sollte vorerst nichts werden – *Die Hundeblume und elf weitere Geschichten* erschienen im Frühjahr 1947 als Borcherts zweite Buchveröffentlichung ebenfalls im Verlag Hamburgische Bücherei. Borcherts Mutter, Hertha Borchert, als niederdeutsche Heimatschriftstellerin zu lokalem Erfolg gekommen, kannte Meyer-Marwitz von gemeinsamen niederdeutschen Leseabenden. Als sie hörte, daß Meyer-Marwitz für ein Kabarett-Programm noch Darsteller suchte, machte sie auf ihren Sohn aufmerksam, der noch vor seiner Einberufung in die Wehrmacht, 1941, die Schauspielprüfung bestanden hatte und dessen sehnlichster Wunsch, auf der Bühne zu stehen, für einen kurzen Augenblick in Erfüllung gehen sollte. Meyer-Marwitz ahnte sofort dessen Talent, wenn er auch Borcherts Lyrik lediglich als »Präludium für sein Prosawerk, das eigentliche Werk seines Lebens« gewertet wissen wollte. Später, anläßlich des Erscheinens des Gesamtwerkes, dessen Herausgeber er war, wird er schreiben: »Die in diesem Bändchen (gemeint sind die Verse des Erstlings) enthaltenen Gedichte sind mit leichtem Pinsel getuschte Impressionen, oft nur skizzenhaft im Umriß. Eines aber ist ihnen unleugbar eigen: Die Unmittelbarkeit dichterischen Ausdrucks.« Und – fügen wir hinzu – ein ganz und gar existentielles Moment.

Allein das dem Band vorangestellte Motto zeigt den Autor zwischen Melancholie und Abgrund. Es ist das Eingeständnis einer Identität, die auf andere ausstrahlt. Bereits im Oktober 1944 notierte Borchert das Motto. Er schrieb, gerade aus politischer Haft entlassen und mit »Strafaufschub zwecks Feindbewährung« unterwegs an die Todesfront, an den befreundeten Autor Carl Albert Lange: »Nun sind wir bald wieder wie die Vaganten geworden, die auf ein paar losen Blättern ihre unsterblichen Werke in der Tasche tragen – bis sie vielleicht eine spätere Zeit für würdig befindet, in Bücher zu binden. Vielleicht werden wir diese Visionen des Grauens und der Erschütterungen selbst einmal zerreißen, wenn wir aus diesem apokalyptischen Trauma erwachen und uns dann in der reinen großen Schönheit baden wollen, bis wir in ihr ertrinken – das soll unsere Vergeltung sein.« Dieser unbedingte Wille hat Borchert zur Stimme des jungen Nachkriegsdeutschlands werden lassen. Seinen Erstling nahmen vorerst nur wenige Leser zur Kenntnis. Lediglich die lokale Presse wie *Hamburger Allgemeine Zeitung*, *Hamburger Freie Presse* und *Hamburger Echo* erwähnten den Band ausführlich oder notizhaft. Erst sein im gleichen Jahr geschriebenes, dann ein Jahr später im Monat seines Todes uraufgeführtes Stück *Draußen vor der Tür* machten den Autor in ganz Deutschland bekannt und berühmt. Er wollte »Leuchtturm« sein und war doch selbst nur »Ein Schiff in Not!«

Borcherts wehmütige, traurige und dann doch auch wieder kindlich-heitere Verse hat die Rostocker Künstlerin Inge Jastram in dem bezaubernd illustrierten Band 22 der *Graphischen Bücher* von Faber & Faber Leipzig in Federzeichnungen und Radierungen verwandelt. MF

Literaturauswahl

GÜNTER BRUNO FUCHS: *Der verratene Messias* (1953). PETER RÜHMKORF: *Wolfgang Borchert in Selbstzeugnissen und Bilddokumenten* (1961). CLAUS B. SCHRÖDER: *Draußen vor der Tür. Eine Wolfgang-Borchert-Biographie* (1988).

Braun, Felix {1885-1973}
Gedichte.
Mit einer Titelvignette. Leipzig: Haupt &
Hammon/Verlag, 1909. 67 S. 19,5 x 13 cm
Br. mit anonymer Einbandzeichn.
Druck: Poeschel & Trepte, Leipzig.

Felix Braun hat in seinen Erinnerungen *Zeitgefährten* (1963) eindrucksvoll geschildert, welche Begeisterung für Dichtung und Kunst in Wien am Jahrhundertbeginn herrschte, welches Ereignis eine neue Symphonie von Gustav Mahler, eine Zeichnung von Gustav Klimt oder Verse von Hugo von Hofmannsthal für die Jugend bedeuteten. Für den Schüler und Studenten Braun, der sein Studium in der Heimatstadt Wien 1908 mit der Promotion zum Dr. phil. abschloß, gab es nichts Höheres zu erstreben, als selbst zum erlauchten Kreis der bewunderten Schöpfer zu zählen. Von Beginn an waren Hugo von Hofmannsthal und Rainer Maria Rilke diejenigen, auf die sich sein »Dasein und Dichten« bezogen. So zählte er am Lebensende den persönlichen, ja freundschaftlichen Umgang mit ihnen zum größten Schatz seiner Erinnerungen. Als Hofmannsthal nach Ausbruch des Ersten Weltkrieges seine *Österreichische Bibliothek* im Insel-Verlag herausgab, stand ihm Braun bis 1915 in den Funktionen eines Sekretärs und Bandbearbeiters jahrelang zur Seite. Der Meister zückte gar das Scheckbuch, um den Jüngling beim Aufbau seiner Dichterexistenz zu unterstützen. So sind Atmosphäre und Form von Brauns ersten Versuchen vollkommen durch Hofmannsthal und Rilke bestimmt. Melancholie und Traumseligkeit bis hin zu erdachtem Liebesschmerz bilden den Inhalt des Erstlingsbandes. Sonett, Ode und Volksliedstrophe verbinden ihn mit der Wiener Neuromantik. Wie viele Wiener Autoren suchte Braun seinen Verlag im »Reich«, wo man sich bewähren mußte, wenn man etwas gelten wollte. Auch beruflich orientierte er sich anfangs nach Norden. Nach den wenig glücklichen Anfängen als Redakteur der neugegründeten literarischen Zeitschrift *Erdgeist* folgte er einem Ruf nach Berlin, wo er Feuilletonredakteur der *Nationalzeitung* wurde. Nach 1918 war er für einige Zeit im Lektorat von Georg Müller in München tätig. Doch er blieb bezogen auf die österreichische Tradition, der er auch als Dozent in Palermo, Padua und nach seiner Rückkehr aus dem englischen Exil 1951 in Wien treu blieb. CW

Broschureinband

Literaturauswahl
FELIX BRAUN: *Das Licht der Welt. Geschichte eines Versuchs, als Dichter zu leben* (2., verränd. Aufl. 1962). FELIX BRAUN: *Zeitgefährten. Begegnungen mit Hugo von Hofmannsthal, Rainer Maria Rilke, Stefan Zweig, Arno Holz, Hans Leifhelm, Hans Carossa, Reinhold Schneider, Hermann Hesse, Thomas Mann* (1963). KLAUS PETER DENCKER: *Literarischer Jugendstil im Drama. Studien zu Felix Braun* (1971).

Volker Braun
Provokation
für mich

Braun, Volker {geb. 1939}
Provokation für mich.
Aufl.: 2000 Expl. Halle/Saale: Mittel-
deutscher Verlag, 1965. 76 S.
21,2 x 12,6 cm. Ln. mit Umschl.
Ausstattung und Typographie: Wolfgang
Geisler. Gesamtherstellung: Betriebs-
berufsschule Heinz Kapelle, Pößneck.

Es war zu Anfang der sechziger Jahre. Ich
war Lektor eines Verlages und bekam
eines Tages das Manuskript eines unbekannten jungen Mannes mit Gedichten,
die sich fast in allem von denen unterschieden, die mir bis dahin auf den
Schreibtisch gekommen waren ...« So erinnert sich Gerhard Wolf 1987 an seine erste

Begegnung mit der Lyrik Volker Brauns.
Und: »Wir arbeiteten zusammen an seinem
ersten Gedichtband. Die Erstmanuskripte,
denen er durch rigorose Striche, bravou-
röse Wort- und Zeilenumstellungen und
Transaktionen die gültige Form gab, um
seinen wohlwollenden Kritiker zufrieden-
zustellen und wiederum zu frappieren, habe
ich zum Glück noch zur Hand; woher nähme
ein Lektor sonst sein Selbstverständnis.«

Es waren vielleicht zwei Glücksum-
stände, die den 1939 in Dresden geborenen Volker Braun zum Zeitpunkt der
Kontaktaufnahme mit dem in Halle ansässigen Mitteldeutschen Verlag ein für Lyrik
günstiges Klima vorfinden ließen. Zum
einen waren mit Heinz Czechowski, nur
vier Jahre älter und selbst gerade mit einem
Lyrikbändchen debütierend, und Gerhard
Wolf zwei Lektoren im Verlag am Werk,
die literarische Qualität suchten, bewerten und gegen manchen zensorischen
Eingriffsversuch durchsetzen konnten.
Ihrem Gespür für das Neuartige in der
deutschen Lyrik des Ostens sind die Debüts
großer Dichter zu danken: Rainer und
Sarah Kirsch, Karl Mickel, Bernd Jentzsch,
Uwe Greßmann. In klug und tempera-
mentvoll zusammengestellten Anthologien
wurden die »Verse der Jungen« einer
ersten öffentlichen Reaktion unterzogen
oder bereits in literarhistorische Kontexte
gestellt, so 1964 erste Gedichte von Braun
in der von Gerhard Wolf herausgegebenen
Sammlung *Sonnenpferde und Astronauten.*
Gedichte junger Menschen und in der von
Heinz Czechowski im gleichen Jahr verant-
worteten Anthologie *Sieben Rosen hat der*
Strauch. Deutsche Liebesgedichte von Walther
von der Vogelweide bis zur Gegenwart.

Ein anderer Umstand war zweifellos
die sich mit Beginn der sechziger Jahre
von der jungen sowjetischen Dichtung
nach Ostdeutschland ausbreitende Lyrik-
Welle. Dort hatten es Autoren wie Jewgenij
Jewtuschenko, Bulat Okudshawa oder

Andrej Wosnessenski vermocht, bis zu hunderttausend Menschen in prall gefüllte Fußballstadien zu locken, um ihren frei vorgetragenen Versen zu lauschen. Ein Phänomen, das unter heutigen Umständen Gefahr läuft, leicht in das Land der Sagen und Legenden gerückt zu werden. In viel kleinerer, aber überaus eindrucksvoller Dimension wiederholte sich das in der DDR, etwa in einer berühmt gewordenen Lesung vom 11. Dezember 1962, die unter der Leitung Stephan Hermlins in der ostdeutschen Akademie der Künste stattfand. Dort fanden Gedichte und Autoren Zuspruch, die bis dato kaum einer kannte: Wolf Biermann, Peter Gosse, Uwe Greßmann, Rainer und Sarah Kirsch, Karl Mickel und eben auch Volker Braun. Ähnliches wiederholte sich in den Folgejahren vor Hunderten von Zuhörern an der Berliner Humboldt-Universität, in Gera, Halle, Jena und in Leipzig. Als Gerhard Wolf mit Volker Braun an der endgültigen Auswahl zum Band *Provokation für mich* arbeitete, eroberte sich der damalige Student der Philosophie mit Lesungen seine zukünftigen Leser. Die horchten auf bei Versen wie:

»Unsere Gedichte sollen uns Wiesen
zeigen unter den Brückenbögen der
Gedanken.
Unsere Gedichte sollen die Träume
der Nächte aufnehmen in die
Wölbung des Himmels.
Unsere Gedichte sollen die Schauer
der Angst von der Haut jagen.
Unsere Gedichte sollen die Brüste mit
Sonne panzern.«

Oder:

»Kommt uns nicht mit Fertigem! Wir
brauchen Halbfabrikate!
Weg mit dem Rehbraten – her mit
dem Wald und dem Messer!
Hier herrscht das Experiment und
keine steife Routine.
Hier schreit eure Wünsche aus:
Empfang beim Leben persönlich.«

Volker Brauns Gedichtband erschien im Januar 1965 in einer ersten Auflage von 2000 Exemplaren. Und da ging wahrlich ein Ruck durch die literarische Landschaft der DDR. Noch im Erscheinungsjahr erfuhr die Sammlung der zwischen 1959 und 1964 geschriebenen Texte eine zweite Auflage. Innerhalb der darauffolgenden zehn Jahre folgten weitere drei Nachauflagen. Der Band kostete 4,50 Mark der DDR.

Nur ein Jahr später erschien eine Auswahl aus diesem Band, ergänzt um neuere Gedichte, im Frankfurter Suhrkamp Verlag unter dem Titel *Vorläufiges*; Suhrkamp wurde mit dieser Veröffentlichung Brauns westdeutscher Hausverlag in geteilten Zeiten. Lizenzen erschienen auch in französischer und polnischer Sprache und begründeten des Dichters internationales Renommee, das vor allem durch seine Theaterarbeiten zusätzlich gestärkt wurde.

Brauns furiose Ankunft im literarischen Leben Deutschlands hatte weitere Ursachen. Kaum ein anderer Band ostdeutscher Lyrik wurde so breit und nachhaltig im westdeutschen Feuilleton besprochen. Natürlich in höchst unterschiedlicher Weise. Reinhard Baumgart diagnostizierte in Brauns Lyrik »neue Maßstäbe für alles, was heute und künftig in der sogenannten und wirklichen DDR geschrieben wird« (*Der Spiegel* 19/1965). Klaus Völker bekannte in der *Zeit* vom 15. Oktober 1965, daß die besondere »Stärke dieses Lyrikers … seine wortschöpferische Diktion« ist. Hingegen schrieb Sabine Brandt am 7. August 1965 in der *Frankfurter Allgemeinen Zeitung* etwas über »Minnedienst am totalitären Staat« oder von einem »bramarbasierenden SED-Staat-Patrioten«. In der gleichen Rezension sprach sie freilich auch von den Beatles als »der pilzköpfigen Heulgruppe aus Liverpool«. In beiden Urteilen verkannte sie das Neuartige der jugendlichen Auftritte, die ja häufig provokant und ungewohnt daherkommen.

Später, seinem eigenen Credo von der Veränderbarkeit der Welt folgend und damit zugleich von dem Spannungsfeld des Verändernwollens eigener Dichtung sprechend, notierte Braun 1965:

»Band Prov für mich
Ergebnis zehnjähriger Bemühungen.
Offensichtlich: eine niedere Art
Naivität (Borniertheit).
    Ignoranz.
        Mangel an Dialektik.
Ein erledigtes Kapitel.«

Der Leser wird dem widersprechen.

In der Reihe *Die Graphischen Bücher* erschien bei Faber & Faber Leipzig Volker Brauns *Provokation für mich* als Band 27. Die mehr als 20 Holzschnitte von Rolf Kuhrt legen sich fest wie die Verse: Laßt keins der Häuser mehr träg herumstehn. M F

Literaturauswahl
Heinz Ludwig Arnold (Hrsg.): *Volker Braun. Text + Kritik, H. 55* (1977). WOLFGANG ERTL: *Zur Lyrik Volker Brauns* (1984).

Brecht, Bertolt
{eigtl. Eugen Berthold Friedrich Brecht, 1898-1956}
Baal. Drama.
Potsdam: Gustav Kiepenheuer Verlag, 1922. 92 S., 1 Bl. 12,6 x 16,2 cm. Leinenbr. Aufl.: 800 Expl. Druck der 1. Varianten: Poeschel & Trepte, Leipzig. / Druck der 2. Variante (mit Einbandzeichn.): Druckerei Gebr. Wolffsohn Berlin.

Eine zweite Einbandvariante ist mit einer Illustration von Caspar Neher geschmückt, ohne daß der Illustrator genannt wird. Diese wurde in der Druckerei Gebr. Wolffsohn Berlin gedruckt und hat einen verstümmelten Zueignungsvermerk: »Dem George Pfanzelt« (statt Pflanzelt).

Brechts umstrittenes Stück, das mehrfach Theaterskandale ausgelöst hat, wurde unmittelbar nach Erscheinen im September 1922 mit dem Kleist-Preis ausgezeichnet. Der Theaterkritiker Herbert Ihering lobte das Bühnenwerk enthusiastisch: »Der vierundzwanzigjährige Dichter hat über Nacht das dichterische Antlitz Deutschlands verändert. Mit Bert Brecht ist ein neuer Ton, eine neue Melodie, eine neue Vision in der Zeit.« Alfred Polgar schrieb: »*Baal*, ob als Theaterstück gekonnt oder nicht gekonnt, beglaubigt Brechts dichterische Potenz. Durch Dunkelheit leuchten Genieblitze.«

Durch den Verlag wurde der vierundzwanzigjährige Dichter im Herbstkatalog 1922 folgendermaßen begrüßt: »Mit Bertolt Brecht kommt ein origineller junger Dichter zu Worte, von einer Jugend, deren Modernität nicht Chaos, sondern Gestaltung ist.«

Dennoch hatte der Text im Vorfeld der Veröffentlichung in einer Reihe von Verlagen zu Verwirrung und Ratlosigkeit geführt. Kiepenheuer war nicht der erste Verlag, dem das Stück angeboten worden war. 1919 hatte eine Fassung davon bereits der Musarion Verlag München »mit einem reichlich flegelhaften Begleitschreiben« abgelehnt. Auch die Vermittlung des Textes durch Lion Feuchtwanger an den Drei Masken Verlag brachte keinen Erfolg. 1920 entschloß sich der Münchner Georg Müller Verlag zu einem Vertrag über eine arg verkürzte Fassung des Stückes. Er trat aber bald wieder von diesem Vertrag zurück, da er – belastet durch Unzuchtsvorwürfe gegen andere Titel des Verlages – auch für *Baal* Eingriffe der Zensur befürchtete. Weitere Bemühungen um die Unterbringung des Titels im Verlag von Paul Cassirer blieben ebenfalls ohne Resultat, obwohl Brechts elterliche Papierfabrik bereit gewesen sein soll, das Papier für den Verlag kostenlos zur Verfügung zu stellen. Auch Bachmair in München konnte sich nicht entschließen, dem Manuskript eine verlegerische Heimat zu geben. Die Odyssee, für das

Einbandvarianten,
oben von Caspar Neher

BERTOLT BRECHT

BAAL

Mit dem Kleistpreis ausgezeichnet

tritt der junge Brecht hier mit seinem zweiten Bühnenwerk hervor. „Der vierundzwanzigjährige Dichter hat
über Nacht das dichterische Antlitz Deutschlands verändert. Mit Bert Brecht ist ein neuer Ton, eine neue
Melodie, eine neue Vision in der Zeit." Herbert Ihering

Stück einen Verleger zu finden, ein nicht seltenes Schicksal von »Erstlingswerken« in der deutschen Verlagsgeschichte, endete erst 1922, als der Gustav Kiepenheuer Verlag in Potsdam dem Autor einen Vertrag ausreichte. Zwar soll Hermann Kasack, der nach dem frühen Tod von Ludwig Rubiner das literarische Lektorat des Kiepenheuer Verlages übernommen hatte, anfänglich, wahrscheinlich aus wirtschaftlichen Gründen, zurückhaltend gewesen sein. Das Textkonvolut aber, das ihm überreicht worden war und das neben *Baal* auch schon Balladen und Gedichte aus der späteren Sammlung der *Hauspostille* enthielt, mußte ihn so begeistert haben, daß er alle Bedenken gegen eine Inverlagnahme beiseite schob. Mit Brecht entwickelte sich aus der ersten Begegnung eine bleibende Verbindung. Der Dichter des *Baal* gehörte öfters zu den Gästen im Potsdamer Verlagsdomizil.

Brecht war kein einfacher Autor. Er versuchte von Anfang an, dem Verlag eine monatliche Rente abzuschwatzen, was bei den unkalkulierbaren Verlagseinnahmen für *Baal* ein erhebliches Risiko für den Verlag bedeutete. Die Forderung von Brecht ließ sich durch die eingeräumte Option auf alle Werke, die in Fünfjahresfrist von ihm geschrieben würden und die Stationierung auch der Bühnenrechte an *Baal* bei Kiepenheuer durchsetzen. So konnten beide Seiten schließlich einen Verhandlungserfolg für sich reklamieren. Dieser Sachverhalt hinderte Kiepenheuer nicht daran, die ursprünglich geplante Auflage von 2000 Exemplaren Ende Juli 1922 in den Produktionsplänen noch einmal nach unten, auf 800 Exemplare, zu korrigieren.

Dem Frühwerk Brechts wurde vieles nachgesagt: Lasterhaftigkeit, Unanständigkeit, kompositorisches Unvermögen. Nach der Uraufführung im Alten Theater von Leipzig sprach man von einem Theaterskandal. »*Baal* war zu den Sternen gegangen (oder in die Hölle)«, hieß es in einer zeitgenössischen Zeitungsnotiz, »der Vorhang fiel, das Publikum kam zu Worte. Und wie kam es zu Worte. Es wurde gepfiffen, geschrien und geschimpft. Aber einige waren doch begeistert: Deutschlands Jugend, die ganz Reifen, Mädchen und Jünglinge von 18-20 Jahren. Die klatschten wütend Beifall. Der eiserne Vorhang fiel, das Licht wurde gelöscht, man mußte das Theater verlassen. Aber die erregten Gemüter hatten sich noch nicht beruhigt: Vor dem Theater machte man sich und seiner Meinung Luft. Man sprach es offen aus, daß die Grenzen des Schicklichen weit überschritten waren, nicht nur die Grenzen der Irdischkeit, wie der Dichter sagt.« Dabei hatte nichts anderes stattgefunden, als die Barbarisierung bürgerlichen Lebens zu zeigen, dessen Geldgier und Genußsucht scheinbar selbst vor Brecht, dem Aufbäumer, nicht Halt machte, weil er mit der Devise einig zu sein schien: »Alle Laster sind zu etwas gut / Und der Mann auch, sagt Baal, der sie tut.«

Das Stück *Baal* widmete Brecht mit einem Eindruck seinem »Freund George Pflanzelt«. 1923, heißt es, erschien bereits eine 2. Auflage, die aber nicht in der Kiepenheuer-Verlagsbibliographie verzeichnet ist. Uns liegen mit dem Verlagsjahr 1922 zwei in Einband, Orthographie und Druckvermerk verschiedene Ausgaben vor, die wir hier abbilden.

In der Reihe *Die Graphischen Bücher* bei Faber & Faber Leipzig erschien 1992 als erster Band dieser Verlagsreihe eine von Klaus Süß, Chemnitz, mit 22 Originallinolschnitten ausgestattete und auf 999 Exemplare limitierte Ausgabe. Diese katapultierte den Künstler ihrer expressiven und irrlichternden Bilder wegen in die erste Reihe deutscher Buchillustratoren. Die Ausgabe war nach wenigen Monaten ausverkauft. M F

Literaturauswahl
BERTOLT BRECHT: *Stücke I. Bearb. v. Hermann Kähler*. GKBF, *Bd. I* (1989). BERTOLT BRECHT: *Briefe 1. 1913-1936. GKBF, Bd. 28.* (1998). Karl Corino (Hrsg.): *Genie und Geld. Vom Auskommen deutscher Schriftsteller* (1987). CORNELIA CAROLINE FUNKE: »*Im Verleger verkörpert sich das Gesicht seiner Zeit*«. *Unternehmensführung und Programmgestaltung im Gustav Kiepenheuer Verlag 1909 bis 1944* (1999). *40 Jahre Gustav Kiepenheuer Verlag 1910-1950. Ein Bücherverzeichnis* (1950).

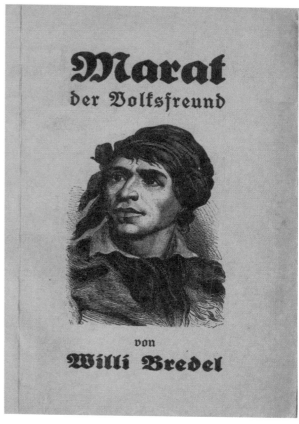

Broschureinband

Bredel, Willi {1901-1964}
Marat der Volksfreund.
Eine Abhandlung.
Hamburg: Neuer Verlag für revolutionäre Literatur, [1926]. Mit 3 Federzeichnungen v. Otto Gröllmann. 68 S. 18,5 x 12,8 cm. Br. mit Deckelill. Druck: Buchdruckerei Louis Heitgres, Hamburg.

Als *Marat der Volksfreund* als Vorabdruck in Fortsetzungen 1925 in der *Hamburger Volkszeitung* erschien, saß Willi Bredel in Haft. Er war nach dem Hamburger Oktoberaufstand von 1923 ins Gefängnis gesteckt worden. Dort beschäftigte er sich mit dem Leben und Werk Marats, der in der französischen Revolutionszeit als einer der ersten das Recht des Volkes auf gewaltsame Erhebung verteidigt hatte, wenn es sich unterdrückt fühlte. Aus der heimlichen Beschäftigung mit dem Franzosen entstand Bredels »erste schriftstellerische Arbeit«, wie er die Abhandlung selbst bezeichnete. Er stellte dem Text eine gedruckte Widmung für zwei Jugendkameraden voran, die während des Hamburger Straßenkampfes gefallen waren, und für einen dritten, der deshalb im Zuchthaus saß. Sein späteres Urteil über den Text fiel weniger anspruchsvoll aus. Die geschichtliche Abhandlung, die er in seiner Zelle relativ schnell hingepinselt hatte, war der Begeisterung über die historischen Taten Marats geschuldet. Als er später den Text durchlas, getraute er sich nicht, ihn weiter herumzureichen. Vielleicht führte dieses Abstandnehmen auch dazu, daß er das Erscheinen des Textes später sogar falsch notierte, ihn als gedruckt bereits auf 1924 vorzog, und daß die späteren literaturgeschichtlichen Betrachtungen zu Bredel auf *Marat der Volksfreund* gar nicht eingehen oder den Titel nur randläufig erwähnen. Marat war zur Zeit der Französischen Revolution als Herausgeber der Zeitung *L'Ami du peuple* aufgetreten. Dieser Zeitungstitel wurde von Bredel für *Marat der Volksfreund* entlehnt. Auch die Illustrationen von Otto Gröllmann versicherten sich historischer Bilder: drei Zeichnungen, die sich auf den Sturm auf die Bastille, auf Marats Triumphzug sowie auf die Ermordung des Volksfreundes bezogen – Motive, die in Kunst und Literatur häufiger dargestellt worden sind (unter anderem bei Peter Weiss).

Bredel hatte sich schon als junger Metall- und Eisendreher, als Lesen für ihn nur eine von der Werkbank ablenkende Freizeitbeschäftigung im tristen mütterlichen Haushalt war, mit den prägenden Gestalten der Französischen Revolution befaßt und seine Kenntnisse darüber auch durch Werke der schönen Literatur vertieft, durch Texte Victor Hugos und Georg Büchners. Schon vor *Marat der Volksfreund* hatte er Stilelemente seines künftigen Schreibens an Themen oder Gestalten der Französischen Revolution erprobt, an Gracchus Babeuf z.B., die allerdings verlorengegangen sind. Bredel gab diesen Arbeiten – wie schon gesagt – später ohnehin keinen Rang, so daß als literarischer Erstling dieses klassischen sozialistischen Schriftstellers häufig der Roman *Maschinenfabrik N & K* angeführt wird, der 1930 im Internationalen Arbeiter-Verlag Berlin in der Reihe *Der Rote 1-Mark-Roman* erschien und über die Kämpfe der Arbeiterschaft, die Bewegungsspiele ihrer Parteien und Organisationen sowie der Betriebsleitung in einem Industriebetrieb berichtete. Zwischen 1941 und 1953 erschien die großangelegte Romantrilogie *Verwandte und Bekannte*, eine Familiensaga, die die Entwicklung der deutschen Arbeiterbewegung vom Ende des 19. Jahrhunderts bis in die Zeit des Faschismus hinein begleitet, und Bredel zu einem vielgelesenen Autor vor allem in der DDR machte. E F

Literaturauswahl
LILLI BOCK: *Willi Bredel. Leben und Werk* (1967).
Willi Bredel. Dokumente seines Lebens (1961).
Sinn und Form, Sonderheft Willi Bredel (1965).

Brinkmann, Rolf Dieter {1940-1975}
Ihr nennt es Sprache.
Achtzehn Gedichte.

500 numerierte u. signierte Exemplare. Leverkusen: Klaus Willbrand Verlag, 1962. 31 S. 21 x 20 cm. Br.

Den Besuch des Gymnasiums brach er ab, die Verwaltungslehre im Finanzamt Oldenburg ebenso. Die Buchhändlerlehre in Essen absolvierte er zwar erfolgreich, doch ohne in dem Beruf zu arbeiten. Auch den letzten Anlauf zu einer bürgerlichen Existenz, das Studium an der Pädagogischen Hochschule Köln, beendete er noch vor dem Examen, um sich ganz dem Schreiben zu widmen. Noch ehe er literarischen Ruhm erlangte, machte er als Bürgerschreck von sich reden. Die Selbstzufriedenheit der Wirtschaftswundermentalität verursachte seine Verdrießlichkeit. Er war unter den deutschen Autoren einer der ersten und konsequentesten Verehrer der amerikanischen Popkultur, die von der Jugendbewegung der sechziger Jahre rezipiert wurde. Die Rockmusik von Leonard Cohen, John Lennon und Frank Zappa wurden für ihn ebenso zur Inspiration wie die Lyrik von Allen Ginsberg und Frank O'Hara und ihren Jüngern. Übersetzungen und Herausgaben von Brinkmann sollten Ende der sechziger Jahre die neuere amerikanische Lyrik erstmals einem breiteren Publikum bekanntmachen. Gegen sie erschien ihm die Literatur der »Gruppe 47« und der europäischen Moderne so lebendig wie ein »Fötus in Spiritus«. Seine Abneigung steigerte sich bis zu Haßtiraden gegen die deutschen Kollegen, in deren Folge die Luft um ihn sehr dünn wurde.

Brinkmanns Persönlichkeit zeichnete sich in ihrer Problematik schon bei der Publikation seines ersten Buches ab. Seit 1959 hatte er in verschiedenen Zeitschriften Gedichte veröffentlicht und in Lesungen vorgestellt. Ein befreundeter Buchhändler,

Klaus Willbrand in Leverkusen, faßte den Mut, den jungen Lyriker durch einen bibliophilen Druck bekannt zu machen. Brinkmann widmete ihn dem »roten Rühmkorf«, der wie er aus der Tradition Gottfried Benns kam und sich an der Wirtschaftswunderwelt rieb. Willbrand druckte die limitierte Ausgabe während Brinkmanns ersten Kölner Jahres, erntete jedoch dafür keinen Dank. Einige Druckfehler brachten den Dichter so in Rage, daß er das Buch nicht für den Verkauf freigab. Er hatte nach Auskunft von Willbrand rund 200 Exemplare schon signiert, als er diese Entscheidung getroffen habe. Seinem Wunsche entsprechend hätte Willbrand die komplette Auflage makulieren sollen. Doch der Verleger hielt sich nicht an diese Anweisung des Autors. Dieser Darstellung widerspricht, daß Brinkmann später Exemplare mit Widmung versah, so ein Exemplar im Jahr 1968.

Das einmal dahingestellt, lieferte ein Kölner Antiquariat, das sich die Restauflage gesichert hatte, einige Jahre nach Brinkmanns frühem Tod durch einen Verkehrsunfall in London überraschend den verschollenen Erstling aus. Erst jetzt lernten Leser und Kritik den frühesten Brinkmann kennen. Sie sahen, daß der Dichter schon am Beginn seiner Laufbahn das Enfant terrible war, als das er der Nachwelt in Erinnerung blieb. Georg Jappe schrieb 1979: »Der Nicht-Dichter, der Welt und Innerlichkeit zerschlägt, Bruchstücke neu zusammensetzt, hart und konkret: das ist Brinkmann von Anfang an.« Ein Sammelband *Standphotos* (Rowohlt 1980) mit den Texten sämtlicher Gedichtbände integrierte den wieder entdeckten Erstling sogleich in Brinkmanns Gesamtwerk. Eine breite, eigenständige Rezeption blieb aus.

Nach der Unterdrückung seines Erstlings veröffentlichte Brinkmann einen zweiten Pressendruck, *Le Chant du Monde* (1964) bei der Olefer Hagarpresse, doch

erst die Bände *Die Umarmung* (1965) und *Raupenbahn* (1966) im Kölner Verlag Kiepenheuer & Witsch brachten den Durchbruch. Entscheidender Vermittler war der Lektor, Kritiker und Erzähler Dieter Wellershof, der neben Brinkmann weitere ›junge Wilde‹ wie Günter Herburger, Nicolas Born und Günter Seuren in dem Kölner Verlag unterbrachte. CW

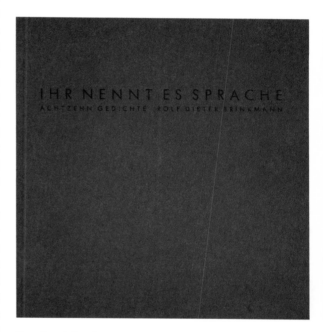

Broschureinband

Literaturauswahl
Heinz Ludwig Arnold (Hrsg.): *Rolf Brinkmann. Text + Kritik, H. 71* (1981). Thomas Boyken (Hrsg.): *Rolf Brinkmann. Neue Perspektiven* (2010). Karl-Eckhard Carus (Hrsg.): *Brinkmann. Schnitte im Atemschutz* (2008). Udo Seinsoth (Bearb.): *Rolf Brinkmann zum 50. Geburtstag. Mit einer Bibliographie* (1990). JÜRGEN SCHÄFER: *Pop-Literatur. Rolf Dieter Brinkmann und das Verhältnis zur Populärkultur in der Literatur der sechziger Jahre* (1998). SIBYLLE SPÄTH: *Rolf Dieter Brinkmann* (1989).

Broch, Hermann {1886-1951}
Die Schlafwandler.
Romantrilogie: Pasenow oder die
Romantik · 1888. Esch oder die
Anarchie · 1903. Huguenau oder die
Sachlichkeit · 1918. Aufl.: 5000 Expl.
Zürich: Rhein-Verlag, 1931/32. 275, 325,
545 S. 12,2 x 18,4 cm. Ln mit Umschl. v.
Emil Preetorius. Druck: Buchdruckerei
Winterthur.

Ich habe diese Bände ohne Unterlaß gelesen, ich las sie dreimal. Ihre Überraschungen waren magisch. Ihre Gesetzmäßigkeit war groß. Sie verschlugen mir den Atem ... Wir sind Bücher gewohnt, die einen Schriftsteller zum Verfasser haben. Dieser Roman hat einen Schöpfer. Sein Autor ist wirklich ein Urheber. Er hat eine Welt erschaffen«, schrieb die *Neue Rundschau*, Berlin nach Erscheinen des Meisterwerkes, das man schon bald einen der wichtigsten Romane des 20. Jahrhunderts genannt hat. Kaum ein

Einband von Band I

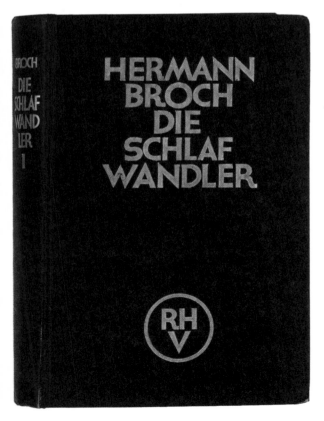

anderes Buch der ausklingenden Weimarer Republik hat derart die Literaturgeschichte beschäftigt und Germanisten, Philosophen, Psychologen, selbst Naturwissenschaftler in den intellektuellen Diskurs gerufen wie Hermann Brochs Erstlingswerk.

Wir können uns hier nicht mit den großen avantgardistischen Denkmustern befassen, denen sich die zwischen 1928 und 1932 verfaßte, monumental zu nennende Romantrilogie aussetzt, deren Kulturkritik den Werteverfall in den modernen Gesellschaften zu beschreiben versucht. Festhalten wollen wir nur, daß die einzelnen Romane der Trilogie sich in ihren Form- und Stilmitteln den Gewohnheiten der Epochen anverwandeln, die sie beschreiben, und den Verfall markant an Jahreszahlen, Kulturbegriffen und natürlich an Hauptfiguren vorzuführen versuchen, wie es die Titel der einzelnen Romane belegen. Uns kommt es mehr darauf an zu zeigen, welchen Weg die großartige dichterische Leistung durch Editions- und Verlagsgeschichte hindurch gegangen ist.

Die Romantrilogie erschien im Züricher Rhein-Verlag, der sich um die Pflege der literarischen Avantgarde verdient machte und der, nach einer finanziellen Krise, wie bei vielen anderen Unternehmen jener Zeit auch, 1929 von Daniel Bródy gekauft worden war. James Joyce (mit *Ulysses*) war einer seiner Autoren, der allerdings noch im Basler Verlagsquartier Fuß gefaßt hatte. Der *Schlafwandler*-Trilogie müssen erzählerische Versionen vorausgegangen sein, die sich nicht erhalten haben, die sicher aber mit dazu ermutigten, Broch auf ein Preisausschreiben aufmerksam zu machen, das der Eugen Diederichs Verlag in Jena zwischen April 1929 und Mai 1930 aufgelegt hatte, um dort mit den *Schlafwandlern* zu reüssieren. Frank Thiess, Jury-Mitglied dieser Ausschreibung, war ein eifriger Förderer dieser Empfehlung.

Das *Schlafwandler*-Projekt ließ sich aber beim Preisgericht nicht durchsetzen, so daß Broch die Trilogie 1930 zunächst beim S. Fischer Verlag in Berlin einreichte. Gottfried Bermann Fischer lehnte ab. Er wollte zuviel korrigiert haben, was Broch abstieß. Auch Kontakte mit dem Gustav Kiepenheuer Verlag in Potsdam und der Deutschen Verlags-Anstalt in Stuttgart gingen schief, so daß Broch schließlich ganz froh war, daß Ernst Polak, ein Wiener Verlags- und Autorenberater und schon länger mit Broch befreundet, ihn zum Rhein-Verlag vermittelte. In einem Brief an Frank Thiess vom 29. Mai 1930 spricht Broch über seine Abmachungen. Es sei ihm folgendes Angebot gemacht worden: »…eine Auflage von 3000 Exemplaren (hiervon eventuell 700 numeriert); der Satz bleibt stehen, um ehebaldigst eine zweite Auflage drucken zu können; nach meiner Wahl 15% des broschierten Bruttopreises oder 20% des Nettoerlöses vom gebundenen Exemplar (in beiden Fällen würde dies für das unnumerierte Exemplar ca. M 1,80 ausmachen); Reklame wie bei Joyce; Verwendung beim englischen und französischen Joyce-Verleger wegen Übersetzung; das Buch soll in drei gesonderten Bänden in einer Kassette möglichst bereits im September herauskommen.« Man spürt die Freude, die in der Auskunft mitschwingt, und in der Joyce-Erwähnung auch schon die geahnte Nähe zum europäischen Existentialismus, der sich mit Autoren wie Musil, Gide und Camus zögernd konstituiert.

Bevor die Romane der Trilogie druckfertig vorlagen, machte Broch dem Verlag noch viele Sorgen. Korrekturen, neue Texteinschübe und dergleichen – wie bei Brecht: Alles braucht Änderungen! – erschwerten ein pünktliches Erscheinen, das durch kostspielige Anzeigen vorbereitet war, was den Verlag natürlich verärgerte. Broch wußte die Verzögerungen zu motivieren. Er wies auf die Bedrückungen der Zeit hin, auf die politischen Unsicherheiten, auf die wirtschaftlichen Beschwernisse, die seine Kraft auch im Familienverbund absorbierten.

Als doch alles zum glücklichen Ende kam, war die öffentliche Resonanz gewaltig. Bald hundert Rezensionen begleiteten Brochs Erstlingswerk in den Kanon der europäischen Literatur. Man spürte, daß das Werk den Durchschnitt des feingeistig-literarischen Angebots weit überragte. Broch wurde sofort zum Zugehörigen der literarischen Elite. Thomas Mann sprach von einem »geistig reichen und hochgespannten Werk.« Hinter den Presseurteilen standen häufig bekannte Männer: Franz Blei, Alexander Moritz Frey, Hermann Hesse, Frank Thiess und andere.

Die Phalanx der Fürsprecher reichte nicht aus, um die Romantrilogie auch zum finanziellen Erfolg werden zu lassen. E F

Literaturauswahl

PAUL MICHAEL LÜTZELER: *Kommentar zu Hermann Broch. Kommentierte Werkausgabe. Bd. 1.* (2. Aufl. 1979). PAUL MICHAEL LÜTZE-LER: *Hermann Broch. Eine Biographie* (1985).

Brock, Bazon
{eigtl. Jürgen Brock, geb. 1936}
Kotflügel. Sprechmaschine nackt im Damenjournal. Experimentalbuch.
Aufl.: 1000 Expl., davon 280 Expl. als Vorzugsausgabe mit Messing-schraubverschluß. Itzehoe: E. A. George, 1957. 52 S. 20,8 x 20 cm. Br. Umschlagentwurf: E. Rustmeier u. K. P. Dienst. Druck: E. A. George, Itzehoe.

Bazon Brock war 21 Jahre alt, als er mit *Kotflügel*, einem experimentierfreudigen, an Dada und Sprachautomatismen geschulten bzw. einem diesen nachempfundenen Werk in die literarische Landschaft kam. Brock selbst gab seinem 1957 erschienenen lyrischen Werk zwei Untertitel mit auf den Weg; einerseits die verletzbare und durchaus anfechtbare Formel von der »Sprechmaschine nackt im Damenjournal«, die dem Verständnis vom eigenen Wortautonomisten geschuldet war, und andererseits das teils Unvollkommene, aber gewollt Artifizielles Betonende »80 junge Papierschnitzel oder die Entwicklung eines Wortkonzerts in durchgeführter Sprache«. Brock, obgleich noch vor seinen wichtigen Studien bei Adorno, Horkheimer und Carlo Schmid in Frankfurt, nahm mit seiner ersten literarischen Arbeit vorweg, was später in Form von vergleichender Ästhetik und Kulturgeschichte sein Credo werden sollte: Sprache und Bild sind mehr als nur Informationsträger.

Natürlich hatte es auch eine Portion von jugendlichem Übermut, sich einer vermutlich als zurechtweisendes Lehrerwort gedachten Vokabel wie Schwätzer (Bazon = Schwätzer, von griech. ›bazo‹ = ›ich schwätze‹) als ehrendes Etikett anzunehmen; darin steckte Widerstand, Herausforderung und Weitsicht zugleich, vor allem aber der unbedingte Wille, mit Tradition zu brechen, Zeitgeist zu überspringen und Aktionsradien anzukündigen, die später zu einer beträchtlichen Erweiterung unseres Kulturbegriffs führen sollten.

Freilich blieb der damalige Einstieg in die aktuelle Kulturdiskussion wie auch der literarische Wert seines Buches völlig unbemerkt. Man darf davon ausgehen, daß kaum ein Exemplar in die Redaktionen größerer Zeitungen oder Zeitschriften versandt worden ist. Auch der als Verlag firmierende E. A. George, Itzehoe, war bei näherer Betrachtung eine lokale Auftragsdruckerei, die weder über ein Vertriebsnetz noch über wesentliche Pressekontakte verfügte. Bazon Brock erinnert sich der damaligen Situation: »… im Kaiser-Karl-Gymnasium zu Itzehoe«

(wo der Autor seine Reifeprüfung ablegte) wurde »durch die Verdienste des Oberstudiendirektors Max Tiessen und seiner Kollegen in den 50er Jahren ein äußerst erfolgreiches Modell der Prinzen-Erziehung … befolgt. Man leitet die Schüler dazu an, den Unterricht möglichst selbst gestalten zu können; die Lehrer betätigen sich vornehmlich als Ratgeber, Trainer, Vermittler. Unter den Lehrern war auch Nico Hansen, der mit anderen Kollegen und ihren Frauen Theatertruppen aufbaute, Verlage ins Leben rief, eine Schülerzeitung herausgab.« Gemeint war die ab 1958 in der gleichen Druckerei erschienene Zeitschrift für die Jugend *Der Jungreporter*. Nico Hansen vermittelte neben einer Reihe von anderen produktiven Schülern auch Brock an die Druckerei E. A George.

Das Buch erschien im beinahe quadratischen Format von 20,8 x 20 cm als Broschur auf unterschiedlich farbigem Textpapier in zirka 1000 Exemplaren, davon 280 Exemplaren als Vorzugsausgabe mit Messingschraubverschluß. Eine zweite Auflage erschien auf Betreiben der Hamburger Buchhändler von der Höh und Jud, die den jungen Autor zu Lesungen einluden und offensichtlich dessen Erstlingswerk recht gut verkaufen konnten. Die Höhe der Auflage konnte nicht ermittelt werden, allerdings nahm der Autor die Nachauflage zum Anlaß, den Schlußteil seines Buches leicht zu verändern. Damit, erinnert sich Brock, »startete eine Kaskade von weiteren Aktivitäten in Hamburg, Frankfurt, Basel«. Bereits 1958 beteiligte er sich unter anderem mit Carl Laszlo im Basler Panderma Verlag an einem *Manifest gegen den Avantgardismus*, ehe 1960 im gleichen Verlag als Band 3 der Dädalus-Reihe Brocks »Anwendung jenes Prinzips des Unvermögens« D.A.S.E.R.S.C.H.R.E.C.-K.E.N.A.M.S. erschien. Und zu guter Letzt erinnert sich Brock, daß den *Kotflügel* Hans Magnus Enzensberger an Peter Suhrkamp

Broschureinband von
E. Rustmeier und
K. P. Dienst sowie
Titelblatt

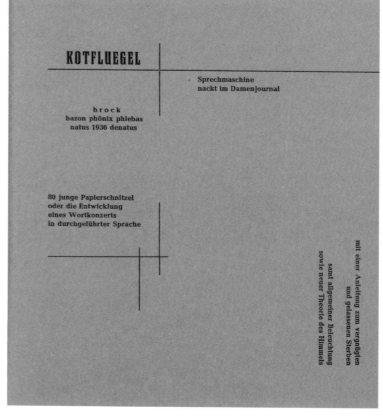

vermittelte, in dessen Verlag Enzensberger im gleichen Jahr (1957) mit seinem Gedichtband *verteidigung der wölfe* debütiert hatte. »... der ältere Herr (Suhrkamp) bekundete enthusiastisch, daß er das haben wolle. Es stellte sich später jedoch heraus, daß er damit die Gestaltung des *Kotflügels* meinte, keineswegs aber die Elaborate des Autors. Aus Stolz bin ich dann nie zu Suhrkamp gegangen.«

Bazon Brocks *Kotflügel* ist als Band 29 der Reihe *Die Graphischen Bücher* bei Faber & Faber Leipzig erschienen. Der Leipziger Buchkünstler Gert Wunderlich hat den Text in inszenierender Typographie neu entstehen lassen und ihn mit acht ganzseitigen zweifarbigen Typographiken extra geschmückt. M F

Literaturauswahl
HILMAR HOFFMANN: *Annäherungen an Bazon Brock*; in: *Frankfurter Hefte*, Nr. 34/1987. HEINER MÜHLMANN: *Kunst und Krieg. Das säuische Behagen in der Kunst. Über Bazon Brock* (1988).

Brod, Max {1884-1968}
Tod den Toten!
Stuttgart: Axel Juncker, 1906. 196 (+ 2) S.
18 x 12 cm. Br. mit Umschlagzeichn. v.
W. Senker. Druck: J. S. Preuß in Berlin.

Max Brod ist als Freund Kafkas und Herausgeber von dessen Nachlaß im Bewußtsein der literarisch interessierten Öffentlichkeit fest verankert. Auch seine Leistung für die Prager deutsche Literatur ist allgemein anerkannt: Er war Anreger, Gemeinschaftsstifter und Förderer, der neben Kafka und Franz Werfel vielen anderen jungen Dichtern den Weg bereiten half. Brods eigenes Werk trat dahinter allmählich in den Schatten. Dabei hatte er bereits ein halbes Dutzend Bücher veröffentlicht, als die Prager Freunde, einer nach dem ande-

ren, um 1910 an das Licht der Öffentlichkeit traten. Er war zu diesem Zeitpunkt schon ein anerkannter Schriftsteller, der nicht nur in Prag, sondern auch besonders in Berlin viele Freunde besaß.

Brod wurde als Sohn eines höheren Bankbeamten in Prag geboren. Seine Eltern hatten aus Liebe geheiratet, seinerzeit ein Novum, wie er in seiner Autobiographie *Streitbares Leben* betonte, und führten doch eine problematische Ehe, die unter der Reizbarkeit der Mutter litt. Nur in der Liebe zur Musik fanden sie eine dauerhafte Übereinstimmung, die sie auf den musizierenden und später auch komponierenden Sohn übertrugen. Der energischen Mutter hatte Brod zu verdanken, daß er nicht dauerhaft körperlich behindert blieb. Sie fand in Augsburg einen alternativen Orthopäden, der eine beginnende Körperkrümmung kurierte, welche die Prager Experten für unheilbar hielten. Brod trug das zugleich rettende und peinigende Korsett lange Jahre bis in die Gymnasialzeit. Von 1902 bis 1907 studierte er an der Prager deutschen Universität Jurisprudenz, um einen Brotberuf zu haben, der ihn bei seinen Vorlieben für Musik, Literatur und Philosophie nicht allzu stark behinderte. Er fand nach seiner Promotion bei der Prager Postdirektion eine Anstellung, die genau diesen Vorstellungen entsprach. Während er die Jurisprudenz nur halbherzig studierte, widmete er sich mit Leidenschaft dem Studium der Philosophie, das in immer neuer Lektüre von Schopenhauer gipfelte, während in seinen Freundeskreisen der Neukantianismus vorherrschte und Franz Brentano, ein Vorläufer von Edmund Husserl, der Hausgott war. Literarisch orientierte sich Brod an Goethe, George und den neueren Franzosen wie Flaubert, Jules Laforgue und Rimbaud. Er verkehrte in den Künstlervereinigungen »Concordia« und »Verein bildender Künstler«, ohne dort allerdings warm zu werden.

Broschureinband von W. Senker

Anlehnung suchte Brod bei dem Prager Jugendstildichter Hugo Salus, der ihn nach anfänglicher Distanz förderte. Bereits im Herbst 1904 berieten beide, welche Erzählungen für ein erstes Buch in Frage kämen und wie diese noch zu bearbeiten wären. Seit diesem Jahr veröffentlichte Brod regelmäßig Rezensionen, Kritiken, Abhandlungen und eben Erzählungen, teilweise in so bekannten Blättern wie *Simplicissimus, Jugend* und *Die Gegenwart*. Einige der mit Salus besprochenen Erzählungen veröffentlichte Brod vorab in Zeitschriften. Ob Salus bei der Vermittlung des Buchmanuskripts half, ist nicht überliefert. Es wurde noch vor Ende der Studienzeit unter dem Titel *Tod den Toten!* im Verlag Axel Juncker publiziert. Das Unternehmen eines »dänischen Grandseigneurs«, wie Brod ihn nannte, wurde für einige Zeit zu einem führenden Haus für neuere deutsche Literatur mit so bekannten Autoren wie Rilke, René Schickele, Johannes Schlaf, Else Lasker-Schüler und Franz Werfel; auch Kierkegaard und der für Brod wichtige Franzose Jules Laforgue erschienen hier. Brod war zu diesem Zeitpunkt schon ein wichtiger Ratgeber des Verlegers, dem er manches Buch vermittelte.

Brods Erstling enthält elf Erzählungen, die sich thematisch um große Fragen drehen: Wie soll man leben und wozu braucht der Mensch Kunst? Der Autor beweist seine Fähigkeit zum dramatischen Handlungsaufbau, beherrscht Dialog und inneren Monolog und baut die Texte auf eine überraschende Pointe hin. In der Titelgeschichte wird etwa ein älterer Ästhet und Sammler in Berlin vorgestellt, der seinen jungen Gast aus Prag durch Sarkasmus und Nihilismus überrascht. Seine Losung »Tod den Toten!« gilt letztlich dem gesamten kulturellen Erbe. Am Ende läßt er sein Haus mit vielen einmaligen Schätzen, Handschriften aus ältester Zeit, in Flammen

aufgehen, um damit das ästhetische Zeitalter abzuschließen. Am bekanntesten wurde aus dem Buch ein Begriff Brods, der zugleich den Titel der letzten und inhaltsreichsten Erzählung des Bandes abgibt: *Indifferentismus*. Hauptfigur darin ist ein Jüngling, der vom Tode gezeichnet ist und dennoch dem Leben kontemplative Genüsse abzuringen weiß. Während Schopenhauer, welcher der Hauptfigur, dem kleinen Lo, im Traum begegnet, das Ziel des Lebens in der Abtötung des Willens zum Leben sieht, hält sich der Protagonist an die kleinen Freuden und nimmt selbst Leid und Schmerz als Teil der Welt geduldig an. Brod ging also schon in seinem ersten Buch über Schopenhauer hinaus. Und auch den Kult des Kranken und Kontemplativen überwand er wenige Jahre später im Zeichen des aktiven Zionismus, der sich für die Stärkung des Judentums und die Rückkehr nach Palästina einsetzte. Doch in den nächsten Büchern hielt er vorläufig am Indifferentismus, der ungeteilten Annahme des Lebens mit Freud und Leid, fest und wurde deshalb zeitweise wie ein Prophet begrüßt. So hatte er in Berlin am 3. März 1910 in Kurt Hillers »Neuem Club« mit einer Lesung aus *Tod den Toten!*, den Gedichten und dem im gleichen Geiste gehaltenen Roman *Schloß Nornepygge* (1909) einen bejubelten Auftritt. Die Rezensionen des ersten Buches fielen dagegen verhaltener aus. Der Kritiker der *Gegenwart* (Jg. 1906/07), Anselm Ruest, sah darin eine Kunst, die in die Philosophie verliebt ist, doch wollte er in dem Erzählungsband inmitten vieler Spreu »mit Sicherheit Weizen« gefunden haben. Der Rezensent der Zeitschrift *Das literarische Echo* (Jg. 1906/1907, Sp. 413/414) sprach ähnlich von Diskussionsnovellen »eines philosophierenden Dichters« oder »dichtenden Philosophen« und kam zu dem Ergebnis, daß man Brod, »dessen Namen noch kein Kürschner kennt, … im Auge behalten« sollte. CW

Literaturauswahl
MAX BROD: *Streitbares Leben. 1884-1968* (1969).
CLAUS-EKKEHARD BÄRSCH: *Max Brod im
Kampf um das Judentum. Zum Leben und Werk
eines deutsch-jüdischen Dichters aus Prag* (1992).
Hugo Gold (Hrsg.): *Max Brod. Ein Gedenkbuch.
1884-1968* (1969). WERNER KAYSER, HORST
GRONEMEYER: *Max Brod. Bibliographie. Mit
Briefen Brods an Hugo Salus* (1972). MARGARITA
PAZI: *Max Brod. Werk und Persönlichkeit* (1970).
PAUL RAABE: *Der junge Max Brod und der
Indifferentismus*, in: *Weltfreunde. Konferenz über
die Prager deutsche Literatur* (1967). BERNDT
W. WESSLING: *Max Brod. Ein Porträt zum
100. Geburtstag* (1984).

Bronnen, Arnolt
{eigtl. Arnold Bronner, 1895-1959}
Vatermord.
Schauspiel.
1.-2. Aufl. (= Tsd.) Berlin: S. Fischer
Verlag, 1920. 80 S. 22,5 x 14,5 cm. Br.
Druck: Spamersche Buchdruckerei, Leipzig.

Peter de Mendelssohn schreibt in seiner umfänglichen Verlagsgeschichte
S. Fischer und sein Verlag über das Erstlingswerk von Bronnen: »Im November
1919 gingen im Verlag zwei Theaterstücke
eines Unbekannten ein. Sie kamen aus
Wien und hießen *Vatermord* und (Die)
Geburt der Jugend; ihr Verfasser nannte sich
Arnolt Bronnen.

Dieser Autor war vierundzwanzig, seine
Stücke waren sechs Jahre alt. Sie waren grel-
le, kreischende, bis zum Sadismus brutale
Umsturzproklamationen gegen den bürgerlichen Zeitgeist, die väterliche Autorität,
die Autorität der älteren Generation, jede
Form der Autorität überhaupt, kaltblütig-
schrille Ausrufungen der Suprematie der
Jugend, die in Mord und Totschlag endeten,
dabei von prägnanter Einbildungskraft und
schneidender Dialogschärfe und mit krassem, sicherem Bühnenverstand gebaut.«

Der Achtzehnjährige hatte diese Stücke
in unglaublicher Arbeitswut und mit genialem Talent aus sich herausgepreßt und sie
an das Reinhardt-Theater geschickt. Als er
4 ½ Jahre später aus dem Krieg zurückkam,
waren auch die Stücke wieder da, zurückgeschickt von der Dramaturgie des Theaters,
und so landeten sie, offenbar vermittelt
durch Alfred Wolfenstein, kurzerhand beim
S. Fischer Verlag. Die Inflation klopfte an
die Tür, Bronnen brauchte Geld, und das
versprach er sich von seinen Arbeiten.

Der Text von *Vatermord* wurde 1920
zuerst in dem von Alfred Wolfenstein
herausgegebenen zweiten *Jahrbuch für neue
Dichtung und Wertung. Die Erhebung* veröffentlicht, das im S. Fischer Verlag erschien und
als periodische Jahrespublikation geplant,
aber mit dieser zweiten Nummer bereits
am Ende seiner Kraft war. Zu polar waren
offenbar die literarischen Strömungen, die
es zusammenfassen wollte. Jedenfalls wurde
Bronnens *Vatermord* in dieser Sammlung
abgedruckt, und es wurde ihm als Epilog
ein Akt aus der *Geburt der Jugend* bei-
gefügt, jenes Stückes, das ein Jahr vor
dem *Vatermord* entstand, aber erst zwei

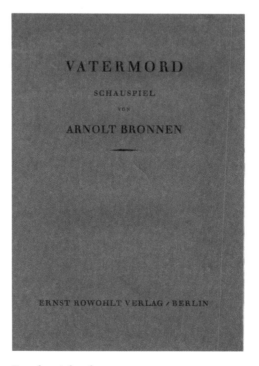

Broschureinband

Jahre später (1922) erschien und mit diesem (wie die Erstausgabe beglaubigt) eine Einheit bildet. Der Abdruck von *Vatermord* in Wolfensteins *Erhebung* glich einem Tabubruch. Das Stück mit dem Epilog nahm allein ein Viertel des Bandumfangs ein, und dabei soll S. Fischer selbst gar nicht so viel von Bronnens Kraftmeierei gehalten haben. Arnolt Bronnen reflektierte in seinen Lebenserinnerungen die Inverlagnahme folgendermaßen: S. Fischer »nahm meine beiden Stücke an, viel hielt er nicht von mir. Er drückte mir tausend deutsche Papiermark in die Hand und sagte gönnerhaft: das sind viertausend österreichische Papierkronen. Es waren aber nur hundert Mark in Gold, und wiewohl ich in einem schmierigen Beisel der Steglitzer Schloß-Straße logierte, reichte es nicht lang.«

Nachdem der *Vatermord* im April 1922 in Frankfurt/Main uraufgeführt und ebenso wie eine Matinee-Vorstellung des Stückes im Mai 1922 am Deutschen Theater in Berlin zu Skandal und Aufruhr geführt hatte, änderte sich Bronnens verlegerischer Marktwert. Plötzlich stand Ernst Rowohlt vor ihm und bot ihm einen Jahresvertrag über 50 000 Mark an, so daß schon das zweite Stück Die *Geburt der Jugend* von S. Fischer auf Rowohlt überging und dann alle weiteren Bücher Bronnens (bis auf wenige Ausnahmen) zunächst bis 1935 bei Rowohlt erschienen. Ein nicht seltener Fall von Abwerbung in der deutschen Verlagsgeschichte, der auch deshalb bemerkenswert bleibt, als er offenbar das Freundschaftsverhältnis Samuel Fischer – Ernst Rowohlt nicht erschüttern konnte, und das wahrscheinlich aus gutem Grund. Der eine war froh, daß er den Autor los war, der andere froh, daß er ihn bekommen konnte. Ein Goldesel waren Bronnens Stücke für die Verleger nicht. Der durchschlagende Markterfolg für den Autor kam erst reichlich später, 1929, mit seinem Oberschlesien-Roman *O. S.*, nachdem sich Bronnen in

der Hauptsache ohnehin der erzählenden Literatur zugewandt hatte. Damit hatte er ein neues literarisches Leben begonnen. Die frühen Stücke lagen hinter ihm. Er wollte sie nicht mehr recht anerkennen, die Spiegelbilder der labilen Verhältnisse der Nachkriegszeit. Die Rebellion in ihm fing an zu zerbrechen, bald machte er nur noch Radau, und seine legendär gewordenen Gesinnungswanderschaften begannen.   EF

Literaturauswahl
Arnolt Bronnen gibt zu Protokoll. Beiträge zur Geschichte des modernen Schriftstellers (1985). PETER DE MENDELSSOHN: *S. Fischer und sein Verlag* (1970). Dirk Rodewald u. Corinna Fiedler (Hrsg.): *Samuel Fischer/Hedwig Fischer. Briefwechsel mit Autoren* (1989). MICHAEL TÖTE-BERG: Nachwort zu: *Arnolt Bronnen. Vatermord. Schauspiel in den Fassungen v. 1915 u. 1922. Hrsg. v. Franz Peschke* (1985).

Bruckner, Ferdinand
{eigtl. Theodor Tagger, 1891-1958}
Der Herr in den Nebeln.
Gedichte.
Berlin: Verlag Heinrich Hochstim, 1917. 91 S. 26 x 20 cm. Pp. mit Umschl. Umschl. mit Originallithographie v. A. H. Pellegrini. / Halbleder. Druck: Offizin F. A. Brockhaus zu Leipzig. Vorzugsausgabe: Mit einer signierten Originallithographie v. A. H. Pellegrini. 131 S. Halbleder, Halbfranzband. 35 x 26,5 cm. 50 numerierte Expl. auf handgeschöpftem Bütten.

Die Vollendung eines Herzens.
Novelle.
Mit 6 Originallithographien v. Erich Thum, davon eine auf dem Einband. Berlin: Verlag Heinrich Hochstim, 1917. 79 S. 21,5 x 14 cm. Br. Druck: Offizin Imberg & Lefson, Berlin.

Ferdinand Bruckner ist heute vor allem als Autor neusachlicher Theaterstücke bekannt, mit denen er am Ende der

Einband mit Lithographie von Erich Thum

Weimarer Republik große Bühnenerfolge feierte. Er ließ sie unter Pseudonym veröffentlichen, um sie strikt von seinen expressionistischen Anfängen abzugrenzen. Das Frühwerk umfaßt immerhin eine größere Anzahl von Büchern und mehrere Hefte einer ambitionierten bibliophilen Zeitschrift *Marsyas*, die auf Grund ihrer künstlerisch anspruchsvollen, teils originalgraphischen Ausstattung unter Bücherfreunden heute noch hoch geschätzt wird. Nach einem ersten Blick in die Bibliographie bei Paul Raabe scheint die Bestimmung des literarischen Erstlingswerkes keine Probleme zu bereiten. Sein erstes Buch *Von der Verheißung des Krieges und den Forderungen an den Frieden. Morgenröte der Sozialität* (München, Berlin: Georg Müller, 1915) erweist sich aber als eine politische, nach Taggers eigener Einschätzung »halbwissenschaftliche« Schrift, die in unserem Zusammenhang nicht interessiert. Festzuhalten ist, daß die darin vertretene positive Haltung des Autors zum Krieg dem Zeitgeist entsprach, nur mit der Besonderheit, daß Tagger auf Grund eines Lungenleidens nicht ins Feld mußte und sich 1916 vor der Musterungskommission fürchtete, wie seinen Tagebuchaufzeichnungen im Nachlaß zu entnehmen ist.

Das Jahr 1916 wurde zum Wendepunkt in Taggers früher Entwicklung. Noch unschlüssig, ob er die Karriere eines Pianisten und Komponisten oder die eines Schriftstellers einschlagen sollte, arbeitete er schließlich mit wahrem Furor »vorerst« an der literarischen Laufbahn. Der Sohn eines jüdisch-österreichischen Bankkaufmannes lebte nach der Scheidung seiner Eltern beim wenig geliebten Vater in Berlin und hatte seit 1914 eine Anstellung bei einem Berliner Verlag. Trotz dieser beruflichen Beanspruchung konnte er im Jahr 1917 vier Bücher und die ersten Hefte der aufwendigen Zeitschrift *Marsyas* veröffentlichen. Außer den oben bibliographierten

Titeln sind zu nennen die programmatische Schrift *Das neue Geschlecht* und der lebensphilosophische Essay *Über den Tod*. Die Reihenfolge kann mit Hilfe des Nachlasses bestimmt werden. Am 12. Juli notierte Tagger, daß *Herr in den Nebeln* und *Vollendung des Herzens* erschienen seien. Nach späteren Aufzeichnungen waren sie schon im Juni fertiggestellt, und zwar in der eben notierten Reihenfolge. Die erste Niederschrift der Novelle datierte er darin auf Mai 1915, die Gedichte entstanden naturgemäß in einem längeren Zeitraum seit 1912. Den Tage- oder besser Arbeitsbüchern ist zu entnehmen, daß er einen Großteil der Gedichte des Bandes erst 1917 schrieb. Besonders an den drei Tagen vom 9. bis 11. Februar schuf er eine große Zahl in täglich nur zwei Stunden, »fast eines nach dem anderen ohne Pause«, »willenlos und meiner nicht mächtig« (Notiz vom 11. Februar). Das Hauptprodukt seiner literarischen Bemühungen des Jahres 1916, der Roman *Das verspätete junge Mädchen*, erblickte nicht einmal das Licht der Öffentlichkeit, weil er vom S. Fischer Verlag im Januar 1917 abgelehnt worden war. Schwer enttäuscht darüber, einigte er sich daraufhin mit dem angehenden Verleger Heinrich Hochstim über die Herausgabe seiner Werke. Hochstim, über dessen Herkunft und Verbleib nichts zu ermitteln war, hatte Tagger schon im Oktober 1916 für die Redaktion des *Marsyas* gewonnen. So lag es nahe, daß er nun der Zeitschrift einen Buchverlag angliederte, der aber nur wenige Jahre bestehen und außer von Tagger nur wenige Bücher, unter anderem von Carl Sternheim, veröffentlichen sollte. Hochstim war wohl auf Tagger zugegangen, weil er einen erfahrenen Redakteur suchte und Tagger auf Grund seines Hauptberufs der geeignete Mann dafür war.

Durch Anzeigen und viele persönliche Gespräche erregten die Zeitschrift und die Bücher des neuen Verlages einiges Interesse.

Namentlich der Novelle über Leben und Sterben einer jungen Prostituierten war ein Achtungserfolg beschieden. Nach Taggers bibliographischen Aufzeichnungen erschienen nach der 1. und 2. Auflage vom Juni schon im August die 3. und 4. Auflage und im Dezember die 5. Auflage. Ob damit wie bei S. Fischer das 1.-2. Tsd. usw. gemeint war, bleibt dahingestellt.

Rezensionen sind nur indirekt durch größere Zitate in *Marsyas* überliefert. Gelobt wurde von Alexander Freiherr von Bernus an *Vollendung* der Stil »von einer schmerzlichen Sachlichkeit, die mehr Quellen des Mitleids aufspringen läßt, als die kriegskatholische Literaturpathetik à la mode«. Stefan Zweig meinte gar, die Novelle habe »wenig ihresgleichen in unserer Zeit«. Im selben Heft 2 von *Marsyas* finden sich auch zwei positive Stimmen zum Gedichtband. Die *Deutsche Montagszeitung* befand, er stelle »eine lyrische Etappe über Sternheim hinaus« dar, und *Das Literarische Echo* sah sich an Franz Marcs Landschaften erinnert und an die Musik von Ferruccio Busoni, dem einige Gedichte im Band gewidmet sind.

Einen scharfen Kritiker fand Tagger vor allem in sich selbst. Nach kurzer Euphorie distanzierte er sich bald von der ganzen bibliophilen Richtung des Verlages, die letzten Hefte der Zeitschrift erschienen 1918 bereits unter der Redaktion von Manfred Georg. Er investierte in diesem Jahr viel Kraft in Nachdichtungen der *Psalmen Davids* und von Werken Pascals, ehe er sich dann 1919 der Theaterarbeit und dem dramatischen Schaffen zuwandte. CW

Literaturauswahl
CHRISTIANE LEHFELDT: *Der Dramatiker Ferdinand Bruckner* (1975). Joaquín Moreno u.a. (Hrsg.): *Ferdinand Bruckner* (2008).

de Bruyn, Günter {geb. 1926}
Hochzeit in Weltzow.
Halle (Saale): Mitteldeutscher Verlag, 1960. 71 S. Br. 18 x 11 cm. (= Treffpunkt heute.) Umschlag: Helga Münnich. Gesamtherstellung: Lehrwerkstätten für die grafische Industrie Halle.

Autoren halten im fortgeschrittenen Alter meist wenig von den literarischen Anfängen, so auch Günter de Bruyn, der das poetische Konzept seines ersten Romans mit dem Titel *Der Hohlweg* (1963) einen »Holzweg« nannte. Nicht weniger rigoros verfuhr er mit dem ersten Buch, dem während der Entstehungszeit des Romans erschienenen Erzählungsband *Hochzeit in Weltzow* – für ihn ein Produkt des übereifrigen Schriftstellerehrgeizes: »… ich brauchte die Bestätigung durch Publikation«. Im Aufbau-Verlag hatte man ihm geraten, seinen Beruf als Bibliothekar an den Nagel zu hängen und in die Produktion zu gehen, um »Geschichten von heute und hier« schreiben zu können. Beim Mitteldeutschen Verlag saß ein Lektor, der mehr Verständnis für seine Eigenart aufbrachte. Horst Drescher, später selbst Schriftsteller, nahm sich des nur wenig jüngeren Autors an. Er lektorierte zwei Manuskripte, neben dem Erstling die Erzählung *Wiedersehen an der Spree*, die in der gleichen Reihe im selben Jahr publiziert wurde. *Hochzeit in Weltzow* erschien laut Anzeige im Buch zuerst, war allerdings nach de Bruyns Erinnerungen *Vierzig Jahre* (1996) nach *Wiedersehen an der Spree* geschrieben worden. Der Verlag hatte die Manuskripte 1959 zur Genehmigung eingereicht, doch die Zensurbehörde verlangte ihre Umarbeitung, die de Bruyn resignativ ausführte. In *Hochzeit in Weltzow* hatte er die Hauptfigur nicht mit ausreichendem Klassenbewußtsein versehen und die SED nicht ins rechte Licht gerückt, erinnert sich der Autor. Das Buch müßte im Sommer 1960 ausgeliefert worden sein, jedenfalls wurde es im Verlagskatalog zur Herbstmesse 1960 als lieferbar geführt, während *Wiedersehen an der Spree* erst angekündigt wurde.

Die Erzählung handelt von einem Kriegsheimkehrer, der sein Glück auf dem Lande versucht. Er entschließt sich dazu, weil er in seiner Heimatstadt Berlin kein Familienmitglied mehr antrifft und im Dorf eine bessere Beköstigung erhofft. Schwankartig kulminiert die Handlung in einer Hochzeit, die nach der Flucht der Hauptfigur vom Altar weg abgebrochen werden muß. Die unterhaltsamen Beoachtungen aus dem Alltagsleben des märkischen Dorfes am Beginn der neuen Zeit werden in das Korsett einer parteipolitischen Deutung gezwängt. Es ist nicht so sehr Mangel an Zuneigung für die Braut wie Einsicht des Protagonisten in die Doktrin, daß er mit der Einheirat in eine Großbauernfamilie seine Herkunft aus der Arbeiterklasse verraten würde. Günter de Bruyn kannte sich im Stoff aus, weil er selbst nach der Entlassung aus der Kriegsgefangenschaft einige Jahre Neulehrer in einem Dorf gewesen war. Der Autor beließ es nicht bei dieser ersten gedruckten Fassung, schon drei Jahre später erschien in der Erzählungssammlung *Ein schwarzer abgrundtiefer See* eine überarbeitete, entideologisierte Version, die später noch einmal stilistisch gestrafft wurde.

Eine größere Rezeption des ersten Buches ist nicht nachgewiesen. Günter de Bruyn schreibt in den Erinnerungen, daß er von Lesern viel Zuspruch erhielt, der ihn umso mehr beschämte, weil er mit Inhalt und Erscheinungsbild der »schäbigen Hefte« haderte. In einer Rezension seiner ersten Werke wurde er im *Neuen Deutschland* (11. November 1961), dem SED-Zentralorgan, als »verheißungsvoller Epiker« begrüßt. Eine späte Anerkennung fand die Erzählung, als sie 1978/79 zur Grundlage eines gleichnamigen DEFA-Filmes wurde,

in der Regie von Georgi Kissimov mit Dieter Montag als Willi und Franziska Troegner als seine Braut Elvira. Den Durchbruch beim Publikum erreichte de Bruyn mit dem Roman *Der Hohlweg*, in dem er seine Kriegserlebenisse verarbeitete. Doch schon nach seinen ersten beiden Erzählungsbändchen beendete der Autor die Tätigkeit im Berliner Zentralinstitut für Bibliothekswissenschaft, in deren Rahmen er zuvor mehrere wissenschaftliche Arbeiten, darunter sein erstes Buch *Über die Arbeit in Freihandbibliotheken* (1957), publiziert hatte, und begann eine Karriere als freier Autor. Den Lektor Horst Drescher warfen die Zensurgeschichten um de Bruyns erste Bücher und andere Vorfälle aus der Bahn: Nach seiner Entlassung aus dem Verlag arbeitete er jahrzehntelang in der Gärtnerei seiner Frau, ehe er in den achtziger Jahren endlich mit einem eigenen Buch debütierte.

Den unscheinbaren Heften erging es wie den meisten im Zusammenhang mit dem Bitterfelder Weg verbreiteten Titeln der Reihe *Treffpunkt* heute. Achtlos wurden sie kurze Zeit später beiseite geräumt und vergessen. So gehören die beiden ersten Bändchen von de Bruyn zu den raren Büchern jener Jahre, nach denen man geduldig suchen muß.   CW

Literaturauswahl

GÜNTER DE BRUYN: *Der Holzweg*; in: *Schriftsteller über ihr Erstlingswerk* (1974). GÜNTER DE BRUYN: *Vierzig Jahre. Ein Lebensbericht* (1996). GÜNTER DE BRUYN: *Was ich noch schreiben will. Gespräch mit Ingo Hermann in der Reihe »Zeugen des Jahrhunderts«* (1995). Heinz Ludwig Arnold (Hrsg.): *Günter de Bruyn. Text + Kritik, H. 127* (1995). KARIN HIRDINA: *Günter de Bruyn. Leben und Werk* (1983.) Uwe Wittstock (Hrsg.): *Günter de Buryn. Materialien zu Leben und Werk* (1991).

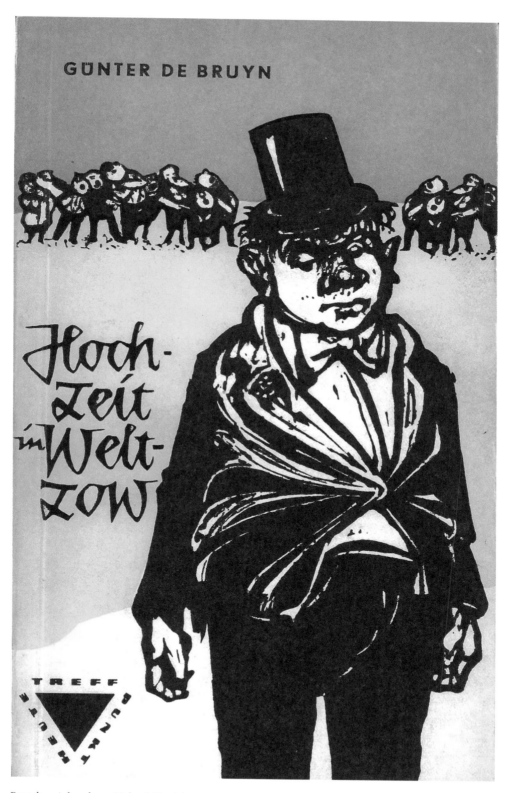

Broschureinband von Helga Münnich

C

… siehe Seite 87

Stella mystica
Traum eines Toren

… siehe Seite 89

… siehe gegenüberliegende Seite

Jugend
im
Umbruch

Roman

von

Edy Brendt

1936

Universum-Bücherei Basel

… siehe Seite 93

Canetti, Elias {1905-1994}
Die Blendung.
Roman.
Mit einer Einbandzeichnung v. Alfred
Kubin. Wien, Leipzig, Zürich: Herbert
Reichner Verlag, 1936. 560 S. 8°. Ln.
Druck: Elbemühl AG, Wien.

Elias Canettis Erstlingswerk *Die Blendung*, das erste Zeugnis des großen
Verwandlungskünstlers, der versuchte, über
das Fiktionale hinter die Geheimnisse der
realen Welt zu kommen, erlebte in den sechziger Jahren eine unglaubliche Renaissance.
Es wurde, nach verhaltenem Start in den
dreißiger Jahren, der dem judenfeind-
lichen Klima im faschistischen Deutschland
und dem baldigen »Anschlußgebiet«
Österreich geschuldet war, nun präsent
in allen Bezirken des Buchvertriebs, im
Hardcover, im Taschenbuch, in Ausgaben
aller wichtigen Buchclubs in Deutschland,
Österreich und der Schweiz. In zirka zwanzig Übersetzungen wurde es in der Welt
verbreitet, Schallplattenfirmen überspielten
Lesetexte in ihre werbenden Hüllen.
Jetzt wurde die Anerkennung der literarischen Zirkel aus den dreißiger Jahren in
Popularität umgehoben, was vornehmlich
dem Hanser Verlag in München zu danken
war, der ab 1963 nicht nur die neuen Werke
Canettis in Deutschland präsentierte, sondern sich auch der Pflege früherer Texte
aus der Wiener und der Emigrationszeit
annahm. Schließlich erhielt Canetti 1981
für *Die Blendung* den Literaturnobelpreis.
Das Nobelpreiskomitee war von der
Lektüre des Romans offenbar ebenso angetan wie ehemals der Komponist Alban
Berg, der im November 1935 dem Autor
geschrieben hatte, er hätte den Roman mit
Begeisterung und Freude gelesen, »und
zwar nicht nur mit künstlerischer, sondern auch mit menschlicher Freude, da
ich zwischen den Zeilen dieses Epos des
Hasses – der sowohl den Menschen gilt

als auch ihren Institutionen – immer wieder das liebende Herz des Autors verspür-
te.« Und Thomas Mann hatte Canetti wissen lassen, daß er »angetan sei von der
Fülle dieses Romans, dem Debordierenden
seiner Phantasie, der gewissen erbitterten Großartigkeit seines Wurfs, seiner
dichterischen Unerschrockenheit, seiner
Traurigkeit und seinem Übermut.«

Die Blendung hatte einen autobiographischen Hintergrund. Sie fußte auf
dem Erlebnis des brennenden Wiener
Justizpalastes am 15. Juli 1927, das in
Canetti alle jene Obsessionen gespeichert
hatte, die eine entfesselte Masse hervorrufen kann. Das Erlebnis muß auf ihn wie
ein Kulturschock gewirkt haben, weil er in
den Handlungen entstellter Menschen die
Gefahr der Kulturzerstörung erkannte. Die
Niederschrift des Romans wird er in Berlin

Einband mit Zeichnung von Alfred Kubin

begonnen haben, wohin ihn 1928 eine Zusammenarbeit mit dem Malik-Verlag von Wieland Herzfelde geführt hatte, für den er einige Romane und Studien des Amerikaners Upton Sinclair übersetzte. Er knüpfte dort Kontakte mit Bertolt Brecht, George Grosz, John Heartfield und anderen Größen der Berliner Kunstszene und tauchte tiefer ein in das »Irrenhaus«, das die deutsche Reichshauptstadt im Vergleich mit dem mehr gemütlichen Wien verkörperte. Diese erlebte Gegensätzlichkeit dürfte das Romanprojekt *Die Blendung* zusätzlich befeuert haben, so daß es in den Jahren 1930/31 jene Gestalt annahm, aus der Canetti in Wien dann Freunden und Bekannten vorgelesen hat, darunter der Bildhauer Fritz Wotruba, die Gustav-Mahler-Tochter Anna Mahler (in die Canetti außerdem noch unglücklich verliebt war), der Komponist Alban Berg und der Gelehrte Abraham Sonne. Auch Robert Musil, dessen *Mann ohne Eigenschaften* im Entstehen begriffen war, und Hermann Broch, der seine Romantrilogie *Die Schlafwandler* abgeschlossen hatte, gehörten zu dem prominenten Wiener Künstler- oder Freundeskreis, der Canettis Etablierung in der literarischen Szene erleichterte. Verbrieft ist, daß Hermann Broch die eine oder andere Lesung für Canetti organisierte, so einen Auftritt am 23. Januar 1933 in der Volkshochschule der Leopoldstadt in Wien und wohl auch eine Lesung nach Zürich vermittelte, wo im Januar 1935 zudem eine Verbindung mit James Joyce, der dieser Lesung beiwohnte, zustande kam.

Im Jahre 1925 hatte sich in Wien der Herbert Reichner Verlag gegründet. Aus bescheidenen Anfängen, die mehr kunstgeschichtlich geprägt waren und vor allem von der bibliophilen Zeitschrift *Philobiblon* flankiert wurden, entwickelte sich in den dreißiger Jahren ein Verlag, der dank Stefan Zweigs bibliophilen Interessen auch zunehmend ein belletristisches Profil gewann,

weil Stefan Zweig selbst dort publizierte (von 1934 bis 1938) und noch andere zeitgenössische (und klassische) Autoren in seine Nachbarschaft zog. Er soll es gewesen sein, der letztlich Elias Canetti an seinen Verleger Reichner vermittelte, indem er ihm von dessen Roman erzählte und von den bekannten Fürsprechern des Manuskripts, für dessen Erfolg besonders Jean Hoeppfner von den *Straßburger Neuesten Nachrichten* seine Hand ins Feuer legte.

Als *Die Blendung* 1936 erschien, standen die Menetekel leibhaftig an der Wand, die der Roman vorausprojiziert hatte. Canetti, der Jude aus Rustschuk in Bulgarien, Sproß einer traditionsbewußten Kaufmannsfamilie, konnte sein schriftstellerisches Werk nicht glücklich voranbringen. Bürgerkriegsähnliche Auseinandersetzungen, judenfeindliche Atmosphäre, nationalsozialistische Unterwanderung in Österreich ließen dies nicht zu. 1938 wurde Österreich von Deutschland annektiert. Elias Canetti und seine Frau mußten auswandern. Später, ab 1977, erfahren wir aus seiner beeindruckenden, dreibändigen Autobiographie unter den Titeln *Die gerettete Zunge*, *Die Fackel im Ohr* und *Das Augenspiel* mehr über die Stationen seiner Lebensgeschichte und über die Irrungen und Wirrungen eines infamen Jahrhunderts. EF

Literaturauswahl
ELIAS CANETTI: *Jede Absage bestärkte mich*; in: Hans Daiber (Hrsg.): *Wie ich anfing…* (1979). DIETER DISSINGER: *Vereinzelung und Massenwahn. Elias Canettis Roman ›Die Blendung‹* (1971). Herbert G. Göpfert (Hrsg.): *Canetti lesen. Erfahrungen mit seinen Büchern* (1975). SVEN HANUSCHEK: *Elias Canetti. Biographie* (2005).

Carossa, Hans {1879-1956}
Stella Mystica. Traum eines Toren.
500 num. Expl. auf Bütten, 10 Expl. auf
Kaiserlich Japan, vom Verfasser signiert,
gebunden. Berlin-Wilmersdorf: A. R.
Meyer, 1907. 4 Bl. 19,5 x 14,5 cm. Heft/Pp.
Druck: Schiemann und Co. (Zittau).

Hans Carossas Stern ist mit den Jahren
etwas verblaßt. Doch der Insel Verlag,
zu dessen Autoren er seit 1910 gehört, hat
seinem Werk bis heute die Treue gehalten, ebenso eine Lesergemeinde, die nach
seinen Büchern verlangt. Er hatte seine
künstlerische Eigenart ausgeprägt, ehe das
Jahrhundert in seine Katastrophen trieb,
und hielt daran trotz vieler Anfechtungen
fest. Im Gegensatz zu den fast gleichzeitig
auftretenden Expressionisten vertraute er
auf die Sinnhaftigkeit des Seins und bezog
seine Ausdruckskraft und seine Stilmittel
im Rückgriff auf die klassische Literatur
von Goethe bis Mörike und Stifter. Am
Beginn seines Schaffens hatte er starke
Förderer in Richard Dehmel und Hugo von
Hofmannsthal. Letzterer fand das entscheidende Wort, das Anton Kippenberg für
Carossa einnahm: »Hier ist ein eigener Ton
wie selten in dieser Epoche wo alles George,
Dehmel, Rilke oder mich nachäfft und hier
ist was noch schwerer wiegt eine wirkliche
Person dahinter, ein Mensch, der der Mühe
wert ist ...« (Brief vom 29. Dezember 1909).
    Doch vor diesem Brief, mit dem
Hofmannsthal für Carossas Aufnahme durch
den Insel-Verlag sorgte, hatte er bereits zwei
andere Bücher publiziert. Zunächst seine
Dissertation, die 1903 im Verlag von Bruno
Georgi in Leipzig erschienen war. *Ueber
die Dauererfolge der Zweifel'schen Methode
bei veralteten Dammrissen dritten Grades*
lautete der Titel dieser Schrift, mit der
Carossa sein Medizinstudium in München
und Leipzig abschloß. Doktorvater war der
Gynäkologe Paul Zweifel. Carossa sollte
lange Jahre als Arzt praktizieren, anfangs als

Kompagnon und Vertreter seines Vaters,
eines Spezialisten für Lungenkrankheiten
in Passau, später selbständig an mehreren
anderen, meist bayerischen Orten, spezialisiert auf Herz- und Lungenkrankheiten.
    Das zweite Buch war ein kleiner
Druck in dem 1907 gerade erst gegründeten Verlag von Alfred Richard Meyer,
zu dessen ersten Publikationen in der
Reihe *Lyrische Flugschriften* Carossas
Erstling zählte. Meyer sollte ein wichtiger
Förderer des Expressionismus und unter
dem Pseudonym Munkepunke selbst literarisch aktiv werden. Der Text bestand aus
einem einzigen, freilich längeren Gedicht,
dessen erste Niederschrift Carossa auf das
Jahr 1898 zurückdatierte. Es war anfangs
Leo Greiner, dem österreichischen Dichter
und Mitgründer des Münchner Kabaretts
»Elf Scharfrichter« gewidmet, mit dem
Carossa während seiner Studienzeit in
Berührung gekommen war, ohne daß dieser allerdings Einfluß auf seine Entwicklung
gehabt hätte. Aus diesem Grund ließ der

Heftumschlag

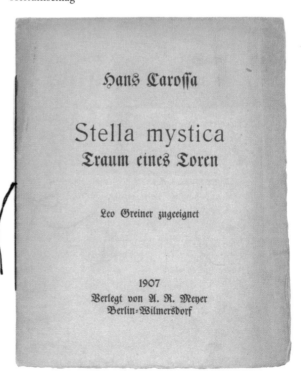

Autor die Widmung später auch fortfallen. Zwischenzeitlich sollte das Gedicht in der Zeitschrift *Die Gesellschaft* von Michael Georg Conrad, einem Mitstreiter des Naturalismus, erscheinen, doch Carossa zog es zurück, nachdem der Text bereits gesetzt worden war. Wie Carossa Hugo von Hofmannsthal in einem nicht genau datierten Brief vom August 1907 weiter mitteilte, bot der angehende Verleger Meyer ihm an, das Buch in einer limitierten Auflage zu drucken: »Er hat eine rasende Liebe für altes schönes Büttenpapier und prunkvolle japanische Einbände…, es handelt sich also mehr um eine Sache für die Bibliophilen.« Carossa entschuldigte sich bei Hofmannsthal für das Gedicht, das er noch immer für »mangelhaft« hielt, obwohl er es wahrscheinlich für den Druck nochmals überarbeitet haben dürfte. Doch er nahm es auch in seine erste Sammlung von 1910 auf und ließ es später immer wieder drucken. Ein Echo auf den ersten Druck ist nicht überliefert. Dieser fand auf Grund seiner Exklusivität Eingang in viele bibliophile Sammlungen und erzielt als wohl einziger Druck von Carossa heute noch höhere Preise, wenn er auf dem Antiquariatsmarkt auftaucht. CW

Literaturauswahl

HANS CAROSSA: *Ungleiche Welten. Lebensbericht* (1978). HANS CAROSSA: *Briefe 1. 1886 bis 1918. Hrsg. v. Eva Kampmann-Carossa* (1978). Eva Kampmann-Carossa (Hrsg.): *Hans Carossa. Leben und Werk in Bildern und Texten* (1993). HENNING FALKENSTEIN: *Hans Carossa* (1983). PETER JOSCH: *Alfred Richard Meyer – Bibliographie.* In: *Philobiblon, H. 1, 1982, S. 34-88. Der Insel Verlag 1899-1999. Die Geschichte des Verlags 1899-1964 von Heinz Sarkowski. Chronik 1965-1999 von Wolfgang Jeske* (1999). MARION STOJETZ: *»Aus tiefem Abend glänzt ein heller Stern«. Welt- und Natursicht in der Lyrik Hans Carossas* (2005).

Celan, Paul

{eigtl. Paul Antschel, 1920-1970}

Der Sand aus den Urnen.
Gedichte.

Mit zwei Originallithographien von Edgar Jené. Aufl.: 500 num. u. im Impressum sign. Expl. Wien: A. Sexl, 1948. 61 (+ 3) S. 21,5 x 14,5 cm. Pp. Druck: Schlösers Buchdruckerei Wien-Döbling.

Paul Celans Jugend wurde vom Holocaust überschattet. Er mußte Jahre in einem Arbeitslager verbringen und entging nur durch glückliche Umstände der deutschen Vernichtungsmaschinerie. Seine Eltern wurden deportiert und ermordet, ohne daß er sich von ihnen verabschieden konnte. Schon in dieser Zeit schrieb er Gedichte, die allerdings auf die furchtbaren Lebensumstände nur punktuell eingingen. Ein Großteil davon ist durch seine Jugendfreundin, die Schauspielerin Ruth Kraft, überliefert und nach Celans Tod publiziert worden (*Gedichte 1938-1944*. Frankfurt/M. 1986). Nach dem Krieg verließ Celan seine Heimat Czernowitz, die nunmehr zur Sowjetunion gehörte, um Anschluß an literarische Kreise zu suchen. Nach einem Intermezzo in Bukarest, wo er bereits zu publizieren begann, ging er 1947 nach Wien, dem magischen Anziehungspunkt für alle Juden in den Nachfolgestaaten der k. und k. Monarchie. Ihm voraus war ein Manuskript mit dem Titel *Der Sand aus den Urnen* gegangen, von seinem Freund und Förderer Alfred Margul-Sperber an Otto Basil, den Herausgeber der literarischen Zeitschrift *Plan*, geschickt. Kurz nach Celans Ankunft in Wien erschien Heft 6 mit einem größeren Gedichtkonvolut daraus und erregte im Kreis um die Zeitschrift und die Wiener Agathon-Galerie einiges Aufsehen. In der Galerie am Opernring 19, die das Zentrum des Wiener Surrealismus war, fand am 3. April 1948 eine Lesung mit Celan und

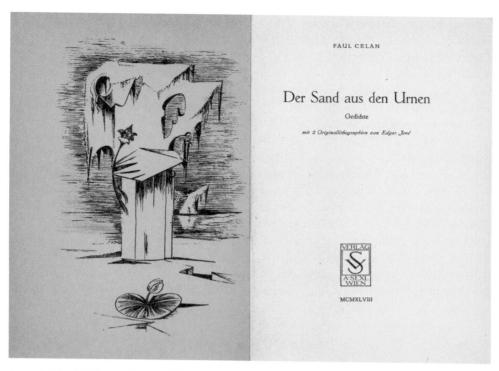

Doppeltitel mit Lithographie von Edgar Jené

anderen Surrealisten statt. Er befreunde-te sich mit dem Maler Edgar Jené, über den er einen Essay schrieb, der zusammen mit einer Einleitung von Otto Basil und 30 Abbildungen von Jenés Werken (Wien: Agathon Verlag) im August 1948 unter dem Titel *Edgar Jené. Der Traum vom Traume* erschien. Celan vertraute Jené und beson-ders seiner Frau Erica die Drucklegung sei-nes ersten Gedichtbandes an, als er im Juli 1948 Wien in Richtung Paris verließ.

Dann ging mit Celans Erstling alles verkehrt, was verkehrt gehen konnte. Der Band war zuerst von dem Wiener Erwin Müller Verlag angenommen wor-den, Freunde von Celan hatten bereits einen Druckkostenanteil für eine Auflage von 500 Exemplaren gezahlt, doch der Verlag mußte 1948 kurz vor dem Druck des Bandes in Liquidation gehen. Die österreichische Währungsreform vom Dezember 1947 forderte ihren Tribut. Den Kontakt zu dem Verlag hatte Jené herge-stellt, der auch den neuen Verlag A. Sexl fand, ein kleines Tochterunternehmen der Ringbuchhandlung A. Sexl, in dem neben wissenschaftlichen Büchern einige bellestrische Titel erschienen, so von Ernst Waldinger, Ulrich Becher und F. C. Weiskopf. Celan ordnete das Manuskript neu und nahm in die Sammlung auch sechs in Wien entstandene Gedichte auf. Am Schluß steht die *Todesfuge*, Celans wohl bekanntestes Gedicht. Wieder halfen Freunde bei der Finanzierung des Drucks. Schon am 15. Oktober 1948 war das Buch fertig und wurde Celan nach Paris nach-geschickt. Doch der Dichter war mit dem Ergebnis gar nicht zufrieden: Entsetzt war er über teils sinnentstellende Druckfehler, die er den Jenés verübelte. Auch die bei-den Lithographien von Jené, die in dem Buch abgebildet sind, fanden keine Gnade. Celan bezeichnete diese in einem Brief an Max Rychner (24. Oktober 1948) als »zwei Beweise äußerster Geschmacklosigkeit«.

Telegrafisch untersagte er dem Verlag angeblich den Verkauf des Buches. Laut Abrechnung des Verlages (A. Sexl an Klaus Demus, 19. März 1952) wurden nur neun von 334 Exemplaren im Buchhandel verkauft, fünf als Pflichtexemplare an Bibliotheken vergeben, die restlichen 320 dem Altpapierhandel zugeführt. Das ist merkwürdig, weil im Buch eine Auflage von 500 numerierten Exemplaren angegeben ist. Sicher werden Autor und Illustrator Freiexemplare erhalten haben. Jedenfalls verschenkte Celan ein Exemplar an Yvan Goll. Ingeborg Bachmann, mit der Celan in Wien ein Liebesverhältnis verband, hatte von Freunden das Exemplar Nr. 18. Die Deutsche Nationalbibliothek besitzt Nummer 205.

Erst mit dem zweiten Gedichtband *Mohn und Gedächtnis* (Stuttgart 1952), der Teile des verunglückten ersten Bandes enthielt, fand Celan allmählich seine verdiente Anerkennung. Jetzt erst erschienen Rezensionen, teils von jungen Schriftstellerkollegen wie Karl Krolow, Paul Schallück und Klaus Piontek, die allesamt von der Bildkraft der Gedichte beeindruckt waren, wenngleich sie ihre zeitgeschichtliche Dimension nur ansatzweise reflektierten. CW

Literaturauswahl
ISRAEL CHALFEN: *Paul Celan. Eine Biographie seiner Jugend* (1979). Amy-Diana Colin und Edith Silbermann (Hrsg.): *Paul Celan – Edith Silbermann. Zeugnisse einer Freundschaft. Gedichte, Briefwechsel, Erinnerungen* (2010). WOLFGANG EMMERICH: *Paul Celan* (1999). JOHN FELSTINER: *Paul Celan. Eine Biographie* (1997). Werner Hamacher und Winfried Menninghaus (Hrsg.): *Paul Celan. Materialien* (1988). Peter Goßens und Marcus G. Patka (Hrsg.): *Displaced. Paul Celan in Wien 1947-1948* (2001). ALFRED KITTNER: *Erinnerungen an den jungen Paul Celan. Hrsg. v. Bernhard Albers* (2008). BARBARA WIEDEMANN: *Antschel Paul – Paul Celan. Studien zum Frühwerk* (1985).

Cibulka, Hanns {1920-2004}
Märzlicht.
Gedichte.
Halle: Mitteldeutscher Verlag, [1955]. 75 S. 19 x 12 cm. Ln. mit Umschl. Einband und Typographie: Horst Erich Wolter. Satz und Druck: Offizin Andersen Nexö Leipzig.

Hanns Cibulka führte böhmische Erde an den Sohlen mit, als er sich Ende 1947 in Thüringen niederließ. Sein erster Gedichtband war im Kern bestimmt durch den Verlust der Heimat. Kindheit und Heimat, Heimat und Fremde sollten zu den wichtigsten Themen seines Schaffens werden. Einen zweiten Themenkomplex in *Märzlicht* bildeten die Gedichte zu politischen Tagesfragen wie Koreakrieg und Atombombenversuche auf dem Bikini-Atoll. Sie sind poetisch schwächer und dürften teilweise als Versuch des Autors angesehen werden, den kulturpolitischen Forderungen an die Dichtung zu genügen.

Obwohl Cibulka in Lyrik und Prosa viel über sein Leben mitgeteilt hat, ist über seine frühen Jahre wenig Verläßliches bekannt. Geboren in dem böhmischen Tuchmacherstädtchen Jägerndorf als Sohn eines Appreturmeisters, besuchte er eine Handelsschule und war als Kaufmann beruflich tätig, bis er bei Kriegsbeginn 1939 zur Wehrmacht einberufen wurde. Sechs Jahre lang zog er als Nachrichtensoldat in Polen, der Ukraine und Italien Kabel, ehe er in Gefangenschaft geriet. Ende 1947 entlassen, konnte er nicht mehr in die Heimat zurückkehren. So ging er nach Thüringen zu einer Brieffreundin, mit der er bald eine Familie gründete. Die Ehe endete unglücklich mit der Flucht der Frau zusammen mit einem anderen Lyriker in die Bundesrepublik, während Cibulka mit den beiden Kindern allein zurückblieb.

Cibulka wurde bald nach der Rückkehr aus der Gefangenschaft Bibliotheksmitarbeiter in Jena, absolvierte eine Aus-

Umschlag von Horst Erich Wolter

Herzen lagen. Die Gedichte seien geschrieben »aus einem unendlichen Heimweh«, bekannte Cibulka später. Er ließ deshalb die Widmung in das Buch drucken: »Vater und Mutter im Gedenken der winterlichen Tage«. Im Winter 1953/54 schrieb er an dem Zyklus *Operation Crossroads*, der »Gegenwärtiges und Zukünftiges zum Inhalt hat«.

Ausgeliefert wurde das Buch erst Mitte 1955 (vgl. *Wochenpost*, 16. Juli 1955), während die Lizenznummer das Jahr 1953 ausweist. Besprechungen sind wenige erschienen. Immerhin waren unter den Kritikern der jüngere Lyriker Günter Kunert und der ältere Georg Maurer, der in jenen Jahren zu einem wichtigen Mentor der jungen Dichtung zu werden begann. Beide begrüßten das neue Talent, ohne mit Kritik zu sparen. Maurer nannte Cibulka einen »unserer begabtesten jungen Lyriker«, der mit seinem Erstling »bereits Proben echter Lyrik gegeben« habe, und hob die Beherrschung der »klassizistischen« Formen Elegie und Ode hervor. Im einzelnen hatte er aber viele Schwächen zu monieren, wie das Scheitern an der Großform des Poems und das gelegentliche Abgleiten in die »Stillosigkeit des Journalismus« (*Neue Deutsche Literatur*, H. 10, 1955). Kunert stieß sich auch an der Gestaltung des Bandes: »... fein geschmückt mit Kleeblättlein und Goldprägung, damit er auch ja in Großmütterchens gute Stube paßt« (*Sonntag*, 20. November 1955).

Cibulka ließ seinem ersten Gedichtband weitere folgen. Doch schon mit seinem dritten Buch, dem *Sizilianischen Tagebuch* (1960), fand er jenes Genre, das für ihn am produktivsten werden sollte: das mehr oder weniger fiktive Tagebuch. CW

bildung zum Bibliothekar und wurde 1952 Leiter der Stadt- und Kreisbibliothek Gotha, eine Aufgabe, die er bis zum Ende seines Berufslebens wahrnehmen sollte. Schon in der Gefangenschaft hatte Cibulka, der sich erst an Weinheber, dann an Becher orientierte, Gedichte verfaßt, die er nach der Rückkehr Verlagen und Redaktionen anbot. Die wohl erste größere Veröffentlichung hatte er 1951 in der Anthologie *Neue Deutsche Lyrik* im Aufbau-Verlag. Ein engeres Verhältnis mit dem Lektorat ergab sich hier nicht. Wertvolle Hilfe habe er von der Lektoratsleiterin des Verlages Volk und Welt, Marianne Dreifuß, empfangen, teilte Cibulka in einem Interview 1961 mit. Doch *Märzlicht* erschien schließlich im Mitteldeutschen Verlag Halle (Saale), der in den fünfziger Jahren zur ersten Adresse für junge Literatur zu werden begann.

Der Zyklus *Steine und Brot* war zuerst fertig und wurde bereits 1953 in der Zeitschrift *Neue Deutsche Literatur* (Heft 9) vorabgedruckt – Indiz dafür, daß ihm die Erinnerungen an Böhmen am stärksten am

Literaturauswahl
Günter Gerstmann (Hrsg.): »*Ich habe nichts als das Wort*«. Beiträge zum Werk Hanns Cibulkas (2010). GERHARD WOLF, *Nachwort zu: Cibulka, Losgesprochen. Gedichte aus drei Jahrzehnten* (2. erw. Aufl. 1989).

Claudius, Eduard

{Pseudonym: Edy Brendt, 1911-1976}

Jugend im Umbruch.

Roman.

Basel: Universum-Bücherei, 1936. 223 S.
19,5 x 13 cm. Br. / Ln.

Als 1936 das Erstlingswerk *Jugend im Umbruch* unter dem Pseudonym Edy Brendt erschien, saß Eduard Claudius wegen politischer Betätigung in der Schweiz ein. Das Delikt, das ihm vorgeworfen wurde, hatte schon 1933 nach dem Machtantritt Hitlers zu seiner Verhaftung geführt, und er dachte, durch die Emigration solchen Zugriffen zu entkommen, die seinen Aktivitäten geschuldet waren, mit denen er die antifaschistische Arbeit in Deutschland unterstützte. Das KPD-Mitglied Eduard Claudius (seit 1932) war schon in jungen Jahren mit der Parteipresse in Berührung gekommen und hatte als sogenannter Arbeiterkorrespondent gelernt, eine spitze Feder zu führen. Freilich wurden die eigenen sozialen Erfahrungen und der politische Kampf gespiegelt in den Ansichten der politischen Organisationen, für deren Ziele er kämpfte, also der Gewerkschaften und der KPD, was die frühen literarischen Versuche mitunter mit einer eigenartigen Plakativität versah. Davon war auch der Roman *Jugend im Umbruch* nicht ganz frei, der den Lebensweg eines jungen Arbeiters beschreibt, der zunächst den Verlockungen der Nazipropaganda folgt und erst nach der politischen Ernüchterung zum Bewußtsein der eigenen Kraft und Hoffnungen gelangt und den Kampf der Arbeiterklasse unterstützen kann.

Die *Universum-Bücherei*, in der Claudius' Erstlingswerk erschien, eine proletarische Buchgemeinschaft, vom medialen Multitalent der linken Medienszene, Willi Münzenberg, initiiert, war im Oktober 1926 gegründet worden. Sie verlegte neben klassischen Autoren wie Heine, Zola, Stendhal und anderen natürlich auch viele streitbare linksgerichtete Schriftsteller und Publizisten, Brecht, Tucholsky und Hans Marchwitza darunter, der offenbar den Kontakt zwischen Claudius und der *Universum-Bücherei* hergestellt hat. Die Buchgemeinschaft, die 1927 als ihre erste Buchveröffentlichung Maxim Gorkis Roman *Das Werk der Artamanows* ins Programm genommen hatte, mußte, wie Claudius selbst, 1933 emigrieren. Sie setzte ihre Arbeit in Basel und Zürich fort und versuchte, ihrem Profil einigermaßen treu zu bleiben. Unter ihren Bänden finden sich in dieser Zeit die Werke sozialistischer Autoren, die Deutschland verlassen mußten, wie Willi Bredel, Ludwig Renn, Egon Erwin Kisch und eben Eduard Claudius, der die Schweiz 1936 wieder verließ, bedroht von einer Auslieferung nach Deutschland, und nach Spanien ging, um am Kampf der Internationalen Brigaden gegen General Franco teilzunehmen. Der autobiographische Roman *Grüne Oliven und nackte Berge*, der Ertrag aus den Erfahrungen und Kämpfen des Spanienkrieges, wird Claudius' erstes Nachkriegsbuch, das 1945/46 bei Desch in München erscheint.   EF

Literaturauswahl
EDUARD CLAUDIUS: *Ruhelose Jahre. Erinnerungen* (1968). EDUARD CLAUDIUS: *Ein gewöhnlicher Anfang*; in: Gerhard Schneider (Hrsg.): *Eröffnungen. Schriftsteller über ihr Erstlingswerk* (1974). Kurt Böttcher (Hrsg.): *Schriftsteller der Gegenwart Bd. 5: Bodo Uhse. Eduard Claudius* (1960). HEINZ LORENZ: *Die Universum-Bücherei. Geschichte und Bibliographie einer proletarischen Buchgemeinschaft. 1926-1939* (1996).

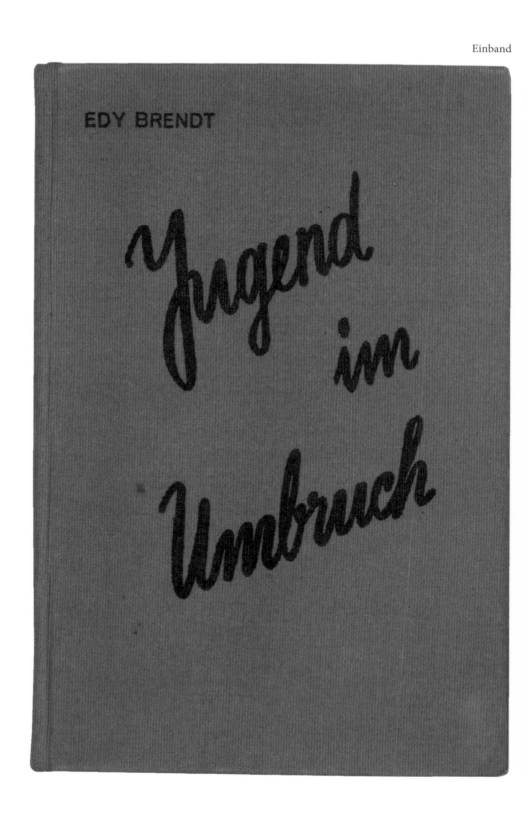

D

… siehe Seite 100

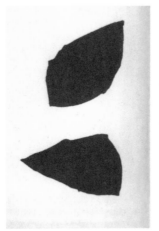

… siehe Seite 103

… siehe Seite 96

Däubler, Theodor {1876-1934}

Das Nordlicht.

Epos.

Florentiner Ausgabe. Band 1-3: Erster
Theil. Das Mittelmeer. 2. Pan. Orphisches
Intermezzo. Zweiter Theil. Sahara.
Hergestellt in 700 in der Presse nume-
rierten Exemplaren von Mänicke & Jahn
in Rudolstadt. Luxusausgabe in
50 Exemplaren auf echt van Geldern-
Papier. München: Georg Müller Verlag,
1910. 420, 151, 602 S. 16,8 x 24,8 cm.
Pp. / Halbperg.

Es war ein geradezu spektakuläres Ereignis in der deutschen Verlagsgeschichte,
ein Erstlingswerk von solcher Monu-
mentalität wie *Das Nordlicht*, 1173 Seiten
mit mehr als 30 000 Versen, herauszubringen. Georg Müller, der Münchner
Verleger – sein Dämon war das Buch –
wagte es. Der im Oktober 1903 gegründete
Verlag hatte in den ersten fünf Jahren seines
Bestehens dem Buchmarkt bereits 256 Titel
in mehr als 400 Büchern überantwortet.
Und was für Bücher! Heute schmücken
sie die erlesensten und feinsten häuslichen
Bibliotheken und bringen Kunde von der
Entwicklung und der Blüte der *Neuen
deutschen Buchkunst*, die seit Ausgang des
19. Jahrhunderts die Besinnung auf indi-
viduellen Buchgeschmack in alle Gewerke
der Buchausstattung und Buchherstellung
zurückholte. Georg Müller mit seinem
Verlag war einer der glänzendsten Sterne
an dem neuen Buchkunsthimmel. Er hatte
seit 1907 mit Paul Renner als künstle-
rischem Leiter eine der Leitfiguren dieser
Gestaltergeneration im eigenen Haus.

Vor diesem Hintergrund mag es verständlicher werden, warum das monumentale Opus von Theodor Däubler, das fortan als dessen Hauptwerk gelten wird, im
Programm von Georg Müller Platz fand. An
Ausgefallenheit hatte es keinen Mangel. Die
machte es als Objekt der Bibliophilie, der

Georg Müller dienen wollte, begehrenswert.
Schon der Anspruch des ins Kosmische
greifenden Epos, das Walther Killys
Literaturlexikon meines Erachtens treffend
als »privaten Mythos des zur Lebensquelle
verklärten Sonnenlichts« beschreibt, dessen
»Entzweiung mit der Erde wortgewaltig
aufzuheben« angestrebt wird, macht die
ungewöhnliche Expressivität deutlich,
mit der hier ein Dichter die Welt wieder ins Gleichgewicht bringen will. Ein
buntes Gewebe von Vers und Rhythmus,
Hymnik, Symbolik und Wortspiel schaffen
einen Reichtum an lyrischen Bildern, der als
gedankliches Handlungsgefüge nicht immer
zusammengehalten werden kann und die
Rezeption des Werkes erschwerte. Aber die
Faszination bleibt. Zwölf Jahre lang, von
1898 bis 1910, will Theodor Däubler an der
Florentiner Ausgabe gearbeitet haben. »Ich
habe«, schreibt er in einem Vorspruch zum
Ersten Theil, »›Das Mittelmeer‹ mit dem
Abschnitt ›Neapel‹ und dem ›Prolog‹ im
Winter 1898 begonnen. Im Sommer 1899
folgten die Vision von ›Venedig‹ und im
Jahre 1900 der Abschnitt ›Rom‹, in den spä-
ter noch die im Frühjahr 1909 geschriebenen
›Perlen von Venedig‹ eingefügt wurden.«
Das *Orphische Intermezzo. Pan* hat er 1902
und 1903 geschrieben, den *Zweiten Theil
Sahara* vom Herbst 1904 bis Frühjahr 1906.
»Spätere Ergänzungen«, läßt er uns in einer
Notiz im *Zweiten Theil* wissen, »erstreckten
sich bis in den Anfang des Jahres 1910.«

Theodor Däubler, Sproß einer wohlhabenden Kaufmannsfamilie Augsburger
Ursprungs, wuchs in Triest auf, das damals
zu Österreich gehörte. Er lernte viele der
blühenden italienischen Städte kennen und
begann, wie es heißt, die Niederschrift von
Nordlicht am Fuße des Vesuvs. Die erst-
veröffentlichte Fassung erhielt in Florenz
ihren vorläufigen Zuschnitt, wohin Däubler
1907 zusammen mit dem Kunsthistoriker
Arthur Moeller van den Bruck aus Paris
umgezogen war, wo er sich von 1901 bis

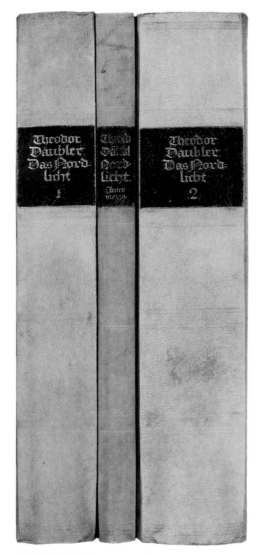

Einbände in Halbpergament

1907 aufgehalten hatte. Schon dort hatte Däubler in den Kreisen der internationalen Boheme die Bekanntschaft bedeutender Künstler gemacht (Pablo Picasso u.a.), denen er in Florenz neue Künstlerfreunde hinzugesellen konnte. 1909 lernte er Ernst Barlach kennen, der Träger des Villa-Romana-Preises geworden war und ein Jahr lang in Florenz lebte. Mit ihm unternahm er viele Wanderungen durch die Toskana. Barlach porträtierte Däubler mehrfach in Bild und Wort, und er vermittelte ihm die Bekanntschaft des Dresdner Mühlenbesitzers Erwin F. Bienert, dessen Frau bald eine freizügige Mäzenatin von

Däublers literarischen Unternehmungen wurde. Er wurde dafür ihr Berater für den Ankauf von moderner Kunst.

Ein Netz von Künstlern und Kunstfreunden war geknüpft, um *Das Nordlicht* auf den Weg in die Öffentlichkeit zu bringen. Arthur Moeller van den Bruck stellte 1908 den Kontakt zu Georg Müller her; ein Prager Bankdirektor und Onkel Däublers besorgte die Finanzierung des Gesamttyposkripts; Georg Müller verteilte in einem Verlagsvertrag das Risiko auf beide Seiten, auf Autor und Verleger, indem er versprach, den Reingewinn zu teilen, was sich im Fortgang für den Autor als miserables Honorar erwies, da es zu Reingewinn kaum oder nicht kam. Der Vertrag stärkte aber den Glauben, daß man für Erfolg oder Niederlage im gleichen Boot saß.

Aufgehört, an dem monumentalen Werk zu arbeiten, hat Däubler wohl nie. Als die *Florentiner Ausgabe* 1910 endlich druckfertig vorlag, begann er schon, sich gegenüber dem Opus neu zu positionieren. Er stellte die sogenannte *Genfer Ausgabe* her, die 1921 im Insel-Verlag erschien, für die er das *Orphische Intermezzo. Pan* dem Ersten Theil einfügte und ein paar kleinere Ergänzungen und Korrekturen vornahm, über die Kritiker urteilten, sie seien weniger geglückt und deshalb weiter die *Florentiner Ausgabe* empfahlen. An einer *Athener Ausgabe*, die nicht erschienen ist, sondern sich nur im Nachlaß als handschriftlich korrigiertes Exemplar der *Genfer Ausgabe* befindet, arbeitete der Autor von 1922 bis 1930. Alles ist aber Beleg dafür, daß Theodor Däubler sein Erstlings- und zugleich Hauptwerk für unabgeschlossen hielt, in das die Ambivalenzen der Zeit seines Erachtens neue Eintragungen verlangten.

Das Nordlicht begründete Däublers literarischen Ruf und Ruhm. Es trug ihm Ehrungen und Berufungen in Gremien ein, die seinen Rang im deutschen Kulturleben festigten. Er wurde Chef des deutschen PEN-

Clubs, Mitglied der Akademie der Künste, Ehrendoktor der Berliner Universität. *Das Nordlicht* konnte ein Publikumserfolg nicht werden. Es blieb, auch durch die Einmaligkeit der *Florentiner Ausgabe* in nur 700 Exemplaren, das Kultobjekt einer kleinen, wohlsituierten literarischen Bruderschaft. EF

Literaturauswahl
Eva von Freeden u. Rainer Schmitz (Hrsg.): *Sein Dämon war das Buch. Der Münchner Verleger Georg Müller* (2003). Friedhelm Kemp u. Friedrich Pfäfflin (Bearb.): *Theodor Däubler. 1876-1934. Marbacher Magazin* (1984). THOMAS RIETZSCHEL: *Theodor Däubler. Eine Collage seiner Biographie* (1988). HANNS ULBRICHT: *Verschollene und Vergessene. Theodor Däubler. Eine Einführung in sein Werk und eine Auswahl* (1951).

Delius, Friedrich Christian {geb. 1943}
Kerbholz.
Gedichte.

1.-2. Tsd. Berlin: Verlag Klaus Wagenbach, 1965. 68 S., 2 Bl. 21,5 x 12 cm. Br. (= Quarthefte.) Satz u. Druck: Poeschel & Schulz-Schomburgk, Eschwege.

F. C. Delius gehört zu den Autoren, die mit ihren Arbeiten früh die Öffentlichkeit suchten. Der Sohn eines evangelischen Pfarres schrieb seit der Schulzeit, die er zuletzt in Korbach (Hessen) verbrachte. Erste Gedichtveröffentlichungen sind für die Jahre 1961 und 1962 in der Schülerzeitung des Gymnasiums und in der Lokalzeitung von Korbach bekannt. Neunzehnjährig stellte er ein Manuskript mit Gedichten zusammen, das er bei verschiedenen Verlagen einreichte. Zwar kamen sie, meist mit formelhaften Ablehnungsschreiben, zurück, doch ließ er sich davon nicht entmutigen. Erfolg hatte er mit einer kleinen Auswahl, die er für eine Anthologie im S. Fischer Verlag einreichte. Der Lektor Klaus Wagenbach nahm nicht nur einige Proben in das Buch mit dem Titel *Das Atelier 2* (1963) auf, sondern beschäftigte Delius außerdem im Sommer 1963 als Praktikant. Ein Berg unaufgefordert eingesandter Manuskripte war abzuarbeiten. Wenige Monate zuvor hatte Delius ein Studium der Germanistik an der Freien Universität Berlin aufgenommen.

Wagenbach mußte 1964 S. Fischer nach einem Krach verlassen. Er entschloß sich, einen eigenen Verlag mit gesamtdeutschem Programm zu gründen, und zog deshalb nach Berlin. Die Umzugskisten waren in der Jenaer Straße 6 noch nicht ausgepackt, so erinnert sich Delius, da wurde der angehende Autor mit einem neuen Lyrikmanuskript beim Verleger vorstellig. Wagenbach nahm es ohne Zögern an und empfahl außerdem Hans Werner Richter, dem Spiritus rector der »Gruppe 47«, Delius zur nächsten Tagung einzuladen. Das Unglaubliche passierte: Der junge Student konnte im September 1964 beim ersten Auslandstreffen der Gruppe im schwedischen Sigtuna mit einigen Gedichten vor dem gestrengen Forum auftreten und wurde freundlich behandelt. Lektoriert wurde das Buch im »Berliner Wahlkontor der SPD« während des Bundestagswahlkampfes im Sommer 1965. Willy Brandt wurde damals von einer Korona von Schriftstellern und anderen Intellektuellen unterstützt, darunter auch Wagenbach und Delius. Auf der Frankfurter Buchmesse 1965 stellte Wagenbach sein zweites Programm vor, zu dem neben Wolf Biermann und Stephan Hermlin auch F. C. Delius gehörte. Im Frühjahrsprogramm hatte er mit Kurt Wolff, Günter Grass, Erich Fried und Hans Werner Richter auf bekannte Namen gesetzt. Markenzeichen des jungen Verlages waren die *Quarthefte* – eine Broschurreihe mit schwarzen Einbänden, bei denen auf einem weißen Feld Titel und rückseitig der Werbetext stehen. In dieser Reihe fand das erste Buch von Delius seinen Platz.

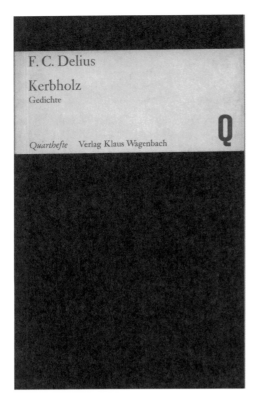

Broschureinband

Die Thematik des Bandes wurde bestimmt durch die Studentenbewegung jener Jahre, die sich gegen festgefahrene autoritäre Strukturen in Universität und Gesellschaft richtete und die Aufarbeitung der national-sozialistischen Vergangenheit einforderte. Delius nahm an den Debatten jener Jahre intensiv teil. Doch seine Gedichte sind nicht agitatorisch. Er regt statt dessen das kritische Denken an und sorgt mit paradoxen Wendungen für erhellende Verblüffung. So entlarvt er im Gedicht *Koexistenz* verschwommene Harmonievorstellungen: »Mein Friseur haßt mich/ wegen der Wirbel im Haar./ Ich hasse ihn wegen der Reden.// Nur im Traum/ spielen wir Mörder.« Die Texte handeln von den großen Dingen – »Ich habe Angst vor dir, Deuschland…« (*Hymne*) – und von den kleinen wie dem Schulreförmchen, nach dem alles beim alten bleibt (*Schulreform*). Reisegedichte zeigen, daß Delius auch außerhalb Berlins Gegenstände für seine Angriffe mit dem Florett fand, in Castel Gandolfo, der Sommerresidenz des Papstes, ebenso wie in Marburg, wo die Burschenschaften das Universitätsleben bestimmten. Auch seine Heimatstadt Korbach wurde in einem Gedicht kritisiert, wenngleich der Anlaß heute im historischen Dunkel versunken ist.

Wagenbachs Bücher erregten einiges Aufsehen, von dem auch Delius profitierte. Er wurde gekauft und gelesen. »Da gibt es in Deutschland einen neuen jungen Lyriker, und keiner weiß es: Ein Lyriker von Format, von seltener stilistischer Ironie, glaubwürdig, auf präzise Art agressiv«, zitiert die Verlagswerbung den Kritiker der *Frankfurter Allgemeinen Zeitung*. Vier Besprechungen sind nachgewiesen, drei davon in viel gelesenen Feuilletons. Anfang 1966 erschien eine zweite Auflage, das 3. Tausend, 1983 folgte eine Taschenbuchausgabe bei Rowohlt – für den Gedichtband eines jungen Autors ein erstaunlicher Erfolg. So waren Autor und Verleger zufrieden miteinander. Weitere Bücher folgten. Und nachdem Delius 1970 bei Walter Höllerer an der Technischen Universität mit dem originellen Thema *Der Held und das Wetter* promoviert hatte, stellte ihn Wagenbach halbtags als Lektor ein. Doch drei Jahre später kam es zum Zerwürfnis. Als linker Verleger hatte Wagenbach in seiner Firma Basisdemokratie praktizieren wollen. Es war zu Meinungsverschiedenheiten zwischen Wagenbach und einem Teil der Belegschaft gekommen, die nur durch Trennung zu beseitigen waren. Delius gründete mit anderen Dissidenten den Rotbuch Verlag, bei dem er dann seine nächsten Bücher veröffentlichte. CW

Literaturauswahl
FRIEDRICH CHRISTIAN DELIUS: *40 Jahre »Kerbholz«*; in: Renatus Deckert (Hrsg.): *Das erste Buch. Schriftsteller über ihr literarisches Debüt* (2007). FRIEDRICH CHRISTIAN DELIUS: *Als die Bücher noch geholfen haben. Biografische Skizzen* (2012). Manfred Durzak, Hartmut Steinecke (Hrsg.): *F. C. Delius. Studien über sein literarisches Werk* (1997). Karin Graf u. Annegret Schmidjell (Hrsg.): *Franz Christian Delius* (1990).

Doderer, Heimito von {1896-1966}
Gassen und Landschaft.
Aufl.: 600 Expl. Wien: Haybach
Verlag, 1923. 17 Bl. 23 x 15 cm. Pp.
Umschlagzeichn. v. Erwin Lang.

Heimito von Doderer, der sich der
Nachwelt durch voluminöse Romane
wie *Die Strudlhofstiege* (1951) und *Die
Dämonen* (1956) ins Gedächtnis geschrieben
hat, verstand sich auch als Lyriker, wenngleich mit schmalem Werk. Tatsächlich trat
er 1923 erstmals mit einem Gedichtband
Gassen und Landschaft an die literarische
Öffentlichkeit.

Seine Berufung zum Schriftsteller
erfuhr Doderer in russischer Kriegsgefangenschaft, in die er 1916 nach kurzem
Fronteinsatz in Galizien geraten war. Die
Kriegsparteien hielten sich damals an die
Haager Landkriegsordnung, so daß die
gefangenen Offiziere zwar fast an das Ende
der Welt, an den Ostrand von Sibirien,
deportiert wurden, doch dort in Krasnaja
Rjetschka ein recht kontemplatives, standes-
gemäßes Leben führen konnten. Von der
russischen Regierung mit Sold ausgestattet und von den Angehörigen via Rotem
Kreuz mit zusätzlichen Mitteln versorgt,
entwickelten zahlreiche Gefangene musische
und künstlerische Talente, wenn sie dem
Müßiggang nicht mit selbst organisier-
ten Bildungsveranstaltungen begegneten.
Die Beschaffung von deutschen Büchern
war ebenso problemlos möglich wie die
von hochwertigen Musikinstrumenten.
Bestärkt durch ein aufmerksames Forum
von geistesverwandten Freunden, widmete
sich Doderer neben dem Cellospielen vor
allem schriftstellerischer Arbeit. Während
seiner Zeit im Gymnasium und im k. u. k.
Heer hatte es dafür kaum Anzeichen gegeben. Jetzt studierte Doderer eifrig die
Klassiker und die Größen der zeitgenössischen Literatur, um sich eine Grundlage
für die eigene Arbeit zu schaffen. Unter den

Lyrikern galt seine Vorliebe Rainer Maria
Rilke. Doderer hatte nicht nur Freunde,
denen er das Geschriebene zum Lesen und
Diskutieren geben konnte, sondern er trug
die Texte auch vor größerem Publikum
frisch aus der Feder vor, zum allgemeinen Erstaunen meist frei, ohne auf das
Manuskript schauen zu müssen. Dank
dieser Fähigkeit mußte er nicht um den
Verlust seiner Aufzeichnungen fürchten,
sondern konnte Jahre später die Gedichte
einfach aus dem Gedächtnis rekonstruieren.

Zu seinem Freundeskreis in Sibirien
gehörte der Ingenieur Rudolf Haybach,
sein späterer erster Verleger, der schon in
der Gefangenschaft seine erste »Haybach-
Presse« gründete. Diese diente vor allem
dazu, Gelegenheitsblätter wie Werbeplakate
und Etiketten zu drucken. Haybach hatte
dafür aus Holz eine Presse für Linolschnitte
konstruiert, wie der Doderer-Biograph
Wolfgang Fleischer schildert. Produziert
wurde hauptsächlich nach Entwürfen
des expressionistischen Graphikers und
Freundes Erwin Lang. Die Aufträge erhielten
sie von Gefangenen, die allerhand handwerkliche Einrichtungen und mehrere Cafés
gründeten, um durch Dienstleistungen für
andere Gefangene und für die russische
Bevölkerung ihren Lebensunterhalt aufzu-
bessern. Denn nach den Revolutionen von
1917 und der Verlegung der Truppe nach
Krasnojarsk hatte sich die Versorgungslage
drastisch verschlechtert.

In Sibirien lebte Doderer also schon
im Bewußtsein, ein Schriftsteller zu sein,
der Anerkennung und vereinzelt gar
Verehrung erfuhr. Doch ein Gespräch mit
seinen Eltern holte ihn nach der Rückkunft
aus der Gefangenschaft 1920 auf den
Boden der Tatsachen zurück. Der Vater,
ein erfolgreicher Wiener Architekt und
Eisenbahnbauunternehmer, bestand darauf,
daß der leichtfüßige Sohn zuerst ein Studium
zu absolvieren habe. Doderer fügte sich in
sein Schicksal, denn er brauchte die finan-

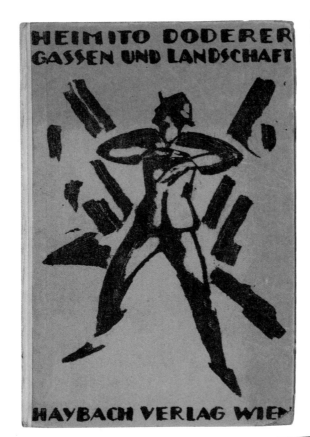

Einband von Erwin Lang und
Doppelseite

8. Zu spätes Gedicht.

Von deinem Bild beschwert wird mir das
Leben
zu einer harten Hand, die störend nur
in meine Träume greift. Und kein Ent=
schließen reift
in dieser schwühlen Luft der Sehnsucht
solange Deine Lieblichkeit, von Angesicht
geschaut,
nicht mein Verlangen stillt ~
So sehr beschwert mich allezeit Dein
Bild.

9. Abklingender Feiertag.

Von allen Höhen rinnt jetzt der Abend
zusammen
unten im Tal; verschleiert sind Weg und
Zaun.
Auf fernen Rändern brennen verweilende
Flammen:
schon liegt der Grund umschattet mit Bach
und Baum.

Durch die Weinberge aber, die reihenweis
talwärts stehn,
steigen die Paare herab jetzt auf allen
Wegen;
jene verweilten am längsten und sind auch
am schönsten zu sehn:
in ihrem müden noch sonnwarmen Zwei=
traulich. Gehn
wandern sie endlich, die Letzten nach al=
len den Andern,
zögernd und noch zu bewegt den ersten
Häusern entgegen.

zielle Unterstützung der Eltern auf Jahre hinaus. Der Vater, der den Hauptteil seines Vermögens durch Kriegsanleihen verloren hatte, hielt ihn so knapp, daß er noch bis 1928 trotz nicht mehr jugendlichen Alters unter dem familiären Dach wohnen bleiben mußte. Tatsächlich sollte Doderer 1925 sein Studium der Geschichte und Psychologie mit der Promotion zum Dr. phil. beenden. Um auf diesem Weg nicht von seinem eigentlichen Ziel abzukommen, arbeitete er weiter an literarischen Plänen. Dabei halfen die Freunde aus Sibirien. Haybach gründete einen bibliophilen Verlag, von dem er glücklicherweise nicht leben mußte, weil er weiterhin in seinem Ingenieursberuf tätig war. Zu den ersten Projekten, die er verwirklichte, gehörte neben graphischen Büchern von Albert Paris Gütersloh und Erwin Lang Doderers Gedichtband *Gassen und Landschaft*. Dieser enthält vorwiegend Stimmungsbilder, mit denen sich Doderer in Sibirien heimatliche Gassen in Wien, einen Abend im Prater oder einen Spaziergang im Wienerwald in Erinnerung rief – einfach gebaute Verse, die in einem Bekenntnis zur fernen Heimat münden. Die Einbandillustration schuf Erwin Lang, die Kalligraphie des Textes stammte von Haybach, der auch beim Binden selbst Hand anlegte. Das Buch erschien im Juni 1923, auf Bütten gedruckt, in einer Auflage von 600 Exemplaren. Das Adelskennzeichen »von« mußte bei der Autorangabe nach den Gesetzen der jungen österreichischen Republik fortfallen. Über die Wirkung des Buches ist wenig bekannt. Fleischer hat eine freundliche Rezension von dem ungarischen Kritiker und Filmtheoretiker Béla Balász ermittelt, bei den übrigen Kritikern war Doderer »gerade mit heiler Haut« davongekommen. Bis zu seinem Durchbruch mit der *Strudlhofstiege* 1951 war es noch ein weiter Weg.

Exemplare des Erstlingswerkes tauchen nur selten auf dem Antiquariatsmarkt auf. Wer den Text kennenlernen will, kann zum Reprint greifen, den die Doderer-Gesellschaft 2005 herausgegeben hat.   CW

Literaturauswahl
HEIMITO VON DODERER, RUDOLF HAYBACH: *Briefwechsel*; in: *Schriften der Heimito von Doderer-Gesellschaft. Bd. 4.* (2004). HEIMITO VON DODERER: *Tagebücher 1920-1939* (1996). Heinz Ludwig Arnold (Hrsg.): *Heimito von Doderer. Text + Kritik, H. 150* (2001). WOLFGANG FLEISCHER: *Das verleugnete Leben. Die Biographie Heimito von Doderers* (1996). WOLFGANG FLEISCHER: *Heimito von Doderer. Das Leben. Das Umfeld des Werks in Fotos und Dokumenten* (1995). RÜDIGER GÖRNER: *»Ein solitärer Spannungszustand«. Doderers Lyrik oder die Problematik des Poetischen*; in: Gerald Sommer (Hrsg.): *Gassen und Landschaften. Heimito von Doderers »Dämonen« vom Zentrum und von Rande aus betrachtet* (2004). Martin Loew-Cadonna (Hrsg.): *Heimito von Doderer. 1896-1966. Selbstzeugnisse zu Leben und Werk* (1995). Gerlinde Michels (Hrsg.): *Rudolf Haybach 1886-1983. Eine Schlüsselfigur in der österreichischen Kulturgeschichte* (2000).

Döblin, Alfred {1878-1957}
Lydia und Mäxchen.
Tiefe Verbeugung in einem Akt.
Straßburg i. E.: Verlag von Josef Singer, 1906. 52 S. 19,5 x 14 cm. Br.
Druck: M. DuMont Schauberg, Straßburg.

Zu seinem Erstlingswerk gibt Alfred Döblin folgende Selbstauskunft: »Ich schrieb einen kleinen Einakter nieder … mit dem phantastischen Thema: die Personen eines Theaterstücks machen sich während der Vorstellung selbständig, vertreiben den Dichter und Regisseur, die sich einmischen, von der Bühne, das Stück nimmt einen anderen Verlauf als der Autor vorgesehen hatte … Wie man aus der Inhaltsangabe schon sieht, war ich fern vom Naturalismus und Realismus, es war früher, frühster Expressionismus, oder,

Titelblatt

wie später Guillaume Apollinaire es nannte, Döblinismus. 1906 wurde der Einakter in Berlin aufgeführt im Residenztheater, bei einer Matinee zusammen mit einem Stück von Paul Scheerbart, in demselben Residenztheater, dessen Publikum sich abends an den französischen Phantasien delektierte.«

In diesem Text schreibt Döblin, daß der Einakter »1905 auch gedruckt wurde«. Erinnerungslücke? Im Sommer 1905 hatte er den Text verfaßt. Im Dezember 1905 wurde er im »Verein für Kunst« in Berlin vorgestellt und erst 1906 vom Josef Singer Verlag in Straßburg verlegt, gedruckt offenbar auf eigene Kosten Döblins. Die Verbreitung des Einakters muß minimal gewesen sein, die Resonanz auf die Veröffentlichung spärlich. »Der Autor soll ein Irrenarzt sein … «, verlautbarte eine einsame Rezension. Döblin nährte aus dieser ersten Erfahrung seine

später häufig wegwerfenden Gesten gegenüber Verlegern und Publikum: Der Verleger, das Gängelband des Autors. Das Publikum, was ginge das den Autor an. Er sei keine öffentliche Anstalt.

Schon als Abiturient hatte Döblin erste erzählende Texte geschrieben und auch nach Verlagen dafür Ausschau gehalten. Dem Literaturkritiker Fritz Mauthner, dessen Theaterkritiken er aus dem *Berliner Tageblatt* kannte, hatte er nach Abschluß des Gymnasiums seinen Text *Die jagenden Rosse* geschickt und ihn gebeten, mit ihm darüber zu sprechen. Mit einer Umständlichkeit ohnegleichen hat er ihn dann aber wieder zurückgezogen. Immer hatte er Angst vor den Urteilen und vor seinem eigenen leidenschaftlichen Bekenntnis zur Literatur, die er als sein zweites Leben betrachtete. Sein erstes Leben gehörte der Medizin. Er hatte im Frühsommer 1905 sein Medizinstudium abgeschlossen und war mit einer Arbeit über Gedächtnisstörungen promoviert worden. Die Anfänge seines literarischen Schaffens versuchte er vor der kleinbürgerlich geprägten Familie zu verheimlichen. Dies galt als nichtrespektable Betätigung. So verfremdete er auch auf Plakaten, die sein Erstlingswerk *Lydia und Mäxchen* für die Theateraufführung ankündigten, den Autor in das *Pseudonym Alfred Börner*, während er den gedruckten Text mit Alfred Döblin erscheinen ließ und diesen einem »Fräulein Alma« widmete.

Der Durchbruch gelang Alfred Döblin mit dem Erzählungsband *Die Ermordung einer Butterblume*, der 1913 im Georg Müller Verlag in München erschien, also sieben Jahre nach Erscheinen seines Erstlingswerks. Da war Alfred Döblin, durch Veröffentlichung literarischer Texte und kunsttheoretisch orientierter Arbeiten, längst in der expressionistischen Kunstszene um Herwarth Walden und Else Lasker-Schüler und ihrer legendären Zeitschrift *Der Sturm* angekommen. EF

Literaturauswahl
ALFRED DÖBLIN: *Die Vertreibung der Gespenster. Autobiographische Schriften. Betrachtungen zur Zeit. Aufsätze zu Kunst und Literatur* (1968). ALFRED DÖBLIN: *Leben und Werk in Erzählungen und Selbstzeugnissen. Hrsg. v. Christina Althen* (2006). WILFRIED F. SCHOELLER: *Alfred Döblin. Eine Biographie* (2011).

Domin, Hilde
{eigtl. Hilde Palm, 1912-2006}
Nur eine Rose als Stütze.
[1.-2. Tsd.] Frankfurt am Main: S. Fischer, 1959. 87 S. 21 x 13 cm. Ln. mit Umschl. Satz und Druck: Druckhaus Langenscheidt, Berlin. Einband: Schöneberger Buchbinderei, Berlin.

Hilde Domin gehört zu den Autoren, die sehr spät zu schreiben und noch später zu veröffentlichen begonnen haben. Sie datierte den Beginn ihrer schriftstellerischen Existenz auf November 1951, als ihre Mutter im gemeinsamen Exil gestorben und damit das Band gerissen war, mit dem sie an der Heimat hing. In zwei Jahren entstanden in rascher Folge 150 bis 200 Gedichte,

mit denen sie sich über ihre Lage »In der Luft / unter den Akrobaten und Vögeln« vergewisserte. 1954 fuhr sie das erste Mal seit ihrer frühen Auswanderung 1932 wieder nach Deutschland. Die Begegnung mit dem Land, das sie, ihren Mann und ihre jüdische Familie mit dem Tode bedroht hatte, und mit den Menschen ihrer Zunge löste den zweiten wichtigen Impuls für ihr lyrisches Schaffen aus. Italien, England, die Dominikanische Republik, nach 1945 zeitweise die USA und Spanien waren die Stationen ihres Exils. Von 1954 an brauchte es noch weitere sieben Jahre, ehe sie mit ihrem Mann, einem Hispanisten, der 1961 in Heidelberg eine Professur für iberische und ibero-amerikanische Kunst- und Kulturgeschichte übernahm, endgültig nach Deutschland zurückkehrte. Die überragenden Themen ihrer ersten Gedichtbände waren deshalb auch das Exil mit seinen Attributen Heimatlosigkeit und Unbehaustsein sowie die Rückkehr in ein fremdes Land, aber auch das Vertrauen auf die Sprache und das Gedicht als fragile Stützen. Nach rund zwanzig Jahren im romanischen Sprachraum hatte Hilde

Umschlag und Titelblatt

Domin die moderne Lyrik bis hin zum Surrealismus früh und intensiv rezipiert. So besaß sie in ihren Gedichten den Mut zur Klarheit und Einfachheit, während andere wichtige Dichter in Deutschland dem zeittypischen Ideal der Hermetik verpflichtet waren.

1954 veröffentlichte Domin, die ihr Pseudonym nach dem Exilland Dominikanische Republik wählte, erstmals in der Zeitschrift *Hochland* ein Gedicht. Im Dezember 1957 folgte der Abdruck einer Auswahl in der *Neuen Rundschau*. Kurz darauf erhielt sie vom S. Fischer Verlag, in dem diese Zeitschrift erschien, eine Einladung. Bei ihrem Besuch gab es für einen Moment Verwirrung, weil Gottfried Bermann Fischer Frau Domin erwartete, während Frau Dr. Palm gekommen war. Sie hatte nach einem Studium der Nationalökonomie, Soziologie und Philosophie an deutschen Universitäten 1935 in Florenz promoviert. Vom Februar bis Mai 1959 arbeitete Domin während eines Aufenthalts in der Schweiz an der Fertigstellung des Manuskripts, das im November 1959 fertig gedruckt war. Die Autorin empfing ihre Exemplare in Spanien, wo ihr Mann von 1959 bis 1961 eine Lehrtätigkeit ausübte.

Der Band enthält zwei große Zyklen *Aufbruch ohne Gewicht* und *Nur eine Rose als Stütze*, von denen entgegen einer Behauptung im Klappentext nur der letztere komplett nach Domins Wiederbegegnung mit Deutschland entstanden war. Zu finden sind also Spuren ihres Lebens in St. Domingo, New York, Andalusien, eines Aufenthalts im Tessin sowie der Wiederbegegnung mit Deutschland. Der erste Kritiker, der den Rang Hilde Domins erkannte, war Walter Jens, der von einer »bedeutenden« Autorin sprach, die nun »zu Nelly Sachs, Marie-Luise Kaschnitz, Ingeborg Bachmann … tritt«. »Seltsam, die Spur der Meisterschaft in diesem Erstlingswerk … Man spürt,

die Autorin hat lange gewartet« (*Die Zeit*, 27. November 1959). Karl Krolow, Hans-Jürgen Heise, Horst Bienek und andere Rezensenten kamen zu ähnlich anerkennenden Urteilen. Schon mit ihrem zweiten Gedichtband *Rückkehr der Schiffe* (1962) gehörte sie zu den namhaften deutschen Lyrikern. *Nur eine Rose als Stütze* blieb jedoch der Band mit dem nachhaltigsten Echo beim Lesepublikum. Die erste Auflage betrug 2000 Exemplare, 1962 wurde die erste Nachauflage gedruckt, 1981 folgte bereits die 9. Auflage mit dem 17. bis 19. Tausend, 1992 das 31.-32. Tausend, 2004 die 18. Auflage als Fischer Taschenbuch. CW

Literaturauswahl

HILDE DOMIN: *Gesammelte Essays. Heimat in der Sprache* (1992). HILDE DOMIN: *Gesammelte autobiographische Schriften.* (2. Aufl. 1997). HILDE DOMIN: *Die Liebe im Exil. Briefe an Erwin Walter Palm aus den Jahren 1931-1959* (2009). BIRGIT LERMEN, MICHAEL BRAUN: *Hilde Domin »Hand in Hand mit der Sprache«* (1997). ILKA SCHEIDGEN: *Hilde Domin. Dichterin des Dennoch* (2005). Bettina v. Wangenheim (Hrsg.): *Heimkehr ins Wort. Materialien zu Hilde Domin* (1982). KATHRIN WITTLER: *Sprach- und Remigrationsdiskurse im Jahr 1959. Hilde Domins Gedichtband Nur eine Rose als Stütze.* In: *Berlin Hefte* 8 (2008). JIANGUANG WU: *Das lyrische Werk Hilde Domins im Kontext der deutschen Literatur nach 1945* (2000).

Dorst, Tankred {geb. 1925}

Geheimnis der Marionette.

Vorw. von Marcel Marceau.
Mit 11 schwarzweißen Fotos auf unpag.
Tafeln und 8 Textabb. München: Verlag
Hermann Rinn, 1957. 62 S. 20,5 x 12,8 cm.
Ln. mit Umschl. Gesamtherstellung:
Münchner Buchgewerbehaus, München.

Die Entwicklung des Schriftstellers und Dramatikers Tankred Dorst nahm beim Marionettentheater ihren Anfang, und zwar beim »Kleinen Spiel« in München.

Diese Marionettenbühne war 1947 von einer Studentengruppe um Peter Auzinger in einer Schwabinger Atelierwohnung gegründet worden. Aus den vom Krieg stark beschädigten Räumlichkeiten hatten die jugendlichen Enthusiasten ein romantisch-verspieltes Kammertheater geschaffen, das etwa 75 Zuschauern Platz bot und mit reich verzierter Guckkastenbühne, Werkstätte und Foyer ausgestattet war. Die Puppenspieler, Figurenbauer und Sprecher agierten ehrenamtlich, für die Vorstellungen wurde kein Eintritt verlangt. Daran hat sich bis heute nichts geändert. Nur die Örtlichkeiten sind nicht mehr dieselben: 1952 schlugen die Kleinen Spieler ihr Domizil zunächst im ehemaligen Cafétrakt der Schwabinger Universitätsreitschule auf, bis sie 1956 ihre endgültige Heimstatt im Keller der Neureutherstraße 12 fanden.

Tankred Dorst schloß sich 1951 den Theatermachern an. Der Student der Germanistik suchte nach einem Übungsfeld für erste Schreibversuche. Das Medium des Marionettentheaters kam seinen dramaturgischen Ambitionen entgegen und versprach die ideale Inszenierung der Poesie. Darüber hinaus schätzte er den psychologischen Vorteil der Anonymität innerhalb der Gruppe, wie er sich später erinnerte. Dreizehn Jahre gehörte Dorst dem Amateurtheater an und schrieb in dieser Zeit acht Marionettenstücke für das »Kleine Spiel«. Einige der Stücke stehen auch heute noch auf dem Spielplan, wie zum Beispiel *Die Geschichte von Aucassin und Nicolette* (Uraufführung 1953, Neuinszenierung 1964) und *A Trumpet for Nap* (1959), das 1961 unter dem Titel *Eine Trompete für Nap* (Regie: Alexander Arnz) als Fernsehmusical ausgestrahlt wurde. Die Inszenierungen der kleinen Bühne erfreuten sich großer Beliebtheit bei den Zuschauern und stießen auch bei der Theaterkritik auf beachtliche Resonanz, woran die unkonventionelle Arbeit des jungen Dramaturgen

Tankred Dorst einen erheblichen Anteil hatte. So schrieb etwa Karl Schumann in der *Süddeutschen Zeitung* anläßlich der Uraufführung des Trompetermärchens: »Der junge Hausdichter des Kellerunternehmens ist ein wunderliches Gemisch aus romantischer Empfindung, Witz, Naivität, Intellekt und Theaterinstinkt: ein moderner Märchenerzähler mit Bühnenblick.« Der Kritiker erkannte »eine nachtwandlerische Sicherheit, die Stilgesetze des Marionettentheaters so zu handhaben, daß ein bezwingender Bühneneindruck entsteht, dem an zauberhafter Frische nichts gleichkommt«.

In der Auseinandersetzung mit den Traditionen des Marionettentheaters und seinen spezifischen Ausdrucksmöglichkeiten

Umschlag (mit anderslautendem Titel *Marionetten*)

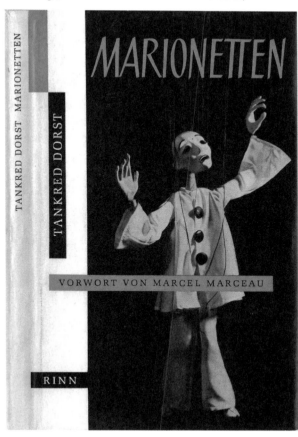

entwickelte Dorst eine wegweisende Dramaturgie dieser Kunst, die er in seinen Stücken exemplifiziert und in theoretischen Betrachtungen formuliert. So entwarf er in seinem 1957 in dem kleinen Münchner Verlag Hermann Rinn veröffentlichten Band *Geheimnis der Marionette* einen Überblick über die Wurzeln des Marionettenspiels und schilderte seine in der Theaterpraxis des *Kleinen Spiels* gewonnenen Erfahrungen. Die sich dabei offenbarenden ästhetischen Anschauungen sollten Dorst auch noch nach seinem Wechsel zum Schauspielertheater begleiten.

Welche Bedeutung Tankred Dorst seiner ersten Publikation beigemessen hat, läßt sich bei Betrachtung des schmalen, äußerst liebevoll gestalteten Bändchens nur erahnen. So hat der renommierte französische Pantomime Marcel Marceau (1923-2007) ein kurzes Vorwort mit dem Titel *Für ein Theater des Wunderbaren* beigesteuert, das anläßlich seiner Gastspielreise durch Deutschland im Frühjahr 1957 entstand und wesentlich auf Gesprächen mit Dorst basiert. Die einzelnen Kapitelanfänge sind mit einer Marionettenfigur versehen, gezeichnet von Christian Schieckel, Darmstadt. Fotografien und Grafiken illustrieren die Ausführungen des Autors und geben eine plastische Vorstellung von der Arbeit eines Marionettentheaters, insbesondere der des *Kleinen Spiels*. So sind unter anderem eine geometrisierte Figur von Oskar Schlemmer zu sehen, eine venezianische Marionettenbühne sowie Entwürfe und Szenenfotos zu Dorsts Stück *La Ramée* (1957).

Das Geheimnis der Marionette wurde von der Kritik durchaus wahrgenommen und zum Teil sehr wohlwollend besprochen. So schrieb Eugen Skasa-Weiß in der *Süddeutschen Zeitung* (Juli 1958): »Das kleine Buch sagt nicht nur Herrliches über Pocci..., sondern Großartiges über Obraszow, Sokoleff, Oskar Schlemmers

Figurinen und die mimische Poesie der Franzosen. Es schwingt verwegen und kenntnisreich den feuilletonistischen Zauberstab«. Der Kritiker nennt die Marionettenfibel »ein Zauberbuch vom Puppenspiel« und konstatiert: »Dorst tritt aus der Überwelt der Marionette gerade auf uns zu.«

1959 publizierte der junge Dramatiker im Münchner Juventa-Verlag das Werkstattbuch *Auf kleiner Bühne. Versuche mit Marionetten*, das neben Reflexionen und reich bebilderten Schilderungen der Theaterpraxis auch Teilabdrucke einiger seiner Marionettenstücke enthält. Das Buch läßt sich als Resümee seiner äußerst produktiven Beschäftigung mit dem Marionettentheater lesen. Zum Zeitpunkt seines Erscheinens vollzog Dorst bereits den Übergang zum Schauspielertheater. Im selben Jahr vollendete er die erste Fassung seines Stücks *Gesellschaft im Herbst*, seiner ersten Arbeit für die große Bühne (Uraufführung: 2. Juli 1960, Nationaltheater Mannheim). Das Werk basierte auf einem Exposé, das Dorst für den Autorenwettbewerb der Stadt Mannheim geschrieben hatte. Ebenfalls 1959 entstand der Einakter *Die Kurve*, der am 26. März 1960 an den Bühnen der Hansestadt Lübeck uraufgeführt wurde (Regie: Hansjörg Utzerath, Bühnenbild und Kostüme: Christian Schieckel). Die Farce avancierte in den Folgejahren zu einem der meistgespielten Stücke von Tankred Dorst. CH

Literaturauswahl
Günther Erken (Hrsg.): *Tankred Dorst. Ursula Ehler. Werkstattberichte* (1999). Horst Laube (Hrsg.): *Werkbuch über Tankred Dorst* (1974).

Dürrenmatt, Friedrich {1921-1990}
Es steht geschrieben.
Drama.
Mit 6 Zeichnungen des Autors.
Basel: Benno Schwabe Verlag, 1947. 158 S.
18,9 x 11,5 cm. Pp. mit Umschl.
(= Sammlung Klosterberg, Schweizerische
Reihe. Hrsg. v. Walter Muschg.) Druck:
Buchdruckerei Gassmann, Solothurn.

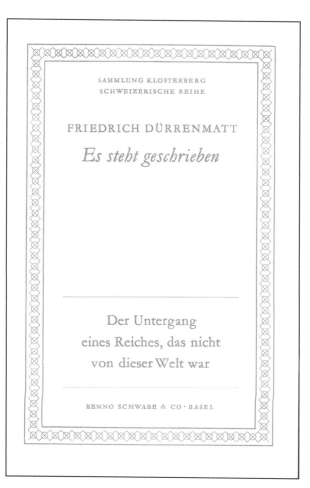

Umschlag

Friedrich Dürrenmatt hat das Erstlingswerk seiner Frau gewidmet. Das
Stück wurde im Zürcher Schauspielhaus
am 19. April 1947 uraufgeführt. Dies ist
bereits in der Erstausgabe eingetragen, was
darauf schließen läßt, daß der gedruckte Band erst spät im Jahr erschienen ist.
Es steht geschrieben, ein Drama über die
Wiedertäufer, ihre Schreckensherrschaft in
Münster, 16. Jahrhundert, Parodie vielleicht
oder Menetekel auf Schreckensherrschaften
schlechthin, wo immer sie anzutreffen
waren (nicht fern die gerade überwundene in Deutschland), wurde bei seiner
Erstaufführung äußerst zwiespältig aufgenommen. Das Stück wurde als »unzüch-
tig« empfunden, als »nihilistisch« sein
Grundtenor. Kurt Horwitz, der Regisseur,
und sein Ensemble ernteten Schreie und
Pfiffe. Den Sturm der Empörung registrierte
man als etwas fast Einmaliges im Schweizer
Theaterleben. Es hatte Mühe, die Sache zu
Ende und zu einem einigermaßen versöhn-
lichen Schlußapplaus zu bringen. »Beim
ersten Pfiff war Fritz [Dürrenmatt] auf-
gesprungen, und hinter die Bühne geeilt«,
schrieb später seine Frau Lotti. »Dort stand
er während des Skandals, strahlend vor
Vergnügen.« Sie machte damit vielleicht
unbewußt auf die Genugtuung aufmerksam, die Dürrenmatt darüber empfunden
haben mag, daß Geschichte, wie er sie
schrieb, Geschichte als Chaos, die Gemüter
des Publikums so bewegen konnte.

Dürrenmatt verfaßte das Drama zwischen Juli 1945 und März 1946, fünfundzwan-
zigjährig. Ursprünglich wollte er Kunstmaler
werden, hatte Philosophie, Germanistik
und zeitweise Naturwissenschaften an
den Universitäten Bern und Zürich studiert. Er hatte expressionistische Dichter
wie Georg Trakl und Georg Heym verschlungen, eine geplante Dissertation über
Søren Kierkegaard nicht abgeschlossen und
war im freien Schriftstellerleben angekommen, dessen materielle Grundlagen er erst
noch sichern mußte. Das Erstlingswerk *Es
steht geschrieben* konnte nur soviel dazu
beitragen, als es ihm in Theaterkreisen
neue Bekanntschaften gewann, die seinen
späteren dramatischen Arbeiten wohlwollende Fürsprache zukommen ließen, wie

beispielsweise Kurt Horwitz, den man als den »erste(n), selbstlos überzeugte(n) Wegbahner Dürrenmatts auf der Bühne« bezeichnete, oder wie der Ausstatter Theo Otto, oder Ernst Ginsberg, der Regisseur seines Stückes *Der Blinde* (ebenfalls 1947).

Nach dem Skandal in Zürich konnte *Es steht geschrieben* keine Theaterkarriere machen. Bühnen, die es probierten, hatten keinen Erfolg. 1948 verfügte Dürrenmatt, auf weitere Aufführungen zu verzichten. Die Buchausgabe bei Benno Schwabe, zu dem er offenbar durch Walter Muschg vermittelt worden war, der für den Verlag die *Schweizerische Reihe* lektorierte, war längere Zeit zu benutzen, wenn man sich als Bühne oder Verein über die Aufführungsmöglichkeit des Textes informieren wollte. Die Aufführungsrechte lagen ohnehin bei einem anderen Unternehmen, dem Theaterverlag Reiss in Basel. Eine Neuauflage des Dramas kam 1959 im Arche Verlag Zürich heraus, zu dem Dürrenmatt mit seinen Rechten gewechselt war. Gesagt werden muß noch, daß, nachdem Dürrenmatt das Genre gewechselt hatte und vom Drama zur Komödie gewandert war, eine stärker veränderte Fassung des Erstlingswerks 1967 ebenfalls im Arche Verlag erschien, mit dem neuen Titel *Die Wiedertäufer. Eine Komödie in zwei Teilen*, die erfolgreicher war als die erste Version und Aufführungen in Zürich, Warschau und Prag erlebte. Man staunt, welche Spannungsfelder Dürrenmatt dem Stoff über längere Zeit hinweg abgelauscht hat. Seinen Geschichtspessimismus konnte die Wiederbegegnung mit seiner frühen Dramatik aber wohl nicht vertreiben.

Den ersten durchschlagenden Erfolg auf bundesdeutschen Bühnen konnte Dürrenmatt mit dem Stück *Die Ehe des Herrn Mississippi* feiern, das 1952 in München uraufgeführt wurde. Da war Dürrenmatt auch schon als Erzähler auf dem Buchmarkt angekommen, mit dem Kriminalroman *Der Richter und sein Henker* (1952). EF

Literaturauswahl
ELISABETH BROCK-SULZER: *Friedrich Dürrenmatt. Stationen seines Werkes*. 1970.
MANFRED DURZAK: *Dürrenmatt, Frisch, Weiss*. Stuttgart 1972. HEINRICH GOERTZ: *Friedrich Dürrenmatt. Mit Selbstzeugnissen und Bilddokumenten*. 1987.

E

… siehe Seite 112

… siehe Seite 115

CARL EINSTEIN/BEBUQUIN ODER
DIE DILETTANTEN DES WUNDERS

Ein Roman / Erschienen im Verlag
der Wochenschrift DIE AKTION
Berlin = Wilmersdorf : Dezember 1912

Tubutſch

Von Albert Ehrenſtein

Mit 12 Zeichnungen von
O. Kokoſchka

Verlag Jahoda & Siegel / Wien / Leipzig

… siehe Seite 117

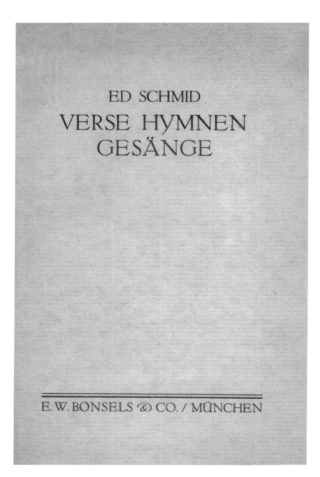

Broschureinband

Edschmid, Kasimir
{eigtl. Eduard Schmid; Pseudonym:
Ed Schmid, 1890-1966}
Verse, Hymnen und Gesänge.
München: Verlag E. W. Bonsels & Co.,
1911. 123 S. 23 x 15,5 cm. Br.

Kasimir Edschmid oder Ed Schmid
hieß eigentlich Eduard Schmid. Sein
Pseudonym lauschte er den Lautmalereien
des Expressionismus ab. Nach seinem
Erstlingswerk *Verse, Hymnen und Gesänge*
veröffentlichte er kaum wieder Gedichte,
wenn man von dem 1919 in der Reihe
Die Silbergäule bei Paul Steegemann in
Hannover erschienenen Heft *Stehe von*

Lichtern gestreichelt einmal absieht. Dort hat
Edschmid auch ein Bekenntnis notiert, das
er lange mit sich herumschleppte, seine Zu-
und Abneigung gegen alles, was nach Lyrik
aussieht. »Gedichte eines«, heißt es da, »dem
Verse Mißverständnis, Prosa Erfüllung ist.
Der, zu wenig eitel oder zu verliebt in diese
Form des Dichterischen aus ihm, sie weder
verschweigt noch bejaht.« Rückblickend
auf die Zeit, in der er das Gros seiner
Gedichte schrieb, auf seine Studentenjahre
in Gießen und München, seine Aufenthalte
in Straßburg und Paris, hat er bekannt,
daß seine Verse ohne Rilke wohl nicht
bestehen könnten, nur daß er dies erst zu
spät erkannt hätte. Noch vernichtender sein
Urteil, als Waldemar Bonsels die *Hymnen,
Verse und Gesänge* in seinem Schwabinger
Verlag herausgebracht hatte: »Kein Mensch
nahm von dieser für mich recht aufregenden Sache Notiz, wohl mit Recht, denn
ich finde die Verse weder besonders neu,
noch besonders bedeutsam.«

Edschmid war Darmstädter, geboren als Sohn eines Physiklehrers, und
hatte vor 1911 schon einige Gedichte in
einem lyrischen Jahrbuch in Frankfurt am
Main veröffentlicht, bevor das Konvolut
von *Versen, Hymnen und Gesängen* zu
Waldemar Bonsels gelangte. Der hatte
seinen Verlag 1904 gegründet und ihn
1912, ein Jahr nur nach Erscheinen von
Edschmids Gedichtband, wieder aufgegeben, in demselben Jahr, in dem Bonsels
Biene Maja bei Schuster & Loeffler erschien
und mit ihren Abenteuern die halbe Welt
verrückt machte. Als Edschmid Jahrzehnte
später Bonsels, den »Bestseller-Autor und
Schoßhund gefühlvoller älterer Damen«
und inzwischen nazinahen Weltmann einmal traf und ihn nach den Honoraren
für seinen Gedichtband fragte, soll dieser geantwortet haben: Die haben wir ver-
hurt und versoffen. Aber, dachte Edschmid
wehmütig, »immerhin, er war mein erster
Verleger, und meine Gedichte waren, wenn

ich ihre Gefühlslage auch heute nicht mehr verstehe, und wenn ich finde, es sei ein anderes Wesen in mir gewesen, das sie geschrieben habe, bestimmt nicht schlecht. Aber sie waren ebenso bestimmt – auch nicht gut.«

Ich schildere die Ambivalenzen in Edschmids Gedankenspielen zu seiner Lyrik deshalb so genau, weil sie zweierlei verdeutlichen: Zuerst den sanften, spielerischen Umgang mit dem, was er geschrieben hat, und die Nachsicht auch für die Sünden, die ein Künstler begeht. Zweitens lassen sie den geradezu übergangslosen Wechsel besser verstehen, den Edschmid von der Lyrik zur Prosa vollzogen hat, von der Dichtung zum Feuilleton und zur Novellistik. Ich glaube, daß nach diesem Wechsel Friedrich Gundolf, ein Darmstädter Bekannter, sein Urteil aus einem Brief vom 7. Dezember 1911 an Stefan George – »E. Schmid ist ein Darmstädter Ästhet, mehr weiß ich nicht von ihm, und seine Verse sind sehr lappig« – schnell korrigieren mußte. Kasimir Edschmid erzielte nicht nur mit seinem Prosaband *Die sechs Mündungen*, 1915 bei Kurt Wolff in München, einen sensationellen Erfolg. Er wurde mit diesen Geschichten ein Motivator des literarischen Expressionismus überhaupt und bald einer seiner wortstärksten Interpreten. Er hat in Reden und Schriften Programmatisches zu dieser literarischen Bewegung ausgesagt und sich durch leidenschaftliche Romane, Essays und Reisebücher den Rang erworben, glaubhafter Wortführer dieser Bewegung zu sein. EF

Literaturauswahl
KASIMIR EDSCHMID: *Der Weg – Die Welt – Das Werk. Zusammengestellt von Lutz Weltmann* (1955). HERMANN KESTEN: *Lauter Literaten. Porträts. Kritik an Zeitgenossen. Erinnerungen* (1966). Paul Raabe (Hrsg.): *Expressionismus. Der Kampf um eine literarische Bewegung* (1987).

Ehrenstein, Albert {1886-1950}
Tubutsch.
Erzählungen.
Mit 12 Zeichnungen von Oskar Kokoschka, eine davon auch auf dem Einband.
Wien: Verlag Jahoda & Siegel, 1911. 64 S., 2 Bl. 20,5 x 14,2 cm. Hln. Druck: Jahoda & Siegel, Wien.

Der Zwiebelfisch, Hans von Webers *Kleine Zeitschrift für Bücher und andere Dinge* schreibt in seinem 1. Heft des Jahrgangs 1912 über *Tubutsch*: »Die Zeitschrift *Der Sturm* und mit ihr bedeutende Kunstkenner erklären jeden, den dieses Werk nicht in Ehrfurcht versetzt, für rückständig. Somit auch uns. Von Ehrenstein lasen wir sehr gute Novellen und glauben bedauern zu müssen, daß er sich in dieses Fahrwasser locken ließ. Kokoschkas Bildern gegenüber aber könnten wir mit Engelszungen reden und seine Freunde würden es doch Quatsch nennen. Schweigen wir also und überreichen wir mit einem stummen? das Buch unseren Lesern. Die Zukunft wird uns richten.«

Tatsächlich brauchte sich Albert Ehrenstein über mangelnde Aufmerksamkeit der Kritik an seinem Erstlingswerk nicht zu beklagen, aber freilich fielen die Ansichten darüber, wie man sieht, sehr verschieden aus. Während Karl Kraus den Band lobte und auch Thomas Mann sich mit vorsichtiger Anerkennung äußerte, wurde er von anderen, wie Kurt Hiller, verrissen und selbst von Herwarth Walden, dem Herrscher über die expressionistische Zeitschrift *Der Sturm*, in ein ironisch flackerndes Licht gestellt. Für Berthold Viertel wiederum war »das eigentliche Wunder dieses Buches das Mittelstück, *Tubutsch*, fünfzig Seiten wahrhaft merkwürdiger deutscher Prosa.«

Zu Recht ist wohl die Erzählung *Tubutsch* ein Meisterwerk genannt worden. Ehrenstein ist in der Erzählung auf der Suche nach sich selbst. Er findet in

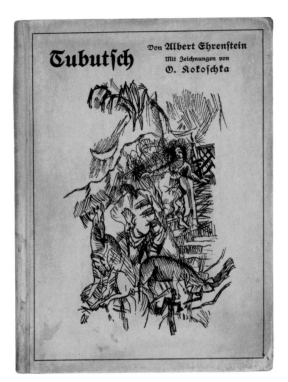

Einband mit Zeichnung von Oskar Kokoschka

in einer Auflage von 1000 Exemplaren, von denen sich im ersten Halbjahr nach Erscheinen nur 44 Exemplare schleppend verkaufen ließen. Wie konnte man da Zukunft planen? Doch Ehrenstein war vor dem Ersten Weltkrieg mit avantgardistischen Künstlern in Berührung gekommen, und er fand während des Krieges neue Gesinnungsfreunde. Karl Kraus und Arthur Schnitzler zählten zu seinen Förderern, und selbst Stefan Zweig, der keinen Anteil am Expressionismus hatte, aber mit Ehrenstein die tiefe Abneigung gegen den Krieg teilte, half, Ehrenstein im literarischen Establishment jener Zeit seßhaft zu machen. So erschien sein zweiter Erzählungsband *Der Selbstmord eines Katers* 1912 bereits im Georg Müller Verlag in München, der 1914 sogleich eine Neuauflage von *Tubutsch* nachfolgen ließ. *Tubutsch* hatte Georg Müller, bevor es zu Jahoda & Siegel kam, ursprünglich abgelehnt. *Tubutsch* wurde 1919 in Anton Kippenbergs *Insel-Bücherei* aufgenommen und kostet heute als IB-Bändchen 261 um die 200,– Euro. Die Erstausgabe von *Tubutsch* wird in den Antiquariatspreisen des letzten Jahrzehnts mit bis zu 1000,– Euro ausgewiesen.

den Wiener Straßen aber nur närrischüberspannte Figurationen, die düstere Phantasien nähren, Verzweiflung und Tod nahe rücken lassen und ihn wütend über die Welt machen.

Albert Ehrenstein, Kind ungarischer Juden, aufgewachsen in ärmlichen Verhältnissen im Wiener Arbeiterbezirk Ottakring, hatte sich durch ein Studium der Geschichte, Philosophie und Philologie von der Ärmlichkeit zu befreien versucht und war mit einer Arbeit über ungarische Geschichte sogar promoviert worden. In der berühmt gewordenen Zeitschrift *Die Fackel* von Karl Kraus hatte er schon vor seinem Erstlingswerk Gedichte veröffentlicht, darunter *Wanderers Nachtlied*, für das er bewundert wurde und das ihn in die literarischen Schlagzeilen brachte. Dieses Gedicht wurde in sein Erstlingswerk *Tubutsch* aufgenommen. Glaubt man den Einträgen der Verlagsgeschichte, dann erschien *Tubutsch*

Albert Ehrensteins Erstlingswerk ist nicht ohne Turbulenzen in die Werkgeschichte des Autors eingerückt. Vor dem Druck hatte der Verlag eine Titeländerung verlangt. Er wollte den Band unter dem Titel *Karl Tubutsch* erscheinen lassen, um eine rasche Identifikation des Wortes »Tubutsch« beim Leser herzustellen. Aber gerade der vornamenlose Titel, meinte Ehrenstein, sollte zum Ankauf des Buches verführen, weil der Leser doch sicher erfahren möchte, »was für eine Stiefelwichse denn dieses mysteriöse Tubutsch sei.« Ehrenstein setzte sich durch, veränderte aber nicht seine Verklemmungen gegenüber Jahoda & Siegel. Er nahm dem Verlag außerdem übel, daß er nicht sein Einverständnis zum Titelbild des Bandes eingeholt hatte: Oskar

Kokoschka hat es mit halben Nacktheiten geschmückt, die es Ehrenstein versagten, ein Stipendium des österreichischen Cultusministeriums für den Band zu beantragen. Ehrenstein war Kokoschka für mehr noch als für dieses Mißverständnis gram. Er glaubte sich um die Farbe in dem Titelbild betrogen, die Kokoschka versprochen, aber dann nicht geliefert hatte, und überhaupt empfand er Kokoschka immer ein wenig als zu kapitalistisch. Umso beeindruckender war eine handschriftliche Notiz, die Oskar Kokoschka nach dem Tode Ehrensteins in ein teuer gehandeltes Antiquariatsexemplar der Erstausgabe von *Tubutsch* eingetragen hat: »Albert Ehrenstein, der Dichter war ein treuer Freund zeitlebens mir gewesen. Solch einen Lebensbegleiter findet man nicht wieder.« EF

Literaturauswahl
KARL-MARKUS GAUSS: *Wann endet die Nacht. Über Albert Ehrenstein* (1986). ALFRED RICHARD MEYER: *Die maer von der musa expressionistica* (1948). Paul Raabe (Hrsg.): *Expressionismus. Der Kampf um eine literarische Bewegung* (1987).

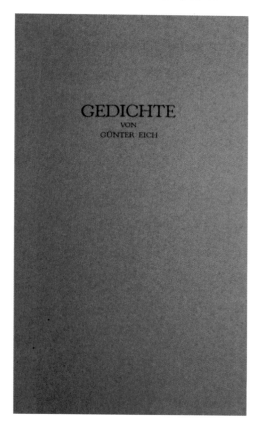

Eich, Günter {1907-1972}
Gedichte.
Dresden: Wolfgang Jess, 1930.
23 S. 19,5 x 11 cm. Br. Druck von Paul Schlesier in Dresden. Vorzugsausgabe in 100 num. u. sign. Expl.

Günter Eich studierte von 1926 bis 1932 in Berlin, Leipzig, Paris und wieder Berlin Sinologie und auch Handelsökonomie und Volkswirtschaft, damit dem Wunsch des Vaters folgend, der als bodenständiger Bücherrevisor und ehemaliger Landwirt eine praktische Ausrichtung der beruflichen Zukunft im Auge hatte. Vor allem schrieb Eich aber Gedichte, von denen er 1927 erste Proben in der von Willi Fehse und Klaus Mann herausgegebenen *Anthologie jüngster Lyrik* veröffentlichte. Er versteckte sich darin noch hinter dem Pseudonym Erich Günter, weil er sich vor dem Bekanntwerden seiner poetischen Ader unter den Ökonomie-Professoren seines Instituts fürchtete. Drei Gedichte aus dieser Auswahl sollten in den ersten eigenen Band Eingang finden. Entscheidend für diesen war die Freundschaft mit Martin Raschke, einem jungen Autor aus Dresden, den er seit den ersten Studienmonaten kannte. Mit ihm zusammen schrieb er sein erstes Hörspiel, das Ende 1931 gesendet wurde. Beide wurden 1933 regelmäßige Mitarbeiter des Rundfunks, bis sie bei Kriegsausbruch zum Wehrdienst einberufen wurden. Neben vielen eigenen Hörspielen und Rundfunksendungen schrieben sie abwechselnd die Texte für die gemeinsame Hörfolge *Deutscher Kalender. Ein Monatsbild des Königswusterhäuser Landboten.* Die Forschung hat darin manches Zugeständnis an den herrschenden Zeitgeist konstatiert.

Raschke gewann Eich zunächst 1929 für die Mitarbeit an der im selben Jahr in Dresden gegründeten, vier Jahre lang erscheinenden literarischen Zeitschrift *Die Kolonne*, deren Herausgeber Adolf Artur

Broschureinband

Kuhnert und Martin Raschke waren. Die Zeitschrift erschien im Verlag von Wolfgang Jess. Der junge Verleger, der in dieser Zeit sein kulturgeschichtliches Programm um eine Abteilung mit zeitgenössischer Literatur ergänzte, stand offenbar mit den Herausgebern in freundschaftlichem Verhältnis. Eich veröffentlichte in *Kolonne* bis zu deren Einstellung Ende 1932 regelmäßig Gedichte, Prosa, Dramatisches, ein Hörspiel, Essays und Rezensionen. Eine weitere Unternehmung der bald als »Kolonne-Gruppe« bekannten Autoren war die Gründung einer Verlagsreihe bei Jess: *Junge Reihe. Moderne Lyrik und Prosa.* Hier erschien als zweiter, im Buch nicht mit Reihenname versehener Band Eichs Gedichtauswahl.

In Hinblick auf seine Anfänge nannte sich Eich »einen verspäteten Expressionisten und Naturlyriker«. Tatsächlich sind Verwandtschaften zu Georg Trakl, Wilhelm Lehmann und Oskar Loerke, aber auch zu Eichendorff und der Romantik nachgewiesen worden. Naturbilder mit Vogel, Wind und Wolken bestimmen die Gedichte, Herbst ist die wiederkehrende Jahreszeit. Die Themen Vergeblichkeit und Todesnähe verbreiten eine melancholische Grundstimmung. Reim, Jambus und eine Vorliebe für die romantische Volksliedstrophe bestimmen die Form.

Eine größere öffentliche Resonanz ist nicht bekannt. In der Eich-Ausgabe des *Marbacher Magazins* wird Max Herrmann-Neiße zitiert, der das Buch in einer Sammelbesprechung rezensierte: »Günter Eichs ›Gedichte‹… sind unverschnörkelte, innige Lyrik, von eigner Musik und zaghafter Haltung. Sie haben eine schlichte, starke Echtheit des Gefühls und drücken es mit einer besonderen, holden Herbheit aus.« Immerhin wurde Eich fortan als Lyriker wahrgenommen. Der nächste Gedichtband ließ allerdings bis 1948 auf sich warten, weil Eich ganz durch den Rundfunk in Beschlag

genommen wurde und hier bald zu den bekanntesten und beliebtesten Autoren gehörte. Zwischenzeitlich erschienen nur eine Erzählung *Katharina* und *Das festliche Jahr* (beide 1936), eine Auswahl aus seiner gemeinsamen Rundfunkarbeit mit Martin Raschke. Doch nicht allein mangelnde Zeit, sondern auch Mißtrauen gegen die Tragfähigkeit seines romantischen Lyrikkonzeptes führten zum zeitweisen Verstummen des Lyrikers. Erst das Erlebnis der harten Wirklichkeit von Krieg und Gefangenschaft führte zu den nüchtern konstatierenden Gedichten, die ihn Ende der vierziger Jahre berühmt machen sollten. CW

Literaturauswahl
Carsten Dutt, Dirk von Petersdorff (Hrsg.): *Günter Eichs Metamorphosen* (2010). HANS KREY: *Wege zwischen den Zeiten. Eine Rückschau auf fünfunddreißig Jahre* [Wolfgang Jess Verlag]; in: *Jahrbuch zur Pflege der Kunst. 4. Folge* (1956). Susanne Müller-Hanpft (Hrsg.): *Über Günter Eich* (1970). HEINZ F. SCHAFROTH: *Günter Eich* (1976). Joachim W. Storck (Bearb.): *Günter Eich 1907-1922. Marbacher Magazin* (45/1988). AXEL VIEREGG: *Der eigenen Fehlbarkeit begegnet. Günter Eichs Realitäten 1933-1945* (1993). AXEL VIEREGG: *»Unsere Sünden sind Maulwürfe«. Die Günter-Eich-Debatte* (1996).

Einstein, Carl
{eigtl. Karl Einstein, 1885-1940}
Bebuquin oder Die Dilettanten des Wunders. Ein Roman.
Geleitworte von Franz Blei. Mit einer Porträtzeichnung v. Max Oppenheimer. Berlin-Wilmersdorf: Verlag der Wochenschrift DIE AKTION, 1912. 108 S., 1 Bl. 22 x 14 cm. Pp. Druck: Aktions-Druckerei (Otto Godemann), Berlin.

Einsteins literarische Werke beschränken sich auf wenige Gedichte, Prosaskizzen, ein Drama und den bis heute einflußreichen Anti-Roman *Bebuquin*, der laut Eintrag im Buch im Dezember 1912 erschien. Seine eigentliche Profession war die Kunstkritik, die er vom avantgardistischen Standpunkt aus vortrug. Kubismus und Dadaismus bestimmten sein Frühwerk, seine Maßstäbe gewann er aus der französischen Kunst. Deshalb erregte seine Propyläen-Kunstgeschichte *Die Kunst des 20. Jahrhunderts* (1926) unter den mehrheitlich abgelehnten deutschen Künstlern wenig Begeisterung. Sein Kritikerhandwerk erprobt hatte der entlaufene Sohn aus jüdischem Lehrerhaus in Franz Bleis Zeitschrift *Opale*, später in Franz Pfemferts *Aktion*. Charakteristisch waren schon für den frühen Einstein, der das Abitur hingeschmissen und an der Berliner Universität nur sporadisch hospitiert hatte, der scharfe polemische Ton, die strikte antibürgerliche Einstellung und das ausgeprägte sarkastische Talent.

Schon mit der wohl ersten Veröffentlichung *Herr Giorgio Bebuquin* (1908 in *Opale*) führte er die Figur ein, die ihn lebenslang nicht loslassen sollte. Bebuquin (»Büchermensch«) ist einer von den Snobs und Dandys, die die Literatur der Jahrhundertwende bevölkern, ein Künstler, der Dilettant bleibt und doch radikal mit der bürgerlichen Welt gebrochen hat. Einstein verzichtet in seinem Anti-Roman auf alles Stoffliche, die »kleinen Kinosuggestionen«, wodurch das Werk sperrig und für eine breite Rezeption ungeeignet wurde. Bleis Wunsch im Geleitwort zur Buchausgabe, daß die Auflage »möglichst unverkauft beim Verlage bleibe«, ging dennoch nicht Erfüllung. 1917 konnte eine zweite Auflage gedruckt werden, jetzt in der Reihe *Aktionsbücherei der Aeternisten*. Beide erschienen in Franz Pfemferts Verlag der Wochenschrift DIE AKTION, in dem auch ein kleines, aber gewichtiges Buchprogramm herausgegeben wurde. Es diente vor allem zur Publikation von

Zusammenstellungen aus der Zeitschrift und auch zur Erstveröffentlichung größerer Texte von Mitarbeitern der Zeitschrift. Einstein stand zur Zeit der Herausgabe seines Erstlings im Begriff, mit dem Verleger in familiäre Verbindung zu treten. 1913 sollte er Pfemferts Schwägerin Maria Ramm heiraten, die später durch ihre Übersetzungen aus dem Russischen, namentlich für den Malik-Verlag, bekannt wurde.

Einstein hätte den Roman gern fortgesetzt. Ein großes Konvolut an Handlungsskizzen und Textentwürfen in

BILDNIS DES CARL EINSTEIN / FÜR DIE AKTION GEZEICHNET VON MAX OPPENHEIMER

Porträtzeichnung von Max Oppenheimer aus *Bebuquin*. Einband s. S. 109

dem von der Berliner Akademie der Künste verwalteten Nachlaß zeigt, wie intensiv er in den zwanziger Jahren daran arbeitete. Diesem ist zu entnehmen, daß Bebuquin starke autobiographische Züge erhalten sollte und durch den Selbsthaß des Intellektuellen gespeist worden wäre. Die Fortsetzung scheiterte an Formproblemen wie an der Bestätigung, die Einstein durch seine Kunstkritik erfuhr. Diese zog ihn letztlich vom fiktiven Schreiben fort. Das zeitgenössische Echo auf den Roman beschränkte sich vor allem auf Künstlerkreise, die von der Rigorosität des Experiments beeindruckt waren; positiv äußerten sich etwa Hugo Ball, Gottfried Benn und Walter Serner. CW

Literaturauswahl
Heinz Ludwig Arnold (Hrsg.): *Carl Einstein. Text + Kritik, H.* 95 (1987). UWE FLECKNER: *Carl Einstein und sein Jahrhundert* (2006). KLAUS H. KIEFER: *Diskurswandel im Werk Carl Einsteins* (1994). SIBYLLE PENKERT: *Carl Einstein. Beiträge zu einer Monographie* (1969). RETO SORG: *Aus den »Gärten der Zeichen«. Zu Carl Einsteins »Bebuquin«* (1997).

Endler, Adolf {1930–2009}
Weg in die Wische.
Halle (Saale): Mitteldeutscher Verlag, 1960. 160 S., 8 Fotos. Ln. mit Umschl. 18 x 11 cm. Umschlagfoto v. Hellmut Opitz. Gesamtherstellung: Offizin Andersen Nexö in Leipzig.

Adolf Endler gehört zu den Autoren der frühen DDR-Literatur, die ihr erstes Werk oder gar ihr gesamtes Frühwerk später nicht mehr gelten lassen wollen. Als er 1981 von Manfred Behn, dem Autor des Endler-Artikels im *Kritischen Lexikon deutschsprachiger Gegenwartsliteratur*, nach den frühen Veröffentlichungen gefragt wurde, antwortete Endler selbstkritisch: »Warum lassen Sie mich nicht einfach um 65/66 das Licht der Welt erblicken, als ich zusammen mit Karl Mickel die Anthologie *In diesem besseren Land* herausgab, oder noch besser, um 1971, oder, das wäre am allerbesten, etwa 1976?« Bereits 1965/66 lagen zwei Lyrik-Bände und der Reportageband *Der Weg in die Wische* vor, die Endler besonders deutlich ablehnte. Kurz vor seinem Lebensende setzte er sogar eine Prämie aus für Rückgabe eines signierten Exemplars des *Weges in die*

Büsche, wie er den Reportageband nach einem Fehler in seiner Stasiakte nannte.

Endler stammte aus Düsseldorf, wo er in dem Dreieck »Papiermühle, Wasserwerk, Henkel« bei der Mutter und dem Stiefvater, einem Beamten, aufwuchs. Der Vater, ein Handelskaufmann und wenig erfolgreicher Unternehmer, malte sich in der Nachkriegszeit eine Zukunft zusammen mit dem Sohn aus (»Endler & Endler Assemblagen«), was aber auf wenig Gegenliebe stieß. Endler zog es früh zum Schreiben. Die Buchhandelslehre, die er abbrach, war sicher ein Versuch, sich diesem Ziel zu nähern. Auch alle Anstellungen, die er annahm, waren nur Jobs, mit denen er sich über Wasser hielt oder die ihm in der frühen DDR-Zeit seinem literarischen Stoff näherbringen sollten. Politisch stand er früh ganz links im Parteienspektrum der Bundesrepublik, war im Kulturbund West und in der Friedensbewegung aktiv, die vom Verfassungsschutz intensiv beobachtet wurden. Eine Anklage wegen »Staatsgefährdung« war anhängig, als er 1955 in die DDR überwechselte, wo er das Angebot zum Studium am neugegründeten Literaturinstitut in Leipzig annahm. Seit 1958 hielt er sich zusammen mit seiner ersten Frau mehrmals in der Altmärkischen Wische, einem Landstrich nahe Magdeburg, auf, um dort das Meliorationsprojekt, ein zentrales FDJ-Aufbauwerk, zu studieren. Zeitweise reihte er sich in Stiefeln in eine Brigade ein, um Gräben auszuheben. Er war willens, dort seine poetische Provinz zu finden – Neuland unterm Spaten. Doch »statt der Stalinschen Großbauten des Kommunismus…, statt Maos Großem Sprung… nur diese trockengelegte Wische, 350 Quadratkilometer altmärkische Niederung – ein rüstiger Wanderer umkreist sie leicht in ein, zwei Tagen. Schilda läßt grüßen…«, resümierte Fritz Mierau 1997 diesen Versuch. Endlers erste Bücher *Weg in die Wische* und *Erwacht ohne Furcht* (beide 1960) wurden

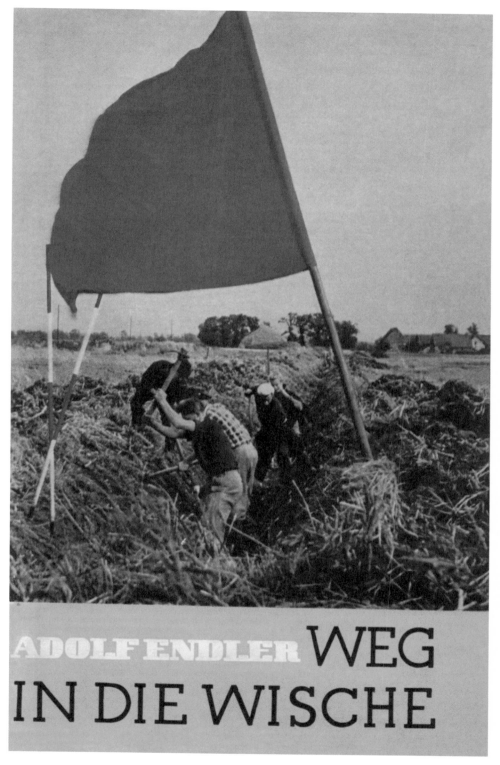

Umschlag mit Foto von Hellmut Opitz

unmittelbar von dieser Erfahrung geprägt. *Weg in die Wische* schrieb er in Plau am See, wohin er 1959 geflüchtet war, nachdem er sich von seiner Frau getrennt hatte und in eine persönliche Krise geraten war. In dem mecklenburgischen Städtchen fand er eine Dachkammer, in der er das eben Erlebte zu Papier brachte. Proben erschienen in den Zeitschriften *Junge Kunst* und *Schatulle*. In der zum Berliner Verlag gehörenden Redaktion von *Schatulle* fand er wenig später eine Anstellung. Den Verlag für seine Bücher fand er im Mitteldeutschen Verlag Halle, der sich mit der Ausrichtung der »Bitterfelder Konferenz« 1959 dem Programm »Schriftsteller in die Produktion« verschrieben hatte und sich vorrangig der jungen Schriftsteller annahm. Zuvor hatte Endler mit diesem Verlag einen Vertrag über ein Hörspiel abgeschlossen, aus dem aber nichts wurde. Besonders *Weg in die Wische*, eine Melange aus Reportage, Tagebuch, Erzählung, Agitpropszene und Gedichten, paßte zum »Bitterfelder Weg«.

Der Gedichtband *Erwacht ohne Furcht* griff etwas weiter aus. Er sammelte Gedichte aus einem Jahrzehnt, die teilweise schon in Düsseldorf geschrieben worden waren und thematisch vom Rückblick auf die Kindheit mit Luftangriffen, politischer Polemik gegen Restauration und Wiederaufrüstung in der Bundesrepublik, Liebesgedichten bis hin zu Aufbauhymnen reichten. Endler kannte sich in der modernen Weltliteratur wie kaum ein anderer junger Autor in der DDR aus. Seit der Nachkriegszeit las er nicht nur Neuerscheinungen des Buchmarktes, sondern auch intensiv die reichhaltigen Literaturzeitschriften jener Jahre. Seine Vorliebe galt dem Surrealismus, die er aber zugunsten seines politischen Engagements zeitweise ganz verdrängte. Als Muster für die Erzählung in *Weg in die Wische* gab Endler in dem Gesprächsbuch *Dies Sirren* (2010) *Im Rettungsboot* von dem Amerikaner Stephen Crane an. Wie bei Crane habe er statt

eines Helden eine ganze Gruppe handelnd dargestellt. Weit markanter ist aber das Wandlungsmotiv, das Endler mit der DDR-Literatur jener Jahre verband. Außenseiter werden unter dem Eindruck der kollektiven Zusammenarbeit auf den rechten Weg gebracht. Der Weg ist die zentrale, reichlich strapazierte Metapher in allen Teilen des Buches. Der Ich-Erzähler steht an der Wegscheide zwischen bürgerlichem Individualismus und dem Engagement für den Sozialismus, ein Weg wird von der Jugend durch die Wische gebahnt: Er steht für Ordnung, Aufbau und Fruchtbarkeit. Wenige Jahre später mißtraute Endler allen Formen der zentralen Planung und Leitung, suchte nach den anarchischen Elementen an der gesellschaftlichen Peripherie.

Beide Bücher wurden fast gleichzeitig fertig, doch Endler bezeichnete *Weg in die Wische* als sein erstes Buch, und ein Blick in den Verlagskatalog, der in der Ausgabe des *Börsenblattes für den Deutschen Buchhandel* (Leipzig) zur Herbstmesse 1960 abgedruckt wurde, bestätigt die Erinnerung des Autors. Der Verlag kündigte das Erscheinen von *Weg in die Wische* für Oktober an, das von *Erwacht ohne Furcht* dagegen erst für November. Zu *Weg in die Wische* sind zwei, allerdings nicht sehr tiefgehende Rezensionen erschienen. Der Rezensent des *Sonntag* (Nr. 43, 1961), Günter Ebert, anerkannte Endlers erzählerische Begabung, vermißte ansonsten die Realitätsnähe der Reportage und sprach von »Ich-Bezogenheit, welche die eigene Person und ihre Wehwechen viel zu wichtig nimmt, eine Art Nabelschau«. Der Kritiker der *Neuen Deutschen Literatur* (Heft 3, 1961), Gerhard Kasper, dagegen sah in dem Buch »ein erfreuliches Debüt« und lobte die »Originalität im Sprachlichen und eine eigenwillige Bildkraft«. Endlers erster Gedichtband wurde dagegen allem Anschein nach völlig ignoriert. Das blieb auch bei den folgenden Veröffentlichungen so. Endler hatte also allen Grund zur Klage und zu wiederholten Polemiken gegen die DDR-Literaturwissenschaft. »Kein einziger meiner bislang drei Gedichtbände in der DDR, erschienen 1960, 1964, 1974, ist in der *Neuen deutschen Literatur*, der Zeitschrift des Schriftstellerverbandes, dem ich bis Mitte vorigen Jahres angehört habe, einer Besprechung für wert befunden worden, kein einziger in der Germanistenzeitschrift *Weimarer Beiträge* rezensiert worden, kein einziger in der Zeitschrift *Sinn und Form*, deren permanenter Mitarbeiter ich doch bin, kein einziger in unserer kulturpolitischen Wochenzeitschrift *Sonntag* ...«, faßte Endler die Rezeption seiner Gedichtbände in einem Gespräch 1981 zusammen. Anerkennung und Rückhalt fand er dagegen bei seinen Schriftstellerfreunden von der »Sächsischen Dichterschule«, wie Karl Mickel, Sarah Kirsch, Heinz Czechowski und Volker Braun. CW

Literaturauswahl
ADOLF ENDLER: *Dies Sirren. Gespräche mit Renatus Deckert* (2010). ADOLF ENDLER: *Wische*, in: Renatus Deckert (Hrsg.): *Das erste Buch. Schriftsteller über ihr literarisches Debüt* (2007). MANFRED BEHN-LIEBHERZ: *Adolf Endler*, in: *Kritisches Lexikon deutschsprachiger Gegenwartsliteratur* (1982 ff). GERRIT-JAN BERENDSE: *Die »Sächsische Dichterschule«. Lyrik in der DDR der sechziger und siebziger Jahre* (1990). Gerrit-Jan Berendse (Hrsg.): *Krawarnewall. Über Adolf Endler* (1997).

Enzensberger, Hans Magnus
{geb. 1929}
verteidigung der wölfe.
gedichte.
[1.-2. Tsd.] Frankfurt/Main: Suhrkamp Verlag, 1957. 94 S. 20,8 x 12 cm. Pp. mit Umschl. Gesamtherstellung: MZ-Verlagsdruckerei, Memmingen.

Für das Herbstprogramm 1957 zeigte der Suhrkamp Verlag in Frankfurt am Main das Erscheinen des Erstlingswerks

Einband

von Hans Magnus Enzensberger *verteidigung der wölfe* an. Das Jahr 1957 gilt als Höhepunkt der verlegerischen Arbeit Peter Suhrkamps. Exemplarisches und Avantgardistisches ergänzen einander. Hermann Hesses *Gesammelte Schriften* liegen in sieben Dünndruckbänden vor, Marcel Prousts *Recherche* wird erstmals komplett in deutscher Sprache offeriert. Mit Max Frischs *Homo faber* und Martin Walsers *Ehen in Philippsburg* finden sich wichtige Neuerscheinungen von Autoren im Programm, die bereits seit Jahren Furore machten. Unter all diesen Novitäten kommt eine Stimme zu Wort, die bisher nur in Zeitschriften, Anthologien und Rundfunksendungen wahrzunehmen war: die des 1929 geborenen Hans Magnus Enzensberger. Aufgefallen war er bis dahin durch Texte in den Zeitschriften *Akzente*, *Frankfurter Hefte*, *Merkur* sowie in *Texte und Zeichen* und auch durch Beiträge für den Rundfunk. Von 1955 bis 1957 war er unter der Leitung von Alfred Andersch Rundfunkredakteur in Stuttgart. Ein für den Süddeutschen Rundfunk verfaßter Essay, *Die Sprache des »Spiegel«*, der, um einige seiner brisanten Stellen beraubt, am 6. März 1957 im *Spiegel* abgedruckt wurde, hatte Suhrkamp besonders gefallen. Zu dieser Zeit lag dem Verlag bereits das Manuskript des ersten Gedichtbandes vor. Vermutlich entschloß sich Suhrkamp noch vor der *Spiegel*-Veröffentlichung zur Inverlagnahme des Manuskripts; anders ist die dem *Spiegel*-Text beigestellte Notiz zum Autor mit dem Vermerk, daß noch »dieses Jahr« der erste Gedichtband erscheinen wird, nicht zu verstehen.

Enzensberger fuhr im Mai 1957 nach Frankfurt, um nach Klärung mancher Details sich das Recht auszubitten, Typographie und Einband selbst zu bestimmen. Ein Privileg übrigens, das Enzensberger bis heute im Suhrkamp Verlag wahrnimmt.

Lektor des Bandes war – neben Suhrkamp selbst – der Anfang September auf Vorschlag Siegfried Unselds in den Verlag gekommene Walter Boehlich. Wie sämtliche Gedichte des Buches, war auch der Titel in Kleinschreibung gehalten. Im Oktober 1957 erschien der Band in einer 1. Auflage von 2000 Exemplaren. Beigegeben war eine Art »Gebrauchsanleitung«, ein separater Waschzettel folgenden Inhalts: »Hans Magnus Enzensberger will seine Gedichte verstanden wissen als Inschriften, Plakate, Flugblätter, in eine Mauer geritzt, auf eine Mauer geklebt, vor einer Mauer verteilt; nicht im Raum sollen sie verklingen, in den Ohren des einen, geduldigen Lesers, sondern vor den Augen vieler, und gerade der Ungeduldigen, sollen sie stehen und leben, sollen auf sie wirken wie das Inserat in der Zeitung, das Plakat auf der Litfaßsäule, die

Schrift am Himmel. Sie sollen Mitteilungen sein, hier und jetzt, an uns und alle, sollen, wo sie ›freundlich‹ sind, von Paradiesen künden, die wir nicht sehen, wo sie ›traurig‹ sind, gegen die Klagemauer tönen, an der wir vorbeieilen, und wo sie ›böse‹ sind, den ›Zorn der Welt‹ vermehren um ein Gran.«

Bei späterer Betrachtung störte Enzensberger an diesem ersten Buch »seine Rhetorik … der Gestus der Verurteilung, ein richterlicher Gestus«, und er fragte sich, woher er diesen übernommen hatte. War es das politische Engagement?

Der Band erlebte 1959 eine 2. Auflage und trug wesentlich zum späteren Ruhm des Autors bei. In den *Graphischen Büchern* bei Faber & Faber Leipzig ist eine Ausgabe dieser Gedichte als Band 17 der Reihe mit 16 Montagen im Siebdruck von Hans Platschek erschienen.   M F

Literaturauswahl

HANS MAGNUS ENZENSBERGER: *verteidigung der wölfe*; in: Renatus Deckert (Hrsg.), *Das erste Buch. Schriftsteller über ihr literarisches Debüt* (2007). Reinhold Grimm (Hrsg.): *Hans Magnus Enzensberger* (1984).

Erb, Elke {geb. 1938}
Gutachten.
Poesie und Prosa.

Nachbemerkung v. Sarah Kirsch. Aufl.: 5000 Expl. Berlin u. Weimar: Aufbau-Verlag, 1975. 223 S. 18,8 x 12 cm. Pp. mit Umschl. Einband- und Umschlaggestaltung: Heinz Hellmis. (= Edition Neue Texte.) Druck: VEB Druckhaus Maxim Gorki, Altenburg.

Das Erstlingswerk Elke Erbs erschien in der Reihe *Edition Neue Texte*, in der der Aufbau-Verlag Berlin seit 1971 mehr als 200 Titel versammelte, die der Pflege und Förderung der Gegenwartsliteratur zugesprochen wurden. Lyrik, kleine Prosa, Kurzromane, Dramatik und Essayistik wurden dort vorgestellt, Manuskripte geringeren Umfangs, die neue Autoren der deutschen und internationalen Literaturszene in die Nachbarschaft bekannter Autoren rückten. Viele junge DDR-Autoren fanden hier den Rahmen für ihr literarisches Debüt. Von ausländischen Autoren erschienen viele Bücher erstmals in deutscher Sprache.

Elke Erbs Textsammlung, Gedichte und Miniaturen, Prosa, Aufsätze und Nachdichtungen, wurde von einem merkwürdigen Nachsatz Sarah Kirschs begleitet, in dem sie sich spielerisch-ironisch für den Mangel an Nachwort entschuldigt, das *Gutachten* aber ein überragendes Buch nennt und den Lesern versichert, »daß sie eines erworben haben, das berühmt werden wird.«

Elke Erb hatte sich bereits in den sechziger Jahren als Lyrikerin und Übersetzerin von russischer und sowjetischer Literatur hervorgetan und war durch hohe Präzision ihrer poetischen Ausdrucksweisen aufgefallen. Häufig lieh sie der Alltäglichkeit eine

Stimme, so daß diese uns Staunen machte:

> »*Schlechte Beleuchtung*
> Unsere Wohnzimmerlampe ist von einem Leinen
> umspannt, welches viel Licht verschluckt.
> Sie gibt Licht, daß man die Buchstaben gerade noch
> erkennen kann.
> Man kann gut schlafen, wenn sie angeknipst ist. Sie ist
> eine andere Nacht.«

Elke Erb wurde stets als eine außergewöhnliche Erscheinung in der Literaturszene der DDR angesehen. Längere Zeit die Partnerin von Adolf Endler, dem in *Gutachten* mehrere Gedichte als zugeeignet betrachtet werden müssen, hat sie den Literatur-Kanon der DDR vor allem durch eine eigenwillige Verknüpfung unterschiedlichster ästhetischer Elemente bereichert und aufgeschreckt. In dem Band *Kastanienallee* (1987), der mehrfach als eines ihrer reifsten Bücher, aber auch als ihr anstrengendstes empfunden worden ist, hat sie Gedicht und minutiöse Kommentierung zu einem prozeßhaften Ganzen verschmolzen, das zu verfolgen intellektueller Anstrengung bedarf. Im Frühjahr 1975 stellte Elke Erb die Texte ihres Erstlingswerks *Gutachten* auf einer Verlagsveranstaltung in Leipzig vor und steckte dafür viel Bewunderung und manchen schalkhaften Seitenhieb ein. Die Debütantin las an der Seite von Irmtraud Morgner und Eva Strittmatter, Kultautorinnen der DDR-Literatur, und von Helga Schubert, einer schon fast wieder vergessenen Autorin von beeindruckender, psychologisch geprägter Kurzprosa, Kinderbüchern und Szenarien. Die Texte von Elke Erbs Erstlingswerk fanden auch die Anerkennung von Christa Wolf.   EF

Literaturauswahl
Urs Engeler und Christian Filips (Hrsg.): *Deins. 31 Reaktionen auf Elke Erb* (2011).

Umschlag von Heinz Hellmis mit einem Bild von Horst Bachmann

F

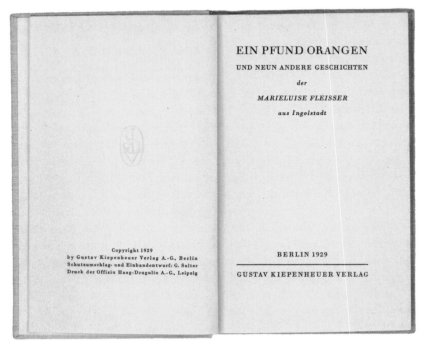

EIN PFUND ORANGEN

UND NEUN ANDERE GESCHICHTEN

der

MARIELUISE FLEISSER

aus Ingolstadt

Copyright 1929
by Gustav Kiepenheuer Verlag A.-G., Berlin
Schutzumschlag- und Einbandentwurf: G. Salter
Druck der Offizin Haag-Drugulin A.-G., Leipzig

BERLIN 1929

GUSTAV KIEPENHEUER VERLAG

… siehe Seite 131

DER JUNGE
GOEDESCHAL

Ein Pubertätsroman
von
Hans Fallada

ERV

Ernst Rowohlt Verlag Berlin

… siehe Seite 123

ERICH FRIED

DEUTSCHLAND
GEDICHTE

LONDON 1944
AUSTRIAN P.E.N.

… siehe Seite 137

Fallada, Hans
{eigtl. Rudolf Ditzen, 1893-1947}
Der junge Goedeschal.
Ein Pubertätsroman.
Aufl.: 2000 Expl. Berlin: Rowohlt,
1920. 341 S. 19 x 13,5 cm. Pp. mit
Umschlagzeichn. v. Wilhelm Plünnecke.
Druck: Spamersche Buchdruckerei in
Leipzig.

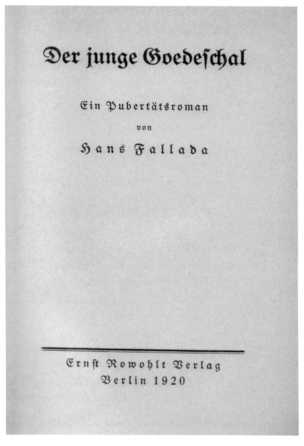

Titelblatt, Einband gegenüber

Rudolf Ditzen, lebenslang schwankend
zwischen bürgerlicher Lebensführung
und ausschweifenden Exzessen, hielt den
Beginn seiner Arbeit am Roman buch-
halterisch exakt fest. Am 24. August 1917
begann er »auf Veranlassung von Frau Anne
Marie Seyerlen« mit der Niederschrift. Er
dankte der Frau des umtriebigen Berliner
Kaufmanns Egmont Seyerlen, der sich zeitweise gar im Waffengeschäft versuchte, für
die Ermutigung mit der vor das Buch gesetzten Widmung: »Frau Anne Marie Seyerlen
zu eigen«. Der Stoff des Romans war kaum
kaschiert seiner eigenen Biographie, vornehmlich den beiden Leipziger Jahren 1910
und 1911, entnommen. Nachweislich hatte
sich der Schüler Ditzen in einem Anfall
von Verwirrung wie die Hauptfigur seines
Romans anonym brieflich an die Mutter
einer sechzehnjährigen Schülerin gewandt,
um sich des »ganz intimen Verkehrs« mit
ihr zu bezichtigen. Als die Sache aufflog,
wollte er sich umbringen, wurde jedoch
durch das beherzte Einschreiten eines
Freundes gerettet und anschließend in verschiedenen Sanatorien behandelt. Trotz
vieler Parallelitäten zwischen Dichtung
und Wahrheit ist Falladas Werk kein einfacher Schlüsselroman. Wie in seinem späteren Schaffen verwob er darin auf nicht
mehr zu entwirrende Weise Tatsachen und
Fiktionen.

Der Sohn eines Richters am Reichs-
gericht in Leipzig war 1918 nach unru-
higer, krisengeschüttelter Kindheit und
Jugend zunächst Angestellter einer Kartof-
felbaugesellschaft in Berlin. Sein Vater, mit
dem es wiederholt zu schweren Dissenzen
gekommen war, unterstützte das Entstehen
des für ihn peinlichen Werkes freimütig
durch einen Vertrag, der dem Sohn ab
Mitte 1918 einen monatlichen Vorschuß
aus dem ihm zustehenden künftigen Erbe
zusicherte. Durch den Tod des anderen
Sohnes im Felde und die Flucht seines
obersten Dienstherrn, des Kaisers, Ende
1918 milde gestimmt, sicherte der Vater
sogar eine Verlängerung des Vertrages zu,
als sich die Fertigstellung des Manuskriptes
verzögerte. Der angehende Autor schloß
erste Bekanntschaft mit Morphium, dem
er künftig immer wieder verfallen sollte.
Am 19. April 1919 beendete Ditzen die

zweite Fassung des Romans und übergab das Manuskript Egmont Seyerlen, der es seinem Freund Ernst Rowohlt zur Prüfung empfahl. Der Verleger hatte gerade in Berlin seinen zweiten Verlag gegründet, der wie sein erstes Unternehmen in Leipzig der jungen Literatur dienen sollte. Nach geeigneten Texten suchend, nahm Rowohlt ohne Zögern Ditzens Anfängerwerk an. Laut Vertrag ließ Rowohlt 2000 Exemplare drucken. Die ersten Exemplare erreichten den Autor, der sich nach einem Grimmschen Märchen das Pseudonym Hans Fallada zugelegt hatte, Anfang Februar 1920 im Sanatorium Carolsfeld (Thüringen). Dort unterzog er sich mehr oder weniger erfolgreich einer Entziehungskur.

Die Zustimmung für den Roman hielt sich in Grenzen. Immerhin war unter den Kritikern Oskar Walzel, seinerzeit einer der führenden deutschen Literaturwissenschaftler, der in seiner Besprechung für die Wochenschrift *Das Tage-Buch* Falladas Roman anderen zeitgenössischen Texten vorzog, darunter Franz Werfels *Nicht der Mörder, der Ermordete ist schuldig*. 1923 folgte ein zweiter Roman (*Anton und Gerda*). Dann wurde es für Jahre still um den talentierten Autor, bis er am Beginn des neuen Jahrzehnts seine Erfolgsromane über das alltägliche Leben in der Weimarer Republik publizierte.

Der Verkauf des *Jungen Goedeschal* ließ sehr zu wünschen übrig: Innerhalb von zwölf Monaten waren nur 1283 Exemplare abgesetzt. So kam der Verleger auf die Idee, den Buchhandel durch vorgetäuschte Nachauflagen zu Bestellungen anzuregen. Doch die vermeintlichen Nachauflagen sind zweite und dritte Bindequoten, die sich nur durch diesen Vermerk von der ersten unterscheiden. Die anhaltend große Fallada-Sammlergemeinde schätzt Exemplare dieser Bindequoten ebenso wie solche ohne einen entsprechenden Vermerk. Die Restbestände der Ausgabe seien »offensichtlich« seiner-zeit makuliert worden, schrieb der Fallada-Herausgeber Günter Caspar. So erregt jedes auftauchende Exemplar heute starkes Interesse und findet bei leidlichem Zustand schnell einen neuen Besitzer. CW

Literaturauswahl

HANS FALLADA: *Ewig auf der Rutschbahn. Briefwechsel mit dem Rowohlt Verlag. Hrsg. v. Michael Töteberg und Sabine Buck* (2008). GÜNTER CASPAR, Nachwort zu: *Hans Fallada, Frühe Prosa.* (1993). TOM CREPON: *Leben und Tode des Hans Fallada* (1978). WERNER LIERSCH: *Hans Fallada. Sein großes kleines Leben* (Erw. Neuausg. 1993). JÜRGEN MANTHEY: *Hans Fallada in Selbstzeugnissen und Bilddokumenten* (1963). Gunnar Müller-Waldeck, Roland Ulrich (Hrsg.): *Hans Fallada. Sein Leben in Bildern und Briefen* (1997). JENNY WILLIAMS: *Mehr als ein Leben. Hans Fallada Biographie* (2002).

Feuchtwanger, Lion {1884-1958}
Die Einsamen.
Zwei Skizzen.
München: Monachia-Verlag, [1903].
40 S. 14 x 9 cm. Br. (= Allgemeine Taschenbibliothek Nr. 4.)
Druck: G. Birck & Co. München.

Es gibt nur wenige Autoren des 20. Jahrhunderts, die in so frühem Alter debütierten wie der am 7. Juli 1884 in München geborene Lion Jacob Arje Feuchtwanger. Obgleich Feuchtwanger später von seinen literarischen Anfängen nicht mehr viel wissen will, ist der Beginn seiner literarischen Tätigkeit nicht nur der Versuch rebellischer Emanzipation aus einem jüdisch orthodoxen Elternhaus. Wir erkennen in seinem Erstlingswerk bereits die frühreife moralische wie ästhetische Auseinandersetzung mit der im wilhelminischen Deutschland herrschenden bürgerlichen Scheinmoral. Erste Schreibversuche

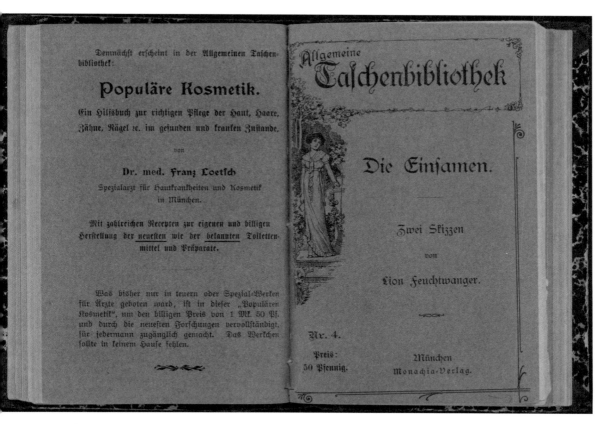

Broschureinband

unternimmt der Schüler des Münchner Wilhelmsgymnasium im Alter von zwölf Jahren. »Früh in fremden Sprachen zu Haus, geübt in Verkleidungen des Geistes, hatte ich mir sehr jung eine formale Meisterschaft angeeignet, die das Erstaunen meiner Lehrer und meiner Altersgenossen war«, lesen wir in den nur spärlich existierenden autobiographischen Äußerungen. Die Stadt München nimmt ein Jahr später erstmals von ihm Notiz, als er als Dreizehnjähriger auf den runden Geburtstag des Prinzregenten von Bayern ein Festspiel schreibt. Die Aufführung gefällt offensichtlich, die Zeitungen berichten darüber ernsthaft und anerkennend. »Auch erschien das Spiel in einer Zeitschrift, und ich bekam ein richtiges Honorar.« Diese frühe Anerkennung verschafft Feuchtwanger

vor seinem wohlhabenden Vater Respekt. Dieser erlaubt ihm später – nicht wie es eigentlich dessen Wunsch war, einen einträglichen Brotberuf zu erlangen – das Studium der Literaturgeschichte. Obgleich von Feuchtwangers Vater bekannt ist, daß er ein leidenschaftlicher Bibliophile mit ausgezeichneten Kenntnissen jüdischer und zeitgenössischer deutscher Literatur war und sich im Besitz einer stattlichen Bibliothek vor allem althebräischer Schriften wußte, dürfte ihm diese Entscheidung als Kaufmann und Fabrikant nicht leicht gefallen sein.

Doch noch bevor sich Feuchtwanger zum Wintersemester für das Studium der deutschen Philologie und Geschichte an der Münchener Universität immatrikuliert, erscheinen seine beiden Prosaskizzen unter dem romantisierenden und für sein damaliges Lebensgefühl bezeichnenden Titel *Die Einsamen.* Über die Auflagenhöhe, über mögliche Empfehlungen oder Vermittler ist nichts bekannt. Eruierbar waren lediglich diese Fakten: Feuchtwangers Erstling hatte keinen Erfolg. Weder kam es in den unmittelbar darauffolgenden Jahren zu einer Nachauflage, noch fanden die Erzählungen in irgendeiner Form zu Lebzeiten des Autors Aufnahme in einen Sammelband. Auch die damalige Kritik nahm kaum Notiz davon und wenn, dann tat sie Feuchtwanger als Familienblattbegabung ab. Erschienen sind die beiden frühen Erzählungen im Sommer 1903 zum Preis von 50 Pfennig als Band 4 der *Allgemeinen Taschenbibliothek* im Münchener Monachia-Verlag. Ludwig von Ganting hatte den Verlag am 23. April des gleichen Jahres gegründet. Die dünnen, handlichen Bändchen der Reihe wurden dem »gebildeten Publikum« als Sammlung belletristischer und populärwissenschaftlicher Originalwerke »der besten neueren Autoren« angepriesen. Aber die Spannweite war groß. So erschien beispielsweise als Band 2 Maupassants *Fettklößchen* – der Autor war zu diesem Zeitpunkt berühmt und bereits zehn Jahre tot –, hingegen war Feuchtwanger neunzehn und sollte erst gut zwanzig Jahre später mit seinen großen gesellschaftskritischen historischen Romanen europäische Berühmtheit erlangen.

Der Verlag existierte nur kurze Zeit. Zu groß waren vielleicht die verlegerischen Wagnisse, möglicherweise auch zu ungeschickt sein kaufmännisches Handeln. Die einschlägigen buchhändlerischen Verzeichnisse vermerken ihn bereits 1908 als »in seiner Tätigkeit erloschen«.

Die frühen Skizzen Feuchtwangers hat der Verlag Faber & Faber Leipzig im Jahre 2000 von dem bekannten Leipziger Kupferstecher Baldwin Zettl mit Zeichnungen und Originalkupferstichen

illustrieren lassen und sie als Band 18 in seine Verlagsreihe *Die Graphischen Bücher* eingegliedert. MF

Literaturauswahl
Lion Feuchtwanger zum 70. Geburtstag. Worte seiner Freunde (1954). LION FEUCHTWANGER: *Ein Buch nur für meine Freunde* (1984). HEIKE SPECHT: *Die Feuchtwangers* (2006). WILHELM VON STERNBURG: *Lion Feuchtwanger. Ein deutsches Schriftstellerleben* (1994).

Flake, Otto {1880-1963}
Strassburg und das Elsass.
Mit acht Vollbildern. Stuttgart: Carl Krabbe Verlag Erich Gussmann, [1908]. 128 S., 8 Taf. 18 x 12,5 cm. Br. mit Deckelillustr. v. Georges Ritleng / Ln. (= Städte und Landschaften. Hrsg. v. Leo Greiner.)

Otto Flake gehörte wie die Freunde René Schickele und Ernst Stadler zu dem Kreis »Das jüngste Elsaß«, der 1902 mit der Herausgabe des *Stürmers* in die Literatur eintrat. Flake war an der Zeitschrift als Redakteur und Mitautor maßgeblich beteiligt. Alle drei studierten zu der Zeit in Straßburg, Flake Germanistik, Philosophie und Sanskrit. Wie Schickele beendete er das Studium, auch nach dem Wechsel zur Kunstgeschichte, nicht. Dreimal ließ er sich das Thema für eine Dissertation geben, um jedes Mal einen Ausweg aus der Pflicht zu finden. Damit brachte er die Mutter an den Rand der Verzweiflung, hatte sie doch, alleinerziehend nach dem frühen Tod seines Vaters, eines kleinen Beamten, der auf Grund von Spielschulden den Freitod gewählt hatte, ihre ganzen Hoffnungen in die akademische Karriere des Sohnes gesetzt.

Während der zweiten Dissertationskrise kam Flake das Angebot gerade recht, das Feuilleton des *Leipziger Tageblatts* zu

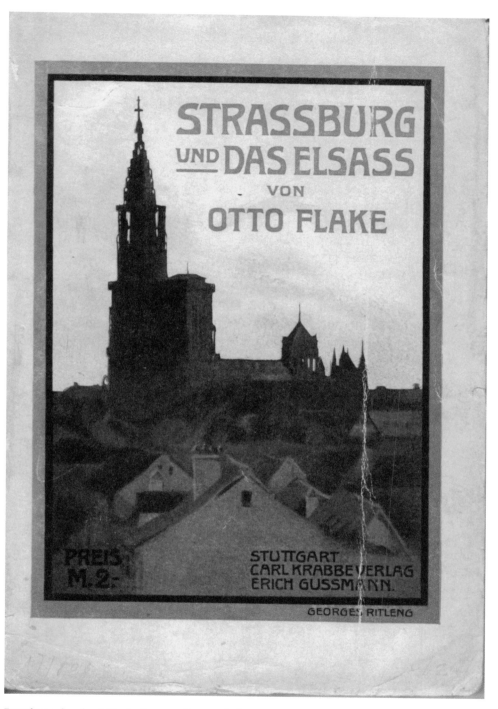

Broschureinband mit Illustration von Georges Ritleng

übernehmen. Der Leiter, Paul Wiegler, wollte nach Berlin wechseln und suchte einen Nachfolger. Er kam auf Flake, weil er von ihm bereits mehrere gute Texte gedruckt hatte. Als Flake in Leipzig eintraf, waren Wiegler und der Chefredakteur überrascht, statt eines erfahrenen Publizisten einen Studenten von Mitte 20 eintreten zu sehen. Dennoch wurde er 1907 auf Probe eingestellt, erhielt ein solides Gehalt, das noch durch regelmäßige Zuschüsse des Schwiegervaters vermehrt wurde. Flake heiratete nämlich in den ersten Leipziger Monaten die jugendliche Tochter eines jüdischen Kaufmanns aus Würzburg, die Medizin studieren wollte. Doch die Heirat wurde übereilt geschlossen. Flake fühlte sich bald durch die familiären Verpflichtungen eingeengt, erst recht, als sich der Haushalt um einen Sohn vermehrte. Die Arbeit nahm ihn in Beschlag. Ärger kam hinzu, als er durch bissige Kritiken allzu leichtfertig den Zorn der Leipziger Theaterkoryphäen erregte.

Abhilfe schufen drei Angebote von Verlagen. Das erste kam von dem jungen Georg Müller Verlag, der ihm auf mehrere Jahre für die Mitarbeit an einer achtbändigen Montaigne-Ausgabe ein monatliches Fixum zusicherte. Als Elsässer beherrschte er das Französische perfekt und hatte bereits für Jakob Hegner in Berlin Balzacs *Die Frau von dreißig Jahren* und für Julius Zeitler in Leipzig Dumas' *Kameliendame* neu übersetzt. Das zweite Angebot kam von dem Stuttgarter Carl Krabbe Verlag, bei dem der österreichische Schriftsteller Leo Greiner eine Sammlung *Städte und Landschaften* herauszugeben begann, an der sich mit Hermann Bahr über Wien, Wilhelm von Scholz über den Bodensee, Paul Ernst über den Harz und Wilhelm Schäfer über den Niederrhein gestandene Schriftsteller beteiligten. Flake, der Straßburg und das Elsaß übernahm, befand sich also in bester Gesellschaft. Das dritte Angebot bestand

darin, für den kleinen Berliner Virgil-Verlag in dessen Reihe *Persönlichkeiten* die Protagonisten der seinerzeit schon berühmten Zeitschrift *Simplicissimus* vorzustellen (*Die Leute vom Simplicissimus*). Die Broschüre erschien im selben Jahr wie *Strassburg und das Elsass*, aber erst später, so von Flake in seines Lebenserinnerungen *Es wird Abend* ausdrücklich festgehalten. Weitere Übersetzungsaufträge sollten folgen, so daß Flake einstweilen nicht bereute, zum April 1908 beim *Leipziger Tageblatt* seinen Abschied genommen zu haben.

Bei *Strassburg und das Elsass* handelt es sich nicht um einen Reiseführer, der nach Art des *Baedeker* den Leser mit allen möglichen Informationen über Land und Leute versorgt, sondern um eine literarische Landschaftsschilderung in der Tradition von Heines *Reisebildern* oder Fontanes *Wanderungen durch die Mark Brandenburg*, um zwei bekannte Muster aufzurufen. Flake gibt sich in dem Buch als großer Wanderer vor dem Herrn zu erkennen. Groß im doppelten Sinn: 1,90 Meter nach der Körpergröße und unermüdlich nach der Wanderlust, mit der er schon in jungen Jahren das heimatliche Elsaß durchstreifte und später viele andere Gegenden in Deutschland und Europa. Neuromantiker, der er damals war, zog es ihn in die alten Reichsstädte des Elsaß, in die Gassen und Winkel, die seit dem Mittelalter organisch gewachsen waren, auf die Weinberge und zu den Tälern und Höhen der Vogesen. Das neue Straßburg, gebaut auf Initiative der Reichsverwaltung nach der Annexion von Elsaß-Lothringen am Ende des Deutsch-Französischen Krieges 1871, war nicht nach seinem Geschmack, wie er auch das Wirtschaftsleben allenfalls in seiner poetischen bäuerlichen oder handwerklichen Ausprägung zur Kenntnis nahm. Bemerkenswert an Flakes Debüt sind die Sicherheit in der Stimmungsmalerei und die Intensität der Landschafts- und

Architekturschilderungen. Die Bilder zum Buch, vier Fotos und sechs Kunstreproduktionen, wählte Flake selbst aus. Die Künstler Maurice Achener, Paul Braunagel, C. Daubner, Georges Ritleng, Emile Schneider, Jean Jacques Waltz kannte er aus Straßburg von Ausstellungs- und Atelierbesuchen, mit Ritleng, dem seinerzeitigen Gestalter der Zeitschrift *Stürmer*, von dem auch das Einbandbild des Elsaß-Buches stammt, war er befreundet.

»Der Erfolg war mäßig«, protokolliert der Autobiograph, »eine zweite Auflage kam nicht zustande, und es blieb bei meinem bescheidenen einmaligen Honorar, 560 Mark.« Auch von den anderen Büchern der Reihe lassen sich keine Nachauflagen nachweisen. Wichtig war jedoch, daß sich Flake mit seinen ersten Büchern als freier Schriftsteller zu etablieren begann. Das erkannte auch Karl Gruber, ein Kenner der elsässischen Literaturszene, der zu den wenigen Rezensenten des ersten Buches gehörte. Er verfolgte Flakes Entwicklung seit seinen Anfängen im *Stürmer* und bescheinigte ihm, daß aus ihm »mit überraschender Schnelligkeit ein reifer Schriftsteller geworden« sei. Der Stil sei zwar feuilletonistisch, doch »Feuilleton ist Kunst, wenn es recht verstanden wird« (*Erwinia* Nr. 12, 1907/08).

In den folgenden Jahren und Jahrzehnten publizierte Flake fast in jedem Jahr ein oder mehrere neue Bücher, Romane, Erzählungen, Essays und Übersetzungen. Immer wieder war das Elsaß ein Thema, bis es Ende der zwanziger Jahre nach seiner Ansiedlung in Baden-Baden und der Hinwendung zur badischen Landschaft seine Relevanz verlor. Die Mutter haderte wegen der abgebrochenen akademischen Laufbahn lange mit dem Sohn und war nur durch den wirtschaftlichen Erfolg der Schriftstellerei zu beeindrucken. Von der ersten Frau trennte sich Flake schon bald nach dem Abbruch seines Leipziger Intermezzos. CW

Literaturauswahl
OTTO FLAKE: *Es wird Abend* (1960). Michael Farin (Hrsg.): *Otto Flake. Annäherung an einen Eigensinnigen. Mit einer Lebenschronik von Klaus Fischer* (1992). Ferruccio Delle Cave, Inga Hosp (Hrsg.): *Die Unvollendbarkeit der Welt. Ein Symposium über Otto Flake* (1972). SABINE GRAF: *»Als Schriftsteller leben«. Das publizistische Werk Otto Flakes der Jahre 1900 bis 1933 zwischen Selbstverständigung und Selbstinszenierung* (1992). HANSPETER GERLACH: *Otto Flake. 1880-1963* (1991).

Fleisser, Marieluise
{eigtl. Marie Luise Fleißer, 1901-1974}
Ein Pfund Orangen und neun andere Geschichten der Marieluise Fleisser aus Ingolstadt.
Aufl.: 3000 Expl. Berlin: Gustav Kiepenheuer Verlag, 1929. 204 S., 2 Bl. 18,5 x 11,6 cm. Ln. mit Umschl. Umschlag- u. Einbandentwurf: Georg Salter. Druck: Offizin Haag-Drugulin, Leipzig.

Am 4. April 1929 unterzeichnet die bis dahin ausschließlich als Bühnenautorin bekannte Marieluise Fleisser einen Vertrag mit dem Gustav Kiepenheuer Verlag in Berlin, der die Herausgabe ihres ersten Novellenbandes zum Gegenstand hat. Der Vertrag weist keinen beabsichtigten Titel, weder eine vereinbarte Rentenzahlung noch eine Option auf spätere Werke aus. Kürzer und prägnanter dürfte wohl kaum ein Autorenvertrag in damaliger Zeit ausgefallen sein. Er war nicht das Dokument einer besonderen Wertschätzung gegenüber der Autorin. Dennoch entwickelte sich daraus eine längere Zusammenarbeit. Marieluise Fleisser war bis 1933 Hausautorin des Verlages.

Kiepenheuer vertrat damals prononciert den Standpunkt, jüngere literarische Handschriften verlegen zu wollen. Der in und nach der Inflationszeit stark geschwächte Verlag war seit 1927 durch eine kluge und umsichtige Geschäftsführung, für die der junge Fritz Helmut Landshoff verantwortlich zeichnete, und durch neues Kapital, das in den Verlag kam, wieder zu Kräften gekommen. Der Mut, auch junge unbekannte Literatur zu verlegen, hatte ihn eh nie verlassen. Jetzt aber stellten sich auch Erfolge ein. Arnold Zweigs in nur zwei Jahren in 80 000 Exemplaren verkaufter Roman *Der Streit um den Sergeanten Grischa* oder das erfolgreiche und viel diskutierte Kriegsbuch von Ernst Glaeser *Jahrgang 1902*, die Erstlingswerke der Kleistpreisträgerin Anna Seghers und von Hermann Kesten, letzter als Lektor für den Verlag als »literarischer Spürhund« tätig, oder die Rechte der auf deutschen Bühnen viel gespielten Stücke Georg Kaisers und Ernst Tollers – das waren die Programmsegmente, für die der Verlag später das Prädikat »besonders wertvoll« erhielt. Auf eine Rundfrage nach den Verlagserfahrungen mit Büchern jüngerer deutscher Autoren antwortete Kiepenheuer 1929 in der *Neuen Bücherschau* folgendes: »Die Einführung jüngerer Autoren – noch vor einem Jahr bei Presse, Sortiment und Publikum außerordentlich schwierig – ist inzwischen wesentlich leichter geworden, nachdem der vergangene Winter eine Anzahl nennenswerter Erfolge jüngerer deutscher Autoren gebracht hat.« Besonders diese Einschätzung mag Kiepenheuer veranlaßt haben, 1929 eine Reihe von neuen Autoren für den Verlag zu gewinnen und an ihn zu binden. Man warb um Heinrich Mann und gewann Lion Feuchtwanger zurück, der in der Notzeit den Verlag verlassen hatte. Man holte sich die zumindest kommerziell bis dahin wenig erfolgreichen Joseph Roth und Gottfried Benn, entdeckte Julien Green für das deutsche Publikum, band Bertolt Brecht wieder an den Verlag und veröffentlichte eben auch die ersten Prosatexte der Marieluise Fleisser.

Der in dreitausend Exemplaren erschienene Novellenband vereinte Ge-

schichten aus den Jahren 1923 bis 1929. Bereits mit ihren ersten in Zeitschriften publizierten Texten fand die Fleisser bei der Kritik und unter Kollegen Anerkennung. Feuchtwanger begeisterte sich für sie und wies auch Brecht auf das junge Talent hin. Da beide Kiepenheuer-Autoren waren, liegt die Vermutung nahe, daß sie sich für die Herausgabe ihrer Prosa im Verlag eingesetzt haben. Nachweisbar allerdings bleibt allein der Vorstoß des damaligen Leiters der Jungen Bühne am Deutschen Theater Berlin, Moritz Seeler, der seit 1926 mit Kiepenheuer über die Vergabe der Bühnenrechte verhandelte und sich nun auch für Fleissers Prosa einsetzte. Einmal hatte sich auch der Ullstein-Verlag zu einem kleinen Rentenvertrag mit Marieluise Fleisser entschlossen und optierte auf ihren ersten Roman. Dieser aber kam nicht zustande. Es blieb bei Plänen und Notizen und bei Fleissers lapidarer Bemerkung, in dieser Zeit habe sie »nicht ernstlich geschrieben«. Besonders der Theaterkritiker Herbert Ihering wies bei Besprechungen der Fleisserschen Stücke auch auf die epische Begabung der Autorin hin.

Drei Tage nach der Uraufführung der veränderten Fassung des Stückes *Pioniere in Ingolstadt* in Berlin und dem dadurch ausgelösten Skandal, skandiert Ihering im Berliner *Börsen Courier*: Ihre Stücke gehörten aufgeführt, sie muß aus Ingolstadt heraus. »Man gebe ihr eine Existenz« und »Ihre Novellen müßten endlich als Buch erscheinen«. Das war am 2. April 1929. Zwei Tage später bekommt die Fleisser ihren Vertrag, wenige Wochen später erscheint bei Gustav Kiepenheuer ihr erstes Buch. Besonders verkaufsträchtig war der Band offenbar nicht. Noch im Verlagsverzeichnis 1933 wurden Fleissers Novellen in erster Auflage angeboten, obwohl man hätte denken müssen, daß die autobiographisch motivierten Texte ihres Erstlingswerkes mit ihrer Kritik am Konservatismus ihrer

Einband von Georg Salter

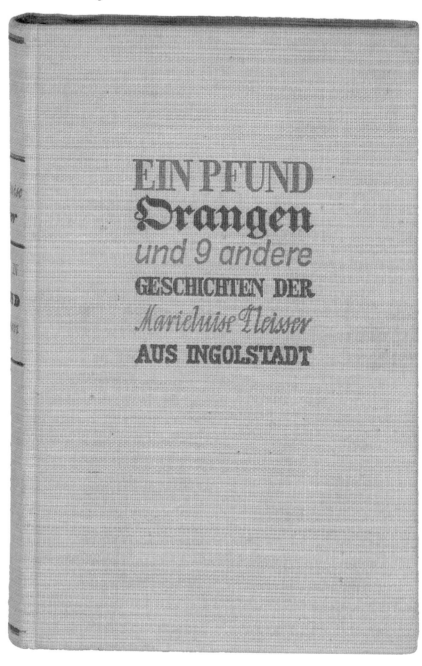

katholischen Heimat und dem strapazierten Patriarchalismus in den Familien besonders aufhorchen lassen mußten.

Nicht alle der im Erstlingswerk enthaltenen Geschichten wurden später (1972) in die *Gesammelten Werke* aufgenommen. Es war der Wunsch der Autorin, dort auf die *Briefe aus dem gewöhnlichen Leben* und auf *Das Märchen vom Asphalt* zu verzichten.

In einer von Juergen Seuss typographisch meisterhaft gestalteten Ausgabe sind die Fleisserschen Texte 1995 als Band 7 der *Graphischen Bücher* bei Faber & Faber Leipzig erschienen. Annette Lucks steuerte vierzig Zeichnungen und drei Originallithographien bei. M F

Literaturauswahl
MARIELUISE FLEISSER: *Ich ahnte den Sprengstoff nicht*; in: Hans Daiber (Hrsg.): *Wie ich anfing…* (1979). CORNELIA CAROLINE FUNKE: *»Im Verleger verkörpert sich das Gesicht seiner Zeit«. Unternehmensführung und Programmgestaltung im Gustav Kiepenheuer Verlag 1909 bis 1944* (1999). HILTRUD HÄNTZSCHEL: *Marieluise Fleißer. Eine Biographie* (2007). Günther Rühle (Hrsg.): *Materialien zum Leben und Schreiben der Marieluise Fleisser* (1973).

Broschureinband

Frank, Bruno {1887-1945}
Aus der goldnen Schale.
Gedichte.

Heidelberg: Verlag Carl Winter, 1905. 54 S., 1 Bl. 16,5 x 12 cm. Pp. Druck: C. F. Wintersche Buchdruckerei, Darmstadt.

Die Erstveröffentlichung von Bruno Frank ist im Antiquariatshandel selten geworden, was vielleicht darauf schließen läßt, daß die Auflage der Gedichtsammlung *Aus der goldnen Schale* sehr klein war und der Titel auch in den Literaturgeschichten weitgehend an den Rand gedrängt worden ist. Der Verlag Carl Winter, ursprünglich eine Universitätsbuchhandlung, war wahrscheinlich mehr zufällig der Erstverleger von Bruno Frank geworden. Er verbrachte in Heidelberg einen Teil seiner Studienzeit und wird der Buchhandlung nahe gekommen sein, die in ihrem Verlagsgeschäft viel mehr auf wissenschaftliche Literatur orientiert und konzentriert war denn auf Belletristik. Der 18jährige hatte seine formstrengen Verse an Mörike geschult und als Stilist von hohen Gnaden Goethe und Thomas Mann, den Franzosen Flaubert sowie den Russen Turgenjew als seine Vorbilder ausgegeben. Geprägt von einer umfassenden humanistischen Bildung, die ihm die großbürgerliche jüdische Familie ermöglichte, hatte er Jura studiert, aber 1912 mit einem literaturwissenschaftlichen Thema promoviert, zu Gustav Pfizers Dichtungen – wem ist der noch bekannt? –, und damit erkennen lassen, daß er sich für historische Stoffe interessierte, die ja später zum Hauptgegenstand seines erzählerischen Schaffens werden sollten. Jahrelang hat er sich mit der Gestalt Friedrichs des Großen beschäftigt und dann in den Erzählungen *Tage des Königs* (1924) der historischen Figur des feudalen Herrschers von verschiedenen Standpunkten aus auf die Spur zu kommen versucht, wobei den Juristen in ihm besonders Friedrichs Staatsidee interessierte. Auch ein Günstling des bekanntesten Preußenkönigs, *Trenck* (1926), beanspruchte Franks Aufmerksamkeit. In den dreißiger Jahren hat er in dem Roman *Cervantes* dem spanischen Dichter des Don Quijote ein Denkmal gesetzt, was ihm weitere großartige Reverenzen als Autor historischer Stoffe verschaffte. Dabei war Bruno Frank kein weltabgewandter historischer Spurensucher. Er hat mit brisanten politischen Texten wie der *Politischen Novelle* (1928), die als »Novelle der Stresemann-Jahre« bezeichnet wurde, in aktuelles Geschehen einzugreifen und seine Standpunkte zu Fragen der Zeit (zu Krieg und Frieden, zur Völkerversöhnung, zum Europagedanken) zu artikulieren versucht. In allem zeichnete ihn eine große Sprachkultur und eine tiefe humanistische Gesinnung aus, weshalb er sich zu Recht als »Typus des humanen Gentleman« bezeichnen durfte, der selbst in seinen Boulevardkomödien nicht die Façon verlor. So ist Bruno Frank weithin bekannt geworden. Sein Erstlingswerk hat dazu wenig beigetragen, auch wenn es 1907 noch in einer zweiten kleinen und stark vermehrten Auflage (auf 72 Seiten) erscheinen konnte, die vor allem im zweiten Teil durch »Neue Gedichte« ergänzt worden war. *Aus der goldnen Schale* ist jedenfalls ein literarischer Baum entsprungen, der viele Früchte getragen hat, mit denen sich die literaturwissenschaftliche Forschung noch heute beschäftigt. EF

Literaturauswahl
MARTIN GREGOR-DELLIN: *Bruno Frank. Gentleman der Literatur* (1979). SASCHA KIRCHNER: *Der Bürger als Künstler. Bruno Frank (1887-1945). Leben und Werk* (2009).

Frank, Leonhard {1882-1961}
Die Räuberbande.
Roman.

München u. Berlin: Georg Müller Verlag, 1914. 334 S. 18,4 x 12 cm. Pp. / Halbperg. Druck: Mänicke und Jahn, Rudolstadt.

Die Zeitschrift *Der Bücherwurm*, eine bekannte Monatsschrift für Bücherfreunde, listet in einem Heft ihres 4. Jahrgangs 1913/14 unter dem als Motto vorangestellten Alt-Ägyptischen Spruch »Mach schnell und sei kein Schwätzer« als Neuerscheinung auch Leonhard Franks *Die Räuberbande* auf. In lakonischer Kürze vermerkt sie dazu: »Eine Knabenschar bildet eine Räuberbande, nach deren Auflösung der Held allein den romantiklosen Weg durchs Leben suchen muß.« Umso romantischer erscheint uns die Notiz in Leonhard Franks stark autobiographisch geprägtem Roman *Links wo das Herz ist*, in dem Michael Vierkant, Franks Alter ego, eines Abends an das Bett seiner jungen Frau Lisa tritt und sagt: »Ich schreibe einen Roman.« Es handelt sich um Lisa Ertel, der das Erstlingswerk »gewidmet« wird, und die darauf zunächst skeptisch erwidert: »Einen Roman?« und dann vorsichtig ergänzt: »Du kannst es ja einmal versuchen.« »Lisa war eine kluge Frau, und sie liebte Michael«, heißt es weiter. Und dann wurde gearbeitet, Tage und Nächte, bis Michael Vierkant alias Leonhard Frank nach drei Monaten mit der ersten halben Seite zufrieden war und diese sich laut vorlas: »Plötzlich rollten die Fuhrwerke unhörbar auf dem holprigen Pflaster, die Bürger gestikulierten, ihre Lippen bewegten sich – man hörte keinen Laut, Luft und Häuser zitterten, denn die dreißig Kirchturmglocken von Würzburg läuteten dröhnend zusammen zum Samstagabendgottesdienst, und aus allen heraus tönte gewaltig und weittragend die große Glocke des Domes, behauptete sich bis zuletzt und verklang.«

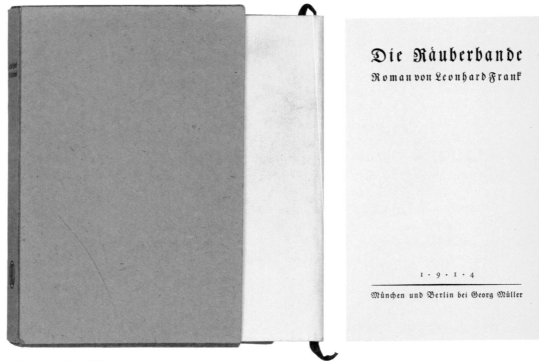

Die Räuberbande

Roman von Leonhard Frank

1 · 9 · 1 · 4

München und Berlin bei Georg Müller

Schuber und Titelblatt

Damit hatte Leonhard Frank die ambivalente, aber lebenslange literarische Bindung zu Würzburg hergestellt, die später in weiteren Romanen vom *Ochsenfurter Männerquartett* (1927) über *Von drei Millionen drei* (1932), einem Arbeitslosenroman, bis zu *Die Jünger Jesu* (1949) in vielen Verästelungen nachklingt. Vielleicht war es gerade diese Bindung, die den Autor so zuversichtlich machte, daß *Die Räuberbande*, die Leonhard Frank schließlich im März 1914 dem Georg Müller Verlag in München übergab, »ein berühmter Roman« werden müßte. Der Verlag, 1903 gegründet, war in kurzer Zeit durch die Herausgabe eleganter Bücher in die erste Abteilung deutscher Verlagshäuser aufgestiegen und hatte viel zur Verfeinerung des Geschmacks auf dem deutschen Buchmarkt beigetragen. Desgleichen hatte er durch die Beförderung stilvoller Werkausgaben und vortrefflicher Übersetzungen sowie ein ausgeprägtes Augenmerk für die moderne Dichtung für literarische Attraktivität gesorgt. Leonhard

Frank war begeistert, daß er schon drei Tage nach Einreichung des Romanmanuskripts ein Telegramm des Verlages bekam, »ob er« – wie der Protagonist Michael Vierkant später in *Links wo das Herz ist* festhält – »kommen könne zur Ausfertigung und Unterschrift des Vertrages. Michael, dessen Größenwahn immer noch kerngesund war, wunderte sich nicht im geringsten. Er pumpte das Reisegeld von seinem Trauzeugen Rören… und fuhr nach München… Georg Müller, ein schlanker Riese, blond und bartlos… streckte die langen Beine unter den Schreibtisch und sagte: ›Auch der Titel ist gut.‹ Er bot Michael eine Monatsrente von zweihundert Mark an, für zwei Jahre. Michael glaubte, es seiner Schriftstellerehre schuldig zu sein, mehr zu verlangen, er sagte gelassen: ›Ich brauche zweihundertzwanzig.‹« Und die bekam er dann auch, in Form eines Schecks. Mit dem und einer unausrottbaren »Sympathie für Georg Müller im Herzen« ging dann Michael/Leonhard Frank ins »Café Stephanie«.

Leonhard Franks Debüt-Roman *Die Räuber-bande* gehört zu den Erstlingswerken im deutschen Buchgeschäft, denen ein außerordentlicher Erfolg beschieden war. Rezensionen im *Berliner Tageblatt* (Paul Schlenther), im *Literarischen Echo* (Max Brod), in *Velhagen & Klasing's Monatsheften*, der *Berliner Volkszeitung*, der *Neuen Rundschau* (Otto Flake) und anderen Periodika und Magazinen prophezeiten dem Autor eine große Zukunft. Paul Schlenther schrieb: »Man weiß noch wenig von ihm; er steht noch nicht in Kürschners Literaturkalender; aber wenn dieser große Roman kein Abschluß, sondern ein Ansatz ist, dann wird man ihn bald kennen.«

Es gibt Ausgaben der *Räuberbande* mit der Jahreszahl 1914, also dem Jahr der Erstausgabe, die mit dem Eindruck »Dritte Auflage« versehen sind. Über die Höhe der Auflagen (oder waren es doch nur Bindequoten?) war Verläßliches nicht festzustellen. Ich hatte Originalpappbände in der Hand und Ausgaben in Halbpergament mit unbedrucktem Umschlagpapier im Originalschuber, alles Ausgaben von 1914. Daran sieht man, wie variationsreich der Verlag Georg Müller gearbeitet hat.

Für *Die Räuberbande* erhielt Leonhard Frank den mit 1000 RM dotierten Fontane-Preis. Der Roman machte Leonhard Frank unabhängig; zumindest befreite er ihn aus der Not, aus der heraus selbst seine Mutter einmal heimlich angefangen hatte, einen Roman zu schreiben, um ihn vor Wintersnot zu schützen und um seine bildnerischen Studien in München zu befördern. Dieser Roman der Mutter ist im gleichen Jahr wie *Die Räuberbande* als *Lebensroman einer Arbeiterfrau* in München erschienen. Als Leonhard Frank sich 1915 aus dem deutschen Kriegsgeschrei nach Zürich flüchtete, wurde er im »Café Odeon« schon wie ein Bestseller-Autor behandelt, der »berühmt« war und so gar nicht in das Emigrantenmilieu paßte, das dort Schutz suchte.

Bei Georg Müller kam es noch zu einem zweiten Buch von Leonhard Frank: *Die Ursache* (1916). Im Jubiläumskatalog *25 Jahre Georg Müller Verlag* von 1928 werden beide Bücher als vergriffen verzeichnet. Unter den 100 Bänden der »Zweimarkbücher« des Verlages, unter denen man *Die Räuberbande* seiner Popularität wegen vermuten möchte, ist der Roman aber nicht zu finden.　EF

Literaturauswahl
LEONHARD FRANK: *Links wo das Herz ist. Autobiographischer Roman* (1956). *25 Jahre Georg Müller Verlag* (1928). MARTIN GLAUBRECHT: *Studien zum Frühwerk Leonhard Franks* (1965).

Fried, Erich {1921-1988}
Deutschland.
Gedichte.

Aufl.: 1000 Expl. London: Austrian P.E.N.-Club, 1944. 29 S., 1 Bl. 8°. Pp. mit Umschl. Druck: Richard Madley Ltd. London.

Ihre Gedichte haben mir Freude gemacht«, schrieb Thomas Mann in einem Brief vom 24. Juli 1945 an Erich Fried. »Ich verstehe, daß der Austrian P.E.N. diese Verse gern gedruckt hat. Sie haben mich namentlich angezogen durch den oft anklingenden Volksliedton, und, ich finde, sie haben oft eine gewisse künstlerische und moralische Vergnügtheit, die wohl aus einem guten Überlegenheitsgefühl über das Böse kommt.« Als er diesen Brief bekam, befand sich Erich Fried im Londoner Exil. Im August 1938 war er aus Österreich geflüchtet. Wien, die Stadt, in der mehr als 200 000 Juden lebten, eine Stadt, die schon ein Jahrzehnt lang von der zunehmenden Radikalisierung der politischen Lager gezeichnet war, konnte ihm nicht mehr Heimat sein. Aus dem Sproß einer jüdischen Familie, die sich assimiliert hatte, was sie aber nicht schützte, wurde schon als Gymnasiast, 17jährig, ein verfolgter Jude.

So beschrieb er später aus persönlicher Sicht den wachsenden Antisemitismus in Österreich, der das Land zum Spielball in den Händen der Nazis machte und es schließlich 1938 in »Großdeutschland« untergehen ließ. Frieds Vater war im Mai 1938 an den Folgen eines Gestapoverhörs gestorben. Er selbst war in einer Widerstandsgruppe aktiv, was seine Flucht dringlich werden ließ. In London schlug er sich mit Hilfsarbeiten durch, antwortete aber auf die Frage eines Mitarbeiters vom »Jewish Refugee Committee«, was er werden wolle, selbstbewußt: Ein deutscher Dichter.

Erste Texte veröffentlichte er in Londoner Exilzeitschriften. Ein politischer Dichter kündigte sich an, beeinflußt von seinen politischen Aktivitäten im kommunistischen Jugendverband und anderen Organisationen, die die Exilösterreicher in London am Leben hielten.

Als *Deutschland*, das Erstlingswerk, erschien, war Erich Fried 23 Jahre alt. In einem Vorwort zu einer Neuauflage seiner frühen Gedichte hat er 1986 dessen Entstehungsgeschichte genauer beschrieben. Der österreichische P.E.N.-Club wollte den Titel verlegen, vermerkt er da, aber es hätte ihm das Geld dazu gefehlt. Für die Finanzierung des Drucks mußte erst ein kleines Kapital eingesammelt werden. Befreundete Schriftsteller wie David Martin und Joseph Kramer, Exilanten wie Fried selbst, hätten viel dafür getan, um die Veröffentlichung zu ermöglichen. »Mehr als irgendwer sonst«, hätte ihm übrigens Joseph Kramer »das Schreiben beigebracht.« Überhaupt scheinen ihn auch namhafte Mitglieder des österreichischen P.E.N.-Clubs im Exil wie Robert Neumann und dessen damaliger Generalsekretär Walter Hollitscher zum Schreiben ermutigt bzw. die »zum Teil sehr schönen Gedichte« belobigt zu haben.

Der politische Impetus des Erstlingswerks ist offenkundig. *Deutschland*, der Gedichtband, der ursprünglich *An Deutschland* heißen sollte, und der sich anschließende Folgeband *Österreich*, 1945 im Atrium Verlag Zürich/London erschienen, beide 1986 in dem Band *Frühe Gedichte* bei Claassen in Düsseldorf zusammengefaßt, klammern alptraumhaft die schreckhaften Erlebnisse und Erfahrungen aus Frieds frühen Jahren mitten im Brodelkessel europäischer Geschichte. Sie wurden prägend für Frieds politischen Standort als linker, als linksdenkender Schriftsteller, dem es nach dem Zusammenbruch der Naziherrschaft schwerfiel, sich auf dem deutschen Literatur- und Buchmarkt zu etablieren. Zu vielen Anfechtungen waren die exemplarischen Gedichtsammlungen ausgesetzt, mit denen er das Publikum zu beunruhigen versuchte. Ich denke nur an seine *Warngedichte* (1964) und vor allem an seinen Band von Vietnam-Gedichten. Dieses eigenwillige Buch, gekoppelt mit einer Chronik des Krieges, trug den Titel *und Vietnam und* (1966) und brachte Erich Fried die fatalsten Anmerkungen ein, die die konservative Presse der Zeit überhaupt zu vergeben hatte. Es war von »Mörderpoesie« die Rede, vom »dichtenden Verschwörungsneurotiker«, wie sich sein Verleger Klaus Wagenbach erinnert.

Mit seinem Erstlingswerk *Deutschland* hat Erich Fried eine Instanz inthronisiert, die nach dem Kriege die Durchfahrt für das politische Gedicht auf den westdeutschen Literaturmarkt öffnete. Er hat vielleicht durch sein Beispiel gar eine Menge dazu beigetragen, daß die Welt zu verbessern nicht bloß eine pure Illusion blieb. Wie sonst hätte ein Gedichtband wie *100 Gedichte ohne Vaterland*, mehr als dreißig Jahre nach Erscheinen seines Erstlingswerks, 1977, solche Anerkennung finden können, daß er gleichzeitig in sieben Sprachen erschien, von sieben verschiedenen Verlegern verantwortet, wenn nicht die Stimme, mit der er trommelte

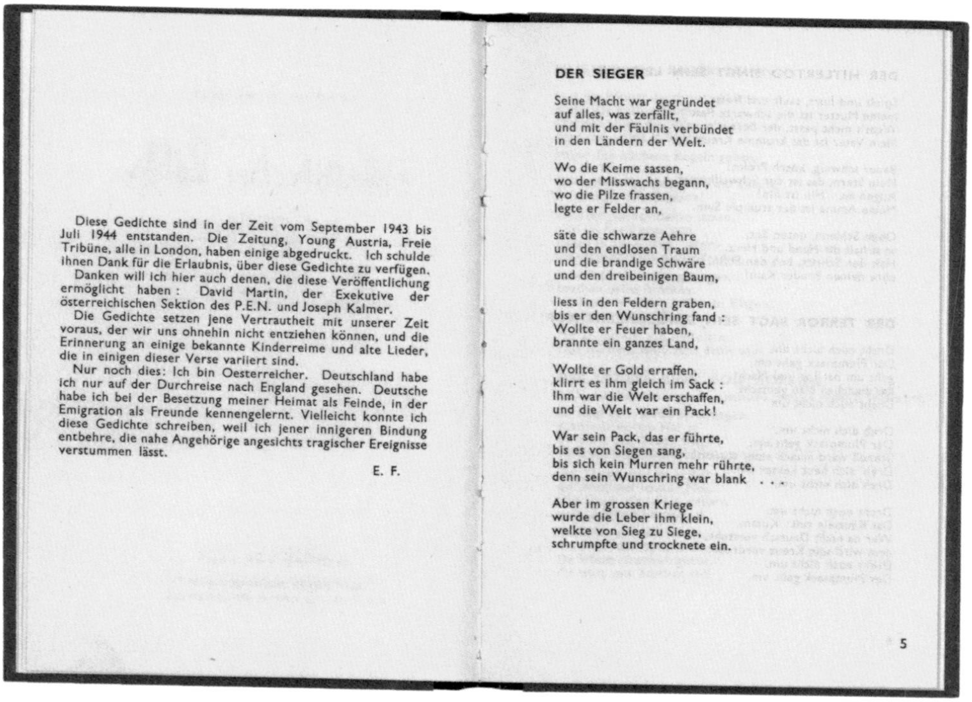

Doppelseite aus Fried, *Deutschland*. Titelblatt s. S. 122

Within the image, left page:

Diese Gedichte sind in der Zeit vom September 1943 bis Juli 1944 entstanden. Die Zeitung, Young Austria, Freie Tribüne, alle in London, haben einige abgedruckt. Ich schulde ihnen Dank für die Erlaubnis, über diese Gedichte zu verfügen.
Danken will ich hier auch denen, die diese Veröffentlichung ermöglicht haben : David Martin, der Exekutive der österreichischen Sektion des P.E.N. und Joseph Kalmer.
Die Gedichte setzen jene Vertrautheit mit unserer Zeit voraus, der wir uns ohnehin nicht entziehen können, und die Erinnerung an einige bekannte Kinderreime und alte Lieder, die in einigen dieser Verse variiert sind.
Nur noch dies: Ich bin Oesterreicher. Deutschland habe ich nur auf der Durchreise nach England gesehen. Deutsche habe ich bei der Besetzung meiner Heimat als Feinde, in der Emigration als Freunde kennengelernt. Vielleicht konnte ich diese Gedichte schreiben, weil ich jener innigeren Bindung entbehre, die nahe Angehörige angesichts tragischer Ereignisse verstummen lässt.

E. F.

DER SIEGER

Seine Macht war gegründet
auf alles, was zerfällt,
und mit der Fäulnis verbündet
in den Ländern der Welt.

Wo die Keime sassen,
wo der Misswachs begann,
wo die Pilze frassen,
legte er Felder an,

säte die schwarze Aehre
und den endlosen Traum
und die brandige Schwäre
und den dreibeinigen Baum,

liess in den Feldern graben,
bis er den Wunschring fand :
Wollte er Feuer haben,
brannte ein ganzes Land ;

Wollte er Gold erraffen,
klirrt es ihm gleich im Sack :
Ihm war die Welt erschaffen,
und die Welt war ein Pack!

War sein Pack, das er führte,
bis es von Siegen sang,
bis sich kein Murren mehr rührte,
denn sein Wunschring war blank . . .

Aber im grossen Kriege
wurde die Leber ihm klein,
welkte von Sieg zu Siege,
schrumpfte und trocknete ein.

5

gegen die Unbill der Welt, Gehör gefunden hätte bei Tausenden und Abertausenden von Menschen, die Antworten suchten auf die drängenden Fragen der Zeit. Es war wie ein später Liebesbeweis für den unbestechlichen Autor, daß dann 1979 der Band *Liebesgedichte* zum meistgekauften Buch eines deutschen Lyrikers nach 1945 wurde.

»Eine gewandelte, auch durch die Arbeit Erich Frieds gewandelte literarische Öffentlichkeit«, merkte sein Verleger Klaus Wagenbach in einer Rede in der Berliner Akademie der Künste an, »begann langsam zu begreifen, wie hier politisches Schicksal, persönliche Haltung und großes Talent der deutschen Literatur einen außergewöhnlichen Schriftsteller geschenkt hatten, ein Geschenk, das sie eigentlich gar nicht« haben wollte. EF

Literaturauswahl
ERICH FRIED: *Mitunter sogar Lachen. Zwischenfälle und Erinnerungen* (1986). Volker Kaukoreit (Hrsg.): *Einblick – Durchblicke. Fundstücke und Werkstattberichte aus dem Nachlaß von Erich Fried* (1993). KLAUS WAGENBACH: *Die Freiheit des Verlegers. Erinnerungen, Festreden, Seitenhiebe* (2010).

Fries, Fritz Rudolf {geb. 1935}
Der Weg nach Oobliadooh.
Roman.

1.-5. Tsd. Frankfurt am Main: Suhrkamp Verlag, 1966. 334 S. 18,8 x 11,8 cm.
Ln. mit Umschl. v. Willy Fleckhaus.
Druck: Druckhaus Darmstadt.

Im Herbst 1983 schrieb Fritz Rudolf Fries, von dem mit *Alexanders neue Welten* gerade ein neuer phantasiereicher Roman im Aufbau-Verlag erschienen war, seinem Berliner Verleger Elmar Faber eine Widmung in sein Erstlingswerk *Der Weg nach Oobliadooh*, die eine beklemmende Werkgeschichte zum Hintergrund hatte. »Lieber Elmar Faber, diese alte, verschollene Leipziger Chronik aus unserer unvergessenen Jugendzeit sei hier zur verlegerischen Aufbereitung empfohlen. Herzlichst Ihr Fritz Rudolf Fries.« Das war siebzehn Jahre nach Erscheinen des Romans im Frankfurter Suhrkamp Verlag, und noch immer war das begnadete Debüt des in Spanien geborenen Autors nicht in die Region heimgekehrt, von wo diese heitere, charmante, mitunter leichtgeschürzte

Geschichte ihren Ausgang nahm, in die DDR, nach Leipzig, obwohl sie gerade dieser wundersamen Stadt ein literarisches Denkmal setzte. Hier hatten der Autor und sein Berliner Verleger ihre besten Jahre verbracht, waren in den berühmten Hörsaal 40 der Universität geeilt, um Hans Mayer und Ernst Bloch zu sehen und deren Entwürfen von einer unverbrauchten literarischen und philosophischen Weltordnung zu lauschen. Hier wurde ihnen die Unteilbarkeit der deutschen Literatur und Wissenschaftsgeschichte ins Gedächtnis geritzt, und dann sahen sie, daß die deutsche Realität den Verheißungen nicht gewachsen war, daß mit der politischen Spaltung des Landes auch der grenzüberschreitende Fluß der Literatur ins Stocken kam, daß ein Buch, welches in Frankfurt am Main erschien, in Leipzig und Berlin keinen Platz haben sollte.

Der Weg nach Oobliadooh ist ein bitteres Kapitel in der DDR-Literaturgeschichte, das nicht dadurch versöhnt, daß der Autor seinem Verleger im April 1988 auf das Kapitel »Südliches Vorspiel« des ursprünglichen Typoskripts schreiben konnte: »Elmar Faber, dem Wegbereiter.« Nun erschien das Buch in der DDR, aber es war zu spät, das Goldene Zeitalter herzustellen, von dem Fries und seine Romanhelden Arlecq und Paasch einmal geträumt hatten. Das Schlimmste war, daß keiner in dieser Vorwendezeit die Gründe mehr zusammenbrachte, weshalb sich die Mächtigen der DDR einst ängstigten, warum es ihr kulturbürokratischer Apparat verhindert hatte, daß der Roman in einem DDR-Verlag früher erscheinen konnte, viel früher hätte erscheinen müssen. Es war nur noch lächerlich.

Der Weg nach Oobliadooh, ein bedeutendes Buch, wie der Suhrkamp Verlag 1966 vermerkte, erzählt von jungen Leuten aus dem Leipzig der fünfziger Jahre. Es ist ein Buch in der Sprache einer neuen Generation, mit Sehnsucht nach Welt, nach Liebe und Lust, nach unprovinziellen Wahrnehmungen von Kunst und Unterhaltung, wie sie die kleine DDR nicht hergab oder wie sie in die Riten ihrer Gesellschaftsinterpretation nicht hineinpaßte. Ein Schlager von Dizzy Gillespie, *Oobliadooh*, symbolisierte ihr Sehnen. Welttheater, so ließ sich Fries bei späterer Betrachtung seines Erstlingswerks vernehmen, fand in Leipzig im Jahr nur zweimal statt, zu den Leipziger Messen, einmal im Frühjahr, einmal im Herbst. Man wollte es aber öfters genießen können, reiselustig, versteht sich. So läßt er seine literarischen Figuren aufbrechen (wir treffen sie wieder in späteren Romanen), um die Welt zu erkunden, veritable Gegenden zu durchstreifen, mit barocker Phantasie die Bahnen der Planeten zu vermessen und den Lauf der Sonne zu verfolgen, aber, erdgebunden wie sie waren, immer wieder zurückzukehren an ihre Ausgangspunkte, wo sie schon die Mädchen geschwängert hatten.

Beim Nachdenken darüber, warum Fritz Rudolf Fries sein Erstlingswerk nicht schon 1966 in einem DDR-Verlag platzieren konnte, warum er das Manuskript nach Frankfurt/Main schmuggeln mußte, warum er beruflich darüber stolperte und seine Assistentenstelle als Romanist an der Akademie der Wissenschaften in Ostberlin verlor, fällt mir ein Schlüsselsatz ein, der vielleicht die ganze Sache in den höheren Kulturetagen der DDR verdächtig machte: »Jede Person ist eine Summe von Möglichkeiten.« Das war es ja, was die Romane von Fries so spannend machte, die Dualismen, die Mehrfachbezüge, in die er seine Figuren hineinstellte, die pittoresken Spiele, in die er sie verwickelte, die verrückte Welt, die sie assoziierten. Das war nichts für die DDR, den eindeutigen deutschen Teilstaat, der Identifikation verlangte, Bekenntnisse zu dem Weg (zum Sozialismus), den sie einschlug. Diese

Erstausgabe mit Umschlag
von Willy Fleckhaus und
Taschenbuchausgabe

Auffassung von menschlicher Verfaßtheit war, wie sie erfahren mußte, grotesk.

Ich habe Fritz Rudolf Fries einmal gebeten, darüber zu berichten, auf welchen Wegen das Manuskript von *Der Weg nach Oobliadooh* zum Suhrkamp Verlag gelangt ist. Er schrieb, das müßte er einmal in extenso erzählen. Hier ist die Geschichte: Das Manuskript brachte der Kolumbianer Carlos Rincón, der in Leipzig über Lorcas Theater promovierte, in den Westen zu Suhrkamp. Bald darauf lud Manfred Bierwisch, ein Linguist der DDR-Akademie der Wissenschaften, Fries in seine Wohnung ein, wo Siegfried Unseld, der Suhrkamp-Verleger, und Uwe Johnson auf ihn warteten. Inzwischen hatten Walser und Enzensberger, von Unseld inspiriert, das Manuskript gelesen und belobigt. Am 13. November 1965 unterschrieb Fries den Vertrag, den ihm Unseld in einem Berliner Hotel vorlegte. Da wußte in der Arbeitsgruppe zur deutsch-französischen Aufklärung, der Fries in der Akademie der Wissenschaften angehörte, noch niemand, was sich da anbahnte. Als alles ans Tageslicht kam, der Verstoß gegen Regeln der DDR-Kulturpolitik, konnte Fries seine Arbeit in der Akademie nicht fortsetzen. Das Leben ging weiter. Der Roman und seine Editionsgeschichte erregten Aufsehen. Er erschien in Holland, Frankreich und den USA. Die Kulturzeitung der französischen KP brachte ein Interview mit dem Autor. Fritz Rudolf Fries wurde zur »Anlaufstelle« interessierter Leute. Alles andere wissen wir.

Die 1. deutsche Auflage von 5000 Exemplaren muß sich ganz gut verkauft haben. Siegfried Unseld wollte 2000 weitere Exemplare nachdrucken. Es ist nicht dazu gekommen. Hat es ein Veto von Helene Weigel gegeben, von Bertolt Brechts

Gefährtin, und warum? Der Verwirrkünstler Fritz Rudolf Fries wird an manchen Punkten seiner Werkgeschichte von den grandiosen Spekulationen eingeholt, die er allenthalben in seinen Romanen selbst erfunden hat. Die Bedeutung des Autors Fritz Rudolf Fries für den deutschen Roman des 20. Jahrhunderts sollte endlich entdeckt werden. EF

Literaturauswahl
FRITZ RUDOLF FRIES: *Viele Weg nach Oobliadooh*; in: Renatus Deckert (Hrsg.), *Das erste Buch. Schriftsteller über ihr literarisches Debüt* (2007). Karl Corino u. Elisabeth Albertsen (Hrsg.): *»Nach zwanzig Seiten waren alle tot.« Erste Schreibversuche deutscher Schriftsteller* (1995). HELMUT BÖTTIGER: *Fritz Rudolf Fries und der Rausch im Niemandsland* (1985).

Frisch, Max {1911-1991}
Jürg Reinhart. Eine sommerliche Schicksalsfahrt. Roman.
Stuttgart: Deutsche Verlags-Anstalt, 1934. 243 S. Ln. mit Umschl. Einband v. Ilse Schüle. Druck: Deutsche Verlags-Anstalt, Stuttgart.

Die große Bekanntheit als Schriftsteller erreichte Max Frisch in den fünfziger Jahren als Autor des Suhrkamp Verlags in Frankfurt am Main. Die Romane *Stiller* (1954), *Homo Faber* (1957) und später *Mein Name sei Gantenbein* (1964) sind Wegschilder für Frischs Erfolg auf dem deutschen Buchmarkt. Namentlich der Roman *Stiller*, eins der vermutlich wichtigsten Zeugnisse der Nachkriegsliteratur, hat uns geholfen, eigene Identitätskrisen zu bewältigen und die Grundangst abzuwehren, uns vielleicht selbst nicht zu genügen. In der DDR wurde er, als er ins öffentliche Gespräch geriet, zu einem Schlüsselroman für viele Intellektuelle. Da war es schon länger als zwanzig Jahre her, daß Frisch mit dem Schreiben begonnen hatte. Gezwungen durch den Tod des Vaters 1932, für sich selbst

zu sorgen, nahm er, ermutigt durch seinen Germanistik-Professor an der Universität Zürich Robert Faesi, vom Feuilletonchef der *Neuen Zürcher Zeitung*, Eduard Korrodi, das Angebot an, journalistische Skizzen und Reisebilder zu schreiben. Dies förderte den Gedanken, seine Reiseerfahrungen als Folie für einen Roman zu benutzen, den er hinreichend mit autobiographischen Details ausschmücken konnte. Die Hauptfigur seines Erstlingswerks *Jürg Reinhart. Eine sommerliche Schicksalsfahrt*, das Alter ego Max Frischs, versucht auf einer Balkanreise, seine Lebensposition zu bestimmen. Auf der Suche nach Glück und Liebe, nach gefühlvollen Beziehungen zum anderen Geschlecht will er sich der eigenen Kraft und Männlichkeit versichern und hilft, der todkranken Tochter einer Pensionswirtin das Sterben zu erleichtern. Den schlimmen Bedeutungswandel, den der Begriff »Sterbehilfe« hinüber zur »Euthanasie« der Nazis erfuhr, konnte Frisch zu dem Zeitpunkt, zu dem er den Roman verfaßte, noch nicht absehen. Das Thema wurde Anfang der dreißiger Jahre in vielen Kreisen diskutiert, und für Frisch war dies einfach ein Probierfeld für jene Art grenzüberschreitender Gespräche zwischen Leben und Tod, die er in anderen, dem Erstling folgenden Werken fortführte.

Robert Faesi, Frischs Germanistik-Professor an der Universität in Zürich, und Eduard Korrodi von der *Neuen Zürcher Zeitung*, die zwischen den Weltkriegen die Literaturlandschaft in der Schweiz verwalteten, vermittelten Frisch an die Deutsche Verlags-Anstalt in Stuttgart. Das Haus war traditionsreich. In Vorläufern schon 1831 gegründet, 1881 in den heutigen Verlagsnamen umgewidmet, kam es 1920 in den Mehrheitsbesitz von Robert Bosch. Außer dem *Jürg Reinhart* erschien dort auch das zweite Buch Max Frischs *Antwort aus der Stille* (1937). Frisch finden wir darauf, nach dem Krieg (zwischen 1946

Titelblatt

gar prägend für sein literarisches Schaffen werden. Der Architekturentschluß von 1936 war aber mit der Besessenheit verkoppelt, das bislang Geschriebene zu vernichten, Manuskripte zu verbrennen. Ein gespenstischer Vorgang, der Angst machte, und nicht nur einen Bruch seiner literarischen Produktionsphase bewirkte, sondern auch Urteile über das Frühwerk beeinträchtigte. So sind wohl *Jürg Reinhart* und *Antwort aus der Stille*, Erstlingswerk und Folgeband, auch jene beiden Bücher geblieben, die es nicht zu einer Übersetzung in eine fremde Sprache geschafft haben. Die Resonanz auf das Erstlingswerk *Jürg Reinhart*, die Beschreibung einer sommerlichen Schicksalsfahrt, blieb gering, auch wenn sich Eduard Korrodi in der *Neuen Zürcher Zeitung* große Mühe gab, Buch und Autor mit dem Publikum ins Gespräch zu bringen. Einen literaturgeschichtlichen Stellenwert scheint es nicht erlangt zu haben. Frisch, der den Roman in relativ kurzer Zeit, vom Winter 1933 bis zum Frühjahr 1934, schrieb, unter Verwendung vielfältiger Notizen, die er in seinen Reiseschilderungen nicht unterbringen konnte, hat dieses Erstlingswerk später selbst ein wenig disqualifiziert. Er meinte, es sei »so der übliche erste Roman, eine schwach getarnte Autobiographie, und als Autobiographie einfach nicht ehrlich genug, … ein Versteckspiel mit den ersten jugendlichen Nöten.« Und zu epigonal. EF

und 1949) mit Theaterstücken im Baseler Benno Schwabe Verlag, wo Walter Muschg die Reihe *Sammlung Klosterberg* herausgab, in der 1947 auch Friedrich Dürrenmatts Erstlingswerk *Es steht geschrieben* herauskam. Muschg hatte mit Vorlesungen über Kleist und Jean Paul sehr anregend auf Frisch gewirkt.

Max Frisch gab in einer Lebenskrise 1936/37, die von Selbstzweifeln über seine Profession angetrieben wurde, im Nachgang zu seinen ersten beiden Büchern das Schreiben auf und wandte sich einem Architekturstudium an der Eidgenössischen Technischen Hochschule Zürich zu, das ihm Spaß machte und das ihn nach Abschluß in ein eigenes Architekturbüro führte, mit dem er Erfolg hatte. Er gewann beispielsweise einen Wettbewerb für den Bau des Volksbades »Letzigraben«. Später sollte diese Berufserfahrung anregend oder

Literaturauswahl
HEINZ LUDWIG ARNOLD: *Gespräche mit Schriftstellern. Max Frisch, Günter Grass, Wolfgang Koeppen, Max von der Grün, Günter Wallraff* (1975). IRIS BLOCK: *»Dass der Mensch allen nicht das Ganze ist!« Versuche menschlicher Zweisamkeit im Werk Max Frischs* (1998). GUSTAV HUONKER: *Literaturszene Zürich. Menschen, Geschichten und Bilder 1914-1945* (1985).

Fuchs, Günter Bruno {1928-1977}
Chap, der Enkel des Waldläufers.
Eine Prärielegende.
Stuttgart: Quell-Verlag, [1952]. 14 (+1) S.
20,5 x 14,5 cm. Heft. (= Immergrün-Hefte
385.) Druck: Süddeutsche Verlagsanstalt
und Druckerei GmbH., Ludwigsburg.

Günter Bruno Fuchs galt in seinen
späten Jahren als Bürgerschreck, der
sich an keine Konventionen hielt und sich
über kleinbürgerliche Moral souverän hin-
wegsetzte. In der Kunst- und Literaturszene
Berlins der späten fünfziger bis siebziger Jahre war er eine feste Größe. Jeden
öffentlichen Auftritt, jedes Erscheinen bei
einer Veranstaltung machte er zu einem
kleinen Ereignis. Hinter den lautstarken
Selbstdarstellungen verbargen sich aber ein
sensibles Herz und ein starkes Engagement
für die Benachteiligten der Gesellschaft. Sein
frühestes Werk *Der verratene Messias* (1953)
über den Dichter Wolfgang Borchert, das
allerdings erst als drittes Buch erschienen ist,
war ein moralischer Appell für Frieden und
gegen die Wiederbewaffnung Deutschlands.
Und auch die beiden Kinderbücher *Chap,
der Enkel des Waldläufers* und *Das Abenteuer
einer Taube* (beide 1952) wollen Werte vermitteln und Kindern Ideale vorhalten.

Fuchs war geprägt durch Krieg
und Gefangenschaft, die er als junger
Mann mitmachen mußte. Mit fünfzehn
wurde er Flakhelfer und kam im letzten
Moment noch zum Fronteinsatz, mit siebzehn wurde er Ende 1945 aus belgischer
Gefangenschaft entlassen. Die zunehmende
Ost-West-Konfrontation und die mit dem
Koreakrieg heraufkommende Kriegsgefahr
beunruhigten ihn deshalb Anfang der
fünfziger Jahre stark. Er war ein entschiedener Gegner der Wiederbewaffnung, der
sich in diesen frühen Jahren mit seinen
bescheidenen Möglichkeiten immer wieder zu Wort meldete. 1950 verließ er seine
Geburtsstadt Berlin, um in der Nähe sei-

nes Vaters in Herne einen beruflichen
Neuanfang zu suchen. Hinter ihm lagen
eine Maurerlehre, ein zeitweiliges Studium
an der Hochschule für Kunst in Berlin-
Charlottenburg und neben verschiedenen
anderen Gelegenheitsarbeiten der Einsatz
als Hilfslehrer im Ostteil der Stadt. Im
Ruhrgebiet arbeitete er in einer Zeche
und veröffentlichte erste Texte in der
Westdeutschen Allgemeinen Zeitung. Durch
den ebenfalls literarisch ambitionierten
Freund Richard Salis kam Fuchs Mitte 1952
nach Reutlingen, wo er anfangs bei Salis,
dann im Atelier des Malers und Graphikers
Winand Victor Unterschlupf fand. 1953
heiratete er in Berlin seine Freundin Gisela
Amft und holte sie und seine Mutter nach
Reutlingen, um mit ihnen hier einen eige-
nen Hausstand zu gründen. Durch den
Freundeskreis wurde Fuchs in seinen
Bestrebungen bestärkt. Er war regelmäßiger
Besucher von Ausstellungen und Lesungen.
Gemeinsam druckten sie Flugblätter
mit Originalgraphik und pazifistischen
Aufrufen und gründeten die Zeitschriften
telegramm und *Visum.* Weil Fuchs schon
pädagogische Erfahrungen hatte, fand er
eine sicher nicht übermäßig gut bezahlte
Tätigkeit im Bruderhaus der evangelischen
Gustav-Werner-Stiftung, wo er Lehrlingen
Unterweisung in künstlerischer Arbeit
erteilte.

Fuchs hatte also seinen Zugang zu
jungen Menschen schon unter Beweis
gestellt, als er sich daran machte, für
Kinder und Jugendliche zu schreiben.
Dietrich Segebrecht, dem die Kenntnis der
Reutlinger Jahre zu verdanken ist, berichtet, daß er eines Tages beim Quell-Verlag
in der Stuttgarter Urbanstraße vorsprach,
offenbar um Publikationsmöglichkeiten
zu erkunden. Meist, so erinnerte sich der
Lektor Gottfried Berron, sei er mit seinem Freund Werner Dohm aufgetaucht,
der ebenfalls nach Aufträgen suchte. Der
Verlag stand der evangelischen Kirche nahe

Heftumschlag

und publizierte in den fünfziger Jahren neben Erbauungsliteratur auch Literatur für die Jugendarbeit: ein Krippenspiel, Stücke für christliche Spielscharen und die Heftreihe *Immergrün*. Fuchs erhielt den Auftrag, für diese schon länger existierende Reihe zwei Geschichten zu schreiben. Die Hefte mit einem Bogen Umfang, die nur 40 Pfennig kosteten, waren offenbar sehr erfolgreich. 1953, ein Jahr nach den Veröffentlichungen von Fuchs, sollte die Nummer 400 erreicht werden. Die Hefte richteten sich teils an Knaben, teils an Mädchen oder auch an beide Geschlechter. In den fünfziger Jahren waren die Hefte mit einheitlichen Umschlägen versehen – die für Jungen mit einem Motiv-Potpourri aus Indianern, rudernden und radfahrenden Jungen, einem Elefanten, einem Segelschiff und einer Windmühle, die für Mädchen mit Kindern beim gemeinsamen Lernen und Ringelreihespielen, Müttern bei der Arbeit, einem Schaf und einem Blumengarten. *Chap* richtete sich laut Verlagsangaben an Knaben von 10 bis 14 Jahren, *Die Abenteuer einer Taube* an Mädchen. Die Reihennummern 385 und 387 zeigen an, daß sie zeitlich nicht weit voneinander erschienen, *Chap* vielleicht eine Idee früher. *Immergrün* war thematisch offen, diente aber offensichtlich der moralischen Rüste junger Christen.

Die *Prärielegende*, wie *Chap* im Untertitel heißt, erzählt von einem vierzehnjährigen Waisenjungen, der von einem alten Waldläufer in der Prärie aufgenommen wurde. Hier erlebt er jedoch nicht nur eine freie, abenteuerreiche Kindheit, sondern auch die Bedrohung der Indianer durch die Raubgier weißer Geschäftemacher. Die freilebenden Mustangs der Sioux werden nachts eingefangen und verschleppt. Gemeinsam mit seinem Freund, einem gleichaltrigen Indianerjungen, beschließt er, die Pferdediebe zu verjagen. Die Erzählung handelt von einer Nacht, in der sie die Diebe so stark erschrecken, daß diese verschwinden und vorläufig nicht wiederkommen. Der Erzählerstandpunkt wird darin sichtbar, daß die Jungen erörtern, ob ein Überfall mit Waffengewalt sinnvoll sei, um sich dann für die pazifistische Variante des Verjagens zu entscheiden. Die Geschichte ist einfach, geradlinig und spannend erzählt. Die zweite Geschichte *Das Abenteuer einer Taube* ist dagegen erzähltechnisch anspruchsvoller: Sie wird aus der Perspektive einer Taube erzählt, die das Leben in Natur und Kleinstadt erlebt und – eine wahre Friedenstaube – zwei zerstrittene Menschen, Vater und Sohn, wieder zusammenbringt.

1957 erschien im Mitteldeutschen Verlag in Halle mit *Zigeunertrommel* der erste Gedichtband von Günter Bruno Fuchs, der allerdings nur in der DDR wahrgenommen wurde. Dann folgten mehrere bibliophile Bücher in der Eremiten-Presse von V. O. Stomps, bevor 1960 der öffentlichkeitswirksamere Carl Hanser Verlag Fuchs in sein Programm nahm. 1959 ging er zurück nach Berlin und gründete zusammen mit Robert Wolfgang Schnell und Günter Anlauf die Galerie »zinke«, mit der er in Berlin bekannt wurde. Er hat später noch öfter Geschichten für Kinder geschrieben, und die naive Erzählperspektive, die Kinderbüchern eigen ist, prägt mehr oder weniger viele Kurzgeschichten und satirische Romane der späteren Jahre. Insofern waren die Anfänge stilprägend für das Gesamtwerk. Während die späteren, reifen Werke heute leicht greifbar sind, sind die Bücher der fünfziger Jahre relativ selten. Nach den ersten beiden Heften muß man lange suchen. CW

Literaturauswahl
GEORG RALLE: *Günter Bruno Fuchs und seine literarischen Vorläufer Quirinus Kuhlmann, Peter Hille und Paul Scheerbart* (2007). THOMAS PROPP: *Ornung muß sein, sprach der Anarchist. Eine Reise zum Dichter Günter Bruno Fuchs und zurück* (1985). DIETRICH SEGEBRECHT: *Beruf*

»Maurer, nun Schriftsteller«. Günter Bruno Fuchs in Reutlingen, 1952-1958 (1992). Hans-Ulrich Wagner und Barbara Wienen (Hrsg.): *»Ein dicker Mann wanderte …« Günter Bruno Fuchs* (1987).

Fühmann, Franz {1922-1984}
Die Nelke Nikos.
Gedichte.
Berlin: Verlag der Nation, 1.-5. Tsd. 1953. 104 S. 24 x 16 cm. Ln. mit Umschl. Gestaltung: Wolfgang Zill, Berlin-Friedrichshagen. Satz und Druck: Philipp Reclam jun.

Im Fall von Franz Fühmann wird deutlich, wie schwierig es mitunter ist, das Erstlingswerk eines Schriftstellers zu bestimmen. Bereits im Jahr 1942 erschien im 8. Jahrgang der Folge *Das Gedicht. Blätter für die Dichtung* im Verlag Ellermann (Hamburg) unter dem Titel *Jugendliches Trio. Gedichte junger Menschen* eine Auswahl seiner Gedichte. Diese Publikation wird hier nicht als Erstling gewertet, weil sie neben Fühmann zwei andere, später nicht mehr hervorgetretene Autoren enthält, in unserem Verständnis also eine Anthologie ist. In das Jahr 1952 fällt Fühmanns erste Buchveröffentlichung, die von ihm herausgegebene und mit einem Nachwort versehene Auswahl aus den Lebenserinnerungen *Flucht in die Enttäuschung* von Carl Schurz, dem nach Amerika geflüchteten 1848er Revolutionär. Fast zur selben Zeit erschien eine erste selbständige Publikation: *Die Wiedergeburt unserer nationalen Kultur* (beide im Verlag der Nation). Die Rede hatte Fühmann auf dem 4. Parteitag der NDPD, einer mit der SED verbundenen Blockpartei, gehalten. Fühmann war nach seiner Rückkehr aus der sowjetischen Kriegsgefangenschaft 1949 in dieses Auffangbecken für ehemalige Nationalsozialisten und Wehrmachtsangehörige eingetreten und hatte eine Blitzkarriere bis zum Leiter der Kulturabteilung des Vorstands absolviert.

Doch Buchherausgaben wie politische Texte bleiben aus unserer Definition des Begriffs Erstlingswerk ebenfalls ausgeklammert.

Im folgenden Jahr 1953 publizierte Fühmann zwei poetische Werke: neben *Nelke Nikos* die poetische Reiseschilderung *Die Fahrt nach Stalingrad. Eine Dichtung.* Doch nach der Entstehungszeit der Texte wie des Buches handelt es sich bei *Nelke Nikos* um das frühere Werk. Er widmete das Buch seiner Frau: »Für Ursel«. Fühmann sammelt in dem Gedichtband die Früchte seiner Wiederbegegnung mit Deutschland nach der Heimkehr. Er ist bemüht, sich von der nationalsozialistischen Vergangenheit abzugrenzen und das neue Leben in der DDR nach der sozialistischen Umgestaltung zu preisen. Gleich seinem Vorbild Majakowski, bei dem die Straßenbahn im Sozialismus in eine andere Richtung fährt, schreiten die Bauern in Fühmanns Gedicht *Wiedersehen mit einem Mecklenburger Dorf* nach der Bodenreform anders über den Acker.

Umschlag von Wolfgang Zill

In einem Jahrzehnt, das den Musen nicht eben günstig war, wurde der junge Fühmann gleichwohl für seine Talentprobe hoch gelobt. Zu den ermunternden Stimmen gehörten die des einflußreichen Leipziger Literaturwissenschaftlers Hans Mayer und die des Leipziger Poeten Georg Maurer, dessen Ausruf »Ecce poeta« Fühmann so entzückte, daß er ihn in späteren Jahren oftmals selbst zur Ermunterung junger Dichter gebrauchte. Auch Johannes R. Becher gehörte zu den frühen Förderern. Zu seinem Verlag war Fühmann auf einfachstem Weg gekommen: Der Verlag der Nation gehörte der National-Demokratischen Partei Deutschlands (NDPD), deren Vorstandsmitglied Fühmann war. Hauptsächlich auf das politische Parteischrifttum ausgerichtet, hatte der 1950 eröffnete Buchverlag die Anfangsschwierigkeiten bei der Lektorierung noch nicht überwunden, wie man am fehlenden Genitiv-Apostroph im Titel sehen kann. Gemeint ist eine Nelke, die dem griechischen Kommunisten Nikos Belojannis überreicht wird.

Fühmann verzichtete bei der Zusammenstellung seiner Werkausgabe rigoros auf alle Gedichte des Bandes, das Dichten hatte er schon 1958 nach der Abwürgung eines liberalen Kurses in der Kulturpolitik durch die SED aufgegeben.   CW

Literaturauswahl
FRANZ FÜHMANN: Briefe 1950-1984. Eine Auswahl. Hrsg. v. Hans-Jürgen Schmitt (1994). GUNNAR DECKER: Franz Fühmann. Die Kunst des Scheiterns. Eine Biografie (2009). HANS RICHTER: Franz Fühmann. Ein deutsches Dichterleben (1992). Horst Simon (Hrsg.): Zwischen Erzählen und Schweigen. Ein Buch des Erinnerns und Gedenkens. Franz Fühmann zum 65. Geburtstag (1987). UWE WITTSTOCK: Franz Fühmann (1988).

Fürnberg, Louis {1909-1957}
Eros und die Kinder.
Ein Spiel.
Prag: Verlag Die Rampe, o. J. (wahrscheinlich 1926). 31 S. 22 x 15 cm. Br. Druck: »Graphia«, Karlsbad.

Über Fürnbergs Erstlingswerk erfährt man kaum etwas aus einer Literaturgeschichte. Die meisten erwähnen es gar nicht. Das schmale rosarote Heft des Siebzehnjährigen ist kaum bekannt. Selbst Lotte Fürnberg, seine langjährige Gefährtin, konnte sich nicht mehr recht daran erinnern. Es seien »etwas pubertäre Werke« gewesen, schreibt sie in einem Brief vom 18. April 1997 an den Verleger Elmar Faber, »zu denen er sich später aber nicht bekennen wollte.« Mit dem Plural meint sie *Eros und die Kinder* und die 16 Seiten Gedichte, die 1927 unter dem Titel *Auf lose Blätter geschrieben* erschienen sind. *Eros und die Kinder* wurde wahrscheinlich im Selbstverlag gedruckt und über den Bühnenverein »Die Rampe« vertrieben, in einer 1. bis 5. Auflage, einer wahrscheinlich fiktiven Auflagenbeschreibung, deren Exemplarzahlen sicher winzig klein, aber konkret nicht zu ermitteln waren und deren öffentliche Aufnahme auch nicht rekonstruiert werden konnte. Rezensionen der Texte gab es nicht, kolportiert wurden sie nur über Auftritte, wenn sie von Theatergruppen rezitiert wurden. Sie sind sicher schon als eine Art Vorbereitungsraum zu sehen für die Balladen, Lieder und Songs von Nuntius (einem Pseudonym Fürnbergs), die in *Echo von links* zusammengefaßt wurden und 1933 im Vorwärts Verlag Reichenberg erschienen sind, im selben Verlag, in dem auch die deutsche Tageszeitung der KPč, die *Rote Fahne*, herausgegeben wurde. *Echo von links* war so etwas wie ein Programmbuch von Louis Fürnbergs erster Spieltruppe, die aus fünf/sechs arbeitslosen Männern bestand und in deren Dienst Louis Fürnberg sein literarisches Schaffen stellte, was heißt: Agitpropgedichte schrieb. »Mit dieser Gruppe«, notiert Lotte Fürnberg, »reiste er durch die deutschen Gebiete der čSR, war aber auch in Moskau und Paris.«

Louis Fürnberg war als Fabrikantensohn deutsch-jüdischer Eltern in Karlsbad aufgewachsen, hatte sich 19jährig der KPč angeschlossen und 1932 die Agitpropgruppe *Echo von links* gegründet. Er stand auf einer Tradition der Weimarer Republik, wo literarisch begabte Intellektuelle ihr Talent für die Belange und die Revolutionierung der Arbeiterklasse einsetzten und sich im Spannungsfeld zwischen großbürgerlicher Herkunft und der Bereitschaft, für die Interessen der von der Gesellschaft ungerecht Behandelten tätig zu werden, eine politische Verlautbarungslyrik von hoher Qualität entwickelt hatte. Ein Prototyp war Erich Weinert. Wie er wollte auch Louis Fürnberg politische Überzeugungen in ästhetische Bilder und Texte verwandeln. Ein unparteiischer Zeitzeuge, Fritz Beer, war beeindruckt, was *Echo von links* unter der Leitung von Fürnberg zu bieten hatte. »Sie rezitierten und sangen«, schreibt er (Fürnberg vertonte oft die eigenen Verse), »spielten satirische Szenen … Es gab damals in Fürnbergs Texten kaum eine abgedroschene Phrase … Dann sang er Volkslieder und Balladen, dramatisch und zart …«, verzauberte den nüchternen Saal in ein festliches Theater, eine Straßenbarrikade, ein Revolutionstheater, ein Liebesbett.« Diese geheimnisvolle Symbiose von politischem Pathos, von Menschsein, von Mut und Sanftheit hat Fürnberg ein zu kurzes Leben lang in seinem Schaffen begleitet, weshalb sich der Mann nicht auf die affirmativen Verse reduzieren läßt von der Partei, die immer recht hat, die er auch schrieb. Sein Rang ist ein anderer. Er ist ein Nachkomme der Prager Dichtergeneration des ersten Jahrhundertviertels, vor deren teils vollendeter Dichtung sich sein Werk nicht zu

LOUIS FÜRNBERG

EROS UND DIE KINDER

Broschureinband

verstecken braucht. Spätestens seit seiner *Mozartnovelle* (1947), dem Poem *Spanische Hochzeit* (1948) und nachfolgenden Gedichten ist die gleichnishafte Kraft seines Werkes erwiesen, und die deutsche Literaturwissenschaft täte gut daran, sich dessen zu besinnen. EF

Literaturauswahl
LOUIS FÜRNBERG: *Lebenslied. Ausgewählte Gedichte*. Nachw. v. Gerhard Wolf (2009). FRITZ BEER: *Hast du auf Deutsche geschossen, Grandpa? Fragmente einer Lebensgeschichte* (1992). HENRY POSCHMANN: *Louis Fürnberg. Leben und Werk* (1967).

WEIHE

Hinaus zum strom! wo stolz die hohen rohre
Im linden winde ihre fahnen schwingen
Verbietend junger wellen schmeichelchore
Zum ufermoose kosend vorzudringen

Im rasen rastend sollst du dich betäuben
An starkem urduft ohne denkerstörung
So dass die fremden hauche all zerstäuben ·
Das auge schauend harre der erhörung:

… siehe Seite 149

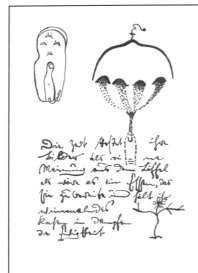

Uwe Greßmann
Der Vogel Frühling · Gedichte

Mit Zeichnungen von Horst Hussel

1966 Mitteldeutscher Verlag Halle (Saale)

… siehe Seite 163

George, Stefan {1868-1933}

Hymnen.

Berlin 1890. 25 Bl. 8°. Br. In 100 Abzügen
für den Verfasser gedruckt von Wilhelm &
Brasch.

Am Beginn seiner Laufbahn stand
ein Druck im Selbstverlag, der nicht
für den Buchhandel, sondern für einen
Kreis von Eingeweihten bestimmt
war. Das Heft mit achtzehn Gedichten
wurde von George selbst in schlichter,
rein typographischer Gestaltung entworfen.
Der Text ist in Kleinschreibung gesetzt.
Und auch die Interpunktion weist schon
Georges Eigenheiten auf: den Wegfall zahl-
reicher Satzzeichen und den hochgestellten
Punkt am Satzende. An der Abwicklung
des Drucks beteiligt war Georges Freund,
Jünger und erster Sekretär August Klein,
dem George in Anspielung auf den Förderer
Goethes den Vornamen Carl August verlieh. Beide kannten sich aus dem Hörsaal
der Berliner Universität, an der George
einige Semester Philosophie, Romanistik

und Germanistik belegt hatte, ehe er
1891 die akademische Ausbildung aufgab.
In späteren Ausgaben sind die *Hymnen*
Klein, dem »Trauten und Treuen seit der
Jugend«, gewidmet. Durch die George-
Chronik von Seekamp, Ockenden und
Keilson ist bekannt, daß es nicht nur reif-
liche Überlegungen waren, die George in
der Frühzeit seiner Karriere zum Mittel
des Selbstverlags greifen ließen. Wiederholt
waren Gedichte, die er bei Redaktionen
einreichte, sehr zum Ärger des sendungsbe-
wußten jungen Mannes abgelehnt worden.
Der Buchhandel war nicht prinzipiell vom
Vertrieb der ersten Bücher ausgeschlossen.
So schrieb George einem Freund, daß er die
Hymnen gern in großen Buchhandlungen
in Berlin, München, Darmstadt und Leipzig
ausgelegt haben möchte – um zu zeigen,
daß sie da sind. In Berlin wurde aber nur ein
Exemplar verkauft.

George war der Sohn eines Weingutbesitzers und Weinhändlers in Büdesheim,
später Bingen. Er besuchte das Ludwig-
Georgs-Gymnasium in Darmstadt und
begann sogleich nach dem Abitur 1888
mit seinem Wanderleben, das ihn nach
England, der Schweiz, Oberitalien und
schließlich im Mai 1889 nach Paris führte.
Finanziert wurden die Reisen vom Vater,
der auch später für den angemessenen
Lebensstil des Dichters sorgte. Schon 1890
folgte eine Reise nach Spanien, und er trug
sich mit Plänen zur Auswanderung nach
Mexiko, wohin er durch die Freundschaft
mit den drei mexikanischen Brüdern
Peñafiel gelockt wurde. Sinn der Reisen war
neben dem Gewinn an Weltläufigkeit die
persönliche Bekanntschaft mit der modernen Literatur. Namentlich die Begegnung
mit Paul Verlaine und Stephane Mallarmé
und ihrem Kreis wurde zur Initialzündung
für George. Hier lernte er auch das Werk
von Baudelaire kennen; schon 1891 sollte
er eine erste deutsche Nachdichtung der
Blumen des Bösen fertigstellen.

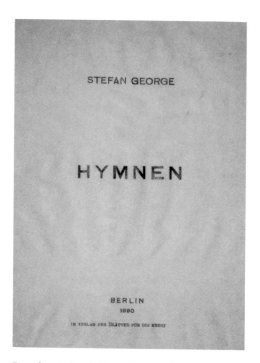

Broschureinband, Textseite gegenüber

Durch die vielfachen Anregungen erhielt Georges Schaffensdrang einen neuen Schub. Bereits seit der Schulzeit schrieb er ständig Gedichte, die er 1901 in dem Band *Fibel* sammelte. Seit Februar 1890 schrieb er nun in einem wahren Rausch etwa zwei Jahre lang unentwegt neue Gedichte, die sich jedoch von den Jugendgeschöpfen nachhaltig unterschieden. Friedrich Gundolf, Georges Jünger und früher Interpret, spricht vom »neuen«, »überpersönlichen Ton«, »steter Festlichkeit«, »Verlangen nach seltener Klangfülle« und einer Sprache, die »von allem Staub des Verkehrs und der Bildung oder der Lehre« gereinigt ist. Formal sind die Gedichte dagegen mit regelmäßigen Strophen, Rhythmen und Reimen eher traditionell.

Im September entstanden in Paris die letzten Gedichte der *Hymnen*, schon Anfang Dezember lag das Buch »in 100 abzügen« fertig vor. Am 11. des Monats schickte er drei Exemplare nach Paris, eines davon für Mallarmé bestimmt. Ende des Jahres schrieb ihm ein Freund, daß Mallarmé das Buch gemeinsam mit Verlaine anerkennend betrachtet habe. Auch die drei mexikanischen Freunde, die er bei ihrer Heimfahrt nach Bremen an das Schiff begleitete, erhielten ein Exemplar des Buches. Im Jahr darauf lag der zweite Gedichtband *Pilgerfahrten* vor, ein weiteres Jahr später *Algabal*, beide Bände in gleicher Auflagenzahl und schlichter Ausstattung. Doch erst mit der Gründung der Zeitschrift *Blätter für die Kunst* (1892), die mit Auszügen aus den drei Gedichtbänden begann, wurde Georges Name allmählich bekannt. In seinem Kreis jedoch war er fortan der Meister. CW

Literaturauswahl
THOMAS KARLAUF: *Stefan George. Die Entdeckung des Charisma. Biographie* (2007). FRANZ SCHONAUER: *Stefan George in Selbstzeugnissen und Bilddokumenten* (1960). H.-J. SEEKAMP, R. C. OCKENDEN, M. KEILSON: *Stefan George. Leben und Werk. Eine Zeittafel* (1972). ROBERT VILAIN: *Stefan George's Early Works 1890-1895*; in: Jean Rieckmann (Hrsg.): *A Companion to the Works of Stefan George* (2005, S. 51-78). RALPH-RAINER WUTHENOW: *Stefan George in seiner Zeit. Dokumente zur Wirkungsgeschichte. Bd. 1* (1980). Bernhard Zeller, Werner Volke, Gerhard Hay u.a. (Bearb.): *Stefan George. 1868-1968. Der Dichter und sein Kreis. Ausstellungskatalog* (1968).

Glaeser, Ernst {1902-1963}
Überwindung der Madonna. Drama.
Potsdam: Gustav Kiepenheuer Verlag, 1924. 78 (+ 2) S. 19 x 12 cm. Br.

Ernst Glaesers Platz in der Literaturgeschichte wird fast nur durch zwei Ereignisse in seinem Leben bestimmt. Der eine besteht in seiner Rückkehr aus dem Exil in der Schweiz 1938, wohin er sich 1934 über Prag geflüchtet hatte. Im Mai 1933 waren seine Bücher zusammen mit denen von Heinrich Mann und Erich Kästner während der Bücherverbrennung von den Nazis auf die Scheiterhaufen geworfen worden. Ihm wurden Pazifismus, Nähe zum »Bund proletarisch-revolutionärer Schriftsteller« und Wahlaufrufe zugunsten der KPD vorgeworfen. Die Rückkehr aus dem Exil zeugte von Glaesers tiefer Verunsicherung durch den Sieg des Nationalsozialismus 1933. Seine einstigen Verbündeten hatten auf ganzer Linie verloren und sich noch dazu in sektiererischen Kämpfen gegen die Sozialdemokratie und den Linksliberalismus verstrickt. Glaeser selbst war 1932 und 1933 Gegenstand von diffamierender ultralinker Kritik. Das Exil hatte ihn isoliert und desorientiert. Heimweh nach Deutschland plagte ihn. So ging er nach Deutschland zurück und ließ sich während des Krieges herbei, die Schriftleitung von Wehrmachtspropagandablättern (*Adler im Osten* und *Adler im Süden*) zu übernehmen. Der andere Fakt ist in dem großen Erfolg von Glaesers erstem Roman *Jahrgang 1902* zu sehen, mit dem er 1928 schlagartig über die Grenzen Deutschlands hinaus bekannt wurde. In dem autobiographisch geprägten Roman erzählt er vom Ersten Weltkrieg aus dem Blickwinkel einer Generation, die aus Altersgründen selbst nicht an die Front gerufen wurde, den Krieg aber in der Heimat als einschneidendes, identitätserschütterndes Ereignis erlebte. Der Kriegsbegeisterung im August 1914, die die Kinder mit den Erwachsenen teilten, folgte die große Desillusionierung auf dem Fuße. Der Vater, nachgebildet dem Erzeuger Glaesers, der Amtsrichter im hessischen Butzbach war, kann in seiner Lebensfremdheit dem erzählenden Kind kein Vorbild sein. Glaeser schrieb zahlreiche weitere Romane und Erzählungen, doch den Erfolg des ersten Romans konnte er nicht wiederholen. Sein übriges Werk geriet weitgehend in Vergessenheit.

Am Beginn seiner Karriere galt Glaesers Ehrgeiz der Dramatik. Seine Stücke wurden jedoch von der Bühne gar nicht oder kaum beachtet. Das erste Drama *Überwindung der Madonna* ist am ehesten mit Strindbergs Dramaturgie und dessen problematischem Frauenbild vergleichbar. Es handelt sich um ein Kammerstück mit vier Personen, in dessen Mittelpunkt die Krise eines Privatgelehrten in besten Jahren steht. Er wollte im Geiste Nietzsches die Umwertung aller Werte vorantreiben, »dem abendländischen Körper neues Blut zuführen«, statt dessen fühlt er sich von seiner Frau niedergedrückt und durch sie zu einer ausschließlich privaten Existenz verurteilt. Ein Künstler, der ins Haus kommt, bestärkt ihn in seiner aufkeimenden Frauen- und Ehefeindlichkeit. Er gibt die Parole von der Entthronung der Madonna aus. Die Anbetung des Weibes bedeute Unfreiheit und geistigen Tod. Der Ausbruchsversuch des Mannes endet

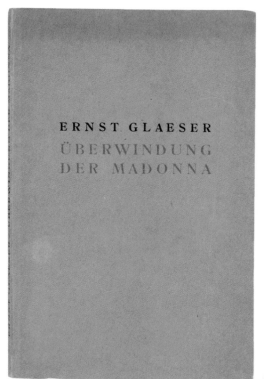 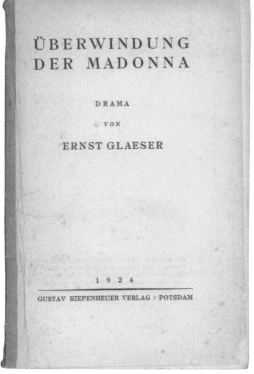

Broschureinband und Titelblatt

melodramatisch mit seinem plötzlichen Tod und dem Triumph seiner Frau über den gescheiterten Ausbruchsversuch – unter einem Madonnenbild. Das Drama zeugt also für einen Studenten, der wenige Jahre später zu den linken Literaten der Weimarer Republik zählen sollte, von einem merkwürdigen Frauenbild. Die Gründe dafür sind ebensowenig wie die geistige und biographische Entwicklung von Glaeser erforscht.

Das Stück erschien im Gustav Kiepenheuer Verlag, dem ein erfolgreicher Bühnenvertrieb angeschlossen war. Er glänzte durch junge Dramatiker wie Georg Kaiser, Ernst Toller und zeitweise Bertolt Brecht, deren Stücke zu den meistgespielten der Weimarer Republik gehörten. Glaesers Einstieg in den Verlag fiel in die Zeit, in der der Dichter Hermann Kasack das Lektorat führte. Die Hoffnungen, die sich mit der Veröffentlichung von Glaesers erstem Stück verbanden, erfüllten sich nicht. Es scheint immerhin in Meißen über die Bühne gegangen zu sein, wie einem Brief von Glaeser an Kasack (29. April 1925) zu entnehmen ist. Dennoch begann mit dem Einstieg von Glaeser in den Verlag eine Erfolgsgeschichte, die bis zu dessen Verbot 1933 anhielt. Schon sein zweites Buch *Jahrgang 1902* brachte Kiepenheuer ungeahnt gute Umsätze, und auch die anderen Bücher spielten all die Vorschüsse ein, die der Verlag dem Autor gezahlt hatte. CW

Literaturauswahl
ERWIN ROTERMUND: *Zwischen Exildichtung und Innerer Emigration: Ernst Glaesers Erzählung »Der Pächter«* (1980). CORNELIA CAROLINE FUNKE: *»Im Verleger verkörpert sich das Gesicht seiner Zeit«. Unternehmensführung und Programmgestaltung im Gustav Kiepenheuer Verlag 1909 bis 1944* (1999).

Goes, Albrecht {1908-2000}
Verse.
Aufl.: 250 Expl. Stuttgart: Selbstverlag, 1932. 32 S. 18,5 x 11,5 cm. Br. Druck von Otto Bechtle Buchdruckerei und Verlag G.m.b.H., Eßlingen a.N.

Die Studienjahre am berühmten Tübinger Stift lagen hinter ihm. Von 1930 bis 1933 absolvierte er sein Vikariat, um sich in der viele Generationen währenden Familientradition auf das Pfarramt vorzubereiten. Hermann Hesse, ein guter Bekannter seines Vaters, hatte ihm nach Durchsicht seiner ersten Verse dringend geraten, den theologischen Beruf nicht zugunsten der freien Schriftstellerexistenz aufzugeben: »Sorgen Sie aber nur dafür, daß Sie nicht ein berühmter Literat werden. Das ist eine schmerzhafte Todesart.« Immerhin bescheinigte er ihm, daß es ihm am Talent nicht fehle. So sollte sich Goes tatsächlich jahrzehntelang mit gleichem Engagement der Gemeindearbeit wie dem Schreiben widmen.

Er hatte da und dort bereits erste Proben seines Könnens geliefert, als er sich entschloß, seine Gedichte zu sammeln und im Selbstverlag herauszugeben. »Auf die Verlegersuche mag ich mich in diesen Kummerzeiten der Rezession nicht begeben, da tut sich, wer weiß, nächstens einmal von selbst eine Tür auf«, will er seinen Entschluß einem Redaktionsleiter begründet haben. »Sagen Sie, würden Sie so ein Ding manierlich auf meine Kosten drucken? Mir schwebt vor: drei Bogen, Großoktav, kartoniert …« Der Mann half, und so nahm das Manuskript seinen Weg. Die hundert Mark Druckkosten taten dem Vikar weh und mußten vom Munde abgespart werden. Doch seine Verlobte half. Und das erste eigene Amt, das er Ende 1933 antreten sollte, dann schon im Ehestand, war in Sicht. Im Frühling 1932 »kam das Paket ins Haus, zweihundertfünfzig Exemplare, blau-broschiert, der Titel, das Wort ›Verse‹ in Silberschrift-Antiqua. Ich konnte mit der Aussendung beginnen.« Nachdem Braut, Eltern, Geschwister und Freunde bedacht worden waren, sandte er einige Exemplare an verehrte Autoren, nach deren Urteil er lechzte: Hermann Hesse, Gottfried Benn und Ricarda Huch.

Gebildet hatte er sein Talent vor allem an Rilke, der aber schon nicht mehr unter den Lebenden weilte. Später trat Hofmannsthal hinzu. »Goethe und Mörike gehörten zur Lebensluft.« Auch das »heilige Lied« von Hölderlin war ihm nah, ebenso Nietzsches Philosophie. Und die Musik, vor allem Mozart, dessen Werk er das Köchel-Verzeichnis hoch und runter lebenslang studieren sollte. Immer wieder würde er später über diese seine Obsessionen schreiben.

Von einer Wirkung zu sprechen, verbietet sich bei einem Privatband, der nicht in den Buchhandel gelangte. Doch ein Anfang war gemacht, bereits zwei Jahre später erschien der zweite Band, *Der Hirte*, schon in einem regulären Verlag und wurde von Hesse rezensiert. Goes stieß zum Kreis der Autoren um die Zeitschrift *Neue Rundschau* hinzu und wurde Hausautor bei S. Fischer, in einer Zeit, als das jüdische Unternehmen durch das nationalsozialistische Regime in starke Bedrängnis geraten war. Goes hielt zur Bekennenden Kirche, suchte die Nähe zu Theodor Heuss, dem liberalen Politiker und Publizisten, und mußte Soldat und Soldatenpfarrer werden. In diesem Dienst erlebte er all die schlimmen Dinge, die den Stoff seiner bekannten Erzählungen nach dem Krieg bildeten.   CW

Literaturauswahl
ALBRECHT GOES: *mein erstes buch.* In: *goes, tagwerk. prosa und verse* (1976). ALBRECHT GOES: *Jahre, Tage, Augenblicke. Ein Gespräch mit Hans-Rüdiger Schwab* (1988). HELMUT ZWANG: *Albrecht Goes. Freund Martin Bubers und des Judentums* (2008).

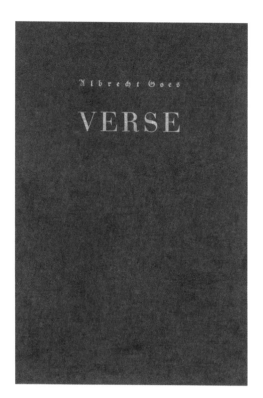

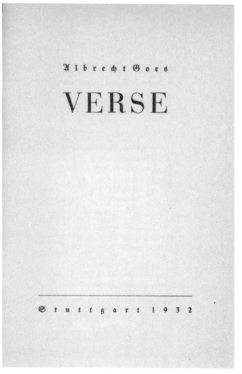

Broschureinband und Titelblatt

Goll, Claire

{verh. Studer, 1891-1977}

Die Frauen erwachen.

Novellen.

Frauenfeld: Verlag Huber & Co., 1918.
134 S., 1 Bl. 19,2 x 12,8 cm. Hln. mit
Einbandillustr. v. Otto Baumberger. Druck:
Buchdruckerei Berichthaus, Zürich.

Im 4. Jahrgang der *Internationalen Rundschau* von 1918 gab ein mit F. F. ausgewiesener Rezensent seine Eindrücke vom Erstlingswerk Claire Golls folgendermaßen wieder: »Ganz unter dem Druck und der Qual des Krieges sind diese Skizzen entstanden. Menschenschicksale – Frauenschicksale. Die Tragik in den vier Wänden, wenn der Mann, der Sohn im Kriege fallen, die oft größere Tragik – das ist sehr wahr gesehen – wenn sie heimkehren. Der Mann mit seiner ›überlieferten Begeisterung‹ kommt zu seiner Frau zurück, die ihn als ›Mörder‹ empfindet und verabscheut. (Die Wachshand.) Praktisch mag der entgegengesetzte Fall häufiger sein: dem Manne graut vor dem Kriege, und die Frau lebt in der aufgepeitschten Begeisterung des Hinterlandes. Im allgemeinen wird dieser Konflikt – man muß es fast fürchten – bisher wohl mehr als bloßer Wunsch der Friedensfreunde vorhanden sein. – … Diese etwas krasse Gewaltsamkeit geht durch das ganze Buch und gibt ihm mitunter einen unwahren Ton. Und die Sprache verstärkt diesen Eindruck. Die Dichterin verfügt über einen großen Reichtum an Bildern, aber sie ermüdet durch die maßlose Häufung, und sie stört die tragische Erschütterung, wenn sie in den furchtbaren Situationen durch gesuchte Vergleiche die Stimmung zerreißt. Auch wäre es klüger gewesen, auf dem Deckblatt die Verfasserin nicht als ›weiblichen Barbusse‹ einzuführen. Übertreibungen reizen zum Widerspruch.«

Ambivalent diese Einschätzung, die nicht mit anderen kritischen Meinungsäußerungen verglichen werden kann, weil solche offenbar kaum oder nicht zur Verfügung stehen. Ein anonymes Notat in der französischen Zeitschrift *Demain* konnte nicht eingesehen werden. Auch zu den Vorveröffentlichungen der Novellen *Der weiße Kreuzzug* und von *Verschüttet* in der *Neuen Zürcher Zeitung* aus Oktober 1917 und Februar 1918 ließen sich neue bemerkenswerte Urteile nicht finden.

Claire Goll, in Nürnberg geboren und in Paris verstorben, widmete den Novellenband »Allen Schwestern« und deutete damit die weltbürgerliche Dimension an, der sie sich als Fürsprecherin des Friedens, als Anwältin des Pazifismus, verpflichtet fühlte. Claire Goll hatte, als sie die Novellen schrieb, ein anstrengendes familiäres Trauerspiel hinter sich. Geplagt von einer grausamen Mutter, war sie, zwanzigjährig, eine Ehe mit dem späteren Verleger Heinrich Studer eingegangen, hatte nach schneller Trennung Philosophie studiert und war in Genf mit der pazifistischen Bewegung in Berührung gekommen. Sie hatte mit Rainer Maria Rilke ein Verhältnis und wurde mit Ivan Goll bekannt, den sie in Paris heiratete. Die mannigfaltigen Freund- und Bekanntschaften, die sich durch diese Verbindungen ergaben, und der Erste Weltkrieg, die größte Tragödie des jungen Jahrhunderts, prägten ihre ersten Texte. Der Einfluß des Expressionismus war unverkennbar, der Aufschrei gegen Unrecht und Demütigung durchzog ihre Anklagen gegen den Irrationalismus ihrer Epoche. Da sollten kleinliche Einwände gegen Stilmittel, die sie einsetzte, in den Hintergrund treten.

Die Huber & Co. AG, die ihr Erstlingswerk verlegte, war der Verlag der *Thurgauer Zeitung*, die schon Ende des 18. Jahrhunderts ein Wochenblatt war und sich unter Huber zum einflußreichsten Blatt im Kanton Thurgau entwickelte. In Nachbarschaft zu dieser Zeitung wurden Bücher und Zeitschriften verlegt, und auch

Einband von Otto Baumberger

das Druckgeschäft florierte. *Die Frauen erwachen* blieb allerdings das einzige Buch Claire Golls, das in diesem Verlag erschien. Ihre Bibliographie ist ohnehin mit Büchern nicht gerade prall gefüllt. Nach dem Zweiten Weltkrieg wurde wahrscheinlich ihre Autobiographie *Ich verzeihe keinem. Eine literarische Chronique scandaleuse unserer Zeit* (1978) zu einem ihrer meistgelesenen Bücher in West- und Ostdeutschland. EF

Literaturauswahl
CLAIRE GOLL: *Ich verzeihe keinem. Eine literarische Chronique scandaleuse unserer Zeit* (1978). ANDRÉ MÜLLER. *Claire Goll.* In: *Entblößungen* (1979).

Goll, Yvan

{eigtl. Isaac Lang, Pseudonym:
Iwan Lazang, 1891-1950}
Lothringische Volkslieder.
Nachdichtungen von Iwan Lazang.
Mit einem Geleitwort von Viktor Wendel.
12 Bilder von Alfred Pellon.
Metz: P. Müller, 1912. 13 Bl. 21 x 16 cm. Br.
150 numerierte Expl.

Yvan Golls erstes Buch wird nicht zu seinem Werk gerechnet und deshalb in der Ausgabe *Die Lyrik in vier Bänden* (1996) mit »sämtlichen Gedichten«, einschließlich den nachgelassenen, nicht berücksichtigt. Auf dem Titelblatt der *Lothringischen Volkslieder* steht Nachdichtungen, doch im Buch findet sich kein Hinweis, woher die Originale stammen und in welcher Sprache oder welchem Dialekt sie gehalten sind. Eine Übersetzung aus dem Französischen kann nahezu ausgeschlossen werden, obwohl Lothringen immer schon eine französischsprachige Minderheit hatte, die unter der deutschen Hoheit von 1870 bis 1918 auf rund 20 Prozent der Bevölkerung beziffert wird. Denn Programm des Verlages von P. Müller war lothringische

Regionalliteratur mit durchaus deutschnationaler Ausrichtung. Angeboten wurden neben Ansichtskarten und geschichtlichen Abhandlungen auch zwei Fremdenführer zu den Kriegerdenkmälern und zu den Schlachtfeldern um Metz sowie eine Kampfschrift *Sind wir kriegsbereit?* (1905). Nebenbei bemerkt, eine Richtung, die dem frankophilen Goll spätestens seit Kriegsausbruch zuwider war. Am wahrscheinlichsten ist also die Nachdichtung aus lothringischem Dialekt, will man nicht in Erwägung ziehen, daß die Gedichte frei erfunden sind. Selbst eine Sammlung und Bearbeitung wird im Fall von Achim von Arnim und Clemens Brentano als originäre Leistung anerkannt. Nun sollen die *Lothringischen Volkslieder* nicht der Sammlung *Des Knaben Wunderhorn* gleichgestellt werden, dazu ist ihr Umfang viel zu schmal und tragen sie viel zu sehr den Charakter von Fingerübungen eines angehenden Dichters. Doch immerhin läßt sich mit dem Vergleich begründen, warum der Band hier als Erstlingswerk behandelt wird.

Goll wurde in der kleinen lothringischen Stadt Saint Dié geboren, von wo er nach dem frühen Tod des Vaters, eines jüdischen Tuchhändlers, mit der Mutter nach Metz übersiedelte. Hier bestand er 1910 das Abitur, um in Straßburg, Freiburg i. Br. und München Jura zu studieren und schließlich 1914 in Straßburg zu promovieren. In der elsässischen Universitätsstadt schloß er Freundschaft mit Viktor Wendel, von dem die Vorbemerkung zu dem Buch stammt. Darin wird die Rokokowelt »unseres lieben Lothringens von einst« der rauhen Gegenwart mit »kahlen Kasernen und Kasematten, … ragenden Hochöfen und rauchenden Fabrikschloten« entgegengestellt. Der Impuls für das Bändchen kam also durchaus aus neuromantischer Weltanschauung. Goll fühlte sich in die idyllische Bukolik des 18. Jahrhunderts ein. Die Rollengedichte handeln von Fräulein, die einen dummen Schäferjungen auslachen, und von Mägden, die von Prinzen träumen. Die Bilder im Jugendstil des lothringischen Malers Alfred Pellon halten sich eng an den Text und unterstützen den preziösen Gesamteindruck. Die eng limitierte Auflage zeugt davon, daß sich die Edition eher an Kunstfreunde richtete als an eine breitere Öffentlichkeit, für die Volkslieder sonst geeignet wären. Goll wählte für die erste Veröffentlichung ein Pseudonym, das seine Herkunft eher unterstrich, als sie zu verbergen: Lazang setzt sich zusammen aus den Familiennamen des Vaters, Lang, und der Mutter, Lazard.

Zwischen diesem ersten Buch und dem folgenden *Panamakanal* (1914) liegen Welten, stilistisch und auch weltanschaulich. Wortreich und voller Pathos schildert er in seinem zweiten Bändchen den Bau des Ozeane verbindenden Kanals, dessen Fertigstellung mit einem Fest der »Brüderschaft« und »Weltliebe« begangen wird. In *Lothringische Volkslieder* geht es nur um tändelnde Liebe und süßes Leid in einer eng begrenzten Kunstwelt. Das Buch

Broschureinband von Alfred Pellon

besitzt aber auf Grund seiner bibliophilen Aufmachung seinen Reiz. Leider ist es nur äußerst schwer zu beschaffen. CW

Literaturauswahl
Barbara Glauert (Bearb.): *Yvan und Claire Goll. Bücher und Bilder. Ausstellungskatalog* (1973). MICHAEL KNAUF: *Yvan Goll. Ein Intellektueller zwischen zwei Ländern und zwei Avantgarden* (1996). DIETRICH SCHAEFER: *Die frühe Lyrik Iwan Golls* (1965).

Graf, Oskar Maria
{eigtl. Oskar Graf, 1894-1967}
Die Revolutionäre.
Dresden: Dresdner Verlag von 1917, 1918. 12 S. 22,5 x 15 cm. H. mit Umschlagill. v. Georg Schrimpf (= Das neueste Gedicht, H. IV.) Druck: Georg Adler in Eger. 100 Expl. dieser Ausgabe wurden numeriert und signiert.

Erst mit seiner beeindruckenden Lebensgeschichte *Wir sind Gefangene. Ein Bekenntnis aus diesem Jahrzehnt* (1927) erringt Oskar Maria Graf jenes große öffentliche Interesse, das seine schonungslosen Berichte und Erzählungen wirklich verdienen. In dieser unbestechlichen Chronik seines Lebens, die die Zeit von 1905 bis 1919 einfängt, blickt er in Not und Elend, Empörung und Verzweiflung, einfach in die Grausamkeiten des Lebens, die in den letzten Jahrzehnten des deutschen Kaiserreiches vor allem in den unteren, arbeitenden Schichten des Volkes zu Hause waren. Der Autor war sensibilisiert für die düsteren Lebensrealitäten durch eigene Erfahrungen. Als jüngster Sohn eines Bäckermeisters am Starnberger See hatte er die Fuchtel brüderlicher Herrschaft abgeworfen und war nach München getippelt, um sich mit Hilfsarbeiten durchzuschlagen und, wenn er Zeit hatte, ein wenig zu schreiben. Er hatte Berlin kennengelernt und die Schweiz,

Heftumschlag mit Illustration von Georg Schrimpf

hatte den Krieg mitgemacht und war 1918 in die Münchner Revolutionszeit hineingeraten, die er mit äußerster Wachheit begleitete und an deren Aktionen er selbst teilnahm. Für das Fortkommen der Räterepublik verfaßte er Reden und Manifeste.

Das ganze Erfahrungspotential dieser turbulenten Jahre blieb nicht ohne Einfluß auf seine literarischen Arbeiten, die am Ende des Krieges entstanden. Ein erstes Resultat war der schmale Gedichtband *Die Revolutionäre*, nicht mehr als ein Heftchen, »nicht besser und nicht schlechter«, wie Klaus Herrmann schrieb, »als all die Menschheitslyrik, die um 1918 Verleger und Leser fand.« Ein Freund Oskar Maria Grafs (den zweiten Vornamen hatte sich der Autor erst 1918 zugelegt), der Maler und Graphiker Georg Schrimpf, der eine Zeitlang schon progressiven und revolutionär gesinnten Intellektuellen nahestand und von Graf 1918 auch ein Bildnis geschaffen

hat, schmückte das Gedichtbändchen mit einem Titelholzschnitt. Schon 1915 hatte er das Thema »Revolutionäre« graphisch zu hinterfragen versucht, und so ergab sich eine Kongruenz von Auffassungen, die sich dem Erstlingswerk *Revolutionäre* in bibliophiler Attraktivität anverwandeln ließ. Es sollen hundert Exemplare, numeriert und signiert, als Vorzugsausgabe erschienen sein, die wir leider nicht in der Hand hatten. Der damalige Verleger des Dresdner Verlags, in dem *Die Revolutionäre* erschienen, Heinar Schilling, soll besonderen Ausstattungen gegenüber ambitioniert gewesen ist. Der Verlag war Herausgeber der expressionistischen Zeitschrift *Menschen*, in der Graf erste literarische Gehversuche machte und in der die Namen schon weit bekannterer expressionistischer Autoren aufgetaucht waren wie Klabund, Alfred Wolfenstein oder auch Yvan Goll.

Als Oskar Maria Graf längst vom Lyriker zum Prosaisten mutiert war, stellte er einmal rückblickend auf seine literarischen Anfangsjahre fest, daß er »ein expressionistischer Lyriker« gewesen sei und nur Gedichte verfaßte, »täglich oft zwei und drei. Dafür bekam ich ein monatliches Stipendium vom Prof. Roman Wörner … «, was zugleich die belebende Wirkung beschreibt, die Geld – wie bei Brecht – bei ihm ausgelöst hat. Auch in diesem Punkt war der Revolutionär dialektisch verknüpft mit den Verhältnissen seiner Zeit. EF

Literaturauswahl
OSKAR MARIA GRAF: *Wir sind Gefangene* (1927). Hansjörg Viesel (Hrsg.): *Literaten an der Wand. Die Münchner Räterepublik und die Schriftsteller* (1980). ROLF RECKNAGEL: *Ein Bayer in Amerika. Oskar Maria Graf. Leben und Werk* (1974).

Grass, Günter {geb. 1927}
Die Vorzüge der Windhühner.
Gedichte und Prosa. Mit 9 Zeichnungen sowie einer Umschlagzeichnung des Autors. Neuwied am Rhein: Luchterhand Verlag, 1956. 64 S. 20,7 x 14,6 cm. Pp. mit Umschl. Druck: Wela-Druck, Berlin.

Im Herbst 1956 erschien im Hermann Luchterhand Verlag Berlin und Neuwied am Rhein das Erstlingswerk von Günter Grass, der Lyrikband *Die Vorzüge der Windhühner*. Der Autor, am 16. Oktober 1927 in Danzig geboren und seit 1949 in Düsseldorf und später, ab 1953, bei Karl Hartung in Berlin Bildhauerei studierend, war bis dahin der literarischen Öffentlichkeit weitgehend unbekannt. Lediglich das Gedicht *Lilien aus Schlaf* und der kürzere Prosatext *Meine grüne Wiese* waren zuvor in der von Walter Höllerer im 2. Jahrgang herausgegebenen Zeitschrift AKZENTE (3. bzw. 6. Heft, 1955) veröffentlicht worden. Für das Gedicht erhielt Grass im Frühjahr 1955 den dritten Preis eines Lyrikwettbewerbs des Süddeutschen Rundfunks. Günter Grass berichtete später, daß ihm dieser Preis neben 150 DM Preisgeld seine erste Einladung zu einer Tagung der »Gruppe 47« eingetragen hat. Dort fand er erstmals Gelegenheit, seine gesammelten Gedichte zu lesen und sie einer kritischen Beurteilung auszusetzen. Der Organisator dieser Tagungen, Hans Werner Richter, erinnerte sich, daß ihn damals besonders ein »sehr junger Lektor« gedrängt habe, Grass zum Treffen im Mai 1955 einzuladen. Der junge Lektor war vermutlich der Philologe Peter Frank, der dem bis dahin nur als Fachverlag bekannten Luchterhand Verlag in Neuwied am Rhein eine Literaturabteilung mit aufbauen half. Folgen wir den Aufzeichnungen von Günter Grass, bemühten sich nach der Lesung auch renommierte Verlage wie Hanser, Piper, Suhrkamp oder S. Fischer um die Rechte an einer Veröffentlichung der Gedichte. »Ich dachte, das Goldene Zeitalter werde nun anbrechen. Von all diesen Leuten habe ich hinterher nichts mehr gehört. Aber sechs Wochen später meldete sich ein Herr Dr. Frank...« Als besonders willkommen mußte Grass die Möglichkeit erscheinen, den Band selbst zu gestalten. Er zeichnete den Umschlag und fügte den Texten Zeichnungen bei, die der Autor als durchaus gleichberechtigt neben den Gedichten verstanden wissen wollte. »Unverkennbar«, schreibt denn auch der Verlag, wie der schattenlose Strich der Zeichnungen und deren beunruhigende Thematik, sei »die Art der Gedichte. Grass geht durch das Wort hindurch zur Wurzel, zum Ursprung des Wortes... Grass gibt so von einer scheinbar vertrauten Realität,

Umschlag mit Zeichnung von Günter Grass

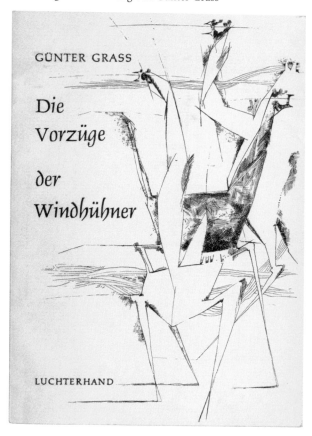

ein neues, klares Abbild.« Bis Ende 1959 verkaufte der Verlag wenig mehr als 700 Exemplare. Erst nach Erscheinen des Romans *Die Blechtrommel* (1959) und dem damit einhergehenden Erfolg sowie der wachsenden Popularität und internationalen Anerkennung des Autors konnte die Erstauflage verkauft werden.

Übrigens gibt es aus dem Erscheinungsjahr des Erstlingswerks von Günter Grass noch eine andere seltene, weithin unbekannte Veröffentlichung, zu der Günter Grass die Texte beigesteuert hat. Das »Frühwerk« heißt *75 Jahre Meierei Bolle in Berlin*, ist eine Jubiläumsschrift zum 75jährigen Bestehen dieses Berliner Kultbetriebes und war eine Brotarbeit des noch unbekannten Schriftstellers. Für die 300,– DM Honorar, die sie ihm einbrachte, kann man heute, wenn man Glück hat, gerade einmal ein Exemplar davon im Antiquariatshandel erwerben.

Vom Erstlingswerk *Die Vorzüge der Windhühner* erschien 1995 in den *Graphischen Büchern* bei Faber & Faber Leipzig eine von Johannes Grützke, Berlin, mit Originallithographien und Bleistiftzeichnungen ausgestattete Ausgabe. MF

Literaturauswahl
GÜNTER GRASS: *Beim Häuten der Zwiebel* (2006). GÜNTER GRASS: *Die Vorzüge der Windhühner*; in: Renatus Deckert (Hrsg.), *Das erste Buch. Schriftsteller über ihr literarisches Debüt* (2007). Rolf Geißler (Hrsg.): *Günter Grass. Materialienbuch* (1976).

Gregor-Dellin, Martin
{eigtl. Martin Gregor, 1926-1988}
Cathérine.
Erzählung.
Mit Zeichnungen v. Hans Mau. Aufl.: 10 000 Expl. Halle (Saale): Mitteldeutscher Verlag, 1954. 132 S. 18 x 12 cm. Pp. mit Umschl. v. Hans Mau. Typographie v. Wolfgang Mattheuer. Gesamtherstellung: Werkdruckerei »Vorwärts«, Burg.

Der bedeutende Biograph war mit Angaben über seine eigene Vita bemerkenswert zurückhaltend. Bekannt ist nur, daß Martin Gregor in Naumburg geboren wurde und im benachbarten Weißenfels aufwuchs, die Schule besuchte und von dort 1944 zum Kriegsdienst einrückte. Er war in Südbelgien und Frankreich stationiert, was die Wahl des französischen Stoffes für sein erstes Buch verständlicher werden läßt. 1945 geriet er in amerikanische Gefangenschaft, aus der er 1947 nach Weißenfels zurückkehrte. Seine Leidenschaften hießen von frühauf Literatur und Musik – er spielte vorzüglich Cello und wirkte zeitweise im »Collegium musicum« Weißenfels. Ohne akademische Weihen wurde er 1950 Lektor beim Kulturellen Beirat für das Verlagswesen in Berlin, der Zensurbehörde des neuen Staates, zusammen mit Horst Bienek zuständig für die Nachwuchsförderung. 1951 wechselte er als Lektor zum Mitteldeutschen Verlag Halle/Saale. Hier war er für die zeitgenössische Literatur verantwortlich: Seine größte Tat bestand darin, *Nackt unter Wölfen* von Bruno Apitz aus der Taufe gehoben zu haben. Zehn Tage vor dem Erscheinen des kommenden Welterfolges ging Martin Gregor-Dellin, wie er sich nach dem Familiennamen der Frau bald nennen sollte, im April 1958 in den Westen Deutschlands. Die von ihm betreute Verlagsreihe *tangenten* war angefeindet worden, und die Herausgabe von Wolfgang Koeppen und

Wolfgang Weyrauch wurden ihm ange-
kreidet.

Sein erstes Buch *Cathérine*, das er seiner
späteren Frau Annemarie widmete, erschien
1954 bei seinem arbeitgebenden Verlag in
einer Auflage von 10 000 Exemplaren,
noch im selben Jahr in zweiter Auflage.
Sein erstes Werk war allerdings der Roman
Jüdisches Largo, die fiktive Geschichte eines
Musikers und Nachfahrens von Thomas
Manns Hanno Buddenbrook. Er veröffentlichte es erst 1956, sei es, daß er mit dem
anspruchsvolleren Stoff nur schwer fertig
wurde, sei es, daß der Verlag gegen den
selbstquälerischen Helden Einwände gehabt
hatte. *Cathérine* handelt von einem französischen Waisenkind, das während der
dreißiger und vierziger Jahre seinen Weg
zu sich selbst sucht. Cathérine findet ihren
Platz an der Seite der Widerstandskämpfer
gegen die deutsche Besatzung in Frankreich.
Das Buch reiht sich also ein in die Vielzahl
von Entwicklungsgeschichten mit vorbild-
haften Helden, die in den fünfziger Jahren
die DDR-Literatur maßgeblich prägten.
Ungewöhnlich ist immerhin der französische Stoff und der sichere Erzähl- und
Sprachstil. Gregor hatte Thomas Mann
studiert und auch Franz Kafka. Der Reiz
des Buches besteht nicht zuletzt in den
Federzeichnungen von Heinz Mau, einem
seinerzeit vielbeschäftigten Illustrator des
Mitteldeutschen Verlages, der noch mehrere andere Debüts ins Bild setzte, so die von
Werner Heiduczek und Christa Wolf.

Das Echo auf das erste Buch fiel mäßig
aus. Nachgewiesen sind Besprechungen in
der Mitteldeutschen Tageszeitung *Freiheit*
(24. Februar 1955) und im *Sonntag* (24. April
1955). Rudolf Hoffmann arbeitete in der
Freiheit die Vorbildfunktion der Hauptfigur
und ihres Wegs zur »Gemeinschaft der
kämpfenden Männer und Frauen« heraus.
Der Kritiker des *Sonntag*, Karl Heinz
Berger, lobte ebenfalls die »bezwingende
Einfachheit« der Fabel des Buches, rieb

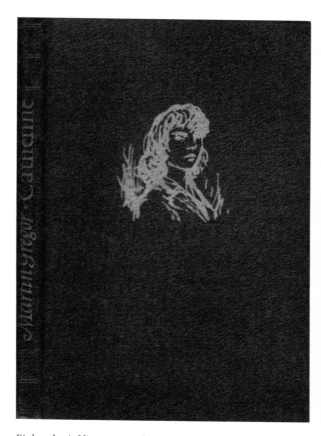

Einband mit Vignette von Hans Mau

sich aber an der Sprache Gregors, die »auf
Stelzen« laufe und »mit einer Unzahl meist
überflüssiger Bilder überladen« sei. Er
lehnte also gerade das ab, worauf es dem
Autor bei dem Buch ankam.

Von diesem ersten Buch führen zwar
keine direkten Linien zum späteren Werk,
doch der Weg von der fiktiven zur recherchierten Biographie war nicht weit. Die
Lebensgeschichten von Richard Wagner
und Heinrich Schütz gaben später den Stoff
für Gregor-Dellins Meisterwerke.   CW

Literaturauswahl
Elisabeth Endres (Hrsg.): *Pathos und Ironie. Ein
Lesebuch von und über Martin Gregor-Dellin*
(1986).

Greßmann, Uwe {1933-1969}
Der Vogel Frühling.
Gedichte.
Vorbemerkung v. Adolf Endler. Mit
8 Zeichnungen v. Horst Hussel. Aufl.:
1000 Expl. Halle (Saale): Mitteldeutscher
Verlag, 1966. 143 (+ 5) S. 18 x 16 cm,
Ln. mit Umschl. Umschlagzeichn. v.
Horst Hussel. Einbandvignette und
Frontispiz-Zeichn. v. Uwe Greßmann.
Gesamtherstellung: Betriebsberufsschule
Heinz Kapelle, Pößneck.

Uwe Greßmann gehört zu den Schriftstellern im 20. Jahrhundert, die der Tod dahinraffte, nachdem sie die literarische Bühne gerade erst betreten hatten. Sein Debütband *Der Vogel Frühling* war erschienen, und er arbeitete an einem zweiten Gedichtband, der seinen Ruf festigen sollte. Da erlag er einer schon lange währenden Tuberkulose.

Die Krankheit, die für ihn nicht nur eine Geißel, sondern zugleich Auslöserin seiner künstlerischen Kreativität war, brach 1949 während der Ausbildung zum Elektroinstallateur aus und warf ihn für fünf Jahre aus der Bahn. In Krankenhäusern und Heilstätten begann er, sich mit Kunst und Philosophie zu beschäftigen. Mit großer Zähigkeit arbeitete er sich durch die Philosophie- und Literaturgeschichte, las intensiv die klassischen Texte der Weltliteratur vom *Gilgamesch-Epos* über das *Hildebrandlied* bis hin zu Goethes *Faust* und Rilkes *Duineser Elegien*, von den antiken Philosophen bis zu Hegel und Schopenhauer. Seine Belesenheit war umso erstaunlicher, weil er nur die achtklassige Volksschule besucht hatte. Eine traurige Kindheit hatte die frühe Entfaltung seines Bildungsdranges verhindert.

Den Vater, einen Autosattler, kannte er nicht, die Mutter brachte ihn in ein Heim, weil sie psychisch krank und mit der Erziehung überfordert war. Eine Pflegemutter nahm sich das Leben, eine andere behandelte ihn nicht gut. Eine Zeitlang schwankte Greßmann, ob er Maler oder Schriftsteller werden sollte, bis er sich in der Dichtkunst größere Aussichten ausrechnete. Sein Leben fristete er seit 1954 mit schlecht bezahlter Brotarbeit, als Montierer in einer Kugelschreiberwerkstatt, als Bote und Postsachbearbeiter in der volkseigenen Handelsorganisation HO. Die ersten Versuche, seine Gedichte öffentlich zu machen, führten ihn zur Zeitschrift des Schriftstellerverbandes *Neue Deutsche Literatur*, die ab 1961 mehrmals kleine Konvolute druckte. Der Lyrik-Redakteur Paul Wiens, selbst Lyriker, sorgte dafür, daß er in den Verband aufgenommen wurde und moderierte auch eine Lesung vor den versammelten Berliner Schriftstellern. Den Verlagskontakt stellte Greßmann allerdings selbst her. Eine Redakteurin der Wochenzeitung *Sonntag* hatte ihm den Mitteldeutschen Verlag in Halle (Saale) empfohlen, dem innerhalb des staatlichen Verlagswesens der DDR die Förderung des Schriftstellernachwuchses oblag.

Im Greßmann-Archiv der Berliner Akademie der Künste ist der Entwurf des ersten Briefes an den Verlag vom 15. Februar 1962 überliefert, in dem er seinen Werdegang und seine literarischen Anregungen darstellte. Darin berief er sich auf Rilke, Rimbaud, Lorca, die Romantiker und auf die altindische Dichtung *Rigveda*, die seine Art der kosmologischen Natur- und Weltanschauungslyrik entscheidend beeinflußt habe, namentlich für die Findung seiner »Bildsprache« prägend war. Der fast gleichaltrige Lektor Heinz Czechowski, der gerade seinen ersten eigenen Gedichtband veröffentlicht hatte, übernahm die Zusammenarbeit mit dem jungen Autor. Nach Jahren des Wartens hatte Czechowski am 25. Juni 1965 aus den eingereichten Gedichten ein Manuskript zusammengestellt, das er dem Autor für

Einband mit Vignette von Uwe Greßmann und Umschlag
mit Zeichnung von Horst Hussel

den Druck vorschlug. Greßmann war nicht in allen Punkten einverstanden und wollte vor allem auch die schon in der NDL und in *Sonnenpferde* erschienenen Gedichte aufgenommen wissen, schickte außerdem neu entstandene Texte und hoffte auf eine Gesamtzahl von 100 Gedichten. Nach den Gepflogenheiten des DDR-Zensurwesens reichte der Verlag das Manuskript beim Ministerium für Kultur zur Genehmigung ein. Das nötige »Außengutachten« verfaßte der Lyriker Adolf Endler, der sich enthusiastisch für Greßmann einsetzte. Der Verlag gewann ihn aus diesem Grund für ein kleines Vorwort, das dem Band schließlich begegeben wurde. Kritischer sah das Manuskript der vom Ministerium bestellte eigene Gutachter Dieter Schlenstedt, Literaturwissenschaftler und ausgewiesener Lyrikkenner. Czechowski teilte Greßmann am 10. September 1965 die Einwände Schlenstedts mit, der für die Streichung einiger poetisch schwächerer Gedichte plädierte und eine Neuordnung des Gesamtmanuskripts vorschlug. Der durchaus selbstkritische Greßmann ging auf die meisten von Czechowski vorgetragenen Wünsche ein, wenngleich er bedauerte, daß inhaltliche Zusammenhänge verlorengingen und die Vielfalt beschnitten werden sollte, denn er habe sich bemüht, »relativ alle Themen vom Kosmos bis zum Klo aufzugreifen« (20. November 1965). Der Berliner Graphiker Horst Hussel lieferte eine kleine Anzahl von Zeichnungen, die im Buch eingestreut wurden und ganz klassisch bestimmte Textstellen illustrieren – ein skurriles Echo auf Greßmanns humorvolle Bildwelt. Die Einbandvignette, der *Vogel Frühling*, stammt von Greßmann selbst, ebenso das Gedichtmanuskript mit Zeichenskizzen als Frontispiz.

Dem Verlagsvertrag vom 18. August 1965 ist zu entnehmen, daß *Vogel Frühling* in 1000 Exemplaren gedruckt wurde und Greßmann pauschal 1500 Mark Honorar erhielt sowie 15 Prozent vom Verkaufspreis bei eventuellen Nachauflagen. Zusätzlich hatte Greßmann zur Fertigstellung des Manuskripts ein Stipendium von 900 Mark in drei Raten aus Mitteln des Schriftstellerverbandes erhalten. Nach mancherlei Verzögerungen, die die Planwirtschaft mit sich brachte, hielt Greßmann Anfang November 1966 das fertige Buch in den Händen. Am 7. November schrieb er an den Verlag: »Die Ausstattung des Büchleins ist in der Tat zu meiner völligen Zufriedenheit ausgefallen.«

Das Echo in der Presse war eher bescheiden. Im *Sonntag* (19. Februar 1967) erschien ein Interview, in dem Eduard Zak mit dem Autor die Bildwelt des Buches besprach. Die einzige ausführliche Rezension veröffentliche die Zeitschrift *Sinn und Form* (H. 2/1968). Die Lyrikerin Elke Erb, die durch ihren Mann, Adolf Endler, mit Greßmanns Werk bekannt war, hob Greßmanns Eigenständigkeit in Sprache und Bildwelt hervor. Auch im *Neuen Deutschland*, dem Zentralorgan der SED, ist der Band besprochen worden, wie aus der Werbezeitschrift des Verlages *Aspekte* (Nr. 24, 1970) zu entnehmen ist. Andere Zeitungen druckten immerhin Proben aus dem Buch nach. Im Rundfunk wurden mehrmals einzelne Gedichte gelesen. Ermutigend für Greßmann war aber vor allem die breite Zustimmung, die er unter Kollegen erfuhr. Vor und nach Erscheinen des Bandes äußerten sich beispielweise Johannes Bobrowski, Franz Fühmann, Stephan Hermlin und Günter Kunert positiv zu seinen Gedichten. Das Buch fand auch mehr Käufer, als vom Verlag erwartet worden waren. So wurde eine Nachauflage mit nochmals tausend Exemplaren gedruckt. – Der Verlag vereinbarte mit Greßmann einen zweiten Gedichtband. Der Schriftstellerverband besorgte ihm eine eigene Hinterhauswohnung mit einem Zimmer und einer Innentoilette, die Greßmann wie das Paradies vorkam. Doch die Krankheit war unerbittlich.

Vogel Frühling gehört zu den bedeutendsten Lyrikbänden des Jahrzehnts. Der Kritiker Eberhard Haufe schrieb vier Jahre nach Greßmanns Tod: »Fast will es ein Wunder scheinen, daß ein so unglückseliges Leben zum Nährboden solch leuchtender Gedichte wurde« (*Thüringer Tageblatt*, 3. November 1973). CW

Literaturauswahl
WOLFGANG ERTL: *Natur und Landschaft in der Lyrik der DDR: Walter Werner, Wulf Kirsten und Uwe Greßmann* (1982). PETER GEIST: *Uwe Greßmann*; in: Peter Geist und Ursula Heukenkamp (Hrsg.): *Deutschsprachige Lyriker des 20. Jahrhunderts* (2006). Richard Pietraß (Hrsg.): *Uwe Greßmann. Lebenskünstler. Gedichte. Faust, Lebenszeugnisse, Erinnerungen an Greßmann* (1982). KRISTIN SCHULZ: *Uwe Greßmann. Der »geheime« König von Berlin*; in: Roland Berbig (Hrsg.): *Der Lyrikclub Pankow* (2000).

Grimm, Hans {1875-1959}
Die Grobbelaars.
Trauerspiel.

Berlin-Ch.: Vita – Deutsches Verlagshaus, 1907. 196 S. 17 x 11,7 cm. Br.: (= Bibliothek moderner Dramen)

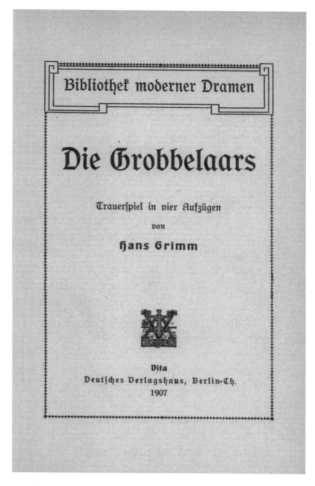

Broschureinband

Hans Grimm hat mit seinem Erfolgsroman *Volk ohne Raum* dem deutschen Expansionsdrang im 20. Jahrhundert seinen Namen gegeben. Er war von der Überbevölkerung Deutschlands überzeugt, die nur durch Auswanderung nach Afrika und deutsche Kolonialpolitik zu meistern sei. So suchte auch der Protagonist des Romans, ein notleidender niedersächsischer Bauernsohn, sein Heil in Südafrika, wo er jedoch in seiner Entfaltung durch die britische Herrschaft behindert wurde. Grimms Lebensthema fand seinen Anfang schon im ersten Buch *Die Grobbelaars*, einem Drama aus den Tagen des Burenkrieges

(1899-1902), den die holländischen Bauern in Südafrika gegen das britische Empire verloren. Die Sympathie im deutschen Kaiserreich lag eindeutig auf Seiten der Buren, in denen die Deutschen Verbündete im Kampf gegen die britische Vorherrschaft in der Welt sahen.

Grimm war Zeuge des Burenkrieges, weil er nach Abitur und kaufmännischer Lehre in England 1897 nach Südafrika ausgewandert war, um dort Teilhaber einer Handelsfirma zu werden. Das hatte sein Vater, ein ehemaliger hessischer Universitätsprofessor und Bahnmanager, für ihn arrangiert. Der Mitbegründer

der »Deutschen Kolonialgesellschaft« war begeisterter Anhänger des Kolonialgedankens und sah in der Auswanderung des Sohnes die Verwirklichung seines eigenen Lebenstraumes, den er sich auf Grund seines Alters nicht mehr erfüllen konnte. Hans Grimm kam durch die Geschäftstätigkeit viel im Land umher. Die Firma Martienssen, Grimm & Fraser importierte Hotelbedarf nach Südafrika, für dessen Verkauf geworben werden mußte. Dabei lernte er Land und Leute kennen, entwickelte seine Aversion gegen die britische Herrschaft, betrachtete aber skeptisch die Rückständigkeit der Buren. Kritikwürdig war für ihn jedoch nicht der Rassismus, der seinerzeit Allgemeingut der europäischen Einwanderer war und später in der Apartheid so lange überdauerte, sondern die selbstgenügsame, bigotte und geistig unbewegliche Mentalität. In Grimms Stück versagt eine Burengemeinschaft im Kampf gegen die Engländer, weil der Anführer am Sonntag, dem Tag des Herrn, nicht kämpfen will und die Engländer erfolgreich Verrat schüren. Das Stück ist wie eine klassische aristotelische Tragödie aufgebaut und wird deshalb auch mit einem Schiller-Zitat eröffnet. Anleihen bei *Wallenstein* sind unverkennbar.

Grimm schrieb das Stück 1906 in Südafrika und unterzeichnete die Vorbemerkung deshalb mit East London (Kapkolonie). Er kannte in dieser Zeit die klassische Literatur bereits gut und favorisierte besonders Heinrich von Kleist und Theodor Storm. Geprägt hatte ihn jedoch vor allem die deutschnationale Literatur von der Art des Felix Dahnschen Romans *Kampf um Rom*, in dem die Goten im Ringen mit den »Welschen« liegen. Anregungen zur Literatur erfuhr er besonders durch seine Mutter, die Tochter eines emporgekommenen Weingutbesitzers, die sich der Bildung der Kinder verschrieben hatte. Ihr widmete Hans Grimm sein erstes

Buch: »Meiner liebsten Mutter«. Über eine Wirkungsgeschichte ist nichts zu berichten. Einige weitere Bücher erschienen, ehe Grimm seine Geschäftsbeteiligung in Südafrika aufgab, um sich in Deutschland als freier Schriftsteller niederzulassen. Sein späterer Wohnsitz Kloster Lippoldsberg wurde in der Weimarer Republik zu einem Zentrum der konservativen Literatur.

Grimms erstes Buch erschien in einem damals aufstrebenden jungen Verlag, der sich um zeitgenössische Literatur wie Walter Bloem, Rudyard Kipling, Walter von Molo und Ernst von Wolzogen bemühte und Reiseberichte von Expeditionen zum Südpol und in das innere Afrika im Programm hatte. Vielleicht gab es daher Anknüpfungspunkte zu dem exotischen Stoff von Grimms Stück. Es ist in deutschen Bibliotheken nur zwei Mal nachweisbar und taucht auf dem Antiquariatsmarkt sehr selten auf. CW

Literaturauswahl
HANS GRIMM: *Leben in Erwartung* (2. Aufl. 1972). HANS GRIMM: *Über mich selbst und meine Arbeit* (1975). K. VON DELFT: *Der verkannte Hans Grimm* (1975). HEIKE WOLTER: »*Volk ohne Raum*«. *Lebensraumvorstellungen im geopolitischen, literarischen und politischen Diskurs der Weimarer Republik* (2003.)

Grünbein, Durs {geb. 1962}
Grauzone morgens.
Gedichte.
Mit einem Porträtfoto v. Volker Lewandowsky. Frankfurt/M.: Suhrkamp, 1988. 96 S. 17 x 10 cm. Br. (= edition suhrkamp 1507.) Satz: LibroSatz. Druck: Nomos Verlagsgesellschaft, Baden-Baden.

Auf der Frankfurter Messe 1988 trat ein junger, gänzlich unbekannter Dichter aus der DDR auf und las zehn Minuten aus seinem gerade erschienenen ersten Buch. Weder war er in der Dichterszene am

Prenzlauer Berg sonderlich in Erscheinung getreten, noch hatte er sich an den vielen damals kursierenden Samizdats, den selbstgefertigten Schreibmaschinendrucken, beteiligt, noch stand er mit Proben in den maßgeblichen Anthologien der Zeit. Stoisch hatte der Sechsundzwanzigjährige die letzten Jahre mit Selbststudien verbracht. »Die meiste Zeit saß ich im Lesesaal, erst in der Sächsischen Landesbibliothek in Dresden, später während des Studiums in der Berliner Staatsbibliothek.« Seine Interessengebiete waren weitgespannt und reichten von der Quantenphysik und Neurologie über die Philosophie bis hin zum großen Bereich der Weltliteratur. Bei der Auswahl seiner Selbststudien hatte er einen Blick für das Wesentliche, der ihn davor bewahrte, sich in den Abgründen des Spezialwissens zu verlieren. Deshalb konnte er auch mit dem Studium der Theaterwissenschaft nichts anfangen. Er hatte es 1987 nach vier Semestern an der Humboldt-Universität in Berlin abgebrochen, weil es ihn beengte und sich nicht mit seinem Streben nach einer fundierten Allgemeinbildung vereinbaren ließ. Für den Sohn einer Chemielaborantin und eines Flugzeugingenieurs aus Dresden war die zweigeteilte Stadt Berlin das Tor zur großen Welt, die er erkunden wollte. Weil er nicht reisen durfte, hatte er einen Ausreiseantrag gestellt und durfte zu seinem Erstaunen dennoch während der Antragszeit die Frankfurter Messe besuchen.

Das erste Buch verdankte Grünbein zum einen dem Dramatiker Heiner Müller, »einem wahren Protektor, der meine Manuskripte in langen Nächten mit mir besprach und später ohne mein Wissen in die Welt hinausbeförderte.« Zum anderen dem Verleger Siegfried Unseld, der »mich dann Ende der achtziger Jahre, bei einem Blitzbesuch in Ostberlin wie das verlorene Fohlen in seinem Rennstall willkommen hieß.« Unseld veröffentlichte das von Müller empfohlene Gedichtmanuskript in der Taschenbuchreihe *edition suhrkamp*, in der bis heute gleichermaßen Standardwerke wie erste Texte von jungen Autoren publiziert werden. Der zitronengelbe Broschurband in der Reihengestaltung von Willy Fleckhaus war in der vielbändigen, preiswerten Reihe gut aufgehoben und drohte zugleich darin verlorenzugehen. Viel war es nicht, was der Verlag dem Buch an Kommentar mit auf den Weg gab. »›Stiller Aufruhr‹ treibt Durs Grünbeins Gedichte voran, ›poetische Zeitrafferaufnahmen‹ aus dem ›Ghetto einer verlorenen Generation‹, die zugleich in den Rissen des Alltags die Tagträume

Broschureinband in der Reihengestaltung von Willy Fleckhaus

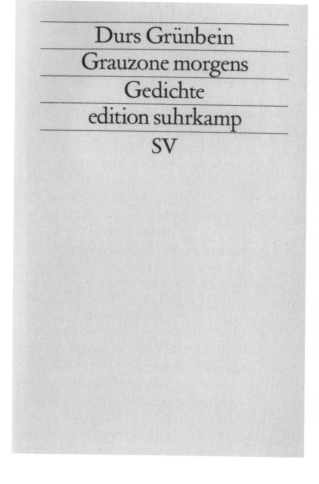

einer jungen, in die DDR hineingeborenen Generation sichtbar werden lassen.« Das schmale Bändchen wurde besprochen, weil es aus dem Hause Suhrkamp kam, aber nicht eben häufig und ohne große Begeisterung. »Hauptvorbild ist Rolf Dieter Brinkmann«, schrieb Harald Hartung reserviert in der *Frankfurter Allgemeinen Zeitung* (24. Oktober 1988). »Wie der sich räuspert und spuckt, hat Grünbein ihm abgeguckt. Leider auch die Manierismen, die Unschärfen, Stoffanhäufungen, funktionslosen Zeilenbrechungen. Da ist für den Autor noch viel zu tun, wenn er übers Epigonale hinausgelangen möchte.«

Die Gedichte sind Momentaufnahmen aus einer Gesellschaft in Agonie, notiert von einem scheinbar unbeteiligten Beobachter, dessen Physignomie weitgehend verborgen bleibt. Grünbein spricht im Rückblick von »Tageliedern aus einer sich ins Alltagsgrau hüllenden sozialistischen Lebenswelt, nur daß ihr Sänger nicht als erinnerungsseliger Troubadour umherging, sondern als verdeckter Beobachter, der aus der Jackentasche heraus seine Photos schoß.« Dresden ist als stofflicher Hintergrund vielfach zu entdecken, betrachtet nicht mit Melancholie angesichts seines schlimmen Schicksals, sondern mit »Barockphobie« und einer Lust am Morbiden. Der Seismograph sieht die Elbe vom Industriemüll vergiftet, die vom Krieg hinterlassenen Ruinen vor sich hin bröckelnd und die Leute »wie aus 2ter Hand« lebend. Grau ist die Farbe, die dominiert. Sie beherrscht nicht nur den Morgen, sondern den ganzen Tag. Die Jugend träumt in den Lesesälen von vergangenen Revolutionen und einem Ausbruch nach New York. Aids und Nullbock-Mentalität werden verarbeitet.

Die Gedichte verrieten Talent und sind im historischen Abstand als Zustandsbeschreibungen am Ende einer Ära wertvoll. Doch nichts deutete am ersten Buch auf den Erfolg der beiden nächsten Gedichtbände

Schädelbasislektion (1991) und *Falten und Fallen* (1994) hin. Für sie erhielt Durs Grünbein 1994 als zweitjüngster Autor (nach Peter Handke) den Georg-Büchner-Preis und 1995 den Peter-Huchel-Preis, wurde Mitglied gleich mehrerer Akademien und gilt seither als eine der wichtigsten Stimmen der zeitgenössischen Literatur. »Seit den Tagen des jungen Enzensbergers, ja, vielleicht seit dem ersten Auftreten Hugo von Hofmannsthals hat es in der deutschsprachigen Lyrik einen solchen alle Interessierten hinreißenden Götterliebling nicht mehr gegeben«, schrieb Gustav Seibt (*Frankfurter Allgemeine Zeitung*, 15. März 1994) mit kaum mehr zu überbietender Euphorie. CW

Literaturauswahl
DURS GRÜNBEIN: *Revision »Grauzone morgens«*; in: Renatus Deckert (Hrsg.): *Das erste Buch. Schriftsteller über ihr literarisches Debüt* (2007). DURS GRÜNBEIN: *Vom Stellenwert der Worte.* Frankfurter Poetikvorlesung (2010). *Durs Grünbein im Gespräch mit Heinz-Norbert Jocks* (2001). Heinz Ludwig Arnold (Hrsg.): *Durs Grünbein. Text + Kritik*, H. 153 (2002). Kai Bremer, Fabian Lampart, Jörg Wesche (Hrsg.): *Schreiben am Schnittpunkt. Poesie und Wissen bei Durs Grünbein* (2007). RENATUS DECKERT: *Ruine und Gedicht. Das zerstörte Dresden im Werk von Volker Braun, Heinz Czechowski und Durs Grünbein* (2010). Wolfgang Heidenreich (Hrsg.): *Peter-Huchel-Preis 1995: Durs Grünbein. Texte, Dokumente, Materialien* (1998).

H

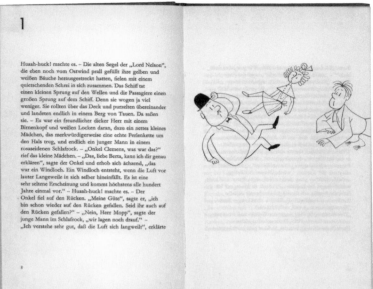

… siehe Seite 171

Peter Handke

Die Hornissen

… siehe Seite 185

… siehe Seite 173

Hacks, Peter {1928-2003}
Das Windloch.
Geschichten von Henriette
und Onkel Titus.
Mit Illustrationen u. Umschlagillustration
v. Paul Flora. Gütersloh: C. Bertelsmann
Verlag, 1956. 144 S. 19 x 11,5 cm. Ln. mit
Umschl. Typographie: Rolf Bünermann.
Gesamtherstellung: Mohn & Co.,
Gütersloh.

Bevor im Jahr 1956 im Bertelsmann
Verlag in Gütersloh mit dem Titel
*Das Windloch. Geschichten von Henriette
und Onkel Titus* das erste gedruckte
Buch von Peter Hacks erschien, war der
Achtundzwanzigjährige bereits ein bekann-
ter Autor. Am 17. März 1955 hatte die
Uraufführung seines Stücks *Die Eröffnung
des indischen Zeitalters* in den Münchner
Kammerspielen unter der Regie von Hans
Schweikart stattgefunden. Das Stück
war ein großer Erfolg, es wurde von der
Kritik umfangreich besprochen. Hacks
erhielt dafür den Dramatiker-Preis der
Stadt München und 1956 in der DDR den
Lessingpreis.

Peter Hacks, am 21. März 1928 in Breslau
geboren, kam nach dem Zweiten Weltkrieg,
dessen Ende er nach eigenen Angaben
in amerikanischer Kriegsgefangenschaft
erlebte, schon Mitte des Jahres 1945 allein
nach Wuppertal, während seine Eltern aus
Breslau nach Dachau bei München geflüchtet waren. In Wuppertal besuchte Hacks
das Gymnasium und legte dort 1947 sein
Abitur ab. Danach studierte er von 1947
bis 1951 in München Neuere Deutsche
Literatur, Theaterwissenschaft, Philosophie
und Soziologie. Schon zu Beginn seines Studiums nahm Hacks Kontakt zur
Münchner Kabarett- und Literaturszene
auf. In dieser Zeit begann Hacks, auch als
Autor produktiv zu werden. Er schrieb
zahlreiche satirische Gedichte für das
Münchner Kabarett »Der neue Simpl«,

eine damals stadtbekannte Künstlerkneipe
der Schwabinger Boheme, die, nachdem
die Vorgängerlokalität, »Der alte Simpl«,
während des Kriegs zerstört worden war,
von dem Kabarettdichter Theo Prosl wie-
dereröffnet und dann bis 1950 betrieben
wurde. Lale Andersen, die Anfang der vierziger Jahre mit dem Lied *Lili Marleen* große
Popularität erlangte, sang dort 1949 das
erste vertonte Gedicht von Peter Hacks
(*Schäferlied*), zugleich der bislang früheste
nachweisbare literarische Text von ihm.
Nach seinem Studium, das er 1951 mit
einer Promotion über *Das Theaterstück des
Biedermeier (1815-1840)* beendete, lebte
er als freier Schriftsteller in München. Er
lernte den Kinderbuchautor James Krüss
kennen, und es entspann sich zwischen
beiden eine enge Freundschaft, die über
mehrere Jahrzehnte bis zum Tod von Krüss
1997 dauerte. Mit Krüss zusammen schrieb
Hacks eine Anzahl von Kindergedichten.
Obgleich nicht bekannt ist, wer welches
Gedicht oder welchen Vers verfaßt hat, teilten sich die beiden später die Autorschaft
für je die Hälfte des Konvoluts. Daneben
schrieb Hacks für den Rundfunk, unter
anderem mehrere Hörspiele für Kinder,
aber auch satirische Liedtexte, Rezensionen
und kleine Essays. Ob und inwieweit Krüss
Hacks' Affinität zur Kinderliteratur beförderte, ist nur schwer zu beantworten,
sicherlich aber entsprach die Kinderliteratur
Hacks' Temperament und seiner deutlichen
Neigung zur komisch-doppelbödigen Darstellung gesellschaftlicher Verhältnisse in
präzise entworfenen Situationen. Diese
poetologischen Eigenschaften sollten ihm
später als Dramatiker zugute kommen.

Nachdem Hacks bereits 1953 die DDR
als »Heimat aller deutschen Schriftsteller«
bezeichnet hatte, siedelte er, inzwischen
mit der Schriftstellerin Anna Elisabeth
Wiede verheiratet und gerade mit dem
Dramatikerpreis der Stadt München beehrt,
zwischen April und Juli des Jahres 1955

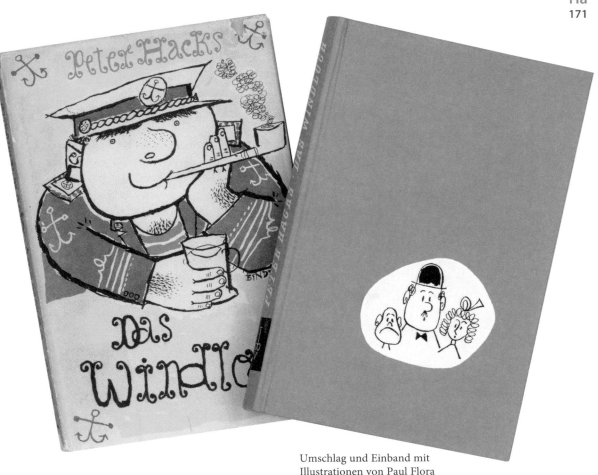

Umschlag und Einband mit
Illustrationen von Paul Flora

in die DDR über. Dieser Schritt dürfte für Hacks nicht schwer gewesen sein. Immerhin hatte er schon vor seiner Übersiedlung regelmäßig an den Sitzungen des Berliner Ensembles unter Brecht teilgenommen. Seine literarischen und verlegerischen Kontakte in den Westen hielt er aufrecht. Eine ständige Zusammenarbeit zwischen ihm und Brecht ergab sich allerdings nicht. Ab 1960 war Hacks Dramaturg am Deutschen Theater Berlin, an dem mehrere seiner Stücke aufgeführt wurden. 1963 feierte er mit *Der Frieden* (nach Aristophanes) seinen ersten großen Theatererfolg, nachdem sein Stück *Die Sorgen und die Macht* (1959) heftige Kontroversen mit der politischen Führung der DDR ausgelöst hatte. Der Erfolg seines Stücks *Ein Gespräch im Hause Stein über den abwesenden Herrn von Goethe* (1974) war beispiellos. Hacks avan-

cierte in den siebziger Jahren zum meistgespielten Theaterautor in beiden Teilen Deutschlands.

Neben der großen Form des Theaters, seiner eigentlichen Domäne, schrieb Hacks von Anfang an Literatur für Kinder, oder »für flügge Leute, also Kinder über achtzehn«. So waren schon seine Hörspiele, die er Anfang der fünfziger Jahre für den Rundfunk geschrieben hatte, vor allem Hörspiele für Kinder. Für Hacks bedeuteten diese kontinuierlichen Ausflüge in die Kinderliteratur vor allem zwei Dinge: Sie waren für ihn eine willkommene Abwechslung gegenüber den großformalen Akten der Theaterproduktion. Diese Arbeiten fielen Hacks leichter und wurden vergleichsweise gut bezahlt. Hacks meinte dazu später: »Wir übergehen die Behauptung, es sei schwerer oder ebenso schwer, für Kinder wie für Erwachsene zu schreiben […] Es ist selbstverständlich viel leichter, und wer hierüber anderes vorbringt, kann vermutlich beides nicht sehr gut.«

Wann das kleine Buch *Das Windloch* genau entstand, läßt sich aus den vorhandenen Quellen nicht sicher erschließen. So bleibt man auf Vermutungen angewiesen, ob es sich bei den Geschichten um übermütige Schülerarbeiten handelt oder um Geschichten des schon erfahrenen Theaterschriftstellers. Sicher ist jedoch, daß das Manuskript noch in der Münchner Zeit entstand und vor Hacks' Übersiedlung nach Berlin abgeschlossen war.

Von Anfang an sind die Ausgaben des *Windloch* als illustrierte Ausgaben erschienen. Die Erstausgabe bei Bertelsmann, ein 144 Seiten starkes türkisfarbenes Leinenbändchen im Oktavformat, illustrierte der berühmte Zeichner und Karikaturist Paul Flora. Die kleinen humoristischen Bildchen des Bandes gehen teilweise nach allen Richtungen über den etwas unorthodoxen Satzspiegel hinaus, der nicht im Block, sondern linksbündig gehalten ist und auffallend große Abstände zu den oberen und unteren Schnittkanten des Buches (3,6 bzw. 4,3 cm) aufweist.

Auf welche Weise Hacks für seine Veröffentlichung mit dem Bertelsmann Verlag in Kontakt kam, ist nur schwer zu rekonstruieren, nicht zuletzt dürften aber Hacks' Geschäftssinn und die Ausrichtung des Verlagsprogramms Gründe dafür geliefert haben.

Obwohl ein Jahr nach der Erstauflage eine zweite Auflage herauskam, entsprach der wirtschaftliche Anfangserfolg des Buches offenbar nicht ganz den Erwartungen des Verlags. Hacks scheint andererseits bald nach seiner Übersiedlung Verhandlungen mit dem Jugendbuchverlag Neues Leben in Berlin (Ost) aufgenommen zu haben, um auch eine Ausgabe für die DDR herauszubringen. Diese Ausgabe erschien dann, von Eberhard Binder-Staßfurt illustriert, 1957 im Verlag Neues Leben, merkwürdigerweise als dritte Auflage ausgewiesen, also in Fortsetzung der vorangegangenen beiden Auflagen des Bertelsmann Verlags gedacht. In den folgenden Jahren wurde das *Windloch* ein höchst erfolgreiches Buch. Es erschien in gewisser Regelmäßigkeit in mehreren Ausgaben, im Osten wie im Westen Deutschlands. 1962 veröffentlichte Hacks im Kinderbuchverlag Berlin eine Fortsetzung seiner »Geschichten von Henriette und Onkel Titus« mit dem Titel *Das Turmverlies*, welche die Personen des Erstlingswerks nochmals aufgriff. Dieses Buch wurde 1964 als Lizenzausgabe von Bertelsmann für die Bundesrepublik übernommen.

Die zeitgenössische Kritik reagierte mehr beiläufig auf das Erscheinen des *Windloch*, jedoch durchweg mit Lob. Man merkte den Geschichten neben dem geistreichen Schliff und den schnurrigen Einfällen, in der Nachfolge etwa von Morgenstern und Ringelnatz, eine gewisse Hintergründigkeit an, welche die Unalltäglichkeit des Alltäglichen sichtbar machen will. Die erzählerische Fantasie des Buches, sein Humor und Hacks' Fähigkeit, die kindliche Erlebniswelt darzustellen, machen die Lektüre seines Erstlingswerks auch heute noch lohnend, nicht nur für Kinder, sondern auch für Erwachsene, die sich den kindlich-poetischen Blick bewahrt haben, dem ein Steinhaufen das Himalaja-Gebirge und eine Verkehrsinsel die Insel des Robinson sein kann.

Gerade diese fantastische Welt hat auch in den Zeichnungen und Originallithographien der Berliner Künstlerin Antoinette ihre Entsprechung gefunden, mit der sie 2010 eine Ausgabe des *Windloch* in den *Graphischen Büchern* von Faber & Faber Leipzig ausgestattet hat. A K

Literaturauswahl

PETER HACKS: *Die Entstehung des »Herzog Ernst«*; in: Gerhard Schneider (Hrsg.), *Eröffnungen. Schriftsteller über ihr Erstlingswerk* (1974). GÜNTHER DEICKE: *Das Windloch*; in: *Neue Deutsche Literatur*, H. 4/1958. CHRISTOPH TRILSE: *Das Werk des Peter Hacks* (1980). HEIDI URBAHN DE JAUREGUI: *Zwischen den Stühlen. Der Dichter Peter Hacks* (2006).

Handke, Peter {geb. 1942}
Die Hornissen. Roman.
1.-3. Tsd. Frankfurt/Main: Suhrkamp Verlag, 1966. 278 S. 18,8 x 11,6 cm. Ln. mit Umschl. Umschlagentwurf v. Willy Fleckhaus. Druck: MZ-Verlagsdruckerei, Memmingen.

Die Hornissen sind ein eigenwilliges Buch. Sie sind der Versuch, die Entstehung eines Romans zu beschreiben, von einem Mann, der nicht weiß, ob er das Buch überhaupt gelesen hat oder ob es ihm nur von jemand anderem erzählt wurde. Aus den Bruchstücken der Erinnerung, die zu dem Handke-Text führen, wird man am Ende nicht ganz klug, auf wen das Geschehen gemünzt ist, auf den Helden des beschriebenen Romans oder zugleich auch auf den, der ihn sich ausdenkt. Ein modernes Kabinettstück der Literatur, von dem gern einmal gesagt wurde, es sei ein Roman, der gar keiner ist. Jedenfalls paßte er Siegfried Unseld, dem Verleger des Suhrkamp Verlages, der nach dem Tode Peter Suhrkamps im Jahre 1959 die alleinige verlegerische Leitung des Hauses übernommen hatte und in der ersten Hälfte der sechziger Jahre die zukünftige und so überaus erfolgreiche Linie des Suhrkamp Verlages konstituierte, genau ins Konzept. Was andere Verlage wie beispielsweise den Luchterhand Verlag, dem das Manuskript des Romans auch angeboten war, verunsichert hatte, es anzunehmen, die offene Fabel, das Flüchtende im Erzählfluß, das hatte

Unseld fasziniert, so daß er die Uneinigkeit, die Ende 1965 auch bei Suhrkamp spürbar war, ob man den jungen Österreicher Peter Handke verlegen solle oder nicht, mit einem Machtwort beendete: »Wir machen das Buch.« Und dann soll er noch hinzugefügt haben: »Er (der Autor) ist so schön.«

Übrigens ist es auch eine Tücke von Verlagsgeschichte, daß Elisabeth Borchers, selbst dichterisch hoch begabt, die Lektorin bei Luchterhand war und die Zurückweisung des Erstlingswerks von Handke verantwortete, später die langjährige Cheflektorin des Suhrkamp Verlages wurde und Peter Handkes weiteren literarischen Entwicklungsweg mit begleitete.

Die zündende Idee, *Die Hornissen* und seinen Autor ohne Verzug weithin bekannt zu machen, hatte Siegfried Unseld. Er verschaffte Peter Handke eine Einladung zur Tagung der »Gruppe 47« in Princeton/USA. Im März 1966 war das Erstlingswerk erschienen. Ende April 1966 tagte die »Gruppe 47«, auf dem Höhepunkt ihres Ansehens, ein Zentrum der deutschen

Umschlag von Willy Fleckhaus

Literatur mit Weltruf. Und da geschieht am zweiten Tag des Treffens etwas ganz Spektakuläres. Der unbekannte Autor Peter Handke tritt auf und beschimpft das literarische Establishment wegen der »Beschreibungsimpotenz in der gegenwärtigen deutschen Prosa«, redet von der »läppischen Beschreibungsliteratur«, die vorherrsche und von der ebenso läppischen Kritik, die diese belobige, und läßt sich nicht unterbrechen. Nur zwei Monate danach, als er die eigene Kraftprotzerei und die Verunsicherung der Etablierten, den Sieg von Amerika also so richtig auskostete, derweil die großen Zeitungen und Magazine das Ungewöhnliche an Roman und Autor illuminierten oder begeiferten, wird das Theaterstück *Publikumsbeschimpfung* aufgeführt und – wieder ein Schachzug des Verlegers – noch im Herbst 1966 als ein Band der *edition suhrkamp* herausgegeben. Zwei Bücher eines Debütanten in einem Jahr – welch ein Ereignis!

Peter Handke wird zum Lieblingsautor des Buchmarkts und ein Popstar dazu, der das deutschsprachige Lesepublikum in überfüllten Sälen zum Staunen bringt und den Atem anhalten läßt. Handke, eine irritierende Figur, ein Autor, der gegen den Strom anschreibt, ein Autor scheinbar abseits aller Tugendlehren, ein Autor mit Mut und Phantasie, der die Versprechen seiner ersten Bücher einlösen kann, in rasch aufeinanderfolgenden Erzählungen, Romanen, Dramen und Essays, über Jahrzehnte hinweg, bis zum jüngsten Text *Immer noch Sturm* (2010). Ich habe selten ein Buch gelesen, das mich so erschüttert hat, eine Geschichte über die Geschichte, eine Geschichte von Teufeln und Heiligen, wie sie der Krieg herausreißt aus seinen unerfindlichen Katakomben.

Das Bekanntwerden mit Handkes Erstlingswerk, um dorthin zurückzukehren, begründete eine Autor-Verleger-Freundschaft. Für Handke waren die frühen Begegnungen mit Siegfried Unseld wie »ein Moment des Zutrauens und der Zukunftsgewißheit«, auch wenn er nach Unselds Tod in einer Marginalie festhält, der übermächtige Mann mitten im Raum, der ihm 1965, beim Einschwirren der *Hornissen*, gegenübergestanden habe, hätte seinerzeit verlautbart: »Sie, Schriftsteller? Keine Chance, höchstens mit Theaterstücken.« Ein Muster der Dialektik aus der deutschen Verlagsgeschichte. EF

Literaturauswahl
PETER HANDKE: *Die Hornissen*; in: Renatus Deckert (Hrsg.), *Das erste Buch. Schriftsteller über ihr literarisches Debüt* (2007). *Geschichte des Suhrkamp Verlages* (1990). *»Ins Verlingen verliebt sein und in die Mittel des Gelingens«. Siegfried Unseld zum Gedenken* (2003). *Der Verleger und seine Autoren. Siegfried Unseld zum sechzigsten Geburtstag* (1984). VOLKER WEIDERMANN: *Lichtjahre. Eine kurze Geschichte der deutschen Literatur von 1945 bis heute* (2006).

Haringer, Jakob
{eigtl. Johann Franz Haringer, Pseudonym: Jan Jacob Haringer, 1898-1948}
Hain des Vergessens.
Dresden: Dresdner Verlag von 1917, 1919. 30 S. Heft mit einer Umschlagzeichnung von F. Schaefler. (= Das neueste Gedicht, Heft 24-25). Gedruckt in der Buchdruckerei R. Abendroth in Riesa im Juli 1919. Vorzugsausgabe: 100 numerierte und signierte Exemplare, mit besserem Papier.

Das wenige, was über Jakob Haringer bekannt ist, haben der Biograph Werner Amstad und der Haringer-Herausgeber Wulf Kirsten zusammengetragen. Haringers Geburtsort war Dresden, weil seine Mutter, Tochter eines bayrischen Volksschullehrers, das uneheliche Kind fern der Heimat zur Welt bringen wollte. Zum Versteckspiel bestand nach der

JAN JACOB HARINGER

HAIN DES VERGESSENS

DRESDNER VERLAG VON 1917
1919

Heftumschlag mit Zeichnung von F. Schaefler

1917 veröffentlichte Haringer verstreut in Zeitschriften und Zeitungen Gedichte. So dürfte er sich bald schon als Dichter verstanden und versucht haben, von den Einkünften aus seinen Veröffentlichungen und einer kleinen Kriegsversehrtenrente zu leben. Bittere Armut war der Preis, nur gelindert durch Zuwendungen von prominenten Dichterkollegen und anderen Gönnern, bei denen er systematisch schnorrte.

Der Verlagsort von Haringers erstem Buch hat keinen Zusammenhang mit seiner Geburt in Dresden. Der Dresdner Verlag von 1917 war eine Gründung der »Expressionistischen Arbeitsgemeinschaft Dresden« um die Dichter Heinar Schilling, Rudolf Adrian Dietrich und Walter Rheiner, den Verleger Felix Stiemer und den Graphiker Conrad Felixmüller. Verlagsinhaber war Heinar Schilling, der sicher auch das Programm der Reihe *Das neueste Gedicht* zusammenstellte. Wer Haringer an den Verlag empfahl, ist nicht bekannt. Wulf Kirsten vermutet Rudolf Adrian Dietrich. Möglicherweise war es auch ein Zechgenosse Haringers aus Schwabingen. Oskar Maria Graf gehörte beispielsweise zu den auswärtigen Mitgliedern der Arbeitsgemeinschaft. In schneller Folge erschienen 1918 und 1919 über 20 Hefte der verdienstvollen Reihe, unter anderem von Schilling, Graf und Klabund. Die Geschäfte gingen jedoch schlecht, so daß der Verlag schon im Dezember 1919 vom Rudolf Kaemmerer-Verlag übernommen werden mußte.

Haringers *Hain des Vergessens* erschien laut Impressum im Juli 1919. Er führte damals den Künstlernamen Jan Jacob Haringer, aus dem später Jakob Haringer wurde. Das schmale Heft enthält 26 Gedichte, darunter auffällig viele Sonette. Darin finden sich schon viele Kernwörter, die für sein Werk bestimmend werden sollten: Heimweh, Schwermut und Ver-

Geburt einer Tochter ein Jahr später kein Anlaß mehr. So wird angenommen, daß Haringer bei der Mutter in München aufwuchs, jedenfalls ist seine Schulkarriere in Bayern dokumentiert. 1908 heiratete der Vater, ein Gastwirt, nach Scheidung seiner vorherigen Ehe die Mutter und gab den Kindern seinen Namen. Die Familie begann ein unstetes Leben, das sie abwechselnd im Bayerischen und Salzburgischen sah, immer neue Gastwirtschaften betreibend. Der Dichter setzte diese wandernde Lebensart eigenständig fort, nachdem er die Realschule vorzeitig abgebrochen hatte. In der kaufmännischen Lehre in Salzburg hielt er es nicht lange aus, so mußte er sein Leben als »Tagelöhner, Knecht, Lastträger, Fabrikarbeiter« fristen. Fast wäre er im schlimmen Kriegsjahr 1917 als Kanonier in Flandern verheizt worden. Doch ein Herzleiden rettete ihn in das Lazarett, bis er kurz vor Kriegsende für dienstuntauglich erklärt wurde. In München wurde er 1919 Zeuge der Räterepublik, kurzzeitig irrtümlich verhaftet. Danach trug er sich mit dem Gedanken, Mönch zu werden, doch hielt er die strengen Regeln in der Benediktiner-Abtei in München nicht lange aus. Seit

gessen. Todes- und Kerkerstimmungen werden hervorbeschworen. Das lyrische Ich fühlt sich betrogen und einem frühen Tod geweiht, etwa in dem Rollengedicht *Auf den Tod der Grille*, das schließt: »Im Rieseln versunkener Sterne / Flüstert mein Herz und bricht!« Das Aufbegehren gegen den Staat und dessen Handlanger, für das Haringer später bekannt war, sucht man jedoch vergeblich. Den Haß, den es dazu brauchte, trug er erst mit den Jahren des ruhelosen Umherschweifens zusammen. Eine Wirkung des ersten Buches ist nicht überliefert. Haringer zog von Verlag zu Verlag weiter, publizierte viel im Selbstdruck, ohne jemals ein größeres Publikum zu erreichen. CW

Literaturauswahl
WERNER AMSTAD: *Jakob Haringer. Leben und Werk* (1966); WULF KIRSTEN, Nachwort zu: JAKOB HARINGER: *In die Dämmerung gesungen* (1982).

Härtling, Peter {geb. 1933}
Poeme und Songs.
Mit Zeichnungen v. Fritz Ruoff. Aufl.: 400 Expl. Als Manuskript gedruckt im Bechtle Verlag Esslingen, 1953. 8 Bl. 19,8 x 11,8 cm. Br.

Das schmale Bändchen trägt als Motto einen Vers von Jakob Haringer: »aber des herzens verbrannte mühle tröstet ein vers«. Hinweisend auf eigene Stimmungen. Dann folgen, alles kleingedruckt, nach George, und ohne Satzzeichen, die Gedichte Härtlings. Die Gedichtblätter legten es nahe, das Büchlein als eine lyrisch-graphische Doppelpräsentation anzulegen, was mit Ruoffs Zeichnungen überzeugend gelang. Eher 1953 erschienen, nicht, wie es wahrscheinlich aus Versehen in der Gesamtausgabe von Härtlings Gedichten angegeben wird, 1952.

Die Veröffentlichung hatte sich hinausgezögert. In seinen Erinnerungen *Leben lernen* bezeichnet Härtling das Erscheinen des kleinen Bändchens als verspätet, sieht sich aber schon im Vorraum als glücklichen Menschen, der stets mit den Korrekturfahnen, den »verschlissenen Vorzeigeblättern«, unterwegs war. Erich Rall, Härtlings Deutschlehrer, der ihm und seinen jugendlichen Schreibversuchen wohlgesonnen war, legte ihm nahe, die Texte doch einmal dem Bechtle Verlag in Esslingen zu zeigen, wo der Lektor Kurt Leonhard für die Verse tatsächlich sofort Feuer fing. Konnte man sich überhaupt einer Sammlung mit einem so liedhaften Anfang entziehen:

> »vielleicht ein narr wie ich
> narren sind immer gleich
> und wunderlich
> und immer reich.«

Kurt Leonhard, ein Kunsthistoriker mit Vorlieben für die moderne Malerei, schrieb für den zweiten Gedichtband Härtlings – *Yamins Stationen* (1955), der ebenfalls bei Bechtle erschien, ein Nachwort. Der Bechtle Verlag, den seinerzeit Otto Wolfgang Bechtle leitete, ein Mann wie »ein aus dem Bilderbuch gesprungener schwäbischer Bonhomme«, schreibt Härtling, war ursprünglich im Neckargebiet ein alter Zeitungsverlag schon aus dem 19. Jahrhundert, der erst 1949 mit einem Buchverlag aufgestockt worden war, welcher durch Leonhard ein deutliches Profil in Richtung der Förderung neuer Lyrik bekam. Leonhard hatte selbst aus dem Französischen Henri Michaux übersetzt und aus dem Italienischen Dantes *Göttliche Komödie*, so daß eine Art Zentrum für anspruchsvolle Dichtung geschaffen war, in das nun junge Leute eingepaßt werden konnten. Neben Härtlings *Poemen und Songs* treffen wir dort auch die Erstlingswerke von Helmut Heißenbüttel, Heinz Piontek, Johannes Poethen und Wolfgang Bächler,

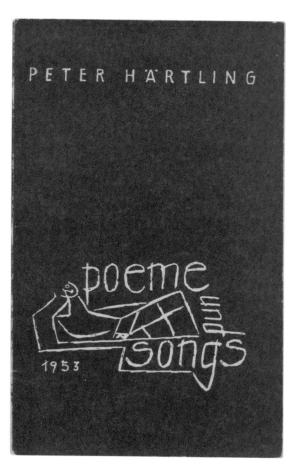

Broschureinband mit Zeichnung von Fritz Ruoff

große Öffentlichkeit herstellen ließ und für den er mit Literaturpreisen beschenkt wurde. Dort war nicht mehr aus dem Reich der Realität in das Reich der Phantasie zu flüchten, wie es die Gedichte seines Erstlingswerks noch getan hatten. EF

Literaturauswahl
PETER HÄRTLING: *Ausgewählte Gedichte 1953-1979. Hrsg. v. Karl Krolow* (1979). PETER HÄRTLING: *Leben lernen. Erinnerungen* (2003). PETER HÄRTLING: *Der Trümmerclown*; in: Renatus Deckert (Hrsg.), *Das erste Buch. Schriftsteller über ihr literarisches Debüt* (2007).

Hasenclever, Walter {1890-1940}
Nirwana.
Eine Kritik des Lebens in Dramaform.
Berlin und Leipzig: Modernes Verlagsbureau Curt Wigand, 1909. 136 (+2) S. 18,5 x 12 cm. Br. Druck: Buch- und Kunstdruckerei A. F. Fischer, Gera R.

so daß Härtling mit dem kleinen Bändchen über Bechtle Dichterannäherungen und Dichterfreundschaften schloß, die für sein weiteres Leben als Verlagslektor, Programmleiter bei S. Fischer und freier Schriftsteller fruchtbar bleiben sollten. Diese und sich daraus ergebende Bekanntschaften, wie beispielsweise mit Hermann Lenz oder Paul Celan, zählten für den jungen Autor wahrscheinlich mehr als magere Begleittexte der Presse zu dem schmalen Erstlingsbändchen, die ohnehin nur spärlich auftauchten.

Der literarische Durchbruch gelang Peter Härtling erst reichlich zehn Jahre später mit dem Roman *Niembsch oder Der Stillstand* (1964), für den sich über das Schicksal des Dichters Nikolaus Lenau eine

Für Walter Hasenclever war sein erstes Buch nicht nur die Probe aufs Exempel, ob sein Talent zum Schreiben ausreiche, sondern auch der erste energische Versuch, sich vom Vater und dessen Lebensplanung für den Sohn zu befreien. Über die Umstände der Entstehung und die formalen und ideellen Einflüsse herrscht dank verstreuter Bemerkungen von Hasenclever und der Hasenclever-Forschung, insbesondere von Bert Kasties, weitgehend Klarheit. Der Vater, Sanitätsrat Dr. Carl Georg Hasenclever, war die Inkarnation eines wilhelminischen Familienpatrons, beruflich erfolgreich, in der Gesellschaft anerkannt, familiär ein Tyrann. 1901 gründete er zusammen mit Partnern ein Krankenhaus in Aachen und wurde dort Chef der Inneren Abteilung. In Kliniknähe baute er für die Familie eine Villa im Grünen, in der er mit Frau und drei Kindern standesbewußt residierte. Den ältesten Sohn Walter erzog er mit besonderer Strenge, wie der Dichter nicht nur in seinem stark autobiographisch geprägten Erfolgsstück *Der Sohn* festhielt, sondern auch in einem Lebenslauf, den er 1917 in einer Dresdner Klinik zu Papier brachte: »Ich wurde von meinem Vater sehr oft geschlagen, meistens mit der Reitpeitsche, wenn ich meine Aufgaben nicht konnte, abends beim Schlafengehen vor einem Spiegel. Später wurde ich morgens nach dem Frühstück überhört. Da mein Vater wußte, daß mein größter Ehrgeiz war, in der Schule nicht zu spät zu kommen, wurde ich gezwungen, so lange zu lernen, bis ich für den 30 Minuten langen Schulweg oft nur 10 Minuten Zeit hatte. Infolge des angestrengten Laufens erbrach ich fast täglich auf dem Weg mein Frühstück.«

Die Mutter verhielt sich dem Kind gegenüber unterkühlt, weil sie, wie ein Arzt attestierte, während der Schwangerschaft eine Psychose erlitten hatte und dem Kind daran die Schuld zuwies. Die Erziehung wurde Gouvernanten übertragen, die auf Anweisung des Vaters ebenfalls unnachgiebig zu sein hatten. Das Gymnasium, das zeitgemäß autoritär strukturiert war, fiel in der Strenge zumindestens gegenüber dem Elternhaus etwas ab. Hier fand der begabte Junge geistig rege Mitschüler, mit denen er sich für moderne Kunst und Dichtung begeisterte. In Aachen gab es den bedeutenden Kunstsammler und Mäzen Edwin Suermondt, der Hasenclever und seine Freunde in vieler Hinsicht anzuregen verstand. Bei ihm wurden sie über die neueste französische Malerei von Picasso, Matisse und Derain unterrichtet, während sie in der Bibliothek des Suermondt-Museums die modernen Kunstzeitschriften studieren konnten. Vom Elternhaus wurde dieses erwachende Interesse für Kunst und Literatur energisch unterdrückt. Der Freund Hans Laut berichtete, daß Hasenclever selbst die Lektüre des *Faust* untersagt worden war. So mußte er auch seine ersten eigenen Versuche, Gedichte und Dramen zu schreiben, vor den Eltern verbergen.

Nirwana entwarf Hasenclever nach einer Erinnerung in der Zeitschrift *Hochland* (Jg. 1919/1920) bereits mit fünfzehn Jahren, zu Papier brachte er es erst in Oxford, wo er im Frühjahr 1908 sein Studium begann. Der Vater hatte Jura bestimmt mit der Aussicht auf eine diplomatische Laufbahn. Entsprechend den Regeln der altehrwürdigen Alma mater wohnte er bei einem Tutor, dem Altphilologen Arthur Hamilton Pilkington, der offenbar viel Verständnis für seinen ehrgeizigen Schützling aufbrachte. Er ließ ihm Freiraum, sich seinen Neigungen hinzugeben. So studierte er statt Römisches Recht neuere deutsche, englische und französische Literatur, schrieb das erste Gedicht, das veröffentlicht wurde, und eben während des glücklichen Sommers 1908 das erste Stück *Nirwana*. Bereits am 23. September schloß er mit dem Leipziger Verlag Curt Wigand einen Vertrag über den Druck, der in einer Auflage von 1000 Exemplaren zum Preis von 3 Mark erscheinen sollte und einen Druckkostenbeitrag von 700 Mark vom Autor vorsah. Hasenclever erinnerte sich 1927 in einem Feuilleton, daß er 900 Mark gezahlt habe und diese Summe beim Pokerspiel mit vornehmen Kommilitonen gewonnen habe. Mit dem fertigen Manuskript in der Tasche nahm er an einer illustren Gesellschaft teil und verkündete dort, er »wolle die Juristerei an den Nagel hängen und Dramatiker werden. Hätte ich freilich geahnt, daß von meinem ersten Drama nur zehn Exemplare verkauft würden, ich wäre vielleicht etwas vorsichtiger gewesen …« Er widmete es Greta Schröder, einer angehenden, jungen Schauspielerin, mit der er in Oxford die freien Stunden verbrachte, obwohl den Studenten der Umgang mit dem anderen Geschlecht untersagt war: »Gretha Schröder. Wenn du an jenen Abend noch denkst, als wir an den blühenden Sommergärten von Oxford vorüberstreiften, zufällig und wohl zwei Heimatlosen gleichend, dann weißt du, warum ich meine Aufzeichnungen dir in die Hände lege – so arm und unfertig sie auch sind, wie viele sagen werden.« Hasenclever blieb mit ihr auch im späteren Leben verbunden, als sie die Frau von Paul Wegener geworden war.

Hasenclever machte keinen Hehl daraus, daß er sich beim Entwurf von *Nirwana* stark an Henrik Ibsen und besonders dessen Drama *Gespenster* anlehnte. *Nirwana* ist ein Kammerspiel mit wenigen handelnden Personen, das auf einen Ort und einen Tag konzentriert ist. Darin geht die Ehe des kleinstädtischen Oberbürgermeisters Berger in die Brüche, die wiederaufflammende Liebe seiner Frau Ellen und ihrer einstigen Jugendliebe Sternau findet keine Erfüllung, und die Glaubensfestigkeit des evangelischen Pfarres Call, eines Freundes des Hauses, erweist

Broschureinband

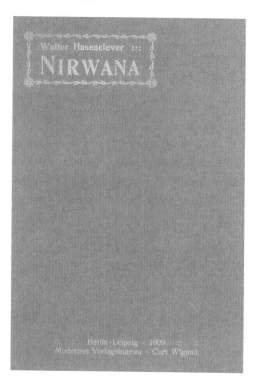

sich als hohl. Am Ende stehen alle Akteure vor den Scherbenhaufen ihres Lebens: Ellen kündigt ihren Selbstmord an, Berger und Call müssen zurücktreten, und Sternau, ein einst ambitionierter junger Dichter, gibt alle Pläne zur Weltverbesserung auf, um sich der Erziehung seines unehelichen, in der »Gosse« lebenden Kindes zu widmen. Die dunkle Vorgeschichte wird entsprechend dem Muster eines analytischen Dramas in Gesprächen enthüllt. Sternau hatte einst auf Wunsch von Ellen eine von Berger errichtete neue Kirche niedergebrannt und war dafür viele Jahre hinter Gitter gebracht worden. Die Tat war von der antichristlichen Ideenwelt Nietzsches bestimmt. Ohne männliche Stütze hatte sich Ellen auf eine Ehe mit Berger eingelassen, der von Ellens Beteiligung an der Brandstiftung keine Ahnung hatte. Nach Bert Kasties' Analyse geht das Stück jedoch nicht im Nietzscheanismus auf. Kirchenfeindlichkeit, Übermenschphantasien und Nichtachtung des weiblichen Geschlechts sind zwar unübersehbar, doch sie werden vom Lebenspessimismus und von der Ehefeindlichkeit entsprechend der Philosophie Schopenhauers überlagert. So endet das Stück nicht im Nirwana, der Erlösung von der ewigen Wiederkehr, sondern in Sternaus »Erkenntnis der eigenen Leere und Ohnmacht«.

Dem Vater gefiel der lockere Lebenswandel des Sohnes in Oxford gar nicht, deshalb ordnete er eine Fortsetzung des Studiums in Lausanne an. Von dort floh Hasenclever, weil er bei einem Freund des Vaters geradezu interniert war. Nach einigen Zwischenstationen und konfliktreichen Verhandlungen mit dem Vater nahm Hasenclever sein Studium in Leipzig wieder auf, jetzt der Literaturgeschichte und Philosophie. Wenn der Druck vom Vater zu stark wurde, die finanzielle Hilfe gestrichen werden sollte, half die Großmutter mütterlicherseits aus. Das Elternhaus betrat

Hasenclever nie wieder. Leipzig war ein Glücksfall in Hasenclevers Leben, hier fand er um die Verleger Ernst Rowohlt und Kurt Wolff den Kreis Gleichgesinnter, der seinem Leben und seinen literarischen Plänen letztlich die Richtung gab. CW

Literaturauswahl
WALTER HASENCLEVER: *Kleine Schriften.* Bearb. v. Christoph Brauer u.a. (1997). WALTER HASENCLEVER: *Briefe in zwei Bänden. 1907-1940.* Hrsg. v. Bert Kastiens u. Dieter Breuer (1994). Dieter Breuer u.a. (Hrsg.): *Walter Hasenclever. 1890-1940. Ausstellungskatalog* (1990). BERT KASTIES: *Walter Hasenclever. Eine Biographie der deutschen Moderne* (1994). MIRIAM RAGGAM: *Walter Hasenclever. Leben und Werk* (1973).

Hauptmann, Gerhart
{eigtl. Gerhard Hauptmann, 1862-1946}
Liebesfrühling.
Ein lyrisches Gedicht.
Salzbrunn, im September 1881. 18 S.
22,5 x 15 cm. Heft. Druck: F. W. Schröter, Freiburg i. Schl.

Wie bei manch anderem Schriftsteller entstand auch Gerhart Hauptmanns Erstling als Gelegenheitsdichtung und Privatdruck. Doch der Anlaß wie die Folgen waren außergewöhnlich, obwohl sie den Bereich des Privaten nicht verließen. Hauptmann besuchte seit 1880 die Königliche Kunst- und Gewerbeschule in Breslau, um Bildhauer zu werden. Der vorzeitige Abbruch des Gymnasiums und der landwirtschaftlichen Ausbildung bei seinem Onkel Gustav Schubert lagen hinter ihm. Fast wäre er auch von der Kunstschule verwiesen worden – er war schon einige Monate wegen mangelnden Fleißes vom Unterricht ausgeschlossen –, da rettete ihn der Vortrag aus einem selbst geschriebenen Epos *Hermannschlacht*, zu dem ihn sein Lehrer Robert Haertel vor den zufällig versammelten Leuchten des Instituts spontan

aufgefordert hatte. Die Herrschaften waren von der Kraft des Vortrages stärker noch als vom Werk beeindruckt. Hauptmann durfte weiterstudieren.

Neben großer seelischer Unruhe machte ihm seinerzeit die knappe Ausstattung mit finanziellen Mitteln zu schaffen. Das Geld von den Eltern reichte kaum über die Logiskosten hinaus. Der Rest ging bei »wilden Trinkexzessen« drauf. Die regelmäßig eintreffenden Lebensmittelpakete verschmauste er zusammen mit seinen Freunden und Zechgenossen meist gleich beim Eintreffen, so daß der schmächtige Student an manchem Tag kaum mehr einen Bissen zu sich nehmen konnte. Seine Eltern, die einst ein großes Kurhotel im niederschlesischen Bad Salzbrunn geführt hatten, waren durch Erbauszahlungen und das unruhige Temperament des Vaters sozial erheblich gesunken. Die Bahnhofswirtschaft Sorgau warf nicht so viel ab, um die Söhne ausreichend bei Ausbildung und Berufseinstieg unterstützen zu können. Da kam den drei Brüdern eine glückliche Fügung zu Hilfe. Georg, der Älteste, lernte in Dresden die Familie von Berthold

Heftumschlag

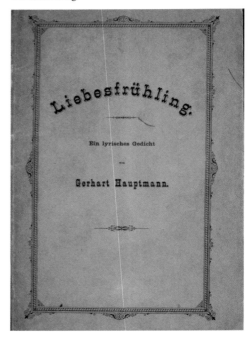

Thienemann kennen, einem ehemaligen Bankier und Wollgroßhändler, der seinen Ruhestand mit Sohn und fünf Töchtern in Hohenhaus, dem alten meißnischen Bischofssitz, verbrachte. Ein »Nest von Paradiesvögeln«, schwärmte Georg, wie sich Hauptmann in den Erinnerungen *Abenteuer meiner Jugend* (1937) erinnerte. Er verliebte sich in Adele, und sie beschlossen zu heiraten. Über die Vorbereitung der Hochzeit starb der Vater. Das Fest wurde dennoch vor Ablauf des Trauerjahres auf den 24. September 1881 festgesetzt. Damit Georg die Ehe standesgemäß antreten konnte, hatte ihm eine Gönnerin der Familie, die Nenntante Mathilde Jaschke, den Einstieg in eine Hamburger Kaffeefirma finanziert. Gerhart Hauptmann schrieb zu dem bevorstehenden Anlaß einen Einakter, eben jenes »lyrische Gedicht« *Liebesfrühling*, das den Polterabend beleben sollte. Um dem Geschenk ein würdiges Aussehen zu geben, wurde es mit Hilfe von Tante Mathilde in der nahen Druckerei F. W. Schröter »in einer recht angenehmen Form vervielfältigt«. Der Druck besitzt statt eines Titelblattes nur ein Widmungsblatt: »Seinen theuren Geschwistern Adele und Georg in Liebe gewidmet von Gerhart Hauptmann. Salzbrunn, im September 1881.« Der Autor reiste einige Zeit vor dem Termin zusammen mit Bruder Carl und Schwester Lotte in Dresden an, weil man das Stück zusammen mit den fünf Geschwistern Thienemann einstudieren wollte. Der Dichter hatte darauf geachtet, daß für alle Geschwister des Brautpaares eine Rolle im Stück zur Verfügung stand.

Liebesfrühling, eine Apotheose der Liebe, handelt davon, wie sich der Winter durch den Genius der Liebe in den Frühling rückverwandelt. Neben allegorischen Rollen hatte Hauptmann auch Rübezahl als Referenz an die schlesische Heimat eingebaut. Die Aufführung fand in der Eingangshalle von Hohenhaus statt, wo mit Hilfe des Gärtners aus Oleander- und Lorbeerbäumen, Büschen und blühenden Bäumen ein Zauberwald in Anlehnung an Shakespeares *Sommernachtstraum* arrangiert worden war. »Man war entzückt. Es hieß allgemein, daß man sich nicht erinnere, etwas so Hübsches und Würdevolles bei einer Hochzeit erlebt zu haben«, faßt Hauptmann die Wirkung zusammen. Danach verschwand das Stück von der Bildfläche und wurde erst in Band VIII der Centenar-Ausgabe (1962) neu abgedruckt.

Für Hauptmann hatte es eine bedeutende Nebenwirkung. Bei der Inszenierung unter seiner Leitung war er für Marie, eine der Schwestern der Braut, entflammt. Sie fanden bald zueinander und heirateten vier Jahre später. Zuvor hatten sich schon Carl Hauptmann und Martha Thienemann vermählt. Eine dreifache Verbindung zweier Familien, die so märchenhaft war, daß sie erfunden zu sein scheint. Die Frauen brachten Vermögen in die Ehe, von dem die Männer sonst nur hätten träumen können. Marie gab Hauptmann außerdem den Rückhalt, den er brauchte, um nach dem Abbruch seiner Bildhauerlaufbahn seine Bestimmung in der Literatur zu finden. Sie feierte mit ihm den Durchbruch mit dem ersten Erfolgsstück *Vor Sonnenaufgang* (1889) und die weiteren frühen Triumphe, bis die Ehe scheiterte und 1904 geschieden wurde. CW

Literaturauswahl

GERHART HAUPTMANN: *Das Abenteuer meiner Jugend. Zweites Vierteljahrhundert* (1937). RÜDIGER BERNHARDT: *Gerhardt Hauptmann. Eine Biografie* (2007). HANS DAIBER: *Gerhart Hauptmann oder der letzte Klassiker* (1971). Walter Heynen (Hrsg.): *Mit Gerhart Hauptmann. Erinnerungen und Bekenntnisse aus seinem Freundeskreis* (1922). EBERHARD HILSCHER: *Gerhart Hauptmann* (1969). WOLFGANG LEPPMANN: *Gerhart Hauptmann. Leben, Werk und Zeit* (1986). KURT LOTHAR TANK: *Gerhart Hauptmann in Selbstzeugnissen und Bilddokumenten* (1959).

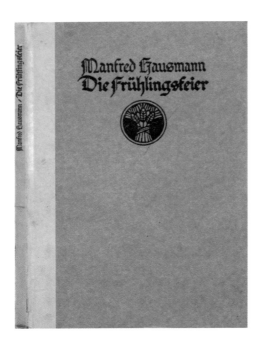

Einband

Hausmann, Manfred {1898-1986}
Die Frühlingsfeier. Novellen.
Bremen: Carl Schünemann, [1924]. 71 S.
17,5 x 12,3 cm. Pp. (= Die Garbe.)

Manfred Hausmanns Frühwerk ist ohne seine Prägung durch die Jugendbewegung nicht zu denken. Schon in der Schulzeit Mitglied des Wandervogels, gehörte er 1913 zu den Teilnehmern der großen Jugendkundgebung auf dem Hohen Meißner in Hessen. Den »abenteuerlichen« Kriegsdienst, zu dem er nach bestandenem Notabitur Ende 1916 eingezogen wurde, erlebte er teilweise als Erholung im Vergleich mit der verhaßten Schulbank. Ein Schuß in den Fuß und eine Gasvergiftung, die lebenslang Atemprobleme nach sich ziehen sollte, ernüchterten ihn. Nach dem Krieg nahm er ein Studium der Philosophie, Kunstgeschichte und Germanistik in Göttingen und München auf. Von Einfluß auf seine Entwicklung war das Seminar bei dem Theaterwissenschaftler Artur Kutscher, der

Frank Wedekind besonders schätzte und mit den Studenten Stücke von ihm einstudierte, unter anderem mit Hausmann in einer Hauptrolle. Nach der Promotion zum Dr. phil. trat Hausmann in die Firma seines Vaters ein, der in Göttingen Geschäftsführer und Mitinhaber einer Mikroskopfabrik war. Doch bald kam es zwischen ihnen zu politischen Differenzen, so daß Hausmann 1923 nach Bremen wechselte, um während der Inflationszeit in einer Exportfirma sein Dasein zu fristen. Auch hier hielt es ihn nicht lange. Nachdem er schon jahrelang in verschiedenen Zeitschriften veröffentlicht hatte, stellte ihn 1924 die Bremer *Weser-Zeitung* als Feuilletonredakteur ein. Zum Jahresende wurde er Vater von Zwillingen.

In diese Zeit fallen seine ersten Buchveröffentlichungen: die Sammlung seiner lyrischen Versuche *Jahreszeiten*, die er im Selbstverlag herausgab, und die beiden Novellen, die er unter dem Titel *Frühlingsfeier* bei Carl Schünemann publizierte. Welches Buch zuerst da war, läßt sich nicht mehr zweifelsfrei feststellen, wahrscheinlich aber die Novellen. Der Carl Schünemann Verlag, der schon seit 1810 in Bremen bestand, baute nach dem Ersten Weltkrieg innerhalb eines sehr gemischten Programms einen belletristischen Zweig auf, hauptsächlich aus Bremer und norddeutschen Autoren wie Hans Leip, Ricarda Huch und Josef Winckler bestehend, aber auch mit Gustav Meyrink. In diesem Zusammenhang gehörte auch die Einrichtung der Reihe *Die Garbe*, die nur an einer Vignette auf Einband und Schmutztitel zu erkennen ist.

Die Titelnovelle erzählt etwas bieder von einer jungen Liebe. Immerhin gibt ihr die Begeisterung für Heidelandschaft, Wanderlust und Kasperletheater eine besondere Note. Unverkennbar ist in der zweiten Novelle *Holder* der Einfluß von Wedekind: Ein Waisenjunge, um den sich ein Pfarrer vergeblich bemüht, ermordet aus pubertär erotischer Verwirrung ein Schauspielerpaar.

Eine nennenswerte Wirkung des Buches ist nicht überliefert. Immerhin war das Buch der Anfang einer ganzen Reihe von meist kleineren Veröffentlichungen, die in rascher Folge erschienen. Einen durchschlagenden Erfolg hatte erst der Landstreicher-Roman *Lampioon küßt Mädchen und kleine Birken* (1928), nach dessen Erfolg Gottfried Bermann Fischer und seine Frau in Worpswede auftauchten, wo Hausmann inzwischen wohnte, um ihn für den S. Fischer Verlag anzuwerben. CW

Literaturauswahl
KARLHEINZ SCHAUDER: *Manfred Hausmann. Weg und Werk* (2., erw. Aufl. 1979).

Heiduczek, Werner {geb. 1926}
Matthes und der Bürgermeister.
Erzählung.
Mit Illustrationen v. Hans Mau. Aufl.:
10 000 Expl. Halle (Saale): Mitteldeutscher Verlag, 1961. 142 S. 19,5 x 12,4 cm. Pp. mit Umschl. Umschlag u. Einband: Kurt Stumpe. Druck: Betriebsberufsschule Heinz Kapelle, Pößneck.

War das ein Winter, verdammt! Und wir standen nackt. Denn was sind schon ein paar dünne Lumpen gegen einen Wind, der selbst das Feuer zum Frieren bringt.« Dieser Satz ist der erste Satz von Heiduczeks Erstlingswerk, einer kleinen Erzählung, die, wäre sie mir als Verleger auf den Tisch gekommen, mich sofort zu einem Verlagsvertrag veranlaßt hätte. Doch das Glück der Entdeckerfreude blieb Christa Wolf vorbehalten, die damals Lektorin im Mitteldeutschen Verlag war. Sie meinte, daß in diesem Erzähltext ein ganzer Romanstoff stecken würde. Es waren nicht nur die geschliffenen Sätze, die man nicht wieder vergißt. Es waren vor allem die Ermutigungen, die von dem Text ausgingen, die die vom Krieg zerstörten

Menschen wieder aufzurichten suchten und ihnen Lebenshilfe anboten. Seither hat sich Werner Heiduczeks Poetologie gewandelt. Glaubte er in den Aufbruchjahren noch, die Literatur könne etwas ausrichten, so gehört er heute eher zu den Zweiflern, ob in einer sich immer mehr spaltenden Gesellschaft die Literatur überhaupt noch etwas bewirken kann.

Die Erzählung hatte eine große Resonanz. Der Text wurde 1961 als Fernsehfilm unter dem Titel *Leben aber wie?* mit dem jungen Arno Wischnewski in der Hauptrolle dramatisiert und außerdem als Theaterstück in den Städtischen Bühnen Halle uraufgeführt. 1962 erschien unter dem Titel *Matthes* eine Kinderbuch-Adaption im Kinderbuchverlag Berlin. Der Autor, in Zabrze (dt. Hindenburg), im oberschlesischen Grenzland, in den Kohlerevieren zwischen Polen und Deutschland aufgewachsen, hatte nach dem Krieg als Neulehrer begonnen. Er begleitete danach verschiedene Ämter im Schuldienst und an

Umschlag von Kurt Stumpe mit einer Zeichnung von Hans Mau

höheren pädagogischen Einrichtungen und wollte freier Schriftsteller werden, was ihm erst 1965 gelang.

Heiduczek war schon vor dem Erscheinen der eigenständigen Ausgabe von *Matthes und der Bürgermeister* mit einem Text aufgefallen, der einer Erzählanthologie den Titel gegeben hatte. *Jule findet Freunde* hieß die Ausgabe, die vom Kinderbuchverlag Berlin herausgegeben worden war, und neben Heiduczeks Erzählung unter anderen Texten auch eine Erzählung von Anna Seghers enthielt, worauf der junge Autor besonders stolz war. *Jule* fand ab 1959 viele Freunde auch als Jugendstück in zahlreichen Aufführungen des Theaters der Freundschaft in Berlin.

Weithin bekannt wurde Heiduczek durch seinen Roman *Tod am Meer* (1977), der in der DDR ein Kultbuch war, und nicht nur, weil es die Kulturbürokratie nicht mochte und es zeitweilig behinderte, sondern weil dieses Erinnerungsbuch an den Weg eines Schriftstellers, der hoch hinauf getragen wird und durch Anpassung, Charakterlumperei und schrägen Opportunismus tief fällt, ein zeitloses Dokument darüber ist, wie Wirklichkeit in Lebenskunst, in Dichtung übergeht, was den Herrschenden vielfach Angst macht, wo sie auch regieren. Weil man sich im dichterischen Spielmaterial plötzlich wie unter einem Vergrößerungsglas selbst erkennt. Jetzt erst konnte man sehen, welch weiten Weg Heiduczek zurückgelegt hatte, von seinem Erstling bis zur Krönung seines literarischen Schaffens, und in welcher Weise er sich die Dialektik bewahrt hatte, mit der er von den ersten Schritten seiner literarischen Existenz an die Welt betrachtete. EF

Literaturauswahl
WERNER HEIDUCZEK: *Die Schatten meiner Toten* (2005). WERNER HEIDUCZEK: *Im gewöhnlichen Stalinismus. Meine unerlaubten Texte* (1991). Reinhard Stridde (Hrsg.): *Werner Heiduczek zum 70. Geburtstag* (1996).

Hein, Christoph {geb. 1944}
Einladung zum Lever Bourgeois. Erzählungen.
Nachbemerkung v. Günther Drommer. Aufl.: 15 000 Expl. Berlin u. Weimar: Aufbau-Verlag, 1980. 190 S., 2 Bl. 19 x 12 cm. Pp. mit Umschl. Umschlag v. Heinz Hellmis. Typographie: Manfred Damaszynski. (= Edition Neue Texte.) Druck: Grafischer Großbetrieb Sachsendruck, Plauen.

Christoph Heins Erzählungen treiben ein verwogenes und perfektes Spiel mit historischen Fakten und der eigenen Phantasie. Es entsteht »eine vollendet ausgedachte Wirklichkeit« (Verlagsanzeige), in der nichts ist, wie es war und doch alles so sein könnte, wie es gewesen ist. Das Erstlingswerk kündigt den scharfsinnigen Erzähler von Rang an, dessen spiegelbildliche Geschichten über den alten Racine auf der einen und eine Rußlandexpedition Alexander von Humboldts, beschrieben aus der Sicht seines Kammerdieners, auf der anderen Seite Beispiele der Subalternität in überholten Gesellschaften beschreiben und deshalb sehr modern sind.

Der Prosaband erschien in der 1971 vom Aufbau-Verlag Berlin gegründeten Verlagsreihe *Edition Neue Texte*, in der sowohl Arbeiten der neueren deutschen als auch der internationalen Literatur angeboten wurden. Je Band wurden jeweils 7000 bis 8000 Exemplare gedruckt, vereinzelt auch weniger. Für Heins Erstling waren 7500 Exemplare vorgesehen. Den Vor- und Nachsatz der Ausgabe sollte jeweils ein Motiv von zwei darin enthaltenen Erzählungen schmücken: Vorn ein Lever am französischen Hof (nach der Titelerzählung) und hinten eine sibirische Schlittenfahrt (nach der Schlußerzählung des Bandes). Die Druckerei in Plauen lieferte die Auflage ohne bedruckten Vor- und Nachsatz an. Auf Intervention des Verlages

Umschläge der Aufbau-Ausgabe und der Ausgabe
von Hoffmann und Campe

mußte sie die Auflage ein zweites Mal (freilich für den Verlag kostenlos) herstellen,
nun natürlich mit bedrucktem Vor- und
Nachsatz. Da die Nachfrage nach dem Band
beträchtlich war, kamen beide Auflagen-
Quoten zum Verkauf. Auf diese Weise
entstand die ungewöhnlich hohe Auflage
von 15 000 Exemplaren für ein literarisches
Debüt.

Unter dem Titel *Nachtfahrt und früher
Morgen*, dem Titel einer anderen Einzel-
erzählung des Bandes, erschien 1982 im
Hamburger Verlag Hoffmann und Campe
eine Lizenzausgabe für die Bundesrepublik
Deutschland.

Die Tücke der Editionsgeschichte
dieses Werkes wollte es, daß in der
Reihe *Die Graphischen Bücher*, in der bei
Faber & Faber Leipzig 1993 eine illustrierte Ausgabe dieses Erstlingswerks erschien,
wieder zwei unterschiedliche Ausgaben
einer Auflage die Käufer irritierten. Diese
mit dreizehn Federzeichnungen und vier
Originalsteinlithographien des Dresdner

Künstlers Hermann Naumann ausgestattete bibliophile Edition, auf 999 numerierte Exemplare limitiert, konnte die
erforderlichen Originalblätter nicht vom
Stein herunterkriegen. Es gibt deshalb zwei
Quoten von jeweils 500 Exemplaren, die
sich in allen vier Originallithographien voneinander unterscheiden.

Nach seinem Erstlingswerk hat
Christoph Hein eine Reihe von brillant-bösen
Büchern geschrieben, die uns im Einzelnen –
Der fremde Freund (1983), *Horns Ende*
(1985), *Der Tangospieler* (1989), *Landnahme*
(2004) als exemplarische Nennungen –
wie im Ganzen die eine Botschaft über-
bringen: Wir sind verantwortlich für das,
was wir tun, aber mehr noch sind wir
verantwortlich für das, was wir unterlassen.
In kunstvollen Geschichten, prallen Zeit-
und Lebensbildern, in zum Teil glanzvoller
Rollenprosa hat er seine Einsprüche »gegen
die Vergehen der Vergangenheit« formuliert und gewissermaßen zeitlose Parabeln
gegen die Mysterien der Vergeßlichkeit

in Stellung gebracht. Wer genau hinsieht, kann feine Spiegelungen dieser literarischen Moralität schon in den Geschichten seines Erstlingswerks *Einladung zum Lever Bourgeois* aufleuchten sehen.   MF

Literaturauswahl
Klaus Hammer (Hrsg.): *Chronist ohne Botschaft. Christoph Hein. Ein Arbeitsbuch. Materialien, Auskünfte, Bibliographie* (1992). HANS KAUFMANN: *Über DDR-Literatur* (1986). Hans Richter (Hrsg.): *Generationen, Temperamente, Schreibweisen. DDR-Literatur in neuer Sicht* (1986).

Heißenbüttel, Helmut {1921-1996}
Kombinationen.
Gedichte 1951-1954.
Nachwort v. Hermann Kasack. Eßlingen: Bechtle Verlag, 1954. 29 Bl. 19 x 12 cm. Engl. Br. Buchgestaltung und Druck: Richard Bechtle, Eßlingen.

Helmut Heißenbüttel erwarb sich gleich mit seinem ersten Gedichtband den Ruf eines experimentellen Lyrikers, geachtet von Kritik und Schriftstellerzunft, wenngleich vom großen Lesepublikum geschnitten. Das markante Profil seiner Lyrik hatte er sich in einem Dezennium zurückgezogener Arbeit selbst erworben. Im Nachlaß sind Gedichte schon aus der Übergangszeit vom Abiturientendasein zum Kriegsdienst überliefert. Der Sohn eines Gerichtsvollziehers in Papenburg wurde 1940 zum Kriegsdienst eingezogen, verlor im Jahr darauf einen Arm und wurde deshalb ausgemustert. So konnte er die Endzeit des Nationalsozialismus mit dem Studium der Architektur, Germanistik und Kunstgeschichte in Dresden und Leipzig verbringen, fortgesetzt nach dem Krieg in Hamburg. Als Schüler faszinierte ihn George, später schlugen ihn Benn und Brecht, Eliot und Pound in ihren Bann,

bis er bei Dada und Gertrude Stein in die Schule ging.

Im Laufe der Jahre sammelte sich eine größere Anzahl Gedichte an, die er zu einem Manuskript bündelte und 1952 Hermann Kasack schickte. Der Erzähler und Lyriker hatte Jahre zuvor in seiner Eigenschaft als Lektor im alten Suhrkamp Verlag eine Gedichtsendung abgelehnt und Heißenbüttel geraten, »moderner« zu schreiben. Diesmal antwortete er ihm: »Ihre Gedichte beschäftigen mich lebhaft. Der Weg vom Pathos, das sich in der ersten Gruppe der Verse äußert, zur illusionslosen Ironie des letzten Teiles, die fast zur Auflösung der Form führt, ist überraschend und ungewöhnlich« (1. September 1952). Er empfahl Heißenbüttel dem Bechtle Verlag, der damals auf Initiative des Lektors Kurt Leonhard in jedem Programm einige neue Gedichtbände publizierte. Leonhard, der selbst Gedichte schrieb und die anderer nachdichtete, war der ideale Partner für Heißenbüttel. Gleich in seinem ersten Brief vom 10. September 1953 äußerte er sich geradezu enthusiastisch zum Ergebnis von dessen »Laborexperimenten«: »Sie erfinden Klänge, Klangreihen und Klangkontraste, Bilder und Gegenbilder, Sprüche und Widersprüche, die über die gespannte Anstrengung intellektuell gefilterter Meditationen und gelegentlich sloganhafter Formulierungen hinausführen zur unmittelbaren musikalischen Wirkung…« Entsprechend Leonhards Vorschlag verzichtete Heißenbüttel auf sämtliche Texte bis 1950 und damit auf alle durchaus beachtlichen Proben einer Erlebnislyrik mit Liebes- und Stimmungsgedichten. Sie wurden ersetzt durch neueste Gedichte, die statt mit Metaphern mit dem Material Sprache arbeiteten. Nach Monaten gemeinsamen Arbeitens am Text wurde das fertige Manuskript abgeschlossen und, mit einem Nachwort von Hermann Kasack versehen, in die Herstellung gegeben. Am 7. Oktober

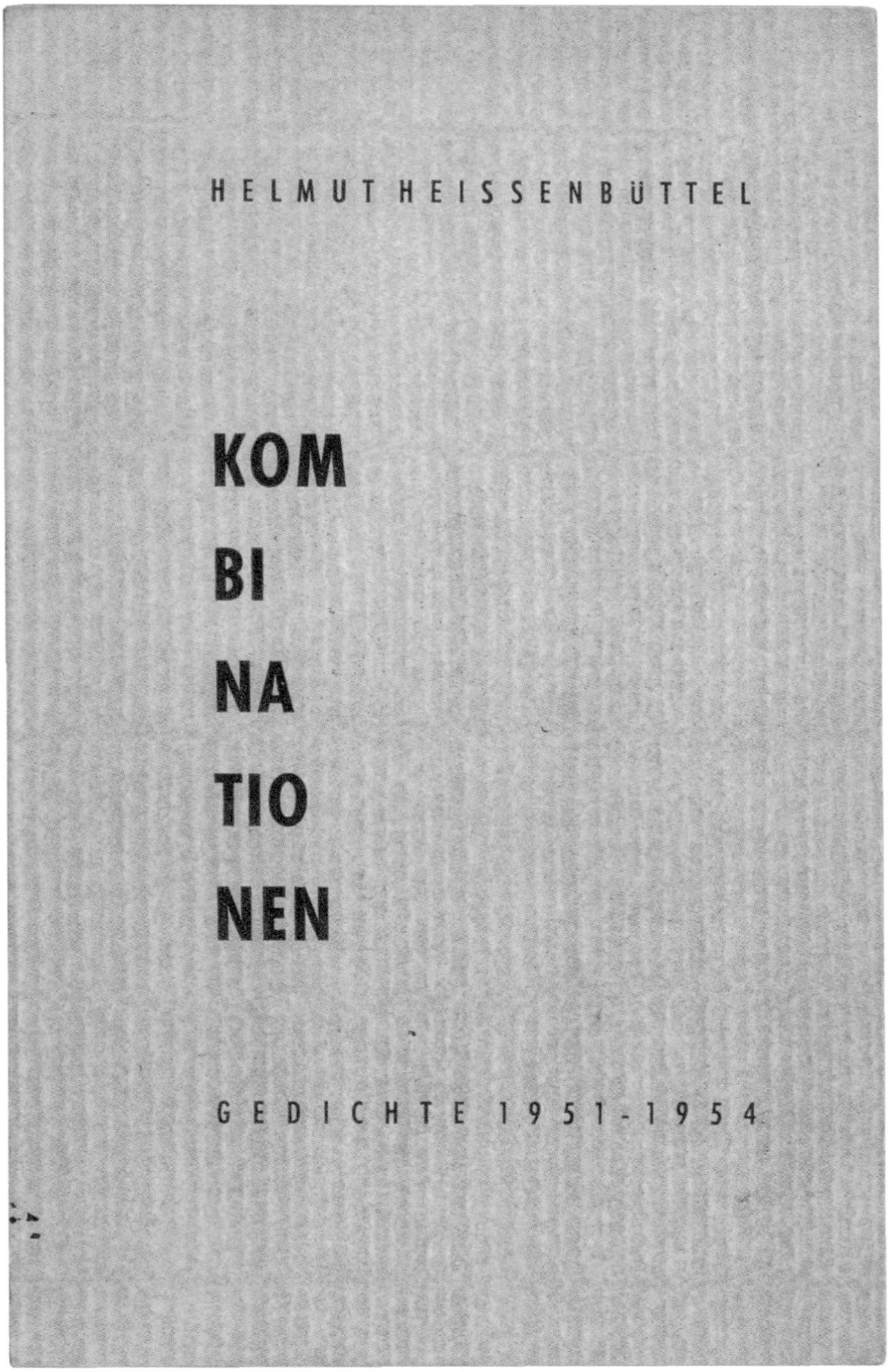

HELMUT HEISSENBÜTTEL

KOM
BI
NA
TIO
NEN

GEDICHTE 1951-1954

Broschureinband von Richard Bechtle

1954 wurde das Buch beim Verlag ange-
liefert und anschließend dem Autor über-
mittelt. Ein beglückender Moment für
Heißenbüttel, der zudem in diesem Jahr
geheiratet hatte und der Geburt einer
Tochter entgegensah.

Besprechungen erschienen nicht eben
viele: Abgesehen von einigen Abhandlungen
im Zusammenhang mit anderen
Büchern junger Lyriker, war es vor allem
Udo Kultermann, der den neuen Stil
Heißenbüttels herausarbeitete: »Auf dem
Weg zum absoluten Gedicht« (*Augenblick*,
Heft 4, 1955). Verärgert war der Lektor
Kurt Leonhard über die Einstufung von
Heißenbüttel als »nüchtern«, die der
Kritiker Karl Schwedhelm im Süddeutschen
Rundfunk traf und die später oft wiederholt
und variiert wurde. Wichtigste Folge des
Bandes war die Einladung Heißenbüttels
1955 zur Tagung der »Gruppe 47« und
damit der Anschluß an die entscheidende
literarische Gruppierung der jungen
Bundesrepublik. Im gleichen Jahr wurde
eine Nachauflage gedruckt, die mit einem
graphischen Umschlag von HAP Grieshaber
entschieden attraktiver als die Erstausgabe
ausfiel. CW

Literaturauswahl
HELMUT HEISSENBÜTTEL: *Wie ein Gedicht
entsteht. Interview mit Peter Hamm*, in: Gertrud
Simmerding und Christof Schmid (Hrsg.):
Literarische Werkstatt (1972). Heinz Ludwig
Arnold (Hrsg.): *Helmut Heißenbüttel. Text +
Kritik*, H. 69/70 (1981). Hans-Jürgen Heinrichs
(Hrsg.): *Aus Wörtern eine Welt. Zu Helmut
Heißenbüttel* (1981). Christina Weiss (Hrsg.):
*Schrift écriture. geschrieben gelesen. Für Helmut
Heißenbüttel zum siebzigsten Geburtstag* (1991).

Hermlin, Stephan
{eigentl. Rudolf Leder, 1915-1997}
Zwölf Balladen von den Großen Städten.
Zürich: Morgarten-Verlag, 1945. 47 S.
25 x 17,5 cm. Br. mit Umschl. Druck:
Conzett & Huber, Zürich.

Allen im unterirdischen Kampf gegen
die Barbarei Gefallenen« lautet die
Widmung in dieser Ausgabe. Das Erstlingswerk Hermlins erschien in Nachbarschaft
zu einer weiteren Gedichtsammlung des
Autors, die ebenfalls 1945 in Zürich, im Carl
Posen Verlag, herausgebracht wurde: *Wir
verstummen nicht. Gedichte in der Fremde*
hieß dieser zweite Gedichtband Hermlins,
der als Mitverfasser Jo Mihaly und Lajser
Ajchenrand nennt. Beide Bände beherrscht,
in symbolischen Schöpfungen, die Idee des
antifaschistischen Widerstands, die gerade
Stephan Hermlin mit gewaltiger Sprachkraft
in Kunst umheben konnte. Mit den *Zwölf
Balladen von den großen Städten* gelang
Hermlin ein Meisterwerk, das, eng der traditionellen Städtedichtung verbunden, seinen Schmerz über die Unmenschlichkeit
seiner Zeit in künstlerisch großartig durch-
formte Verse zu gießen wußte. Karl Krolow
empfand Stil und Ton dieser Balladen, die
Einflüsse und Elemente vorangegangener
Dichtkunst (Georg Heym, Johannes R.
Becher) stilsicher und sinnstiftend verarbeitete, als einen geradezu aufregenden, weil
einzigartigen Vorgang, »dem die deutsche
Nachkriegslyrik erst in den 50er Jahren
ähnlich Interessantes an die Seite zu stellen
hatte.« Proben:

»Hört: unter uns hat sich eine
        seltsame Stimme erhoben.
Aus den verzweifelten Wäldern des
        Zwielichts, der Einsamkeit,
Aus den verpesteten Wüsten, die freud-
        lose Stürme durchtoben
Sagt eine ruhige Stimme beständig: Es
        ist an der Zeit!

STEPHAN HERMLIN

*Zwölf Balladen
von den Großen Städten*

MORGARTEN-VERLAG
CONZETT & HUBER

Hört: unter uns hat sich eine seltsame
Stimme erhoben!«

So beginnt *die Ballade von unserer
Zeit mit einem Aufruf an die Städte der
Welt* (1942 entstanden). Oder: Ist zu ver-
gessen die Anfangsstrophe der *Ballade von
den Unsichtbar-Sichtbaren in den Großen
Städten* (von 1944)?

»O Eurydike als wir durch die Wälder
des Grauens

Schritten Medusisch drohten dort die
Alleen,

Weißt du noch wer sich erwehrte des
tödlichen Schauens

Herzloser Statuen die auf uns nieder
gesehn?«

Es war nicht ausfindig zu machen, wie
groß die Resonanz der Erstlingsausgabe
war. Es gab wohl eine Vorveröffentlichung
einer Ballade in einer französischsprachigen
Zeitschrift in Lausanne, Besprechungen von
Max Rychner und Hans Mayer in Schweizer
Zeitungen, aber von einer bemerkenswerten
Wahrnehmung der großen Dichtung in der
Öffentlichkeit kann wohl zum Zeitpunkt
des Erscheinens nicht gesprochen werden.
Erst nach dem Krieg setzte die eigentliche
Rezeption ein, so daß in einschlägigen
Literaturgeschichten und -lexika von einem
»großen Echo« gesprochen wird. Tatsächlich

Broschureinband

gaben die Texte des Erstlingswerks für
unterschiedliche Sammlungen, die ab
1946 erscheinen, das Gerüst ab: für den
Gedichtband *Die Straßen der Furcht* (1946),
für eine Ausgabe von *22 Balladen* (1947)
sowie für weitere Ausgaben bis in die sechziger Jahre hinein, und auch, besonders
hervorhebenswert, für eine sehr schöne, bibliophil ausgestattete Sammlung
des Leipziger Reclam-Verlags von 1975,
Titel: *Städte-Balladen*. Diese erschien als
Blockbuch, ist von HAP Grieshaber mit
acht Original-Farbholzschnitten ausgestattet und von Hubert Witt mit einem
einfühlsamen und geistreichen Nachwort
versehen worden, aus dem wir den Schluß
zitieren: »Noch immer, auf immer neue
Weise, ist es Herausforderung, rührt es
an Grunderlebnisse weiterer Generationen.
Wenn von diesem Dichter nichts sonst
überliefert würde, keine seiner außerordentlichen und brisanten Essays, nicht
die Erinnerungstexte (die Erwartungen
wecken auf Kommendes), nur eine schmale
Auswahl solcher Gedichte: diese Stimme
wäre unüberhörbar.«

Stephan Hermlin, in einer gebildeten und wohlhabenden Chemnitzer
Unternehmerfamilie aufgewachsen, selbst
hochbegabt und musisch vielfältig interessiert, hat die *Zwölf Balladen von den großen
Städten* im Exil geschrieben, das ihn nach
Palästina und Frankreich und schließlich in
die Schweiz trieb. Als Gymnasiast hatte er
sich dem Kommunistischen Jugendverband
angeschlossen, sich marxistisch gebildet,
sich von Ernst Buschs Liedern und Hanns
Eislers Konzerten begeistern lassen, hatte
nach Hitlers Machtantritt politisch ille-
gal gearbeitet und im Stile Erich Weinerts
erste sogenannte Kampflyrik verfaßt. In der
Emigration unterstützte er die Propaganda
des »Deutschen Freiheitssenders 29,8«,
warb für die Spanienhilfe, machte die
Bekanntschaft neuer Freunde und Autoren,
die im Gedächtnis blieben, weil sie sein

Zeitgefühl teilten: Es mußte anders werden! Alles blieb nicht ohne Einfluß auf die
Dichtung *Zwölf Balladen von den großen
Städten* und wurde mit herübergebracht
in den Neuanfang nach dem Krieg, in den
Versuch, eine Utopie zu verwirklichen. So
finden wir Stephan Hermlin in der DDR
wieder, als Dichter, als Kulturbesessenen,
als prägendes Mitglied der Akademie
der Künste, als Übersetzer, als Anreger,
Friedensstifter, Kritiker und Zweifler, der
sich die erregende Subjektivität bewahrte,
mit der er schon in seinem Erstlingswerk
über die schmerzlichen Verluste in unserer
Welt nachgedacht hatte.   EF

Literaturauswahl
SILVIA SCHLENSTEDT: *Stephan Hermlin* (1985).
HUBERT WITT, Nachwort zu: *Stephan Hermlin,
Städte-Balladen* (1975).

Herrmann(-Neiße), Max {1886-1941}
Ein kleines Leben.
Gedichte und Skizzen.
Straßburg i. E. u. Leipzig: Josef Singer,
Hofbuchhandlung, 1906. 86 S. Br.
18 x 12 cm. Druck: M. DuMont Schauberg,
Straßburg.

Max Herrmann gehört zu den vielen Dichtern, die Schlesien seit
Martin Opitz hervorbrachte. In seiner
Heimatstadt Neiße wuchs er im Banne
von Joseph von Eichendorff auf, der hier
das Ende seiner Tage verbracht und die
letzte Ruhe gefunden hatte. Obwohl das
Leben Herrmann manches versagte, war
er sich seiner Bestimmung für das Gedicht
früh bewußt. »Die Muse ruft in mir!! Ich
muß!!! Ich muß!!!« heißt es selbstironisch
im *Prolog* zu seinem ersten Buch, das er mit
zwanzig Jahren publizierte. Darin machte er
wie auch später häufig ganz ungeniert sein
eigenes, »kleines Leben« zum Thema. Als
Kind war er von einer Holzbrücke in den

Festungsgraben der Stadt gestürzt und hatte
sich dabei einen bleibenden körperlichen
Schaden zugezogen, der sich mit den Jahren
immer mehr auswuchs. Die Behinderung
verstärkte die Isolation, in der er nach seinen Erinnerungen schon die frühesten Jahre
verbracht hatte. Er war das einzige, klein-
wüchsige und oft kränkliche Kind besorgter
Eltern, die zuvor zwei Kinder verloren hatten. Im Unterschied zu den meisten anderen Expressionisten lebte er mit den Eltern
in schönster Eintracht, wurde verwöhnt
und lange von den rauhen Seiten des Lebens
abgeschirmt. Vater und Mutter stammten
beide aus bäuerlichen Familien und hatten
sich in der niederschlesischen Kleinstadt
Neiße angesiedelt, wo der Vater anfangs in
einer Brauerei arbeitete, später selbständig
einen Bierverlag mit angeschlossenem Lokal
betrieb. »Die alte, trauliche Bischofsstadt
mit ihren zierlichen Giebeln und Türmen …
und dann das weite Tal, mit dem Bergkranz
ringsum«, wie es im ersten Buch heißt,
bildeten nicht nur den Erlebnishintergrund
des jungen Dichters, sondern wurden zu
seiner Inspirationsquelle bis in die letzten
Lebensjahre. Er identifizierte sich soweit
mit der Heimatstadt, daß er seinem Namen
den Zusatz hinzufügt, unter dem er heute
bekannt ist: Herrmann-Neiße.

Die Eltern ermöglichten dem Sohn
den Besuch des Gymnasiums sowie ab
1905 das Studium der Germanistik und
Kunstgeschichte in Breslau und München
und nahmen ihn ohne Vorwürfe wieder
auf, als er die Universität 1909 nach sieben Semestern ohne Abschluß verließ. Als
freischaffender Lyriker und Theaterkritiker
lebte Herrmann-Neiße weiter unter dem
elterlichen Dach, auch nachdem er bereits
die heiß ersehnte Braut, Leni Gebek, gefunden hatte. Er blieb zuhause, bis der Vater
Ende 1916 vom Schlag getroffen wurde und
die Mutter bald danach aus Kummer Suizid
beging. Erst jetzt wagte er den Absprung
aus der provinziellen Enge und ging nach

Berlin, wo er, durch eine untergeordnete Anstellung beim Verlag S. Fischer notdürftig versorgt, seine literarischen Verbindungen besser knüpfen konnte.

Sein erstes Buch *Ein kleines Leben* erschien 1906 noch während seiner Studienzeit. Wie er zu dem Verlag Josef Singer im weit entfernt gelegenen Straßburg kam, darüber gibt eine Stelle in einem Brief an René Schickele vom 13. März 1915 etwas kryptisch Auskunft. Ein Schulfreund hatte um 1905 Besuch von einer Cousine aus dem Elsaß, mit der er sich über Schickele austauschte: »Ich kannte das von Ihnen, was in der Benzmann-Anthologie stand. 1906, ich studierte in München, erschien bei Joseph Singer, Straßburg, recht nach der Herkosten-Bauernfang-Manier, mein reichlich unreifes, bei Heine und Liliencron in der Schule gewesenes Gedicht- und Skizzenbuch ›Ein kleines Leben‹. Unter den Autoren des Verlages entdeckte ich mit Befriedigung Ihren Namen.« Josef Singer hatte nicht nur die ersten Bücher von Schickele und Ernst Stadler verlegt, sondern auch die kurzlebigen Zeitschriften der Schriftstellergruppe »Das jüngste Elsaß«. Jener Besuch aus dem Elsaß hatte Herrmann-Neißes Blick also nach Straßburg gelenkt und ihn ermutigt, sein Manuskript dorthin zu senden. Mit der »Herkosten-Bauernfang-Manier« ist dann wohl gemeint, daß Herrmann-Neiße die Herstellungskosten des Buches selbst aufbringen mußte, ein Los, das er mit vielen später bekannten Schriftstellern teilte. Das denkbar einfach aufgemachte Buch hinterließ offenbar kaum Spuren. Einzig im Tagebuch von Franz Jung, der ebenfalls in Neiße geboren wurde und sich wenig später mit Herrmann-Neiße zu einem literarischen Stammtisch zusammenfand, findet sich ein Eintrag: »Ich bin ganz erstaunt zu sehen, daß er via Hauptmann, Wedekind mit der Moderne mitgegangen ist. Bei ihm klingt alles so frei und trotzig. Heine, den er als Motto ständig zitiert, ist allerdings eine

Geschmacklosigkeit. Hermann ist eckig und roh in seinen Versen, kampfeslustig wie ein Norweger, sein Witz ist gezwungen, an den Haaren herbeigezerrt – was ihm durchaus nicht als Vorwurf gereicht – das verstehende Sich-Abfinden mit der Welt, das heitere Verzichten, das heißblütige Begehren, das den Stempel der Unerfüllbarkeit trägt, mit einem Wort der Typus Schnitzler fehlt ihm.«

Worte wie »frei und trotzig«, »eckig und roh« wird man aus historischem Abstand nicht zur Charakterisierung des Bandes wählen. Immerhin ist richtig, daß sich Herrmann-Neiße in den 19 Gedichten und drei Prosaskizzen offen und unmittelbar über die Problematik seiner Existenz

Broschureinband

ausspricht: das einsame Leben eines
Behinderten, die sich daraus ergebenden
Kontaktschwierigkeiten mit dem anderen
Geschlecht, die Kompensation durch Hingabe an die Künste, Märtyrerphantasien
und Suizidgedanken. Vielen Gedichten
setzte er als Motto Verse von Heine voran,
der neben Detlev von Liliencron Pate bei
der Selbstfindung des Lyrikers stand. Doch
im Unterschied zum Romantiker fehlte es
dem jungen Herrmann-Neiße an Ironie
und heiterer Gelassenheit. Er neigte eher zu
Sentimentalität und Selbstmitleid, weil ihm
die unerfüllten Sehnsüchte auf der Seele
brannten. In der abschließenden Prosaskizze
des Bandes *Ecce Homo!* beispielsweise
stellt sich ein schmächtiger Junge vor das
Jesusbild eines modernen Malers, um es vor
den verständnislosen Mitschülern zu schützen, und wird statt des Bildes von ihnen
gesteinigt. Mit gewachsener Erfahrung
kehrte Herrmann-Neiße immer wieder zum
Thema Kunstbanausentum und seelische
Roheit zurück. Doch nachdem er durch
Besuche in Berlin mit Kunst und Theater
der Moderne näher vertraut geworden war,
änderte sich seine Haltung. So machte er
sich in *Porträte des Provinztheaters* (1913)
über die begrenzten Möglichkeiten in
Neißen lustig. Das Theater in Neißen verübelte ihm die satirischen Sonette und sorgte
dafür, daß ihm das *Neißer Tageblatt* die
Stellung als Theaterkritiker kündigte. Doch
dieser Wechsel der Haltung von Mitleid zu
Ironie und Satire machte den qualitativen
Unterschied aus, der seinen literarischen
Rang begründete. CW

Literaturauswahl
KLAUS VÖLKER: *Max Herrmann-Neiße. Künstler,
Kneipen, Kabaretts – Schlesien, Berlin im Exil*
(1991). KLAUS SCHUHMANN: »*Ich gehe wie ich
kam: arm und verachtet.« Leben und Werk Max
Herrmann-Neisses (1886-1941)* (2003).

Herzfelde, Wieland
{eigentl. Herzfeld 1896-1988}
Sulamith.
Gedichte.
200 num. u. sign. Expl. auf Zanders-
Bütten. Berlin: Heinz Barger Verlag, 1917.
10 S. Halbpergament. Kriegsdruck der
Cranach Presse. »Harry Graf Kessler
trägt für den Druck technisch keine
Verantwortung, den er wegen Kriegsabwesenheit nicht überwachen konnte.«

Selten läßt es sich so genau datieren,
wann ein künftiger Dichter beschließt,
sich ganz und gar der Literatur zu widmen.
Wieland Herzfeld, siebzehneinhalbjähriger
Unterprimaner, schreibt 1913 an die von
ihm hochverehrte Else Lasker-Schüler (die
ihm bald raten wird, seinem Namen ein
»e« anzuhängen, damit der mehr nach
»Schnellzug« und nicht nach »Bummelzug«
klinge): »Im Mai 1912 erschienen zum
50. Geburtstag meines toten Vaters seine
›Ausgewählten Werke‹. An diesem Tage
entschloß ich mich, Dichter zu werden.«
Noch aber dauert es bis 1917, bis sein erstes
Buch Wirklichkeit wird.

Dazwischen liegen Erlebnisse, die
Herzfeldes junges Leben grundsätzlich
verändern: Ende August 1914 meldet er
sich zum Militär, das eben bestandene
Kriegsabitur verpflichtet ihn, freiwillig die
Uniform anzuziehen. Er läßt sich zu den
Sanitätern einberufen, aber seine Erlebnisse
an der Front sind wenig geeignet, aus ihm
einen glühenden Patrioten zu machen und,
wie viele namhafte Intellektuelle, einzu-
stimmen in die Mär vom aufgezwungenen
Überlebenskampf. Heiligabend, mit reichlich Morphium, hat Herzfelde endlich die
vor Schmerzen brüllenden Verwundeten
zur Ruhe gebracht, da kommt ihm ein
streitsuchender Vorgesetzter in die Quere.
Herzfelde platzt der Kragen: »… mitten ins
offene Maul hinein schlug ich in maßloser
Wut die Tasse, die ich in der Hand hielt.

Einband mit Collage von Grosz und Herzfelde

Die Tasse zerbrach, von seinem Gesicht und von meiner Hand rann Blut … Was immer die Folgen meiner Tat sein mochten, ich fühlte mich wie erlöst.« Unwürdig, Kaisers Rock zu tragen, wird er entlassen, bald aber dann doch wieder eingezogen, und diesmal desertiert er.

All das arbeitet in ihm, und doch läßt die Bilderwelt seines ersten Gedichtbandes *Sulamith* kaum etwas ahnen von den Schrecken des Weltkriegs und den Fronterlebnissen des Autors. Allein die Titel der Gedichte verraten, daß er in seiner Poesie unmittelbare Zeitgeschichte nicht gestalten will: »Sulamith«, »An Diana«, »An Niobe«, »Mademoiselle«, »Daisy«, »Colombine«. Vielfach mischt sich jedoch Unbehagen in seine Verse, drängen sich Visionen auf, wie in der ersten Strophe des Gedichtes »Der Geliebten«:

»Weisst du, dass in meinem Blut
Begeistrung gärt?
Dass in meiner Brust die Wahrheit
zittert,
Und mein Auge dort Ruinen wittert,
Wo der Mensch dem Wissen freie
Macht gewährt?«

Die »kriegsbedingte Abwesenheit« des Dichters ist hauptsächlich dafür verantwortlich zu machen, daß Druckfehler im Buch stehengeblieben sind, der peinlichste ist »Bethhoven«. Der noch ungebundene Teil der Auflage konte in letzter Minute korrigiert werden, er erhielt auch einen anderen Einband. Anstelle des von Herzfelde allein gestalteten Umschlags, der einen goldenen Stern auf rotem Untergrund zeigt, wurde eine von George Grosz und Herzfelde gemeinsam geschaffene Collage verwendet, vermutlich die erste, die für ein deutsches Buch überhaupt hergestellt wurde. Damit steht das schmale Werk am Anfang einer langen buchkünstlerischen Tradition, die – wenn auch in anderer Form und mit anderer Absicht – in den folgenden Jahren entwickelt wird.

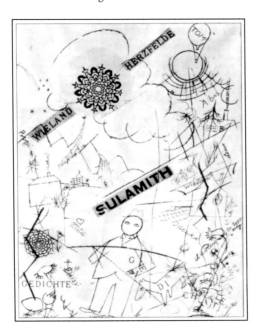

Erschienen ist *Sulamith* im Frühjahr 1917. Die meisten der sieben Liebesgedichte hatten bereits in der von Herzfelde übernommenen Zeitschrift *Neue Jugend* Premiere gehabt – er hatte das in den Kriegswirren unter der Leitung von Heinz Barger verstummte Blatt vor allem wiederbelebt, um dem von ihm entdeckten George Grosz eine publizistische Bühne im Kampf gegen den Krieg zu bieten; die Zeitschrift ist damit ein Vorläufer des legendären Malik-Verlags, mit dem Herzfelde in die Literaturgeschichte des 20. Jahrhunderts eingegangen ist.

Insgesamt 200 *Sulamith*-Exemplare werden als »Kriegsdruck der Cranach-Presse Weimar« auf feinstem Zanders-Büttenpapier vorgelegt. Harry Graf Kessler ist der Mäzen, der diesen Druck auf der 1912 von ihm begründeten weltberühmten Handpresse ermöglichte, aber er trägt für den Druck wegen Kriegsabwesenheit keine Verantwortung. 1983 erschien im Zentralantiquariat der DDR ein Reprint des Werkes.

Die Anfänge seiner »Verlegerei« im Ersten Weltkrieg hat Herzfelde später in seinem Erinnerungsbuch *Immergrün* erzählt; ständige Geldverlegenheit ließ ihn im amerikanischen Exil (wo er mit dem Aurora Verlag einen der wenigen deutschsprachigen Exilverlage zuwege bringt) zu seinen Anfängen zurückfinden: Herzfelde begann wieder zu schreiben. Der Anlaß: Er hat kein Geld, um für Grosz zum 50. Geburtstag am 26. Juli 1943 ein Geschenk zu kaufen. So entschließt er sich, ein Jugendbildnis des Künstlers zu verfassen, die Geschichte ihrer ersten Begegnung. *Ein Kaufmann aus Holland* heißt das Manuskript, das er dem Freund als Präsent überreicht, dieses Geschenk wird dann zum Kapitel in *Immergrün*, das 1949 mit dem Untertitel *Merkwürdige Erlebnisse und Erfahrungen eines fröhlichen Waisenknaben* veröffentlicht wird und in zahlreichen Auflagen verbreitet ist.

Gedichte schrieb Herzfelde bis ins hohe Alter: *Rot und Blau* heißt eine 1971 veröffentlichte Auswahl seiner schönsten Verse (Insel-Verlag, Leipzig). Darüber hinaus veröffentlichte Herzfelde zahlreiche Essays, mit denen er sich im Prinzip in alle politischen Kunstdebatten der zwanziger Jahre einmischte; und zu seinem Werk gehört natürlich auch die Biographie seines Bruders John Heartfield, der als Fotomonteur weltberühmt ist und die legendären Schutzumschläge für den Malik-Verlag geschaffen hat – wurde aber in Heartfields Arbeiten eine lesbare Handschrift gebraucht, borgte Heartfield diese immer bei seinem Bruder aus. UF

Literaturauswahl
WIELAND HERZFELDE: *Immergrün. Merkwürdige Erlebnisse und Erfahrungen eines fröhlichen Waisenknaben* (1949). WIELAND HERZFELDE: *John Heartfield: Leben und Werk* (1962). WIELAND HERZFELDE: *Zur Sache geschrieben und gesprochen zwischen 18 und 80* (1976). ULRICH FAURE: *Im Knotenpunkt des Weltverkehrs. Herzfelde, Heartfield, Grosz und der Malik-Verlag 1916-1947* (1992.)

Hesse, Hermann {1877-1962}
Romantische Lieder.
Aufl.: 600 Expl. Dresden: E. Pierson Verlag, 1899. 44 S., 2 Bl. 8°. Br.

In einer Geschichte des literarischen Flops, so eine solche geschrieben wäre, würde Hermann Hesse, sobald es um das Begriffspaar Erstlingswerke und Flops ginge, eine erste Geige spielen. Denn was mit seinen ersten drei Büchern als Produkten des literarischen Marktes geschah, war ziemlich einmalig. Der Sohn eines deutschestnischen Missionspredigers, der später Leiter des offenbar größten protestantischen Missionsverlages wurde, und einer schwäbischen Missionarstochter, die in Indien aufgewachsen war, hatte bereits eine unruhige Jugend hinter sich, bevor er in Tübingen eine Buchhändlerlehre in J. J. Heckenhauers Buchhandlung aufnahm. Er war aus dem evangelisch-theologischen Seminar des Klosters Maulbronn, wo er sich auf ein Theologiestudium vorbereiten sollte, geflohen und in eine Nervenkrise getaumelt. Er hatte einen Selbstmord versucht, war in einem Sanatorium gepflegt worden und hatte sich für eine Mechanikerlehre in der Calwer Turmuhrenfabrik von Heinrich Perrot eintragen lassen, die wenigstens soviel Gewinn für ihn einbrachte, daß er sich später in seinem berühmten Roman *Das Glasperlenspiel* noch einmal darauf besinnen konnte. Im Oktober 1895 begann er die Buchhändlerlehre. Er wollte unabhängig werden von den Eltern und sein Brot selbst verdienen. Die strengen Regeln des schwäbischen Pietismus in der Familie und die Disziplinierungsversuche des Vaters hatte er als Fuchtel empfunden. Die Buchhändlerlehre war ihm Versuch, etwas zu leisten, woran er Spaß hatte, und vielleicht war sie eins der Wegschilder, das hinführte zu seinem Ziel, Schriftsteller zu werden. Tübingen war dafür ein idealer Ort. Hier traf er die Maulbronner

Schulkameraden wieder, die nun Studenten waren und seinen Ehrgeiz anstachelten, im Selbststudium seinen Mangel an Universitätsbildung auszugleichen, was ihm bravourös gelang. Er hätte in dieser Zeit »die halbe Weltliteratur gelesen«, wußte er später zu berichten, und sich mit Zähigkeit bemüht, auch Herr der Fächer Kunstgeschichte, Sprachen und Philosophie zu werden.

In dieser Tübinger Zeit schrieb Hermann Hesse die Gedichte für seinen Erstlingsband *Romantische Lieder*. Sie waren ein Bekenntnis zur Stille, zur Natur, zur Schönheit der Sprache. Hesse war glücklich, als er das erste Exemplar des kleinen Bändchens in der Hand hielt, das er einem Kommissionsverlag in Dresden abgetrotzt hatte. Davon mußte die Rede sein, wenn man bedachte, daß er sich mit 175,– Mark an den Herstellungskosten selbst beteiligte, was für sein Lehrlingsgeld eine arge Belastung war. Als Tantieme erhielt er später 37,10 Mark. 54 Exemplare des Bändchens wurden im ersten Jahr verkauft, und zwar von allen drei Varianten, die davon hergestellt worden waren. Es gab ein Einbandmotiv mit verschlungenen Lilien, ganz Jugendstil, einen Einband mit Naturbild-Vignetten und einen mit relativ einfachen, sich begegnenden Zierleisten. Hesse nannte das Bändchen das Hauptstück seiner Romantik. Im Dezember 1898, als er mit dem Manuskript dazu fertig war, schrieb er an die Mutter, mit der ihn immer wieder das Bedürfnis verband, ihr seine innere Welt zu erklären: »Das Büchlein sollte kein Kunterbunt, sondern ein Ganzes, eine Reihe von Tönungen und Variationen desselben romantischen Grundmotivs werden.«

Es ist nicht zu vermuten, daß die Mutter durch das Bändchen verunsichert wurde, so wie es ihr mit seiner zweiten Veröffentlichung ging. Diesen Band, die Prosaminiaturen *Eine Stunde hin-*

Broschureinband

ter Mitternacht, einen Band, der ebenfalls 1899 erschien, nur schon im Verlag von Eugen Diederichs, hatte sie ein »gottloses Buch« genannt. Das hatte ihn geschmerzt und sicher mit dazu veranlaßt, daß er später, als es vergriffen war, Neuauflagen davon lange verneinte.

Die beiden Bücher Hesses von 1899 gehören in vielerlei Hinsicht zusammen, Gedicht und Erzählung, zwei Genres, in denen er noch viel leisten sollte, scheinen auf. In beiden Genres lauschte Hesse der Welt seine Traumreiche ab, beide charakterisierten frühzeitig sein Dichtertum, seinen Stil. Beide Bücher waren verbunden mit dem Trotz des Autors, die Mißlichkeiten des Büchergeschäfts zu bezwingen, es nicht dazu kommen zu lassen, die eigene Unabhängigkeit durch Mißerfolg zur Disposition zu stellen. Denn auch von *Eine Stunde hinter Mitternacht* wurden im ersten Jahr nur 53 Exemplare verkauft, noch eins weniger als von den *Romantischen Liedern*, und auch da mußte er wieder selbst dafür bluten, daß die kleine Auflage von abermals nur 600 Exemplaren auf dem Markt gehalten wurde, indem er kostenlos Bücher des Diederichs Verlages rezensierte, um den Verlust zu verringern, den er seinem Verleger machte.

Und: Beide Bücher waren der Auslöser einer sonderbaren Marketing-Idee. Da Hermann Hesse auf dem Hintergrund des geschäftlichen Mißerfolgs seiner beiden ersten Bücher, und gewissermaßen in Verdrehung aller Wirklichkeit, seine »Dichtung«, wie er schrieb, »der Spekulation des Handels und dem Geschwätz der Presse« nicht mehr aussetzen wollte, beschloß er, kurios genug und abgründig dazu, fortan als Autor hinter seine Bücher zurückzutreten. Deshalb erschien 1901 seine dritte Veröffentlichung *Hinterlassene Schriften und Gedichte von Hermann Lauscher. Herausgegeben von Hermann Hesse* unter einem Titel, als wäre diese das Buch eines Anderen. Das Buch wurde nicht im Buchhandel verkauft. »Nur von Freunden und Wohlgesinnten« sollte es gelesen werden. Einer davon war der Schweizer Heimatdichter Paul Ilg. Der freilich unterlief den Bannstrahl und schickte die *Lauscher*-Schriften an den Verleger Samuel Fischer, um ihn auf deren »Herausgeber« aufmerksam zu machen. Fischer muß davon angetan gewesen sein. Er ließ Hesse wissen, ihm neuere Arbeiten doch mitteilen zu wollen, denn es stünde doch »viel Schönes« im *Lauscher*, und »eine Hoffnung knüpfe sich daran.«

Als Hesse das Manuskript zu einem neuen Buch fertig hatte, den *Peter Camenzind*, einen kleinen Entwicklungsroman über das Leben eines Menschen aus einfachen Verhältnissen, schickte er es an den S. Fischer Verlag. Mit Datum vom 18. Mai 1903 bekam er einen Brief von Samuel Fischer, in dem dieser schrieb: »Ich möchte Ihnen … meinen herzlichen Dank

für das wundervolle Werk senden … Ich beglückwünsche Sie zu diesem ersten Buch, es wird mir eine Freude sein, es in meinem Verlag bringen zu dürfen.« Bald darauf erhielt er einen Verlagsvertrag, der ihm 20 % Honorar vom Ladenpreis des broschierten Exemplars zusicherte. Hesse hatte vor dem Hintergrund der Verkaufsmißerfolge seiner ersten Bücher damit argumentiert, daß wohl ohnehin kein großer Absatz zu erwarten wäre und deshalb die Tantieme für das verkaufte Einzelexemplar umso höher ausgelegt sein müßte. Den Verleger würde dies nicht schmerzen, den Autor könnte es nicht reich machen, zumal Samuel Fischer, wie er dies mehrfach in Briefen betonte, vom buchhändlerischen Erfolg des Titels ohnehin nicht überzeugt war. Die 1. Auflage wurde, auch mit scheelem Blick auf die beiden Erstlingswerke Hesses, auf 1000 Exemplare festgelegt. *Peter Camenzind* erschien 1904. Zwei Jahre danach verkaufte man das 36. Tausend. 1908 wurden 50 000 Exemplare erreicht. Am vereinbarten Honorarsatz änderte sich nichts.

So waren das Erstlingswerk Hermann Hesses, so waren die kleine Broschur *Romantische Lieder* und der nachfolgende kleine Prosaband *Eine Stunde hinter Mitternacht* die, kaufmännisch gesehen, mißglückten Anfangsschritte auf dem Parkett des literarischen Marktes, zum Schluß ein glückhaftes Abenteuer für den Autor. Sie markierten den schwierigen Anfang eines das 20. Jahrhundert prägenden Dichters, der mit Millionen von Büchern sich selbst und seine Verleger reich machte und seinen literarischen Ruhm 1946 mit dem Nobelpreis für Literatur krönte. E F

Literaturauswahl
Volker Michels (Hrsg.): *Hermann Hesse. Sein Leben in Bildern und Texten* (1979). SIEGFRIED UNSELD: *Der Autor und sein Verleger* (1982). BERNHARD ZELLER: *Hermann Hesse in Selbstzeugnissen und Bilddokumenten* (1981).

Hessel, Franz {1880-1941}
Verlorene Gespielen. Gedichte.
[1. Tsd.] Berlin: S. Fischer, 1905. 109 S.
19 x 13,5 cm. Br. Druck: Deutsche Buch-
und Kunstdruckerei G.m.b.H., Zossen-
Berlin.

Franz Hessels erstes Buch ist entstehungs-
geschichtlich eng mit seinen Münchner
Jahren (1901-1906) verbunden. Nach unbe-
schwerten Schuljahren und dem frühen
Tod des Vaters, eines Berliner Bankiers,
hatte Hessel in München ohne Ehrgeiz ein
Studium der Jurisprudenz aufgenommen,
um später zur Orientalistik zu wechseln.
Der Vater hatte ihm ein großes Vermögen
hinterlassen, mit dem er auf absehbare Zeit
versorgt war. Nach einigen Ausflügen in
andere Fächer verließ er die Universität 1904
ohne Abschluß, um sich den Vergnügungen
der Boheme hinzugeben. Es gibt »keinen
Beruf, der mich lockt«, bekannte er.

1901 hatte er in dem Münchner Jahrbuch *Avalun* erste Gedichte veröffentlicht,
von denen einige auch in den Debütband
aufgenommen werden sollten. So fühlte
er sich wohl bald als angehender Dichter,
der aber menschlich und künstlerisch
Anlehnung brauchte. Er fand diese zuerst
in dem Dichter Karl Wolfskehl, zu dessen

starker Persönlichkeit er fast devot auf-
blickte, wie der späteren Schlüsselerzählung
Hermopan zu entnehmen ist. Wolfskehl
gehörte zum engsten Kreis um Stefan George,
dessen lyrisches Werk für Hessel neben
dem von Hofmannsthal in dieser Frühzeit
maßgeblich wurde. Hessel legte seine
lyrischen Versuche Wolfskehl zur kritischen
Durchsicht vor, auf dessen Anregung hin
beschäftigt er sich mit der älteren deutschen
Lyrik, die Wolfskehl in dieser Zeit für den
Insel-Verlag in neues Deutsch übertrug.
In ein ähnliches Abhängigkeitsverhältnis
begab sich Hessel nur wenig später, als er die
Bekanntschaft von Franziska zu Reventlow
machte. Die emanzipierte Lebedame und
Erzählerin führte von 1903 bis 1906 in
der Münchner Kaulbachstraße 63 einen
gemeinsamen Haushalt mit dem Glasmaler
Bogdan von Suchocki und Hessel sowie
ihrem unehelichen Sohn Rolf. Hessel kam
in dieser Konstellation die Rolle des Mäzens
und verehrenden Minnesängers zu. Er widmete seiner Dame einige Lieder, die er auch
in den Band *Verlorene Gespielen* aufnahm.

Über die Verlagsgeschichte des Buches
ist nichts bekannt. Hessel fand den Weg
zum renommierten S. Fischer Verlag, der
mit dem George-Kreis nicht in näherer
Verbindung stand. Die Verlagsbibliographie
gibt als Auflagenhöhe tausend Exemplare
an. Das Buch umfaßt 63 Gedichte, geord-
net in acht Abteilungen. Der Hessel-
Spezialist Manfred Flügge hebt vor allem
den Unterschied zum späteren Hessel
hervor: »... er bemüht sich hier um eine
Sprechweise, die nicht die seine ist, feierlich,
raunend, mythisch ...« Immerhin seien
schon die späteren Themen und Motive
zu erkennen: »Trauer, Traum, Erinnerung,
Märchen, ziellose Liebeserwartung«. Zu
den titelgebenden verlorenen Gespielen
zählte die ältere Schwester Anna, die in
diesen Jahren nach der Geburt ihres zweiten Kindes früh an Tuberkulose gestorben war. Ihrem Schicksal gewidmet ist der

Broschureinband

erste Zyklus *Totenklage*. Am aussagekräftigsten für Hessels Seelenzustand und die Art seiner Gedichte sind vielleicht die beiden Traumgebilde *Der Page*. Der Liebende bewegt sich in diesen Rollengedichten in der barocken Welt seiner Angebeteten, delektiert sich am Aroma ihres Seins und überläßt ihre Nähe seinem Herrn.

Ein größeres Echo erfuhr *Verlorene Gespielen* nicht. Bekannt ist eine wohlwollende Kritik von Camill Hoffmann in der *Zeit* (Wien, 14. Mai 1905): »Nicht Reichtum des Lebens ist in diesen Versen, aber ein leuchtender Besitz des Traums, … viel Innigkeit und Scheu …, viel stolze Demut und Glücksgefühl, … viel buntes Spiel und Leidenschaft der Phantasie …« Und Victor Hadwiger sprach von »formschönen Gedichten … Er hat eine feine, ganz nach innen gekehrte Art; diskrete Melancholie gibt seinen Versen den Grundton« (*Das Blaubuch*, 19. April 1906). Seinen eigenen Stil fand Hessel erst, nachdem er sich aus den Münchner Abhängigkeiten gelöst hatte. Karl Wolfskehl brachte ihn noch zur Bahn, als er 1906 nach Paris aufbrach, danach hörte der Einfluß bald auf. In der französischen Metropole unterlag er vielen neuen Eindrücken, durch die er bald zu neuen Ufern geführt wurde, doch in seinem nächsten Buch *Laura Wunderl. Münchner Novellen* (S. Fischer 1908) kehrte er noch einmal nach Schwabing zurück.   CW

Literaturauswahl
Gregor Ackermann, Hartmut Vollmer (Hrsg.):
*Über Franz Hessel. Erinnerungen, Porträts,
Rezensionen* (2001). Manfred Flügge (Hrsg.):
*Letzte Heimkehr nach Paris. Franz Hessel und
die Seinen im Exil* (1989). MANFRED FLÜGGE:
*Gesprungene Liebe. Die wahre Geschichte zu »Jules
und Jim«* (1993). MAGALI LAURE NIERADKA:
*Der Meister der leisen Töne. Biografie des Dichters
Franz Hessel* (2003). Michael Opitz, Jörg Plath
(Hrsg.): *»Genieße froh, was du nicht hast«. Der
Flaneur Franz Hessel* (1997). Ernest Wichner und
Herbert Wiesner (Hrsg.): *Franz Hessel. Nur was
uns anschaut, sehen wir. Ausstellungsbuch* (1998).

Heym, Georg {1887-1912}
Der Athener Ausfahrt.
Trauerspiel in einem Aufzug.
Würzburg: Memminger's Buchdruckerei und Verlagsanstalt, 1907. 45 S. 8°. Br.

Etwa im November des Jahres 1907 erscheint in Memminger's Buchdrukkerei und Verlagsanstalt in Würzburg Georg Heyms Erstlingswerk *Der Athener Ausfahrt*. Der Untertitel *Trauerspiel in einem Aufzug* ist irreführend. Dieser wurde von Heym nur für diesen Druck benutzt. Denn tatsächlich handelt es sich um den 1. Akt »Athen« des größer geplanten, aber erst später abgeschlossenen Dramas *Der Feldzug nach Sizilien*. Heym hatte zwei Gründe, sich die Niederschrift der weiteren Akte vorerst zu verbieten. Er strebte nach gesellschaftlicher Anerkennung, die er sich von einem rasch an die Öffentlichkeit tretenden Dichter versprach. Er selbst nannte es übertreibend »Meine Krankheit … Ruhmsucht«, und er erhoffte sich von der eigenen Publizität die Befreiung aus stumpfsinnig empfundenen Verhältnissen. Desweiteren meinte er, daß seine literarische Betätigung noch viel Epigonales hätte, und dazu rechnete er wohl auch die in seiner literarischen Frühphase entstandenen dramatischen Versuche. Er konnte gut unterscheiden zwischen Nachahmung und eigenem schöpferischen Können. In sein Tagebuch trägt er unter dem 30. September 1907 ein: »Eigentlich, sich mit dem Akt von *sizilischer Expedition* zufrieden zu geben, ist sehr faul. Daß ich die anderen Akte nicht mehr ausführen will, aber ich käme vorläufig wenigstens zu sehr in Grabbe.« Auf der endgültig abgeschlossenen handschriftlichen Fassung von *Der Feldzug nach Sizilien* steht dann auch neben Byron »In memorian C. D. Grabbe«. Heym bekannte sich vor allem zu den Dichtern mit dem »zerrissenen Herzen«. Grabbe gehörte dazu. Die eigene Sprache entwickelte sich weiter, die angerufenen Dichter blieben.

Der »Ruhm« und die Anerkennung, die er sich als Autor erhoffte, blieben aus. Der gerade zwanzigjährige Heym, der sich auf Wunsch seines Vaters an der Würzburger Universität als Jura-Student eintrug und dort von Mai 1907 bis November 1908 drei Semester studierte, mußte noch Jahre warten, ehe man ihm als Autor Beachtung schenkte. Es fehlte ihm an Fürsprechern und an dem literarischen Umfeld, das er erst später im großstädtischen Berlin finden sollte. Und es fehlte an einem Verlag von literarischer Relevanz, der durch ein verlegerisches Programm, durch Pressearbeit und Vertriebsbemühungen der jungen dichterischen Stimme Gewicht verliehen hätte. Nichts von dem konnte Heym von seiner ersten Verlagsverbindung erwarten. Der Abdruck des Stücks darf mehr als freundschaftliche Geste empfunden werden, auch wenn sich über den Vorgang keine Niederschriften finden ließen. Heym bekam auch kein Honorar. Der 1885 als »Verlag der Neuen Bayerischen Landeszeitung« gegründete und erst seit 1890 als »Memminger's Buchdruckerei und Verlagsanstalt« firmierende Verlag führte neben dem Stammgeschäft der Druckerei ein eher marginales Dasein. In 35 Jahren Verlagstätigkeit entstanden etwa 100 Bücher, im wesentlichen Publikationen zur Regionalgeschichte Frankens und Bayerns, daneben allerlei Erkundungen zur Orts-, Handels- und Kulturgeschichte Würzburgs sowie einige Abhandlungen zur Heilkunde und zur Jurisprudenz. Der jüngste der drei Memminger-Brüder, Dr. August Memminger, der zwar nicht Miteigentümer der Firma, aber u.a. Autor von juristischen Schriften war, hatte vielleicht über die schlagende Studentenverbindung *Rhenania*, der Heym bis zu seinem Weggang aus Würzburg angehörte, den jungen Autor kennengelernt. Er wird ihm bei der Verlagsvermittlung gefällig gewesen sein. Den endgültigen Beweis dafür kann man allerdings nicht

Titelblatt

erbringen. Aber selbst wenn es so gewesen wäre, erbrachte diese Beihilfe nicht den Erfolg, den er sich von der Publikation seines frühen Stückfragments erhofft hatte. Das Stück wurde zwar gedruckt, aber wahrgenommen wurde es bis zu Heyms frühem Tod am 16. Januar 1912 de facto nicht. M F

Literaturauswahl
GEORG HEYM: *Dichtungen und Schriften. Bd 6: Dokumente zu seinem Leben und Werk.* Hrsg. v. Karl Ludwig Schneider u. Gerhard Burckhardt (1968). Paul Raabe (Hrsg.): *Expressionismus. Der Kampf um eine literarische Bewegung* (1987). HEINZ RÖLLEKE: Nachwort zu: *Georg Heym Lesebuch* (1984). Nina Schneider (Bearb.): *Georg Heym: Der Städte Schultern knacken. Bilder, Texte, Dokumente* (1987). Nina Schneider (Bearb.): *Georg Heym. 1887-1912. Ausstellungskatalog* (1988).

Heym, Stefan
{eigtl. Helmut Flieg, 1913-2001}
Hostages.
A Novel.
Aufl.: 25 000 Expl. New York: G. P.
Putnam's Sons, 1942. 362 S. 20,5 x 14 cm.
Ln. mit Umschl.

Stefan Heym widmete seinen ersten Roman seinem Vater, einem jüdischen Kaufmann in Chemnitz, der in Geiselhaft genommen wurde, weil der Sohn nach der Machtübernahme durch die Nazis in die Tschechoslowakei geflohen war: »Because my father was a hostage.« Die Gestapo wollte den Sohn zwingen, sich zu stellen. Als Schüler hatte er 1930 in der *Chemnitzer Volksstimme* ein antimilitaristisches Gedicht veröffentlicht, das in der sächsischen Industriestadt eine regelrechte Hetzjagd ausgelöst und zur Relegierung des sechzehnjährigen Schülers vom Gymnasium geführt hatte. Nach einigen Jahren in Prag erhielt Heym ein Stipendium in den USA, studierte in Chicago Germanistik, wurde Journalist, schrieb eine Streitschrift gegen *Nazis in U.S.A.* (1938) und verdingte sich schließlich nach Einstellung der von ihm geleiteten Wochenzeitung *Deutsches Volksecho* als Druckereivertreter, der Anzeigen zu akquirieren hatte.

Stefan Heym erzählt in seinen Erinnerungen *Nachruf* (1988), wie es zu seinem ersten Roman kam. 1941 waren sein Bruder und seine Mutter ebenfalls in die USA emigriert, nachdem der Vater sich schon Jahre zuvor das Leben genommen hatte. Das Wiedersehen mit ihnen löste bei ihm Schuldgefühle aus, war doch der Vater seinetwegen in Geiselhaft genommen worden und vielleicht deshalb in Schwermut versunken. Der Emigrant verfolgte die Entwicklung in Europa genau, litt seelisch um sein erstes Asylland Tschechoslowakei, das unter der Knute des Nazistatthalters Reinhard Heydrich stand. Der fiel im Juni 1942 einem Attentat des tschechischen Widerstands zum Opfer, für das sich die Nazis durch ein Massaker in Lidice rächten. Hitlerdeutschland gewann im Sommer dieses Jahres durch den Vormarsch in der Sowjetunion weiter an Boden, doch die Lage war nach dem Zerwürfnis zwischen den einstigen Bündnispartnern übersichtlicher geworden. Die Antihitlerkoalition bildete sich, und Amerika bereitete sich auf das Eingreifen in Europa vor. Heym wollte mit seinem Roman diese Entwicklung unterstützen.

Wie in Amerika üblich, besaß Heym einen Agenten, den österreichischen Emigranten Max Pfeffer, der erfolglos ein Stück von ihm auf die Bühne zu bringen versuchte. Als er hörte, daß Heym ein neues Stück plante, stöhnte er und fragte, ob er nicht einen Roman schreiben wolle. Der Druck eines Buches sei immerhin einfacher und für den Verleger weniger risikoreich als ein Stück für einen Theaterintendanten. Heym: »›Ich habe aber …. noch nie einen Roman geschrieben.‹ ›Und ich‹, erwiderte Pfeffer, ›habe noch nie einen Roman verkauft.‹« Heym schrieb aus dem Bauch den Romananfang, lieferte auf Pfeffers Bitte hin das gewünschte Handlungsgerippe, mit dem der Agent tatsächlich einen Verlag gewann, den in Amerika angesehenen G. P. Putnam's Sons. Thema wie Erzählstil trafen den Nerv der Zeit. Im Mittelpunkt der Story steht eine Geiselerschießung in Prag, mit der die deutschen Machthaber die Bevölkerung in Angst und Schrecken versetzen wollen. Der Anlaß, der vermeintliche Mord an dem Leutnant Glasenapp, ist jedoch konstruiert und kann vom tschechischen Widerstand im Rundfunk entlarvt werden. Unmittelbar nach der Erschießung erfolgt ein Anschlag auf einen Munitionstransport. Der Ruf der Unbesiegbarkeit ist durchbrochen. Heym erzählt die Story im Stil eines Politkrimis, bei dem der deutsche Kommissar als der wahre Täter entlarvt wird.

Im Sommer 1942, der Entstehungszeit des Romans, lernte Heym Gertrude Gelbin kennen, die nicht nur seine Geliebte und spätere Frau wurde, sondern auch seine literarische Beraterin, die er um so dringender brauchte, weil er in Englisch schrieb. Ein Entschluß, der für Heyms Realitätssinn spricht. Die wenigen Emigrantenverlage besaßen kaum Publikum und warteten nicht auf Neulinge. Außerdem reizte ihn die neue Sprache.

Heym erhielt einen Vertrag und einen Vorschuß, mit dem er acht Wochen lang arbeiten konnte. Als die Zeit um war, erhielt er einen weiteren kleinen Vorschuß, ließ sich aber in diesem Zusammenhang auf die Veränderung des Passus über die Filmrechte ein, der ihm belanglos schien. Doch was er nicht wußte, Putnam's verhandelte zu diesem Zeitpunkt schon aussichtsreich mit Paramount über das Unwahrscheinliche. Im Oktober 1941 wurde das Buch ausgeliefert. Die Auflage betrug 25 000 Exemplare, die »größte Erstauflage für einen Erstlingsroman«, die Putnam's je gemacht hatte, wie der Heym-Biograph Peter Hutchinson ermittelte. Sie war bald ausverkauft, ebenso die zweite Auflage. *Hostages* wurde zum »Book of the Month« gewählt und erschien im *Reader's Digest*. Einen weiteren Schub brachte die Verfilmung, die 1943 fertig war und von Heym schon in Uniform bei der US Army erlebt wurde.

Zu der Bestseller-Story gehören auch die überaus positiven Rezensionen. Schon am 16. Oktober erschien in der *New York Times* eine begeisterte Besprechung von Orville Prescott, der den Autor sogleich in eine Reihe mit Thomas Mann, Werfel und Feuchtwanger stellte. Er hielt von seiner Erzählkunst mehr als von der der Seghers, deren Erfolgsroman *Das siebte Kreuz* gerade seinen Siegeszug in Amerika angetreten hatte. Der Kritiker von *Saturday Review of Literature* (24. Oktober 1942) griff gar nach

Dostojewski, Gorki, Tolstoi und Steinbeck, um den neuen Autor einzuordnen. Heym war über Nacht ein bekannter Autor in Amerika geworden.

Die deutschen Leser konnten den Roman erst 1958 kennenlernen, nachdem er unter dem Titel *Der Fall Glasenapp* bei Paul List in Leipzig in deutscher Übersetzung erschienen war. Zu diesem Zeitpunkt hatte Heym schon wegen McCarthy und Koreakrieg mit seinem Gastland gebrochen, Staatsbürgerschaft und militärische Auszeichnungen zurückgegeben und in der DDR seinen neuen Kampfplatz gefunden. CW

Literaturauswahl
STEFAN HEYM: *Nachruf* (1988). STEFAN HEYM: *Wie »Der Fall Glasenapp« entstand*; in: Gerhard Schneider (Hrsg.): *Eröffnungen. Schriftsteller über ihr Erstlingswerk* (1974). PETER HUTCHINSON: *Stefan Heym. Dissident auf Lebenszeit* (1999). DORIS LINDNER: *Schreiben für ein besseres Deutschland. Nationenkonzepte in der deutschen Geschichte und ihre literarische Gestaltung in den Werken Stefan Heyms* (2002).

Titelblatt

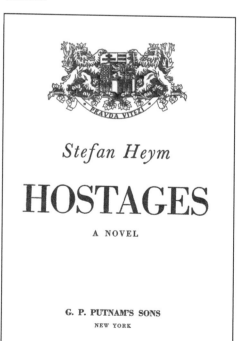

Stefan Heym

HOSTAGES

A NOVEL

G. P. PUTNAM'S SONS
NEW YORK

Hilbig, Wolfgang {1941-2007}
abwesenheit.
gedichte.
Aufl.: 8000 Expl. Frankfurt/Main:
S. Fischer, 1979. 89 S. 19 x 12,5 cm. Br.
Einbandentwurf: Atelier Rambow,
Lienemeyer, van de Sand. (= Collection
S. Fischer Bd. 8.) Druck: Georg Wagner,
Nördlingen.

Nach Erscheinen des Gedichtbandes schrieb Wolfgang Hilbig an seinen Lektor Thomas Beckermann, der zugleich Herausgeber der *Collection S. Fischer* war, folgende Eloge: »… ich muß in noch anhaltender Verwunderung sagen, daß selbst meine geheimsten Vorstellungen vom Gesicht des Buches verwirklicht sind, selbst solche nämlich, die ich wegen des damaligen Zeitmangels nicht mehr mit Ihnen erörtern konnte, und in der Verteilung der Gedichte über die Seiten ist ein Bild zustande gekommen, wofür ich Einzelheiten, einen Vorwurf von Pedanterie fürchtend, überhaupt nicht zu fordern gewagt hätte … Rund heraus, die Gestaltung des Buches hat meine Hoffnung übertroffen, ob die Texte das wert waren, sollen nun andere beurteilen.«

Beckermann hatte Wolfgang Hilbig in den siebziger Jahren auf der Leipziger Buchmesse kennengelernt, als er noch Lektor im Suhrkamp Verlag war, und zwar nicht als Autor, sondern als Leser. Man behielt den Mann an den Messeständen der westdeutschen Buchverlage deshalb im Gedächtnis, weil er dort stundenlang Texte von Autoren las, an die man auf dem Buchmarkt der DDR nicht herankam. Schließlich hatte er Leidenschaften, die er zufriedenstellen mußte, Paul Celan, Hans Magnus Enzensberger, den Existentialismus der westeuropäischen Literatur. Eine einäugige DDR-Aufarbeitung macht inzwischen aus dem leidenschaftlichen Leser, dem Autodidakten, der an Büchern alles verschlang, was ihm in seiner Freizeit in die

Hände kam, einen Auswendiglerner, der die »gefährlichen« Schriften des Westens in seinem Gedächtnis hätte speichern müssen.

Als Hilbig jedenfalls den Brief an Thomas Beckermann schrieb, lebte er in Meuselwitz, im sächsischen Braunkohlegebiet, wo er in der Obhut eines aus Polen gekommenen Großvaters aufgewachsen war. Manchmal lebte er auch in Ostberlin, der eigentümlichen Hauptstadt der DDR. Er war Heizer, ein Arbeiter wie aus den legendären Zeiten der Industriegesellschaft, schippte Kohle, in deren Schwärze, wie er es allegorisch ausdrückte, er sich selbst verkroch.

Es war durchaus ungewöhnlich, daß dieser Arbeiter, aus der DDR, seine ersten Gedichte, über Jahre auf Vorrat gearbeitet, in Frankfurt am Main veröffentlichte, veröffentlichen mußte, weil sie in DDR-Verlagen scheinbar keinen Zuspruch fanden.

Als Stephan Hermlin am Ende seiner Jubiläumsrede zum 40jährigen Bestehen des Berliner Aufbau-Verlags im September 1985 zum Programm des bedeutenden Verlagshauses sich etwas hinzuzuträumen wünschte, war es auch dies: »Ich denke«, sagte er, »in diesem Moment an jemand, der über zweiundvierzig Jahre alt ist, also nicht mehr ganz jung, aber ohne Zweifel jung als Schriftsteller, ein Talent ersten Ranges. Ich wünsche mir, daß die ungewöhnliche Prosa des Arbeiterschriftstellers – denn der Mann ist ein Arbeiter, Heizer von Beruf – des Arbeiterschriftstellers Wolfgang Hilbig endlich in der DDR erscheinen kann, und möglichst im Aufbau-Verlag.« Da war es längst Konsens, daß Hilbig bei Aufbau erscheinen sollte, die Rede ein Versteckspiel, abgekartet zwischen Hermlin und dem Verleger, eine gemeinsame Mahnung an die DDR-Kulturbürokratie, den absurden Zustand zu beenden, daß ein Arbeiterschriftsteller im sogenannten Arbeiter- und Bauernstaat nicht erscheinen sollte. Die Absurdität des Zustands angeknüpft an Zeilen von Hilbigs

Broschureinband des Erstlings vom Atelier
Rambow, Lienemeyer, van de Sand sowie Umschlag der
späteren Reclam-Auswahl von Friederike Pondelik

Erstlingswerk, mit denen er den Band *abwesenheit* zur dauerhaften »Anwesenheit« in den Stimmungslagen des DDR-Volkes machte, subversives Gedankengut, das nichts weiter als Realität beschrieb. »die bagger blieben die dörfer sind fort«, oder »laßt mich doch/ laßt mich doch in kalte fremden gehn/ zu hause/ sink ich/ in diesen warmen klebrigen brei«, oder »zukunftslos …/ in der schneegift einer rasenden Regierung/ färbt sich der himmel mit wäßriger Galle«, oder: »sachsen ist langweilig/ ungastlich graurot« und »sachsen sinnt gottes ordnung zu ändern«.

Verse wie diese waren es, die das politische Establishment der DDR in Aufruhr versetzten, statt die Tabubrüche Hilbigs anzunehmen, als Anstöße zum Nachdenken. Hier sprach einer, der im Sozialismus großgeworden oder klein-

geblieben war, wie man es gerade nehmen wollte, der die Entfremdung des Individuums von der Gesellschaft nachzeichnete, auch wenn sie in Allegorisches überhöht wurde. Ein hellsichtiger, zweifelnder Koproduzent einer produktiven Gesellschaft, wie man meinen möchte, deren Repräsentanten aus Machtverblendung die Anstöße Hilbigs zum Nachdenken in Teufeleien uminterpretierten und damit stumme Zensurspielchen heraufbeschworen, die im 20. Jahrhundert keinen Platz mehr hatten, aber im geteilten Deutschland als Waffe benutzt wurden, auf beiden Seiten der ideologischen Fronten. In einem informativen Nachwort zu einer Ausgabe von Hilbigs Roman *Die Weiber* in der Reihe *Die DDR-Bibliothek* bei Faber & Faber hat Thorsten Ahrend die Editionsgeschichte von Hilbigs Erstlingswerk *abwesenheit* nachgezeichnet und minutiös die verlegerischen und politischen Bewegungsspiele nachvollzogen, die um den Gedichtband herum stattfanden. Das kann man nachlesen. Deshalb hier nur ein paar Haltestäbe, die diesen fast kriminalistisch anmutenden Verlauf der Inverlagnahme und der Rezeptionsgeschichte markieren:

»Im Herbst 1977 werden in der Reihe *Transit* des Hessischen Rundfunks zehn Gedichte von Hilbig vorgetragen, gekoppelt mit einem Gespräch, das Karl Corino auf der Leipziger Buchmesse mit dem Autor aufgenommen hatte. Dies weckte die Begehrlichkeit von Thomas Beckermann auf diese und weitere Texte. Es war gewissermaßen die Initialzündung für den Band *abwesenheit*, der zwei Jahre später erscheint. Die Entstehungszeit der Gedichte wird auf die Jahre zwischen 1965 und 1977 datiert. Für die endgültige Textgestalt darf man aber ruhig den Zeitpunkt der Veröffentlichung ansehen.«

Die Gedichte Hilbigs waren aus erläuterten Gründen nicht in DDR-Verlagen platziert worden, nicht im Aufbau-Verlag, Berlin, nicht im für zeitgenössische DDR-Literatur bevorzugten Mitteldeutschen Verlag, Halle. Andere Verlage, wie Reclam, Leipzig, oder Neues Leben, Berlin, lehnte Hilbig selbst aus plausiblen Gründen als nicht zuständig für die Beschaffenheit seiner Texte ab, was ihn formal in Bedrängnis brachte, das Konvolut in einem westdeutschen Verlag zu veröffentlichen. Es mußten – nach dem Stand der gesetzlichen Anordnungen – erst alle Möglichkeiten für eine Veröffentlichung in der DDR geprüft sein, bevor ein Manuskript an einen westdeutschen Verleger weitergereicht werden konnte, und dies durfte auch nur mit Einverständnis des »Büros für Urheberrechte« geschehen, das in Ostberlin residierte. Das beachtete Wolfgang Hilbig nicht; nicht aus politischer Widerständigkeit, sondern weil ihn Politik

überhaupt nicht interessierte. Er wurde wegen sogenannten Devisenvergehens zu 2000 DDR-Mark Geldstrafe verurteilt. Jetzt hatte er Klarheit, daß er, wie er schrieb, »der kulturellen Szene, aus der ich komme, nichts zu verdanken habe. Das ist für einen Schreiber meiner Machart sehr viel mehr wert, als man glauben möchte.«

Viele Gedichte aus dem Band *abwesenheit* fanden 1983 Aufnahme in eine Ausgabe von Gedichten und Prosa, die bei Reclam in Leipzig unter dem Titel *Stimme Stimme* erschien, kommentarlos, aber wie der Titel sagt, den Dialog suchend. Es hat um das Zustandekommen dieses Bandes viele Querelen gegeben, die schließlich überwunden wurden durch das Engagement des Verlages und den Zuspruch Franz Fühmanns, der damit drohte, die politischen Taschenspielereien um die Ankunft Hilbigs auf dem DDR-Buchmarkt öffentlich zu machen. Ausschlaggebend aber für die Überwindung alten Mißfallens war die Größe Wolfgang Hilbigs selbst, die unglaubliche moralische Integrität, mit der er die politischen Mißlichkeiten Kalter-Kriegszeiten bezwang, letztlich natürlich die Meisterschaft seiner Texte, die sich nach diesem Einstand, nach diesem Erstlingswerk, vorausahnen ließ und ihn in den achtziger Jahren schon in die erste Reihe deutscher Erzähler führte. Als er 1983 den Brüder-Grimm-Preis der Stadt Hanau erhielt, wurde Wolfgang Hilbig vom Stellvertretenden DDR-Kulturminister Klaus Höpcke zu einem Gespräch nach Berlin gebeten, das, den Riten des Staates gemäß, klären sollte, ob er den Preis annehmen und ob er diesen am Auszeichnungsort (es war ja ein Ausreisevisum dazu notwendig) entgegennehmen dürfe. Höpcke bot ihm einen Platz an seinem großen runden Konferenztisch an, erklärte in knappster Form das Anliegen und schaute dann, zehn Minuten lang, zum Fenster hinaus. Als er sich zurückwandte, sagte er: Herr Hilbig, ich danke Ihnen für das Gespräch. Hilbig reiste nach Hanau und kam in die DDR zurück. Ein Heizer, der Schriftsteller geworden war, hatte die Politik gezähmt, ein Politiker war, in Sprachlosigkeit, klüger geworden als die Politik. Wolfgang Hilbig, dafür ist diese Anekdote, die er mir selbst erzählte, eine Metapher, war für den Tag und alle Tage danach von Politik nicht zu instrumentalisieren, gleich ob sie sozialistisch oder kapitalistisch angestrichen war.   EF

Literaturauswahl
THORSTEN AHREND: Nachwort zu: *Wolfgang Hilbig, Die Weiber* (1996). Uwe Wittstock (Hrsg.): *Wolfgang Hilbig. Materialien zu Leben und Werk* (1994).

Hildesheimer, Wolfgang {1916-1991}
Lieblose Legenden.
Mit Zeichnungen v. Paul Flora. Aufl.: 5500 Expl. Stuttgart: Deutsche Verlags-Anstalt, 1952. 124 S. 20 x 12,5 cm. Br. mit Umschl. Umschl. v. Paul Flora / Peter Schneidler. Druck: Deutsche Verlags-Anstalt GmbH, Stuttgart.

Wolfgang Hildesheimer gehörte zu den wenigen jüdischen Deutschen, die nach der Niederschlagung des Nationalsozialismus aus Palästina nach Deutschland zurückkehrten. Schon 1933 war er mit seinen Eltern nach Großbritannien ausgewandert, hatte dort neben der Schule eine Ausbildung zur Vorbereitung auf die Einwanderung nach Palästina absolviert. Sein Sinn stand jedoch nicht nach einem ehrbaren, idealistischen Leben für den neuen Staat der Juden, er wollte Künstler, Maler und Zeichner werden. Deshalb ging er 1946 zunächst nach London. Weil er aber als Anfänger von der Kunst nicht leben konnte, nahm er eine sich zufällig bietende Gelegenheit wahr und wurde 1946 Dolmetscher bei den Nürnberger Kriegs-verbrecherprozessen. Die dort erfahrenen Enthüllungen waren erschütternd, dennoch entschloß er sich, nach dem Ausscheiden aus dem Dienst 1949 in Deutschland zu bleiben. Er ließ sich in Ambach bei München nieder, um endlich seine künstlerischen Pläne zu verwirklichen, heiratete und stand bald in engem Kontakt mit der Münchner Kunstszene.

Doch plötzlich vollzog Hildesheimer einen radikalen Kurswechsel: Er begann zu schreiben. In dem Brief an die Eltern vom 25. Januar 1950 begründete Hildesheimer die neue Vorliebe recht pragmatisch: »… es war so kalt im Atelier, dass ich an den Arbeitstischen am Fenster nicht arbeiten konnte, aber am Ofen ist es nicht helle genug, und so schrieb ich statt dessen eine Geschichte für Kinder …« Für Kinder waren die in den nächsten Wochen in rascher Folge entstehenden Geschichten nicht geeignet. Die Erfahrungen mit der Talmikunst der jungen Bundesrepublik, ihre groteske Selbstüberschätzung, die allenthalben anzutreffenden Geschmacksverirrungen hatten seinen Widerspruch gereizt. Auch die Veröffentlichung lief traumwandlerisch einfach ab. Seit dem Frühsommer 1950 erschienen in der *Münchner Neuen Zeitung*, bald auch in den *Frankfurter Heften* regelmäßig seine satirischen Kurzgeschichten, die von den Abstrusitäten und Verirrungen der Kunstwelt handelten. Sie fielen ebenso durch ihren militanten Grundton auf wie durch ihre artifizielle Raffinesse. Zu den ersten Lesern gehörte der Erzähler Walter Kolbenhoff, der sich in jener Zeit ebenfalls in Ambach niederließ. Kolbenhoff empfahl dem Gründer der »Gruppe 47«, Hans Werner Richter, Hildesheimer 1951 zur Tagung der Gruppe in Bad Dürkheim einzuladen. Die Lesung aus den sich ansammelnden *Lieblosen Legenden* fand Zustimmung, und so wurde Hildesheimer schon vor dem Erscheinen seiner ersten Buchveröffentlichung von

Umschlag von Peter Schneidler mit einer Zeichnung von Paul Flora

der maßgeblichen Gruppe der deutschen Nachkriegsliteratur integriert.

Nach diesem Auftritt konnte sich der Autor vor Angeboten kaum retten. Der Suhrkamp Verlag bot ihm einen Vertrag an, Rowohlt, R. Piper & Co. und der Verlag der Frankfurter Hefte meldeten ihr Interesse an. Hildesheimer, den es besonders zu Suhrkamp hinzog, entschied sich schließlich für die Deutsche Verlags-Anstalt, weil der Stuttgarter Verlag ihm die besten Konditionen bieten konnte. Der Autor erhielt nicht nur einen Vorschuß auf die *Lieblosen Legenden*, sondern auch gleich ein monatliches Fixum zur Arbeit an einem geplanten Roman. Die Stuttgarter haben »sehr viel Geld, was sie an mir nicht sparen werden«, hieß es am 2. November 1951 in einem Brief an die Eltern. Ende Februar 1952 konnte er ihnen bereits die ersten Exemplare des Buches nach Palästina senden. Der Verlag hatte 5500 Exemplare gedruckt und zahlte ihm dafür vertragsgemäß 10 Prozent Tantieme. Als Illustrator hatten Verlag und Autor den Österreicher Paul Flora gewonnen. Schon zu einigen Veröffentlichungen von Hildesheimer in der Presse hatte der in Innsbruck lebende Karikaturist Bilder beigesteuert.

Von der Kritik wurde das Buch trotz dieses oder jenes Einwandes sehr freundlich aufgenommen. Unter den recht zahlreichen Rezensenten der Presse und des Rundfunks fanden sich mehrere junge Autoren, die wie Walter Jens und Rolf Schroers zur »Gruppe 47« gehörten oder wie Martin Walser bald dazustießen, aber auch der einflußreiche Kritiker der *Süddeutschen Zeitung* W. E. Süskind. Nach dem sozialkritischen und geschichtsphilosophischen Erzählen der Nachkriegszeit wirkte Hildesheimers satirisches Talent belebend. Seine Geschichten besaßen »jene Grazie, jene musische Heiterkeit, die sie bis in die Nuancen hinein, bis in den Ablauf des einzelnen Satzes zu legitimen Dichtungen« machen.

Hildesheimer schrieb in den kommenden Jahren noch weitere Kurzgeschichten im Stil der *Lieblosen Legenden*. Die Neuausgabe der Sammlung 1962 in der *Bibliothek Suhrkamp* bot deshalb Gelegenheit, einige Ergänzungen vorzunehmen, aber auch Texte zu entfernen, die einer kritischen Durchsicht nicht standhielten. In der DDR erschien 1977 eine von Horst Hussel illustrierte Lizenzausgabe. Doch die Ergänzungen können nicht darüber hinwegtäuschen, daß Hildesheimer das kunstkritisch-satirische Konzept seiner frühen Erzählungen nicht ernstlich weiterverfolgte. Wahrscheinlich war ihm der Erfolg zu leicht gefallen, als daß er sich lange daran freuen konnte. Der Roman wurde sein bevorzugtes Genre.   CW

Literaturauswahl

WOLFGANG HILDESHEIMEr: *Ich werde nun schweigen. Gespräch mit Hans Helmut Hillrichs in der Reihe »Zeugen des Jahrhunderts«* (1993). BURCKHARD DÜCKER: *Wolfgang Hildesheimer und die Literatur des Absurden* (1976). Volker Jehlen (Hrsg.): *Wolfgang Hildesheimer. Materialien* (1989). HENRY A. LEA: *Wolfgang Hildesheimers Weg als Jude und Deutscher* (1997). HEINZ PUKNUS: *Wolfgang Hildesheimer* (1978).

Hochhuth, Rolf {geb. 1931}
Der Stellvertreter.
Schauspiel.

Mit einem Vorwort von Erwin Piscator, einem dokumentarischen Anhang und der Rede zur Verleihung des Förderpreises im Gerhart-Hauptmann-Preis von Hermann H. Kamps. [1.-7. Tsd.] Reinbek bei Hamburg: Rowohlt, 1963. 275 S. 20,5 x 12,5 cm. Br. Einbandgestalt. v. Werner Rebhuhn. (= Rowohlt Paperback 20.) Gesamtherstellung: Clausen & Bosse, Leck/Schleswig.

Rolf Hochhuth erging es nicht anders als dem von ihm verehrten Ernst Jünger: Das erste Buch ist zugleich sein erfolgreichstes. Mehr noch als auf dem Buchmarkt war *Der Stellvertreter* ein Ereignis auf der Bühne mit einer außerordentlichen, weit über Deutschland hinausreichenden Wirkung. Damit setzte sich auf dem Theater das zeitgeschichtliche Dokumentationsstück durch, und es begann eine intensive gesellschaftliche Debatte über die Rolle des Vatikans im Zusammenhang mit der nationalsozialistischen Diktatur und dem Holocaust. Der Autor hatte die außerliterarische Rezeption angestrebt und in vollem Maße erreicht.

Seit der Niederlage Deutschlands im Zweiten Weltkrieg und dem Einmarsch der Amerikaner in seiner Heimatstadt Eschwege hielt die Auseinandersetzung mit der Zeitgeschichte Hochhuth in ihrem Bann. Zwar war der Kaufmannssohn durch sein Alter vor dem Kriegseinsatz bewahrt worden, doch er hatte in Schule und Hitlerjugend persönliche Erfahrungen mit dem Regime machen müssen. Nach dem Abbruch des Realgymnasiums im Jahre 1948 absolvierte er eine Buchhändlerlehre und konnte 1955 Lektor im Bertelsmann-Lesering werden. Hier hatte eine von ihm zusammen mit Theodor Heuss herausgegebene Wilhelm-Busch-Ausgabe (1959) so großen Erfolg, daß Hochhuth vom Verlag ein dreimonatiger Arbeitsurlaub gewährt wurde, den er in Rom verbrachte. Durch einige zeitgeschichtliche Dokumentationen, wie *Das Dritte Reich und die Juden* (1955 herausgegeben von Léon Poliakov und Josef Wulf) und die *Endlösung* (1956) von Gerald Reitlinger, war er auf die problematische Stellung des Vatikans zur Judenfrage aufmerksam geworden. Als zündende Idee für das Stück wirkte der postum veröffentlichte *Augenzeugenbericht zu den Massenvergasungen* von Kurt Gerstein (*Vierteljahreshefte für Zeitgeschichte*, 1953). Der außergewöhnliche SS-Obersturmführer hatte den Vatikan seinerzeit vergeblich zum Vorgehen gegen die Massenvernichtungen aufrütteln wollen. Über Gersteins historisch belegten Besuch in der Apostolischen Nuntiatur in Berlin suchte Hochhuth in der Bibliothek des Vatikans nach Material. Schon in Rom begann er, erste Entwürfe zu Papier zu bringen. Wichtiges Material fand der Autor auch in den aktuellen Veröffentlichungen *Der gelbe Stern* (1960), einer Fotodokumentation von Gerhard Schoenberner, und der Papstbiographie *Pius XII.* (1961) von Domenico Kardinal Tardini.

1961 stellte er den Text fertig und schloß einen Vertrag mit dem Verlag Rütten + Loening Hamburg, der zum Bertelsmann-Konzern gehörte und von dem früheren Programmchef des

Leserings, Karl Ludwig Leonhardt, geführt wurde. Der Satz war bereits fertig, als der Konzernzentrale Bedenken kamen. Man befürchtete eine einstweilige Verfügung des Vatikans und einen Imageschaden. Der ebenfalls in Hamburg firmierende Verleger Heinrich Maria Ledig-Rowohlt erhielt den Probeabzug und entschloß sich, das Werk in sein Programm zu nehmen. Mehr noch – er überzeugte Erwin Piscator, damals Intendant der Freien Volksbühne in Berlin, das Stück auf die Bühne zu bringen. Zur Uraufführung am 20. Februar 1963 erschien das Buch in der für ein Drama großen Auflage von 7000 Exemplaren. Es trug die demonstrative Widmung für zwei katholische Märtyrer, die sich gegenüber der Nazidiktatur ganz anders als der Papst verhalten hatten: »Zum Gedenken: Pater Maximilian Kolbe, Häftling Nr. 16670 in Auschwitz, Prälat Bernhard Lichtenberg, Dompropst zu St. Hedwig, Berlin.« Die erste Auflage war schnell ausverkauft. Der Bühnenerfolg beflügelte den Buchverkauf in erstaunlichem Maße. Die Nachauflagen jagten einander: Noch 1963 wurde das 161.-180. Tausend publiziert. 1964 war das 211.-225. Tausend erreicht. Später übernahm der Verlag das Stück in sein Taschenbuchprogramm rororo, wo es bis heute in immer neuen Auflagen gedruckt wird.

Vom ersten Tag an setzte eine Flut von Publikationen zu Inszenierung und Buch ein, die in der Geschichte der Nachkriegsliteratur wohl einmalig war. Der Lektor und Herausgeber Fritz J. Raddatz mußte bereits 1963 für seine Dokumentation der Wirkungsgeschichte *Summa iniuria* oder *Durfte der Papst schweigen?* (Rowohlt) eine Auswahl aus zirka 3000 Kritiken, Berichten und Briefen treffen. 1975 zählte der Literarhistoriker Raimund Haas 7500 Publikationen zum *Stellvertreter*. Piscators Inszenierung mit Dieter Borsche in der Rolle des Papstes ging allein 117

mal über die Bühne, 1963 und 1964 folgten Aufführungen in Stockholm, Basel, London, Odense, Paris, Bern, Wien sowie 13 Inszenierungen in Deutschland. Schon in Berlin setzte es aus dem Publikum Proteste, wie der Kritik von Friedrich Luft (*Die Welt*, 22. Februar 1963) zu entnehmen ist. Besonders in Paris gab es an den ersten Abenden große Tumulte, und der dortige Nuntius versuchte, die Staatsmacht gegen das Stück aufzubringen, wurde jedoch, nach Hochhuths Erinnerungen, von de Gaulle abgewiesen. In Basel mußte die Polizei das Theater gegen den Ansturm tausender Demonstranten schützen. In zahlreichen Ländern, wie Italien, Spanien und Brasilien, wurde das Stück kurzerhand verboten. Das Selbstverständnis des Katholizismus von der Widerstandsarbeit gegen den Nationalsozialismus war erschüttert, wenn auch nicht auf Dauer gebrochen. Der Papst hatte zum Holocaust öffentlich geschwiegen. Bis heute suchen katholische Kirchenhistoriker durch Untersuchungen zu diplomatischen Initiativen und zu verschwiegener Hilfe nach entlastenden Beweisen. CW

Literaturauswahl
ROLF HOCHHUTH: *Und Brecht sah das Tragische nicht. Plädoyers, Polemiken, Profile.* Hrsg. v. *Walter Homolka, Rosemarie von dem Knesebeck* (1996). BERND BALZER: *Rolf Hochhuth, Der Stellvertreter. Grundlagen und Gedanken zum Verständnis des Dramas* (1986). GERALD RAUSCHER: *Rolf Hochhuth über Schöpfer, Schöpfung und Geschöpf. Mit einem Schriftstellergespräch* (2000). Rudolf Wolff (Hrsg.): *Rolf Hochhuth. Werk und Wirkung* (1987).

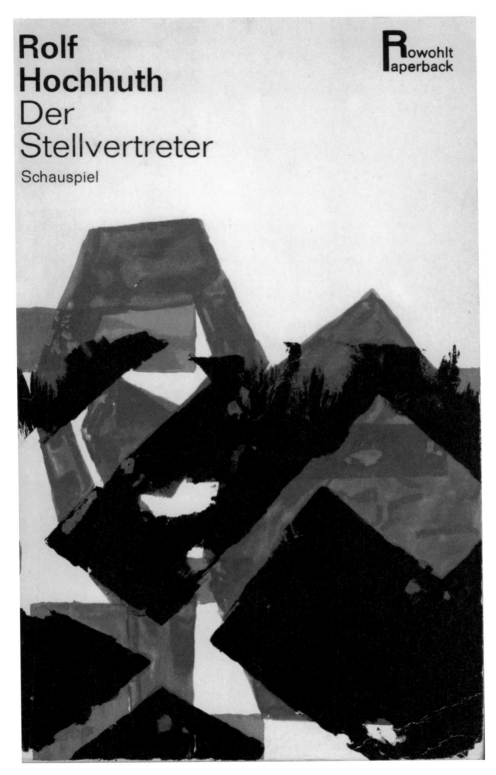

Rolf
Hochhuth
Der
Stellvertreter
Schauspiel

Rowohlt
Paperback

Broschureinband von Werner Rebhuhn

Hoddis , Jakob van
{eigtl. Hans Davidsohn, 1887-1942}
Weltende.
Gedichte.
Mit einem Holzschnitt v. A. Krapp. Berlin: Verlag der Wochenschrift DIE AKTION, 1918. 29 S. 21 x 12,5 cm. Br. (= Der Rote Hahn Bd. 19.) Druck: Buchdruckerei F. E. Haag, Melle in Hannover.

*W*eltende, das schmale Gedichtbändchen, ist die einzige Veröffentlichung von Jakob van Hoddis. Ein Achtzeiler, zwei geniale Strophen, gelten als das berühmteste Gedicht des Expressionismus.

»*Weltende*
Dem Bürger fliegt vom spitzen Kopf
der Hut,
In allen Lüften hallt es wie Geschrei.
Dachdecker stürzen ab und gehn
entzwei
Und an den Küsten – liest man –
steigt die Flut.

Der Sturm ist da, die wilden Meere
hupfen
An Land, um dicke Dämme zu zer-
drücken.
Die meisten Menschen haben einen
Schnupfen.
Die Eisenbahnen fallen von den
Brücken.«

Franz Pfemfert, der Herausgeber der gleichermaßen berühmten *Aktion. Wochenschrift für Politik, Literatur und Kunst*, die zwischen 1911 und 1932 für spektakulären Journalismus in Deutschland stand, vermeldete bevorwortend: »Dieses Gedicht … leitete, im Januar 1911, die Aktionslyrik ein, die jetzt das Schlagwort expressionistische Lyrik nennt. Ohne Jakob van Hoddis wäre unser Alfred Lichtenstein, wären die meisten fortschrittlichen Lyriker undenkbar.« Und tatsächlich hat sich dieser Text derartig kanonisiert, daß kaum eine Literaturgeschichte einen Bogen darum machen kann. Mit dem Gedicht *Weltende* eröffnete auch Kurt Pinthus 1920 seine legendär gewordene Lyrikanthologie *Menschheitsdämmerung*, die große poetische Zusammenschau über das expressionistische Jahrzehnt, und setzte davon gleich im ersten Jahr zirka 14 000 Exemplare ab.

Schon 1913 hatte Jakob van Hoddis in einem Brief vom 16. Mai an seine Mutter davon gesprochen, er hätte im April in München »einen vorteilhaften Vertrag mit einem dortigen Verleger« abgeschlossen, und schon am 1. September würde »ein Gedichtband … erscheinen: *Der Tag der Städte*«. Ein Novellenband sollte folgen. Daraus ist nichts geworden. Der Münchner Verlag war Heinrich F. S. Bachmair, und das Vorhaben dürfte weitgehend identisch gewesen sein mit den Gedichten, die dann im Erstlingswerk *Weltende* versammelt wurden, wenn auch erst Jahre später. Es ist bekannt, daß Jakob van Hoddis lange an seinen Texten feilte. Er hatte Gelegenheit, die Gedichte des Bändchens einzeln zu veröffentlichen, in den Zeitschriften *Die Aktion* und *Der Sturm* und in Anthologien

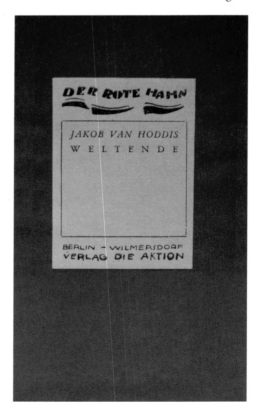

Broschureinband

des Verlags *Die Aktion*, und er konnte immer welche vortragen in Lesungen, vor allem im Neopathetischen Cabaret von Kurt Hiller in Berlin. Das lyrische Œuvre von Jakob van Hoddis ist von den 16 Gedichten, die der Band *Weltende* aufgenommen hat, auf etwa 70 Gedichte angewachsen. Mehr sind es nicht geworden. Wie diese Gedichte beim literarisch interessierten Publikum ankamen, konnte er ohnehin nicht ausreichend verfolgen. Es hatte schon 1912, wie aus dem angeführten Brief an die Mutter hervorgeht, belastende Verdächtigungen der Mutter gegenüber seiner psychischen Intaktheit gegeben, die ihn zwangsweise in eine Nervenheilanstalt führten. Nachdem er von dort geflohen war und sich wieder am Kulturleben in Berlin beteiligte, verschlechterte sich sein Zustand derart, daß er ab Sommer 1914 in der Öffentlichkeit nicht mehr wahrgenommen wurde. Das Leben verbrachte er in Kureinrichtungen, Nervenheilanstalten, privaten Betreuerfamilien, bevor den jüdischen Arztsohn die Nazis im Mai 1942 in einem ihrer Vernichtungslager ermordeten.

Unterdessen beschäftigen sich Literaturwissenschaft und Expressionismusexperten aller Couleurs mit Formen und Techniken seiner glossierenden Sprachkunst und kommen zu erstaunlichen Resultaten über das Verhältnis von Phantasie und Wirklichkeit in van Hoddis' Dichtung. Die Faszination seiner dichterischen Leistung, die nur wenige Jahre Zeit zur Ausprägung hatte, darf nicht in dem Begriffspaar Genie und Wahnsinn hängen bleiben, wenn man van Hoddis der Vergessenheit entreißen will. EF

Literaturauswahl

JAKOB VAN HODDIS: *Dichtungen und Briefe.* Hrsg. v. *Regina Nörtemann* (1987). FRITZ BREMER: *»In allen Lüften hallt es wie Geschrei«. Jakob van Hoddis. Fragmente einer Biographie* (2001). Thomas Rietzschel (Hrsg.): *Die Aktion 1911-1918. Eine Auswahl* (1986).

Hofmannsthal, Hugo von
{Pseudonym: Theophil Morren, 1874-1929}
Gestern.
Studie in einem Akt, in Reimen.
Wien: Verlag der »Modernen Rundschau«, 1891. 46 S. 8°. Br.

Über Hugo von Hofmannsthals Anfängen liegt ein märchenhafter Zauber. Die meisten Weggefährten konnten nicht anders, als in den höchsten Tönen von dem jugendlichen Dichter und seinem frühreifen Jugendwerk zu schwärmen. Noch Jahrzehnte später verglich der wesentlich jüngere Hermann Broch in seiner kritischen Epochenbilanz *Hofmannsthal und seine Zeit* (1964) die Anfänge des Dichters mit jenen des Wunderkindes Mozart. Hermann Bahr schilderte schon 1894 die Verblüffung, als der Gymnasiast im »Café Griensteidl«, dem Hort der angehenden Wiener Moderne, auf ihn zugeschossen kam. Er kannte die ersten Arbeiten und hatte, als er sich mit ihm verabredete, einen Mann zwischen vierzig und fünfzig Jahren erwartet, der sein Talent in geduldiger, stiller Arbeit ausgebildet hatte. Stefan Zweig fragte in der *Welt von Gestern* (1944) im Rückblick auf Hofmannsthals Beginn, ob »einer jungen Generation Berauschenderes geschehen [kann], als neben sich, unter sich den geborenen, den reinen, den sublimen Dichter leibhaftig nahe zu wissen …?«

Hofmannsthal veröffentlichte seine ersten Werke unter Pseudonym, weil den Schülern des Akademischen Gymnasiums in Wien das Publizieren verboten war. Für die Gedichte und Kritiken wählte er den Namen eines russischen Generals Loris Melikow, für sein erstes Stück Gestern das Phantasieprodukt Theophil Morren. Trotz dieser merkwürdigen Schulregel wurde der angehende Dichter durch das Gymnasium zweifellos in seiner Bildung gefördert, ebenso durch den Vater, einen Bankdirektor mit musischer Ader, der den Sohn anfangs

Titelblatt

bei seinen Besuchen im »Café Griensteidl« begleitete. Den Plan zum Einakter verfolgte Hofmannsthal seit Anfang des Jahres 1891, bis er diesen im Sommer desselben Jahres verwirklichte. Die Personen entlehnte er dem Stück von Alfred de Musset *Comédies et Proverbes*. Einfluß auf die Gedankenwelt hatte Nietzsche, mit dessen Schriften sich der junge Dichter in jener Zeit beschäftigte. Die lockere Form seiner »Dramatischen Studie« fand er in Robert Brownings Lesedramen vorgeprägt. Die Handlung spielt im italienischen Renaissancemilieu und bewegt sich um die großen Themen Einsamkeit und menschliche Gleichgültigkeit, Liebe und Eifersucht. Der Held Andrea, ein ausgesprochener Décadent, der anfangs das Gestern mit großen Worten für nichtig erklärt, muß seinen Irrtum einsehen, als ihm vom Betrug seiner Geliebten mit seinem Freund berichtet wird. Er kann den Einfluß des Gestern auf das Heute nicht länger leugnen. Am 7. Oktober 1891 las Hofmannsthal seinen »himmelblauen Einakter« vor den

neuen Freunden Arthur Schnitzler, Felix Salten und Richard Beer-Hofmann, die von der gedanklichen Selbständigkeit und der hohen Verskunst beeindruckt waren. Schnitzler vertraute seinem Tagebuch an: »… von großer Schönheit; etwas das wohl selten von einem jungen und auch selbst selten von einem älteren geschrieben wird.« Gedruckt wurde der Text zuerst am 15. Oktober und 1. November 1891 in zwei Heften der avantgardistischen Zeitschrift *Moderne Rundschau*, zu deren Autorenkreis Hofmannsthal schon gehörte. Im Dezember stellte die Redaktion unter der Leitung von Eduard Michael Kafka und Jaques Joachim einen Separatdruck her. Der Text löste allgemeines Entzücken aus, so daß er schon im Februar / März des folgenden Jahres trotz seines geringen Umfangs bei der Manz'schen k. u. k. Hofbuchhandlung in einer ordentlichen Buchausgabe herausgebracht wurde. Wien war beglückt vom Auftritt des neuen Talents. Gustav Schönaichs Besprechung im *Wiener Tageblatt* (3. Januar 1892) endete mit dem bald berühmten apodiktischen Postulat: »Oesterreich hat wieder einen Dichter.« Der Weg zur Bühne blieb *Gestern* wie den anderen frühen Lesedramen versperrt, erst 1928 erlebte es in dem Wiener Theater »Die Komödie« seine Uraufführung.   CW

Literaturauswahl

HUGO VON HOFMANNSTHAL, ARTHUR SCHNITZLER: *Briefwechsel. Hrsg. von Therese Nickel, Heinrich Schnitzler* (1983). Helmut A. Fiechtner (Hrsg.): *Hugo von Hofmannsthal. Der Dichter im Spiegel der Freunde* (1963). CORINNA JÄGER-TREES: *Aspekte der Dekadenz in Hofmannsthals Dramen und Erzählungen des Frühwerkes* (1988). HANS-ALBRECHT KOCH: *Hugo von Hofmannsthal* (2004). ANDREAS THOMASBERGER, Nachwort in: *Hugo von Hofmannsthal, Lyrische Dramen* (2000). WERNER VOLKE: *Hugo von Hofmannsthal in Selbstzeugnissen und Bilddokumenten* (1967). ULRICH WEINZIERL: *Hofmannsthal. Skizzen zu seinem Bild* (2005).

Holthusen, Hans Egon {1913-1997}
Klage um den Bruder.
Hamburg: Ellermann, 1947. 8 Bl.
18,8 x 11,2 cm. Br. (= Das Gedicht. Blätter
für die Dichtung.) Druck: Conrad Kayser,
Hamburg.

Hans Egon Holthusen hat die Atmosphäre seiner Jugendzeit selbst geschildert. Aufgewachsen war er als ältestes von fünf Kindern eines protestantischen Pfarrers in Hildesheim, damals noch eine Stadt von mittelalterlichem Zuschnitt mit altehrwürdiger Bausubstanz und ungebrochener Tradition. Der Primaner am Ende der Weimarer Republik wollte sich davon nicht erdrücken lassen, las Malik-Bücher, liebte die Songs der *Dreigroschenoper* und besuchte gelegentlich Parteikundgebungen der KPD. Der Vater war konservativ gesonnen, sittenstreng und prinzipienfest und geriet deshalb bald nach der Machtübernahme durch die NSDAP in ungewollte Konflikte mit den herrschenden Ideologen, die das Evangelium zu verfälschen und zu unterjochen suchten. Der Sohn, inzwischen Student der Germanistik, Geschichte und Philosophie in Berlin, später in Tübingen und München, entschied sich dagegen nach kurzen Gewissensqualen im Herbst 1933 für den Eintritt in die SS. Wenn er schon über seinen Schatten springen mußte, dann wollte er gleich zur Elitetruppe des Regimes. Die Mutter hatte ihm zu einem Kompromiß mit den Machthabern geraten, auch um die Stellung des Vaters zu erleichtern. Sein Dienst bestand in militärischen Übungen, die er in der Freizeit neben Studium und Promotion absolvierte. Nach dreieinhalb Jahren zog er sich zurück, blieb aber nominell Mitglied. Den Kriegsdienst leistete er später in der Wehrmacht. Seine Dissertation, die er 1937 in Buchform veröffentlichte, galt Rilkes *Sonetten an Orpheus*. Neben der Literatur war es der Geist der Bekennenden Kirche, der Holthusens

Seele läuterte. Der Vater, vorbildlich in seinem Bekennermut, zerbrach 1938, starb nach Jahren der Einschüchterung und Bespitzelung. Es kam noch böser. Der jüngere Bruder fiel am 18. August 1942 an der Ostfront. Holthusen selbst, auch im Osten stehend, hatte schlimme Erlebnisse. Und kurz vor Ende des Krieges, am 22. März 1945, fiel Hildesheim in Schutt und Asche.

Holthusen legte seiner Mutter schon Weihnachten 1942 den Zyklus *Klage um den Bruder* auf den Gabentisch. Erstmals veröffentlicht wurde er 1943 in der Zeitschrift *Eckart*. Erschüttert von dem schweren Verlust, versuchte Holthusen, sich und den Seinen im Gedicht Trost zuzusprechen. Die Form des Sonetts stand ihm durch die Beschäftigung mit Rilke wie von selbst zur Verfügung. Gedichte schrieb er seit Pennälertagen und veröffentlichte diese seit einiger Zeit in Zeitschriften und Zeitungen. 1947 wurde der Zyklus von 14 Sonetten als selbständiges Heft in der Reihe

Heftumschlag

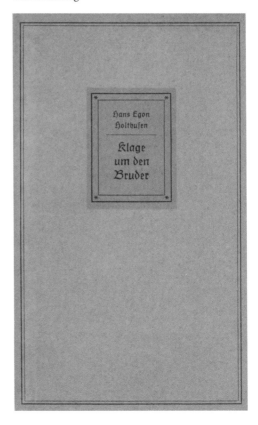

Das Gedicht gedruckt, in der der Verlag Heinrich Ellermann seit den frühen dreißiger Jahren neben Klassikern vor allem die Expressionisten und jüngere Dichter wie Franz Fühmann und Karl Krolow in Einzel- und Sammelheftchen zu Wort kommen ließ. Das Buch muß im Frühjahr 1947 fertig gewesen sein, denn es gibt Exemplare mit einer Widmung vom Mai des Jahres.

In einigen Sonetten hält Holthusen Zwiesprache mit dem Bruder. »In Gottes Namen: Bruder, du bist tot!/ Du bist es. Nicht ein Fremder …«, hebt der Zyklus an. Das Kriegsleid hat ein Gesicht, es läßt das Herz erzittern. In anderen Sonetten wird geschildert, wie der Tod zum Bruder kam, wo er seine letzte Ruhestätte unter dem »Kreuz aus weißen Birkenästen« fand. In wieder anderen Sonetten sucht der Dichter nach dem Sinn des Todes, hier gedanklich deutlich schwächer werdend: Vaterland, Opfer und Abendmahl der Völker sind Begriffe, die den nationalsozialistischen Krieg nicht in Frage stellen. Eine Anklage wird aus der Klage also nicht, doch der Wert des Menschen, die Einmaligkeit seines Lebens auch im Angesicht massenhaften Sterbens ist im Gedicht festgehalten. CW

Literaturauswahl

HANS EGON HOLTHUSEN: *Freiwillig zur SS*; in: *Merkur*, Jg. 20 (1966). HANS EGON HOLTHUSEN: *Unwiederbringliche Stadt*; in: *Ja und Nein* (1954). MARIA MARZIA BRAMBILLA: *Hans Egon Holthusen. Eine Darstellung seiner schriftstellerischen Tätigkeit* (2006). MECHTHILD RAABE: *Hans Egon Holthusen. Bibliographie 1931-1997* (2000).

Holz, Arno {1863-1929}
Klinginsherz!
Lieder.
Berlin: Verlag von Hermann Arendt, 1883. 104 S. 14 x 10 cm. Br. Druck von Hermann Blanke in Berlin.

Arno Holz ist wie die meisten Vertreter des Naturalismus heute nur noch wenigen Fachleuten ein Begriff. Er war aber neben Gerhart Hauptmann das wichtigste Talent dieser bahnbrechenden literarischen Gruppierung und hatte durch die Hinwendung zu neuen Stoffen, den gesellschaftskritischen Impetus und die experimentelle Erprobung neuer Formen in Poesie, Prosa und Dramatik große Verdienste. Seine Gedichtsammlung *Buch der Zeit* (1886) wurde für seine Generation zum Fanal, sich energisch zu Wort zu melden. Das gemeinsam mit Johannes Schlaf verfaßte Prosabuch *Papa Hamlet* (1889) besticht noch heute durch seine milieugetreue, dramatisch pointierte Erzählweise. Im Vergleich dazu gehört die nur wenige Jahre zuvor erschienene erste Gedichtsammlung *Klinginsherz!* geradezu einer anderen Epoche an.

Die Anfänge von Arno Holz sind durch Helmut Scheuer gut erforscht. Der Sohn eines Apothekers stammte aus Rastenburg in Ostpreußen, erfuhr jedoch seine Sozialisation vor allem in Berlin. Die Familie zog 1875 in die aufstrebende Metropole, weil der Vater hier eine Apotheke übernahm. Die Eltern wurden geschieden. Während Arno Holz mit fünf Geschwistern bei der Mutter blieb, ging der Vater mit vier anderen Geschwistern nach Frankfurt am Main. Trotz der Bedrängnis, in die die Mutter geraten war, ermöglichte sie ihm den Besuch des Gymnasiums. Doch auf Grund mangelnder Leistungen mußte der Achtzehnjährige die Schule ohne Abschluß verlassen. Dafür rächte sich der Dichter wenig später mit höhnischen

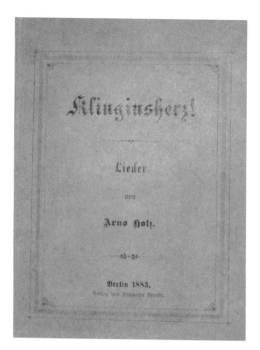

Broschureinband

also auch welche. Nur daß diese ›Krankheit des Jünglings‹, die bei den meisten anderen wohl bloß akut aufzutreten pflegt, bei mir bald bedenklich chronisch wurde. Ich litt an ihr Jahre. Und alles in mir während dieser Zeit drehte sich nur um das eine, von dem ich besessen war, wie nur je ein mittelalterlicher Flagellant von seiner Büßeridee.«

Erste Proben seiner Kunst erschienen in den Zeitschriften *Deutsche Studentenzeitung* und *Kyffhäuser-Zeitung*, die beide von deutschnationalen Studenten redigiert wurden. Im Redaktionskreis der *Kyffhäuser-Zeitung* fand Holz auch persönliche Freunde wie Oskar Jerschke und Paul Fritsche. 1883 trat er unter dem Pseudonym »Tannhuser« dem neugegründeten literarischen Bund »Wartburg« bei, der halb parodistisch die Welt des Minnesangs wiederaufleben ließ, seinen geistigen Nährboden aber in den Burschenschaften hatte. Holz begeisterte sich wie seine Freunde für Felix Dahn und Emanuel Geibel, den Auguren der Zeit. Geibel, der »Sänger der Liebe« und Verfasser nationalistischer Verse wie »am deutschen Wesen soll die Welt genesen«, war sein großes Vorbild. Am 27. Dezember 1882 sandte er ihm sein erstes Buch *Klinginsherz!*, um seine Meinung zu erfahren und Hilfe zu erhalten. Doch Geibel lehnte ab. Als er wenig später starb, gab Holz ein Geibel-*Gedenkbuch* (1884) heraus, für das er über 200 Beiträge einwarb. Seine Geibel-Begeisterung war natürlich auch taktischer Natur: Mit Hilfe des damals berühmten Namens wollte sich der junge Dichter in der literarischen Welt bekanntmachen. Nachdem dieses Ziel auf andere Art gelungen war, kühlte sich die Begeisterung merklich ab, bis Holz in der *Blechschmiede* (1902) auf Geibel »pfui Deibel« reimte.

Im April 1881 mußte Holz die Schule verlassen, schon am 22. Juni bot er einem Verlag unter dem Titel *Spielmannsweisen* ein fertiges Manuskript zum Druck an. Es wurde kommentarlos »refüsirt«. Holz

Versen: »Er kapierte die deutsche Poesie/ auch ohne die griechischen Verba auf mi!« Zeitgenossen beschrieben ihn als erstaunlich selbstbewußten jungen Mann, dessen Auftreten nach seinen ersten Erfolgen in der Schriftstellerlaufbahn bald eine leicht arrogante Note annahm. Weil er Dichter werden wollte, bemühte sich der gescheiterte Abiturient weder um das Nachholen des Schulabschlusses, noch machte er Anstalten, eine Ausbildung aufzunehmen. Statt dessen fing er im Zeitungsverlag Hermann Arendt in der Berliner Niederwallstraße an, mußte Bogen falzen und Artikel schreiben. Doch die tägliche Fron gefiel ihm nicht, er sollte ihr bald entfliehen. Die Mutter hatte Nachsicht mit ihm und fragte nur dann und wann: »Arnochen, warum hast du eigentlich nicht einen richtigen Beruf?« Holz schilderte in späteren Jahren die Besessenheit, mit der er sich der Dichtung hingab: »Mit achtzehn Jahren macht jeder anständige Mensch, wie bekannt, Verse. Ich rechnete mich zu ihnen und machte

dürfte weitere Versuche, einen Verlag zu finden, unternommen haben. Auch seinem Arbeitergeber Hermann Arendt legte er das Manuskript vor. Der ließ sich auf den Druck ein, obwohl er sonst keine Bücher verlegte. Weihnachten 1882 war das Buch fertig. Das Exemplar für Oskar Jerschke, das sich heute in der Zentral- und Landesbibliothek Berlin befindet, trägt eine Widmung vom 15. Januar 1883.

Das Buch enhält 50 Gedichte, die fast ausschließlich von Liebe und Liebesschmerz handeln. Holz gibt dem lyrischen Ich die Pose des vergeblich werbenden Liebhabers, der zum Trost in die Saiten der Harfe greift. Nachts liegt er kummervoll im einsamen Bett, tags flieht er in die Waldeseinsamkeit, um seinem Schmerz freien Lauf zu lassen. Ein Sonett heißt *Umsonst*. Durchbrochen wird der melancholische Grundton von einigen rokokohaften Liebesbekenntnissen, wie sie von Studenten in die Stammbücher von Freunden eingetragen wurden. Alle Verse sind nach den Regeln romantischer Poesie gearbeitet, waren aber nicht auf Lebenserfahrung gebaut.

Während die späteren Werke von Holz meist das Publikum in Pro und Contra spalteten, wurde das erste Buch in bescheidenem Maße allgemein begrüßt und scheinbar auch gekauft, denn die Zentral- und Landesbibliothek Berlin besitzt auch je ein Exemplar der 2. und 3. Auflage, obwohl das geänderte Titelblatt auch ein Werbetrick sein kann. Bei den Freunden von der *Kyffhäuser-Zeitung* war Holz mit dem Buch ein gemachter Mann. Am 30. April 1883 erschien eine enthusiastische Rezension: »Es ist wahre Poesie ohne alle Kunst und verdient beachtet zu werden, denn der Verfasser ist ein gottbegnadeter Sänger … Möge Niemand unserer Leser versäumen, sich dies Büchlein anzuschaffen.« Den Ritterschlag erhielt Holz von Julius Wolff, einem seinerzeit bekannten Lyriker, der ihm am 21. Januar 1883

schrieb: »…aus Ihren Liedern spricht ein jugendfrischer Sinn, ein volles warmes Herz und gute, vernünftige und poetische Gedanken ohne Sentimentalität, dazu ein gebildeter Geist und geschulter Geschmack mit einer schon großen Beherrschung der Form und Sprache.« Auch eine materielle Anerkennung wurde ihm zuteil: Der Augsburger Regionalverein der Schillerstiftung erkannte ihm ein »Legat von 200 Mark« zu. Mit Feuereifer arbeitete Holz sogleich an einem Folgeband *Deutsche Weisen* (1884), den er zusammen mit Oskar Jerschke aus dem gleichen Kyffhäuser-Geist wie seinen Erstling verfaßte. Die Holz-Forschung hat beschrieben, wie mühsam er sich daraus befreien mußte. Die Beobachtung der sozialen Mißstände in seiner Lebensumwelt, die Bekanntschaft mit dem in Frankreich und Norwegen aufkommenden Naturalismus von Emile Zola und Henrik Ibsen und theoretische Studien des philosophischen Positivismus und der neueren Ästhetik führten ihn zu neuen Ufern. Seine ersten Bücher waren danach obsolet. Er nahm sie nicht in die Werkausgabe von 1924/25 auf und ließ sie allenfalls als Wegmarken gelten. Doch wie so oft ist das literarisch schwächste Buch *Klinginsherz!* zugleich das gesuchteste, das auf Grund seiner Seltenheit in den meisten Holz-Sammlungen fehlen muß. CW

Literaturauswahl
HEINZ-GEORG BRANDS: *Theorie und Stil des sogenannten »Konsequenten Naturalismus« von Arno Holz und Johannes Schlaf* (1978). HANNO MÖBIUS: *Der Positivismus in der Literatur des Naturalismus. Wissenschaft, Kunst und soziale Frage bei Arno Holz* (1980). HELMUT SCHEUER: *Arno Holz im literarischen Leben des ausgehenden 19. Jahrhunderts* (1883-1896). *Eine biographische Studie* (1971). DIETER SCHICKLING: *Interpretationen und Studien zur Entwicklung und geistesgeschichtlichen Stellung des Werkes von Arno Holz* (1965). GERHARD SCHULZ: *Arno Holz. Dilemma eines bürgerlichen Dichterlebens* (1974).

Horváth, Ödön von {1901-1938}
Das Buch der Tänze.
»Vorzugsausgabe« in 500 num. u. sign.
Expl. München: Schahin-Verlag, 1922.
40 S. 22,5 x 15,5 cm. Br. mit Büttenüber-
zugpapier. Druck: Graphische Kunstanstalt
Oskar Groß.

Ödön von Horváth gehört zu den
nicht wenigen Schriftstellern, die
das Abenteuer ihres ersten Buches selbst
geschildert haben. 1920, oder nach einer
anderen Version 1921, lernte er in München
in einer Gesellschaft den Komponisten
Siegfried Kallenberg kennen. Es war die
Zeit seines Studiums der Germanistik und
Theaterwissenschaften an der Münchner
Universität, das er nicht beenden sollte,
bestärkt durch die Hoffnung auf Schrift-
stellerruhm, die er nach dem Erscheinen des
ersten Buches hegte. »Kallenberg wandte
sich an jenem Abend plötzlich an mich mit
der Frage, ob er ihm nicht eine Pantomime
schreiben wolle. – Ich war natürlich ziemlich verdutzt, weil ich es mir gar nicht
vorstellen konnte, wieso er mit diesem
Anliegen ausgerechnet an mich heran-
tritt. … dann aber überlegte ich es mir doch
anders: warum sollte ich es nicht einmal
probieren, eine Pantomime zu schreiben.
Ich sagte zu, setzte mich hin und schrieb die
Pantomime.«

Horváth schrieb eine Folge von sieben
Szenen, die die Handlung zu modernen
Ausdruckstänzen bildeten. Sie spielten im
orientalischen-fernöstlichen Milieu, wie es
seit der Jahrhundertwende in Mode war.
Doch nicht Romantik, sondern groteske,
manchmal dadaistische Verfremdung ist
das beherrschende Stilmittel. Die meisten Szenen enden in einer schauerlichen
Moritat. Tatsächlich wurde das Werk am
7. Februar 1922 im Münchner Steinicke-
Saal im Rahmen des »Ersten Abends des
Kallenberg-Vereins« aufgeführt. Die Schauspielerin Annie Marée sprach die Texte
zu Kallenbergs Musik. Es war der glei-
che Saal, den Artur Kutscher für seine
Studenteninszenierungen benutzte. Prof.
Kutscher, ein Freund und Adept von Frank
Wedekind, leitete das Theaterwissenschaft-
liche Institut, an dem Horváth wie Brecht,
Toller und andere angehende Autoren wichtige Anregungen erfuhren. Horváth hatte
sich an jenem Abend »von Lampenfieber
geschüttelt in einer Ecke verkrochen«,
wie sich ein Schulfreund erinnerte. Für
die Buchausgabe gewann der Dichter den
Münchner Verlag El Schahin, Schellings-
straße 15, zu dessen Programm Orientalistik
und Bibliophilie gehörte. Das Buch erschien
unter dem Namen Ödön J. M. von Horváth
in einer »numerierten, vom Dichter hand-
signierten Vorzugsausgabe von 500 Stück«.
Es war so zeitig im Jahr fertig, daß er das

Broschureinband

Exemplar Nr. 5 zum 2. Februar 1922 seiner lieben »Omama« widmen konnte. Daß es neben der sogenannten Vorzugsausgabe auch eine Normalausgabe mit womöglich größerer Auflagenhöhe gab, darf bezweifelt werden. Wahrscheinlich betrug die Auflage insgesamt 500 Exemplare.

Horváth erinnerte sich in dem eingangs zitierten Interview (1932) besonders an eine Kritik: »Sie war nämlich vernichtend und begann mit folgenden Worten: ›Es ist eine Schmach‹ und dergleichen. Aber ich nahm mir das weiter nicht sehr zu Herzen.« Die *Münchener Zeitung* lobte dagegen die »starke Stimmungskraft«, die »ergreifende Inbrunst«, den »packenden Verismus«. Doch als das Werk 1926 in einer Matinee des Stadttheaters Osnabrück mit dem Tänzer Günter Hess erneut aufgeführt worden war, machte ihm Horváth eine Ende. Mit Unterstützung des Vaters erwarb er alle noch lieferbaren Exemplare, bemühte sich um die Entfernung aus den öffentlichen Bibliotheken und bat selbst Freunde um die Rückgabe des Buches. »Er vernichtet jedes Bändchen, das ihm in die Hände kommt«, hält der Biograph Dieter Hildebrandt fest. Günter Hess dagegen betonte dreißig Jahre später, daß das Werk für ihn richtunggebend geworden sei.

Trotz dieser radikalen Selbstkritik leitete Horváth mit diesem Buch seine schriftstellerische Laufbahn ein, die ihn am Ende der Weimarer Republik unter den bekanntesten Bühnenautoren Deutschlands sah. Bis dahin war es allerdings noch ein Stück Weg, den er nur mit der Unterstützung seines Vaters bestreiten konnte. Der ungarische Diplomat hatte den Untergang der k. u. k. Monarchie leidlich überstanden und diente der neuen Republik als Regierungsvertreter für Süddeutschland. Er gewährte der künstlerischen Karriere Ödöns und seines Bruders Lajos, eines Zeichners und Illustrators, den nötigen Rückhalt. C W

Literaturauswahl
ÖDÖN VON HORVÁTH: *Gesammelte Werke. Band 4: Prosa und Verse 1918-1938.* Hrsg. v. *Traugott Krischke* (1988). DIETER HILDEBRANDT: *Ödön von Horváth mit Selbstzeugnissen und Bilddokumenten dargestellt* (1975). TRAUGOTT KRISCHKE: *Horváth Chronik. Daten zu Leben und Werk* (1988). TRAUGOTT KRISCHKE: *Ödön von Horváth. Kind seiner Zeit* (1998). HEINZ LUNZER, VICTORIA LUNZER-TALOS, ELISABETH TWOREK: *Horváth. Einem Schriftsteller auf der Spur* (2001).

Huch, Ricarda
{Pseudonym: Richard Hugo,
1864-1947}
Der Bundesschwur. Lustspiel mit Benutzung der historischen Ereignisse in der Schweizerischen Eidgenossenschaft vom Jahre 1798.
Aufl.: 300 Expl. Zürich: Orell Füßli & Co., [1891]. 102 S. 8°. Heft.

Die Entstehungsgeschichte von Ricarda Huchs erstem Buch ist untrennbar verbunden mit der Geschichte der großen Liebe, die ihre jungen Jahre bestimmte. Huch stammte aus einer weit verzweigten Braunschweiger Kaufmannsfamilie, in der in jeder Generation Ehen innerhalb der Verwandtschaft gestiftet wurden. So heiratete ihre fünf Jahre ältere Schwester Lilly den Cousin Richard Huch, der in Braunschweig in der Anwaltskanzlei seines Vaters arbeitete. Es war eine Liebesheirat, die jedoch Richard trotz Kindersegens bald nicht mehr ausfüllte. Im Geschäft tüchtig, später in einer eigener Kanzlei mit Notariat, bewahrte er sich den Sinn für die Annehmlichkeiten des Lebens, spielte Klavier, war gesellig, reiste gern und besaß die Tugenden eines Kavaliers, der sich den Damen angenehm zu machen wußte. Wenige Jahre nach der Heirat begann er mit seiner Schwägerin Ricarda ein intimes Verhältnis, das nach

Heftumschlag und Titelblatt

Jahren der Heimlichkeit 1887 in der Familie ruchbar wurde. Die Ehefrau und Schwester bestand darauf, daß Ricarda Braunschweig sofort verlasse müsse. Da Ricarda gern studieren wollte, ging sie in die Schweiz, wo im Unterschied zu Deutschland das Frauenstudium bereits eingeführt worden war. Bislang hatte sie nur eine Höhere Töchterschule absolviert, so daß sie zuerst die Reifeprüfung nachholen mußte. In einem Jahr zog die willensstarke junge Dame die Vorbereitungen durch und bestand mit Bravour. Ebenso das sich anschließende Studium der Geschichte, das sie schließlich 1892 mit der Promotion zum Dr. phil. als eine der ersten Frauen abschließen sollte.

Ricarda Huchs Mutter war bereits einige Jahre zuvor gestorben, der Vater, der ein Geschäft in Übersee hatte, folgte ihr 1887 in den Tod, ehe er mit Ricarda eine Aussprache über den Ehebruch führen konnte. Die Liebe zwischen Ricarda und Richard hielt trotz räumlicher Trennung ein Jahrzehnt an. Regelmäßig wechselten sie zwischen Zürich und Braunschweig Briefe und verbrachten jährlich mehrere Wochen heimlich an abgelegenen Orten gemeinsam, dabei Dienstreisen von Richard ausnutzend. In Braunschweig konnte sich die junge Frau nicht sehen lassen. Nach einer Zeit der Trennung, in der Ricarda Huch eine Ehe eingegangen war, sollten sie 1907 wieder zueinanderfinden, schließlich heiraten, unglücklich werden und sich 1912 wieder trennen.

Neben ihrem Studium, mit dem sie sich auf einen Brotberuf vorbereitete, arbeitete Ricarda Huch auch an einer schriftstellerischen Laufbahn. Aus ihrer Familie gingen mehrere Schriftsteller hervor, am bekanntesten ist heute der Cousin Friedrich Huch, ein Bruder von Richard. Auch

Ricardas Bruder Rudolf trat mit literarischen Werken hervor. Ricarda schrieb von Kindesbeinen an Gedichte, Erzählungen, Dramen. Seit sie für den Schwager entflammt war, richteten sich ihre Liebesgedichte vor allem an ihn. Eine Erzählung erschien 1888 in der Berner Tageszeitung *Der Bund,* deren Feuilleton durch Josef Viktor Widmann geführt wurde, der fortan als ihr Förderer wirkte. Die Geschichte ihrer ersten Buchveröffentlichung begann damit, daß Huch vom Frühjahr 1889 bis Frühjahr 1890 in der Zürcher Stadtbibliothek unentgeltlich das Verzeichnis der Sammlung Paulus Usteri mit Flugschriften der Französischen Revolutionszeit erstellte. Damit erwarb sie nicht nur praktische Fähigkeiten für das Berufsleben, sondern fand auch den Stoff für ihr erstes Drama *Der Bundesschwur.* Es handelt von einer Liebesgeschichte vor dem Hintergrund der Auseinandersetzungen zwischen frankreichfreundlichen und nationalistischen Kräften in der Schweiz. Der Bräutigam Diethelm ist eher konservativ, die Braut Elisabeth dagegen vom Jakobinismus entflammt. Die Autorin hat darin auch die Konflikte mit ihrem Liebsten verarbeitet, der ein konservativer Bismarck-Anhänger war, während sie eher liberale Ideen vertrat. Der Zusammenhang zwischen Stück und Leben läßt sich mit Ricarda Huchs Brief vom 2. Februar 1889 belegen, in dem sie die geplante »köstliche Satire in dramatischer Form« erwähnt und Richard von den modernen Ideen in der Schweiz berichtet, von denen er so wenig halte. Sie schrieb ihr Werk noch im Jahr 1889. Zum Jahresbeginn 1890 war Richard bei ihr in der Schweiz, wie aus dem Briefwechsel hervorgeht. Hier hat er sie nicht nur geliebt »wie ein Teufel«, sondern mit ihr auch die Druckmöglichkeit besprochen. Der Geliebte gewann den Verlag Orell Füßli in Zürich, ein altehrwürdiges Haus, das für das schweizerische Thema des Stückes geeignet war. Er trug die Druckkosten von offenbar 500 Mark für eine Auflage von 300 Exemplaren, so jedenfalls steht es im Brief Ricarda Huchs vom 16. Februar 1890. Die ersten Exemplare hielt sie am 6. November des Jahres in den Händen. Aus Rücksicht auf ihre unabgeschlossene Ausbildung erschien das Buch unter dem Pseudonym Richard Hugo, das der Geliebte vorgeschlagen hatte, mit dem Vornamen seinen Anteil am Druck unterstreichend. Richard Huch bezahlte auch die nur wenige Monate nach dem Drama bei Pierson in Dresden erscheinenden Gedichte, Ricarda Huchs zweites Buch.

Ganz unbescheiden träumte die Autorin davon, daß das neue Schauspielhaus in Zürich mit dem *Bundesschwur* eingeweiht würde. Doch daran war ernstlich nicht zu denken, denn ihr Lustspiel trieb manchen Scherz mit dem Schweizer Nationalstolz. Es war zwar von Schillers *Wilhelm Tell* inspiriert und folgte im Stückaufbau der klassischen Dramaturgie, war aber in seinen komödiantischen Mitteln eher von Raimunds Satiren beeinflußt. Doch die kleinen Bosheiten, die sich Huch mit den kantonalen Beschränktheiten erlaubte, erregten nicht einmal Ärgernis, sie wurden einfach nicht wahrgenommen. Einzig Widmann, der Redakteur des *Bundes,* beschäftigte sich überhaupt mit dem Stück. In seiner Rezension (*Sonntagsblatt des Bund* vom 22. Februar 1891) lobte er das Talent der neuen Autorin, rügte aber die karikaturistische Zeichnung eines Berner Patriziers und vor allem den »schlimmen dritten Akt, der aus der edelen Lustspielregion in die Niederung der Posse fällt«. Damit war die Geschichte des *Bundesschwurs* abgeschlossen – die »gräßlichste Erinnerung meines Lebens«, wie die Autorin schon am 1. April 1892 resümierte. Aufgehoben ist das Drama im Band 5 der Werkausgabe (1971), die einzige Einzelausgabe dagegen ist eine äußerste Rarität. CW

Literaturauswahl
RICARDA HUCH: *Erinnerungen an das eige-*
ne Leben (1980). RICARDA HUCH: *Du, mein*
Dämon, meine Schlange … Briefe an Richard
Huch. 1887-1897. Hrsg. v. Anne Gabrisch
(1998). Jutta Bendt, Karin Schmidgall (Bearb.):
Ricarda Huch. 1864-1947. Marbacher Katalog 47
(1994). Charlotte von Dach (Hrsg.): *Josef Viktor*
Widmann: Briefwechsel mit Henriette Feuerbach
und Ricarda Huch (1965). ANNE GABRISCH:
In den Abgrund werf ich meine Seele. Die
Liebesgeschichte von Ricarda und Richard Huch
(2000). CORDULA KOEPKE: *Ricarda Huch. Ihr*
Leben und ihr Werk (1996). MICHAEL MEYER:
Ricarda Huch-Bibliographie (2005). STEFANIE
VIERECK: *So weit die Welt geht. Ricarda Huch.*
Geschichte eines Lebens (1990).

Huchel, Peter {1903-1981}
Gedichte.
Mit einer Anmerkung.
Aufl.: 8300 Expl. Berlin: Aufbau-Verlag
1948. 102 S. 20,5 x 12,5 cm. Pp. Druck:
Eduard Stichnote, Potsdam.

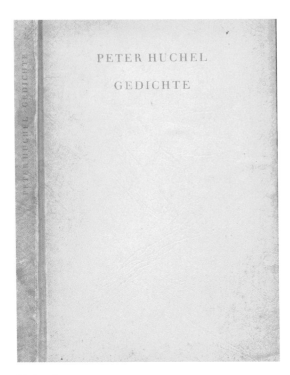

Einband

Der Grund für den späten Ruhm dieses Erstlings liegt auf der Hand. Huchel trat mit der über 20 Jahre gewachsenen Sammlung an die Öffentlichkeit, als er seinen Stil gefunden und die Auswahl sich durch die Jahre von selbst ergeben hatte. Schon 1933 hatte Huchel mit dem Wolfgang Jess Verlag in Dresden einen Gedichtband *Der Knabenteich* vereinbart, doch das Manuskript wieder zurückgezogen, aus Selbstzweifel oder aus politischen Gründen – darüber streiten die Huchel-Experten. Danach hatte er sich vor allem als Autor von Hörspielen für den Rundfunk betätigt, bis er zum Kriegsdienst eingezogen wurde.

Zum Aufbau-Verlag kam Huchel über den Cheflektor und Kritiker Max Schroeder, mit dem er als Künstlerischer Leiter des Berliner Rundfunks bekannt geworden war. Johannes R. Becher, der 1948 mit Huchel die Gründung der Zeitschrift *Sinn und Form* vorbereitete, dürfte das Erscheinen des Bandes in dem von ihm 1945 gegründeten Verlag wärmstens unterstützt haben. Huchel verzichtete auf eine zugesagte Veröffentlichung im altehrwürdigen Potsdamer Verlag Rütten & Loening zugunsten des Kulturbundverlages, der trotz widriger Nachkriegsbedingungen ausreichend Papier zur Verfügung hatte, teilweise sogar holzfreies. Gedruckt wurden 9500 Exemplare: 7400 Exemplare auf holzhaltigem Papier sowie 2100 auf holzfreiem Papier, davon 1200 als Mitdruck im Stahlbergverlag, Karlsruhe. Das Erscheinen stand allerdings unter einem Unstern, worüber Huchel dauerhaft mißmutig war. Die hohe Auflage, die ein Jahr zuvor wahrscheinlich problemlos abgesetzt worden wäre, fiel in das Loch, das die Währungsreformen in Ost und West 1948 aufrissen. Schlagartig fiel der Absatz von Ostbüchern im Westen ins Bodenlose, und auch der Absatz im Osten geriet ins Stocken. Während die 10 000 Exemplare des Bandes *In den Wohnungen des Todes* (1947) von

Nelly Sachs ein Jahr nach Auslieferung weitgehend ausverkauft waren, wurden von Huchel nach einer Statistik vom 31. März 1955 nur 758 Exemplare auf holzfreiem und 1064 auf mittelfeinem (sprich holzhaltigem) Papier abgesetzt. Krach schlug Huchel, als der Verlag ihm gleichzeitig mitteilte, daß 1952 bei einem Feuer im Lager des Grossisten ein großer Teil der Auflage verbrannt, ein anderer durch die Löscharbeiten der Feuerwehr Wasserschaden genommen hatte (insgesamt 4775 Exemplare) und ein Teil dieser beschädigten Exemplare von der Volkssolidarität anläßlich einer Weihnachtsfeier an Rentner und arme Leute verteilt worden waren. Doch der Band blieb weiter bis in die sechziger Jahre lieferbar.

Anders als die Leser nahmen die Kritiker Huchel mit durchgängig lobendem Tenor auf, bald fehlte er in keiner ernstzunehmenden Betrachtung über neue deutsche Lyrik mehr. Auch öffentliche Ehrungen wurden dem Autor zuteil, so wurde ihm mit ausdrücklichem Bezug auf den Band 1951 der Nationalpreis III. Klasse für Kunst und Literatur verliehen, 1955 der Theodor-Fontane-Preis. Während seine Lyrik allgemein anerkannt wurde, geriet er mit *Sinn und Form* schon Anfang der fünfziger Jahre in Bedrängnis und wurde nur durch die Schirmherrschaft von Brecht und Becher vor der baldigen Ablösung bewahrt. CW

Literaturauswahl

PETER HUCHEL: *Wie soll man da Gedichte schreiben. Briefe 1925-1977.* Hrsg. v. Hub Nijssen (2000). PETER HUCHEL, WALTER JANKA: *Briefwechsel*, in: Elmar Faber, Carsten Wurm (Hrsg.): *… und leiser Jubel zöge ein. Autoren- und Verlegerbriefe. 1950-1959* (1992). HUB NIJSSEN: *Der heimliche König. Leben und Werk von Peter Huchel* (1995). STEPHEN PARKER: *Peter Huchel. A Literary Life in the 20th Century Germany* (1998). Peter Walther (Hrsg.): *Peter Huchel. Leben und Werk in Texten und Bildern* (1996.).

Huelsenbeck, Richard {1892-1974}
Phantastische Gebete. Verse.
Mit 7 Holzschnitten v. Hans Arp. Zürich: Collection Dada, 1916. 16 Bl. 23 x 14,7 cm. Br. Druck: Jul Heuberger, Zürich.

Huelsenbecks Erstlingswerk wird als eine Art erste Dokumentation des literarischen Dadaismus angesehen, als dessen Hauptakteure Hans Arp, Tristan Tzara, Marcel Janco und Huelsenbeck gelten. In Zürich sammeln sie sich ab Februar 1916 um das von Hugo Ball und seiner Partnerin Emmy Hennings gegründete »Cabaret Voltaire«. Zunächst weiß keiner, was Dadaismus ist, und selbst um die Geburt des Begriffs, des Namens, wird ewig gestritten. Die Legende erzählt, daß sich der kleine rumänische Dichter Tristan Tzara, um dem Kriegsdienst zu entkommen, von einem Arzt ein Attest besorgte, das ihn der Dementia praecox, also des Jugendirrsinns, verdächtigte. Als er das Attest entgegennahm, soll er gesagt haben: »Dada«, was in slawischer Sprachversion so viel bedeutet wie »Nun, ja«, und das soll man aufgegriffen haben für die Bestrebungen, die die jungen Zuwanderer in Zürich artikulierten. Eine sehr folkloristische Ausdeutung, ein immer noch nicht bewältigtes Thema der Etymologie, das sicher keiner literaturgeschichtlichen Ausleuchtung standhält, aber doch die Verschwommenheiten und Spitzfindigkeiten hervortreten läßt, die sich mit dem Aufkommen des Dadaismus (etwa zwischen 1916 und 1924) verbinden. Und immerhin ist ja der kindliche Stammellaut Dada eine erste sprachliche Offenbarung, und so will Dada auch als neue Kunst»offenbarung« verstanden werden, die den Expressionismus überhöht und zugleich überwindet, und dessen Innerlichkeit und Überschwang der Gefühle ablehnt.

So viel schrankenlose künstlerische Anarchie die neue literarische Strömung auch manifestierte, so einig war man sich in einem Punkt. Alle waren gegen den Krieg. Deshalb waren sie ja nach Zürich gekommen, in eine Zone des Friedens, in der man aber Radau machen konnte gegen das Schreckliche, was an den Fronten geschah. Die Spießbürger zu Hause sollten nicht mehr ruhig schlafen können. Die Dadaisten suchten, wie es Hans Arp einmal formulierte, »eine neue Änderung, die das Gleichgewicht zwischen Himmel und Hölle« wiederherstellen sollte. »Sie wollen ein Stein des Anstoßes werden. Sie wollen Aufsehen erregen. Sie wollen die Leute erschrecken. Und das gelingt ihnen in vollem Maße«, schrieb Curt Riess in seinem Buch *Café Odeon* über die Zeit in Zürich. Im »Café Odeon« trafen sich die Dadaisten häufig noch nach Ende der Vorstellungen im Cabaret Voltaire, in

dem sie ihren Protest gegen eine wahnsinnige Welt den Leuten in die Weingläser geschrien hatten.

Richard Huelsenbeck, der als Apothekersohn in geordneten bürgerlichen Verhältnissen aufgewachsen war, erst in München Literatur und Kunstgeschichte studiert hatte und dann zu einem Medizinstudium nach Berlin gewechselt war, hatte erste literarische Texte in Franz Pfemferts Wochenschrift *Die Aktion* veröffentlicht, bevor er sich 1916 (auf Einladung von Hugo Ball) für einen Jahresaufenthalt in der Schweiz entschloß. *Phantastische Gebete*, das wir (nach Wilpert/Gühring) als Erstlingswerk behandeln, erschien gewissermaßen zeitgleich mit einem anderen Bändchen von Versen unter dem Titel

Broschurvorderseite und -rückseite der 2. Auflage mit Zeichnungen von George Grosz

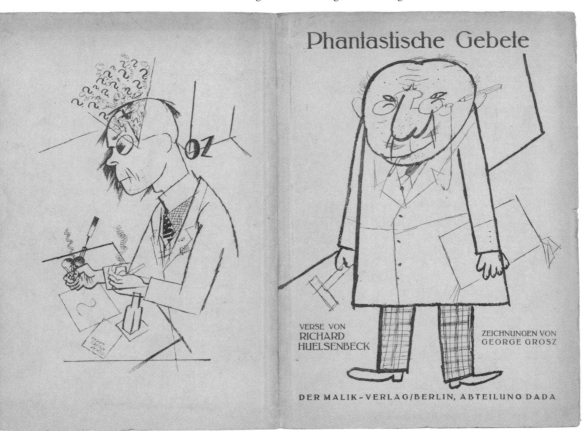

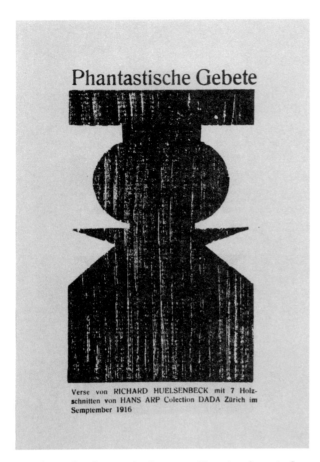

Broschureinband mit Holzschnitt von Hans Arp der 1. Aufl.

Schalaben schalabai schalamezomai, beide in der *Collection Dada*, beide bei Jul Heuberger gedruckt, eine Broschur im August, die andere im September 1916, beide symptomatisch für den sogenannten Dadastil, für den Umgang mit absurden oder alogischen Wort- und Satzkombinationen, mit denen man gegen die tradierten Kunstformen Front zu machen versuchte.

Welche Auflage von *Phantastische Gebete* hergestellt worden ist, war nicht festzustellen. Huelsenbeck soll selbst einmal geäußert haben, daß die Auflage klein war, verständlich für die Umstände der Zeit. Keine 500

Exemplare werden davon hergestellt worden sein. Was man davon in Zürich nicht verkaufen konnte, nahm Huelsenbeck mit nach Berlin, als er dorthin zurückkehrte und im »Graphischen Kabinett« einen lautstarken Wirbel für den Dadaismus entfachte. Die kleine Broschüre des Erstlingswerks verkaufte der Malik-Verlag in der Katalogabteilung Dada. Eine erweiterte 2. Auflage *Phantastische Gebete* gab der Malik-Verlag 1920 heraus, nun mit einer Umschlagillustration und angriffslustigen Zeichnungen von George Grosz. Diese Ausgabe hatte Huelsenbeck durch neue Texte erweitert, die nicht allein als Aufstockung der provokativen Sprachbilder der 1916er Ausgabe zu verstehen waren, sondern auch als Anverwandlung weltanschaulich-politischer Ansichten an das Überzeugungsrepertoire des Zeichners George Grosz.

Huelsenbeck war Schöpfer des literarischen Dadaismus und zugleich Dokumentarist der neuen Strömung. Mit den Chroniken *En avant Dada* und *Dada* siegt (beide 1920) hat er die Geschichte des Dadaismus zu belegen und eine Bilanz des Dadaismus zu unterbreiten versucht. Demselben Zweck dienten die von ihm herausgegebenen Almanache, Manifeste und diversen anderen Belege über die Entwicklung und Bedeutung des Dadaismus, die nicht ohne Wirkung auf nachfolgende Generationen geblieben sind. EF

Literaturauswahl
Hans Bolliger, Guido Magnaguagno u. Raimund Meyer (Bearb.): *Dada in Zürich* (1985). Richard Huelsenbeck (Hrsg.): *Dada. Eine literarische Dokumentation* (1964). Herbert Kapfer (Hrsg.): *Richard Huelsenbeck / Hans Arp / George Grosz: Phantastische Gebete* (1993). CURT RIESS: *Café Odeon. Unsere Zeit, ihre Hauptakteure und Betrachter* (1973).

… siehe Seite 239

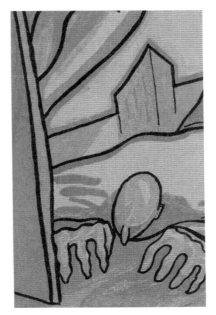

J

… siehe Seite 231

… siehe Seite 235

… siehe Seite 233

Jahnn, Hans Henny {1894-1959}
Pastor Ephraim Magnus.
Drama.
Mit 3 Grundrissen der Bühnenbilder von
Jahnn. 1.-2. Aufl. (= Tsd.) Berlin: Fischer
1919. 268 S., 2 Bl. 22 x 14 cm. Br. Druck:
Spamersche Buchdruckerei Leipzig.

Der S. Fischer Verlag bemühte sich in
der Zeit nach dem Ersten Weltkrieg,
die junge expressionistische Literatur in
sein Haus zu holen. Hans Henny Jahnn war
zweifellos einer ihrer eigenwilligsten und
originellsten Vertreter. Samuel Fischer, der
von der Bild- und Geisteswelt des *Pastor
Ephraim Magnus* beeindruckt und zugleich
beunruhigt war, lud ihn nach der späteren Erinnerung des Autors 1919 zu einer
Besprechung in sein Verlagshaus. Jahnn
hatte den Verlag schon seit etlichen Jahren
mit seinen jugendlichen Versuchen versorgt und war in seinem Bemühen prinzipiell unterstützt worden. Jetzt war Fischer
mit seinen Lektoren übereingekommen,
das neue Stück zu drucken. Er bevorzugte
einen Privatdruck in einer Auflage von 500
Exemplaren, der nicht über den Buchhandel
vertrieben werden sollte – ähnlich der
Praxis im Fall von Arthur Schnitzlers Stück
Der Reigen. Doch Jahnn wollte nach Jahren
der intensiven künstlerischen Arbeit und
Diskussionen in seinem Freundeskreis
endlich an die Öffentlichkeit treten. Der
bei dem Treffen anwesende Cheflektor
Moritz Heimann und die Lektoren Oskar
Loerke und Rudolf Kayser schlugen sich auf
die Seite des Autors, so daß der Verleger
schließlich eine Normalausgabe zubilligte,
die zugleich den Bühnen gegenüber als
Manuskript diente.

Jahnn hatte das Stück vom Herbst
1916 bis zum September 1917 in Norwegen
geschrieben, wo er zusammen mit seinem
Gefährten Gottlieb Harms auf der Flucht
vor der drohenden Einberufung zum
Kriegsdienst Asyl gefunden hatte. Obwohl

sein Stück voller Gewalttätigkeiten steckte,
vertrat Jahnn schon in frühen Jahren eine
entschieden pazifistische Position und
stellte sich damit außerhalb der kriegsbe-
geisterten Gesellschaft. Zwar blieb ihm der
Schützengraben erspart, doch die norwegischen Jahre waren voller Entbehrungen
und Ängste, verursacht durch materielle
Not, Krankheit, die zeitweise feindselige
Haltung der norwegischen Bevölkerung
und die Nachstellungen der deutschen
Militärbehörden. Jahnn bereitete hier mit
seinem Freund die religiös-künstlerische
Gemeinschaft »Ugrino« vor, die sie nach
ihrer Rückkehr nach Deutschland, unterstützt von vermögenden Gönnern, in Eckel
bei Hamburg in die Tat umsetzten. *Pastor
Ephraim Magnus* dokumentiert den weltanschaulichen Übergang von Jahnns früher
christlicher Entwicklungsphase zur selbst-
bestimmten neuheidnischen Religiosität. Es
zeigt auch seine Präferenzen für mittel-
alterliche Baukunst, sakrale Musik und
monströse Bestattungsrituale. Sprachlich
ist es gleichermaßen bestimmt durch die
Ablehnung der wilhelminischen Konventionen wie der klassischen Dichtung, die die
Schule vermittelte.

Das Drama erschien im November
1919 auf dem Buchmarkt, laut Honorar-
abrechnung des folgenden Jahres in »1.
bis 2. Auflage«, was bei S. Fischer immer
1. bis 2. Tausend hieß, 100 davon für den
Bühnenvertrieb vorbehalten. Es wurde
zunächst nur von der Glaubensgemeinde
und einigen anderen Anhängern Jahnns
wahrgenommen. Das änderte sich, als
Oskar Loerke, Lektor von S. Fischer und
1920 alleiniger Juror des Kleist-Preises,
Jahnn für *Pastor Ephraim Magnus* die
renommierte Auszeichnung zuerkannte.
Daraufhin beschäftigten sich viele Kritiker
mit dem Stück und kamen zu einer
durchgängig ablehnenden bis vernichtenden Einschätzung. Edgar Gross bezeichnete
es als »preisgekröntes Erotomanendrama …

ein masochistisch-sadistisches Produkt eines sich genial gerierenden, in Wahrheit von schwächlicher Perversität gebannten unschöpferischen Geistes« (*Das literarische Echo*, 15. Mai 1921). Besonders schwer wog der Befund des durchaus für die Avantgarde aufgeschlossenen Julius Bab, der nur Nihilismus am Werke sah: »Es ist die Negation alles Sinnes«, alles dessen, was die abendländische Kultur ausmache. Das Stück gehöre in den »Giftschrank der Menschheit« (*Die Weltbühne*, 16. Juni 1921).

Schon das Manuskript hatte eine ganz private Radikalkritik erfahren. Als ihn seine Eltern nach kurzer Freude über das Wiedersehen mit dem aus Norwegen heimgekehrten Sohn drängten, endlich sein Leben in geordnete bürgerliche Bahnen zu lenken, verwies er auf die Annahme des Stückes durch S. Fischer. Der Vater, ein Schiffszimmermann in Stellingen bei Hamburg, und die Mutter, die kurze Zeit beeindruckt waren, lasen das Manuskript und waren über die »Unanständigkeiten« entsetzt, wie Jahnns Biograph Thomas Freeman zu berichten weiß. Die Mutter soll ihm vorgehalten haben, daß er solche Sachen unmöglich zu Hause gelernt haben könne. Gemeint war die Verarbeitung von Lustmord, Kastration, Inzest und Selbstverstümmelung. Jahnn beschloß nach der häuslichen und öffentlichen Kritik, alle gesellschaftlichen Bindungen zu lösen und sich ganz dem Projekt »Ugrino« zu widmen. Über ein Jahrzehntlang verschrieb er sich als Ideengeber, Hausvater einer Großfamilie und Künstler diesem alternativen Lebenskonzept, bis er sich das Scheitern eingestehen mußte.

Das Stück erregte noch einmal die Öffentlichkeit, als es 1923 durch die Berliner Theaterneugründung »Das Theater« in der Lützowstraße auf die Bühne gebracht wurde. Die Idee dazu hatte Arnolt Bronnen, der ihm wohl unter den expressionistischen Dichtern geistig am nächsten stand. Er führte auch Regie, arbeitete aber mit seinem damaligen engen Weggefährten Bertolt Brecht eng bei der Herstellung der Bühnenfassung und der Inszenierung zusammen. Der S. Fischer Verlag, der entschieden gegen die Uraufführung war, versuchte Jahnn zur Verhinderung des Projektes zu überreden. Doch der Autor wollte auf die Bühne und ließ sich selbst auf eine radikale Kürzung des Stückes durch das Regiegespann ein. Bronnen schilderte in seinen Erinnerungen *Tage mit Brecht* den Auftritt des Meisters und seiner Jünger während der Proben. Überfordert zog sich Jahnn bald in sein Hotel aufs Krankenlager zurück, wo es am Tag der Premiere zu einer Aussprache

Broschureinband

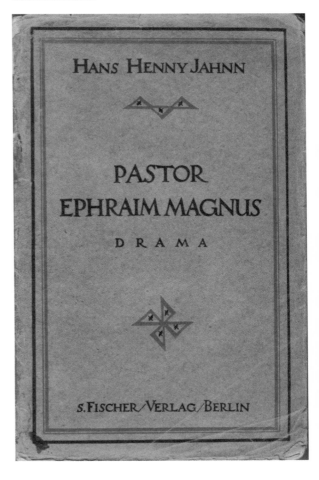

über die Textfassung kam. Man einigte sich nach langem Lamento, und *Pastor Ephraim Magnus* lief Ende August 1923 über die Bühne. Es wurde vom Publikum überraschend kühl und gelangweilt aufgenommen. Daran schuld war vor allem die Kürzung. Die weltanschauliche Wucht ging ganz hinter dem Handlungsablauf verloren. Emil Faktor sprach im *Berliner Börsen-Courier* (25. August 1923) vom »Lustmord«, den die Regie am Text begangen habe. Die Aufführungen fanden schon nach einer Woche ihr Ende, als das Theater auf Grund einer fehlenden Konzession polizeilich geschlossen und der Inhaber, Jo Lherman, kurze Zeit inhaftiert wurde.

Jahnn schwankte im späteren Leben in seiner Beurteilung des Stückes, hielt aber daran fest, daß es zu seiner Entwicklung gehöre. Das größte Lob erhielt es durch Brecht, der zum 60. Geburtstag des Autors davon sprach, daß Pastor Magnus' Klage auf dem Sterbebett »einer der großartigsten Monologe der deutschen Literatur« sei. Das Buch war bald in Vergessenheit geraten. 1936 hatte der Verlag noch 14 Broschur- und 399 Rohexemplare auf Lager, von denen 300 Exemplare makuliert wurden.   CW

Literaturauswahl

HANS HENNY JAHNN: *Briefe I. Werke in Einzelbänden.* Hrsg. v. Ulrich Bitz, Jan Bürger, Sandra Hiemer u. Sebastian Schulin (1994). Hartmut Böhme, Uwe Schweikert (Hrsg.): *Archaische Moderne. Der Dichter, Architekt und Orgelbauer Hans Henny Jahnn* (1996). ARNOLT BRONNEN: *Tage mit Bertolt Brecht* (1960). JAN BÜRGER: *Der gestrandete Wal. Das maßlose Leben des Hans Henny Jahnn* (2003). THOMAS FREEMAN: *Hans Henny Jahnn. Eine Biographie* (1986). Jochen Hengst, Heinrich Lewinski (Bearb.): *Hans Henny Jahnn, Ugrino. Die Geschichte einer Künstler- und Glaubensgemeinschaft* (1991). WALTER MUSCHG: *Gespräche mit Hans Henny Jahnn* (1994).

Jandl, Ernst {1925-2000}
Andere Augen.
Gedichte.

Wien: Bergland Verlag, 1956. 63 S. 19 x 12 cm. Pp. (= Neue Dichtung aus Österreich. Hrsg. v. Rudolf Felmayer. Bd. 21.) Druck: Elbemühl A.G., Wien.

Ernst Jandl schrieb seit der Gymnasialzeit fortwährend Gedichte und betrachtete diese Arbeit schon früh als sein eigentliches Lebensziel. Schon in der Schulzeit konnte er erste Gedichte veröffentlichen. Aus einfachen Verhältnissen stammend, der Vater war kleiner Bankangestellter in Wien, steuerte er jedoch zunächst auf einen Brotberuf zu, der ihm die nötige materielle Sicherheit geben sollte. Nach Krieg und Gefangenschaft in England trat er 1946 ein Pädagogikstudium Deutsch und Englisch an und beendete es im Dezember 1950 mit einer Dissertation *Die Novellen Arthur Schnitzlers* und der Promotion zum Dr. phil. Zu seinem Lebensplan gehörte auch die 1949 mit einer Kommilitonin geschlossene Ehe, die allerdings den ersten Gedichtband nicht überstand. In frühen Jahren interessierten ihn die Expressionisten Wilhelm Klemm, August Stramm und der junge Johannes R. Becher. Anfang der fünfziger Jahre stand er unter dem Eindruck avantgardistischer amerikanischer und englischer Autoren wie Gertrude Stein, E. E. Cummings und Gerald Manley Hopkins, ohne sich vorerst zu deren radikalen Gedichtformen durchringen zu können. Entscheidend für Jandls ersten Band wurde nach Einschätzung seines Biographen Klaus Siblewski Jacques Prévert, nach dessen Vorbild er sich dem realistischen Gedicht zuwandte, während er zuvor in »metaphernhaltiger Gedankenlyrik« befangen war. Als Gymnasiallehrer fand er tatsächlich die innere Ruhe, um sich intensiv dem Schreiben widmen zu können. Von 1952 bis 1954 brachte er in schneller Folge alle jene Gedichte zu Papier, die er dann in dem ersten Band *Andere Augen* zusammenfaßte. Wenn auch im Verhältnis zu seinen wenig später entstandenen Sprechgedichten formal traditionell, finden sich schon im ersten Gedichtband die Vorliebe zum Parodieren und zum Konterkarieren der Lesererwartung, der antimilitaristische Zug und die Aufforderung zum Ausbrechen aus der gewohnten Bahn.

Erste Veröffentlichungen der neuen Gedichte erschienen in den Wiener Literaturzeitschriften *publikationen* sowie *Neue Wege*, wo Jandl in dem Redakteur Andreas Okopenko, einem jungen Lyriker, einen Freund und Helfer fand. Dadurch auf Jandl aufmerksam geworden, nahm Rudolf Felmayer, ein Rundfunkredakteur und konservativer Lyriker, Gedichte von ihm in die Anthologie *Tür an Tür* (3. Folge, 1955) auf und bot ihm die Aufnahme in die von ihm herausgegebene Buchreihe *Neue Dichtung aus Österreich* an. Sie wurde mit Fördermitteln des Amtes für Kultur und Volksbildung der Stadt Wien unterstützt. In der Reihe erschien im selben Jahr wie Jandls Erstling das erste Buch von Friederike Mayröcker, mit der Jandl in jener Zeit eine Lebensgemeinschaft einging. Siblewski veröffentlichte in seiner Bildbiographie *a komma punkt ernst jandl* einen Brief des Berglandverlages vom 18. August 1956, mit dem Jandl zur Eile beim Korrekturlesen gemahnt wurde. Wenige Wochen später war das Buch fertig.

Die Wirkung faßte Jandl folgendermaßen zusammen: »beim berglandverlag/ hab ich mein erstes/ Buch verlegt/ und futsch wars.« Über Mayröcker verstärkten sich seit 1954/55 die Kontakte mit der »Wiener Gruppe« um H. C. Artmann und Gerhard Rühm, für die die Lyrik der *Anderen Augen* viel zu traditionalistisch war. Artmann lakonisch: »Das war zu bieder«. Immerhin erschienen einige freundliche Rezensionen, deren Wertmaßstab Jandl allerdings

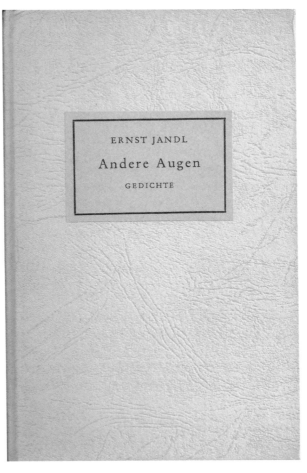

Einband

nicht gefallen haben dürfte. So war in der *Weltpresse* (Wien, 2. Oktober 1956) zu lesen, daß Metrik und freie Rhythmen schlicht seien und nur vage an Avantgardismus erinnerten. Wieland Schmied (*Die Furche*, Wien, 4. 5. 1957), der am strengsten mit ihm umging und einige Gedichte »einfach albern« fand, wollte ihn auf »lange«, »frei assoziierende Gedichte« festlegen.

Diese reservierte Aufnahme seines Erstlings wird dazu beigetragen haben, daß Jandl in den folgenden Jahren ganz neue Wege ging, deren heftige Ablehnung durch konservative Kreise ihm erst recht Ärger machte. Es vergingen acht Jahre bis zur nächsten Buchveröffentlichung, von nun an in aufgeschlosseneren deutschen Verlagen. Die erste Sammlung wurde nicht wieder aufgelegt und kann sonst nur in der Werkausgabe gelesen werden.

Etwas Verwirrung kommt in die Geschichte von Jandls erstem Buch durch einen Hinweis (mit Abbildung) in der Biographie von Siblewski, der zwei »Groschenromane« ermittelt hat, die der spätere Avantgardist offensichtlich zur Aufbesserung seines Etats Ende der vierziger Jahre schrieb – Manuskripte im Umfang von 30 bis 40 Schreibmaschinenseiten. Sie sind in den Jandl-Bibliographien bislang nicht verzeichnet. Eine Erzählung heißt *Durch Leid zum Glück* und erschien unter dem Pseudonym K. Haman in der Heftreihe *Korallen* (5/1949). Da in den Heften wohl mehrere Texte abgedruckt worden sind, handelt es sich nicht um selbständige Veröffentlichungen, so daß sie in unserem Zusammenhang vernachlässigt werden können. Für den Jandl-Sammler sind sie allerdings von hervorragendem Interesse.   CW

Literaturauswahl
Heinz Ludwig Arnold (Hrsg.): *Ernst Jandl. Text + Kritik, H. 129* (1996). Bernhard Fetz, Hannes Schweiger (Hrsg.): *Ernst Jandl. Musik Rhythmus Radikale Dichtung* (2005). Kristina Pfoser-Schewig (Hrsg.): *Für Ernst Jandl. Texte zum 60. Geburtstag. Werkgeschichte* (1985). Wendelin Schmidt-Dengler (Hrsg.): *Ernst Jandl Materialienbuch* (1982). WENDELIN SCHMIDT-DENGLER: *Mit anderen Augen. Zu Ernst Jandls erstem Gedichtband.* In: *Ders.: Der wahre Vogel. Sechs Studien zum Gedenken an Ernst Jandl* (2001). KLAUS SIBLEWSKI: *a komma punkt ernst jandl* (2000).

Jelinek, Elfriede {geb. 1946}
Lisas Schatten.
München, Würzburg, Bern: Relief-Verlag-Eilers, 1967. [11 S.] 20,5 x 11,5 cm. Heft.
(= Der Viergroschenbogen, Folge 76.)

Geschrieben habe sie schon immer, bekannte Elfriede Jelinek 1982, schon in der Schulzeit Gedichte und »schöne Aufsätze«, ernsthaft begonnen habe sie aber erst nach ihrem »Nervenzusammenbruch, als ich ein Jahr zu Hause bleiben mußte«. Eigentlich aus guten, gesicherten Verhältnissen stammend, erlebte Jelinek eine traumatische Kindheit und Jugendzeit. Der Vater, ein Chemiker und Beamter der Stadt Wien, litt bereits während ihrer Pubertät an einer Demenzkrankheit, die nach jahrelangem Siechtum zum Tode führte. Die dominante Mutter führte den Haushalt, baute für die Familie am Stadtrand von Wien ein Haus und beaufsichtigte die Erziehung der Tochter. In jeder Hinsicht tüchtig, hatte sie für ihr einziges Kind große Pläne. Obwohl selbst nicht musikalisch, steuerte sie für die Tochter eine Musikerlaufbahn an. Neben dem anstrengenden Besuch des Gymnasiums lernte die Hochbegabte am Konservatorium gleich mehrere Instrumente: Klavier, Violine und später Orgel, nicht gerechnet den zeitweiligen Ballettunterricht und den zusätzlichen Fremdsprachenunterricht. Nach der Maturafahrt 1964 brach die monomanisch ausgerichtete junge Frau erstmals zusammen. Eine Angstneurose hatte sich aufgebaut, die sie trotz Klinikaufenthalt und Psychotherapie nicht abbauen konnte.

Jelinek hat das frühe Trauma immer wieder zum Gegenstand ihrer literarischen Werke gemacht. Die antrainierte Zielstrebigkeit und Disziplin störte nachhaltig die Fähigkeit zu sozialen Kontakten und unbeschwerter Lebensfreude. Während die Gleichaltrigen spielerisch die Welt erkundeten und beglückende Erfahrungen

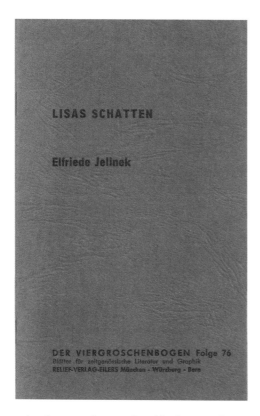

LISAS SCHATTEN

Elfriede Jelinek

DER VIERGROSCHENBOGEN Folge 76
Blätter für zeitgenössische Literatur und Graphik
RELIEF-VERLAG-EILERS München · Würzburg · Bern

Heftumschlag

Die in Jelineks erstem Buch zusammengestellten sieben Gedichte stammen aus der Zeit vor dem Jahr in Klausur. Dennoch tragen sie schon die Male der bedrängten psychischen Situation der jungen Frau. Das lyrische Ich zeigt sich hochgradig verletzlich, es sehnt sich nach einem Ausweg aus Isolation und Kontaktschwierigkeiten. Lisa kommt nicht direkt mit den Menschen zusammen, sondern nur ihr Schatten berührt sich mit den Mitmenschen. Jelinek sucht formal Anlehnung beim Expressionismus und Dadaismus, namentlich bei August Stramm und Kurt Schwitters, und bei der »Wiener Gruppe«. Telegrammstil, Worthäufungen und gehetztes ekstatisches Sprechen wurden von der Jelinek-Forschung beobachtet. Die grammatischen und syntaktischen Regeln sind ebenso obsolet wie die herkömmliche Orthographie und Interpunktion. Wie in ihrem späteren Werk kreisen die Gedichte mehrfach um Erotik und Sexualität. Jelinek hatte sich in dieser Frage schon früh von der tonangebenden Mutter freigemacht, für die Sex nur ein vermeidbares Laster war, und genügend eigene Erfahrungen erworben. Das lyrische Ich befindet sich in ständiger Erwartung, die nicht oder nicht ausreichend erfüllt wird. Begehren und Sinnlichkeit finden nicht mit dem Partner zusammen. Der männliche Körper wird distanziert, zuweilen befremdlich wahrgenommen. Vereinzelt finden sich drastische Bilder, die Gedanken des wenig später aufkommenden Feminismus vorwegnehmend. Wenn man eine Linie zwischen den Gedichten und den späteren, heftig diskutierten Romanen und Theaterstücken ziehen will, so besteht sie in der Thematisierung der Sexualität, die bei Jelinek höchst problematisch ist. Gegenüber dem ersten Buch wird sie allerdings später stärker in ihrer gesellschaftlichen Bestimmtheit gezeigt.

Ihren frühen Förderer fand Jelinek in dem promovierten Kunsthistoriker, Germanisten und Zeitschriftenherausgeber

mit dem anderen Geschlecht machten, wurde Elfried Jelinek zu Höchstleistungen getrimmt. Das Orgelstudium brachte sie 1971 noch ordentlich zu Ende, um anschließend die musikalische Laufbahn ganz abzubrechen. Das 1964 begonnene Studium der Theaterwissenschaften und Kunstgeschichte hatte sie schon nach mehreren Semestern aufgegeben, weil sie Angst vor dem Zusammensein mit anderen Menschen im abgeschlossenen Hörsaal und in der Straßenbahn hatte. Die Mutter, die sie häufig begleitete und beruhigend auf sie wirkte, konnte den erneuten Zusammenbruch 1968 nicht verhindern. Das ständig verwendete Valium reichte nicht mehr aus. Ein ganzes Jahr setzte Jelinek den Fuß nicht vor das elterliche Haus. Nur der Besuch von wenigen Freunden durchbrach die Klausur, während der neben Fernsehen und Lesen das Schreiben von Gedichten zu ihrer zeitweiligen Obsession wurde. Die Mutter war sicher ein wesentlicher Teil des Komplexes, tat jedoch das medizinisch Richtige, indem sie die Tochter »buchstäblich« zum Psychiater schleppte.

Otto Breicha. Nach seinem Tod 2003 verfaßte sie einen Nachruf, in dem sie sich nachhaltig zu seinem Einfluß auf ihr Leben bekannte: »Ohne ihn wäre ich vielleicht … keine Schriftstellerin geworden.« Er veröffentlichte nicht nur Texte von ihr in seiner Zeitschrift *protokolle*, sondern bescheinigte ihr vor allen anderen Kritikern Talent und ermutigte sie dadurch zum Weitermachen. Jelinek war mit ihm 1966 in Verbindung getreten. Ihre Mutter, die einen Sinn für alles Praktische hatte, las eine Anzeige der »Österreichischen Gesellschaft für Literatur«, ließ Jelinek einige Gedichte auswählen und brachte diese auf die Post. Breicha, seinerzeit der stellvertretende Vorsitzende der Gesellschaft, sah die Begabung und lud Jelinek zu einem Gespräch ein. Jelinek, die mit ihrer Mutter kam, gewann sogleich Vertrauen zu dem überaus höflichen Mittdreißiger. Seitdem standen sie in einem intensiven brieflichen Gedankenaustausch. Breicha gab nicht nur Ratschläge zu den Texten, sondern wies Jelinek auch auf Kleinverlage, Literaturwettbewerbe und literarische Ereignisse hin. Die Beratung trug schon bald Früchte: Während der Jugendkulturwoche 1967 lernte Jelinek in Innsbruck erstmals viele gleichaltrige junge Autoren kennen, wie Barbara Frischmuth, Gert Jonke und Werner Kofler, sowie den Regisseur Michael Haneke, dessen Verfilmung der *Klavierspielerin* 2001 international Furore machte. 1969 erhielt sie beim Wettbewerb der Innsbrucker Jugendkulturwoche gleich zwei Preise, in den Sparten Lyrik und Prosa.

Ihren Verlag fand Jelinek in München, wo der Verleger Wolfhart Eilers neben einer 1961 gegründeten Zeitschrift für Dichtung und Graphik mit dem Titel *Relief* in seinem Relief-Verlag-Eilers auch ein ambitioniertes Lyrik-Buchprogramm herausgab. Er publizierte in Zusammenarbeit mit der »Literarischen Union – Gruppe München« unter dem Vorsitz der Schriftstellerin

Angelika Mechtel die Heftreihe *Viergroschenbogen*, in der Jelineks Gedichte erschienen. Die Auflage betrug nur wenige hundert Exemplare, erinnerte sich Jelinek später in einem Interview. Rezensionen sind in den einschlägigen Bibliographien nicht nachgewiesen. Das Buch bestärkte die Autorin immerhin, mit dem Schreiben ernst zu machen. Die Lyrik gab sie bald ganz auf, ja sie gab später sogar vor, »eine heftige Abneigung gegen Lyrik« zu haben. Von ihrem ersten Buch hielt sie gar nichts mehr: »Meine Gedichte waren ja völlig epigonal, das war mir recht bald klar (Ehrenstein, Stramm etc!) …« CW.

Literaturauswahl
ELFRIED JELINEK: *Meine Gedichte – nicht mehr davon!*; in: Renatus Deckert (Hrsg.), *Das erste Buch. Schriftsteller über ihr literarisches Debüt* (2007). Kurt Bartsch, Günther Höfler (Hrsg.): *Elfriede Jelinek* (1991). Pia Janke (Hrsg.): *Die Nestbeschmutzerin. Jelinek & Österreich* (2002). PIA JANKE u.a.: *Literaturnobelpreis Elfriede Jelinek* (2005.) BÄRBEL LÜCKE: *Elfriede Jelinek* (2008.) VERENA MAYER, ROLAND KOBERG: *Elfriede Jelinek. Ein Porträt* (2006). Frauke Meyer-Gosau (Bearb.): *Elfriede Jelinek. Text + Kritik, H. 117* (1993). ELISABETH SPANLANG: *Elfriede Jelinek: Studien zum Frühwerk* (1992).

Jens, Walter

{Pseudonym: Walter Freiburger, geb. 1923}
Das weiße Taschentuch.
Mit 4 Zeichnungen und einer Deckelzeichnung v. Karl Staudinger. Aufl.: 5000 Expl. Hamburg: Hansischer Gildenverlag Joachim Heitmann & Co., 1947. 36 S. 18,6 x 11,8 cm. Pp. Druck: Moll-Winter GmbH, Lübeck.

Der Verfasser der Erzählung *Das weiße Taschentuch* war ein vierundzwanzigjähriger, schmächtiger und durch ein körperliches Leiden gezeichneter Mann, Walter Freiburger alias Walter Jens.

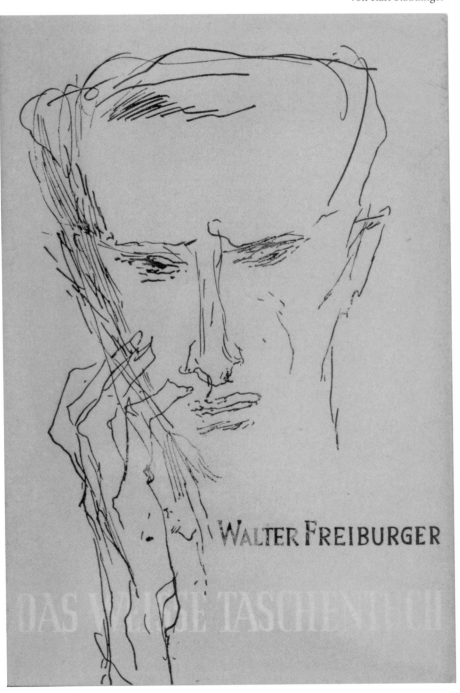

Jens hatte, bedacht auf seine angehende akademische Laufbahn, auf dieses Pseudonym zurückgegriffen, um möglichen Mißverständnissen in bezug auf seine Lehrabsichten vorzubeugen. Zum Wintersemester 1946 hatte er sich an der Universität Tübingen um eine Assistentenstelle beworben. Eine schriftstellerische Betätigung erschien ihm deshalb als eher windige Angelegenheit. Das Pseudonym entstand in Anlehnung an seine Universitätszeit in Freiburg i. Br., an der Jens im Dezember 1944 mit einer Arbeit über den Dialog in Sophokles' Tragödien promoviert hatte. Obgleich die in nur wenigen Tagen niedergeschriebene Erzählung erst nach seiner Freiburger Zeit, im Jahre 1946, entstanden ist und Jens sich seit Kriegsende wieder in seiner Geburtsstadt Hamburg aufhielt, ist anzunehmen, daß Pseudonym und literarischer Stoff auch als eine Art Reminiszenz an die Freiburger Zeit zu verstehen sind.

Walter Jens befand sich, wie Zeitgenossen übereinstimmend aussagen, in der Rolle eines Außenseiters. Ein chronisches Asthma-Leiden bewahrte ihn vor Militär- und Kriegsdienst. Seine Erlebnisse aus der Kriegszeit rekrutierte er, anders als gleichaltrige Autoren, nicht aus dem Erlebnis der Kriegsschauplätze, des Tötens, der Gefangenschaft oder des Exils, sondern aus den Erfahrungen der Literatur, insbesondere aus der Lektüre Thomas Manns, und dem durch das altphilologische Studium erworbenen Umgang mit griechischen und lateinischen Texten. So erklärt sich möglicherweise auch die Wahl des Verlags für seine erste Erzählung, der zumindest bis 1947 ein rein fachwissenschaftliches Profil erkennen läßt und besonders engagiert die Altertumswissenschaften und altphilologischen Disziplinen pflegte. Inwieweit Jens' Lehrer vermittelnd für die Inverlagnahme des ersten Buchmanuskriptes eintraten, läßt sich nur schwer rekonstruieren,

scheint aber auf dem Hintergrund des Pseudonyms und dem dahinter zu vermutenden Unerkanntbleibenwollen auch wenig wahrscheinlich. Eher ist anzunehmen, daß der Verlag dem Trend folgte, der beginnenden Neuorientierung einer »verlorenen Generation« mit einem entsprechenden Angebot literarischer und gesellschaftspolitischer Bücher beizustehen. So verbreitete der Hansische Gildenverlag 1947 mit der Eröffnung der Schriftenreihen *Die Verfassungen der modernen Staaten* und *Dichter der Gegenwart* erheblich sein Profil. Literarische Erstveröffentlichungen wirkten nun nicht mehr wie Fremdkörper in seinem Programm.

Walter Jens' schmaler Erstling, eine wortspielerische Paraphrase auf jemanden, der sich dem Teufel verschrieben hat und ausgeliefert ist einem Taschentuchsystem, erschien als schlichter Pappband mit einer Titel- und vier Textzeichnungen von Karl Staudinger in ungewöhnlich hoher Auflage von 5000 Exemplaren. Jens selbst spricht von einer Art Verschleißliteratur, die zwar viel gelesen, aber nur selten aufbewahrt wurde. Staudingers schnell hingeworfene Zeichnungen bestätigen diesen Eindruck.

Dennoch erreichten Text und Bilder viel Aufmerksamkeit, und zwar nicht nur bei den Lesern. Auch Kritik und Verlage verfolgten den Autor mit Neugier. Der Rowohlt-Lektor Kurt W. Marek beispielsweise wies sofort nach der Lektüre der Erzählung auf die Begabung des jungen Autors hin. Offensichtlich so überzeugend, daß wenig später Rowohlt Jens unter Vertrag nahm und ihm ein monatliches Salär von beachtlichen 300 Reichsmark für ein neues Manuskript zahlte. Zugleich stellte er ihm – was damals fast noch wichtiger war – 1000 Blatt holzhaltiges Papier zur Verfügung. Darauf schrieb Walter Jens den 1950 erschienenen Roman *Nein. Die Welt der Angeklagten*, seine zweite literarische Veröffentlichung. Er brachte dem

Autor den literarischen Durchbruch und durch dessen schnell aufeinanderfolgende Übersetzungen in mehrere Sprachen auch erste internationale Anerkennung.

In den *Graphischen Büchern* bei Faber & Faber Leipzig wurde 1994 eine bibliophile Ausgabe der Erzählung herausgegeben, die Martin Felix Furtwängler mit zahlreichen, zum Teil farbigen Holzschnitten ausgestattet hat und die Walter Jens warmherzig mit einem Autographen an den Verleger versehen hat: »Er hat es ihm abverlangt – und W. J. ist begeistert.« MF

Literaturauswahl
HERBERT KRAFT: *Das literarische Werk von Walter Jens* (1975).

Johnson, Uwe {1934-1984}
Mutmaßungen über Jakob.
Roman.
1.-5. Tsd. Frankfurt am Main: Peter Suhrkamp Verlag, 1959. 308 S. 29 x 11,5 cm. Ln. mit Umschl. Einband u. Umschl. v. Imre Reiner. Druck: Poeschel & Schulz-Schomburgk, Eschwege.

Nachdem Johnson mit seinem ersten Roman *Ingrid Babendererde* in West und Ost abgelehnt worden war, hier als »westkrank«, dort als Anhänger von »Blut und Boden« verdächtigt, arbeitete er seit dem Herbst 1956 an einem neuen Roman über den merkwürdigen Todesfall des Reichsbahndispatchers Jakob Abs. Johnson kannte sich mit der Deutschen Reichsbahn bestens aus, weil seine Mutter, bis sie in den Westen ging, bei der Bahn arbeitete, er selbst seit der Aufnahme des Germanistikstudiums in Leipzig 1954 ständig zwischen Sachsen und Mecklenburg in der Spur war und keine Gelegenheit ausließ, seine Kenntnis des Stoffes zu vertiefen. Die endgültige Fassung entstand 1958, während Johnson nebenher mit Gutachten für Verlage sein Auskommen

als freischaffender Verlagsmitarbeiter zu bestreiten versuchte. Im März 1959 sandte er das Manuskript an Peter Suhrkamp, den es schon beim ersten Manuskript im Unterschied zu seinem Lektor Siegfried Unseld »gejuckt« hatte, »ein Buch daraus zu machen«. Diesmal waren sowohl der Firmengründer, den Johnson während zweier Treffen in Berlin kennenlernte, als auch der nach Suhrkamps Tod am 31. März 1959 nachfolgende Verleger Unseld von dem Werk eingenommen, so daß es eilends zum Druck befördert wurde. Johnson beabsichtigte zunächst, sich hinter dem Pseudonym Joachim Catt zu verstecken, um weiter »mit der Möglichkeit zu leben, in anderthalb Stunden in Mecklenburg zu sein«, wurde aber von Freunden darauf hingewiesen, daß,

Umschlag von Imre Reiner

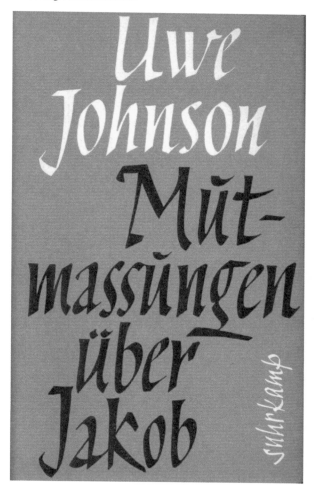

wenn der Staatssicherheitsdienst so tüchtig sei wie sein Protagonist Rohlfs, er binnen kurzem mit ihm nähere Bekanntschaft schließen würde. Also ließ Johnson das bereits gedruckte Titelblatt im Juli 1959 vom Suhrkamp Verlag auswechseln und verlegte seine Wohnung von dem einen Teil der Stadt Berlin in den anderen.

Mit seinen Mutmaßungen über das Leben einiger Mecklenburger in der DDR und der Bundesrepublik traf er den Nerv der Zeit. Noch vor Fertigstellung des Buches, das zur Frankfurt Messe vorliegen sollte, waren 3000 Exemplare bestellt, wie Unseld dem Autor schrieb. Johnson erhielt das erste Exemplar am 2. Oktober. Die Buchpremiere, zu der eine Lesung am 10. Oktober gehörte, wurde zu einem multimedialen Ereignis, hatte doch Unseld den völlig unbekannten Autor zusammen mit dem gleichfalls im Westen erst jüngst wahrgenommenen Ernst Bloch am Stand werbewirksam herausgestellt. Schon die erste Besprechung von Karl Silex (*Die Bücherkommentare*, H. 3, 1959) war ein »Trompeten-, wenn nicht Posaunenstoß«, wie Unseld nach Berlin schrieb; darin hieß es: »Uwe Johnson steht mit einem Schlage, mit dem Anspruch auf internationalen Rang, in der vordersten Linie unserer deutschen Autoren.« Auch die anderen Rezensenten, unter ihnen Günter Blöcker, Hans Magnus Enzensberger und Erhart Kästner, waren des Lobes voll. Letzterer hielt bei der Verleihung des Theodor-Fontane-Preises 1960 in Berlin auch die Laudatio auf Johnson. Bekanntschaften mit vielen Prominenten der Literaturgesellschaft von Martin Walser bis zum greisen Hermann Hesse schlossen sich für den Mecklenburger an. Übersetzungen ins Italienische, Englische und Französische folgten auf dem Fuß. Der Absatz in der Bundesrepublik fiel im Unterschied zur großen Resonanz im Feuilleton jedoch eher bescheiden aus. 1966 wurde erst das 14.- 16. Tsd. gedruckt. Im Osten, wo die Leser wohnten, die Johnson insbesondere einlud, »diese Version der Wirklichkeit zu vergleichen mit jener, die sie unterhalten und pflegen«, reagierte man offiziell mit heftigen Ausfällen in der Wochenzeitung *Sonntag*, auf Pressekonferenzen und öffentlichen Tagungen, inoffiziell, wie Johnson von Freunden und aus Leserbriefen wußte, zustimmend. Im Werk vieler DDR-Autoren, die zwischen politischer Distanz und poetischer Faszination schwankten, finden sich Spuren seiner Wirkung.   CW

Literaturauswahl
UWE JOHNSON: *Begleitumstände. Frankfurter Vorlesungen* (1980). UWE JOHNSON, SIEGFRIED UNSELD: *Der Briefwechsel. Hrsg. v. Eberhard Fahlke und Raimund Fellinger* (1999). Roland Bergig, Erdmut Wizisla (Hrsg.): *»Wo ich her bin…« Uwe Johnson in der D.D.R.* (1993). Eberhard Fahlke (Hrsg.): *»Die Katze Erinnerung«. Uwe Johnson – Eine Chronik in Briefen und Bildern* (1994). Raimund Fellinger (Hrsg.): *Über Uwe Johnson* (1992). Rainer Gerlach, Matthias Richter (Hrsg.): *Uwe Johnson* (1984.) JÜRGEN GRAMBOW: *Uwe Johnson* (1997). BERND NEUMANN: *Uwe Johnson* (1994).

Johst, Hanns {1890-1978}
Die Stunde der Sterbenden.
Leipzig: Verlag der Weißen Bücher, 1914. 39 S. 22 x 13 cm. Br. Druck: Roßberg'sche Buchdruckerei Leipzig. 5 Expl. der Aufl. auf Echtbütten.

Hanns Johst, durch seine führende Stellung in der Kulturpolitik des Nazireiches, die Präsidentschaft der Reichsschrifttumskammer, die Mitgliedschaft in der SS und die Freundschaft mit Heinrich Himmler zu zweifelhaftem Ruhm gelangt, findet in diesem Verzeichnis Aufnahme, weil seine Anfänge unter anderem Stern standen und in die Geschichte des Expressionismus gehören. Außerdem ist er ein markantes Beispiel dafür, wie ein vielversprechender Beginn zu unrühmlichem Ende führen kann. Der Sohn eines sächsischen Volksschullehrers nahm ein Studium der Medizin, Germanistik, Philosophie und Kunstgeschichte in Leipzig, München und Wien auf, das er jedoch 1915 abbrach. Nach Kriegsbeginn meldete er sich freiwillig zum Einsatz im Felde, wurde aber schon nach zwei Monaten aus gesundheitlichen Gründen aus dem Wehrdienst entlassen. Über die näheren Umstände ist nichts bekannt. Es darf gemutmaßt werden, daß Johst zu den ersten Schriftstellern gehörte, die desillusioniert aus dem Krieg zurückkehrten. Sein erstes Buch *Die Stunde der Sterbenden* führt eine deutlich pazifistische Sprache. Der Einakter handelt von einer Gruppe im Sterben liegender Infanteristen, die von der kämpfenden Truppe auf dem Schlachtfeld zurückgelassen wurden. Sie sterben nicht den Heldentod, sondern beklagen ihr Schicksal, einer redet irre. Trost finden sie in der Verbrüderung, in die auch ein ebenfalls sterbender Franzose und ein dahinscheidendes Pferd einbezogen werden. Das Stück ist durchdrungen von christlicher Passionsmetaphorik, eine Figur hat die Statur des sterbenden und erlösten Christus – alles Merkmale, die dem späteren martialischen Dichter des *Schlageter*-Dramas und ausgesprochener NS-Bekenntnisprosa völlig fremd sein sollten. Johst hat das Buch mit einem Zitat aus der Luther-Bibel seiner Geliebten Hanne gewidmet, einer Tochter aus wohlhabendem Nürnberger Bürgerhaus, die er 1915 heiratete: »Was hülfe es dem Menschen/ So er die ganze Welt gewönne/ Und nähme doch Schaden/ An seiner Seele?// Auf diesem Wege wollen wir unserm/ Leben entgegen gehen,/ Meine Hanne!«

Erschienen ist das Buch im Verlag der Weißen Bücher, den der junge Millionärserbe und Mäzen Erik-Ernst Schwabach, assistiert von Franz Blei, 1913 in Leipzig gründe-

te. Die Geschäftsführung wurde vom Kurt Wolff Verlag ausgeübt. Einen wesentlichen Einfluß auf das Verlagsprogramm hatte zeitweise auch René Schickele, der ab dem zweiten Jahrgang die hauseigene Zeitschrift *Die Weißen Blätter* redigierte. Der Elsässer Dichter, der sich ebenso mit Frankreich wie mit Deutschland verbunden fühlte, war von Beginn an ein entschiedener Gegner des Krieges, so daß ihm Johsts pazifistische Attitüde gefallen haben dürfte. Wer Johst in das Verlagsprogramm holte, ist aber nicht dokumentiert, ebensowenig eine Wirkung des Stückes. Es paßte aber stilistisch in das übrige Programm des Verlages. Weitere Werke folgten bei Schwabach wie bei Kurt Wolff, der den Verlag der Weißen Bücher mit allen Rechten und Beständen ab Oktober 1917 übernahm. Nach der Etablierung der

Broschureinband

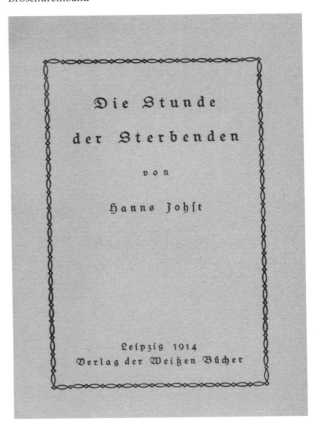

Weimarer Republik wandelte sich Johst bald zu einem militanten Nationalisten, der für pazifistische Ideen nur noch Spott übrig hatte. So trennte er sich von seinen früheren Weggefährten und wechselte auch den Verlag. Am 24. Februar 1933 hörte ihn Kurt Wolff mit Grausen im Radio, um wenige Tage später lakonisch in seinem Tagebuch zu notieren: »Packen«. CW

Literaturauswahl
HELMUT F. PFANNER: *Hanns Johst. Vom Expressionismus zum Nationalsozialismus* (1970). ROLF DÜSTERBERG: *Hanns Johst: Der Barde der SS. Karrieren eines deutschen Dichters* (2004).

Jung, Franz {1888-1963}
Das Trottelbuch.
Leipzig: Gerstenberg Verlag, 1912.
122 S. 19 x 12,6 cm. Br. / Ln. mit farb.
Einbandzeichn. v. Franz Henseler.

Franz Jung, geboren im oberschlesischen Neiße (heute Nysa) – als Geburtsort durch den Dichter Max Herrmann-Neiße im Gedächtnis geblieben – gehört trotz einer inzwischen auf zwölf Bände angewachsenen Werkausgabe zu den eher verschollenen Autoren des 20. Jahrhunderts. Die Gründe dafür können hier nicht erörtert werden. Dennoch hat der Autor auf viele seiner Zeitgenossen und auf die geistigen Strömungen seiner Zeit eine überraschende Wirkung ausgeübt.

Nach dem Abitur immatrikuliert sich Jung 1907 an der Leipziger Musikhochschule (wo er unter anderem Vorlesungen bei Max Reger hört) und etwas später an den Universitäten in Jena, Breslau und 1911 in München. In jenem Jahr schreibt er auch das spätere Hauptstück seines *Trottelbuchs*, die Novelle *Die Erlebnisse der Emma Schnalke*. Mit der Niederschrift verfestigt sich bei

Jung der Gedanke, freier Schriftsteller zu werden. Jung erinnert sich später in seiner Autobiographie: »Ich fing an, diese Novelle herunterzuschreiben, als säße mir jemand im Nacken, gehetzt und gestoßen und unter einem schmerzlichen Druck. Ich sah keinen Ausweg und auch kein Ziel. Eine Überfülle an Fragen, auf die ich mir selbst hätte antworten sollen. Ich habe die Antwort nicht gefunden.«

Ein reichliches halbes Jahr später wird als erster Text Jungs das Dramenfragment *Puppenspiel* in der Januar-Nummer der von Herwarth Walden herausgegebenen expressionistischen Zeitschrift *Sturm* abgedruckt. Dort erscheint auch in der letzten Nummer des Jahres 1912 als Vorabdruck *Josef*, eine Erzählung, die wenige Tage später als Teil des *Trottelbuchs* in Buchform veröffentlicht werden sollte. Bereits im Juni war, überschrieben mit *Nächtliche Szene*, in Franz Pfemferts Zeitschrift *Die Aktion* ebenfalls ein Teil des späteren Trottelbuchs zum Vorabdruck gelangt. Franz Jungs literarischer Vorsatz, auf jeden Fall keine Figuren zu erfinden, »die Geschichte schreiben«, verfestigt sich.

Erscheinen sollte das Buch Ende Dezember 1912 (wie im Impressum vermerkt). Es ist aber vermutlich erst im Januar 1913 vom Verlag Theodor Gerstenberg, vormals Richard Sattler Leipzig, ausgeliefert worden. Theodor Gerstenberg, ein ehemaliger, um ein Jahr älterer Schulfreund aus Neiße, mit dem Jung 1907 nach Leipzig gegangen war, hatte den maroden Verlag am 1. April 1912 nach einer Erbschaft erworben und war gewillt, mit dem Verlegen von Literatur eine Plattform für jüngere Autoren zu schaffen. In welcher Auflage das *Trottelbuch* erschien, war nicht zu ermitteln. Es war im Buchhandel, wie damals vielfach üblich, als Broschur und zugleich als Leinenband erhältlich. Die uns noch heute beeindruckende Einbandzeichnung lieferte Franz Henseler.

Einband von Franz Henseler

Franz Jungs frühe Texte befassen sich variie-rend mit dem Kampf der Geschlechter, den er in Beziehungen umzuwandeln versuchte, die den Menschen glücklicher machten.

Die Resonanz auf das *Trottelbuch* war für einen Erstling vielfältig, aber gemischt im Urteil. Ernst Blass bejahte in der Zeitschrift *März* Jungs literarische Begabung: »Das Buch, das Jung schrieb, ist unheimlich und menschlich … Jedenfalls sollte man nicht Bücher besprechen, ohne diese wichtige Neuerscheinung im Epischen angezeigt zu haben.« Paul Zech schrieb im *Berliner Tageblatt*, »namentlich das letzte Stück des *Trottelbuches* ist vielleicht das Unerhörteste und Gekonnteste dieser Tage.« Otto Feyen in der April-Nummer des *Sturm* sieht in Jungs erster Buchveröffentlichung »Ein(en) Auftakt. Ein weiterer Schritt in wenig betretene Gebiete.« Dagegen sieht Kurt Hiller in der Zeitschrift *Pan* vom 21. Februar 1913 in der Veröffentlichung »nichts als Roheit … ideenlose, kunstfer-ne, ungeistige, über alle Maßen ennuyante Roheit … Das *Trottelbuch*, mag immer es bekennerisch, also moralisch (und damit heut eine Seltenheit) sein, bleibt die Geste eines Barbaren.«

Es bleibt uns vorbehalten, heute so, ähnlich oder anders zu urteilen. Ein geschäftlicher Erfolg wurde das Buch nicht. Die vermutlich kleine Auflage blieb bis Anfang der zwanziger Jahre lieferbar. Mit Beginn 1918 gingen nach dem Tod seines Verlegers Gerstenberg die Restbestände an den Verlag der Zeitschrift *Die Aktion*. Franz Pfemfert, der Herausgeber und Freund Franz Jungs, pflegte dessen Werk weiter.

Das *Trottelbuch*, ein Dokument von einer seltsamen Primitivität, das auch als großes Gegenbeispiel zur europäischen Dekadenz gelesen werden darf, gehört zu den bedeutenden literarischen Zeugnissen des Expressionismus.

Das *Trottelbuch* ist in einer Ausgabe der *Graphischen Bücher* bei Faber & Faber Leipzig mit 50 bissigen, aber von hoher Sachlichkeit geprägten Zeichnungen und Originaltransparentlithographien des Berli-ner Künstlers Volker Pfüller illustriert worden und 2004 als Band 25 der Reihe erschienen. MF

Literaturauswahl
FRANZ JUNG: *Der Weg nach unten. Aufzeichnungen aus einer großen Zeit* (1961). ARNOLD IMHOF: *Franz Jung. Leben, Werk, Wirkung* (1974). Paul Raabe (Hrsg.): *Expressionismus. Der Kampf um eine literarische Bewegung* (1987).

Jünger, Ernst {1895-1998}
In Stahlgewittern.
Aus dem Tagebuch eines
Stoßtruppführers.

Mit einem Porträtfoto als Frontispiz u. 5 weiteren Fotos. Aufl.: 2000 Expl. Hannover: Selbstverlag, 1920. IX, 181 S., 6 Taf. 21 x 14,5 cm. Hln. / Br. Druck von Herrm. Ulrich in Leisnig.

Ernst Jüngers Erstling gehört zu den wirkungsvollsten Büchern des Jahr-hunderts. Es ist so viel darüber geschrieben worden, es sind so viele Deutungen und Polemiken erschienen, daß das Werk und seine Entstehungs- und Wirkungsgeschichte daneben verblaßt sind.

Der in Heidelberg geborene Sohn eines Chemikers und Apothekers war ein denk-bar schlechter Schüler, den die Eltern in der Hoffnung auf Besserung immer neuen Schulen und Internaten zur Erziehung anvertrauten. Sein romantisches, aben-teuerlustiges Temperament suchte nach Entfaltung in der Wandervogelbewegung. Nach literarischen Erlebnissen schweifte sein Sinn in die Ferne. In einem Akt der Selbstbefreiung aus der häuslichen Enge floh

Jünger im Spätherbst 1913 nach Frankreich, um bei der Fremdenlegion Dienst in Afrika zu tun. Von dort versuchte er schon nach wenigen Wochen zu desertieren, wurde gefaßt und nur dank des Vaters und der Intervention des Auswärtigen Amtes als Minderjähriger kurz vor Weihnachten 1913 wieder nach Hause geschickt. Bei Kriegsbeginn 1914 meldete er sich am 1. August freiwillig zum Militär, am 21. legte er das Notabitur ab und rückte im Oktober zur Ausbildung beim Füsilier-Regiment »General-Feldmarschall Prinz Albrecht von Preußen« No. 73 ein. Bei dieser Truppe diente er ab Dezember 1914 auf verschiedenen Schlachtfeldern in Frankreich und Belgien bis zu seiner schweren Verwundung am 25. August 1918, zuletzt als Leutnant und Kompanieführer. Schon hochdekoriert mit vielen Auszeichnungen wurde Jünger wenige Wochen vor der Abdankung des Kaisers der legendäre Orden Pour le mérite verliehen, was angesichts seines jungen Alters höchst ungewöhnlich war. Nach dem Krieg wurde er von der Reichswehr bis 1923 als Zugführer weiter verwendet. Neben dem normalen Truppendienst arbeitete er im Auftrag des Reichswehrministeriums an der neuen Heeresdienstvorschrift für die Infanterie mit und schrieb erste Artikel zu militärtheoretischen Fragen.

Während des Krieges hatte Jünger vom ersten Tag an wie viele deutsche Soldaten ein Notizbuch in der Rocktasche: »... es war für meine täglichen Aufzeichnungen bestimmt. Ich wußte, daß die Dinge, die uns erwarteten, unwiederbringlich waren, und ich ging mit höchster Neugier auf sie zu ...« Er sah sich also von Anfang an als Zeuge geschichtlicher Ereignisse, deren Gang er für die Nachwelt festhalten wollte. Bald nach Friedensschluß destillierte er aus den Tagebüchern seinen Erlebnisbericht eines »Stoßtruppführers«. Ermuntert wurde er dazu vom Vater Ernst Georg Jünger und von seinem Vorgesetzten Hauptmann Wilhelm

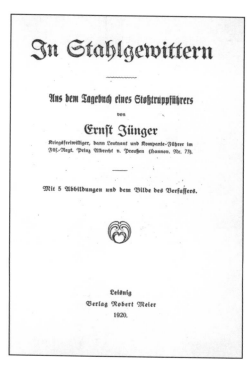

Titelblatt und Frontispiz

Trauthig, der ihn während der Niederschrift zeitweise vom Dienst freistellte. Trauthig war auch sein erster Leser. Am 20. Januar 1920 schrieb der Autor seinem Bruder Friedrich Georg Jünger: »Mit der Bearbeitung meiner Tagebücher bin ich jetzt fertig – sie enthält die Quintessenz von vier Jahren, die ich nicht ohne Gewinn zubrachte«. Der Vater arrangierte den Erstdruck im Selbstverlag. Er erschien in 2000 Exemplaren schon im Oktober 1920 und veranlaßte den führenden Verlag für Militärliteratur E. S. Mittler & Sohn, knapp zwei Jahre später das Werk mit einem zweiten Vorwort ins Programm zu nehmen. Jünger ließ 1924, 1934, 1935, 1961 und 1978 weitere Fassungen folgen. Die Änderungen bezogen sich meist auf die Deutungspassagen des Textes. Ein Teil der Erstausgabe trägt die »Gibraltarbinde«, symbolisches Kennzeichen des Regiments No. 73, auch von der Einbandgestaltung gibt es laut dem Bibliographen Hans Peter des Coudres Varianten: die Zeichnung von Botho Elster mit 15 oder mit 5 krepierenden Schrapnells. Eine weitere Merkwürdigkeit hat er gefunden: Exemplare tragen gestempelt oder überklebt den Vermerk »Verlag Robert Meier, Leisnig i.Sa.« – Meier war der Gärtner des Vaters.

Entsprechend der Entstehungs- und Druckgeschichte entfaltete das Buch seine Wirkung zunächst im militärischen Bereich. Es wurde gelesen als Regimentsgeschichte. Militärstrategen, durch die Kriegsniederlage verunsichert, sahen sich durch Jünger in der These bestätigt, daß auch im modernen Krieg die Moral dem Material überlegen sei. Bekannt ist auch, daß Jüngers Erfahrungen für die Soldatenausbildung in Strategie und Taktik des Graben- und Stellungskrieges benutzt wurden. In einer Rezension wurde von »Bildungsmaterial« für den Militärpsychologen gesprochen. Die Reichswehr vergab es als Prämie für besondere Leistungen im Truppensport. In einer zweiten Welle folgte eine breite Rezeption durch nationalistische Kreise, die mit Hilfe von *Stahlgewittern* dem verlorenen Weltkrieg einen Sinn zu geben suchten. Sie vertraten die These, daß die Truppe im Felde nicht geschlagen worden sei. Jünger arbeitete selbst publizistisch in dieser Richtung. Mit der Zeit nahmen auch antimilitaristische und linke Kreise das Buch zur Kenntnis. Jüngers affirmative Einstellung zum Krieg wie seine Glorifizierung des Sturmangriffs stießen hier auf rigorose Ablehnung. Doch fanden sich auch Stimmen, die seine detailgenaue, lakonische Beschreibungskunst anerkannten, freilich indem sie pazifistische Konsequenzen aus der Darstellung zogen. Der Sozialdemokrat Paul Levi etwa lobte, es habe vielleicht keiner »den Schrecken des ganzen Erlebens« so geschildert wie Jünger. Und Erich Maria Remarque bekannte, die »Sachlichkeit der Darstellung« habe einen »pazifistischen Einfluß« auf ihn gehabt.

Der Druck im Selbstverlag ist natürlich eine große Rarität und angesichts der Wirkungsgeschichte im Wert kaum abzuschätzen. CW

Literaturauswahl
ERNST BAUER: *Ernst Jünger* (1967). HANS PETER DES COUDRES: *Bibliographie der Werke Ernst Jüngers* (1970). MANFRED MAENGEL: *Das Wissen des Kriegers oder Der Magische Operateur. Krieg und Technik im Frühwerk von Ernst Jünger* (2005). STEFFEN MARTUS: *Ernst Jünger* (2001). MARTIN MEYER: *Ernst Jünger* (1990). Hans-Harald Müller, Harro Segeberg (Hrsg.): *Ernst Jünger im 20. Jahrhundert* (1995). Heimo Schwilk (Hrsg.): *Ernst Jünger. Leben und Werk in Bildern und Texten* (1988).

… siehe Seite 247

K

KASCHNITZ
LIEBE
BEGINNT

ERNST ROWOHLT VERLAG · LEIPZIG

Zur Versendung liegt bereit:

FRANZ KAFKA
BETRACHTUNG

Einmalige Auflage von 800 in der Presse numerierten
Exemplaren. — Sorgfältiger Druck auf reinem Hadern-
papier durch die Offizin Poeschel & Trepte in Leipzig
In Japan-Broschur M 4.50 — In Halblederband M 6.50

Franz Kafka ist denen, die die Entwicklung unserer besten jungen
Dichter verfolgen, längst bekannt durch Novellen und Skizzen, die im
»Hyperion« und anderen Zeitschriften erschienen. Seine Eigenart, die
ihn dichterische Arbeiten immer und immer wieder durchzufeilen
zwingt, hielt ihn bisher von der Herausgabe von Büchern ab. Wir
freuen uns das Erscheinen des ersten Werkes dieses feinen, kultivierten
Geistes in unserem Verlage anzeigen zu können. Die Art der formal
feingeschliffenen, inhaltlich tief empfundenen und durchdachten Betrachtungen, die dieser Band vereinigt, stellt Kafka vielleicht neben
Robert Walser, von dem ihn doch wiederum in der dichterischen
Umgestaltung seelischer Erlebnisse tiefe Wesensunterschiede
trennen. Ein Autor und ein Buch, dem allseitig größtes
Interesse entgegengebracht wird.

Bis 1. Dezember bar bestellt: 40 %, Partie 7/6

Wir können der limitierten, einmaligen Auflage wegen à c. nur bei
gleichzeitiger Barbestellung und auch dann nur ganz beschränkt liefern.

KÄSTNER · KAULBACH / GRIECHENLAND

… siehe Seite 250

… siehe Seite 244

… siehe Seite 257

Kästner, Erhart {1904-1974}
Griechenland.
Ein Buch aus dem Kriege.
Text: Erhart Kästner. [102] Zeichnungen:
Helmut Kaulbach. Vorwort von Mayer,
General der Flieger. Berlin: Gebr. Mann
1942. 272 S. 19 x 13,5 cm. Pp. mit einem
Aquarell von Helmut Kaulbach. (=Ausgabe
für das Luftgau-Kommando Südost.)
Druck: Buchdruck Gebr. Mann u.a.

Wie viele seiner Generation unternahm Erhart Kästner seine ersten
großen Reisen in Wehrmachtsuniform.
Sie führten ihn nach Griechenland, zu
den klassischen Stätten auf dem Festland
und den Inseln Kreta und Rhodos. Nach
der Gefangennahme 1945 auf Rhodos
durch englische Truppen geriet er nach
Tumilat in die ägyptische Wüste, später
nach England, bis er 1947 wohlbehalten
und voller Erlebnisse und Bedrückungen
nach Deutschland zurückkehrte. Während
die meisten Landser um das nackte Leben
kämpften, wollte es ein gütiges Schicksal,
daß Kästner die Kriegsjahre schreibend und
publizierend bestreiten konnte. Sein erstes
Buchprojekt, das Reisebuch *Griechenland*,
entstand im Auftrag des »Luftgaus Südost«.
In den Neujahrstagen 1942 war Kästner
mit Helmut Kaulbach, einem jungen
Psychologen und Künstler, verwandt mit
dem ungleich berühmteren Maler Fritz
August Kaulbach, und anderen Kameraden
mit dem Schiff im Saronischen Golf vor
Athen unterwegs. »Auf der Rückfahrt
vertrieben wir uns das Unbehagen mit
einem phantastischen Plan: um mehr von
Griechenland kennenzulernen, wollten
wir, er zeichnend, ich schreibend, ein
Buch machen.« Ein Freund unterbreite-
te das Projekt dem kommandierenden
General, der es ohne Zaudern unterstützte.
Die Lage auf dem Kriegsschauplatz war
für die Wehrmacht günstig. So leistete sie
sich den Luxus, ein Buch »von Soldaten

für Soldaten« schreiben zu lassen, »daß
Euch dieses Land, in das Euch der Befehl
des Führers gestellt hat, zur bleibenden
Erinnerung wird«, schreibt General Mayer
in seinem Vorwort.

Wie in dem Buch beschrieben, wan-
derten Kästner und Kaulbach durch die
Landschaften in Athen, Olympia, Delphi,
Sparta und so weiter, um die geweihten
Stätten der antiken Kultur zu erkunden.
Der wissenschaftliche Bibliothekar Kästner
führte das nötige humanistische Rüstzeug
im Tornister mit sich. Der Sohn eines
Gymnasialprofessors hatte das Gymnasium
in Augsburg besucht und das Studium der
Germanistik, Geschichte und Philosophie
1927 mit der Promotion bei Hermann
August Korff in Leipzig nach Einreichung
der Dissertation *Wahn und Wirklichkeit im
Drama der Goethezeit* (Druck 1929) abge-
schlossen. Erste Ausstellungen und kleinere
Publikationen entstanden im Rahmen seiner
Tätigkeit als Bibliothekar an der Sächsischen
Landesbibliothek Dresden zu Jubiläen von
Lessing, Goethe und Gutenberg. Ein kunst
geschichtliches Buch *Scherenschnitt-Illus-
tration* erschien 1936 im Wolfgang Jess
Verlag, hervorgegangen aus einem Aufsatz
in der Festschrift zum 60. Geburtstag
des Bibliotheksdirektors Martin Bollert.
Brauchte es noch eines Impulses, sich für
die altgriechische Kultur zu erwärmen,
so empfing ihn Kästner 1936/37 während
seiner Zeit als Sekretär im Dienste Gerhart
Hauptmanns. Kurz vor seinem Einsatz in
Griechenland sah Kästner die Inszenierung
von Hauptmanns neuem Stück *Iphigenie in
Delphi* (1941). Nun stand er an dem historischen Altar, der bei Hauptmann eine so
entscheidende Rolle spielte.

Schon im Juni 1942 war das Manuskript abgeschlossen. Im September und
Oktober weilte Kästner auf Diensturlaub
in Berlin, um die Zensurgenehmigung
zu erwirken und den Druck zu überwachen. Das Buch wurde vom Verlag Gebr.

Einband von Helmut Kaulbach

Mann, einem auf Kunstgeschichte spezialisierten Unternehmen, publiziert. Ein Sonderkontingent Papier war dem Verlag für die Wehrmachtsausgabe gewiß. Im Dezember 1942 konnte das Buch bereits ausgeliefert werden. Die im Januar nach Athen transportierten Exemplare wogen drei Tonnen. 1943 folgte eine zweite Auflage, die für den Buchhandel bestimmt war.

Kaulbach erlebte das fertige Buch nicht mehr. Bereits im Juni 1942 war er an die Ostfront verlegt worden. »Drei Monate, nachdem wir uns trennten [...], hatte ihn schon der russische Schlamm und das gestaltlose Elend verschlungen.« Kästner blieb ein ähnliches Schicksal erspart. Bis zu seiner Gefangennahme saß er an zwei weiteren Buchprojekten, an Büchern über Kreta und Rhodos. Das Buch *Kreta* ver-

brannte im Februar 1945, wurde aber schon 1946 nach dem geretteten Manuskript vom Verlag Gebr. Mann neu aufgelegt. Der Autor hatte anhaltend Glück im Unglück. Zu diesem Zeitpunkt befand sich Kästner noch in Kriegsgefangenschaft. Aus Tumilat sandte er Briefe nach Hause, die den Grundstock für sein *Zeltbuch von Tumilat* (1949) über die Gefangenschaft bildeten. Es wurde zu einem wichtigen Erfahrungsbericht der Frontgeneration innerhalb der deutschen Nachkriegsliteratur. Kästner blieb dem Griechenland-Thema treu. Mehrere neue Bücher und überarbeitete Fassungen erschienen in den folgenden Jahrzehnten, die er neben seiner wirkungsreichen Berufstätigkeit als Generaldirektor der Herzog August Bibliothek Wolfenbüttel publizierte. Seine Liebe zum alten

Griechenland blieb, die zum neuen war während seines vier Jahre währenden Aufenthaltes in Griechenland allmählich gewachsen. Allzu eng hatte er sich in seinem ersten Buch noch auf das Klassische Altertum beschränkt. Jetzt konnte er auf reiche persönliche Erfahrungen mit den Griechen zurückgreifen, mehrfach durch Reisen aufgefrischt. So tat er für abfällige Bemerkungen über das neue Griechenland in seinem ersten Griechenland-Buch tätig Buße. CW

Literaturauswahl
ERHART KÄSTNER: *Briefe. Hrsg. v. Paul Raabe* (1984). JULIA HILLER VON GAERTRINGEN: *»Meine Liebe zu Griechenland stammt aus dem Krieg«. Studien zum literarischen Werk Erhart Kästners* (1994). Julia Hiller von Gaertringen (Hrsg.): *Perseus-Auge Hellblau. Erhart Kästner und Gerhart Hauptmann. Briefe, Texte, Notizen* (2004). Anita Kästner und Reingart Kästner (Hrsg.): *Erhart Kästner. Leben und Werk in Texten und Bildern* (1994). Hans-Ulrich Lehmann, Sabine Solf u.a. (Bearb.): *Kunstwirklichkeiten. Erhart Kästner – Bibliothekar, Schriftsteller, Sammler. Ausstellungskatalog* (1994). ARN STROHMEYER: *Dichter im Waffenrock. Erhart Kästner in Griechenland und auf Kreta 1941 bis 1945* (2006).

Kästner, Erich {1899-1974}
Herz auf Taille.
Gedichte.
Mit Zeichnungen von Erich Ohser. Aufl.: 3000 Expl. Leipzig/Wien: Verlag Curt Weller & Co., 1928. 111 S. 20,6 x 18,8 cm. Ln. / Br. mit Deckelzeichn. v. Ohser. Druck: Oswald Schmidt, Leipzig.

Wenn ich 30 Jahr bin, will ich, daß man meinen Namen kennt. Bis 35 will ich anerkannt sein. Bis 40 sogar ein bißchen berühmt. Obwohl das Berühmtsein gar nicht so wichtig ist. Aber es steht nun mal auf meinem Programm.« Zeilen, die der 1899 geborene und seit gut drei Jahren als festangestellter Redakteur arbeitende Erich Kästner am 26. November 1926 an seine Mutter schrieb. Und mit welchem Fleiß und Talent sich der junge Autor an die Verwirklichung seines nicht ohne Heiterkeit formulierten Lebensplanes machte, weckt noch heute Erstaunen. Zu diesem Zeitpunkt konnte der ein Jahr zuvor zum Doktor der Philosophie promovierte und in Leipzig lebende Journalist und Autor bereits auf eine stattliche Anzahl von Beiträgen zurückblicken, die sowohl in seinen »Hauszeitungen« *Leipziger Tageblatt* und *Neue Leipziger Zeitung* und deren Magazinen erschienen waren, als auch in den renommierten Wochenschriften *Tagebuch* und *Weltbühne* und anderen Periodika mehr. Er schrieb satirische Gedichte, politische Glossen, Kurzgeschichten, Reportagen, Feuilletons, Theater- und Kunstkritiken. Und er schrieb alles mit wachsendem Publikumserfolg. Die Redaktionen der Zeitungen und Zeitschriften erhielten Zuschriften, in denen Leser ihre Zustimmung für das Erschienene und ihre Neugier auf Kommendes zum Ausdruck brachten. Kästner wurde dadurch ermutigt, für ein Manuskript einen Verlag zu suchen. Er hatte seine bisher verstreut veröffentlichten Gedichte zusammengestellt, die mit Illustrationen des später unter dem Namen e.o.plauen populär gewordenen Zeichners Erich Ohser ausgestattet waren. »Und nun suchen wir mit der Laterne einen Verleger, der den Band herausbringt«, schrieb Kästner am 24. November 1926 an seine Mutter.

Nachweislich lag das Manuskript zwei Verlagen zur Begutachtung vor: Dem Wiener Paul Zsolnay Verlag, der aber mit den »heiterkomischen Versen eines Zeitungsmenschen« kein Risiko eingehen wollte, und dem Leipziger Paul List Verlag, zu dem das Manuskript durch die Vermittlung seines Doktorvaters,

Einband mit Zeichnung
von Erich Ohser

ERICH KÄSTNER

MIT ZEICHNUNGEN VON ERICH OHSER

STEFAN GROSSMANN: MORGENSTERN? PETER
PANTER? NEIN, ERICH KÄSTNER! EIN GROSS-
STADTLYRIKER MIT EIGENEM GESICHT . . .
HANS NATONEK: HIER SPRICHT EINER, DER
REPRÄSENTATIV IST FÜR SEINE GENERATION,
JAHRGANG 1899. LYRIK UNSERER ZEIT KANN
GAR NICHT ANDERS AUSSEHEN

des Leipziger Universitätsgelehrten und Bibliophilen Professor Georg Witkowski, und auf Grund der Fürsprache Hans Natoneks, des Feuilletonchefs der *Neuen Leipziger Zeitung*, gelangt war. Der List Verlag hatte sich mit Beginn der zwanziger Jahre zu einem bedeutenden belletristischen Verlag profiliert und gab, neben großangelegten Werkausgaben, die noch heute mustergültige Reihe *Epikon* heraus. Außerdem orientierte er sich zunehmend auf moderne deutsche Literatur. Aber auch List lehnte die Verse ab, wenn auch erst nach längeren Gesprächen, mit einem, wie es heißt, »honigsüßen Brief«.

Im Herbst 1927 – Kästner war inzwischen nach Berlin verzogen und arbeitete mit ungebrochenem Elan an der Erfüllung seines Lebensplanes – nahm sein Vorhaben, sich in einem ersten eigenen Buch dem Publikum vorzustellen, konkrete Form an. In Gestalt des jungen Verlegers Curt Weller fand er den Protagonisten für die Herausgabe seines Lyrikbandes. Inzwischen mußte die Zusammenstellung der Gedichte anders ausfallen, als es die erste Auswahl von 1926 vorgesehen hatte. Zuviel Neues hatte Kästner geschrieben, zu kritisch war sein Blick, als daß er alle – nicht selten unter terminlichem Druck der Redaktionen – entstandenen Texte für eine Buchauswahl gelten lassen wollte. Eines aber versäumte er schon während des ersten Gesprächs mit dem Verleger nicht: den Hinweis auf Ohsers Illustrationskunst und die damit angestrebte Symbiose von Text und Bild. Weller stimmte dem Anliegen zu und zeigte für das Frühjahr 1928 den geplanten Band unter dem Titel *Herz auf Taille* an.

Eine schöne Erinnerung an Kästners Erstlingswerk hat uns Friedrich Michael, der Nachfolger von Anton Kippenberg in der Dominanz des Insel-Verlages, erhalten. Unter dem Thema *Der verfluchte Buchtitel* kramte er in Erlebnissen von 1928 und schrieb Erich Kästners Bedrängnisse auf,

den richtigen Titel für den Gedichtband zu finden. »Am besten gefällt mir«, zitiert er Kästner, »*Repetition der Gefühle*, kommt aber aus Publikumsgründen nicht in Frage. Da wäre ferner noch *Ein Herz, scharf geladen*, gefällt mir, obwohl er nur einen Teil der Gedichte trifft. Ferner *Kleine Versfabrik*, ich möcht' aber im Titel nicht abschrecken, weil doch Verse unbeliebt sind. Ferner: *Herz auf Taille* oder *Konzert im Käfig*, oder *Ins Meer gespuckt* oder *Explosionen unter Glas* oder *Lärm im Spiegel*. Fällt Ihnen was Besseres ein oder gefällt Ihnen ein Titel von den angeführten besser als die anderen?«

Wir wissen, wie es gekommen ist, und wir wissen auch, daß in diesen Erörterungen schon der Titel seines zweiten Gedichtbandes auftauchte, um den er dann solchen *Lärm* nicht wieder machen mußte.

Das Buch erschien im Quartformat mit acht ganzseitigen Zeichnungen und mehreren Vignetten von Ohser in kartonierter Ausgabe für 3,50 RM und als Leinenband für 6,– RM in erstaunlich hoher Erstauflage von 3000 Exemplaren. Weller, der als Verleger literarisch ambitioniert, aber auch kaufmännisch geschickt mit populären Autoren wie Valerian Tornius oder der beliebten französischen Schriftstellerin Colette gestartet war, versprach sich verkäuferisch einiges von diesem Buch, lagen doch sonst die üblichen Startauflagen von Lyrikbänden nicht selten nur zwischen 800 und 1000 Exemplaren. Der Verleger sollte für seinen Mut belohnt werden. Die Auflage verkaufte sich innerhalb Jahresfrist. Bereits 1929 konnte der Verlag das 4.-6. Tausend in zweiter, veränderter Auflage an den Buchhandel ausliefern. Die Popularität, die Kästner als Zeitungs- und Zeitschriftautor genoß, übertrug sich auf den Buchautor, und die Presse, die mit ihm einen neuen ernst-heiteren Stern am dichterischen Himmel bejubelte, tat das ihrige zur Verbreitung. In der zweiten Auflage fielen die ganzseitigen Zeichnungen Ohsers fort. Kästners Verleger entschloß sich zu diesem Schritt, nachdem ihm bedeutet worden war, daß die Zeichnungen als »obszön« empfunden wurden, und er im Rahmen des Gesetzes zur »Bewahrung der Jugend vor Schmutz- und Schundschriften« (kurz »Schmutz- und Schundgesetz«) mit Anzeige und Strafverfolgung rechnen müsse. Die Prüderie in Deutschland hatte immer noch kein Ende. Der Druck auf den Verlag wurde durch den Börsenverein der Deutschen Buchhändler verstärkt. Ein Armutszeugnis für den Berufsverband. Weller fügte sich, um den Vertrieb über die Kommissionäre nicht zu gefährden und den Titel weiterhin im *Börsenblatt* anzeigen zu können. Um aber die Herstellungskosten für den Nachdruck gering zu halten, behielt er die ursprüngliche Struktur des Bandes bei und bat Kästner lediglich, die durch den Wegfall der Zeichnungen vakanten Seiten durch Hinzunahme neuer Gedichte zu füllen. In dieser Form erreichte den Leser die zweite Auflage. Auch die dritte Auflage, 1930, mit weiteren 4000 Exemplaren erschien in dieser veränderten Form, bevor Kästners Bücher 1933 mit denen weiterer bekannter Autoren durch die Faschisten dem Scheiterhaufen überantwortet wurden.

Im Verlag Faber & Faber Leipzig ist in der Reihe der *Graphischen Bücher* 1998 eine bibliophile Ausgabe erschienen, in der der Leipziger Illustrationskünstler Egbert Herfurth den Ton der Kästnerschen Gedichte so kongenial und hintergründig aufnahm, daß auch diese Ausgabe längst zu den begehrten Antiquariatsobjekten gehört. MF

Literaturauswahl
FRANZ JOSEF GÖRTZ U. HANS SARKOWICZ: *Erich Kästner. Eine Biographie* (1998). SVEN HANUSCHEK: *Keiner blickt dir hinter das Gesicht. Das Leben Erich Kästners* (1999). FRIEDRICH MICHAEL: *So ernst wie heiter. Betrachtungen, Erinnerungen, Episteln und Glossen* (1983).

Kafka, Franz {1883–1924}
Betrachtung.
Aufl.: 800 num. Expl. Leipzig: Ernst Rowohlt Verlag, 1912. 99 S. 23,7 x 15,4 cm. Br. mit Umschlagvignette. Druck: Offizin Poeschel & Trepte, Leipzig.

Am 29. Juni 1912 vertraute Kafka seinem Tagebuch der Reise Weimar-Jungborn an: »Rowohlt will ziemlich ernsthaft ein Buch von mir.« Vorausgegangen war ein Gespräch zwischen Rowohlt und Kafka, das am Leipziger Literatenstammtisch in »Wilhelms Weinstuben« stattfand und das Max Brod, Kafkas langjähriger Weggefährte, vermittelt hatte. Rowohlt engagierte sich sehr für die junge, aufstrebende Literatur. Von Kafka dürften ihm aber zum Zeitpunkt der Begegnung in »Wilhelms Weinstuben«, an der übrigens auch Kurt Pinthus und Walter Hasenclever teilnahmen, nur wenige der kleinen Prosastücke bekannt gewesen sein, die Kafka unter dem Titel *Betrachtung* ursprünglich für das 1. Heft der Zeitschrift *Hyperion* von 1908 zusammengestellt hatte. Jedenfalls legte Kafka, nachdem er von der Reise zurückgekehrt war, am 13. August 1912 in Prag gemeinsam mit seinem Freund Max Brod die Reihenfolge der Texte fest, mit demselben Max Brod, der Kafka, noch bevor der eine einzige Zeile veröffentlicht hatte, bereits 1907 als einen der bedeutendsten deutschsprachigen Autoren charakterisierte. Am Tag darauf kündigte er Rowohlt das Manuskript von knapp 31 Seiten per Briefpost an. Am 25. September wurde der Verlagsvertrag unterschrieben.

Kafka nahm selbst Einfluß auf Ausstattung und Druckeinrichtung des Bändchens. Er veranlaßte den Verlag, eine große Schrift zu wählen. Dies hatte zunächst praktische Gründe: Aus dem schmalen Text mußte ja »ein Buch« von mindestens dreifachem Umfang des Manuskripts werden. Zum anderen aber glaubte Kafka, das Genre seiner Prosaminiaturen, die Begegnung

Doppelseite

zwischen Ich und Welt, am besten mit einer großen, streng komponierten, schönen Schrift zur Geltung zu bringen. Kafka hatte, wie er im August 1912 an Rowohlt schrieb, die »Gier, unter Ihren schönen Büchern auch ein Buch zu haben«, fand aber dann, daß die Schrift doch ein »wenig übertrieben schön« sei und besser zu den Gesetzestafeln Moses passen würde als zu seinen »kleinen Winkelzügen«.

Das Manuskript ging am 19. Oktober in Satz. Am 18. November 1912 zeigte Rowohlt die Ausgabe im *Börsenblatt für den deutschen Buchhandel* an. Dort heißt es: »Zur Versendung liegt bereit: Franz Kafka *Betrachtung* … Die Art der formal feingeschliffenen, inhaltlich tief empfundenen und durchdachten Betrachtungen, die dieser Band vereinigt, stellt Kafka vielleicht neben Robert Walser, von dem ihm doch wiederum in der dichterischen Umgestaltung seelischer Erlebnisse tiefe Wesensunterschiede trennen. Ein Autor und ein Buch, dem

allseitig größtes Interesse entgegengebracht wird.«

Vermutlich wurde der Band Ende November oder erste Dezemberwoche 1912 ausgeliefert. *Der Zwiebelfisch*, 5. Jg., H. 3/1913, brachte folgende Annotation:

»IM VERLAG KURT WOLFF, LEIPZIG: FRANZ KAFKA, *Betrachtung*. 99 Seiten, Preis M 4.50. – – Kleine Skizzen und Randbemerkungen zum alltäglichen Leben von einem geistreichen Kopf, dem im engen Prager Kreise seine literarische Bedeutung bereits bestätigt worden ist. Das dünne Heftchen ist verschwenderisch gedruckt, in einer prachtvollen Antiqua großen Grades, jedes Detail der Ausstattung ist von bestem Geschmack.«

Ein geschäftlicher Erfolg ist Kafkas Erstlingswerk nicht geworden. Von den 800 Exemplaren waren bis Herbst 1915 knapp 300 Exemplare verkauft. Dann ließ Kurt Wolff, der Bestände und Rechte nach seiner bereits 1912 erfolgten Trennung von Rowohlt übernommen hatte, ein neues Titelblatt drucken und die verbliebenen mehr als 500 Exemplare unter dem Signum Kurt Wolff Verlag fälschlicherweise als »zweite Auflage« verkaufen. Im Geschäftsjahr 1915/16 wurden 258 Exemplare verkauft. 1916/17 konnten 102 und im Geschäftsjahr 1917/18 69 Exemplare abgesetzt werden.

Der Band war insgesamt länger als 10 Jahre lieferbar.

Übrigens blieben auch andere seiner Bücher zu Kafkas Lebzeiten und noch danach für die Verlage ein Verlustgeschäft. Den großen Romanen wie *Der Prozeß*, *Das Schloß* oder *Amerika*, ob im Verlag Die Schmiede oder bei Kurt Wolff erschienen, ist es kaum besser gegangen als dem Erstlingswerk. Erst das Remarketing von Kafkas Werk im S. Fischer Verlag nach dem Zweiten Weltkrieg brachte den großen Erfolg.

In jüngerer Zeit sind zwei bemerkenswerte Neuausgaben von *Betrachtung* erschienen. 1994 gab es einen Reprint der Erstausgabe (wiederum 800 Exemplare) im S. Fischer Verlag Frankfurt/Main, mit einem Begleitheft: Anmerkungen zu Franz Kafkas *Betrachtung* von Jürgen Born. Ebenfalls 1994 erschien in der Reihe *Die Graphischen Bücher* bei Faber & Faber Leipzig eine auf 999 Exemplare limitierte und numerierte Ausgabe, die mit Originalholzrissen von Franz Hitzler, München ausgestattet ist.   M F

Literaturauswahl
FRANZ KAFKA: *Tagebücher 1910-1923* (1954). JÜRGEN BORN: *Das Ereignis eines Buches. Begleitheft als Anmerkungen zu Franz Kafkas »Betrachtung* (1994). PIETRO CITATI: *Kafka. Verwandlungen eines Dichters* (1990). Heinz Politzer (Hrsg.): *Das Kafka-Buch. Eine innere Biographie in Selbstzeugnissen* (1965). JOACHIM UNSELD: *Franz Kafka. Ein Schriftstellerleben* (1982).

Kaiser, Georg {1878-1945}
Die jüdische Witwe.
Eine biblische Komödie.

[1. Tsd.] Berlin: S. Fischer, 1911. 164 S. 19,6 x 12,4 cm. Pp. / Hpgm. Druck: Spamersche Buchdruckerei, Leipzig.

Im Verlagsalmanach *Das xxvte Jahr* des S. Fischer Verlages Berlin aus dem Jahre 1911 ist ein Gedicht von Georg Kaiser abgedruckt, dessen Anfang wir hier zitieren:

»Urhymnus
Von Geboten umschnürt,
in Gesetze gefesselt
– geschaffen und schon gelähmt –
schritt er im Garten
– gewährt und verwiesen –
unter den ahnenden Bäumen
und war
Knecht in der Kraft.«

Diese Verse sind wie ein Vorbote für einen Dichter, der zum Exponenten des expressionistischen Dramas heranwachsen sollte. Schon hier auf der Suche nach dem Menschen, der sich aufrichten soll.

Im selben Almanach wird einhundertfünfzig Seiten später das Erstlingswerk von Georg Kaiser angezeigt, *Die jüdische Witwe*, geheftet 2 Mark 50 Pfg., in Halbpergament 3 Mark 50 Pfg. Laut Verlagsbibliographie von S. Fischer wurden tausend Exemplare gedruckt. Schon 1904 war es in einer Erstfassung entstanden und vielfach verändert worden, bevor es 1911 erschien. Mit der biblischen Komödie Kaisers bekam der Theater-Verlag von S. Fischer, der durch Namen wie Gerhart Hauptmann, Arthur Schnitzler, Henrik Ibsen und Björnstjerne Björnson geprägt war, eine neue Stimme, die in eine ganz andere Richtung wies, als man sie bislang von den naturalistisch beeinflußten Stücken gewohnt war.

Mit Georg Kaiser, schreibt der Verlagshistoriker Peter de Mendelssohn, »begann eine neue Phase des deutschen Dramas.« Die expressionistische Dramatikergeneration debütierte bei S. Fischer mit Georg Kaisers *Die Jüdische Witwe*. Die Ankunft Kaisers füllte eine Vakanz aus, die der Theater-Verlag selbst gespürt hatte, und sie verbesserte die Bemühungen des Verlages um kontinuierliche Bühnenpräzens, weil man nun auch mit sogenannter moderner Dramatik punkten konnte. Allerdings brauchte das Stück volle zehn Jahre, bevor es im Landestheater Meiningen zur Uraufführung kam. Da hatte Georg Kaiser bereits 20 Theaterstücke geschrieben, allein sieben davon waren schon bis 1914 bei S. Fischer veröffentlicht, darunter das später berühmt gewordene Stück *Die Bürger von Calais* (1914), das 1917 im Frankfurter Neuen Theater erstaufgeführt wurde. Mit 39 Jahren glückte Georg Kaiser also erst der Sprung auf die Bühne, freilich mit einem danach kometenhaften Aufstieg zum langjährig bekanntesten und berühmt-berüchtigsten deutschen Dramatiker.

Georg Kaiser war glücklich, als *Die jüdische Witwe* erschienen war. »Ich schicke an Dich heute ein Buch meines ersten großen Werks«, schrieb er an seinen Bruder. »Nimm es mit einer kleinen Freude an der Kunst Deines jüngeren Bruders zwischen Deine Hände.«

Es war nötig, überall für das Stück Reklame zu machen. Die Resonanz bei Erscheinen war mäßig. Woher sollte die auch kommen, wenn es nicht aufgeführt wurde? Kaum mehr als zwei Blätter scheinen Notiz davon genommen zu haben, *Das literarische Echo* und *Die Schaubühne*. Dafür setzten bald die sarkastischen Schmähungen ein, die Kaisers dramatisches Schaffen begleiteten, der Vorwurf, sich zu sehr anzulehnen an Vorbilder, die es im literarischen Stoffwechsel der Zeit für ihn gab, Carl Sternheim und Frank Wedekind darunter, aber ein Epigone war er nun beileibe nicht. Daß er 1919 den Verlag wechselte, von S. Fischer zu Gustav Kiepenheuer ging, hatte nicht nur mit den leidigen Geldangelegenheiten zu tun, die Kaisers ständiger Begleiter waren, sondern auch – so wird vermutet – mit den bösen Rezensionen, die insonderheit der S. Fischer-Autor Alfred Kerr verbreitete, der Kaiser gern das »Sternkind« oder den »Wedeheim« nannte, um Kaiser als eine Art »Kreuzung« zwischen Sternheim und Wedekind darzustellen. Bis in Franz Bleis *Das große Bestiarium der Literatur* (1920) hinein treibt diese Karikatur ihren Unfug, was schließlich alles nichts daran ändert, daß mit Georg Kaiser, mit seinem Erstlingswerk *Die jüdische Witwe* ein Dramatiker das Theater betrat, der für Glanz auf vielen Bühnen Deutschlands sorgte.   E F

Literaturauswahl
KASIMIR EDSCHMID: *Das Bücher-Dekameron* (1923). Gesa M. Valk (Hrsg.): *Georg Kaiser in Sachen Georg Kaiser. Briefe 1916-1933* (1989). PETER DE MENDELSSOHN. *S. Fischer und sein Verlag* (1970). Sabine Wolf (Hrsg.): *Kunst und Leben. Georg Kaiser* (2011).

GEORG KAISER
Die jüdische Witwe

Biblische Komödie

S. FISCHER / VERLAG / BERLIN

Einband

Umschlag von Brigitte Nachbar

Kant, Hermann (geb. 1926}
Ein bißchen Südsee.
Erzählungen.
Titelvignette u. Umschlagzeichnung
v. Brigitte Nachbar. Berlin: Rütten &
Loening, 1962. 164 S. 19 x 11,6 cm. Ln. mit
Umschl. Satz u. Druck: Karl-Marx-Werk
Pößneck.

Hermann Kant hat es »eine unergiebige
Angelegenheit« genannt, über sein
Erstlingswerk zu sprechen, weil er – wie
viele andere Autoren auch – den Beginn
seiner literarischen Tätigkeit von viel
Unsicherheit umgeben sah. Was wurde alles
geschrieben, was alles nicht gedruckt, bevor
es zum sogenannten Erstlingswerk kam?
Spannende Werkberichte ergeben sich, in
viele unsichere Details der literarischen
Autobiographie blickt man, die schon in
anderen Büchern beschrieben wurden, wie

etwa in dem Sonderband der *Bibliothek
Suhrkamp Aus aufgegebenen Werken* und
vergleichbaren Titeln. Auch Hermann Kant
weiß fröhliche Geschichten zu erzählen, die
ihn als »halben Dramatiker« erscheinen lassen, weil er am Anfang seiner literarischen
Versuche das Drehbuch zu einem Film *Ach,
du fröhliche* vermutet, aus dem tatsächlich
etwas geworden ist.

Tatsache bleibt, daß der in Hamburg
geborene Erzähler und Publizist, der an
einer Arbeiter- und Bauernfakultät in
Greifswald sein Abitur machte, in Berlin
Germanistik studierte und in steiler
Karriere bis zum Präsidenten des DDR-
Schriftstellerverbandes hochgetrieben
wurde, erste Erzählungen mit dem Titel
Krönungstag und *Kleine Schachgeschichte*
in den Heften 7 und 11/1957 der Zeitschrift
Neue Deutsche Literatur (NDL) veröffentlichte. Die *Schachgeschichte* aufzuschreiben,
dazu hat Hermann Kant Lola Leder, die
Mutter von Stephan Hermlin, angeregt,
die dem jungen Erzähler gern zuhörte, und
Kant – selbstbewußt genug – dachte, er
könnte damit einem Erzähler wie O. Henry
einigermaßen ebenbürtig werden.

Der *Krönungstag* war auch kein Mauer-
blümchen, als er in die Spalten der NDL
einrückte, wurde er doch sogleich an die
Spitze eines Inhaltsverzeichnisses gerückt,
in dem Namen wie Leonhard Frank und
Hans Henny Jahnn auftauchten, kom-
fortables Personal, das Kant hinter seiner
Geschichte eine gute Anfängerarbeit vermuten ließ. Beide Texte wurden dann in
die Erzählsammlung des Erstlingswerks *Ein
bißchen Südsee* aufgenommen.

Die Titelerzählung dieses Bandes
beschreibt äußerst unterhaltsam das aus-
gefallene Pläsier des Kant-Vaters, auf den
Hamburger Fischmarkt zu gehen und dort
immer »n büschen was Extras« zu suchen,
was schließlich in Form eines Aquariums
mit lauter kunterbunten Fischen in der
verdunsteten Küche des Gärtnerhaushalts

als *Ein bißchen Südsee* beheimatet wurde. Derart lustig oder wehmütig sind alle Geschichten des Bandes, ein bißchen zum Lachen, ein bißchen zum Weinen.

Maupassants gäbe es keine, attestierte Kant seiner Zeit. Er wüßte gut, daß er auch keiner sei. »Aber ich weiß auch«, vertraute er dem Klappentext seines Erstlingswerks an, »daß Geschichten sein müssen, daß sie dazugehören zu unserem ernsten und doch so schönen Leben. Und weil sie sein müssen, habe ich einige davon geschrieben.«

Daß Kant mit den Erzählungen zum Verlag Rütten & Loening in Berlin kam, verdankte er Lore Kaim, einer vormaligen Kollegin im Germanistischen Institut der Humboldt-Universität Berlin, wo er einige Zeit wissenschaftlicher Assistent war. Sie war inzwischen Cheflektorin des Verlages geworden.

Die Fabulierlust, die das Erstlingswerk von Kant ausstrahlte, war jedenfalls ein erster Lichtpunkt, der sich später in seinen Romanen *Die Aula* (1964), *Das Impressum* (1969) und *Der Aufenthalt* (1977) zu großer Erzählkunst bündeln sollte. EF

Literaturauswahl
HERMANN KANT: *Abspann. Erinnerung an meine Gegenwart* (1991). HERMANN KANT, *Eine unergiebige Angelegenheit*; in: Gerhard Schneider (Hrsg.), *Eröffnungen. Schriftsteller über ihr Erstlingswerk* (1974). LEONORE KRENZLIN: *Hermann Kant* (1980).

Kasack, Hermann {1896-1966}
Der Mensch. Verse.
München: Roland-Verlag Dr. Albert Mundt, 1918. 70 S. 18,5 x 13 cm. Pp. (= Die neue Reihe 1.) Druck: Spamersche Buchdruckerei Leipzig. Vorzugsausgabe: numeriert und signiert.

Nur wenige Schriftsteller konnten sich im Engagement für die neue Dichtung mit Hermann Kasack messen, der als Verlagslektor, Rundfunkredakteur und schließlich Präsident der Deutschen Akademie für Sprache und Dichtung in Darmstadt unentwegt für die Zeitgenossen tätig war. Das begann schon in jungen Jahren, wie seinem Rückblick *Jahrgang 1896* zu entnehmen ist. In der deutschen Militärverwaltung in Brüssel traf er 1916/17 auf Carl Einstein und Gottfried Benn, die Kasack, der nur einige Gedichte in Pfemferts *Aktion* publiziert hatte, durch Alter und die Zahl ihrer Veröffentlichungen deutlich überlegen waren. Doch in der Kenntnis der neuen Dichtung, die später Expressionismus genannt werden sollte, konnten sie es mit dem »kleinen Novizen« nicht aufnehmen.

Der Sohn eines Potsdamer Arztes hatte sich schon seit Schülertagen eine eigene Bibliothek mit starkem Anteil neuerer Literatur aufgebaut. Während des Studiums der Germanistik und Philosophie, abwechselnd in Berlin und München, veranstaltete er im Frühjahr und Sommer 1916 zusammen mit dem fast gleichaltrigen Jurastudenten Wolf Przygode fünf Abende, an denen sie vor geladenem Publikum Proben der neuesten Literatur vortrugen. Für den Freund war es Vorbereitung auf die von ihm wenig später gegründete Zeitschrift *Die Dichtung* (1918-1923), für die er den jungen Münchner Verleger Dr. Albert Mundt und seinen Roland-Verlag gewinnen konnte. Kasack gehörte zu den wichtigsten Autoren der Zeitschrift. Mit Mundt zusammen begründeten die jungen Leute 1918 auch *Die neue Reihe*, in der in den kommenden Jahren 25 Bücher von expressionistischen Autoren wie Iwan Goll, Richard Huelsenbeck, Rudolf Leonhard und Alfred Wolfenstein, erschienen. Die Nummer 1 der Reihe bildete das erste Buch von Hermann Kasack, das zeittypisch pathetisch *Der Mensch* betitelt war – mit Gedichten voll Melancholie, Weltschmerz und Sehnsucht nach Freundschaft, Liebe und dem Wesentlichen. Das Buch, das er dem Potsdamer Schul- und Dichterfreund Edlef Köppen widmete, erschien im Herbst 1918, mitten in dem Zusammenbruch des Kaiserreichs und den Gärungen der revolutionären Übergangszeit, noch genehmigt von der kurz danach abgeschafften bayerischen Zensur. Es wurde leider auf holzhaltigem Papier gedruckt und in bescheidenem marmorierten Pappeinband gebunden, die schlecht geklebten Deckel- und Rückenschildchen gingen häufig verloren.

Kasack stellte das Buch im Atelier des Berliner Graphikers und Freundes Walter Gramatté vor. Gekommen war neben vielen alten und neuen Freunden auch der Dichter Oskar Loerke, der Buch und Autor in der *Neuen Rundschau* (1918, S. 1232) herzlich begrüßte: »Ein neuer Dichter beweist, daß Expressionismus ohne hektisches Rot, ohne Schweiß und Krampf möglich ist«. Auch ein anderer Rezensent, Hans Benzmann im *Vorwärts* (3. Februar 1919), war über die Unaufgeregtheit des Stils erfreut: »Geradezu

Einband

groß und wohltuend berührt diese gelassene Einfachheit in dem expressionistischen Maskengetümmel, dieses über das einzelmenschliche Erlebnis hinaus den ewigen Schicksalsmächten zugewandte Pathos.« Das Echo bei der Kritik fiel aber insgesamt recht verhalten aus, nur eine dritte Rezension ist bibliographisch nachgewiesen. Immerhin konnte der Verlag 1921 eine zweite, vermehrte Auflage herstellen, nicht zuletzt, weil der Autor eifrig in eigener Sache tätig war. Sieben weitere Bücher erschienen in dieser hektischen ersten Schaffensphase des Dichters bis 1924.   CW

Literaturauswahl
Leben und Werk von Hermann Kasack. Ein Brevier. Zusammengestellt von Wolfgang Kasack (1966). HERIBERT BESCH: *Dichtung zwischen Vision und Wirklichkeit. Eine Analyse des Werkes von Hermann Kasack* (1992). Herbert Heckmann, Bernhard Zeller (Hrsg.): *Hermann Kasack zu Ehren. Eine Präsidentschaft in schwerer Zeit* (1996). Helmut John, Lonny Neumann (Hrsg.): *Hermann Kasack – Leben und Werk. Symposium 1993 in Potsdam* (1994). LONNY NEUMANN: *Hermann Kasack (1896-1966) in Potsdam* (1993). Reinhard Tgahrt, Jutta Salchow (Bearb.): *Hermann Kasack. 1896-1966. Marbacher Magazin* (1976).

Kaschnitz, Marie Luise {1901-1974}
Liebe beginnt.
Roman.
Berlin: Bruno Cassirer, 1933. 262 S. 19 x 11,5 cm. Ln. Druck: Offizin Haag-Drugulin AG. in Leipzig.

Ich habe mit einem Roman (›Liebe beginnt‹) angefangen, bei dem ich biographische Erlebnisse und Empfindungen stark übertrieben und zum Teil verfälscht habe, um die Gegensätze und Spannungen in dieser Liebesgeschichte zu vertiefen«, bekannte Marie Luise Kaschnitz 1961 in einem Interview mit Horst Bienek. In der Tat sind die biographischen Ähnlichkeiten der Romanprotagonistin mit der Erzählerin und ihrem Mann nicht von der Hand zu weisen.

Der elf Jahre ältere Guido Freiherr Kaschnitz von Weinberg war zum Zeitpunkt der Bekanntschaft mit seiner späteren Frau 1924 ein hoffnungsvoller, junger Altertumsforscher. Sie lernten sich in München im Verlag O. C. Recht kennen, wo sie ihre erste Stelle als Buchhändlerin antrat und er Kunstmappen herausgab. Schon kurze Zeit später ging er nach Italien, um am Deutschen Archäologischen Institut zu arbeiten. Sie folgte ihm, um erst in Florenz und dann in Rom im Antiquariat von Cesare Olschki zu arbeiten. Im Dezember 1925 heiratete das Paar. Die junge Frau gab das Berufsleben auf, um ganz für ihren Mann und die 1928 geborene Tochter Iris Constanza dazusein. Am Lebensende bekannte sie mehrfach, wie weit entfernt sie in jungen Jahren vom feministischen Frauenideal der folgenden Generationen lebte. Ohne Einwendungen begleitete sie ihren Mann an alle Stätten seiner beruflichen Entwicklung, die zeitweise bis nach Königsberg in Ostpreußen führte, sich aber auf Frankfurt am Main und Rom konzentrieren sollte. Ihr »Hauptberuf war, verheiratet zu sein«. Ihre eigene Laufbahn als Schriftstellerin ordnete sie dem unter: »Ich habe oft heimlich, im Caféhaus, zwischen den Einkäufen, gearbeitet«. Dennoch hatte sie eine feste Vorstellung von einem glücklichen Liebesleben, wie ihrem ersten Buch zu entnehmen ist. Übertrieben war an der Handlungsführung also nur der Stein in der gegen den Mann erhobenen Hand, nicht aber der Absolutheitsanspruch der jungen Frau an ihre Partnerschaft. Selbst die »sündhafte« Bestürmung durch ihn in einer Kirche beruhte auf einem tatsächlichen Erlebnis.

Die Entdecker von Marie Luise Kaschnitz waren Max Tau und Wolfgang von Einsiedel, Lektoren im Verlag Bruno

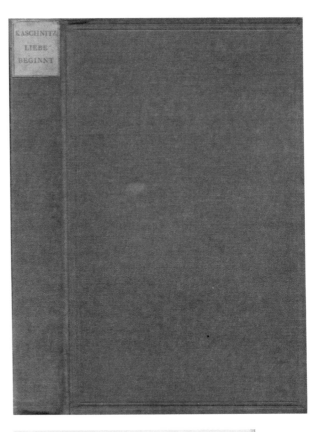

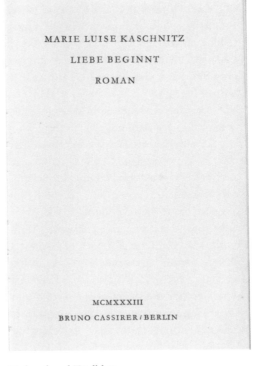

MARIE LUISE KASCHNITZ

LIEBE BEGINNT

ROMAN

MCMXXXIII
BRUNO CASSIRER / BERLIN

Einband und Titelblatt

Cassirer, die 1930 eine Anthologie *Vorstoß. Prosa der Ungedruckten* vorbereiteten und dazu einen Wettbewerb auslobten. Aus dem Wust von fast zweitausend eingesandten Manuskripten fischten sie das Manuskript von Kaschnitz heraus. So war es kein Wunder, daß die Autorin das Manuskript ihres ersten Romans auch an Bruno Cassirer schickte, in dessen Haus sich Max Tau bemühte, dem schleppend gehenden Kunstverlag eine literarische Abteilung anzugliedern. Cassirer antwortete am 14. Juli 1933: »Ich finde Ihr Buch ausgezeichnet. Es scheint mir besonders wertvoll dadurch, daß es Ihnen gelingt, alle Vorgänge von innen heraus zu gestalten.« Max Tau besprach mit ihr eine Änderung des Schlusses. Im November wurde das Buch bereits an die Feuilletons und an ausgewählte Schriftsteller versandt. Ricarda Huch lobte den Charme des Buches. Agnes Miegel, die wie Kaschnitz in Königsberg wohnte, wollte sie kennenlernen. Thomas Mann schrieb in seinem Brief (21. Januar 1934) von der »klaren Natürlichkeit« des Buches und der »zarten und tiefen Erfahrung«, »die daraus spricht«. Dagegen tadelte es in einer ausführlichen Kritik Ludwig Curtius, der wohl den autobiographischen Kern des Buches erkannte: »Die wahre, die große Poesie beginnt aber erst, wo das individuelle Schicksal aufgelöst erscheint in ein allgemein Typisches ...«

Der Verlag druckte ein Werbefaltblatt mit zustimmenden Äußerungen und auch ein Plakat mit einem Porträtfoto der Autorin. Im ersten Jahr wurden rund tausend Exemplare verkauft, in den zwei folgenden weitere zweitausend. Dann wurde der jüdische Verleger zur Aufgabe seiner Firma gezwungen. Wie andere Verlagsautoren auch hatte sich Kaschnitz schon vorher dafür entschieden, den zum Untergang verurteilten Verlag zu verlassen und zur Enttäuschung des Verlegers das Manuskript ihres zweiten Romans zurück-

gefordert. Bruno Cassirer ging ins Exil nach England, wo er 1941 starb. Max Tau rettete sich nach Norwegen. Kaschnitz behielt ihre Entdecker in guter Erinnerung, überging aber die Umstände der Trennung. Auch Tau schwieg in seinen Memoiren *Das Land das ich verlassen mußte* diskret.

Obwohl noch zwei Bücher bis 1945 erschienen, erfuhr Kaschnitz größere öffentliche Anerkennung erst nach 1945 und dann vor allem mit ihren Gedichtbänden. Der Roman *Liebe beginnt*, von dem während des Krieges noch eine Wehrmachtsausgabe gedruckt worden war, geriet bald soweit in Vergessenheit, daß Horst Bienek ihn Anfang der sechziger Jahre für »verschollen« hielt. Erst mit der Aufnahme in die Werkausgabe (1981) und in die Reihe *Bibliothek Suhrkamp* (1984) wurde er wieder allgemein zugänglich. Auf dem Antiquariatsmarkt ist die Erstausgabe nicht selten und oft günstig zu haben. CW

Literaturauswahl

MARIE LUISE KASCHNITZ: *Tagebücher aus den Jahren 1936 bis 1966. Hrsg. v. Christian Büttrich, Marianne Büttrich, Iris Schnebel-Kaschnitz* (2000). Jan Badewien, Hansgeorg Schmidt-Bergmann (Hrsg.): *Marie Luise Kaschnitz. Eine sensible Zeitgenossin. Tagung zum 100. Geburtstag* (2002). DAGMAR VON GERSDORFF: *Marie Luise Kaschnitz. Eine Biographie* (1992). Brigitte Raitz (Bearb.): *»Ein Wörterbuch anlegen«. Marie Luise Kaschnitz zum 100. Geburtstag. Marbacher Magazin* (95/2001). JOHANNA CHRISTIANE REICHARDT: *Zeitgenossin. Marie Luise Kaschnitz. Eine Monographie* (1984). MAX TAU: *Das Land das ich verlassen mußte* (1961).

Kehlmann, Daniel
{geb. 1975}
Beerholms Vorstellung.
Roman.
Aufl.: 3000 Expl. Wien u. München: Franz
Deuticke Verlag, 1997. 285 S. 21 x 13 cm.
Pp. mit Umschl. Umschlaggestaltung:
Robert Hollinger. Druck: Wiener Verlag,
Himberg bei Wien.

Daniel Kehlmann, geboren am 13. Januar
1975, Verfasser von Romanen, Er-
zählungen, Novellen und Essays, Thomas-
Mann-Preisträger, Träger des Heimito
von Doderer-Preises, des Kleist-Preises
und des Welt-Literaturpreises, des Grand
Prix du Livre des dirigeantes…, Mitglied
der Akademie für Sprache und Dichtung,
freier Mitarbeiter der Österreichischen
Akademie der Wissenschaften, hat in
Mainz Poetikvorlesungen gehalten, war
Sondergast einer Delegation des deutschen
Außenministers nach Südamerika … Große
Ereignisse. Eine faszinierende literarische
Karriere. Umstände eines Lebens, die für
sich sprechen.

Im wörtlichen Sinne »angefangen« hat
aber alles ganz anders: Wien, im Sommer
des Jahres 1996: Der Vater des Autors, der
Regisseur Michael Kehlmann, besucht seinen
Freund, den Verleger und Literaturagenten
Professor Ulrich N. Schulenburg. Er hat
ihm einige Kurzgeschichten seines Sohnes
Daniel mitgebracht, um Schulenburg um
ein Urteil über deren literarische Qualität
zu bitten. »Ich fand diese Kurzgeschichten
unter Berücksichtigung der Jugend von
Daniel Kehlmann sowohl sprachlich, aber
auch inhaltlich hervorragend und meinte,
daß es aber schwer wäre, Kurzgeschichten
bei einem Verlag unterzubringen. Ich bat
ihn, mir Daniel Kehlmann zu schicken,
um mit ihm über die Kurzgeschichten zu
sprechen, aber auch über einen geschlossenen Prosatext.« Daniel Kehlmann, der
sein Studium zu diesem Zeitpunkt bereits

absolviert hatte, jedoch noch nicht die
erforderliche Semesteranzahl zur Erlangung
des Abschlusses aufweisen konnte, vertrieb sich die Zeit mit der Arbeit an
einem Romanmanuskript, dessen baldige
Beendigung er Schulenburg ankündigte.
»Er hielt diesen Termin auch ein, es war
Anfang September, und zu meiner größten Überraschung brachte er den inzwischen geschriebenen Roman *Beerholms
Vorstellung* mit. Ich las den Text in einem
Zuge, weil ich von der Geschichte fasziniert
war und die fantasievolle Begabung Daniel
Kehlmanns bewunderte.« Kehlmann hatte
den größten Teil des Romans innerhalb von
vier Monaten niedergeschrieben.

Schulenburg setzte sich umgehend für
eine Veröffentlichung ein. Binnen kurzer
Zeit zeigten sich vier Verlage interessiert.
Der Wiener Deuticke Verlag bekam letztlich
den Zuschlag – nicht zuletzt aufgrund der
guten Verbindung zwischen Schulenburg

Umschlag von Robert Hollinger mit einem
Bild von René Magritte

und der Programmleiterin Martina Schmidt. Auch Martina Schmidt zeigte sich von *Beerholms Vorstellung* begeistert und folgte Schulenburgs Anspruch, sowohl Roman als auch die Kurzgeschichten (die 1997 unter dem Titel *Unter der Sonne* erschienen) zu publizieren.

Der kleine, unter dem Dach des Österreichischen Bundesverlages agierende Deuticke Verlag, der fünf Mitarbeiter zählte und zu dieser Zeit unter anderem mit Erzählungen von Radek Knapp und Michael Köhlmeier reüssierte, entwickelte ein großes Engagement für seinen Debütanten: Anzeigen in größeren deutschen und österreichischen Zeitungen wurden platziert, eine große Anzahl Leseexemplare versandt, und Kehlmann erhielt einen Vorschuß von 30 000 österreichischen Schillingen. *Beerholms Vorstellung* wurde beim Wiener Verlag in Himberg gedruckt. René Magrittes *Les memoires d'un saint* – der Autor durfte dieses Bild selbst aussuchen – zierte nicht nur den Umschlag der ersten beiden Auflagen des Romans, sondern auch den 1997er Frühjahrskatalog des Deuticke Verlages. Im Verlagsprospekt hieß es: »Der Erstlingsroman des jungen, hochtalentierten Schriftstellers ist eines von diesen seltenen Büchern, die man nicht mehr aus der Hand legen will.«

Deuticke brachte in drei Monaten zwei Auflagen von jeweils 3000 Exemplaren und sorgte damit nachhaltig für die öffentliche Wahrnehmung des Autors, der allerdings den Verlag 1999 verließ, um fortan bei Suhrkamp und später im Rowohlt Verlag zu veröffentlichen.

Die Kritik reagierte dennoch eher verhalten auf *Beerholms Vorstellung,* sah, wie etwa Hubertus Breuer in der FAZ in dem Stoff »... eine moderne Variante des Faust-Themas ...«, die es nicht vermag, »... in einer solchen Figur zeitgenössische Problematiken zu spiegeln ...« Sie übersah Kehlmanns Geschick (schon eines der bei-

den Eingangszitate ist fiktional) und entschuldigte die konstatierten Schwächen des Romans – ein gut gemeinter Gemeinplatz – mit der Jugend des Autors: »Aber der Autor mag auf dem richtigen Weg sein.«

Wenn es auch selten genug vorkommt, so ist das Phänomen, daß Autoren bereits in jungen Jahren mit ausgereiften Romanen hervortreten, keineswegs singulär: Die *Buddenbrooks* von Thomas Mann und Max Frischs *Jürg Reinhart* sind Beispiele für großartige Frühwerke sehr junger Autoren im 20. Jahrhundert. Verblüffend ist in erster Linie der Pragmatismus, mit dem der zweiundzwanzigjährige Kehlmann seiner Schreibsituation begegnete. Die Mischung aus einer bescheidenen, um die Gewöhnlichkeit seiner Person bemühten Selbstdarstellung und der betont zurückhaltenden Einschätzung seiner Chancen als Autor, entbehrt auf fast unfreiwillige Weise nicht der Ironie, der man in Kehlmanns Werken fortwährend begegnet. So liest man in einem der ersten Porträts über den jungen Autor: »Als Brotberuf kann sich Daniel Kehlmann eine Tätigkeit im Verlags- und Zeitungswesen vorstellen ... Ins Kino geht er oft und gern, und auch in diversen Beisln ist er anzutreffen, er geht gern spazieren und hat eine Schwäche für gutes Essen ...« Kehlmann fügte noch hinzu: »Ich habe nicht den Plan zu sagen, ich werde freier Schriftsteller und lebe davon – ich bin nicht größenwahnsinnig genug, um zu sagen, ich habe das vor ... Vielleicht schlage ich aber auch eine wissenschaftliche Laufbahn ein, oder ich finde etwas Interessantes in der Privatwirtschaft ...«

Es ist bekannt, welchen Weg dieser Autor genommen hat, spätestens seit dem großen Erfolg des Romans *Die Vermessung der Welt* (2005), der innerhalb Jahresfrist in Deutschland 17 Auflagen und außerdem zahlreiche Übersetzungen erreichte.

Zur Buchpremiere von *Beerholms Vorstellung* bekam Kehlmann von seiner

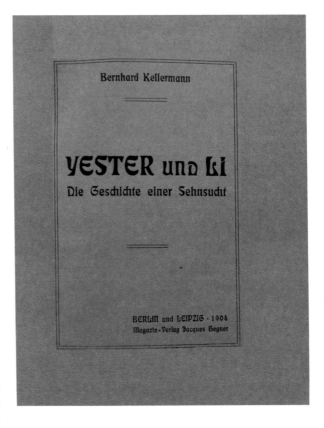

Lektorin das berühmteste je im Deuticke Verlag erschienene Buch, *Die Traumdeutung* von Sigmund Freud, in der Originalausgabe von 1901; ein nicht ohne Hintersinn ausgewähltes Geschenk. Das Interesse, den Begriff der »Vorstellung« auf eine Unterscheidung zwischen Phantasie und Wahrnehmung hin zu befragen, ist beiden Autoren gemeinsam, die Resultate sind nicht weit voneinander entfernt: Wo Freud an einem Distinktionsapparat für das Problem forscht, nutzt Kehlmann die Mittel der Literatur, um diese Unterscheidung anzuzweifeln, wenn nicht auszuheben, dies jedoch unter Zuhilfenahme eines äußerst zweifelhaften Erzählers: Dem Narziß Beerholm, der als Adoptivkind einem ironisch angedeuteten »Familienroman des Neurotikers« entstammt, reichen die plumpen Täuschungsversuche des Illusionskünstlers nicht aus. Als »echter« Magier trachtet er unentwegt danach, das Reich des naturwissenschaftlich Möglichen zu übersteigen. Sein Autor bemerkt lakonisch über ihn: »Ich mag ihn gar nicht besonders.« So markiert Beerholm den Beginn einer ganzen Reihe antipathischer und keinesfalls mit dem Autor zu identifizierender Charaktere im Werk Daniel Kehlmanns, die seinen Lesern umso größeres Vergnügen bereiten.

Im Band 33 der *Graphischen Büchern* von Faber & Faber Leipzig kam *Beerholm* zu einer bibliophilen »Vorstellung« mit 10 Zeichnungen und 4 Originallithographien des Leipziger Malers und Graphikers Sighard Gille. MF

Literaturauswahl
Heinz Ludwig Arnold (Hrsg.): *Daniel Kehlmann. Text + kritik* (H. 177, 2008). JOACHIM RICKES: *Die Metamorphosen des »Teufels« bei Daniel Kehlmann* (2010).

Kellermann, Bernhard {1879-1951}
Yester und Li.
Die Geschichte einer Sehnsucht.
Roman.
Berlin und Leipzig: Magazin-Verlag von Jacques Hegner, 1904. 324 S. 20 x 13 cm. Ln. Druck: Roßberg'sche Buchdruckerei, Leipzig.

Y*ester und Li*, eine lyrisch durchwirkte Liebesgeschichte, bediente den Geschmack der Zeit. Sie wurde epigonal genannt, weil sich der neuromantisch anmutende Text an Vorbildern wie Knut Hamsun orientierte. Die Gunst des Publikums konnte ihm aber umso sicherer sein, als gerade das erste Jahrzehnt des 20. Jahrhunderts literarisch ziemlich trivial geprägt war. Es wurde nicht etwa von den großen Romanen Thomas Manns (*Die Buddenbrooks*, 1901), seines Bruders Heinrich (*Professor Unrat*, 1905) oder Jakob Wassermanns dominiert, sondern von Autoren wie Hedwig Courths-Mahler, deren rührselige Geschichten gerade in die Millionenauflagen hineinwuchsen. Keinesfalls soll *Yester und Li* in die Nähe dieser sehnsüchtig verklärten Klischeeunterhaltung gerückt werden, aber der Verlag, in dem Kellermanns Erstlingswerk erschien, publizierte neben einer Reihe *Kulturhistorische Liebhaberbibliothek* ein *Magazin für Litteratur*, das sich 1904 als das älteste deutsche Literaturblatt ausgab (im 73. Jahrgang), nur 50 Pfennige kostete, und aufmerksam gerade die Neuromantik in der Literatur verfolgte. Zeitweiliger Verleger war der junge Jakob Hegner, der damals unter der französischen Form seines Vornamens Jacques Hegner gerade seinen ersten eigenen Verlag gegründet hatte. Er stammte aus Wien, hatte in Leipzig kunst- und literarhistorische Vorlesungen gehört und im Hermann Seemann Verlag Erfahrungen als Lektor gesammelt. Wie der in München lebende Kellermann an Hegner geriet, ist nicht überliefert. Vielleicht über René Schickele, der die von Hegner umbenannte Zeitschrift *Neues Magazin* redigierte und einige Zeit ebenfalls in München gelebt hatte. Der bei Wilpert/Gühring und in anderen Bibliographien angegebene Verlag Friedrich Rothbarth gab nicht die 1. Auflage von *Yester und Li* heraus, sondern übernahm den Titel erst, nachdem Hegner seinen Verlag liquidieren mußte. Mehrere Bibliotheken besitzen die erste Ausgabe von *Yester und Li* und alle von uns konsultierten geben Hegner als Verlag an. Hegner siedelte sich 1910 in der Gartenstadt Hellerau bei Dresden an, wo er 1912 den Hellerauer Verlag gründete, der zwei Jahrzehntelang durch Bücher von besonders hoher ästhetischer und technischer Perfektion auffiel.

Die zarte Liebesgeschichte *Yester und Li* war erfolgreicher als ihr erster Verleger, sie erlebte nach zwei Jahren die 6. Auflage, die nun nachweislich bei Friedrich Rothbarth verlegt wurde. Übersehen konnten wir nicht, wie hoch die einzelnen Auflagen waren, ob sie einen ernsthaften Publikumserfolg dokumentieren oder nur falsche Tatsachen vortäuschen (was damals auch schon Mode war). Unstrittig ist aber der Erfolg, den *Yester und Li* als Ausgabe in der Reihe *Fischers Bibliothek zeitgenössischer Romane* ab 1910 erzielte, wo es der Roman bis 1939 auf eine Gesamtauflage von 183 000 Exemplaren brachte. Neben der 6. Auflage von 1906 bei Rothbarth soll es übrigens noch eine zweite Ausgabe im Concordia Verlag Berlin geben, die wir leider bislang nicht in der Hand hatten; bei ihr scheint die Verlagsangabe Rothbarth einfach durch Concordia Verlag Berlin überklebt zu sein.

Nachdem Bernhard Kellermann mit *Yester und Li* eine solche öffentliche Aufmerksamkeit errungen hatte, fiel es ihm nicht schwer, schon 1906 mit seinem zweiten Roman *Ingeborg* bei S. Fischer in Berlin, dem Flaggschiff in der Flotte der seriösen deutschen Verlagsunternehmen, unter Vertrag zu kommen. Laut Verlagsbibliographie wuchs dort die Auflage von *Yester und Li* schon 1921 auf das 133.-142. Tausend an. Zum regelrechten Goldesel für S. Fischer war Kellermann inzwischen mit seinem Roman *Der Tunnel* (1913) geworden, von dem es in einer Ausstellungschronik zum S. Fischer Verlag heißt: »Unbeeindruckt von allen programmatischen Erklärungen und Proklamationen bahnte sich in diesen Jahren ein Buch des Verlages den Weg zu Auflagenzahlen, die bis dahin unerhört waren: Bernhard Kellermanns utopisch-kinematographischer Roman vom Tunnel, der Amerika und Europa miteinander verbindet. Als der Krieg zu Ende war, in dem sich Deutschland und die USA bekämpften, war Kellermanns Buch in 178 000 Exemplaren verbreitet, 1929 hielt die Auflage bei 258 000 Exemplaren. Im Juni 1943 waren es, trotz stagnierender Absatzzahlen durch die Verleumdungen im NS-Deutschland, 373 000 Exemplare, von denen allein rund 40 000 nach 1931 gedruckt wurden.« EF

Literaturauswahl
Bernhard Kellermann zum Gedenken. Aufsätze, Briefe, Reden 1945–1951 (1952). ARNOLD ZWEIG: *Über Schriftsteller (1967). S. Fischer Verlag. Von der Gründung bis zur Rückkehr aus dem Exil. Ausstellungskatalog des Deutschen Literaturarchivs Marbach am Neckar (1985).*

Kempowski, Walter {1929-2007}
Im Block.
Ein Haftbericht.
1.-4. Tsd. Reinbek bei Hamburg: Rowohlt Verlag, März 1969. 313 (+3) S.
19,5 x 12 cm. Ln. mit Umschl. Entwurf von Uwe Baer, Thilo Leppin und Uwe Reher. Gesamtherstellung Clausen & Bosse, Leck/ Schleswig.

Die Entstehungszeit, die Walter Kempowski für sein erstes Buch brauchte, sucht ihresgleichen. Im März 1956 war er nach achtjähriger Haft aus dem Gefängnis in Bautzen entlassen wor-den und zu seiner Mutter nach Hamburg gereist. Schon im »Gelben Elend« hatte er mit anderen Häftlingen darüber nach-gedacht, wie ihre Erlebnisse literarisch zu bewältigen seien. Während der folgenden Ausbildungsjahre, die er mit dem Nachholen des Abiturs und dem Pädagogikstudium in Göttingen verbrachte, war er naturgemäß von seinen Pflichten in Anspruch genom-men. Doch die Hafterinnerungen ließen ihn nicht los. Eine Examensarbeit an der Pädagogischen Hochschule beschäftigte sich 1959 mit der *Pädagogischen Arbeit im Zuchthaus. (Ein Erfahrungsbericht).* Er begann, intensiv Material für seine litera-rischen Pläne zu sammeln, die nicht nur die Haft, sondern auch ganz allgemein das Leben seiner Vorfahren umfaßten.

Kempowski stammte aus einer wohl-habenden Rostocker Familie. Die Reederei des Vaters war durch den Krieg stark in Mitleidenschaft gezogen worden, der Vater selbst hatte sein Leben im Krieg lassen müs-

Umschlag von Uwe Baer, Thilo Lellin und Uwe Reher

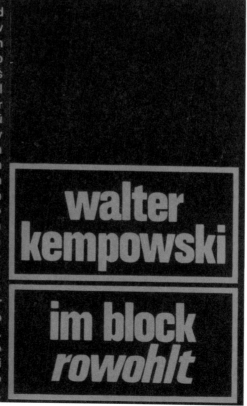

sen, doch der ältere Bruder Robert konnte nach Kriegsende die Geschäfte wieder aufnehmen. Die Firma war unter anderem mit der Abwicklung von Reparationsleistungen an die Sowjetunion befaßt. Die Brüder waren nicht so sehr über die Reparationspflicht empört als darüber, daß sie ohne klare Verträge abgewickelt wurde. Deshalb brachte der achtzehnjährige Walter Kempowski einschlägige Papiere zu den Amerikanern nach Wiesbaden. Nach einer Denunziation wurden die Brüder 1948 verhaftet und zu 25 Jahren Arbeitslager verurteilt. Beide saßen zusammen in Bautzen, zeitweise sogar in einer Zelle. Die Mutter wurde als Mitwisserin ebenfalls verurteilt und ging nach ihrer Entlassung aus dem Zuchthaus als erste in die Bundesrepublik.

Kempowski fühlte sich schuldig, seine Familie zerstört zu haben. Diese Last wurde vermehrt, als ihm 1956 der Status des politisch Verfolgten nicht zuerkannt wurde, mit der Begründung, Spionage sei ein strafrechtliches Vergehen. Die Hauptmotivation für sein Haftbuch war es also, das an ihm und den meisten anderen Häftlingen in Bautzen begangene Unrecht nachzuweisen und für mehr Verständnis im Westen zu sorgen. Seine Verurteilung war willkürlich und dem Vergehen wenig angemessen, während die Haftbedingungen katastrophal gewesen waren. Obwohl sich Kempowski intensiv auf das Haftbuch vorbereitete, auch indem er mit anderen Häftlingen und mit seiner Mutter lange Gespräche führte, versuchte er sich zuerst an fiktiven Erzählungen, mit denen er sein Trauma bewältigen wollte, unter anderem an einem Romanprojekt *Margot*, das er nach seinem Vorbild Kafka erzählerisch strukturierte.

Kempowski heiratete 1960 die Pastorentochter Hildegard Janssen, ebenfalls angehende Lehrerin, ging mit ihr auf das Land nach Breddorf in Niedersachsen, um Dorfschullehrer zu werden. Die Familie wuchs durch die Geburt zweier Kinder; Schuldienst und Familie nahmen Kempowski stark in Anspruch. Doch er trotzte den täglichen Pflichten Zeit für die Arbeit am Roman ab. Der Zufall brachte ihm einen literarischen Berater ins Haus, der ihm bis zum Erscheinen des ersten Buches treu bleiben sollte. In Bautzen war der Gefangenenseelsorger Hans-Joachim Mund für Kempowski eine wichtige Bezugsperson. 1962 kam Mund, der inzwischen ebenfalls im Westen lebte, zusammen mit Fritz J. Raddatz, seinem Pflegesohn und jetzigem Cheflektor beim Rowohlt Verlag, nach Breddorf zu Besuch. Raddatz stand Kempowski von nun an als Mentor zur Seite. Er las nicht nur die verschiedenen Fassungen des Romans und anschließend des Haftbuches kritisch durch, sondern sorgte auch für fachliche Begutachtung. Hans Magnus Enzensberger, Peter Rühmkorf, Jürgen Becker und der Kritiker Joachim Kaiser lasen das Romanmanuskript und gaben begründete und teilweise voneinander abweichende Urteile ab. Nachdem auch die dritte Fassung von *Margot* nicht angenommen worden war, gab Kempowski das Projekt 1963 endgültig auf, um sich ausschließlich mit den Hafterinnerungen zu befassen.

Vier Fassungen hat die Kempowski-Forschung (Manfred Dierks und Dirk Hempel) nachgewiesen, deren Unterschiede hier nicht referiert werden können. Festgehalten sei immerhin, daß Kempowski darauf verzichtete, Unmittelbarkeit durch tagebuchartiges Erzählen im Präsens und Historizität durch zahlreiche Einschübe von Hafterlebnissen aus anderen Zeiten zu erzeugen. Das Manuskript war zeitweise zu beängstigendem Umfang angeschwollen. Die Kempowski-Biographie von Hempel enthält ein Foto, auf dem man den stolzen Autor mit einem mächtigen Papierberg vor der Brust sieht – es handelt sich um das Manuskript *Im Block*, das er im Juni 1967 an Raddatz schickte. Die dritte Fassung erzählte Kempowski im Präteritum, aber genauso kleinteilig wie die früheren Fassungen. Die kleinen Erzählblöcke hatten sich wie von selbst ergeben, weil Kempowski die Arbeiten mit Aufzeichnungen auf Notizzetteln, die er in Karteikästen verwahrte, begonnen hatte. Im Mai 1968 war der Autor zu Besprechungen im Verlag, im Juli kam der Lektor Bernt Richter nach Nartum, dem neuen Wohnort der Familie Kempowski, um das Manuskript eingehend durchzusprechen. Ende September lieferte Kempowski das Manuskript ab, das im Verlag noch einmal redigiert wurde. Er erhielt einen Vertrag und einen Vorschuß. Im März 1969 war das Buch fertig, und der Lektor Bernt Richter brachte ein Exemplar nach Nartum. Kempowski trug es zu seiner Mutter ins Krankenhaus. »Sie hat wohl nur noch darin geblättert. Immerhin beklagte sie, daß der Arzt sich offenbar mehr für meinen Erstling interessierte, der auf ihrem Nachttisch lag, als für ihre Krankheit«, erinnerte sich Kempowski im Gespräch mit Hempel. »Wenige Tage danach starb sie.«

Das Buch wurde von der Kritik allgemein positiv aufgenommen. Selbst die Feuilletons der großen Tages- und Wochenzeitungen besprachen das Buch. Wichtig war beispielsweise die verständnisvolle Rezension des Schriftstellerkollegen Horst Bienek, der selbst Jahre im sowjetischen Straflager Workuta verbracht hatte. Er lobte den Stil und das »konkrete und recht objektive Bild von der Gemeinschaft politischer Häftlinge«. Das Lesepublikum hielt sich allerdings zurück. Von der Auflage in 3000 Exemplaren wurden bis Ende 1970 rund 2000 verkauft. Bei Rowohlt war man über den mangelnden geschäftlichen Erfolg nach der so langen Entstehungszeit des Buches mehr als enttäuscht. Raddatz geriet in Erklärungsnot. Kempowski berichtete in seinen Reminiszenzen an das erste Buch *Ich begann, meinen Ärger zu sublimieren* von der Irritation, die bei ihm das Echo unter den ehemaligen Mithäftlingen hervorrief. Sie stießen sich an der veristischen Beschreibung des menschlichen Stoffwechsels und des notdürftigen Sexuallebens der Häftlinge, die das ganze Buch durchzieht. Kempowski war dennoch durch den Erfolg des ersten Buches bestärkt. Zügig arbeitete er an den Familienerinnerungen, deren ersten Teil er mit dem Roman *Tadellöser & Wolff* fertigstellte. Nach dem Mißerfolg des ersten Buches schickte ihm Rowohlt das Manuskript kurzerhand zurück. Kempowski reichte es beim Carl Hanser Verlag ein, wo es angenommen und 1971 prompt zu einem Bestseller wurde, bestärkt durch eine 1975 gesendete zweiteilige Verfilmung von Eberhard Fechner für das ZDF. Weitere Romane über die Rostocker Familie folgten. 1975 kam er mit *Ein Kapitel für sich* noch einmal in Romanform auf den Bautzen-Stoff zurück Erst 1987 gab es eine leicht überarbeitete Neuausgabe des Erstlings *Im Block*, illustriert mit 32 Bildskizzen von Kempowski. Wegen der geringen Auflage und seiner zeitgeschichtlichen Bedeutung weit über die Literaturgeschichte hinaus gehört *Im Block* heute zu den Raritäten auf dem Antiquariatsmarkt. CW

Literaturauswahl
WALTER KEMPOWSKI: *Ich begann, meinen Ärger zu sublimieren*; in: Hans Daiber (Hrsg.): *Wie ich anfing…* (1979). Carla A. Damiano, Jörg Drews und Doris Plöschberger (Hrsg.): *»Was das nun wieder soll?« Von Im Block bis zu Letzte Grüße. Zu Werk und Leben Walter Kempowskis* (2005). VOLKER HAGE: *Walter Kempowski. Bücher und Begegnungen* (2009). Lutz Hagestedt (Hrsg.): *Walter Kempowski. Bürgerliche Repräsentanz – Erinnerungskultur – Gegenwartsbewältigung* (2010). DIRK HEMPEL: *Kempowskis Lebensläufe* (2007). DIRK HEMPEL: *Walter Kempowski. Eine bürgerliche Biographie* (2004). FRITZ J. RADDATZ: *Unruhestifter. Erinnerungen* (2003).

Umschlag von Georg Salter

Kesten, Hermann {1900-1996}
Josef sucht die Freiheit.
Roman.
Berlin: Gustav Kiepenheuer, 1927. 199 S.
18 x 11 cm. Ln. mit Umschl. Entwurf von
Georg Salter. Druck: Offizin W. Drugulin,
Leipzig.

Über Hermann Kestens Eintritt in
die Literatur ist die Nachwelt durch
Kesten selbst, durch seinen Freund Fritz H.
Landshoff und die Kiepenheuer-Forschung
gut unterrichtet, obwohl sich die Quellen in
manchem Detail widersprechen. Der Sohn
eines jüdischen Kaufmanns siedelte mit der
Familie aus Galizien nach Nürnberg über.
Von 1919 bis 1923 studierte er in Erlangen
und Frankfurt am Main Germanistik,
Jura, Volkswirtschaft, Philosophie und
Geschichte. Am Germanistischen Seminar
in Frankfurt lernte er Landshoff, eben-
falls ein Jünger der Germanistik, kennen.
Beide begannen eine Dissertation, die nur
Landshoff zu Ende brachte. Kesten gab
sich zunächst ganz seinen literarischen
Plänen hin, während Landshoff unter
anderem bei E. A. Seemann das Handwerk
des Verlagsgeschäfts erlernte. 1927 wurde
dieser bei dem geschäftlich gebeutelten
Gustav Kiepenheuer Teilhaber und zweiter
Geschäftsführer. Auf einer Reise nach
Leipzig las er in der *Frankfurter Zeitung*
Kestens Novelle *Vergebliche Flucht*. Kaum
im Verlag zurück, habe er ihn angeru-
fen, erinnerte sich Landshoff in seinen
Erinnerungen *Amsterdam, Keizersgracht 333*.
Kesten berichtete dagegen, er habe bei
S. Fischer und Gustav Kiepenheuer parallel

zwei Stücke eingereicht und sich schließlich für den letzteren entschieden. Tatsächlich schrieb ihm Landshoff am 14. Februar 1927, daß die Stücke jetzt in seinen Händen seien, und am 19. März, daß der Verlag die Stücke in den Bühnenvertrieb nehme. Nach Kestens Erinnerungen wurde kurz danach ein Vertrag über einen Novellenband geschlossen. Landshoff brachte auch einen Roman ins Gespräch, »da junge Autoren rascher Erfolg mit einem Roman als mit Novellen hätten. Ich antwortete ihm, ich hätte keinen Roman und würde wahrscheinlich nie einen Roman schreiben. Bald darauf schrieb ich meinen ersten Roman ›Josef sucht die Freiheit‹ in etwa zwei Wochen, und er erschien zuerst im Vorabdruck in der Frankfurter Zeitung und danach im Verlag Kiepenheuer, und bald kamen die ersten Übersetzungen.«

Der Roman, eine Initiationsgeschichte, erzählt von einem Jungen, der an seinem 13. Geburtstag den Verfall seiner Familie erlebt und von den Ereignissen – der Hingabe der Mutter an einen fremden Mann, dem Selbstmord der schwangeren Schwester, der Verantwortungslosigkeit von Vater und Onkel – fast erdrückt wird und dann die ersten Schritte in ein selbstbestimmtes Leben geht. Mit Ironie und Sarkasmus beleuchtet der Erzähler die sozialen Verhältnisse des heruntergekommenen bürgerlichen Standes.

Das Buch mit der Jahresangabe 1927 erschien erst im März 1928, weil Landshoff laut Brief vom 20. September 1927 befürchtet hatte, es könne in der Fülle des Weihnachtsangebots ohne »Widerhall« bleiben. Am 18. Februar 1928 schrieb er Kesten, der inzwischen nach Berlin umgezogen war: »Joseph läuft ab 1. März in die Freiheit.«

Die Resonanz des Romans war erstaunlich gut. Nach den Jahren des expressionistischen Überschwangs wurde der neue Stil gelobt. »Man hört hier eine sehr eigene, neue Sprache, die Sprache wirklich einer jungen Generation, die nur die nackten, präzisen Tatsachen erfahren hat und entschlossen ist, nicht über die hinauszugehen«, hieß es in der Neuen Rundschau. Auch Literarische Welt, Tagebuch und Weltbühne besprachen den Erstling. Bei der Verleihung des renommierten Kleist-Preises, 1928 von Hans Henny Jahnn Anna Seghers zuerkannt, wurde der Roman lobend erwähnt. Am überraschendsten waren sicher die Übersetzungen in den folgenden Jahren, unter anderem ins Englische, Französische, Spanische und Schwedische. Kesten, der seinem Debüt bis 1933 noch weitere vier Romane und einen Dramenband bei Kiepenheuer folgen ließ, wurde zu einem der Erfolgsautoren des Verlages am Ende der Weimarer Republik. Und durch seine Anstellung als Lektor ab September 1928 hatte er Gelegenheit, das Verlagsprogramm direkt mitzubestimmen, bis die Nazis ihn und Landshoff aus Deutschland vertrieben und fast die gesamte Produktion verboten.

Das Buch wird heute nicht übermäßig teuer gehandelt, nur mit Georg Salters Schutzumschlag in rein typographischer Gestaltung, Schwarz und Grün auf gelbem Grund, ist es selten.   CW

Literaturauswahl
HERMANN KESTEN: *Frei wollte ich sein, ungebunden*; in: Hans Daiber (Hrsg.): *Wie ich anfing* (1979). Horst Bienek (Hrsg.): *Hommage à Hermann Kesten. Zum 80. Geburtstag am 28. Januar 1980* (1980). Wolfgang Buhl u.a. (Hrsg.): *»Ich hatte Glück mit Menschen«. Zum 100. Geburtstag des Dichters Hermann Kesten* (2000). Walter Fähnders, Hendrik Weber (Hrsg.): *Dichter – Literatur – Emigrant. Über Hermann Kesten* (2005). CORNELIA CAROLINE FUNKE: *»Im Verleger verkörpert sich das Gesicht seiner Zeit«. Unternehmensführung und Programmgestaltung im Gustav Kiepenheuer Verlag 1909 bis 1944* (1999). FRITZ H. LANDSHOFF: *Amsterdam Keizersgracht 333, Querido Verlag. Erinnerungen eines Verlegers* (1991).

Kipphardt, Heinar

{eigtl. Heinrich Kipphardt, 1922-1982}

Shakespeare dringend gesucht.

Ein satirisches Lustspiel in drei Akten.

Mit Zeichnungen v. Paul Rosié. Berlin: Henschelverlag, 1954. 116 S. 19 x 12,5 cm. Hln. mit Deckelillustration v. Rosié. Satz, Druck und Buchbinderarbeiten: Sächsische Zeitung, Dresden.

Kein anderes Stück von Heinar Kipphardt ist so unmittelbar aus dem Lebensalltag des Autors geboren wie sein Erstling *Shakespeare dringend gesucht*. Kipphardt kam 1949 in die DDR, um zunächst Assistenzarzt an dem Universitätsklinikum Charité zu werden, wechselte aber schon 1950 zum Deutschen Theater, wo er unter der Intendanz seines Förderers Wolfgang Langhoff ein Jahrzehntlang Dramaturg und Chefdramaturg dieser berühmten deutschen Bühne war. Diese Jahre brachten dem angehenden Autor neben einer Menge Theatererfahrungen und vielen Bekanntschaften und Freundschaften mit Schauspielern und Regisseuren, darunter Ernst Busch und Erwin Piscator, auch reichlich Sorgen mit der Kulturpolitik des Staates, von dem er sich lange Zeit einen gesellschaftlichen Fortschritt versprach. Einer der Reibungspunkte bestand für Kipphardt Anfang der fünfziger Jahre darin, daß die SED eine neue Literatur forderte, die das Leben in Betrieben und auf dem Lande widerspiegeln sollte, dabei jedoch nicht nach literarischer Qualität, sondern nach billiger propagandistischer Unterstützung für die eigene Machtpolitik suchte. Seit dem Schriftstellerkongreß im Mai 1952 lief eine Kampagne, die die Förderung des literarischen Nachwuchses zum Ziel hatte. Gleichzeitig wurde jede selbständige künstlerische Regung im Land durch die Staatliche Kunstkommission und das Amt für Literatur gegängelt. Kipphardt hatte bereits im Theater und auch als Autor mit Veröffentlichungen in Zeitschriften und Anthologien mit amusischen Funktionären unliebsame Erfahrungen gemacht. Anspruch und Realität der Kulturpolitik waren so hanebüchen weit voneinander entfernt, daß Kipphardt seiner Seele nur satirisch Luft machen konnte.

Unmittelbar nach dem Kongreß entwickelte er in einem Brief an die Eltern (13. Juni 1952) sein Projekt: »Mein Talent ist, glaube ich, ein kritisches, und das Lachen ist die listigste Form der Kritik, auch die wirkungsvollste.« Schon fünf Monate später war das noch nicht einmal abgeschlossene Stück vom Deutschen Theater angenommen. Regie führte der junge Schauspieler Herwart Grosse. Die Proben liefen im Frühjahr 1953, während die SED einen Brachialkurs zur Durchsetzung des Sozialismus fuhr, viele Gegner verhaften ließ und die Bevölkerung massenhaft das Land Richtung Westen verließ. Die Generalprobe fiel auf den 17. Juni, als die Arbeiter auch am Theater in der Schumannstraße vorbei Richtung Regierungssitz in der Wilhelmstraße zogen. Die Bühne mußte tagelang schließen. Als die Sperre aufgehoben wurde, setzte der Intendant für den 28. Juni die Premiere von *Shakespeare dringend gesucht* an. Die Zuschauer wurden mit Straßenwerbung auf das Ereignis aufmerksam gemacht. Neben zahlreichen Regierungsmitgliedern war auch der Regierungschef Otto Grotewohl gekommen, der nach dem letzten Vorhang demonstrativ Beifall klatschte, nachdem das Publikum schon während der Aufführung minutenlang Szenenapplaus gegeben hatte. Das Stück hielt genau die Waage zwischen Kritik an bürokratischen Erscheinungen und dem Vertrauen auf die Lösung des Konflikts innerhalb des Systems. Es wurde zum Theaterereignis der Saison. In drei Spielzeiten erreichte es zwölf Inszenierungen mit rund 400 Vorstellungen, wie die Kipphardt-Spezialisten Uwe Naumann und Michael Töteberg errechneten. Die

Einband mit Illustration
von Paul Rosié

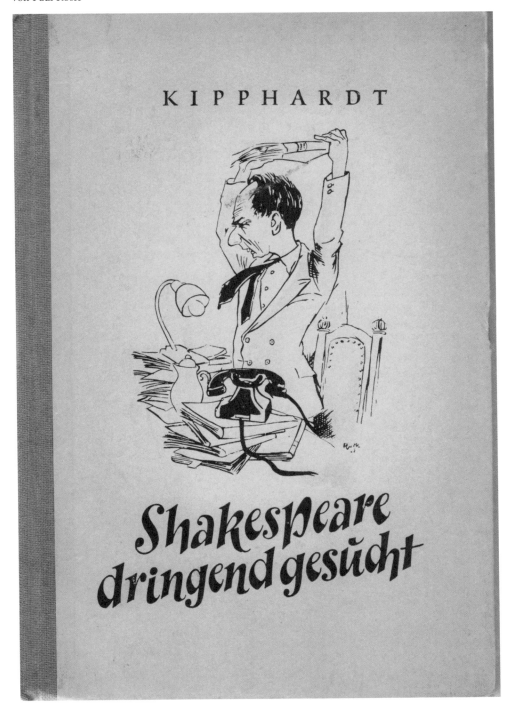

Welle des Erfolgs setzte sich in mehreren osteuropäischen Staaten fort. »Kipphardts Stück kommt zur rechten Stunde«, schrieb Henryk Keisch im *Neuen Deutschland*, es werde »eine Atmosphäre mutiger Kritik und Selbstkritik« hervorrufen. Und Max Schroeder ließ trotz Einwänden gegen die »vielfach zu krasse« Gegenüberstellung von »Neuem und Altem« die Hauptfigur, den Dramaturgen Färbel, hochleben: »der erste runde Typ auf unserer Zeitbühne« (*Aufbau*, Heft 8/1953). In dem Stück wirft der abgehetzte Dramaturg im Zorn über unfähige junge Schreiber das einzige Talent aus seinem Büro, holt es jedoch nach vielerlei täppischen Ungeschicklichkeiten zurück und setzt sein Stück gegen den Widerstand des Intendanten und eines Bürokraten im Amt für Literatur im Theater durch, unterstützt durch eine einsichtige Beamtin im Ministerium für Volksbildung.

Wie bei Bühnenstücken oft, folgte das Buch im Schlepptau des Theatererfolgs erst einige Zeit nach dem Bühnenerfolg. Der Henschelverlag, der das Monopol beim Bühnenvertrieb in der DDR besaß, konnte auf Grund des Planungssystems im Verlagswesen das Buch erst 1954 auf den Markt bringen, so daß es keine eigene Rezeption mehr auslöste. Als Illustrator hatte man Paul Rosié gewonnen, der eine karikaturistische Feder zu führen wußte und schon einige Zeichnungen für das Theaterprogramm (Heft 8, Spielzeit 1952/53) beigesteuert hatte. Kipphardt widmete das Buch Rudolf Wessely, seinem Freund, der die Hauptrolle so überzeugend verkörperte.

Der Autor schien ein gemachter Mann zu sein: »Jedermann sieht in mir augenblicklich einen Spezialisten der Satire«, schrieb er an seine Eltern (19. Juli 1953). Zum Jahrestag der DDR am 7. Oktober 1953 wurde ihm gar der Nationalpreis III. Klasse verliehen. Doch das bedeutete keineswegs freie Hand für seine Arbeit. Am Ende des Jahrzehnts häuften sich die Sorgen. Nach einer Vorladung vor die Kulturkommission des Politbüros der SED unter Leitung von Alfred Kurella am 16. März 1959 nahm Kipphardt als Chefdramaturg des Deutschen Theaters seinen Hut und ging mit einer Arbeitserlaubnis für ein halbes Jahr in den Westen. Als er von dort nicht zurückkommen wollte, stempelte man ihn zum Republikflüchtling, enteignete seine persönliche Habe und sprach ihm den Nationalpreis ab. Nach diesen Erfahrungen ist es nicht verwunderlich, daß der Autor nur noch »mit einiger Pein« in sein erstes Stück blicken konnte, verursacht durch die »Schwanktechnik« und das Happy-End, das in so krassem Widerspruch zum Ausgang seiner Liaison mit der DDR stand (Brief vom 2. November 1962 an Karlheinz Braun).   CW

Literaturauswahl

SVEN HANUSCHEK: *Heinar Kipphardt* (1996). UWE NAUMANN, *Nachwort zu: Heinar Kipphardt: Shakespeare dringend gesucht und andere Theaterstücke* (1988). Uwe Naumann und Michael Töteberg (Bearb.): *In der Sache Heinar Kipphardt. Marbacher Magazin* (60/1992). ADOLF STOCK: *Heinar Kipphardt, mit Selbstzeugnissen und Bilddokumenten* (1987).

Kirsch, Sarah {geb. 1935} und
Rainer Kirsch {geb. 1934}

Berlin-Sonnenseite.
Deutschlandtreffen der Jugend in der
Hauptstadt der DDR.

Fotos von Thomas Billhardt. Text v. Sarah
Kirsch u. Rainer Kirsch. Berlin: Verlag
Neues Berlin, 1964. 192 S. 24 x 16 cm. Hln.
mit Deckelfoto v. Billhardt. Typographie:
Horst Wolff. Druck: VEB Vereinigte
Druckereien Magdeburg.

In den Meinungen um Sarah Kirschs
Erstlingswerk geht es auf dem Antiquariatsmarkt mitunter bunt durcheinander, obwohl im *Wilpert/Gühring* der
zeitliche Ablauf ihrer Bücher prägnant
fixiert ist. Dort wird als Erstlingswerk der
oben genannte Titel angegeben, verfaßt
zusammen mit ihrem damaligen Mann
Rainer Kirsch. *Berlin-Sonnenseite* ist ein
journalistischer Prosatext, eine Chronik
des Deutschlandtreffens der Jugend
im Jahre 1964, eine Bildreportage mit
Betrachtungen der Autorin, die in den
meisten Werkverzeichnissen von Sarah
Kirsch nicht aufgeführt wird und auch in
einschlägigen Literaturgeschichten kaum
Erwähnung findet. Das mag daran liegen,
daß den Textautoren das Bestreben nachgesagt wurde, die sozialistische Entwicklung
in der DDR in ihrer Bedeutung für den
Einzelnen zu beschreiben, für die damalige Zeit kein Kapitalverbrechen, aber
für die Reflexionen der Nachwendezeit
doch eine Art mißliebiges Element in den
Dichterbiographien. Und tatsächlich läßt
dieser Band noch nichts ahnen von dem
lyrischen »Naturwesen« Sarah Kirsch, das
bald danach die schönsten poetischen
Betrachtungen über die Wunder der Natur
abliefern wird, über Stiefmütterchen und
Holunder, über die Laus und das Känguruh,
über Mond und Sonne, und Verse verfaßt
wie Kinderreime, so einfach und so ein-
gänglich.

Es wird damit zusammenhängen, daß
deshalb als ihr Erstlingswerk häufig der
Gedichtband *Gespräch mit dem Saurier*
(1965) zitiert wird (wiederum zusammen mit Rainer Kirsch und farbigen
Illustrationen von Ronald Paris), weil erst
hier die Authentizität zwischen Dichter
und Werk hergestellt wird. Zudem ließ
sich von der DDR-Literaturkritik dieser
Band von heiter-leichtem Ton gut in die
Stimmungspalette der jungen Dichtung
jener Zeit einordnen. Sarah Kirsch allerdings hat sich in späteren Interviews von
den zwischen 1962 und 1964 entstandenen
Gedichten distanziert. Vielleicht erschien ihr
später manches zu schlicht und plappernd,
so daß diese Gedichte auch nicht in die
1999 in Stuttgart erschienene fünfbändige
Werkausgabe aufgenommen wurden. Erst
die Texte aus der Sammlung *Landaufenthalt*
(1967) stellten Verfasserin und Kritik sicht-

Einband von Horst Wolff mit Foto von Thomas Billhardt

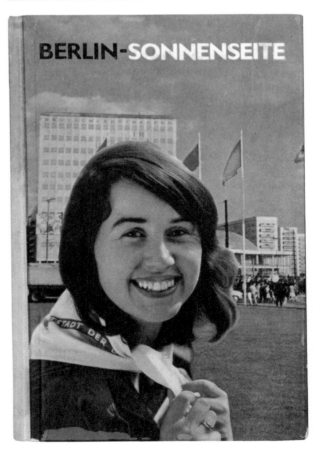

lich zufrieden; hier wurde Verspieltheit ebenso gelobt wie der Ernst, mit dem sie sich Themen wie Krieg, Faschismus oder den Widersprüchen der neuen Gesellschaft stellte, und voller Unruhe, mit Zorn oder mit Schwermut die Bewegungsspiele von Natur- und Menschenwerk registrierte. Der Gedichtband *Landaufenthalt* wird fälschlicherweise in bibliographischen Notierungen oder in Antiquariatstexten als Sarah Kirschs Erstlingswerk ausgegeben, seiner Struktur, seiner Bedeutung wegen und weil er die *erste selbständige* Veröffentlichung ist, die sie allein zu verantworten hatte. Der Vollständigkeit halber sei angefügt, daß ein Auszug aus dem *Landaufenthalt*, ebenfalls 1967, Titel: *Sarah Kirsch. Gedichte* als Druck der Leipziger Hochschule für Grafik und Buchkunst erschien, ein kartoniertes Leporello in 800 Exemplaren, ein interessantes typographisches Wechselspiel zwischen Garamont und Steinschrift, von Professor Walter Schiller kunstvoll eingerichtet, das *Schönstes Buch der* DDR wurde und inzwischen zu bemerkenswerten Antiquariatspreisen gehandelt wird.

Rainer Kirsch, der in dieser Beschreibung – zu Unrecht – ein wenig zu kurz gekommen ist, ist nach den ersten beiden, von ihm mit Sarah Kirsch gemeinsam verfaßten Bänden, mit beeindruckenden Texten hervorgetreten. Er schrieb zauberhafte Märchen und Kinderbücher und geriet mit einer Komödie *Heinrich Schlaghands Höllenfahrt* (1973) in politische Gefechte mit der Parteizensur. Er wird als Dichter und Essayist der sogenannten Sächsischen Dichterschule zugerechnet und genießt als Übersetzer und Nachdichter, besonders von Ossip Mandelstam, Anna Achmatowa und John Keats, hohes Ansehen.   E F

Literaturauswahl
Wolfgang Heidenreich (Hrsg.): *Sarah Kirsch. Texte, Dokumente, Materialien* (1995). HANS WAGENER: *Sarah Kirsch* (1989).

Kirsten, Wulf {geb. 1934}
Poesiealbum 4: Wulf Kirsten.
Umschlagillustration u. eine Kohlezeichnung v. Peter Nagengast. Berlin: Neues Leben, 1968. 31 S. 21,5 x 13 cm. Heft. Gesamtherstellung: Druckerei Fortschritt Zeitz.

Im Unterschied zu vielen anderen Autoren, die in der DDR während der fünfziger und sechziger Jahre mit ersten Werken an die Öffentlichkeit traten, ließ sich Wulf Kirsten Zeit mit dem Publizieren, bis seine Poesie gereift war. Sein erstes Buch erschien im Alter von knapp 34 Jahren, als er schon einen längeren Lebensweg zurückgelegt und seine Art des Schreibens gefunden hatte. Es enthielt nur Texte, die Bestand haben sollten und auch im Auge ihres Schöpfers heute noch Gültigkeit besitzen. Kirsten hat alle 17 Gedichte seines Erstlings wieder in seine Sammlung mit Gedichten aus fünfzig Jahren *erdlebenbilder* (2004) aufgenommen. Einige von ihnen gehören zu den bekanntesten Texten von Kirsten, so *sieben sätze über meine dörfer, kirschallee, Querner-landschaft* oder *die erde bei meißen*. Dieser sichere erste Auftritt darf allerdings nicht so verstanden werden, als ob Kirsten, mit einem Naturtalent ausgestattet, ein leichtes Spiel gehabt hätte. Gewiß war er nicht die »sancta simplicitas« (*kindheit*, 1965), die er nach eigenem Bekunden gewesen sein will, doch er kam aus einfachsten Verhältnissen, aus dem Dorf Klipphausen im Kreis Meißen. Der Vater war Steinmetz, der nebenberuflich eine Landwirtschaft betrieb. Das gesamte Leben seines dörflichen Umfelds war auf schwere körperliche Arbeit gebaut, neben der die Bücherwelt als reine Faulenzerei erschien. Bücher vermißte der lesehungrige Schüler schon früh, deshalb sollte er später den freien Zugang zu den Bücherschätzen der Deutschen Bücherei in Leipzig und der Anna Amalia Bibliothek in Weimar als großes Glück empfinden, das er

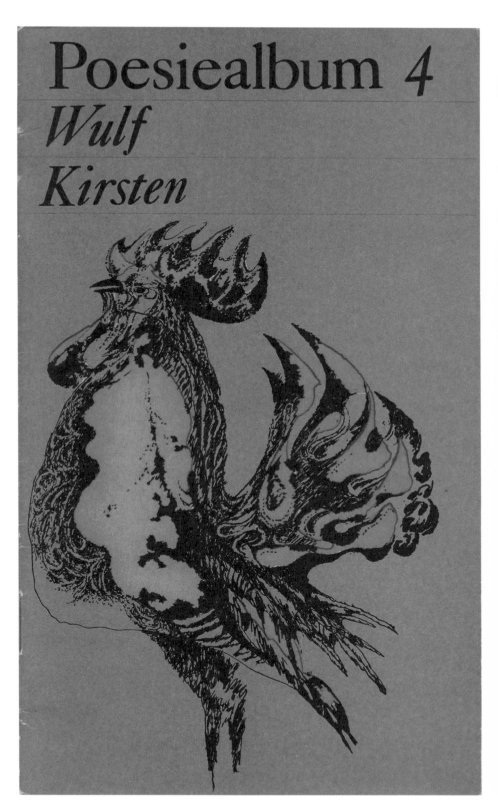

Heftumschlag mit Illustration von
Peter Nagengast

intensiv auskostete. Frühe Bildungsdefizite wußte Kirsten durch hartes Selbststudium und beharrliche Lektüre auszugleichen. Er gehörte später als Lektor zu den belesensten Vertretern seines Berufsstandes und stellte namentlich mit großen repräsentativen Anthologien und vielen wichtigen, gründlich recherchierten editorischen Ausgrabungen sein profundes Wissen und Können unter Beweis.

Eine akademische Bildung, noch dazu in einem literaturwissenschaftlichen Fach, lag also außerhalb der Vorstellungwelt seiner Eltern. So absolvierte er zunächst eine kaufmännische Lehre und arbeitete einige Jahre bei der Konsumgenossenschaft Taubenheim und Coswig. Dann holte er das Abitur auf der »Arbeiter-und-Bauern-Fakultät« in Leipzig nach und studierte von 1960 bis 1964 an der dortigen Universität Pädagogik in den Fächern Deutsch und Russisch. Zwar hörte er auch bei dem berühmten Literarhistoriker Hans Mayer, doch einen stärkeren Impuls als von der Literaturwissenschaft erfuhr er von den sprachwissenschaftlichen Fächern. 1962, noch während des Studiums, wurde er freier Mitarbeiter des *Wörterbuchs der obersächsischen Mundarten* und sammelte in den Dörfern seiner Heimat unzählige Sprachbelege, die für die Artikel des Wörterbuches herangezogen wurden. Der Lehrerberuf lag Kirsten gar nicht, so daß er diesen nach einem kurzen, schmerzlich erlebten Versuch sogleich hinter sich ließ. 1964 ging er für ein Jahr nach Freiberg/Sa., wo er als Referent für Bauwesen und Investitionen tätig war. Gedichte schrieb Kirsten schon länger. Die schon zitierte ultimative Sammlung seiner Gedichte beginnt 1954, doch erst in Leipzig und Freiberg entstand eine größere Anzahl von Texten, für die Kirsten nach Publikationsmöglichkeiten suchte. So erschienen neben einigen Veröffentlichungen im Westen jeweils mehrere Gedichte in der Wochenzeitung *Sonntag*

(Nr. 39/1965), vorgestellt von Adolf Endler, in der von Bernd Jentzsch herausgegebenen Anthologie für angehende Lyriker *auswahl 66* (1966) und im Verlagsalmanach des Aufbau-Verlags *Neue Texte* (1967). Zu diesem Zeitpunkt war Kirsten bereits Mitarbeiter des Aufbau-Verlags und arbeitete im Lektorat für klassisches deutsches Erbe in Weimar, bald schon mit dem Schwerpunkt Lyrik-Publikationen.

Wulf Kirsten stand von Anfang an in der Tradition der deutschen Naturlyrik. Früh war er beeindruckt von Peter Huchel, später von Johannes Bobrowski. Das Erscheinen von dessen Roman *Levins Mühle* wurde fast so etwas wie ein Erweckungserlebnis. Wie Bobrowski in Ostpreußen, so fand Kirsten in der Landschaft bei Meißen seine poetische Provinz. Eingehend beschäftigte er sich mit der Dresdner Zeitschrift *Kolonne*, an der am Ende der Weimarer Republik mehr oder weniger intensiv Martin Raschke, Günter Eich, Peter Huchel und Elisabeth Langgässer mitwirkten. Ein weiterer Anknüpfungspunkt war der Expressionismus, namentlich Dresdner Provenienz, dessen Erforschung in den sechziger Jahren in der DDR noch in den Anfängen steckte. Außerdem wurden Jakob van Hoddis, Jakob Haringer und Theodor Kramer für Kirsten wichtig.

Wulf Kirstens erstes Buch erschien in der Reihe *Poesiealbum*, die im Oktober 1967 vom Verlag Neues Leben aus der Taufe gehoben wurde und sich vorwiegend an ein jugendliches Publikum richtete. In einheitlicher Ausstattung, die in den Händen von Achim Kollwitz lag, sollte monatlich ein Heft ausgeliefert werden. Die Reihe wurde in einer Auflage von zirka 7000 bis 12 000 Exemplaren publiziert und nicht nur in Buchhandlungen angeboten, sondern auch im Abonnement per Postzustellung oder am Zeitungskiosk vertrieben. Begründer und Herausgeber war der Lektor des Verlags Bernd Jentzsch, selbst Lyriker und Erzähler. Das Programm umfaßte Weltliteratur, klassische deutsche Literatur und zeitgenössische Lyrik einschließlich erster Talentproben. Nach Heften von Brecht, Majakowski und Heine erschien als Nr. 4 mit Wulf Kirsten der erste junge Autor, ein literarisches Debüt, dem im Laufe der Jahre zahlreiche weitere folgen sollten. Jentzsch hatte Kirsten schon in der Anthologie *auswahl 66* vorgestellt und deshalb eine Anzahl von dessen Texten auf dem Tisch. Da Kirstens Gedichte sich vorwiegend um das historisch gewachsene Dorf und die Landschaft seiner Kindheit drehten, bat er Kirsten brieflich zusätzlich um Gedichte, die sich stärker mit dem gegenwärtigen gesellschaftlichen Wandel auf dem Land beschäftigten. Das war eine übliche Forderung jener Tage, mit der die Autoren durch ihre Verlage konfrontiert wurden. Eine nähere Diskussion dazu blieb jedoch aus, weil offenbar die Termine drängten. Man wählte zwei Graphiken von dem jungen Künstler Peter Nagengast aus, die in lockerer Korrespondenz zum Inhalt der Gedichte standen: Einen Hahn, der wie in Kirstens Gedicht *morgengruß* in »bilderbuch-einfalt« daherstolziert und eine Landschaft mit einem andächtig knienden Wanderer. Jentzsch gab dem Buch eine Einschätzung Kirstens mit auf den Weg, die die einzige über ihn im Zusammenhang mit seinem ersten Buch bleiben sollte: »Kirstens Thema ist die aus vielfacher Sicht gesehene Landschaft: Land der eigenen Kindheit, Land, das sich vor unseren Augen verändert. Genaue Beobachtungsgabe zeichnen diese Gedichte aus, in denen die Rede ist vom Ärger mit anachronistischen Winterschläfern und der Vorbereitung des neuen Jahrtausends.« Genau so vorsichtig, wie Kirsten beim Publizieren vorging, wurde sein Werk von der Öffentlichkeit wahrgenommen. Selbst das zweite Buch *Satzanfang* (1970) erregte keine größere Resonanz. Immerhin erkannte der Bobrowski-Kenner und spätere Kirsten-Herausgeber Eberhard Haufe den Rang: Er hielt »die originellen, sprachmächtigen und rauhen Verse Wulf Kirstens für das Beste, was in den letzten Jahren hierzulande an Lyrik publiziert worden ist« (*Thüringer Tageblatt*, 20. März 1971). CW

Literaturauswahl
WULF KIRSTEN: *Die Prinzessinnen im Krautgarten* (2000). HEINZ CZECHOWSKI: *Annäherung an Wulf Kirsten*. In: *Sinn und Form* (Nr. 5, 1989). ANKE DEGENKOLB: »*anzuschreiben gegen das schäbige vergessen*«. Erinnern und Gedächtnis in Wulf Kirstens Lyrik (2004). KATHARINA FESTNER, YORK-GOTHART MIX: *Gespräch mit Wulf Kirsten*. In: *Sinn und Form* (Nr. 1/1994). EBERHARD HAUFE: *Nachwort zu: Wulf Kirsten, die erde bei Meißen* (1986). Bernhard Rübenach (Hrsg.): *Wulf Kirsten. Texte, Dokumente, Materialien. Peter-Huchel-Preis. Ein Jahrbuch.* (1987). ALBERT VON SCHIRNDING: *Laudatio auf Wulf Kirsten*. In: *Jahrbuch 14 der Bayerischen Akademie der Schönen Künste* (2000).

Kisch, Egon Erwin
{eigtl. Egon Kisch, 1885-1948}
Vom Blütenzweig der Jugend. Gedichte.
Dresden: E. Pierson's Verlag (Richard Lincke, k. und k. Hofbuchhändler), 1905. 72 S. 18,5 x 12 cm. Pp. Druckerei von E. Pierson`s Verlag (R. Lincke) in Dresden.

Das literarische Werk von Egon Erwin Kisch hatte seinen Nährboden in der blühenden Zeitungslandschaft seiner Heimatstadt Prag. Beim *Prager Tagblatt* machte er die ersten Schritte, nachdem er in Berlin auf einer Journalistenschule das Handwerk erlernt hatte. Bei der *Bohemia* kam er zu frühem Ruhm, als er 1913 die von den Behörden geheimgehaltene Spionageaffäre um Oberst Redl aufdecken half. Doch in früheren Jahren strebte der spätere Meister der literarischen Reportage durchaus nach poetischem Lorbeer im engeren Sinn. Sein erstes Buch *Vom Blütenzweig der Jugend* besteht aus Gedichten, die den anakreontischen Themen Wein, Weib und Gesang frönen und zwischen Neuromantik und Gelegenheitsdichtung schwanken. Vereinzelt finden sich Gedichte um Gestalten aus dem Volk, Prag wird besungen. Die Texte entstanden en passant in den Jahren 1900 bis 1904, in denen Kisch seine Maturaprüfung bestand, sein Glück zunächst an der Technischen Hochschule versuchte und das Einjährig-Freiwilligenjahr in Smíchov absolvierte. Kisch war ein junger Lebemann, der seine Zeit mit Kumpanen in Prager Lokalen und als Korpsstudent auf dem Fechtboden verbrachte. Erste Liebesabenteuer hatte er schon bestanden, doch seine Gedichte waren nicht aus eigenem Erfahrungsschatz erwachsen, sondern eher durch burschen-schaftliche Lyrik angeregt. Kisch schrieb dagegen in seinen Erinnerungen *Marktplatz der Sensationen*, daß der »Tonfall der Verse« von Heinrich Heine entlehnt sei, das Stoffliche von dem Münchner Kabarett »Elf Scharfrichter«.

Den Ehrgeiz, gedruckt zu werden, mußte die liebende Mutter befriedigen. Nach dem Tod des Mannes, eines jüdischen Textilhändlers in der Prager Melantrichgasse, besaß sie genügend Kapital, um die Familie zu ernähren und für eine gute Ausbildung der fünf Söhne zu sorgen. Und es blieb noch ein Scherflein übrig, um es für einen solchen Luxus wie den Druck eines Gedichtbandes ausgeben zu können. In *Marktplatz der Sensationen* heißt es, seine Mutter mußte 200 Mark an E. Pierson, einen Spezialisten für selbstfi-nanzierte Drucke, zahlen. Kisch habe aber unter Freunden von 300 Mark Honorar gesprochen, während seine Mutter von 300 Mark Druckkostenzuschuß redete, »weil etwas, das noch mehr kostet, auch noch mehr wert sein müsse ...«

Broschureinband

Das Buch wurde immerhin im *Prager Tagblatt* und in der *Bohemia* besprochen. »Zwar vermag die Vollendung der Form der einzelnen Dichtungen mit dem jugend-lichen Temperament nicht immer Schritt zu halten«, heißt es im *Tagblatt*, »aber der Verfasser zeigt in der Wiedergabe sei-ner Empfindungen und Stimmungen ein unzweifelhaft entwickeltes Talent.« Kisch ging in Bezug auf *Blütenzweig* früh zur Selbstironie über. So erschreckte er den Bruder Paul in einem Geburtstagsbrief (18. November 1905) damit, daß er ihm zu Ehren mit einem Blütenzweig in der Hand ein Gedicht deklamieren wolle. Manfred Georg schrieb, Kisch habe »das Buch rest-los aufgekauft und als Jugendsünde ver-brannt«. Doch so rigoros ist er wohl nicht vorgegangen. In der Kisch-Biographie von Klaus Haupt und Harald Wessel (*Kisch war hier*, 1985) ist ein Exemplar abgebil-det, das er 32 Jahre später einer Freundin widmete: »Dieses Quatschbuch gebe ich der Jarmila, die schon einmal ein Exemplar davon besaß und es verloren hat, in der alten Bedingung: es niemandem zu zeigen.« Kisch beeilte sich aber, dem ersten Buch ein zweites folgen zu lassen. Doch auch mit der Novellensammlung *Der freche Franz* (1906) hatte er kein Glück. Doch das ist eine andere Geschichte.   CW

Literaturauswahl
EGON ERWIN KISCH: *Marktplatz der Sensationen. Entdeckungen in Mexiko. Gesammelte Werke Bd. VII* (1993). EGON ERWIN KISCH: *Briefe an den Bruder Paul und an die Mutter. 1905-1936* (1978). KLAUS HAUPT, HARALD WESSEL: *Kisch war hier. Reportagen über den »Rasenden Reporter«* (1985). FRITZ HOFMANN: *Egon Erwin Kisch. Der rasende Reporter. Biografie* (1988). MARCUS G. PATKA: *Egon Erwin Kisch. Stationen im Leben eines streitbaren Autors* (1997). Marcus G. Patka (Hrsg.): *Der rasende Reporter Egon Erwin Kisch. Eine Biographie in Bildern* (1998).

Klabund
{eigtl. Alfred Henschke, 1890-1928}
Celestina. Ein Buch Alt-Crossener Geschichten von Alfred Henschke.
Crossen a. O.: Verlag von Rudolf Zeidler, 1912. 115 S. 18,3 x 12 cm. Pp. Druck: Richard Zeidler in Crossen a. Oder.

Bei Klabund stößt die Bestimmung des Erstlingswerkes unerwartet auf Schwierigkeiten. Lange Zeit galt der Einakter *Der Wüstling. Ein Schäferspiel* als Klabunds erstes veröffentlichtes Buch. Der ohne Ort und Jahr erschienene Druck ist in dem in Marbach lagernden Klabund-Nachlaß überliefert. Doch der Herausgeber und Bandbearbeiter der frühen Stücke in der Ausgabe *Werke in acht Bänden* Christian von Zimmermann datiert das Buch inzwischen erst auf 1914, weil Henschke seinem Freund und Mentor Walther Heinrich am 25. März 1914 von einem »Schäferspiel

in Alexandrinern« schreibt. Doch dem gleichen Freund schrieb er schon 1912 mehrfach von einem Stück über einen Wüstling, das auf das Schäferspiel zutreffen könnte, allerdings mit dem Titel *Peter*. Trotzdem schieben wir das Stück beiseite, weil es, wenn überhaupt 1912, doch wohl nur privatim gedruckt und verteilt wurde. Die Alt-Crossener Geschichten *Celestina* erschienen dagegen in einem ordentlichen Verlag, bei Richard Zeidler, der in Henschkes Geburtsstadt Crossen an der Oder eine Druckerei mit einem Verlag innehatte. Der angehende Dichter konnte den Verleger wohl auf Grund des lokalen Themas, Geschichten aus der Crossener Vergangenheit, für die Buchausgabe gewinnen. Ein Verlagsprospekt vom September 1912 kündigte das Erscheinen des Buches für Weihnachten des Jahres an, wenn genügend Subskribenten zusammenkommen sollten. Das offensichtlich von Henschke verfaßte Schreiben löste in der Familie eine lebhafte Diskussion aus. Der Vater, Apotheker und angesehener Bürger der Stadt, sah es nicht gern, daß sein Sohn unter seinem Familiennamen eine solche »literarische Wegelagerei« betrieb. Der Sohn erinnerte ihn wiederum daran, daß er ebenfalls unter dem Familiennamen »Reklame betreffs selbstfabriziertem Mund- und Selterswasser« in die Crossener Haushalte schicke. Die Familie fand die Fortsetzung des Studiums weit wichtiger als das Buch.

Henschke studierte seit einigen Semestern Germanistik in Berlin und München, doch angeregt durch die bayerische Kunstmetropole, betrachtete er die Literatur als sein eigentliches Metier. Energisch verfolgte er verschiedene Verlagspläne und hoffte, den Vater mit seinen literarischen Plänen aussöhnen zu können, wenn »für die Zukunft eine gewisse ›Realität‹ (d.h. z.B. ein Buch) bürgen könnte«, so formuliert am 1. Januar 1912 an Walther Heinrich. Hektisch schrieb er nicht nur parallel an

Stücken, Gedichten und Novellen, sondern reichte sie auch bei etlichen Verlagen zum Druck ein. Erfolg hatte er zuerst bei dem Crossener Lokalmatador, der das Buch wohl noch 1912 auf die heimischen Büchertische legte. Dem Freund Heinrich schrieb er ins Exemplar: »Es ist natürlich alles Schwindel, Scherz und Satire«. Unverkennbar ist der parodistische Grundton, mit dem er sich des Genres Ortschronik bedient. Es ist dem Crossener Gelehrten der Barockzeit Johann Joachim Möller gewidmet und in historisierendem, nicht immer durchgehaltenem Chronistendeutsch geschrieben. Henschke arbeitete laut seinem Biographen Guido von Kaulla seit 1909 an diesen Geschichten, die vom 15. Jahrhundert bis zur Gegenwart reichen. Charmant jongliert er darin mit den lokalgeschichtlichen Realien, denen er meist eine erotische Note zu verleihen weiß.

Damit ist nun die Problematik Erstlingsbuch nicht endgültig entschieden, denn *Celestina* enthält auf der Rückseite des Schmutztitels eine Anzeige für den im Ring-Verlag München erschienenen Band *Der Andere. Drei Szenen*. Dieses Buch ist der Klabund-Forschung nur in dem Exemplar des Nachlasses bekannt, bei dem das Titelblatt fehlt. Laut Kommentar in den *Werken in acht Bänden* darf vermutet werden, daß der Druck zum Zeitpunkt der Anzeige in *Celestina* beabsichtigt, aber noch nicht realisiert worden war. Fertig vor lag es spätestens am 14. Oktober 1913, als Klabund dem Freund Heinrich ein Exemplar sandte.

Die Wirkung von *Celestina* überschritt die lokalen Grenzen wohl nicht. Immerhin löste das Buch in der Heimatstadt manche Irritation aus, konnten doch die Zeitgenossen einige im historischen Gewande auftretende Protagonisten identifizieren. Mehr vorahnend, als schon wissend, hatte Henschke dazu eine Glosse in der *Frankfurter Oder-Zeitung* (1. Dezember 1912) veröffentlicht. Fingiert bittet darin die Tochter eines Crossener Postboten den Dichter, nicht in eine seiner Novellen gezogen zu werden: »Ich wirde die Schande nicht außhalten und in die Oder gehen …«

In die große Literatur trat Henschke im Jahr darauf mit drei Gedichten, die Alfred Kerr in der Zeitschrift *Pan* (Nr. 21, 1913) veröffentlichte. Sie wurden Anlaß zu einem Prozeß wegen Verbreitung einer »unzüchtigen Schrift«, im Kaiserreich die bestmögliche Werbung für den Autor, dem mit Frank Wedekind, Max Halbe, Erich Mühsam und anderen gewichtige Gutacher helfend zur Seite sprangen. In rascher Folge erschienen nun Jahr für Jahr unter dem Pseudonym Klabund Gedichte, Erzählungen, Stücke und Romane.

Klabunds Erstling erschien 2007 als Band 38 der Reihe *Die Graphischen*

Einband

Bücher bei Faber & Faber mit lebensvoll-zupackenden Illustrationen, darunter zwei Originallithographien, von dem Chemnitzer Künstler Steffen Volmer.   CW

Literaturauswahl
KLABUND: *Briefe an einen Freund.* Hrsg. von *Ernst Heinrich* (1963). JOACHIM GRAGE, *Kommentar zu: Klabund. Erzählungen. Gesammelte Werke.* Hrsg. v. *Christian von Zimmermann,* Bd. 5 (2000). GUIDO VON KAULLA: *Brennendes Herz Klabund. Legende und Wirklichkeit* (1971). MATTHIAS WEGNER: *Klabund und Carola Neher. Eine Geschichte von Liebe und Tod* (1996).

Klemm, Wilhelm {1881-1968}
Gloria!
Kriegsgedichte aus dem Feld.
Mit Holzschnitten von Prof. Walter Klemm. München: Verlag Albert Langen, 1915. 84 S., 2 Bl. 22 x 16,4 cm. Pp. Druck: Hesse & Becker, Leipzig.

Der dichtende Arzt wurde Wilhelm Klemm genannt, und das charakterisierte eigentlich ganz gut seine Stellung in der Literaturgesellschaft des zweiten Jahrzehnts des vergangenen Jahrhunderts. Nur kurze Zeit dauerte dort sein Aufenthalt als Dichter. Von 1915 bis 1922 veröffentlichte er fast jedes Jahr einen neuen Gedichtband, dann schloß sich seine literarische Bibliographie, als wäre sie nur *Traumschutt,* wie ein Heft aus der Reihe *Die Silbergäule* im Paul Steegemann Verlag Hannover von 1920 hieß, das mit einer deutlich expressionistisch gefärbten »Einleitung« begann:

»Durch tausendfältige Herzen
Funkelt der Schöpfung ewiger
Schwulst.
Schatten prellen zurück.
Ein schwarzer Regenbogen geht quer
durch den Himmel.

Mit feierlichen Gebärden werden
ausgeteilt
Fluch und Segen. Die Spalten der Erde
zucken.
Jetzt rede! Den Witz vom Schweigen
kennen wir nun!
Das Wort hallt auf und der Schrei
überschlägt sich.«

Zwei Jahre darauf hörte Klemm selbst auf zu reden, mit der Stimme des Dichters, und das auf lange Zeit. Handfestere Aufgaben verlangten seinen Einsatz.

Klemm hatte Medizin studiert und an verschiedenen Kliniken gearbeitet. 1912 heiratete er die Tochter des bekannten Verlegers Alfred Kröner, in dessen Verlag er 1921 geschäftsführender Gesellschafter wurde. Dazwischen lagen die Kriegsjahre, aus denen er als Oberarzt an der Westfront heil nach Hause gekommen war, ohne die entsetzlichen Erlebnisse beiseite schieben zu können, die sich angesammelt hatten. Diesen gab er Ausdruck in seinen *Kriegsgedichten,* die Anti-Kriegsgedichte waren, und die er zum Teil schon vorveröffentlicht hatte in Franz Pfemferts *Aktion,* ehe sie 1915 als geschlossener Gedichtband erschienen. Er war stolz darauf, daß er die Sammlung ohne fördernde Vermittlung im Verlag von Albert Langen in München unterbringen konnte, dem er freilich kein ganz Unbekannter mehr war, weil er auch für dessen satirische Wochenschrift *Simplicissimus* schon den einen oder anderen Beitrag geschrieben hatte. Verwunderlich war diese Platzierung dennoch. Es war eine Wanderung aus der Umgebung einer radikal pazifistischen Linie, wie sie Franz Pfemferts *Aktion* in Berlin verkörperte, zu einem durchaus als kriegsaffirmativ beleumundeten Verlag in München. Die Gedichte wurden denn auch mit etwas gewalttätig erscheinenden Holzschnitten des Professors Walter Klemm ausgestattet (der nicht mit dem Autor verwandt war), die mehr die düster-heroische und die mitunter etwas

Einband mit Illustration von Walter Klemm

kommentierte Paul Steegemann die Sache so: »Felix Brazil ist das Pseudonym eines bekannten Dichters, dem die deutsche Mentalität nicht gestattet, seinen Namen zu nennen.« Es mußte schlecht stehen um Deutschland. EF

Literaturauswahl
HANNS-JOSEF ORTHEIL: *Wilhelm Klemm. Ein Lyriker der »Menschheitsdämmerung«* (1979).

Klepper, Jochen {1903-1942}
Der Kahn der fröhlichen Leute. Roman.
[1.-2. Tsd.] Stuttgart, Berlin: Deutsche Verlags-Anstalt, 1933. 245 (+ 1) S. 19 x 12 cm. Ln. mit Umschl. Umschl. v. Erika Hansen. Druck: Deutsche Verlags-Anstalt in Stuttgart.

hochtrabend-kameradschaftliche Substanz der vieldeutigen Dichtung betonten. Franz Pfemfert in Berlin war darüber ziemlich entsetzt. Andere Kritiker lobten Sprache und Metaphorik und zogen das Gedicht *Schlacht an der Marne* als Beleg dafür heran: »Mein Herz ist so groß wie Deutschland und Frankreich zusammen/ Durchbohrt von allen Geschossen der Welt.«

Nach dem Erstlingswerk *Gloria! Kriegsgedichte aus dem Feld* (auf dem Cover steht Felde) versteckte sich auf folgenden Gedichtbänden Wilhelm Klemm öfters hinter einem Pseudonym. So auch auf dem Band *Die Satanspuppe* im Paul Steegemann Verlag Hannover, mit dem er sich 1922 vorläufig aus der Dichterinnung verabschiedete und in die Verlegerzunft hinüberwechselte. Es hieß dort, dies seien Verse von Felix Brazil. Dieses Pseudonym war abgeleitet von Wilhelm Klemms Lieblingszigarre. In dem Verlagsverzeichnis *Zwei Jahre Verleger*

Jochen Klepper stammt aus einer Pfarrersfamilie in Beuthen (Niederschlesien) und sollte als erstgeborener Sohn nach dem Wunsch der Eltern ebenfalls eine geistliche Laufbahn antreten. Doch dem Studenten stand der Sinn nach einer künstlerischen Betätigung, zunächst als Schauspieler, dann als Schriftsteller, so daß er 1927 das Theologiestudium in Breslau kurz vor dem Examen aufgab. Er trat einen Dienst im Evangelischen Presseverband in Breslau an, begann, eifrig literarische Texte und Feuilletons für lokale Blätter zu schreiben, und entwarf größere Arbeiten, mit denen er seinen literarischen Ruhm begründen wollte. Bald freischaffend, geriet er in materielle Sorgen und angesichts ausbleibenden Erfolgs auch in eine seelische Krise. Alles schien sich für den jungen, leicht schwermütigen Mann mit ausgeprägten spirituellen Interessen zum Besseren zu wenden, nachdem er 1929 Untermieter bei einer dreizehn Jahre älteren Rechtsanwaltswitwe wurde. Sie und ihre zwei Töchter nahmen ihn in ihre Familie auf und gaben ihm die lange vermißte Geborgenheit. 1931 heiratete er Johanna Stein. Doch damit begannen die Schwierigkeiten. Die Frau stammte aus einer jüdischen Familie, die ein Modehaus betrieb, und wollte nicht die Taufe annehmen, um christlich getraut werden zu können – für Kleppers Eltern nach dem Abbruch des Studiums die zweite schwere Enttäuschung. Das Vermögen der Frau geriet bald darauf in schwere Gefahr, so daß Jochen Klepper mehr denn je den materiellen Ertrag aus seiner Arbeit benötigte. Im Oktober 1931 zog er nach Berlin, um näher an den zahlungskräftigen überregionalen Redaktionen von Presse und Rundfunk zu sein. Wenige Monate später folgte die Familie. Zum wiederholten Mal arbeitete er den Roman *Die große Direktrice* um, damit endlich ein Buch auf dem Markt kommen konnte. Vergeblich.

In dieser unklaren Situation verbrachten die Kleppers den Sommerurlaub 1932 im heimatlichen Beuthen, das im Unterschied zum oberschlesischen »Industriebeuthen« »Kuhbeuthen« genannt wurde. Doch das Wiedersehen mit den Stätten der Kindheit, das Schwimmen in der Oder und die Begegnung mit Handel und Wandel auf dem großen Strom wurden getrübt. Auch die Provinz war von der wirtschaftlichen und politischen Krise heimgesucht. Hinzu kam der nicht gelöste Konflikt mit den Eltern, die selbst in Geldsorgen geraten waren und mit Mühe einen Privatkredit an Kleppers Frau, die ungeliebte Schwiegertochter, zurückzahlten. »Es war wie zu Weihnachten nach der Kinderzeit: das Herz wurde nicht mehr weit.« (Tagebuch, ohne Datum). Wieder zurück in Berlin, begann er im September 1932 damit, erst eine Novelle, dann einen Roman aus dem heimatlichen Milieu zu entwerfen. Die Hauptgestalt, das die Artisten liebende Schiffermädchen Wilhelmine Butenhof, entstand aus der

Synthese des kecken jüngeren Bruders Billum, Sarah Bernardts Schwester Regina, wie Klepper sie in den Aufzeichnungen der Schauspielerin kennenlernte, und Anny Ondra in dem neuesten Kinofilm *Kiki*. Die Bilder vom Strom und Schifferleben, die ihm seit Kindestagen vertraut waren, hatte er im Urlaub neu belebt. Die Arbeitslosigkeit der Artisten um Wilhelmine war ihm aus eigenen beschäftigungslosen Zeiten allzu vertraut. Leidgeprüft, wollte er sich mit dem idyllischen Schluß des Romans wohl selbst Mut machen.

Am 2. November 1932, Johannas Geburtstag, beendete Klepper den Roman (Tagebuch vom 3. November). Wenige Tage später erhielt er die Zusage, daß er am 15. November eine Arbeit im Berliner

Umschlag von Erika Hansen

JOCHEN KLEPPER

Der Kahn der fröhlichen Leute

ROMAN

Eine Volksromanze vom deutschen Strome und von Menschen, die ein Dichter in guter Laune sich und uns zur Freude erschaffen hat

DEUTSCHE VERLAGS-ANSTALT STUTTGART

Funkhaus antreten konnte. Monty Jacobs von der *Vossischen Zeitung* setzte sich bei Ullstein für den Roman ein. So schienen sich zum neuen Jahr die Aussichten zu bessern. Zwar brachte es zunächst die Absage von Ullstein, doch Dr. Jürgen Eggebrecht, Berliner Mitarbeiter der Deutschen Verlags-Anstalt in Stuttgart, konnte ihm schon im Februar einen Verlagsvertrag über das Buch mit dem Titel *Kahn der fröhlichen Leute* zusagen. Ein Vorschuß wurde gezahlt, und ein Honorarsatz von 15 Prozent des verkauften Exemplars bei einer Auflage von 2000 bis 3000 Exemplaren vereinbart, ja, ein monatliches Fixum für weitere Arbeiten in Aussicht gestellt (Tagebuch vom 21. April). Am 15. Juni notierte Klepper, daß das Buch erschienen sei. Es war mit dem farbenfrohen, milieugeprägten Umschlag von Erika Hansen ein echter Blickfang in jeder Buchhandlung. Die Kritik fiel durchweg positiv aus. Klepper galt fortan als Heimatdichter des Oderlandes. Der Verlag veranstaltete schon im Jahr darauf in Nachauflage das 3. und 4. Tausend. Noch in den dreißiger Jahren erschien eine Buchklubausgabe der Stuttgarter Hausbücherei.

Doch die Freude über den Erfolg wurde von existentiellen Sorgen verdrängt. Inzwischen waren die Nazis an die Macht gekommen und hatten erste Boykottmaßnahmen gegen jüdische Geschäftsleute veranstaltet. Klepper verlor im Juni 1933 wegen seiner jüdischen Frau sowie der früheren Mitgliedschaft in der SPD und im »Bund der religiösen Sozialisten« seine Anstellung beim Rundfunk (Tagebuch vom 10. Juni 1933). Zwar konnte er wenig später im Ullstein Verlag eine untergeordnete Anstellung finden, doch nach der Enteignung der jüdischen Inhaber verlor er 1935 auch diese. Selbst der große Erfolg mit seinem zweiten Roman *Der Vater* (1937), einem biographischen Werk über den Soldatenkönig

Friedrich Wilhelm I., zugleich eine Parabel über die patriarchalische Ausübung der Macht, hielt das Räderwerk der nationalsozialistischen Verfolgung nur kurzzeitig auf. Der Reichsinnenminister Frick bescheinigte ihm im Oktober 1941 zwar unter dem Eindruck des Romans, daß seine Familie nicht deportiert werde. Doch gut ein Jahr später wurde entschieden, daß die noch in Deutschland lebende jüngere Tochter nicht auswandern durfte. Deshalb sah Jochen Klepper keine andere Möglichkeit, als am 11. Dezember 1942 zusammen mit seiner Frau und seiner Stieftochter in den Freitod zu gehen.

Durch *Vater* und die geistlichen Lieder *Kyrie* (1938) hatte sich Klepper einen Ruf als einer der »Stillen im Land« mit lauterer Gesinnung erworben. Zu einem bedeutenden Zeugen christlichen Widerstehens wurde er spätestens mit der Veröffentlichung seiner Tagebücher *Unter dem Schatten deiner Flügel* (1956). Seine schlesischen Freunde, geschart um die protestantische Zeitschrift *Eckart* sorgten dafür, daß auch der *Kahn der fröhlichen Leute* nicht in Vergessenheit geriet. Neuausgaben 1951, 1955 (Fischer-Bücherei), 1980, 1984 und 2003 mit mehreren Nachauflagen ermöglichten die Wiederbegegnung mit der Idylle aus dem Oderland, deren Lektüre heute vom Wissen um das Schicksal ihres Autors überschattet wird.   CW

Literaturauswahl

JOCHEN KLEPPER: *Briefwechsel. 1925-1942.* Hrsg. v. Ernst G. Riemschneider (1973). JOCHEN KLEPPER: *Unter dem Schatten deiner Flügel. Aus den Tagebüchern der Jahre 1932-1942* (1956). *Der du die Zeit in den Händen hast. Briefwechsel zwischen Rudolf Hermann und Jochen Klepper 1925-1942.* Hrsg. v. Heinrich Assel (1992). HEINZ GROSCH: *Nach Jochen Klepper fragen. Bilder, Dokumente, Biographisches* (2003). RITA THALMANN: *Jochen Klepper. Ein Leben zwischen Idyllen und Katastrophen* (2. Aufl. 1992). MARTIN JOHANNES WECHT: *Jochen Klepper, ein christlicher Schriftsteller in jüdischem Schicksal* (1998).

Koeppen, Wolfgang {1906-1996}
Eine unglückliche Liebe. Roman.
Berlin: Bruno Cassirer, 1934. 258 S.
19,2 x 11,2 cm. Ln. Druck: Offizin Haag-
Drugulin, Leipzig.

Über den Bruno Cassirer Verlag schreibt
Georg Brühl in seiner großangelegten
Darstellung über die Kunstfamilie der
Cassirers: »Zu den großen Entdeckungen
des Verlages gehörte Wolfgang Koeppen.
1934 edierte der Verlag den ersten Roman
des 28jährigen Schriftstellers *Eine unglückliche Liebe.* Ihm folgte 1935 der Roman *Die
Mauer schwankt.*«

Von den Zeitumständen her stand die
Verlagswahl Koeppens, die auf Vermittlung
von Herbert Jhering zustandekam und
unter der Mentorschaft des Verlagslektors
Max Tau stattfand, unter keinem gün-
stigen Stern. Die Produktion des Bruno
Cassirer Verlages begann, schon langsam
zu versiegen. Für die Autoren, die unter der
Naziherrschaft ihre Bücher einem jüdischen
Verlag anvertrauten, entstand ein Risiko.
Sie kamen in eigene Gefahr. Wolfgang
Koeppen hielt in einer autobiographischen
Skizze *Umwege zum Ziel* den Moment seines literarischen Anfangs fest: »Ich war, als
Hitler zur Macht kam, beschäftigt, meinen
ersten Roman zu schreiben, und es ist
sicher, daß meine Generation, die damals
und mit mir jungem Menschen es waren,
die Hitler trugen, stützten, inthronisierten,
und es war die von mir, dem einzelnen, dem
Außenseiter von Beginn an als schrecklich, als unheilvoll empfundene Bewegung
doch das Abenteuer, die Aufgabe, die es zu
bewältigen galt, das Glück und das Unglück
meiner Generation.« Die Ambivalenz des
Zeitgefühls wird überdeutlich.

Im Erstlingsroman von Wolfgang
Koeppen erkennt man sogleich den kritischen Intellektuellen, der er lebenslang
bleiben wird, der die Gegensätze bürgerlicher Existenz zu seinem Thema macht, den

WOLFGANG KOEPPEN

EINE UNGLÜCKLICHE LIEBE

ROMAN

MCMXXXIV
BRUNO CASSIRER VERLAG / BERLIN

Titelblatt

Streit zwischen Gefühl und Vernunft, als
Romanhandlung verpackt in eine unglückliche Liebe. Der Erstlingsroman Koeppens
hat einen Ton wie der zwar schon ferne, aber
immer noch vernehmbare Expressionismus
in einem Verlag, der häufig als Streitroß
für den Impressionismus apostrophiert
worden ist. Tatsächlich trug Max Tau
aus Begeisterung über den Schreibstil
Koeppens, die sich ihm durch die Lektüre
von Texten des noch unbekannten Autors
im Berliner *Börsen-Courier* mitgeteilt hatte,
das Manuskript in das Verlagsdomizil von
Bruno Cassirer. Er war es, der die große
dichterische Begabung des Autors erkannte
und seinen Verleger ansteckte, Koeppens
Texte auch zu bewundern und den Urteilen
seines Lektors zu vertrauen. Dieser konnte
Cassirer sogar überreden, Koeppen einen
Vorschuß auf den Erstlingsroman zu geben,
den dieser für eine Italienreise einsetzte und

erst danach begann (im Sommer 1934), den Roman zu schreiben. Schnell wie immer, wenn sich Koeppen erst einmal hinsetzte; aber bevor es soweit war, daß er etwas schrieb, konnte auch sehr viel Zeit vergehen.

Koeppen, von Selbstzweifeln geplagt, war sich nach Erscheinen des Romans immer noch nicht sicher, ob er zum Schriftsteller berufen sei. Zudem glaubte er, eine weitgehende Anerkennungsverweigerung gegenüber seinem Buch wahrzunehmen. Später reflektierte er die unglückliche Zeit der »nationalsozialistischen Erhebung« als verderblich seinem angesehenen Verleger gegenüber, der Jude war. Das Sortiment nahm seine Bücher nicht mehr ab. Die ganze Provinzpresse hätte sein Buch nicht besprochen, so daß es bis auf die Wahrnehmung in einigen Berliner, Frankfurter und Kölner Zeitungen fast unter Ausschluß der Öffentlichkeit erschienen sei.

Dieser Draufblick des Autors auf die Rezeptionsgeschichte seines Erstlingsromans *Eine unglückliche Liebe* bedarf ein paar kleiner Korrekturen. Gewiß, es war eine erbärmliche Zeit. Die Töne, die schon in der Frühphase der faschistischen Herrschaft angeschlagen wurden, waren unmißverständlich, auch dem jungen Autor Wolfgang Koeppen gegenüber: »Da kann man nur eins wünschen: Arbeitslager«, beendete einer der Pamphletisten seine Kritik an einem Buch, dem er nicht gewachsen war. Aber große Zeitungen und Periodika, die *Frankfurter Zeitung*, die *Neue Rundschau* und andere, hatten das Erstlingswerk Koeppens durchaus als literarisches Ereignis wahrgenommen, und Herbert Jhering, der einflußreiche Kritiker, hatte ihm im Berliner *Börsen-Courier* eine nachgerade elogenhaft anmutende Rezension gewidmet.

Nach Veröffentlichung von Koeppens zweitem Roman *Die Mauer schwankt* (1935), und nachdem sich der Cassirer Verlag auch mit einigen politischen Schriften gegen das Nazi-Regime geäußert hatte, mußte Cassirer seine Türen schließen. 1937 wurde Bruno Cassirer aus der sogenannten Reichsschrifttumskammer ausgeschlossen. Die Lizenzen an den ersten Romanen Koeppens wurden an den Universitas Verlag verkauft.

Wolfgang Koeppen, der sich in einer geistig strahlenden Rede zu Georg Büchner bekannt hat, zu einer botschaftsreichen, wehrhaften Literatur, ist auch nach dem Krieg der Thematik treu geblieben, die er in seinen ersten Romanen angeschlagen hat, den Gebrechen der Gesellschaft auf die Spur zu kommen. Seine radikalen gesellschaftskritischen Kolportagen in der Romantrilogie *Tauben im Gras* (1951), *Das Treibhaus* (1953) und *Der Tod in Rom* (1954) legen davon Zeugnis ab.   E F

Literaturauswahl

WOLFGANG KOEPPEN: *Gesammelte Werke. Bd. 5* (1986). WOLFGANG KOEPPEN: *Ein Beginn und schon das Ende*; in: Hans Daiber (Hrsg.): *Wie ich anfing…* (1979). GEORG BRÜHL: *Die Cassirers. Streiter für den Impressionismus* (1991). MARTIN HIELSCHER: *Wolfgang Koeppen* (1988).

Kolmar, Gertrud
{eigtl. Gertrud Chodziesner, 1894-1943}
Gedichte.
Berlin: Egon Fleischel & Co., 1917. 2 Bl., 72 (+ 4) S. 19 x 12,5 cm. Br. Druck: E. Gundlach Aktiengesellschaft Bielefeld.

Die Freude über das erste Buch war für Gertrud Kolmar aufs engste mit einer der bittersten Stunden in ihrem Leben verknüpft. Die Tochter einer aufstrebenden jüdischen Familie in Berlin hatte sich in einen jungen Mann verliebt, über den die Angehörigen später nur zu berichten wußten, das er wohl Offizier war und nur für Episode hielt, was für die junge Frau die Begegnung ihres Lebens sein sollte.

Gertrud Chodziesner, wie sie eigentlich hieß, war schwanger und mußte nicht nur den Schmerz über die Trennung verwinden, sondern auch heimlich abtreiben lassen. Vater und Mutter hatten sie nicht dazu drängen müssen, denn »sie wäre niemals fähig gewesen, ihren Eltern eine solche Schande und Enttäuschung zu bereiten«, wie sich ihre Schwester Hilde Wenzel erinnerte. Die Biographin Johanna Woltmann berichtet weiter über einen Selbstmordversuch, der vermutlich mit diesen Erschütterungen in Zusammenhang stand.

Trost fand sie im Schreiben von Gedichten, die die großen Themen Liebe und Tod, Mann und Frau, Mutter und Kind umkreisen. Sie versteckte ihr persönliches Erleben in Rollengedichten, die sie nach lyrischen Mustern des 19. Jahrhunderts gestaltete. Von den literarischen Revolten jener Jahre war Kolmar, die nach der Höheren Mädchenschule nur eine Hauswirtschaftsschule und Sprachseminare besucht hatte, völlig unberührt, wie sie überhaupt ihr ganzes Leben fernab von literarischen Zirkeln verbringen sollte.

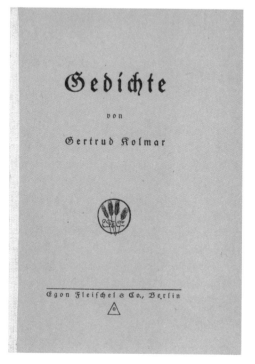

Einband

Durch die Schwester Hilde ist überliefert, daß der Vater die Gedichte heimlich von ihrem Schreibtisch nahm und zu dem befreundeten Leiter des Verlages Fleischel & Co., Fritz Cohn, trug und drucken ließ. Ob es reiner Freundesdienst war, ob der erfolgreiche und gut situierte Anwalt Ludwig Chodziesner den Druck finanzierte oder der Verlagsleiter tatsächlich ein Ohr für die leisen Töne der Gedichte hatte, muß auf Grund fehlender Quellen dahingestellt bleiben. Das endgültige Manuskript dürfte die Autorin selbst erarbeitet haben, wie sie sicher auch das Pseudonym Kolmar wählte: der deutsche Name des Städtchens Chodzesen in der Provinz Posen, von dem der Familienname abgeleitet ist. Das Buch wurde Ende 1917 ausgeliefert, so daß Kolmar der Schwester Hilde und sicher auch den anderen Familienangehörigen ein Exemplar mit Widmung auf den Weihnachtstisch legen konnte.

Die Höhe der Auflage ist nicht bekannt. Doch wie gering sie vermutlich auch war, reichte sie doch so lange, daß ein Restbestand mit dem Verlag Anfang der zwanziger Jahre an die Deutsche Verlags-Anstalt Stuttgart verkauft werden konnte. Das Presseecho fiel angesichts der Zurückgezogenheit der Autorin verständlicherweise gering aus. Nachgewiesen ist eine Kurzbesprechung von Heinrich Zerkaulen in der Zeitschrift *Das literarische Echo* (Jg. 1917/18, Sp. 1293), den die erotische Dimension der Gedichte beeindruckte: »Gerade, weil sie mitten im Erlebnis des großen Weibmysteriums der Liebe steht, ist ihr Bekenntnis psychologisch fesselnd.« Und Hans Benzmann befand in der *Zeitschrift für Bücherfreunde* (Jg. 1918/19, Heft 5/6): »Eines der sympathischen Frauenbücher, deren uns jetzt viele geschenkt werden.« Er vermißte aber »Verve«, »Kraft« und »persönliche Tiefe«.

Kolmar wurde durch den ersten Band nicht zu neuen Werken beflügelt. Sie wandte sich statt dessen einer beruflichen Karriere zu. Nachdem sie während der letzten Kriegsjahre in einem Kriegsgefangenenlager Postzensur hatte lesen müssen, arbeitete sie danach als Sprachlehrerin und Erzieherin in verschiedenen Privatdiensten. Erst als sie sich entschloß, Ende der zwanziger Jahre die Pflege der kranken Mutter und nach deren Tod den Haushalt des Vaters zu übernehmen und sie zurückgezogen in der Siedlung Finkenkrug westlich von Berlin-Spandau lebte, hatte sie wieder das Bedürfnis und die Muße, regelmäßig Gedichte zu schreiben. Bei den ersten Publikationen in Zeitschriften und Anthologien half ihr Vetter Walter Benjamin. Doch viel Zeit blieb ihr nicht zur Entfaltung, denn die Rassengesetze des nationalsozialistischen Regimes waren unbarmherzig. Nach Vertreibung aus ihrem Elternhaus, Zwangsarbeit und Deportation in das Getto Theresienstadt wurde sie 1943 Opfer des Holocaust. CW

Literaturauswahl
GERTRUD KOLMAR: *Briefe. Hrsg. v. Johanna Woltmann* (1997). Marion Brandt (Hrsg.): *Gertrud Kolmar. Orte* (1994). JOHANNA WOLT-MANN: *Gertrud Kolmar – Leben und Werk* (1995). Johanna Woltmann (Bearb.): *Gertrud Kolmar. 1894-1943. Marbacher Magazin* (63/1993).

Kramer, Theodor {1897-1958}
Die Gaunerzinke.
Gedichte.
Frankfurt am Main: Rütten & Loening Verlag, 1929. 64 S. 21 x 14 cm. Pp. mit Umschl. Gestaltung: Hans Bohn. Druck: Spamersche Buchdruckerei in Leipzig.

Theodor Kramer war Anfang der dreißiger Jahre einer der bekanntesten Dichter Österreichs, dessen Gedichte ständig in den Feuilletons des gesamten deutschsprachigen Raums gedruckt wurden. Den literarischen Durchbruch brachte schon 1929 sein erstes Buch *Die Gaunerzinke*,

auf dem in nicht geringem Maße auch Kramers Nachruhm beruht. Er schrieb seit seinem dreizehnten Lebensjahr, und so sah er schon früh in der Dichtung seine Berufung, der er sein äußeres Leben unterordnete. Zur Entstehungszeit des Buches verdiente er sich sein Brot schlecht und recht als Vertreter der Buchvertriebsfirma Bukum in Wien. Sein Vater, ein jüdischer Landarzt in Niederösterreich, hatte aus ihm einen Geschäftsmann machen wollen und ihn deshalb nach der Realschule in Wien auf eine Handelsschule geschickt. Das lag dem Sohn gar nicht, deshalb besuchte er anschließend, unterbrochen durch mehrjährigen Kriegsdienst, die Wiener Universität, um zunächst Philosophie, Germanistik und Geschichte zu belegen und später dann zur juristischen Fakultät zu wechseln. Er brachte das Studium nicht zu Ende, weil ihm die Vorbildung in Latein fehlte, die Kosten des Studiums drückten und ihn letztlich wohl auch die akademische oder Beamtenlaufbahn nicht reizten.

1926 veröffentlichte Kramer nach vielen Versuchen in einem Magazin sein erstes Gedicht. 1927 kam er bei einem Wettbewerb des S. Fischer Verlages in die engere Wahl, woraufhin verschiedene Tageszeitungen Gedichte von ihm, darunter die titelgebende *Gaunerzinke*, veröffentlichten. Als in dieser Zeit der Frankfurter Verlag Rütten & Loening bei dem Wiener Schriftsteller Leo Perutz nach talentierten jungen Autoren fragte, empfahl der Theodor Kramer. Am 5. Mai 1927 schrieb Kramer erstmals selbst an den Verlag, um seine Gedichte anzubieten. Nach und nach sandte er rund dreimal so viele Texte nach Frankfurt, wie dann gedruckt wurden. Nach längeren Verhandlungen einigten sich Autor und Verlag auf eine Auswahl von 36 Gedichten. Im August 1928 erhielt Kramer endlich einen Vertrag, und schon im Dezember wurde das Buch mit der Jahresangabe 1929 im Impressum ausgeliefert. Inzwischen hatte

Umschlag und Einband von Hans Bohn

ihm eine Jury der Stadt Wien zusammen mit Heinrich Suso Waldeck den Lyrikpreis für 1928 zuerkannt, nachdem der eigentlich vorgesehene Josef Kalmer zu Kramers Gunsten verzichtet hatte. Ihm galt deshalb auch die Widmung des Buches. Der Verlag Rütten & Loening, der sich in den zwanziger Jahren durch neue Marketingmethoden auszeichnete, gab dem potentiellen Kunden die Auszeichnung werbewirksam auf dem Umschlag bekannt. Der Buchgestalter Hans Bohn setzte zusätzlich auf Einband und Umschlag eine Zeichnung, die Verse aus dem titelgebenden Gedicht aufgriff: Mit der Gaunerzinke, einer drohenden Hand, kennzeichneten Vagabunden Bauernhäuser, in denen man ihnen Mildtätigkeit verweigert hatte: »Und einer geht ums Haus herum/ und einer setzt's einst nachts in Brand.« Die Zeichnung stammt aus dem zeitgenössischen Buch von Hans Prinzhorn über *Die Bildnerei der Gefangenen*, wie im Buch festgehalten ist.

Der Band besteht aus Landschaftsgedichten, die tief verwurzelt sind im ländlichen Leben der Donauebene und vom Wechsel der Jahreszeiten, Saat und Ernte, Wachsen und Vergehen künden. Die Helden, die sich in Rollengedichten selbst vorstellen, sind aber nicht die Bauern, sondern das vagierende Landproletariat, die Tagelöhner und Landstreicher. Sie bewegen sich am Rande der Gesellschaft, sehnen sich nach einem Auskommen in Geborgenheit, fürchten jedoch nichts mehr als dauernde Knechtschaft. Moritaten im dritten Teil des Bandes zeugen vom Aufbegehren der Entrechteten und dem Überschreiten der gesetzten Grenzen. Die soziale Kompetenz für derart neusachliche Lyrik brachte Kramer einerseits aus den Kinderjahren mit, die er in einem niederösterreichischen Dorf verlebt hatte, andererseits aus langjährigem Wanderleben, das ihn in seiner Freizeit seit frühester Jugend im Gefolge von Wandervogel und freideutscher Jugend landauf, landab führte.

Neben der Aufmerksamkeit des Feuilletons zog das Buch auch einige charakteristische Rezensionen nach sich, die längste und ausgewogenste von dem Lyriker Ernst Lissauer, der den unverwechselbaren

Ton lobte, die ausgewählte Wortwahl, die Sprachmusik und den sozialen Anspruch. Daneben verdient eine drohende Wortmeldung, schon zur Preisverleihung, erwähnt zu werden. Alfred Rosenberg, Hausideologe des Nationalsozialismus, nannte Kramer den »Hofpoeten der Demokratie«, dem »die Einfühlung in die Ostjudenseele« gelungen sei. »Denn was die marxistische Führerschaft tut, ist nichts anderes, als Gaunerzinken aufs deutsche Haus zeichnen.« Der Sozialdemokrat Kramer wußte solche Einlassungen zu bewerten. Als im April 1933 in der gleichgeschalteten *Literarischen Welt* ein Gedicht von ihm mit anderen Texten von österreichischen Autoren zu einem nationalsozialistischen Bekenntnis zusammengezimmert wurde, stellte er klar, daß er mit dem neuen Regime in Berlin nichts zu schaffen haben wolle und kündigte gleich selbst die Zusammenarbeit mit dem deutschen Feuilleton auf, von dem sein Einkommen zu einem nicht geringen Teil abhing.

Trotz des literarischen Erfolgs ging das Buch schlecht. Weder gab es eine Nachauflage noch wollte der Verlag weitere Bücher mit Kramer machen. Heute ist *Die Gaunerzinke* auf dem Antiquariatsmarkt ständig präsent, also nicht selten. Dennoch liegen die Preise hoch. CW

Literaturauswahl
Siglinde Bolbecher u.a. (Red.): *Über Kramer hinaus und zu ihm zurück* (1990). ERWIN CHVOJKA, KONSTANTIN KAISER: *Vielleicht hab ich es leicht, weil schwer, gehabt. Theodor Kramer. 1897-1958. Eine Lebenschronik* (1997). Konstantin Kaiser (Hrsg.): *Theodor Kramer. 1897-1958. Aufsätze und Dokumente* (1983). HERBERT STAUD: *Rollengedichte beim früheren Theodor Kramer*; in: Herbert Staud, Jörg Thunecke (Hrsg.): *Chronist seiner Zeit Theodor Kramer* (2000).

Kraus, Karl {1874-1936}
Die demolirte Litteratur.
Wien: Verlag von A. Bauer, 1897. 36 S. 8°.
Heft mit einer Umschlagillustration v. Hans Schließmann.

Wie die ersten Bücher von Hugo von Hofmannsthal und Arthur Schnitzler war auch das von Karl Kraus eng mit dem »Café Griensteidl« verbunden – jenem Etablissement, in dem sich seit etwa 1890 regelmäßig ein Kreis junger Dichter traf. Er ging unter der Bezeichnung »Jung-Wien« in die Literaturgeschichte ein. Wortführer war Hermann Bahr, dem neben Schnitzler und Hofmannsthal Richard Beer-Hofmann, Felix Salten und Leopold von Adrian zur Seite saßen. Karl Kraus nahm ab 1891 enthusiastisch an den Debatten und Plaudereien der Runde teil und hielt mit allen Teilnehmern zunächst freundschaftlichen Verkehr. Mit Hofmannsthal, dem anderen Gymnasiasten im »Griensteidl«, traf er sich nach bestandener Matura, um die »Befreiung« gemeinsam zu feiern. Bei Salten wohnte Kraus 1894 für einige Monate, als der Haussegen in seinem Elternhaus schief hing, weil der genialische Sohn vom Jurastudium zu Philosophie und Germanistik gewechselt war. Der Vater unterstützte aber bald seine literarischen Ambitionen und finanzierte dann auch die erste Nummer der *Fackel*. Doch zwischen Kraus und den Jugendfreunden kam es immer häufiger zu Meinungsverschiedenheiten. Der angehende Kritiker begeisterte sich für die Naturalisten, die Bahr und die anderen für eine überwundene Mode hielten. Er setzte sich für Gerhart Hauptmann ein und las öffentlich aus dessen sozialkritischem Stück *Die Weber* vor, nachdem eine Aufführung in Wien am allgemeinen Desinteresse gescheitert war. Für Kraus wurde Berlin, über das die Ästheten Hofmannsthal und Schnitzler nur die Nase rümpften, zum Fixpunkt seines Denkens. Umgekehrt begann er, die

»falsche, erlogene ›Decadence‹, die ewig mit sich selbst coquettiert«, zu hassen und auch öffentlich zu bekämpfen. 1895 wechselte er demonstrativ aus dem »Griensteidl« in das »Café Central«, nachdem er schon zuvor mit verschiedenen Artikeln gegen Bahr und dessen Freunde polemisiert hatte.

Seine Kritik spitzte er in dem Aufsatz *Die demolirte Litteratur* zu, zuerst erschienen in vier Folgen der *Wiener Rundschau* vom 15. November 1896 bis 1. Januar 1897. Anlaß war der Abriß, die »Demolierung«, des traditionsreichen »Cafés Griensteidl«, das dem Stadtumbau weichen mußte. Nicht ohne Schadenfreude stellte Kraus das Ende des Cafés als Austreibung von lichtscheuen Dichtern aus »dumpfer Ecke« dar, die nun in das rauhe Leben hinausgeschoben wurden. »Der Demolirarbeiter pocht an die Fensterscheibe – es ist höchste Zeit. In Eile werden alle Literaturgeräthe zusammengerafft: Mangel an Talent, verfrühte Abgeklärtheit, Posen, Grössenwahn, Vorstadtmädel, Cravatte, Manierirtheit, falsche Dative, Monocle und heimliche Nerven – Alles muß mit.« Dieses Resümee steht am Ende eines Reigens aus Satire und Parodie, in dem jeder einzelne der einstigen Freunde auftritt: angefangen mit dem »Herrn aus Linz« (Hermann Bahr) über den »Goethe auf der Schulbank« (Hofmannsthal) und den »Dichter, der das Vorstadtmädel burgtheaterfähig machte« (Schnitzler) bis hin zum »Parvenu der Gesten, der seinen literarischen Tischgenossen Alles abgeguckt hat« (Salten), um nur die bekanntesten Namen zu nennen. Das Heft im Format der späteren *Fackel* wurde mit einer Karikatur von Hans Schließmann aus der Zeitschrift *Jugend* versehen: Darauf ist der sich ungezogen gebärdende bärtige Hermann Bahr zu sehen, der von einem übergroßen, lachenden Arbeiterpaar mit Spitzhacke und Waschzuber vorwärts gezogen wird. Die Polemik bereitete öffentliches Aufsehen, noch im Jahr 1897 erschien

Heftumschlag mit Illustration von Hans Schließmann

eine Nachauflage, gefolgt von drei weiteren im nächsten Jahr. Das Heft wurde von Fritz Mauthner, Friedrich Uhl und Michael Georg Conrad lobend besprochen. Auch der Herausgeber der *Zukunft* in Berlin, Maximilian Harden, damals Vorbild für Kraus, äußerte sich positiv. Für die einstigen Freunde war der Angriff ein Schock, zumal ihr literarischer Ruf damals noch nicht gefestigt war. Am schwersten nahm die Sache Salten. Er griff Kraus auf der Straße tätlich an. Kraus erfuhr mithin das erste Mal, wie existentiell der Beruf des Kritikers sein konnte. Das änderte aber nichts an seiner Entschlossenheit, seine Meinung ohne Rücksicht vorzutragen. CW

Literaturauswahl
BRYGIDA BRANDYS: *Satirisch-polemische Formen in Karl Kraus' Skizze »Die demolirte Literatur«*, in: *Karl Kraus – Ästhetik und Kritik* (1989). DIETER KIMPEL, *Nachwort zu:* KARL KRAUS, *Die demolirte Literatur* (1972). FRIEDRICH ROTHE: *Karl Kraus. Eine Biographie* (2003). PAUL SCHICK: *Karl Kraus in Selbstzeugnissen und Bilddokumenten* (1965). EDWARD TIMMS: *Karl Kraus. Satiriker der Apokalypse* (1986). HARRY ZOHN: *Karl Kraus* (1990).

Kreuder, Ernst {1903-1972}
Die Nacht des Gefangenen.
Erzählungen.
[1.-2. Tsd.] Darmstadt: L. C. Wittich Verlag, 1939. 191 (+ 5) S. 19 x 12 cm. Ln. mit Umschl. v. Starkow.

Ernst Kreuder rechnete als sein erstes Buch, »das literarisch zählen wird«, die Erzählung *Die Gesellschaft auf dem Dachboden*, die er 1946 mit dreiundvierzig Jahren veröffentlichte. Wie viele Autoren, die die Literatur nach dem Zweiten Weltkrieg mitbestimmten, überging er in seinen späteren autobiographischen Reflexionen seine früher erschienenen Bücher, bei ihm zwei Erzählungsbände. Immerhin berich-

tet er in der Selbstdarstellung *Ich über mich* über frühe literarische Prägungen. An der Oberrealschule in Offenbach am Main las er vor allem Groschenhefte, ganze Jahrgänge der *Gartenlaube*, Kriminal- und Detektivserien. Nach Karl May kamen mit Edgar Allan Poe und Maxim Gorki die ersten ernstzunehmenden Erzähler in seinen Blickwinkel. Knut Hamsun wurde zum Fixstern, mit dem er sich um so mehr identifizieren konnte, weil er die Entbehrungen eines Gelegenheitsarbeiters selbst auszukosten lernte. Der Sohn eines Ingenieurs verlor in der Inflationszeit am Beginn der zwanziger Jahre seine Anstellung als Bankkaufmann, während seine Eltern um ihre Ersparnisse gebracht wurden. Er besuchte für einige Semester die Universität in Frankfurt am Main, wo er neben Germanistik Gerichtsmedizin und Kriminologie hörte – Fächer, die er offenbar schon im Interesse seiner literarischen Pläne auswählte. Sein Auskommen verdiente er durch Hilfsarbeiten in Ziegeleien, auf Baustellen und auf einem Friedhof. Nachdem er erste Texte, unter anderem in der *Frankfurter Zeitung*, veröffentlicht hatte, wurde er 1932 in München Hilfsredakteur beim *Simplicissimus*. Im Zuge der nationalsozialistischen Gleichschaltung verlor Kreuder schon nach kurzer Zeit diese Stelle und verließ nach dem Röhm-Putsch 1934 die bayerische Hauptstadt, um sich mit seiner Frau in einer ehemaligen Mühle am Rande von Darmstadt niederzulassen. In Waldesnähe begann er unbeschadet von der Gewaltherrschaft im Lande ein beschauliches Schriftstellerleben, das nur durch materielle Sorgen getrübt wurde. Wenigstens konnte er seine Erzählungen regelmäßig bei Feuilletons landauf, landab unterbringen. Aus der ländlichen Idylle wurde er durch den Krieg herausgerissen. Siebenunddreißigjährig trat er den Dienst an, dem sich nach schweren Jahren die amerikanische Kriegsgefangenschaft anschloß.

Die beiden Erzählbände *Die Nacht des Gefangenen* (1939) und *Das Haus mit den drei Bäumen* (1944, ausgeliefert erst nach Kriegsende) sind Ergebnis von Kreuders Arbeit für das Feuilleton. Im ersten Band handelt es sich um 22 kurze Erzählungen, die vom Zuschnitt her noch nicht dem Genre der pointierten sozialkritischen Kurzgeschichte, wie sie nach 1945 unter dem Einfluß amerikanischer Vorbilder in Mode kam, zugerechnet werden können. Kreuder erzählt spannende, unterhaltende Geschichten, die er gern an exotische Orte verlegt, wie eine Insel im Meer oder ein Lager im Busch. Es finden sich darunter auch einfach gestrickte Liebesgeschichten mit einem Happy-End. Der Autor hält allgemeine Tugenden wie Liebe, Mitmenschlichkeit und Freude am Leben hoch, doch auch die Vermittlung von Werten ist nicht sein Hauptziel. Das Geschichtenerzählen selbst ist in vielen Erzählungen der eigentliche Wert, der beim Überleben hilft. So vertreiben sich zwei Freunde, die bei einer Überschwemmung in einer Pfahlhütte in Not geraten sind, die Zeit, indem der eine dem anderen eine Geschichte erzählt, die er vom Hörensagen kennt.

Für den Druck gewann Kreuder den ihm nächstgelegenen L. C. Wittich Verlag in Darmstadt, ein kleines regionales Unternehmen, in dem neben dem Darmstädter Fahrplan und Dissertationen auch einige belletristische Werke erschienen, darunter 1939, dem Jahr von Kreuders Erstling, ein Buch vom Reisen auf deutschen Autobahnen und ein Bericht vom siegreichen Polenfeldzug. Vermutlich erschien *Die Nacht des Gefangenen* erst Ende des Jahres, wenn nicht später. Denn die einzige nachgewiesene Rezension stand erst am 9. Juni 1940 in der *Frankfurter Zeitung*. Über die Resonanz des Buches ist auch nicht mehr zu berichten, als daß 1941 eine Nachauflage mit dem 3.-5. Tausend publiziert werden konnte. CW

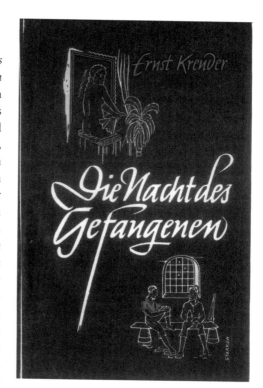

Umschlag von Starkow

Literaturauswahl
ERNST KREUDER: *Die Gesellschaft vom Dachboden. Erzählungen, Essays, Selbstaussagen.* Hrsg., Nachwort v. Peter-Alexander Fiedler (1990). CHRISTOPH SCHULZ: »*Macht die Augen auf und träumt!*« *Ernst Kreuders erzählerisches Werk* (1992).

Krolow, Karl {1915-1999} und
Hermann Gaupp
Hochgelobtes gutes Leben. Gedichte.
Hamburg: Verlag Heinrich Ellermann, Januar 1943. 16 S. 20,5 x 12,5 cm. Heft. (= Das Gedicht. Blätter für die Dichtung. 9. Jahrgang 4. Folge.) Gedruckt bei August Tietgen, Hamburg.

Als erstes Buch von Karl Krolow wird allgemein jenes schmale Heft *Hochgelobtes gutes Leben* genannt, das er 1943 zusammen mit einem anderen Lyriker veröffentlichte. Es umfaßt nur einen Druckbogen und enthält gerade einmal sechs Gedichte je Autor. Das Periodikum, in dem es erschien, macht mit der regelmäßigen Erscheinungsweise von mehreren Heften je Quartal und der Numerierung eher den Eindruck einer Zeitschrift als einer Buchreihe. Doch die Krolow-Forschung wie der Autor selbst haben diesen Band zum Erstlingswerk erklärt, und so soll es dabei bleiben. Nur von dem Koautor, von dem der Buchtitel stammt, wollte Krolow später nichts mehr wissen. Gaupp war seinerzeit Redakteur beim Reichssender Stuttgart und hatte bereits einen eigenen Gedichtband veröffentlicht. Krolow stand weder vorher noch nachher mit Gaupp in Kontakt. Die Zusammenstellung lag in der Hand des Verlegers beziehungsweise seines Stellvertreters, Dr. Rudolf Ibel, denn Heinrich Ellermann war bereits längere Zeit bei der Wehrmacht, wie dem Impressum des Heftes zu entnehmen ist. Ellermann hatte seine *Gedicht*-Reihe 1935 ins Leben gerufen und mit ihr unter Lyrikfreunden einen gewissen Erfolg erzielt. Neben einigen Klassikern verlegte er auch Expressionisten wie Ernst Stadler und Gottfried Benn, und vor allem Zeitgenossen, meist von eher temporärem Format. Allerdings finden sich in seinen Blättern Namen wie Ernst Bertram, Franz Fühmann, Hans Leip und Martin Raschke.

Über Krolows Lyrik gibt es mittlerweile eine umfangreiche Sekundärliteratur, seine Biographie dagegen liegt weitgehend im dunkeln. Geboren wurde er als Sohn eines Verwaltungsbeamten in Hannover. Nach dem Abitur nahm er 1935 das Studium der Germanistik, Romanistik, Kunstgeschichte und Philosophie auf, das er bis 1942 in Göttingen, Breslau und wieder Göttingen erfolgreich absolvierte. In dieser Zeit trat er der NSDAP bei. Ende 1941 heiratete er. Nach dem Studium wurde er für kurze Zeit Assistent am Philosophischen Seminar. Mit dem Ende dieses zeitweiligen Arbeitsverhältnisses datierte er seine frei-

schaffende Existenz. Vor dem Wehrdienst schützte ihn offenbar ein gesundheitliches Leiden. Geschrieben hatte bereits der Gymnasiast, veröffentlicht wurde der angehende Autor regelmäßig seit 1940. Es handelte sich vorwiegend um Gedichte und Feuilletons, die sich meist inhaltlich mit dem Jahresablauf in der Natur befaßten und so von Zeitungen passend zur Jahreszeit veröffentlicht werden konnten. Geprägt wurden Krolows Anfänge vor allem durch die Naturlyrik Wilhelm Lehmanns, dessen Gedichtband *Antwort des Schweigens* der Student 1935 wie eine Offenbarung las, und durch Oskar Loerke, dessen Gedichte er über Lehmann kennenlernte.

Krolows erster Band besteht aus vier Gedichten im Erstdruck und zwei bereits veröffentlichten Texten. Man könnte sie als Wald- und Gartengedichte bezeichnen. Sein lyrisches Ich ist ganz der Natur hingegeben, verliert sich darin wie in *Traum von einem Wald*: »Ich träume grün. Wie ich die Augen schließe,/ Ist noch das Dunkel meiner Lider grün.« Erfüllung des Traumes ist das Aufgehen des Ichs in »Blume, Baum und Vogellaut«. Ein anderes Gedicht setzt

Hochgelobtes gutes Leben

Gedichte
von
Hermann Gaupp
und
Karl Krolow

Das Gedicht Blätter für die Dichtung
9. Jahrgang 4. Folge Januar 1943

Heftumschlag

einen Wald ins Bild, der den Gewalten der Natur ausgesetzt ist und die Anfechtungen besteht (*Der Wald*). Auffällig für einen jungen Autor sind zwei Gedichte vom Nahen des Todes (*Der Trinkende* und *So nah dem Tode...*), die jedoch mit den Schrecken der Zeit nichts zu tun haben, sondern den Tod als Erlösung und organische Verwandlung in Natur verstehen.

Das Buch wurde im Januar 1943 fertiggestellt. Über seine Wirkung ist nichts überliefert. CW

Literaturauswahl
Heinz Ludwig Arnold (Hrsg.): *Karl Krolow. Text + Kritik*, H. 77 (1983). GERHARD KOLTER: *Die Rezeption westdeutscher Nachkriegslyrik am Beispiel Karl Krolows* (1977). ROLF PAULUS: *Lyrik und Poetik Karl Krolows* (1980). ROLF PAULUS, GERHARD KOLTER: *Der Lyriker Karl Krolow. Biographie, Werkentwicklung, Gedichtinterpretation, Bibliographie* (1983). ARTUR RÜMMLER: *Die Entwicklung der Metaphorik in der Lyrik Karl Krolows* (1942-1962). *Die Beziehung zu deutschen, französischen und spanischen Lyrikern* (1972). Walter Helmut Fritz (Hrsg.): *Über Karl Krolow* (1972).

Kubin, Alfred {1877-1959}
Die andere Seite.
Ein phantastischer Roman.
Mit 52 Zeichnungen und einem Plan. München und Leipzig: Georg Müller, 1909. 338 (+1) S., 1 Taf. 20,5 x 13 cm. Pp. Einband von Paul Renner. Gedruckt bei M. Müller & Sohn, München.

Die Geschichte von Alfred Kubins Erstlingswerks nimmt in diesem Buch eine Sonderstellung ein, weil es zugleich sein einziger Beitrag zur Literatur ist, sieht man einmal von kleineren Werken, Erinnerungen und Selbstreflexionen über seine künstlerische Arbeit ab. Zwar spielte Kubin in jungen Jahren zeitweise mit dem Gedanken, eine schriftstellerische Laufbahn einzuschlagen, doch nachdem er seinen Stil gefunden hatte, wollte er nichts weiter sein als Zeichner und Illustrator der Werke anderer Autoren. In seinen Erinnerungen *Aus meinem Leben* (1911) bekannte er gar: »...ja, mir ist das Schreiben selbst eine unsympathische Tätigkeit; nie im Leben habe ich ein Gedicht gemacht.« Der Roman *Die andere Seite* war jedoch mitnichten eine Gelegenheitsarbeit, sondern ein Wendepunkt in seinem künstlerischen Schaffen und ein Meilenstein in der phantastischen Literatur. Mit ihm schloß Kubin seine unruhevollen frühen Jahre ab und wandte sich endgültig dem Reich seiner Träume zu, das er von nun an in immer neuen Variationen ins Bild setzte.

Kubins Kindheit und Jugend war überschattet von nicht abreißenden Unglücksfällen und existentiellen Krisen. Im Alter von zehn Jahren mußte er den Tod seiner geliebten Mutter verkraften. Der Vater, ein Beamter und ehemaliger k. u. k. Offizier, der die Schwester der Mutter heiratete und bald darauf ein zweites Mal Witwer wurde, war mit dem ältesten Kind lange Zeit unzufrieden, weil es weder die Schule noch die Ausbildung, zuerst im Baufach, erfolgreich bestand. Selbst die Photographenlehre, die den künstlerischen Neigungen des Sohnes entgegenkommen sollte, mißlang, ebenso der Militärdienst, aus dem er, nervenkrank, frühzeitig entlassen wurde. Kubin ging 1898 nach München, um Künstler zu werden. Doch auch die Akademie, bei der er nach zwei Jahren Privatunterricht aufgenommen wurde, befriedigte ihn nicht. Das Anfertigen von Studien nach Vorgaben der Lehrer langweilte ihn. Suizidgedanken quälten ihn seit früher Zeit ebenso wie die Schwierigkeiten, ein erfülltes Sexualleben zu finden. Seine innerlich zerrissene Persönlichkeit erregte in der Münchner Boheme nicht nur Mitleid, sondern auch manchen Spott. Die endlich gefundene große Liebe endete 1903 mit dem frühen Tod der Braut. Trost fand er bei der jungen Witwe Hedwig Gründler, die er 1904 heiratete. Doch deren besorgniserregende Krankheiten hielten das junge Paar in ständiger Unruhe. Im Herrenhäuschen Zwickledt bei Wernstein in Oberösterreich fand Kubin 1906 auf Anraten des Vaters mit seiner Frau immerhin den Lebens- und Arbeitsort, dem er bis zum Lebensende treu bleiben sollte, selbst Reisen machte er in späteren Jahren kaum noch. In den ersten Jahren dagegen floh Kubin oft in die Ferne, wenn er künstlerisch in eine Sackgasse geraten war.

Für die Entstehung des Romans wurde eine Fahrt wichtig, die Kubin im Herbst 1908 zusammen mit dem angehenden Wiener Schriftsteller Fritz von Herzmanovsky-Orlando nach Oberitalien und Venedig unternahm. Kubin berichtet in seinen Erinnerungen, wie es nach der Reise zur Entstehung des Buches kam. Zurückgekehrt, war er voller Schaffensdrang, doch die Zeichnungen wollten ihm nicht gelingen. »Um nur etwas zu tun und mich zu entlasten, fing ich an, selbst eine abenteuerliche Geschichte auszudenken und niederzuschreiben. Und nun strömten mir die Ideen in Überfülle zu, peitschten mich Tag und Nacht zur Arbeit, so daß bereits in zwölf Wochen mein phantastischer Roman ›Die andere Seite‹ geschrieben war. In den nächsten vier Wochen versah ich ihn mit Illustrationen.«

Der Roman handelt von einer streng abgeschirmten Welt irgendwo in Innerasien, die der reiche Europäer Patera eingerichtet und mit angeworbenen skurrilen Gestalten aus aller Welt bevölkert hat. Es ist die Traumstadt Perle, die in einem Dämmerlicht und -zustand verharrt. Fortschritt und Mode sind ausgeschlossen, die alten, bröckligen Gebäude waren in aller Welt gekauft, demontiert und hier wieder aufgebaut worden. Während im ersten Teil des Buches davon erzählt wird, wie der Ich-Erzähler, ein Zeichner mit vielen Ähnlichkeiten zu Kubin, die merkwürdigen Verhältnisse im

Land und die durchweg neurasthenischen Bewohner kennenlernt, handelt der zweite Teil vom Untergang des Traumlandes, ausgelöst durch den willensstarken und unternehmungsfreudigen Amerikaner Bell, der sich in das Land eingeschlichen hat. Das Untergangsszenario wird in vielen Facetten ausgemalt. Zwischen Verfall und sich immer wieder aufbäumendem plötzlichen Lebenshunger taumelt alles auf das abschließende Inferno hin. Der Ich-Erzähler findet einen Ausweg, indem er sich den innerlich gefestigten mongolischen Ureinwohnern von Perle anschließt und deren gelassene Lebenshaltung annimmt.

Mit dem Verlag wurde sich Kubin schnell einig. Er stand mit Georg Müller bereits seit 1907 in Verbindung, weil der ihn für die Illustration von Edgar Allan Poe gewonnen hatte. Im Januar 1909 erschien die erste Ausgabe, *Das schwatzende Herz*. Müller war ein vermögender junger Mann, der in den ersten beiden Jahrzehnten des Jahrhunderts ein imposantes Programm an Klassikerausgaben und schön gestalteten Einzelausgaben neuerer Literatur verwirklichte. Der Zeichner war über den Illustrationsauftrag mehr als erfreut, war er doch an phantastischer Literatur seit längerer Zeit stark interessiert. Außerdem wollte er gern Bücher illustrieren. 1907 war er schon mit der Illustration von Gustav Meyrinks *Golem* beauftragt worden und hatte mit Feuereifer begonnen. Doch von diesem Roman lagen bislang nur Teile vor, während die Fertigstellung des Gesamtmanuskripts noch viele Jahre auf sich warten ließ. Enttäuscht darüber, verwendete Kubin mehrere fertige Illustrationen zum *Golem* für *Die andere Seite* – ein Indiz dafür, wie wichtig Meyrinks Anregung für Kubin war. Die Forschungsliteratur hat außerdem eine Fülle von weiteren Einflüssen nachgewiesen. Sie reichen von der Bilderwelt Pieter Bruegels d. Ä. und Hieronymus Boschs über die Francisco de Goyas und

Titelblatt und Frontispitz

James Ensors bis zu der Félicien Rops` und Aubrey Beardsleys, von der Literaturwelt E.T.A. Hoffmanns und Edgar Allan Poes bis zu der Gérard de Nervals. Doch diese Nachweise schmälern nicht Kubins Leistung: Die Erfindung der fiktiven Welt des Traumlandes ist ebenso originär wie die Ausgestaltung der Charaktere und des Untergangsszenarios.

Am 6. Dezember 1908 schrieb Kubin an Herzmanovsky-Orlando, daß er gestern mit der »Arbeit in der Rohschrift fertig« geworden war. Am 10. Januar berichtete er ihm, daß sein Schwager Oskar A.H. Schmitz das Buch ausgezeichnet finde: »... die Zeichnungen gefallen ihm weniger. -- Nun davon versteht er sicher nichts -- der Text wird jetzt in Passau mit der Schreibmaschine abgeschrieben -- inzwischen beendige ich die 8-9 Zeichnungen[,] am 3.-5. Februar ist wohl alles fertig – dann fahre ich nach München. – Schreiben tue ich nichts mehr in meinem Leben hoffe ich!« Schmitz war selbst Schriftsteller, dessen Bücher Kubin später teilweise illustrierte. Am 25. Januar

fuhr Kubin nach München, um den Vertrag mit Georg Müller abzuschließen. Schon am 22. Mai konnte er Herzmanovsky-Orlando mitteilen: »Ich halte das erste gebundene Exemplar meines Buches in Händen und sende es nun Dir als meinem liebsten Freunde ...« Eine wahrlich rasante Entstehungs- und Druckgeschichte. Kubin widmete das Buch »Dem Gedächtnis meines Vaters«, der 1907 gestorben war. Herzmanovsky-Orlando, der erste Leser des Romans nach Schmitz und Müller, sparte nicht mit Lob: In einem Brief vom Juni 1909 führte er als Grund für das längere Schweigen nach Empfang des Buches an: »Bitte betrachte es als die Folge einer Art von Zeitdehnung wie sie durch Haschisch hervorgerufen werden *kann*; nicht zum mindestens ist Dein Buch daran schuld, das ich als das herrlichste Buch bezeichnen muß, das ich je gelesen habe. Es sagt mir Unendliches, es ist ein Kunstwerk voll unerhörter Abgründe, der höchsten Phantastik und dabei von minutiöser Klarheit.« Ebenso voll des Lobes war Stefan Zweig, der bekannte, daß er »das Buch sofort – mit aller Neugier zuerst und nach den ersten Seiten mit geradezu wilder Spannung – gelesen habe. Ich finde es prachtvoll ausgreifend und faszinierend bis in Träume hinein, ganz unvergeßlich jedenfalls durch seine Eigenart. Es ist wie ein Mondmensch in unsrer bourgeoisen Literatur.« Auch in der literarischen Öffentlichkeit fand das Buch viel Zustimmung. Zwar hielt sich der Absatz des Buches in Grenzen, doch die Rezeption war langanhaltend und intensiv. Zu den prominenten Bewunderern gehörte später Ernst Jünger: »Dieser Roman stellt wohl seit E.T.A. Hoffmann die größte Leistung auf dem Gebiet des Phantastischen dar. ... Wichtig ist ..., daß hier ein Tastvermögen von empfindlichster Feinheit, lange bevor ein ›Zauberberg‹ geschrieben wurde, den langsamen Angriff der Verwesung, ihr unterirdisches Kriechen erfaßt, ihre auflösende Unerbittlichkeit, ihre Schauder, ihre Visionen, ihre verräterische Süßigkeit.«

Die Erstausgabe gehört heute zu den großen Raritäten des Antiquariatsmarktes, und das nicht hauptsächlich wegen ihrer Seltenheit, sondern auf Grund der Ausstattung mit den 50 Illustrationen, denen ein Selbstporträt, den Künstler am Zeichenpult zeigend, sowie ein die erzählerische Glaubhaftigkeit unterstreichender Plan der Traumstadt beigegeben sind. In der Auflage von 1923 ersetzte Kubin die Verzierung des Deckels von Paul Renner durch eine eigene Deckelzeichnung. Hervorhebenswert ist auch die 1952 aus Anlaß von Kubins 75. Geburtstag erschienene Neuausgabe, die Kubin vollständig neu illustriert hat. Über sie schreibt sein Bibliograph, der Bibliothekar und Buchhistoriker Paul Raabe: »Der Vergleich ist durchaus reizvoll; doch am Ende stellt man fest, daß die späteren Bilder die Intensität und auch die magische Kraft gegenüber den frühen verloren haben.« Trotz seiner mit den Jahren gewachsenen Kunst konnte

Kubin also nicht mehr die Originalität des ersten großen Wurfes erreichen. Das zeigt im Umkehrschluß den Rang von Kubins erstem Buch. CW

Literaturauswahl

ALFRED KUBIN: *Aus meinen Leben. Gesammelte Prosa.* Hrsg. v. Ulrich Riemerschmidt (1973). HANS BISANZ: *Alfred Kubin. Zeichner, Schriftsteller und Philosoph* (1977). Otto Breicha (Hrsg.): *Alfred Kubin – Weltgeflecht. Ein Kubin-Kompendium. Schriften und Bilder zu Leben und Werk* (1978). ANDREAS GEYER: *Träumer auf Lebenszeit. Alfred Kubin als Literat* (1995). ANNELIESE HEWIG: *Phantastische Wirklichkeit. Interpretationsstudie zu Alfred Kubins Roman »Die andere Seite«* (1967). Annegret Hoberg (Hrsg.): *Alfred Kubin. 1877-1959. Katalog* (1990). Michael Klein (Hrsg.): *Fritz Herzmanovsky-Orlando. Der Briefwechsel mit Alfred Kubin 1903 bis 1952* (1983). HEINZ LIPPUNER: *Alfred Kubins Roman »Die andere Seite«* (1977). Paul Raabe (Hrsg.): *Alfred Kubin. Leben – Werk – Wirkung* (1957).

Kunert, Günter {geb. 1929}
Wegschilder und Mauerinschriften. Gedichte.

Aufl.: 2000 Expl. Berlin: Aufbau-Verlag, 1950. 94 S., 1 Bl. 20,5 x 12,2 cm. Pp. Satz u. Druck: Offizin Haag-Drugulin, Leipzig.

Kunerts erster Gedichtband wurde von der Kritik gefeiert. Er enthält spruchhaft geformte, zum Teil lakonische Verse von unverwechselbarem Zeitkolorit:

>»Und erst wenn du,
>Bürger,
>Sagen kannst:
>Dieses Land habe ich mitgeformt.
>Es hungert niemand mehr darin.
>Erst dann
>Hast du
>Deine Arbeit getan.«

Günter Kunerts Erstling entstand in der jungen DDR. Das Manuskript, angestachelt

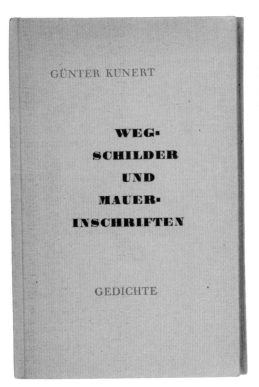

Einband

durch die Suche nach jungen Talenten, die sich manche Zeitschriften und Organisationen ins Programm geschrieben hatten, drückte er eines Tages verwegen Johannes R. Becher in die Hand. »Und damit waren die Weichen gestellt«, erinnert er sich. Becher, der den Aufbau-Verlag protegierte, dürfte Einfluß darauf genommen haben, daß der Band bald danach in diesem Berliner Verlag erschien, der von Anfang an ein Faible für junge Autoren hatte. Außerdem paßte das Bekenntnishafte der Gedichte in die literarische Konfession des Hauses, die vor allem von der Literatur der Verfemten und Vertriebenen geprägt war, die nun nach Deutschland zurückkehrten und helfen wollten, daß das Geschehene, Faschismus und Krieg, nie wiederkehren konnte. Kunerts Gedichte waren, wie er selbst schreibt, so »etwas wie ein Glaubensakt«, der diese Richtung unterstützen, diese Moralität bezeugen wollte. »Freilich«, notiert er weiter, »hätte ich die Menschen und ihr unsägliches

Beharrungsvermögen eher erkennen sollen, aber es dauerte seine Zeit, bis ich zu der Einsicht gelangte, daß keine ideale Gemeinschaft der Gleichen eine Chance in der Realität hätte. Diese Gedichte, geboren aus einer naiven, pädagogischen Intention, mit großer Geste verkündet, erscheinen mir heute als Produkte der Nachkriegszeit, da man meinte, die Welt verbessern, sprich: humanisieren zu können.«

Es war wohl dieses Segment von Kulturpessimismus, das Günter Kunert mit seinem Erstlingswerk später nicht mehr aussöhnte, daß er dies als seine Windeln ansah, die man besser nicht wieder ans Licht ziehen sollte. Von dem Gedichtband *Wegschilder und Mauerinschriften* sind keine Nachauflagen erschienen, was ihn im Antiquariatshandel nur umso kostbarer macht.   EF

Literaturauswahl
GÜNTER KUNERT: *Wegschilder und Mauerinschriften*; in: Renatus Deckert (Hrsg.), *Das erste Buch. Schriftsteller über ihr literarisches Debüt* (2007). GÜNTER KUNERT in: Gerhard Schneider (Hrsg.): *Eröffnungen. Schriftsteller über ihr Erstlingswerk* (1974). CARSTEN WURM: *Der frühe Aufbau-Verlag 1945-1961. Konzepte und Kontroversen* (1996).

Kunze, Reiner {geb. 1933} u.
Egon Günther {geb. 1927}
Die Zukunft sitzt am Tische.
Gedichte.

Halle/Saale: Mitteldeutscher Verlag, 1955. 72 S., 2 Bl. 12 x 19 cm. Ln. mit Umschl. Einband u. Umschl. v. Horst Erich Wolter. Druck: VEB Offizin Andersen Nexö Leipzig.

Reiner Kunzes Gedichtband erschien in Gemeinschaft mit Egon Günther, dem später berühmten Filmautor und Regisseur der DEFA, der in dem Band ebenfalls erste Gedichte veröffentlichte, die stark zeitkoloristisch gefärbt sind und dem »Anderswerden« der Umbruchjahre nachhorchen. Für Reiner Kunze standen die ersten 36 Seiten des Bandes zur Verfügung, für Egon Günther die folgenden 36 Seiten. Es war in dieser Zeit in der DDR-Verlagsbranche üblich, literarische Doppel- oder Mehrfachporträts von Autoren vorzustellen, um vor allem der Lyrik einen Platz im intellektuellen Diskurs zu sichern. Das Bändchen kostete 2,– Mark, erschien ohne Klappentexte, also ohne Eigenreklame. Rezensionen veröffentlichten Manfred Bieler (NDL, H. 11, 1954), René Schwachhofer (*Sonntag*, H. 51, 1955; *Neues Deutschland*, Nr. 272, 1956) und Kurt Liebmann (*Börsenblatt*, Leipzig, Nr. 3, 1956).

Reiner Kunze, dem Sohn eines Bergarbeiters aus dem sächsischen Erzgebirge, war über ein Förderprogramm eine höhere Schulbildung ermöglicht worden, an die sich ein Studium der Philosophie und Journalistik an der Leipziger Karl-Marx-Universität anschloß, wo Kunze nach dem Examen auch eine Zeitlang wissenschaftlicher Assistent war. Es war selbstverständlich, daß seine ersten Gedichte in der Zeitschrift *Neue Deutsche Literatur* (bereits ab 1953) und im Erstlingswerk *Die Zukunft sitzt am Tische* (1955) relativ ungebrochen das Lebensgefühl der DDR-Aufbaugeneration reflektierten. Elogen auf den Staat der Arbeiter, auf Marx, auf die Partei begegnen wir als gängigen Zeitbildern auch in Reiner Kunzes Dichtung. Unter dem Titel *Am Rande bemerkt* schreibt Kunze ein geradezu anrührendes und an Aktualität bis heute fast unversehrtes Gedicht über einen Arbeiterjungen, das dem Erstlingswerk durch die Schlußstrophe den Titel stiftet:

»Ach, mir taten diese Menschen leid,
Hatten nicht die Gegenwart,
Nicht die Vergangenheit,
Und auch die Zukunft
War nicht mehr die ihre,

Weil sie lächelnd schon
Am Tische saß.«

Reiner Kunze hat sich später von seinen frühen Gedichten distanziert und diese nach seiner Übersiedlung aus der DDR in die Bundesrepublik (1977) »Produkte eines poetologisch, philosophisch und ideologisch Irregeführten« genannt. Dennoch haben gerade Kunzes Gedichte die Lyrik der damaligen Zeit um originelle Töne bereichert und eine Zartheit in die Poesie gebracht, die noch lange nachwirken sollte:

»Ich habe einmal mit den Lippen
Zwei Apfelblüten berührt,
Und als ich dich küßte, da hab ich
Die Apfelbaumblüten gespürt.«

Hier leuchtet in den frühen Zeilen schon etwas auf, das seine spätere Dichtung so unverwechselbar machte, die Sanftheit, die Musikalität, das schwebend Leichte-Schöne, wie es besonders in seinen Liebesliedern und zauberhaften Kindergedichten bleibende Gestalt gewann.

Reiner Kunze, ein traktiertes deutsches Schicksal im geteilten Land, arg betroffen von den Reibungen der gesellschaftlichen Systeme, hat von den eigenen Lebenserfahrungen her die Dichtung wohl stets als Identifikationsmuster verstanden für kritischen Individualismus, der in sensiblen Versen und sezierenden Erzähltexten reichen Ausdruck fand. Mit seinem Buch *Die wunderbaren Jahre* (1976) fand er eine weltweite Resonanz. EF

Literaturauswahl
FRITZ J. RADDATZ: *Unruhestifter. Erinnerungen* (2003). Jürgen Wallmann (Hrsg.): *Reiner Kunze. Materialien und Dokumente* (1977). Rudolf Wolff (Hrsg.): *Reiner Kunze. Werk und Wirkung* (1983).

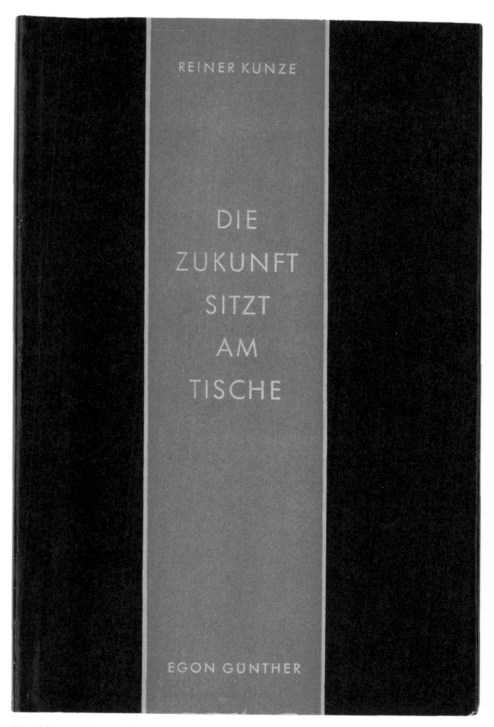

Umschlag von Horst Erich Wolter

L

… siehe Seite 309

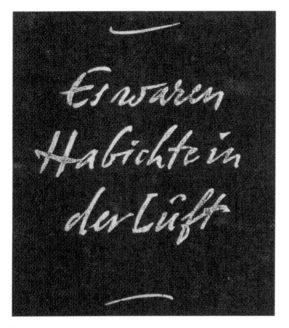

… siehe Seite 315

… siehe Seite 312

Langgässer, Elisabeth {1899-1950}
Der Wendekreis des Lammes.
Ein Hymnus der Erlösung.

1.-2. Tsd. Mainz: Matthias-Grünewald-Verlag, 1924. IV, 63 S. 24,5 x 18,5 cm. Hln. Druck: Hermann Rauch Wiesbaden.

Elisabeth Langgässers Name steht wie kaum ein anderer im 20. Jahrhundert für religiöse Literatur. Schon ihr erstes Buch *Der Wendekreis des Lammes* ist geprägt durch Schuld, Glaube und Gnade. In einem Zyklus von Hymnen feiert sie die Höhepunkte des Kirchenjahres von der Adventszeit über Christi Geburt, Kreuzigung, Himmelfahrt und die Ausschüttung des Heiligen Geistes zu Pfingsten bis zum Lobpreis Gottes an Allerheiligen. Dabei war sie namentlich in jungen Jahren alles andere als ein Ausbund an Frömmigkeit.

An der Viktoriaschule in Darmstadt legte sie 1918 ihr Abitur ab und besuchte anschließend im selben Haus das einjährige Lehrerinnen-Seminar. 1922 wurde sie Volksschullehrerin in Griesheim bei Darmstadt, wo sie bis zum unfreiwilligen Ausscheiden aus dem Schuldienst nach der Geburt ihrer unehelichen Tochter Cordelia 1928 bleiben sollte. Täglich radelte sie mit dem Fahrrad von Darmstadt nach Griesheim, wobei sie hin und zurück einen französischen Grenzposten passieren mußte. Griesheim gehörte schon zum damals französisch besetzten Gebiet. In dem rein evangelischen Schulort fiel die junge Lehrerin nicht nur durch ihren katholischen Glauben auf. Sie trug Bubikopf und elegante Kleider, war fröhlich und unbekümmert und unterrichtete unkonventionell. Schülerinnen berichteten später, daß sie zum Mißfallen des Direktors zu Zeiten ausgelassen mit ihnen spielte. Außerdem veröffentlichte sie seit 1920 in der katholischen Zeitschrift *Das Heilige Feuer* Gedichte, auch in einem lokalen Abreißkalender war sie vertreten. Hier in der Literatur machte

sie von Anfang an Ernst. Selbst wenn die Verse mit leichter Hand geschrieben waren, hatten sie fast immer weltanschaulichen Inhalt. Ihre Familie unterstützte Langgässer anhaltend bei ihren schriftstellerischen Plänen, auch als sie nach der Geburt der Tochter vorübergehend wieder ohne Einkommen dastand. Der Vater, ein hessischer Baubeamter, war früh gestorben, doch der unverheiratete Bruder Heinrich, ein erfolgreicher Ingenieur, sollte die ganze Familie 1929 zu sich nach Berlin nehmen.

Gedruckt wurde *Wendekreis des Lammes* in dem katholischen Matthias-Grünewald-Verlag in Mainz. Im Verlagsleiter Richard Knies, der selbst als Schriftsteller hervortrat, hatte Langgässer einen nachhaltigen Förderer. Er beteiligte sich beispielsweise 1924 an der Finanzierung einer Reise nach Rom, die Langgässer mit einer Griesheimer Kollegin unternahm, um eine Dichtung über Papst Pius X. vorzubereiten. Langgässer muß das Manuskript ihres ersten Buches schon Ende 1923 fertiggestellt haben, denn in dem Brief vom

Einband

18. Januar 1924 an Knies ist der Gedichtband bereits abgemachte Sache. Im September des Jahres war das Buch in einer Auflage von 2000 Exemplaren fertig gedruckt. Der nur typographisch gestaltete, großformatige Einband gefiel der Autorin, doch sie selbst hätte »eine expressionistische, nicht Barockschrift, gewählt«, wie sie dem Verlagsleiter am 26. September schrieb.

Langgässer bezeichnet *Wendekreis des Lammes* als »Spiel«, »Festgesang« und »Hymnus« (Brief vom 14. Dezember 1924), gewachsen aus der Beschäftigung mit dem Dogma. Sie scheint mit einem ähnlichen Vorsatz bei der Sache gewesen zu sein wie einst Goethe, der seine Iphigenie sprechen lassen wollte, als ob in »Apolda kein Strumpfwirker hungerte«. Krieg und Besatzung, Inflation und Not hält sie also konsequent aus ihrer Dichtung heraus. Sie bewegt sich darin in den traditionellen christlichen Vorstellungen von Sünde und Erlösung, Buße und Vergebung, Fleisch und Geist, Dunkel und Licht. Mit Intensität und Sprachkraft malt sie das Elementare und Leibliche aus. Schon als junge Frau war sie nicht nur bibelfest, sondern auch in den Kirchenvätern bewandert. Ihren Vers schulte sie allem Anschein nach an den Meistern des alten Kirchenliedes und an der deutschen Klassik. Während der Arbeit am *Wendekreis* beschäftigte sie sich nachweislich mit dem Zyklus *Das geistliche Jahr* von Annette Droste-Hülshoff. Matthias Claudius sollte sie wenig später in einem Aufsatz würdigen.

Über die Wirkung des ersten Buches gibt es kaum Zeugnisse. Es dürfte nicht mehr als ein Achtungserfolg gewesen sein. Ein Kritiker rühmte immerhin die »fast orgiastische, aber tiefe Inbrunst« ihres Gedichtbandes. Das Erscheinen des Buches eröffnete ihr vor allem die Mitarbeit an der *Rhein-Mainischen Volkszeitung*, in der sie über Theaterpremieren in Darmstadt berichtete, und sie fand Zutritt zum »Freitagskreis« im Frankfurter »Café Laumer«, einem intellektuellen Stammtisch von Frankfurter Publizisten und Religionsphilosophen, darunter Walter Dirks und Martin Buber. Die Herrenrunde nahm sie als »Kampfgefährtin« (Dirks) und belebendes weibliches Element auf, ohne daß sie sich beispielsweise von Bubers Ideen des Religionsdialogs ernstlich anstecken ließ. CW

Literaturauswahl
ELISABETH LANGGÄSSER: *Briefe. 1924 bis 1950. Hrsg. v. Elisabeth Hoffmann* (1990). CORDELIA EDVARDSON: *Gebranntes Kind sucht das Feuer. Roman* (1986). URSULA EL-AKRAMY: *Wotans Rabe. Elisabeth Langgässer, ihre Tochter Cordelia und die Feuer von Auschwitz* (1997). FREDERIK HETMANN (d. i. HANS-CHRISTIAN KIRSCH): *Schlafe, meine Rose. Die Lebensgeschichte der Elisabeth Langgässer* (1999). HANS-CHRISTIAN KIRSCH: *Elisabeth Langgässer. Literatur und Landschaft* (2004).

Lasker-Schüler, Else {1869-1945}
Styx.
Gedichte.
Berlin: Axel Juncker, 1902. 77 S.
21 x 13 cm. Br. Druck: J. S. Preuss, Berlin.

Das Gedichtbändchen trägt die Widmung: »Meinen teuren Eltern zur Weihe.« Die Gestaltung lag in den Händen von Fidus (d. i. Hugo Höppener), der mit Else Lasker-Schüler befreundet war. In einer Vignette tanzt ein Nackedei verzückt über Distelranken vor einer flammenden (auf- oder untergehenden) Sonne. Über jedes Gedicht spannt sich eine Zierleiste, darunter ein kleines, oft pflanzengeschmücktes Ornament. Jugendstil und mehr. In diesen Details wird eigentlich schon vieles vorweggenommen, was Else Lasker-Schüler zu einem Juwel der Literaturszene zwischen Jugendstil und Frühexpressionismus machte: Verspieltheit,

Aufruhr, Sinneslust, der Zeit verhaftet, dem Ende des Jahrhunderts (Fin de siècle) und dem Aufbruch in die Moderne nahe.

In Wuppertal-Elberfeld zur Welt gekommen, in jüdischer Glaubenstradition in einem großbürgerlichen Elternhaus aufgewachsen und erzogen, will sie die Grenzen der Welt sprengen, in die sie hineingeboren ist. Sie heiratet 1894 den Arzt Berthold Lasker, befreit sich aus der väterlichen Fürsorge und übersiedelt nach Berlin, dem Brodelkasten aller politischen, sozialen und künstlerischen Verfaßtheiten des Kaiserreichs.

Sie stürzt sich in Berlins kulturelles Leben und entreißt diesem Erleben ihre ersten Gedichte, die seit 1899 vereinzelt in Maximilian Hardens Zeitschrift *Die Gesellschaft* auftauchen und 1902 in dem Band *Styx* eine erste Bündelung finden. Peter Hille hat dazu beigetragen, sich ihrer selbst bewußt zu werden, ihres künstlerischen Talents, und hat sie in der literarischen Provinz enthusiastisch begrüßt als »Sappho, der die Welt entzwei gegangen ist.« Schon in ihrem Erstlingswerk, in den zum Teil erregenden erotischen Gedichten, ist es bemerkbar, daß sie die herkömmlichen Muster, die den Frauen in den Weiblichkeitsbildern einer aristokratisch geprägten Gesellschaft zugeschrieben werden, sprengen wird und daß sie nach Formen sucht, die verwundern machen. Die Maskeraden freilich, die sie später aufführt, die Kostümfeste und Namensspiele, mit denen sie die erstarrten Gesellschaftskreise des Kaiserreichs brüskieren wird und die sie selbst an der Seite ihres zweiten Mannes Herwarth Walden zum Akteur einer Kunstrevolution werden läßt, sind noch ein wenig entfernter.

Axel Juncker, ein Däne, hatte 1897 in Berlin eine skandinavische Buchhandlung gegründet und diese im Oktober 1901 um einen Verlag erweitert. Lasker-Schülers Erstlingswerk *Styx* gehörte zu

Broschureinband von Fidus

den ersten Veröffentlichungen des neuen Verlagshauses, und daß sie dort geistiges Quartier bekam, dürfte der Vermittlung von Peter Hille und wahrscheinlich auch der des Literaturkritikers Samuel Lublinski zu verdanken sein. In der literarischen Vereinigung der »Kommenden« hatte sie den Schriftsteller und den Kritiker kennengelernt, und auch Axel Juncker dürfte ihr auf einer der Veranstaltungen der Vereinigung, auf denen sie öfters neue Gedichte vorlas, das erste Mal begegnet sein. Als *Styx*, ihr Erstlingswerk, erschienen war, 62 Gedichte einer aufgehenden Sonne (vgl. den symbolischen Einband), nach Angaben eines Verlegerbriefes vom 16. September 1901 in einer Auflage von 1050 Exemplaren, war die Kritik entzückt und irritiert. Samuel Lublinski, ein freilich in die Lasker-Schüler verliebter Rezensent, las aus den Gedichten ein Ereignis heraus. Wer über moderne Lyrik mitreden wolle, der müsse *Styx* von Else Lasker-Schüler lesen, resümierte er seine Eindrücke über die jüngere Dichtung. Es gab auch andere Stimmen, die etwas »Gewolltes und Gequältes dieser Mystik« herausstellten. Das übliche Pro und Kontra bei Ankunft eines neuen Autors!

Else Lasker-Schüler setzte sich selbst aktiv für die Verbreitung ihres ersten Gedichtbandes ein. Schon vor Erscheinen brachte sie Ankündigungskarten in Umlauf und verbreitete eine Porträtphotographie. »Meine Visage – det reizt«, meinte sie. Mit der Verbindung zum Axel Juncker Verlag war sie nicht zufrieden, aber welcher Autor ist schon zufrieden mit seinem Verlag? Auf Axel Juncker, den Knauser, schimpfte sie; er habe ihr für ihre ersten Bücher kaum einen Pfennig bezahlt und ihr ausreichende Freiexemplare verweigert, wenn sie diese für Besprechungen brauchte. »Ich begann meine Bücher ab und zu«, vermerkte sie, »nicht imstande, sie zu kaufen, vom Ladentisch zu rauben.« Die finanzielle Misere ihres literarischen Anfangs, die sie dem Verleger in die Schuhe schob, keine Inserate, keine Extras wie Plakate oder Lesezeichen und keine Fortschreibung der Honorare, scheint sich fortgesetzt zu haben. Wie wäre sonst die 1925 im Selbstverlag herausgegebene Kampfschrift *Ich räume auf! Meine Anklage gegen meine Verleger* zu erklären, in der sie eine tiefe Abneigung gegen die Verlegerzunft zum Ausdruck bringt und diese als Ausbeuter der Kunst etikettiert? EF

Literaturauswahl

ELSE LASKER-SCHÜLER: *Briefe.* Hrsg. v. Margarete Kupper (1969). ELSE LASKER-SCHÜLER: *Werke. Lyrik. Prosa. Dramatisches. Mit Nachwort v. Sigrid Bauschinger* (1991). Sabine Haupt u. Stefan Bodo Würffel (Hrsg.): *Handbuch Fin de Siècle* (2008). KERSTIN DECKER: *Mein Herz-Niemandem. Das Leben der Else Lasker-Schüler* (2009).

Lehmann, Wilhelm {1882-1968}
Der Bilderstürmer. Roman.

1.-2. Aufl. (= Tsd.) Berlin: S. Fischer, 1917. 187 S. 17,5 x 12 cm. Br./Ln. Druck: W. Drugulin, Leipzig.

Wilhelm Lehmann gehört zu den vielen Autoren, deren erstes Buch einen nicht zu übersehenden autobiographischen Hintergrund hat. Nachdem der Vater, ein erfolgloser Kaufmann, sein Glück in Übersee versucht hatte und dort verschollen gegangen war, wuchs Lehmann unter der strengen Erziehung der Mutter Agathe auf, trat ein Studium der Philologie in Tübingen, Straßburg, Kiel und Berlin an, das er schließlich mit der 1905 veröffentlichten Dissertation *Das Präfix uz- im Altenglischen* und einer Promotion zum Dr. phil. in Kiel abschloß. Nach ersten Berufsjahren im Schuldienst in Neumünster wechselte er 1912 zu der Freien Schulgemeinde Wickersdorf bei Saalfeld in Thüringen – einer Reformschule, die sich dem gemeinschaftlichen Leben von Lehrern und Schülern, der allseitigen Bildung und Erziehung unter Einbeziehung von Spiel und Tanz in ländlicher Umgebung verschrieben hatte. Das weithin beachtete und mehrfach nachgeahmte Schulexperiment war begleitet von Richtungsstreit und persönlichen Animositäten. Der Gründer, Gustav Wyneken, wurde 1910 abgelöst und durch den gleichfalls theoretisch ambitionierten Martin Luserke ersetzt. Wyneken blieb in der Nähe wohnen und nahm über Vertraute weiterhin Einfluß auf das Schulgeschehen. Nachdem Luserke zum Kriegsdienst einberufen worden war, fiel die Leitung erst einem Freund Wynekens zu, bis schließlich 1919 Wyneken selbst wieder für einige Zeit das Zepter ergreifen konnte. Deshalb verließ Lehmann die Schulgemeinde, als er 1919 aus Kriegsdienst und Gefangenschaft zurückgekehrt war. Um der Mutter zu entkommen, hatte sich

Lehmann früh mit einer fünfzehn Jahre älteren Frau, Martha Wohlstadt, verheiratet, mit der er unglücklich zusammenlebte, bis er 1912 die Scheidung herbeiführte. In Wickersdorf war schon eine neue Partnerin, die Lehrerin Friederike Riewerts, an seiner Seite, die er als Abiturientin in Neumünster kennengelernt hatte.

Bis in die Nebenfiguren finden sich Protagonisten aus Wickersdorf in Lehmanns erstem Buch *Der Bilderstürmer* wieder: Beatus Leube darf als Alter ego des Dichters angesehen werden, hinter dem lebensfeindlichen, naturfremden Typus Ernst Magerhold steht Wyneken, hinter Gilbert Mannhardt Martin Luserke, während Leubes Frauen denen Lehmanns soweit glichen, daß der Autor nach Erscheinen des Buches ein scharfes Schreiben von seiner Geschiedenen erhielt. Der Cheflektor des S. Fischer Verlages, Moritz Heimann, wie Samuel Fischer ein Sympathisant von Wickersdorf, äußerte vor der Drucklegung Bedenken, daß das Buch der guten Sache schaden werde. Lehmann bemühte sich auf seine Einwendungen hin, besonders der distanzierten Schilderung von Luserkes Frau die Schärfe zu nehmen.

Da Lehmann in seinem Stoff lebte, konnte er die erste Fassung des Manuskripts in wenigen Monaten von Mai bis Ende Juli 1915 niederschreiben. Bis Anfang November stellte er eine überarbeitete Reinschrift her, die er gleich nach der Fertigstellung auf Wunsch des Chefredakteurs Oscar Bie an die *Neue Rundschau* sandte. Dort war schon zuvor eine größere Erzählung Lehmanns erschienen, empfohlen von Moritz Heimann, dem väterlichen Freund und Mentor. Seit seinen Studientagen in Berlin stand der angehende Schriftsteller mit dem guten Geiste des Hauses S. Fischer in engem Kontakt und lernte durch ihn früh viele große Autoren des Verlages kennen. Heimann kannte die familiären Verhältnisse seines Schützlings bestens und besuchte

ihn auch in Wickersdorf. Die Entscheidung über die Annahme des Buches behielt sich aber Samuel Fischer selbst vor, der mit Lehmann im Juli 1916 zweimal über das Manuskript sprach und erst im Dezember den Vertrag schickte. Inzwischen erschien der Roman in Fortsetzungen in der *Neuen Rundschau*. Am 18. Mai 1917 erhielt der Autor 20 Freiexemplare des soeben fertiggestellten Buches. Gedruckt wurden exakt 2200 Exemplare, wie der Bandbearbeiter Jochen Meyer in der Werkausgabe berichtet. Trotz vieler, meist positiver Besprechungen wurde die Auflage nicht ausverkauft. Noch 1934 waren 165 Exemplare vorrätig, die Fischer in diesem Jahr bis auf ein paar Restexemplare en bloc abstieß.

Während sich das Lesepublikum also dem Roman gegenüber eher reserviert verhielt, war das Echo bei der Kritik so groß wie bei keinem seiner Prosabücher später wieder. Selbst in großen Tageszeitungen wurde das Buch besprochen. So schrieb Oscar Bie in der *Frankfurter Zeitung* (13. Juli 1917), es sei, »als ob deutsche Gründlichkeit der Naturkenntnis und deutsche Empfindung für die Musik der

Broschureinband

Natur endlich ein starkes Bündnis eingegangen wären«. Auch Kurt Pinthus hob in der *Zeitschrift für Bücherfreunde* (Heft 8/9, 1917/18) die Naturkenntnis des Autors hervor: »Lehmann ist der Erzähler des Konkreten [...] In keinem Buch der Weltliteratur werden so viele Blumen, Kräuter, Bäume, Vögel und Tiere auf so geringem Raum genannt, ohne doch jemals nur aufgezählt zu werden.« Bestärkt fühlte sich der Autor ebenso durch einen Brief von Alfred Döblin, der sich sehr anerkennend zum Buch äußerte. Wichtig war ihm gleichfalls das wohlwollende Urteil von Oskar Loerke (im Septemberheft 1917 der *Neuen Rundschau*), mit dem er in jener Zeit eine lebenslange Freundschaft schloß. CW

Literaturauswahl
WILHELM LEHMANN: *Autobiographische und vermischte Schriften*. In: *Gesammelte Werke*. Bd. 8. (1999); HEINZ BRUNS: *Wilhelm Lehmann. Sein Leben und Dichten* (1962). Ute Doster; Jochen Meyer (Bearb.): *Wilhelm Lehmann*. Marbacher Magazin (H. 22/1982). JOCHEN MEYER, *Kommentar zum Roman* in: *Lehmann, Gesammelte Werke*. Bd. 2 (1984).

Leip, Hans {1893-1983}
Laternen, die sich spiegeln.
Kanu- und Ufergeschichten.
Aufl.: 1000 Expl., Vorzugsausgabe:
100 Expl., mit einem sign. Originalholzschnitt des Autors. Hamburg-Altona:
Hammerich & Lesser Verlag, 1920.
84 S., 2 Bl. 16 x 13,2 cm. Pp.

Hans Leip hat 1915 das Lied *Lili Marleen* geschrieben, das im Zweiten Weltkrieg mit der Stimme von Lale Andersen an allen Fronten aus den Radioapparaten ertönte und nach Stalingrad von Goebbels verboten wurde. Auch andere volkstümliche Lieder, zum Beispiel *Jonny*, stammen aus

seiner Feder. Was diese Lieder so unverwechselbar macht, ist der Ton, der alles zum Klingen bringt, was mit Hafen- und Seemannsromantik zu tun hat. Sein ganzes Schaffen, so vielseitig es ist, immer wieder kehrt es zu Motiven zurück, die die Seefahrer beschreiben. Leip, der Sohn eines Hamburger Hafenarbeiters, wollte selbst Seemann werden, war dies auch kurze Zeit, um dann im Beruf eines »Kunstmalers« Erfüllung zu finden, den er von Anfang an alternierend mit journalistischer und schriftstellerischer Tätigkeit verband. Er schrieb für die satirische Zeitschrift *Simplicissimus* kleine Geschichten und illustrierte diese selber. Auch in Hamburger Zeitungen konnte er manch kleine Kurzgeschichte veröffentlichen. Hans W. Fischer, der Herausgeber der *Neuen Hamburger Zeitung*, hatte eine »Tafelrunde« gegründet, in der er Künstler aller Sparten versammelte. Für die Veranstaltungen dieser Gemeinschaft, die von 1918 bis 1922 aktiv war, schuf Hans Leip die Plakate. Dort hörte man ihm auch zu, wenn er erste literarische Arbeiten vorlas. Im Mitgliederkreis dieser »Tafelrunde« konstituierte er seine Doppelbegabung, so daß Hans Harbeck, der Dramaturg der Hamburger Kammerspiele, am 1. Mai 1919 in der *Hamburger Theater-Zeitung* schreiben konnte: »Hans Leip, Graphiker und Dichter dazu, hat Verse geschrieben, die mit herzhafter Unbekümmertheit einem natürlichen Gefühlserlebnis zu einem ebenso natürlichen Ausdruck verhelfen. Auch Skizzen von praller Anschaulichkeit sind seiner Feder entflossen.«

Wortreich, spannend und leichtgeschürzt war es immer, was der junge Autor aufs Papier brachte. Und so paßten die Kanu- und Ufergeschichten seines Erstlingswerks *Laternen, die sich spiegeln*, als sie 1920 erschienen, genau in das Bild, das man sich von ihm machte. Seine Texte waren charmant, humorvoll, verträumt und sensibel, und die Bilder, die er meist zugleich

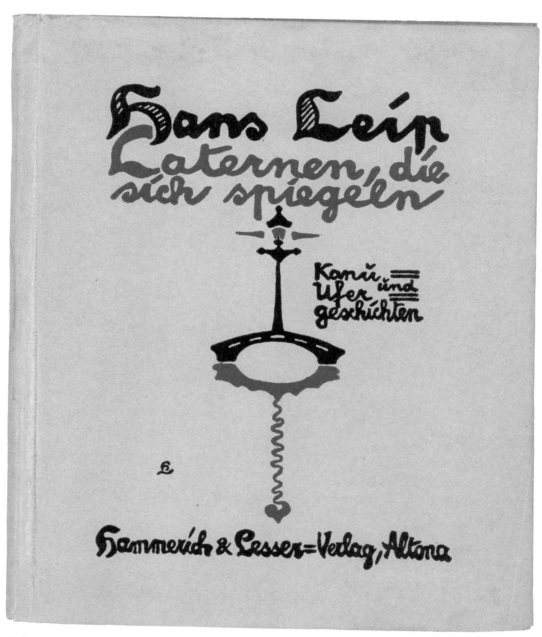

Einband, gestaltet von Hans Leip

dazu lieferte, waren diesen wie anverwandelt. So hatte er auch sein erstes Buch, »ein paar lockere Kurzgeschichten«, wie er die *Laternen, die sich spiegeln* umschrieb, selbst mit Federzeichnungen illustriert und auch den Umschlag dazu selbst entworfen. »Geschmackvoll herausgebracht im Zeitungsverlag Hammerich und Lesser, Altona.« In diesem Verlag erschienen auch drei weitere Titel von Hans Leip, darunter sein zweites Buch *Die Segelfähre*, das er auch wieder selbst illustrierte.

Hammerich & Lesser, ein traditionsreiches Altonaer Unternehmen, war 1909 von Hinrich Springer, zusammen mit einem Partner namens Julius Wagner, erworben worden. Den Zeitungsverleger hatte Leip auf einem jener Künstlerfeste kennengelernt, die nach dem Ersten Weltkrieg von der Kunstgewerbeschule am Lerchenfeld veranstaltet wurden, und auf denen Springer nicht selten Gast und dabei auf der Suche nach möglichen Mitarbeitern für seinen aufstrebenden Buchverlag war. Übrigens entwickelte sich aus diesem Verlag nach dem Zweiten Weltkrieg unter Axel Springer, dem Sohn Hinrichs, das größte Verlagsimperium Deutschlands. Von dem Reichtum, der da entstand, war bei Hinrich Springer noch nicht viel zu merken. Für sein Erstlingswerk *Laternen, die sich spiegeln* samt seinem zweiten Buchtitel *Die Segelfähre* bei Hammerich & Lesser erhielt Leip ein Honorar von insgesamt 1000 Mark, dessen Bescheidenheit der Verleger mit den »ganz außerordentlich hohen Herstellungs- und Propagandakosten« begründete, die dafür aufgebracht werden müßten. Nutzen ließe sich aus den Büchern nicht erzielen, und tatsächlich, mehr als einen Achtungserfolg konnte das literarische Debüt nicht erringen, obwohl es Hans W. Fischer in der *Neuen Hamburger Zeitung* ungewöhnlich lobte, wie Hans Leip sich später erinnerte, und besonders seine Illustrationen würdigte. Die 1000 Exemplare der ersten Auflage wurden verkauft, eine zweite ist nicht erschienen. Erst 1925 gelang Hans Leip der große Durchbruch auf dem Literaturmarkt. Sein Seeräuberroman *Godekes Knecht* über das Schicksal Klaus Störtebekers errang Preise und hohe Auflagen und begründete mit vielen weiteren fabulierfreudigen Büchern seinen Nachruhm.   EF

Literaturauswahl

HANS LEIP: *Das Tanzrad. Autobiographie* (1979). Rolf Italiaander (Hrsg.): *Hans Leip. Leben und Werk* (1958). RÜDIGER SCHÜTT: *Dichter gibt es nur im Himmel* (2001).

Lenz, Siegfried {geb. 1926}
Es waren Habichte in der Luft. Roman.

Aufl.: 3000 Expl. Hamburg: Hoffmann und Campe Verlag, 1951. 311 S. 18 x 11,6 cm. Ln. mit Umschl. Umschlag- u. Einband v. Werner Bürger. Gesamtherstellung: Poeschel & Schulz-Schomburgk, Rotenburg an der Fulda.

Mit dreiundzwanzig hielt ich es für nötig, mein erstes Buch zu beginnen«, erinnert sich Siegfried Lenz, »und zwar im Vertrauen darauf, daß die Erfahrungen, die ich im Krieg gemacht hatte, exemplarisch und deshalb mitteilenswert waren.« Siegfried Lenz arbeitete zu dieser Zeit im Feuilleton einer englischen Besatzungszeitung, redigierte nachmittags Kulturnachrichten, besorgte deren Umbruch, saß abends zur Fortsetzung seiner Studien in universitären Seminaren und schrieb in den freien Stunden des Vormittags in einer nicht sehr erquicklichen Häuslichkeit (eine Munitionskiste war das mannigfach eingesetzte Hauptmöbel der Familie) an der atemlosen Geschichte des Volksschullehrers Stenka, der auf der Flucht ist vor vielen realen und fiktiven Verfolgern. Und er war süchtig darauf zu erfahren, wie die Gesellschaft, wenn er einmal mit der Geschichte fertig sein sollte, auf die innere Verfaßtheit des Fliehenden reagieren würde und auf die Umstände seiner vielfältigen Bedrohungen.

Zuerst erschien der Roman in Fortsetzungen. Willy Haas, Gründer und Leiter der *Literarischen Welt*, hatte Lenz mit der Einrichtung von Fortsetzungsromanen geschult, so daß er es probieren wollte, auch seine Desertationsgeschichte in diesen journalistischen Rahmen zu stellen. Zuerst staunte Lenz über die Texte der Voranzeigen, mit denen die »Habichte« durch die Zeitungsspalten flatterten, dann staunte er über die Höhe des Honorars, das er dafür überwiesen bekam und mit dem er seine Lebensumstände merklich verbesserte. Die Fortsetzungsveröffentlichung führte zu einem Vertrag mit dem Verlag Hoffmann und Campe, der den Roman im Frühjahr 1951 in Buchform auf den Markt brachte. Das literarische Debüt wurde – alles in allem – von der Presse gefeiert. »Siegfried Lenz«, so urteilte die *Welt*, »der Fünfundzwanzigjährige, ist mit einem Elan über die Anfangsrunde gegangen, daß man wegen seiner Reserven nicht bange zu sein braucht.« Die Volkstümlichkeit, mit der hier ein literarisches Ereignis beschrieben wurde, strahlte bis in die Redaktionen berufsbezogener Fachblätter, die sich des Romans genauso bemächtigten wie die großen Tages- und Wochenzeitungen und den Autor zum Staunen brachten.

Siegfried Lenz ist den Vorschußlorbeeren von 1951 nichts schuldig geblieben. 1952 erhielt er für sein Erstlingswerk den René-Schickele-Preis; für den darauffolgenden zweiten Roman *Duell mit dem Schatten* (1953) bekam er den Hamburger Lessingpreis. Hohe Popularität erreichte er mit seinen masurischen Geschichten *So zärtlich war Suleyken* (1955), bis ihm schließlich 1968 mit dem Roman *Deutschstunde*, einem Erinnerungsbuch über die Transformation

von Schuld und Verbrechen aus der Nazizeit ins besiegte Deutschland, der große internationale Bestseller gelang.   EF

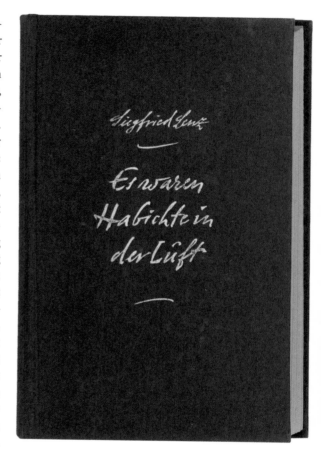

Einband von Werner Bürger

Literaturauswahl
SIEGFRIED LENZ: *Ich kaufte mir ein Kontobuch*; in: Hans Daiber (Hrsg.): *Wie ich anfing …* (1979). VOLKER WEIDERMANN: *Lichtjahre. Eine kurze Geschichte der deutschen Literatur von 1945 bis heute* (2006). Rudolf Wolff (Hrsg.): *Siegfried Lenz. Werk und Wirkung* (1985).

Leonhard, Rudolf
{geb. Rudolf Levysohn, 1889-1953}

Angelische Strophen.

Berlin-Wilmersdorf: Meyer, 1913. 8 Bl.
23,5 x 18 cm. Heft mit einem Titelbild
vom Meister E. S. (= Lyrische Flugblätter.)
Druck: Mai 1913 G. Reichardt in Groitzsch
(Bezirk Leipzig).

Rudolf Leonhard war schon am Beginn seiner Laufbahn der Idealist und Träumer, als den ihn die Nachwelt in Erinnerung behalten hat. Nach langen Jahren des Exils in Frankreich kehrte er erst 1950 nach Deutschland zurück, um sich mit ganzer Kraft dem Aufbau des Sozialismus in der DDR zu verschreiben. Das war seine Schlußfolgerung aus den Verfolgungen der Nazidiktatur und dem Holocaust, dem auch seine Mutter zum Opfer gefallen war.

Der Sohn des Rechtsanwalts und Notars Eugen Levysohn aus Lissa in der Provinz Posen war jüdischer Abstammung, wurde jedoch noch als Kind evangelisch getauft und umbenannt. Nach dem frühen Tod des Vaters erlernte die Mutter den Beruf des Gärtners, um anschließend den Unterhalt der Familie bestreiten zu können. Schon mit siebzehn Jahren bestand Leonhard das Abitur glänzend und ging anschließend nach Göttingen, Berlin, München und wieder Berlin, um Germanistik und Rechtswissenschaft zu studieren. Das erste Fach, das seiner schon in der Schulzeit gewachsenen Neigung zur Dichtkunst entsprach, enttäuschte ihn schwer. Der wissenschaftliche Blick auf die Literatur paßte nicht zu den eigenen praktischen Versuchen, sich eine Verssprache anzueignen. So blieb er beruflich zunächst in der Familientradition, brachte das Jurastudium 1912 zu Ende, ohne allerdings nach einem Zerwürfnis mit seinem Professor die schon begonnene Dissertation fertigzustellen. Schon während der Referendarzeit in Straußberg und Berlin fühlte sich der angehende Dichter vom beruflichen Alltag niedergedrückt. Am Vorabend des Ersten Weltkriegs verließ er den Justizdienst und meldete sich bei Kriegsausbruch freiwillig an die Front. Sogleich begann ein Prozeß der Desillusionierung, der Leonhard schließlich ganz nach links zu Spartakus und der KPD führte.

Noch während des Studiums nahm Leonhard rege am kulturellen Leben in Berlin teil, besuchte Konzerte und die Ausstellungen bei Cassirer. Erste Publikationen von ihm erschienen in literarischen Zeitschriften. Für seinen Roman *Beate und der große Pan* (1918), den er 1909/10 in Straußberg bei Berlin verfaßte, suchte er vorerst vergeblich einen Verleger. Sein Entdecker wurde Alfred Richard Meyer, selbst Dichter und unter dem Pseudonym Munkepunke begnadeter Humorist, der einen kleinen Verlag führte. Dort erschien die Reihe *Lyrische Flugblätter*, in der »alle vier Wochen zum Preise von je

Heftumschlag mit einem Bild des Meisters E. S

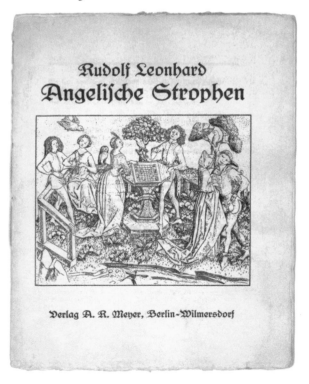

50 Pf.« neue Dichtung publiziert wurde. In dem Heft von Leonhard wurde Werbung gemacht für die nächsten Titel von heute so renommierten Autoren wie Max Dauthendey, Victor Hadwiger, Else Lasker-Schüler und Filippo Tommaso Marinetti. Die Hefte waren auf gutem Papier gedruckt, den Umschlag schmückte eine Illustration, oft von zeitgenössischen Künstlern. Im Fall von Leonhard wurde ein historisches Bild des Meisters E. S. gewählt – eine galante höfische Szene, mit Schrifttafel und einer lesenden Dame. Damit trugen Autor und Verleger dem historisierenden Inhalt des Heftes Rechnung. Bei einigen Titeln gab der Verlag die Auflage an, daraus kann gefolgert werden, daß sie wohl auch im Fall von Leonhards Versen etwa 500 Exemplare betragen haben dürfte.

Thematisch umfaßt der Band das größtmögliche Spektrum: Es geht um nichts weniger als um Gott und die Welt, die Liebe und die Mysterien des Lebens. Zwischen einem Eingangs- und einem Schlußsonett steht eine Vielzahl von Sinnsprüchen nach der Art des Angelus Silesius, dessen Dichtername vielleicht für den historisierenden Titel Pate stand. Ein Engel (lat. »angelus«) tritt aber auch selbst auf. *Das Buch von der deutschen Poeterei* (1624) von Martin Opitz hatte den Gymnasiasten einst »tief entsetzt«, daraus lernte er jedoch zumindest die alten Gedicht- und Versformen wie Sonett und Alexandriner kennen. Was Leonhard mit seinen Strophen predigte, war keine konfessionelle Frömmigkeit. Der Eros hat statt dessen eine zentrale Stellung in Leonhards lyrischem Bekenntnis. Die Metaphern werden öfters geradezu blasphemisch. Über eine Tänzerin heißt es etwa: »Du setzest Deine Brüste Gott als Opfersteine/ Und betest, wirbelst Du die nackten Beine!« Es gibt in dem Band auch luziferische Strophen über die menschlichen Abgründe, letztlich dominiert aber Leonhards Glaube an das Gute

im Menschen, der erst im Schützengraben schwer geprüft werden sollte.

Leonhard blieb bei dem ersten Buch nicht lange stehen. Fast parallel erschien im Saturn-Verlag Hermann Meister ein anderer Gedichtband *Der Weg durch den Wald*, gefolgt von zwei weiteren Gedichtbänden bei Alfred Richard Meyer im Jahr darauf. Darin nähert er sich schon mehr der Formensprache des Expressionismus an. Die Produktivität sollte Leonhard über Jahrzehnte nicht verlassen. CW

Literaturauswahl
Rudolf Leonhard erzählt. Auswahl: Maximilian Scheer (1955). BETTINA GIERSBERG: *Die Arbeit des Schriftstellers Rudolf Leonhard im französischen Exil. 1933 bis 1945.* Diss. (2005). BERND JENTZSCH: *Rudolf Leonhard, »Gedichteträumer«. Ein biographischer Essay, Dokumente und Bibliographie* (1984). Maximilian Scheer (Hrsg.): *Freunde über Rudolf Leonhard* (1958).

Loerke, Oskar {1884-1941}
Vineta. Erzählung.
[1. Tsd.] Berlin: S. Fischer Verlag, 1907. 179 S. 17,3 x 11,5 cm. Br. mit Einbandzeichnung v. E. R. Weiss. Druck von Wilhelm Hecker in Gräfenhainichen.

Oskar Loerke stammte aus einfachen Verhältnissen an der Peripherie des Kaiserreiches. Sein Vater, ein Bauer in Westpreußen, mußte seinen Hof auf Grund einer epileptischen Erkrankung aufgeben und lebte fortan als Rentier in der Kreisstadt Graudenz, wo Sohn Oskar, der Älteste von sieben Kindern, zur Schule ging. 1903 brach Loerke zum Studium nach Berlin auf, um sich dort trotz lebenslanger Anhänglichkeit an seine Heimat für immer festzusetzen. Man kann davon ausgehen, daß er schon in Graudenz den Plan hegte, sich in der Hauptstadt seinen Platz in der deutschen Literatur zu erarbeiten. Er studierte nur

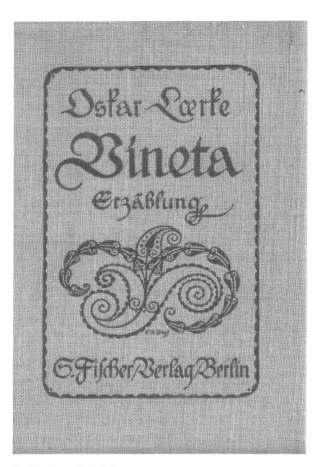

Einband von E. R. Weiss

solange Germanistik, Philosophiegeschichte und Musik, bis er 1907 mit einem Buch in das literarische Leben eintrat. Danach schob er zwei fast fertige Dissertationsschriften beiseite und stellte sich auch nicht dem das Studium abschließenden Examen.

Wie bei manchem anderen Autor lief Loerkes Entdeckung durch das Haus S. Fischer über die seinerzeit führende Literaturzeitschrift *Die Neue Rundschau*. Der Chefredakteur Oscar Bie übergab eine Novelle, die Loerke bei ihm eingereicht hatte, dem Lektorat unter Leitung von Moritz Heimann. Sie wurde zwar zurückgeschickt, doch von der ermunternden Aufforderung begleitet, weitere Werke einzusenden. Mit einem Brief vom 15. Mai

1906 gab Loerke seine Erzählung *Vineta*, an der er von Januar bis April des Jahres gesessen hatte, auf die Post. Am 28. Juli hielt der angehende Autor freudig im Tagebuch fest, daß nur noch der abwesende Verleger zustimmen müsse, dann sei »das kaum Geglaubte fast geschehen«. Bereits ein halbes Jahr später, laut Eintrag im Buch am 15. Februar 1907, erschien der Erstling auf dem Buchmarkt, gedruckt in einer Auflage von 1000 Exemplaren. Es »hat eine sehr gute Ausstattung erhalten, was mich natürlich ungemein erfreute«, schrieb Loerke am 16. Februar mit Blick auf die ornamentale Umschlagzeichnung von E. R. Weiss in sein Tagebuch. »Ich selbst habe das Buch wiedergelesen und kann mir wenigstens bis jetzt das Zeugnis ausstellen, daß es nicht oberflächlich ist, wenn auch bisweilen etwas weichlich und oft unklar und schwerfällig.«

Das Werk handelt von einem Sonntagskind, das im Unterschied zu dem der Vineta-Sage vom Leben nicht gesegnet ist und nach unglücklicher Verlobungszeit einen frühen Tod erleidet. Die märchenhafte Atmosphäre im Stile der Neuromantik leidet etwas unter der kolportagehaften Zuspitzung des Konflikts: Die junge Frau, vor die Wahl zwischen vier Heiratskandidaten gestellt, entscheidet sich, schwach motiviert, für den am wenigsten geliebten und zerbricht wenig später an dem Fehler.

Reaktionen auf Loerkes erstes Buch sind kaum bekannt. Im Marbacher Loerke-Katalog von 1964 findet sich eine Stellungnahme von Emil Strauss, mit dessen Werk Loerke sich während der Arbeit an *Vineta* auseinandersetzte: »Ich bewunderte in ›Vineta‹ Ihre Gabe, das Kleine, in seinem Leben und seiner Wirkung Übersehene als bedeutend, voll zehrenden Lebens, unheimlich wirkend und bestimmend zu sehen und aus einem Menschenschicksal herauszuholen, ohne doch im Allgemeinen die Verhältnisse zu stören und grotesk zu werden, und das mit einer überraschend selb-

ständigen Anschaulichkeit und impressio-
nistischen Frische.« (Brief am 5. September
1909.) Allem Anschein nach war Loerkes
Eintritt in die Literatur von geringer
Resonanz begleitet. Trotz weiterer Bücher
in den folgenden Jahren konnte er sich
materiell kaum über Wasser halten. Daran
änderten auch nichts die anerkennenden
Worte von berühmten Zeitgenossen und
die Verleihung des Kleist-Preises 1913. Erst
die Anstellung im Lektorat von S. Fischer
brachte ihn an den Platz, der sein Leben
bestimmen sollte und ihm den Rückhalt für
das allmählich wachsende literarische Werk
bot. CW

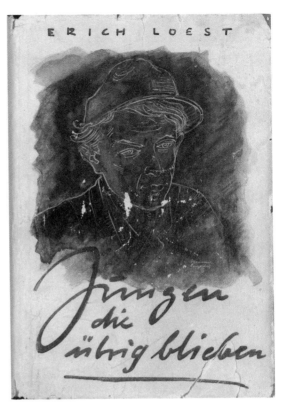

Literaturauswahl
OSKAR LOERKE: *Tagebücher. 1903-1939.*
Hrsg. v. Hermann Kasack (1955). OSKAR
LOERKE, *Briefwechsel mit S. Fischer,* in: Dierk
Rodewald, Corinna Fiedler (Hrsg.): *Samuel*
Fischer, Hedwig Fischer, Briefwechsel mit
Autoren. (1989). Reinhard Tghart u. Tilman
Krömer (Bearb.): *Oskar Loerke 1884-1964. Eine*
Gedächtnisausstellung zum 80. Geburtstag des
Dichters (1964.)

Loest, Erich {geb. 1926}
Jungen die übrig blieben.
Roman.
Aufl.: 12 000 Expl. Leipzig: Volk und
Buch Verlag, 1950. 302 S., 1 Bl.
20,4 x 13,2 cm. Hln. mit Umschl.
Einband- u. Umschlagentwürfe v.
Marianne Langenberg. Druck:
Graphische Kunstanstalten Leipzig.

Dieser erste Roman des vierundzwan-
zigjährigen Leipziger Autors ist ein
Zeitdokument von großer Bedeutung«,
vermerkt der Klappentext zum Erscheinen
des Buches. Hier meldet sich die Jugend
zu Wort, heißt es weiter, und fragt, was
aus ihnen geworden ist, den *Jungen die*
übrig blieben. Die Hauptgestalt des Romans,
Walther Uhlig, ein Oberschüler, dürfte im

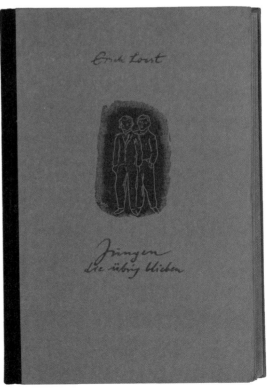

Umschlag und Einband von Marianne Langenberg

Erleben des Krieges, des militaristischen Apparats, des Elends des Zusammenbruchs und der chaotischen Zustände danach mit der Biographie Loests, der selbst als sogenannter Werwolf noch in die Endphase des Zweiten Weltkriegs verwickelt wurde, einigermaßen identisch sein. Loest war nach dem Krieg und dreiwöchiger amerikanischer Gefangenschaft, einem nachgeholten Abitur und kurzer Arbeitsverpflichtung im Leunawerk, Volontär in der Kreisredaktion Rochlitz der *Leipziger Volkszeitung* geworden. Er begann, kleine Geschichten zu schreiben, die in Zeitungen und Zeitschriften veröffentlicht wurden, im Berliner *Sonntag* und in Hans Werner Richters *Der Ruf* in München. Bis 1947/48 sollen etwa 40 miniaturhafte Erzählungen entstanden sein, von denen einige in dem zeitgleich mit dem Roman *Jungen die übrig blieben* erschienenen Erzählband *Nacht über dem See und andere Kurzgeschichten* aufgehoben worden sind, der ebenfalls bei Volk und Buch in Leipzig erschien. Der Verlag pflegte zwischen 1947 und 1949 die Reihe *Humboldt-Bücherei*, die mit klassischer internationaler Literatur und Beiträgen zur Geisteswissenschaft und Kunst beschickt wurde. Der Verlag wurde später im Rahmen der Verlagsprofilierung in der DDR geschlossen, den Autoren wurden andere Verlage zur Zusammenarbeit empfohlen, Erich Loest beispielsweise der Mitteldeutsche Verlag in Halle/Saale.

Bevor es dazu kam, war einiges passiert. Der Roman *Jungen die übrig blieben*, vermutlich schon vor Weihnachten 1949 erschienen und im Copyright aus Vertriebsgründen vordatiert auf das Jahr 1950, war in den Fokus eines Rezensenten namens Otto Müller-Glösa geraten und Anfang 1950 in der *Täglichen Rundschau*, dem Blatt, das von der Sowjetischen Militäradministration kontrolliert wurde, einer vernichtenden Kritik unterworfen worden. Der Rezensent warf dem Autor Standpunktlosigkeit vor. Der Held wäre wie ein schwankendes Rohr und keiner höheren Erkenntnis fähig. Es genüge nicht, den Krieg als schrecklich darzustellen, es müsse auch gezeigt werden, welche Kräfte dahinter steckten. Die Landesleitung der SED in Dresden benutzte diesen Vorgang, mit Loest ein – wie es damals hieß – grundlegendes Gespräch zu führen, das schließlich in die Empfehlung bzw. in das Resultat mündete, Loest als Zeitungsredakteur zu entlassen und ihn in die Produktion zu schicken, um sich ein »proletarisches Bewußtsein« zu erwerben. Auf diese Weise wurde Erich Loest, wie er später sagte, wider Willen zum freien Schriftsteller.

Eine zweite, veränderte Auflage des Romans, mit leichten Retuschen am Helden des Buches, der nun einen verstärkten Aufbauwillen zeigte, erschien 1954 im Mitteldeutschen Verlag Halle/Saale in einer Auflage von 10 000 Exemplaren. Diese Auflage widmete Loest seinem ersten Verleger bei Volk und Buch, Hans Albert Förster, der inzwischen verstorben war. Der Titel wurde verbessert, jetzt wurde das orthographisch korrekte Komma eingefügt: *Jungen, die übrig blieben.* Inzwischen war Erich Loest zu beträchtlicher Popularität gelangt, für die vor allem sein 1952 erschienener Roman *Die Westmark fällt weiter* gesorgt hatte. EF

Literaturauswahl

ERICH LOEST: *Durch die Erde ein Riß. Ein Lebenslauf* (1981). Harald Korall (Hrsg.): *Literatur Almanach zu 25 Jahre Mitteldeutscher Verlag* (1971).

Ludwig, Emil

{geb. Emil Cohn, (1881-1948}

Ein Friedloser.

Dramatische Dichtung in vier Akten.

Wien: C. W. Stern, 1903. VII, 84 S.
20 x 13 cm. Br. Druck: Gesellschafts-
Buchdruckerei Brüder Hollinek, Wien.

In der Regel erkennt der Betrachter im ersten Buch schon viele Züge, die das spätere Werk eines Schriftstellers charakterisieren. Nicht so bei Emil Ludwig, der während der Weimarer Republik zu den bekanntesten und erfolgreichsten deutschen Schriftstellern weit über die Landesgrenzen hinaus gehörte. Namentlich seine politischen Biographien von Bismarck und Wilhelm II. erregten hitzige Debatten, die Ludwig teilweise erbitterte Feindschaft von links und rechts einbrachten. Bei seiner Arbeit kamen ihm die Tugenden und Fähigkeiten des quellenkritisch arbeitenden Historikers, des gründlich recherchierenden Journalisten und des psychologisch frei deutenden Schriftstellers zugute. Von alledem ist bei seinem ersten Buch, einer dramatischen Dichtung in vier Akten, keine Spur zu finden.

Ludwig war der Sohn eines jüdischen Augenarztes in Breslau. Der Vater, allgemein anerkennend »Augen-Cohn« genannt, ließ den Familiennamen Cohn in Ludwig ändern, um den Kindern die Entwicklung zu erleichtern. Er war ein energischer, quirliger Praktiker, der nicht nur viele Patienten, darunter manche Prominenz, zu heilen wußte, sondern auch geschäftlich erfolgreich agierte. Eine ähnlich zupackende Laufbahn erwartete er auch von seinem Sohn, dessen schon im Gymnasium erkennbare Neigung zur Dichtkunst er sarkastisch bekämpfte. Mehr als häusliches Theaterspiel, an dem sich der stets zu Späßen aufgelegte Vater durchaus beteiligte, und gelegentliche Besuche im städtischen Theater wollte er dem Filius nicht zugestehen. »Der

Ruhm ist eine schöne Sache«, zitiert ihn Ludwig in seinen Erinnerungen *Geschenke des Lebens*. »Aber zum Dichter muß man geboren sein. Sehr riskant.« Ludwig fügte sich äußerlich in sein Schicksal, studierte in Heidelberg, Lausanne, Breslau und Berlin Jura, um schließlich in Breslau zu promovieren. Selbst danach war er folgsam und nahm 1904 eine Anstellung im Kohleimperium seines Onkels Friedländer an, ehe er zwei Jahre später den Schritt in die freie Schriftstellerexistenz wagte. Da hatte er schon mehrere Dramen veröffentlicht und noch mehr geschrieben, freilich ohne die Annahme durch die Bühne zu erleben.

Das erste veröffentlichte Stück *Ein Friedloser* entstand während seines Studiums in Breslau. Darin verarbeitete er die eigenen Schwierigkeiten, für seine Dichtung ein tragfähiges Thema sowie im Liebesleben Halt und Erfüllung zu finden. Erotik ohne Ehe war damals in seinen Kreisen undenkbar, sieht man einmal von der Prostitution ab. So stürzte sich der junge Pathetiker in

Broschureinband. Titelblatt s. S. 300

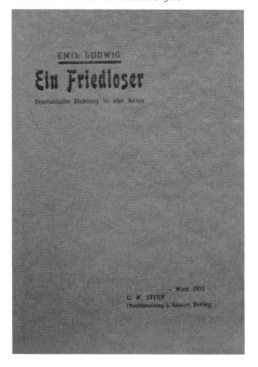

mehrere Verlobungen, die er bald wieder lösen mußte. In dem Dreipersonenstück schwankt die Hauptfigur, Franziskus, ein Maler in einer Schaffenskrise, zwischen der »feurigen« Leonore und der »sanften« Maria, veranschaulicht durch einen See, über den der Held von der einen zur anderen Frau, die in Grotten an den verschiedenen Ufern leben, in stürmischer Nacht rudert. Ludwig kommentierte aus beinahe dreißigjährigem Abstand: »Wie immer in solchen Fällen und Stücken, verdiente nicht der Friedlose das Mitleid, das er reichlich forderte, sondern die Frauen verdienten es, die einem solchen Schwächling ihre Jugend opferten.« Schließlich entscheidet sich der Held für Maria, »die Reine«, und findet in ihr die Muse, die seine Kunst inspiriert. Entwickelt wird das Ganze im klassischen Blankvers, wodurch die Tendenz zum Ätherischen noch verstärkt wird. Wie schon aus diesen wenigen Andeutungen erkennbar, handelt es sich um ein durchschaubares Melodram, das sich allenfalls zum Libretto für eine italienische Oper mit viel Belcanto eignet. Um noch einmal den selbstkritischen Autor zu zitieren: »... jedenfalls war das Psychologische besser als das Dramatische, aber schlechter als das Musikalische.«

Den Verleger fand Ludwig in Carl Wilhelm Stern, der in Wien Inhaber der großen Buchhandlung L. Rosner war und sich seit kurzem mit dem Verlegen von Büchern versuchte. Ludwig schreibt über die Druckgeschichte: »Da ein Wiener Verleger seinen Namen auf dem Titelblatte riskieren wollte, wenn es nichts kostete, so intervenierte meine Mutter; mein Vater, um nicht als Barbar zu erscheinen, bezahlte seufzend zwei- oder dreihundert Mark für den Druck des Buches und machte sich dafür in parodistischen Versen über den friedlosen Sohn lustig...« Fertig war der Druck bereits Ende 1902, wie einer handschriftlichen Widmung im Exemplar von Gerhart Hauptmann zu entnehmen ist. Im Druck trägt das Buch eine Widmung für Carl Hauptmann, den älteren Bruder des Nobelpreisträgers. Ludwig kannte beide Dichter, seit er sich, dreizehnjährig, während eines Erholungsurlaubs in Schreiberhau (Niederschlesien), dem damligen Wohnort der Brüder, mit den Söhnen von Carl angefreundet hatte.

Ludwig schildert in den Erinnerungen sein enttäuschtes Warten auf Rezensionen, vom Vater erbarmungslos kommentiert: »Europa wartet!« Eine einzige sollte es schließlich geben. Beflügelt wurde er immerhin durch einen Brief von Richard Dehmel, der ihm begeistert für die Zusendung des Buches dankte und in dem Stück sein eigenes Schicksal zwischen zwei Frauen erkennen wollte. Gerhart Hauptmann dagegen stellte sein Exemplar, heute aufgehoben in der Nachlaßbibliothek, unaufgeschnitten ins Regal. Merkwürdigerweise führte die Veröffentlichung des Dramas und die Verbreitung eines anderen im Freundeskreis zum Ausschluß Ludwigs aus dem »Philosophenzirkel«, einem studentischen Debattierklub, in dem sich Ludwig zu Hause fühlte. Die Freunde waren empört darüber, daß der Dichter indiskret seine Liebesverhältnisse in den Stücken verarbeitet hatte – ein Urteil, das, allgemein angewandt, fast die gesamte Weltliteratur in Acht und Bann legen würde. CW

Literaturauswahl

EMIL LUDWIG: *Geschenke des Leben. Ein Rückblick* (1931). CHRISTOPH GRADMANN: *Historische Belletristik. Populäre historische Biographien in der Weimarer Republik* (1993).

M

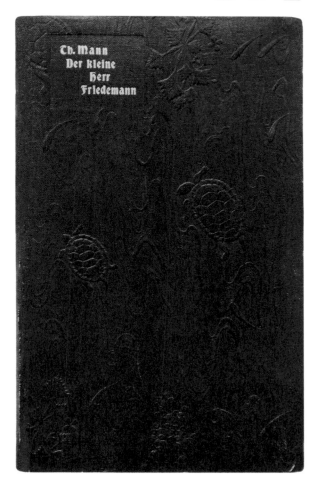

… siehe Seite 323

… siehe Seite 331

… siehe Seite 331

Mann, Heinrich {1871-1950}
In einer Familie. Roman.
München: Druck und Verlag von
Dr. E. Albert & Co., 1894. 269 (+ 5) S.
18,5 x 13 cm. Br.

Heinrich Manns erster Roman entstand in einer großen Umbruchsphase für die Lübecker Familie Mann. Nach dem Tod des Vaters 1891 wurde das alte Familienunternehmen verkauft, während die Mutter, Julia Mann, mit Hilfe ihres Ältesten den Wohnsitz nach München verlegte. Damit endete die alte Patrizierherrlichkeit. Der Verkaufsgewinn wurde nach Verfügung des Vaters fest angelegt. Heinrich erhielt wie die anderen Familienangehörigen

Titelblatt

eine monatliche Ausschüttung aus dem Zinsgewinn, zu knapp für eine dem Bohemien vorschwebende großzügige Lebensgestaltung, dennoch ausreichend für ein Wanderleben, das ihn in jenen Jahren in die Schweiz, nach Frankreich und Italien führte. Vom praktischen Berufsleben, zu dem ihn der Vater angehalten hatte, war nicht mehr die Rede. Eine abgebrochene Buchhandelslehre in Dresden lag hinter ihm. Und auch dem Volontariat im S. Fischer Verlag, Berlin, war er froh entronnen, als ihn eine Lungenkrankheit zu langen Kuraufenthalten, unter anderem in Wiesbaden und Lausanne, zwang. Zum Hintergrund des Buches zählt auch Heinrich Manns ambivalentes Verhältnis zur Familie: Konsequent betrieb er die Lösung von dem elterlichen Haus, richtete sein Leben als Weltenbummler und regelmäßiger Bordellbesucher möglichst unabhängig ein. Andererseits litt er unter der Isolation des Décadent und beneidete den Jugendfreund und Briefpartner Ludwig Ewers um sein Familienglück.

Die Pläne zu dem Roman reichten zurück bis in das Jahr 1891 (Brief an Ewers, 30. September 1891), ein Jahr später fertigte er Notizen über Stoff und Handlungsverlauf an (an Ewers, 24. August 1892). Nach krankheitsbedingter Unterbrechung nahm er nach eigenen Angaben im September 1892 die Fäden in Lausanne wieder auf, um die Niederschrift in Riva am Gardasee im Oktober 1893 zu beenden. Im Juli 1894 erhielt er von Paul Bourget die Erlaubnis, ihm seinen Roman widmen zu dürfen (an Ewers, 6. Juli 1894). Unter dem Einfluß dieses französischen Erzählers und Essayisten hatte er sein Erzählkonzept entwickelt. Bourgets Romane zeichneten sich im Unterschied zum Naturalismus durch psychologische Durchdringung des Stoffes aus. Nicht so sehr die äußeren Umstände als vielmehr die Beschaffenheit der Psyche bestimmen bei ihm das Leben der Menschen.

Für die Fabelbildung stand jedoch Goethes Roman *Wahlverwandtschaften* Pate, bevorzugte Lektüre von Manns Protagonisten Wellkamp. Ehebruch war zudem ein produktives Sujet des ausgehenden Jahrhunderts von Flaubert über Fontane bis zu Strindberg, in deren Werken sich Mann seit seinen Buchhändlerjahren auskannte. Die besondere Note bei Heinrich Mann bestand in der »Treibhaus«-Atmosphäre (Mann) des Romans, der Grundierung der Konflikte durch Geldverhältnisse, dem weitgehenden Absehen von äußeren Handlungsabläufen zugunsten der Psychologisierung und der Schilderung des Boudoirinterieurs.

Cotta, Stuttgart, und Heinrich Minden, Dresden, wollten *In einer Familie* nicht in Verlag nehmen. So mußte Mann ihn auf Wunsch der Mutter, die ihn »»heraus‹ sehen« wollte (an Ewers, 30. April 1894), dem etwas zweifelhaften Münchner Verlag Dr. Eugen Albert & Co. anvertrauen, der einen Druckkostenvorschuß verlangte. Julia Mann »zahlte fünfhundert Mark dem Verleger, den das Buch höchstens zweihundert gekostet haben kann« (Brief an Karl Lemke, 29. Januar 1947). Immerhin konnte das Buch im Oktober 1894 fertiggestellt werden. Die Auflage dürfte nach einer Äußerung von Heinrich Mann über die Verhandlungen mit Albert 900 Exemplare betragen haben (an Ewers, 30. April 1894).

Eine größere öffentliche Wirkung blieb dem Buch vorenthalten. In Lübeck wurde es gelesen. Allein die naturalistische Zeitschrift *Die Gesellschaft*, für die Heinrich Mann mehrfach schrieb, nahm von seinem Erscheinen Notiz (Heft 11, 1894), und noch dazu sehr distanziert: Der Roman »ist fein gearbeitet, aber die psychologische Kleinkrämerei erdrückt eine starke kräftige Wirkung«, konstatierte der Kritiker G. Morgenstern. Heinrich Mann sah seinen Anfang später ähnlich kritisch: »… der Verfasser war 1893, in Lausanne und Florenz, selbst nicht reif, einen Roman zu

schreiben. Der innere Anlaß wird auch gefehlt haben.« (Anhang zum Brief an Lemke vom 29. Januar 1947.) Immerhin ließ er ihn 1898 bei seinem Eintritt in den Verlag Albert Langen (bezeichnet als 2. Aufl.) und 1924 bei Ullstein (in stilistisch überarbeiteter Fassung) neu auflegen. Auch in die neueste Werkausgabe fand er im Jahr 2000 Eingang.   CW

Literaturauswahl
HEINRICH MANN: *Briefe an Ludwig Ewers. 1889-1913. Hrsg. v. Ulrich Dietzel und Rosemarie Eggert* (1980). HEINRICH MANN: *Briefe an Karl Lemke. 1917-1949* (1963). Sigrid Anger u.a. (Bearb.): *Heinrich Mann. 1871-1950. Werk und Leben in Dokumenten und Bildern* (1971). WALTER DELABAR und WALTER FÄHNDERS: *Heinrich Mann (1871-1950)* (2005). MANFRED FLÜGGE: *Heinrich Mann. Eine Biographie* (2006). WILLI JASPER: *Die Jagd nach Liebe. Heinrich Mann und die Frauen* (2007). KLAUS SCHROETER, *Nachwort zu: Heinrich Mann: In einer Familie. Gesammelte Werke in Einzelbänden* (2000). PETER STEIN: *Heinrich Mann* (2002).

Mann, Klaus {1906-1949}
Anja und Esther.
Ein romantisches Stück in sieben Bildern.
Berlin: Oesterheld & Co. Verlag, 1925.
80 S. 19 x 12,6 cm. Br. Druck: Spamersche Buchdruckerei, Leipzig.

Klaus Mann schrieb im Dezember 1924 an Pamela Wedekind, mit der er sich im Juni desselben Jahres verlobt hatte: »Liebe Pamela, Du hast doch Geburtstag um diese Zeit? – Nimm *Anja und Esther* als Gabe. Du mußt es unbedingt in einem Zug lesen, ich glaube schon, daß es, was man so nennt, geglückt ist.«

Der am 18. November 1906 als Sohn von Thomas Mann geborene Klaus Mann war gerade mal 18 Jahre alt, als er das schrieb, und er lebte seit September 1924, von München kommend, in Berlin. So jung er auch war, fungierte er bereits als Theaterkritiker beim beliebten *Zwölf-Uhr-Mittagsblatt*. Für die populäre Tageszeitung schrieb er bis März 1925 allein 31 Theaterkritiken. Wenig später war er Autor der *Weltbühne*. Mit der im Mai 1924 in der *Vossischen Zeitung* abgedruckten Erzählung *Nachmittag im Schloß* konnte er auf eine erste Veröffentlichung als belletristischer Autor verweisen. Das Jahr 1925 sollte für Klaus Mann den Durchbruch als Schriftsteller bringen und für sein Leben eine Zäsur bedeuten.

Beinahe zeitgleich erschienen Ende Mai/Anfang Juni im Hamburger Gebr. Enoch Verlag Manns Novellensammlung *Vor dem Leben* und im kleinen Berliner Oesterheld & Co. Verlag das »Romantische Stück in sieben Bildern« *Anja und Esther*.

Schwierigkeiten, einen Verleger für seine Publikationen zu finden, hatte der junge Autor nicht. »Die Verleger interessierten sich für mein erstes Buch«, schrieb Mann rückblickend. Das waren neben den beiden genannten Verlagen besonders der Paul Steegemann Verlag in Hannover, der ihm nach Kenntnis der Novellensammlung sogleich einen Vertrag anbot. Warum sich Klaus Mann bei der Veröffentlichung seines Stückes für den Oesterheld Verlag entschied und nicht für einen der beiden mit ihm zeitgleich in Verhandlung stehenden Verlage Enoch oder Steegemann, ist nicht überliefert. Es darf aber vermutet werden, daß die bei Oesterheld verlegte französische Moderne, etwa Baudelaire, Flaubert, Gide oder Verlaine, zu der sich Mann besonders hingezogen fühlte, den Ausschlag gab. Überdies war Oesterheld stark auf Theaterrechte fixiert und pflegte gute Kontakte zu deutschen Bühnen.

Wurde die Buchveröffentlichung des homoerotisch geprägten Dramas, das das Problem der Homosexualität noch in eine eigenartig neblige Hülle steckte, vorerst

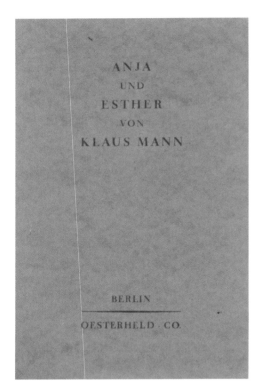

Einband

nur wenig beachtet, änderte sich das mit den ersten Aufführungen am 20. Oktober 1925 an den Münchner Kammerspielen in der Regie von Otto Falckenberg und zwei Tage später an den Hamburger Kammerspielen in der Regie von Gustav Gründgens gründlich. Außerdem löste das Erscheinen des Erzähldebüts *Vor dem Leben* eine regelrechte Besprechungsflut in den Tageszeitungen und wichtigen literarischen Zeitschriften aus. Marktschreierisch und die Besonderheit des Vater-Sohn-Verhältnisses nutzend hatte überdies der Enoch Verlag, bei dem *Vor dem Leben* erschienen war, mehrfach inseriert: »Man wird dieses Buch lesen. Man wird es lesen aus Neugierde und Kuriositätenlust: als das Werk eines Achtzehnjährigen und als das erste Werk von Thomas Manns ältestem Sohne.« Kurz vor den beiden Premieren seines Stückes schrieb Klaus Mann am 11. Oktober 1925 an seine Schwester Erika: »Ich bin allerorts groß plakatiert und überhaupt recht berühmt.«

Daß die Kritiken von *Anja und Esther* besonders hämisch – häufig den Autor verletzend – ausfielen, lag in der Natur der Sache. Die Kritiker, und es waren viele Prominente dabei, konnten und wollten den Autor seiner Jugend wegen nicht anders behandeln als andere Autoren. Zudem dürfte das literarische Licht des Vaters und späteren Nobelpreisträgers Thomas Mann stets einen Schatten auf den Sohn geworfen haben. Auch fiel das Reißerische besonders in der Hamburger Inszenierung auf (in den Hauptrollen spielten neben Pamela Wedekind und Gustav Gründgens der Autor selbst und seine Schwester Erika). Das Stück war sicher kein Geniestreich, literarisch wie dramaturgisch noch zu sehr wabernd und unentschlossen. Aber der Mut, Tabus zu brechen, das Unsagbare sagbar oder erlebbar zu machen, das war anzuerkennen und lohnt noch heute die Lektüre. Einer, der das große Talent Klaus Manns sofort erkannte und zeitlebens begleitete, war Stefan Zweig. Er schrieb dem Autor: »Nur so weitergemacht, lieber Freund! Manche mögen geneigt sein, Sie als den Sohn des berühmten Vaters abzutun. Kümmern Sie sich nicht um solches Vorurteil! Arbeiten Sie! Sagen Sie, was Sie zu sagen haben – es ist eine Menge, wenn mich nicht alles täuscht … «

In der Reihe *Die Graphischen Bücher* bei Faber & Faber Leipzig erschien das Stück als Band 23 mit feinsinnigen Linolschnitten von Wolfgang Henne. MF

Literaturauswahl
KLAUS MANN: *Briefe und Antworten. Bd. I: 1922-1937*. Hrsg. v. Joachim Heimannsberg, Peter Laemmle und Wilfried F. Schoeller (1975).
KLAUS MANN: *Der Wendepunkt*. 1974. Eva Chambrach u. Ursula Hummel (Bearb.): *Klaus und Erika Mann. Bilder und Dokumente* (1991).
Rudolf Wolff (Hrsg.): *Klaus Mann. Werk und Wirkung* (1984).

Mann, Thomas {1875-1955}
Der kleine Herr Friedemann.
Novellen.

[1.-2. Tsd.] Berlin: S. Fischer, Verlag, 1898. 198 (+1) S. 18 x 10,5 cm. Br. / Ldr. (= Collection Fischer.) Druck der Freyhoffschen Buchdruckerei in Nauen.

Der junge Thomas Mann war Novellist und wollte nichts anderes sein. Selbst als er sich an den *Zauberberg* machte, dachte er nur an »eine Art von humoristischem Gegenstück« zur Novelle *Tod in Venedig*. Das erste veröffentlichte Werk war die Novelle *Gefallen*, die von der damals führenden Zeitschrift *Die Gesellschaft* im Oktober 1894 gedruckt wurde. Davon beflügelt schrieb er weitere Novellen und kurze Erzählungen, die er bei verschiedenen Zeitschriften einreichte. Während *Gefallen* am Pult einer Münchner Versicherungsanstalt, bei der er ein Volontariat absolvierte, geschrieben worden war, entstanden die nächsten Arbeiten in italienischen Pensionen, in denen er, teilweise zusammen mit dem Bruder Heinrich, 1895 und 1896 bis 1898 während seiner längeren Italienaufenthalte lebte, sowie in der Münchner Rambergstraße, wo die Mutter mit der Familie nach dem Weggang aus Lübeck ihre erste Wohnung bezogen hatte. Nicht alle eingereichten Arbeiten wurden veröffentlicht, so daß von einigen frühen Texten nur die in Briefen genannten Titel bekannt sind. Mann schulte seine Erzählungskunst an den großen Novellisten des ausgehenden Jahrhunderts wie Storm, Maupassant, Turgenjew und Tschechow. Angespornt wurde er durch die Konkurrenz mit dem älteren Heinrich, der 1894 sein erstes Buch, den Roman *In einer Familie*, und 1897 den Novellenband *Das Wunderbare* veröffentlichte.

Der Weg zum ersten Buch ebnete sich für Thomas Mann, nachdem er die Novelle *Der kleine Herr Friedemann* der *Neuen*

Deutschen Rundschau eingereicht hatte. Sie wurde von dem noch jungen S. Fischer Verlag in Berlin herausgebracht und gehörte zu Manns regelmäßiger Lektüre. Der Redakteur Oscar Bie war von der Novelle angetan, druckte diese im Mai-Heft 1897 und bat um weitere Arbeiten. Wie bei Fischer üblich, machte er Lektorat und Verleger auf das neu entdeckte Talent aufmerksam. Mann stellte ein Manuskript zusammen, das er dem Verlag zum Druck vorschlug. Am 29. Mai 1897 erhielt er zur Antwort: »Ihren Novellenband will ich gern verlegen. Die Sachen haben mir sehr gut gefallen, ich möchte sie mit einem illustrierten Umschlag in meiner ›Collection Fischer‹ bringen.« Für den Umschlag nahm Samuel Fischer den Vorschlag Thomas Manns an, der eine kostenlose Zeichnung eines bekannten Münchner Malers in Aussicht gestellt hatte. Fischer bot ein Honorar von 150 Mark an, für das er sich entschuldigte, weil die erst neu eingerichtete Reihe zu billigen Preisen auf den Markt kommen solle, und wünschte sich, daß Mann ihm künftig alle seine »Produkte« dem Verlag anbieten würde. Dieses erste erhaltene Schreiben aus dem Briefwechsel Manns mit dem Verlag ist auch deshalb so bedeutsam, weil Fischer dem Autor das Schreiben eines Romans vorschlug, für den er wesentlich besser zahlen wollte.

Im September 1897 und Januar 1898 publizierte die *Neue Deutsche Rundschau* als Vorabdruck die beiden Novellen *Der Bajazzo* und *Tobias Mindernickel*. Doch schon Ende 1897 muß das Buch fertig gewesen sein, denn Thomas Mann schenkte Heinrich Mann zu Weihnachten ein Exemplar mit datierter Widmung. An den Buchhandel ausgeliefert wurde es erst im Mai 1898 zum Preis von 2 Mark für das broschierte Exemplar. Bekannt ist auch eine Ausgabe in Leinen. Die Umschlagzeichnung, die nicht signiert ist, wird von vielen Biographen, so von Peter de Mendelssohn, Manns Münchner

Bekanntem Baptist Scherer zugeschrieben. Friedrich Pfäfflin, der einen Katalog über die Buchumschläge von S. Fischer publiziert hat, gibt dagegen als Urheber Wilhelm Schulz an, einen wichtigen Illustrator des *Simplicissimus*. Das Bild zeigt eine mondäne junge Dame mit unbequem großem Hut bei gespannter Lektüre und entspricht dem Charakter des *Simpl* viel eher als dem Inhalt des Buches. Thomas Mann will das Buch »in den Auslagen römischer Librerien liegen sehen« haben, ohne allerdings zu erklären, wie es dort hingekommen war. Sicher nicht auf den Flügeln des Erfolgs, die es nach einem Siegeszug durch Deutschland ins benachbarte Ausland getragen hätten. Denn Fischer mußte ihm am 12. Februar 1900 mitteilen, daß der literarische Erfolg größer als der buchhändlerische gewesen war: »…nach unserer letzten Lageraufnahme vom Juli v.J. hatten wir noch 1597 Exemplare auf Lager.« Bei einer Auflage von 2000 Exemplaren waren das nach Abzug von Freiexemplaren für Autor und Werbung nicht einmal 400 verkaufte Exemplare. Doch die Reihe *Collection Fischer* ging insgesamt schleppend, trotz heute bekannter Namen wie Peter Altenberg, Herman Bang, Otto Erich Hartleben und Peter Nansen, und wurde bald eingestellt.

Der Band enthält die sechs Novellen *Der kleine Herr Friedemann, Der Tod, Der Wille zum Glück, Enttäuschung, Der Bajazzo* und *Tobias Mindernickel*. Die besten Stücke daraus zeigen schon viel von Manns Erzählkunst und thematischen Vorlieben: den Gegensatz von Künstler und Bürger, die Lebensuntüchtigkeit der Hauptfiguren, ihre partielle Todesverfallenheit, körperliche Gebrechen wie Schwindsucht und Buckel als Ausdruck seelischer Nöte und ein unterdrücktes, unglückliches Sexualleben. Gerade in Hinsicht auf die Titelnovelle sprach Thomas Mann später von der »Niederlage der Zivilisation, dem heulenden Triumph der unterdrückten Triebwelt« als

Broschureinband, wahrscheinlich von
Wilhelm Schulz

einem Lebensthema, das ihn seither nicht mehr losgelassen habe. In der Titelnovelle *Der kleine Herr Friedemann* hat sich ein behinderter Mann mit den ihm aufgezwungenen Einschränkungen abgefunden, lebt zurückgezogen mit seinen unverheirateten Schwestern, geschäftlich auskömmlich, dem Kunstgenuß hingegeben. Als eine schöne, verführerische Frau in seine Lebenssphäre tritt, packt ihn die Lust auf das andere Geschlecht. Weil diese unerfüllbar ist, macht Friedemann dem Elend ein Ende und geht ohne Umschweife ins Wasser.

Den literarischen Erfolg maß Samuel Fischer zweifellos an den Rezensionen, die für ein erstes Buch erstaunlich einhellig positiv ausfielen. Der Berner *Bund* sprach von »sechs kleinen Kabinettstücken psychologischer Feinmalerei«. In der *Neuen Badischen Landeszeitung* war zu lesen: »Es ist schwer zu sagen, welchem dieser Stücke der Vorrang gebührt. Jedes ist in seiner Art vollendet und wenn, wie es scheint, der Autor ein Homo novus in der Litteratur ist, so darf man Höchstes von ihm erwarten.« Das größte Lob kam von dem österreichischen Dichter Richard Schaukal: »Das sind die besten deutschen Geschichten, die man seit Saars Novellen bei uns lesen kann. Mit einer sorgfältigen, ich möchte sagen gravitätischen Deutlichkeit, sehr unjugendlich und in rührender Lust am Erzählen sind sie von einem überaus gescheiten Dichter zu eigener Freude geschrieben. ... Man wird sich den Autor merken; er ist ein reiner, sicherer, erfahrener Künstler.« CW

Literaturauswahl
KLAUS HARPPRECHT: *Thomas Mann. Eine Biographie* (1995). HERMANN KURZKE: *Thomas Mann. Das Leben als Kunstwerk* (1999). FRIEDRICH PFÄFFLIN: *100 Jahre S. Fischer Verlag. 1886-1986. Buchumschläge* (1986). PETER DE MENDELSSOHN: *Der Zauberer. Das Leben des deutschen Schriftstellers Thomas Mann* (1975). RICHARD WINSTON: *Thomas Mann. Das Werden eines Künstlers. 1875 bis 1911* (1985).

TERENCE J. REED: *Kommentar zu Mann, Frühe Erzählungen 1893-1912.* GKFA, Bd. 2.2 (2004). Hans Wysling und Yvonne Schmidlin (Hrsg.): *Thomas Mann. Ein Leben in Bildern* (1994).

Maurer, Georg {1907-1971}
Ewige Stimmen.
Gedichte.
Leipzig: H. Haessel Verlag, 1936. 50 S.
19,5 x 12,5 cm. Br.

Georg Maurer ist der Nachwelt vor allem bekannt als Lehrergestalt, um derentwillen sich angehende Dichter geradezu in das Literaturinstitut Leipzig drängten. Er führte sie mehr disputierend als dozierend in die Formenprobleme der Dichtung ein, vermittelte das handwerkliche Rüstzeug, das der Begabung auf ihrem Weg zur Entfaltung nützlich sein konnte. Maurer hatte selbst viele Gedichtformen erprobt, ehe er in fortgeschrittenen Jahren mit seiner Weltanschauungslyrik ein größeres Publikum in der DDR erreichte. Später gelten lassen wollte er erst den Band *Elemente* (1955) mit freien Rhythmen und den mit jahrelanger Verzögerung publizierten *Dreistrophenkalender* (1961), während er sein Frühwerk dezidiert ablehnte.

Maurer entstammte einer deutschen Familie aus dem damals zum Habsburgerreich gehörenden Siebenbürgen und wuchs im rumänischen Bukarest auf, wo der Vater als Lehrer eine Anstellung gefunden hatte. Die häuslichen Verhältnisse waren so ärmlich, daß der Vater und ein Bruder auf einer Matratze am Fußboden schlafen mußten, während Maurer sich mit dem anderen Bruder ein Bett teilte. Zuhause sprachen sie Siebenbürger Sächsisch, so daß Maurer erst in der Schule mit dem Hochdeutschen näher vertraut wurde. Dank eines Stipendiums für Auslandsdeutsche gelangte Maurer neunzehnjährig nach Deutschland, dem Sehnsuchtsziel für so

Ma
325

viele ehrgeizige junge Rumäniendeutsche. Hier erlebte er die Segnungen der Zivilisation wie elektrisches Licht und fließend Wasser, blieb aber auf Unterstützung von Wohltätern angewiesen. In Berlin und vor allem Leipzig studierte er Germanistik, Philosophie und Kunstgeschichte, unter anderem bei so renommierten Vertretern ihres Faches wie dem Philosophen Hans Driesch und dem Germanisten Georg Witkowski. Nachdem er schon eine kunsthistorische Dissertation über den italienischen Maler des Manierismus Federico Fiori begonnen hatte, brach er das Studium 1933 ab, um Dichter zu werden. Dazu ermutigt hatten ihn erste Veröffentlichungen in der Siebenbürger Kulturzeitschrift *Klingspor* und die Mitarbeit an der *Neuen Leipziger Zeitung*, für die er neben Lokalnachrichten regelmäßig (»jämmerlich bezahlte«) Beiträge für das Feuilleton schrieb. Der Literaturwissenschaftler Klaus Werner hat die Anfänge Maurers im Kontext der Zeitschrift *Klingspor* untersucht und kommt zu dem Schluß, daß er sich derem völkischen Profil, das von dem Herausgeber Heinrich Zillich vorgegeben wurde, in mancher Hinsicht anpaßte, dabei jedoch im Ästhetischen blieb, das Politische bewußt oder unbewußt ausklammernd.

In *Klingspor* erschienen auch seit 1926 die ersten Gedichtpublikationen, von denen einige Zyklen den Kern des ersten Gedichtbandes *Ewige Stimmen* bilden, so *Die Schöpfung, Die Passion, Luther im Kloster, Frohes Erheben* und *Odin*. Maurer erläuterte in dem autobiographischen Text *Über mich* (1956), daß die Beschäftigung mit Rilke den Anstoß zu seinen frühen Gedichten gegeben habe, besonders mit dem *Stundenbuch*. »Ich schrieb als 23jähriger *Passionssonette*. Ich betonte die Kraßheiten des Martyriums, um die Unzerstörbarkeit der Person Christi um so mehr hervorzuheben.« Laut einer Notiz im Nachlaß beklagte Maurer sich angesichts der Rezensionen zu seinem Buch über

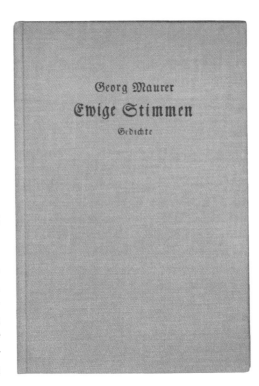

Einband

die einseitige Einordnung in die Nachfolge Rilkes und Georges und freute sich statt dessen über die Erwähnung von Hölderlin und dem Maler Matthias Grünewald, denen er sich »verwandter fühle«. Wie Grünewald interessierten Maurer an Jesus die Leiden der Kreatur und am Reformator die Anfechtungen. Während Maurer sich in den Zyklen *Die Schöpfung* und *Die Passion* mit den christlichen Mythen auseinandersetzte, versuchte er analog dazu in dem Zyklus *Odin* die Welt der germanischen Götter und Helden wie Odin, Siegfried und Wieland lyrisch zu beleben. Er hatte sie in der *Edda* kennen- und schätzengelernt, ohne allerdings für das Gedicht ein tragbares Konzept zu finden. Allenfalls eine Bewunderung des Heldischen ist auffallend. Persönlicher sind dagegen die Liebesgedichte, die wohl Frucht der Liebesbeziehung zur Tochter eines Erfurter Textilunternehmers sind. Er war einige Zeit mit ihr verlobt und bezog aus Erfurt »seine Anzüge, die er sorgfältig hielt, über Jahre trug«, wie der Biograph Gerhard Wolf schreibt.

Wie Maurer zu seinem Verlag kam, ist nicht überliefert. Es handelte sich um einen alteingesessenen kleinen Leipziger Verlag, der vor allem durch die Herausgabe von Conrad Ferdinand Meyer bekannt war. Er verlegte auch zeitgenössische Autoren, neben Ricarda Huch auch deutschnationale Protagonisten wie Hermann Burte und Adolf Bartels. Ehe H. Haessel das Wagnis, den ersten Gedichtband eines unbekannten Autors zu verlegen, einging, schrieb er das Buch zur Subskription aus, wie dem Brief Heinrich Zillichs an Maurer vom 11. Juli 1936 zu entnehmen ist.

Das Buch muß wohl zu Weihnachten 1936 fertig vorgelegen haben, denn in der Nr. 347 der *Neuen Leipziger Zeitung* erschien die erste Rezension, wie alle Zeitungsausschnitte von Maurer leider ohne genaues Datum versehen. Die Resonanz des Buches war auf den ersten Blick erfreulich, anderthalb Dutzend Zeitungsausschnitte finden sich im Nachlaß. Genau genommen sind es aber meist nur Annotationen, viele in Sammelbesprechungen zu Lyrikneuerscheinungen versteckt. Die Urteile fallen pauschal aus, sind immerhin meist freundlich. Aus dem Rahmen fiel ein martialisches Votum im Reichssender Saarbrücken, das die Wahl der teils christlichen Stoffe bemängelte, es endete: »Deutsch sein, heisst klar sein.« Ein zweiter Gedichtband kam nach Kriegsbeginn und der daraufhin einsetzenden Beschneidung der Buchproduktion bis 1945 nicht mehr zustande. Nach der Rückkehr aus der Gefangenschaft 1945 war Maurer 39 Jahre, »für einen Lyriker ein hohes Alter, wenn er neu anfangen muß«, resümierte er später den mühsamen Weg zur Anerkennung in völlig veränderten gesellschaftlichen Verhältnissen. CW

Literaturauswahl
CHRISTEL HARTINGER (Auswahl): *Georg Maurer. 1907-1971. »Ach, das einfachste Wort gib mir ein…« Georg Maurer im Dialog* (1997). Leipziger Städtische Bibliotheken (Hrsg.): *Georg Maurer. 1907-1971. Nur wenn die Bewegung aufhört, ist Starre und Langeweile… Mit einem Essay v. Walfried Hartinger* (1992). Gerhard Wolf (Hrsg.): *Dichtung ist deine Welt. Selbstaussagen und Versuche zum Werk Georg Maurers* (1973). Gerhard Wolf, Eva Maurer, Walfried Hartinger (Bearb.): *Bleib ich, was ich bin? Teufelswort, Gotteswort. Zum Werk des Dichters Georg Maurer* (1998).

Mayröcker, Friederike {geb. 1924}
Larifari.
Ein konfuses Buch.
Wien: Bergland Verlag, 1956. 51 S.
19 x 11,7 cm. Pp. (= Neue Dichtung aus Österreich. Hrsg. v. Rudolf Felmayer. Bd. 18.) Druckerei: Elbemühl AG, Wien IX.

Larifari ist ein Lehnwort aus dem Italienischen und bedeutet soviel wie Gerede, Geschwätz, Unsinn. Mit diesem betont anspruchslosen, ironischen Titel machte die Autorin sichtbar, daß sie ihr erstes Buch distanziert betrachtete – ein vorläufiges Produkt auf einem langen Weg hin zum eigenen Stil. Die Texte dazu hatte sie meist bereits in Zeitschriften, Zeitungen und Anthologien veröffentlicht. Über einen längeren Zeitraum seit 1951 entstanden, waren sie inhaltlich und formal verschiedenartig. Es finden sich impressive Beschreibungen von Örtlichkeiten, Erinnerungsetüden, kleine pointierte Geschichten aus dem Alltagsleben, mythologische Stücke und Traumskizzen. Die Texte sind nur wenige Zeilen bis höchstens zwei Seiten lang. Im Unterschied zur zeitkritischen, dramatisch zugespitzten Kurzgeschichte der Nachkriegszeit sind sie unprätentiös und auffällig handlungsarm. »… ich habe immer vermieden, eine Story zu machen, d. h. ich sehe überhaupt nirgends eine Story. Ich sehe auch im Ablauf meines Lebens oder im Leben überhaupt keine storyähnlichen Erscheinungen«, umriß Mayröcker 1975 in einem Interview ihre Poetik.

Mayröcker schrieb bereits seit der Schulzeit vor allem Gedichte und Kurzprosa und hatte erste Veröffentlichungen schon in der frühesten Nachkriegszeit vorzuweisen, unter anderem 1946 in der avantgardistischen Zeitschrift *Plan*. Sie war mit den jungen Autoren der »Wiener Gruppe« gut bekannt und hatte mit ihrem Lebensgefährten Ernst Jandl seit 1954 einen Partner an der Seite, der ihren Weg verständnisvoll unterstützte. Ihre Aussichten als Schriftstellerin betrachtete sie dennoch skeptisch. Sie war von Beruf Englischlehrerin und blieb »vierundzwanzig Jahre für ein lächerliches Gehalt« im Schuldienst, bis sie eine Frühpension bekam und sich davon zusammen mit den weiterhin spärlich einlaufenden Honoraren eine unabhängige Existenz erlauben konnte.

Die Möglichkeit zu einem ersten eigenen Buch ergab sich durch das Angebot von Rudolf Felmayer, einem älteren Dichter und Rundfunkredakteur, der von 1955 bis 1970 im Bergland Verlag Wien die Buchreihe *Neue Dichtung aus Österreich* herausgab, die mit Mitteln des Bundesministeriums für Unterricht finanziert wurde. Mayröcker beteiligte sich 1955 an der in dieser Reihe erscheinenden Anthologie *Ernstes kleines Lesebuch* mit mehreren mythologischen Prosaskizzen, die ein Jahr später auch in *Larifari* aufgenommen wurden. In der Reihe erschienen neben älteren Autoren wie Felix Braun und Rudolf Kassner auch manche neue Namen, so im selben Jahr wie Mayröcker Ernst Jandl mit seinem ersten Buch *Andere Augen*. Beide Bücher teilten das Schicksal, bei Publikum und Kritik ohne Echo zu bleiben. Sie »wurden so gut wie nie verkauft, weder sein Buch noch meines erfuhr Widerhall«, resümiert Mayröcker 2007 ihre tief schwarzen Erinnerungen an *Larifari*. Die Bibliographie von 1984 verzeichnet keine einzige Rezension. Es vergingen neun Jahre zurückgezogener Arbeit und vergeblicher Versuche, einen Verlag zu finden, ehe 1965 das zweite Buch *metaphorisch*

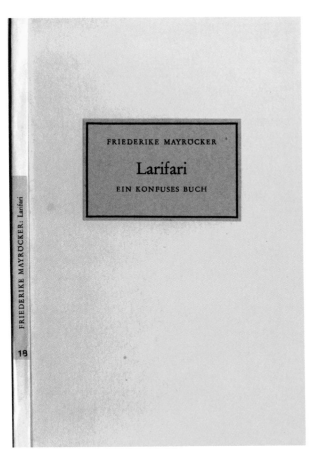

Einband

gedruckt wurde. Damit begann der kaum mehr unterbrochene Strom von beinahe jährlich erscheinenden neuen Büchern.
CW

Literaturauswahl
FRIEDERIKE MAYRÖCKER: *Notiz zu »Larifari. Ein konfuses Buch«*; in: Renatus Deckert (Hrsg.): *Das erste Buch. Schriftsteller über ihr literarisches Debüt* (2007). Gerhard Melzer u. Stefan Schwar (Hrsg.): *Friederike Mayröcker* (1999). Daniela Riess-Beger (Bearb.): *Lebensveranstaltung: Erfindungen, Findungen einer Sprache. Friederike Mayröcker. Ausstellungskatalog* (1994). Siegfried J. Schmidt (Hrsg.): *Friederike Mayröcker* (1984).

Mehring, Walter {1896-1981}
Einfach klassisch.
Eine Orestie mit glücklichem Ausgang.
Ein Puppenspiel.

Mit 3 Abb. nach Orig.-Grosz-Heartfield-Puppen. Berlin: Verlag Adolph Fürstner, 1919. 31 S. 18 x 12,6 cm. Br. Druck: Carl Marschner, Berlin.

Der Verlag Adolph Fürstner, 1868 gegründet, wurde in Deutschland als ein renommierter Musikverlag angesehen. Er gab Noten, Klavierauszüge und Textbücher von Opern heraus. Richard Strauss, Richard Wagner, Georges Bizet und andere bedeutende Musiker der Zeit waren Autoren des Hauses. Wenn Walter Mehrings Erstlingswerk dort erschien, liegt die Vermutung nahe, daß die Buchausgabe des Stücks nicht im Vordergrund stand, sondern das Textbuch als Aufführungsgrundlage für die Bühne, wenngleich ein Klavierauszug der Musik von Friedrich Hollaender dazu im Verlag nicht auszumachen war.

Walter Mehring, der in einer künstlerisch geprägten, jüdischen Familie aufwuchs, die Mutter Sängerin, der Vater Übersetzer und Chef des *Ulk*, einer satirischen Beilage des *Berliner Tageblatts*, war schon im Elternhaus mit Künstlern bekannt geworden, so mit Lyonel Feininger, der Zeichner beim *Ulk* war. In der Berliner Boheme, im »Café Größenwahn«, traf er die Avantgarde. Aus der Zeit von 1914/15 rührte auch seine Bekanntschaft mit Herwarth Walden her, in dessen Zeitschrift *Der Sturm* er einige seiner ersten Gedichte veröffentlichte, die in Syntax und Sprachgefühl von der Poetik des *Sturm*-Kreises beeinflußt waren. 1917/18 gründete er die Berliner Dada-Sektion mit. Er veröffentlichte Gedichte in den Dada-Zeitschriften *Der blutige Ernst* und *Die Pleite*. Das war gewiß auf seine Bekanntschaft mit George Grosz

zurückzuführen. Häufig waren die Schriften fast schneller verboten, als sie erschienen. 1919, im Jahr des Erscheinens seines Erstlingswerks, schrieb Mehring noch viele andere Texte für Berliner Cabarets, vorrangig für Max Reinhardts *Schall und Rauch*, wo er mitunter selbst mitwirkte. Alles, was er schrieb, war antibürgerlich, wie die ganze Moderne, antimilitaristisch, politisch sehr pointiert, mit zum Teil radikalen Wendungen. Diese Art von Kritik, sprachlich durchaus vom Dadaismus inspiriert, brachte Mehring die Bewunderung des jungen Brecht ein, und auch die von Kurt Tucholsky. Tucholsky feierte dann 1920, als bereits ein Strafverfahren gegen Mehring wegen Verächtlichmachung der Reichswehr und Verbreitung unsittlicher Schriften angestrengt wurde, seine zweite Buchveröffentlichung *Das politische Cabaret. Chansons, Songs und Couplets* in der *Weltbühne* enthusiastisch.

Einfach klassisch!, Mehrings Erstlingswerk, gewissermaßen eine Dada-Parodie auf die Orestie des Aischylos, wurde am 8. Dezember 1919 in Berlin aufgeführt. Das Puppenspiel schloß das Programm des Eröffnungsabends für das dritte Schall-und-Rauch-Kabarett ab. Im Großen Schauspielhaus. Das Original von Aischylos wurde gleichzeitig im großen Saal des Reinhardt-Theaters aufgeführt. George Grosz hatte für das Puppenspiel das Bühnenbild entworfen. Die Marionetten baute John Heartfield. Dadaisten störten den Abend. Sie protestierten gegen die »unfertige und entstellte Aufführung des Puppenspiels« und gegen die »Verunglimpfung dadaistischer Prinzipien«, wie es in einer Besprechung der Aufführung vom 9. Dezember 1919 im *Berliner Tageblatt* hieß. Danach fand das Puppenspiel kaum mehr Erwähnung, nicht in Monographien zur Berliner Dada-Bewegung und nicht einmal in literaturgeschichtlichen Betrachtungen zu Mehrings Gesamtwerk. Ob

Broschureinband mit
Grosz-Heartfield-Montage

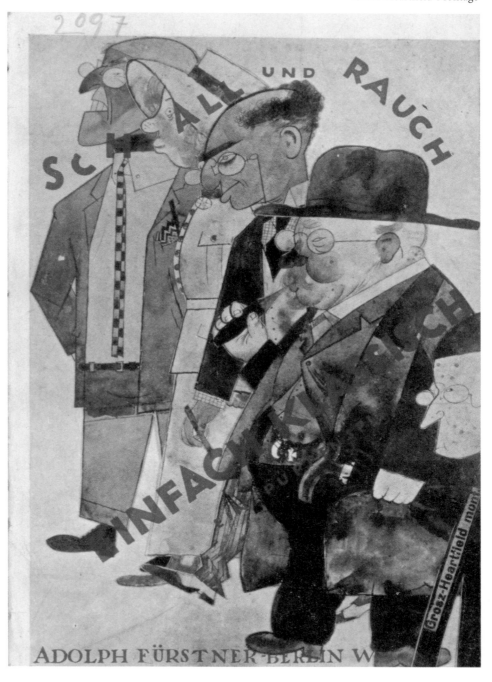

es zu einer weiteren Aufführung kam, ließ sich nicht verläßlich feststellen, aber daß es Nachwirkungen hatte, das ist gewiß. So wollen wir ein Puppenspiel von Hans Leip, das 1919/20 für eine Puppenspielbühne in Hamburg entstand und 1921 im dortigen Verlag Hammerich & Lesser erschien, *Der betrunkene Lebenskelch*, in der Nachfolge von Walter Mehring sehen, zumal auch dies »nicht für Spießer, Gouvernanten und Ofengreise« bestimmt war.

Mehrings Erstlingswerk *Einfach klassisch!* dokumentierte eine Komik, die eigenwillig war. Hinreißend die Marionettensprache und die Verknüpfung von Absurdem und Mechanischem als theatralischem Pendant zu den Dada-Manifestationen jeglicher Couleur. *Einfach klassisch!* steht am Beginn der Laufbahn des exzellenten und jederzeit politisch motivierten Sprachkünstlers Walter Mehring, der den Vergnügungsbetrieb der Weimarer Republik mit schonungslosen zeitkritischen Texten aufmischte. Neben Brecht, Kästner und Tucholsky wurde Mehring zu einem der geachtetsten Lyriker und einem der vielseitigsten Künstler seiner Zeit überhaupt. EF

Literaturauswahl
WALTER MEHRING: *Verrufene Malerei. Berlin Dada. Erinnerungen eines Zeitgenossen und 14 Essais zur Kunst* (1983). FRANK HELLBERG: *Walter Mehring. Schriftsteller zwischen Kabarett und Avantgarde* (1983).

Meidner, Ludwig {1884-1966}
Im Nacken das Sternemeer.
Mit zwölf Zeichnungen. Leipzig: Kurt Wolff, (1918). 82 S., 12 Taf. 26 x 20,5 cm. Pp. mit Deckelzeichnung. Druck: G. Kreysing in Leipzig.

Ludwig Meidner gehört zu den nicht wenigen Künstlern, die literarisches Talent besaßen und dieses durch bedeutsame Bücher unter Beweis stellten. Doch sein schriftstellerische Werk war schmal, und der Nachruhm beruhte auf nur zwei schmalen Bändchen, die am Ende des expressionistischen Jahrzehnts kurz hintereinander erschienen: *Im Nacken das Sternemeer* (1918) und *Septemberschrei* (1920). In den späten Lebensjahren bereute Meidner, daß er bei allem notwendigen Einsatz für die Malerei seine literarischen Ambitionen nicht weiter verfolgt habe. Nicht einmal diese beiden Bücher wären entstanden, hätte ihn nicht die Einberufung zum Kriegsdienst 1916 aus allen künstlerischen Plänen gerissen.

Geboren als Sohn eines bescheidenen Textilkaufmanns in der schlesischen Kleinstadt Bernstadt, war er der vorgezeichneten Lebensbahn früh entwichen. Weder wollte er in die Fußstapfen des Vaters treten noch die Maurerlehre absolvieren, die ihn nach einem Zugeständnis der Eltern auf die Architektenlaufbahn vorbeiten sollte. Selbst das Kunststudium an der Breslauer Kunst- und Gewerbeschule unter dem jungen Rektor Hans Poelzig war ihm zu akademisch und lebensfremd. Nach einem Aufenthalt in Paris fand er in Berlin die Stätte, an der sich sein Künstlertum entfalten konnte. Enthusiastisch stürzte er sich in das Großstadtleben, begeisterte sich an Verkehr, Industrialisierung und Bauboom und litt an der Armut und Verelendung der Menschen durch die Zivilisation. Er genoß das Nachtleben, war in den Cafés der Künstler und Literaten zuhause, nament-

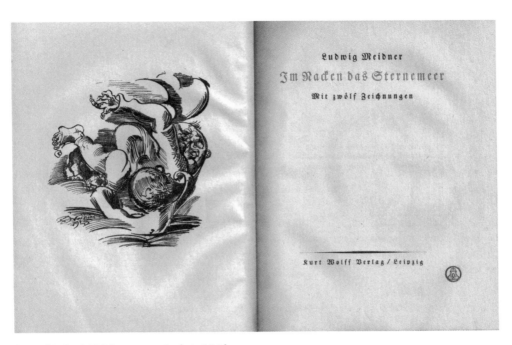

Doppeltitel mit Zeichnung von Ludwig Meidner

lich im »Café des Westens«, »Romanischen Café« und im »Café Kranzler«. Zeitweise war sein bescheidenes Atelier in Berlin-Friedenau, Wilhelmshöher Straße 21, Treff der Freunde und Weggefährten. Viele hat er in Porträts festgehalten, wie Johannes R. Becher, Max Herrmann-Neiße, René Schickele, Alfred Wolfenstein und Paul Zech. Seine Bilder fanden zwar bei den Museen und Zeitungsfeuilletons keine Anerkennung, wurden jedoch in der expressionistischen Szene teils begeistert aufgenommen. Besonders seine »Apokalyptischen Bilder«, die noch vor dem Krieg die Zukunft in düstersten Farben malten, mit Gewaltexzessen, Vulkanausbrüchen, Kometeneinschlägen und anderen Naturkatastrophen, brachten das katastrophische Zeitgefühl auf den Punkt.

Dabei war Meidner alles andere als ein scharfer Zeitkritiker, der von einer festen Position aus die Gebrechen der Gesellschaft ins Visier nahm. Er war ein Suchender, der unter der Gottlosigkeit der modernen Zivilisation litt. Nach einer atheistischen Phase hatte er 1912 ein Erweckungserlebnis noch ganz außerhalb der Konfessionen,

das ihn jedoch nicht mehr los ließ. Selbst sein Engagement für den Sozialismus nach der Novemberrevolution 1918 war von Erlösungshoffnungen beflügelt. Erst nach der Niederschlagung der Revolution wandte er sich dem Glauben seiner Vorfahren zu, wurde praktizierender orthodoxer Jude.

Von allen diesen Erlebnissen und Erschütterungen leben die beiden Bücher Meidners. Es handelt sich dabei um Bekenntnisprosa, die keinen Erzählstrukturen folgt, sondern geradezu eruptiv das Innere der Künstlerseele offenbart. Die seelische Verfassung des Autors kann schwankender nicht sein und reicht vom Übermut künstlerischer Selbstapotheose bis zu düstersten Suizidgedanken. Wenn Meidner auch keine Geschichten erzählen will, haben doch alle Texte ein klar erkennbares Thema, das wortgewaltig in lyrischer Sprache entfaltet wird. Die Genrebezeichnungen Hymne, Gesang und Klage zeigen, daß Meidners Prosa von der Lyrik inspiriert ist.

Meidner schrieb diese »Alarmrufe eines Malers … in flackernder Wachbaracke«, wie es in der gedruckten Widmung für

Ernst Gosebruch in Essen hieß. Nach einer Ausbildung in Crossen an der Oder war er zu den Wachmannschaften eines Kriegsgefangenenlagers bei Cottbus abkommandiert worden und mußte hier Dolmetscherdienste und Briefzensur leisten. Immerhin blieb ihm offenbar auf Grund seiner schwachen körperlichen Konstitution der Einsatz an der Front erspart. Doch auch der rückwärtige Dienst besaß seine Schrecken, wie der Autor in seinem Buch da und dort aufblitzen ließ.

Am 28. Januar 1917 wandte sich Meidner an Kurt Wolff, bei dem schon 1915 sein Mappenwerk *Straßen und Cafés* und Illustrationen zu einem Buch von Mynona erschienen waren, um ihm »ein größeres Manuskript fast fertiger Prosastücke« anzubieten. »Ich möchte das Buch, das reife, intensive und metaphysisch bewegte Dichtungen in Prosa enthält, nennen: ›Im Nacken das Sternemeer‹«. Nach einem Prozeß des Sondierens und Feilens am Text kristallisierte sich ein Druckmanuskript von zwölf Texten heraus, das laut einem Brief von Meidner an den Verlag im September 1917 schon gesetzt war. Dann blieb das Buch in der Militärzensur hängen. Der Autor wollte es schon aufgeben, wie ein Brief vom 14. Januar 1918 an Rose Friedrich offenbart: »Der Leipziger Zensor hat fast auf jeder Seite etwas gestrichen. … Die Frechheit u. Anmaßung so eines Zensors ist grenzenlos. Es handelt sich nicht etwa um politische oder den Krieg betreffende Stellen, die beanstandet worden sind – sondern es wird an banalen Ausdrücken, Satzgebilden, hymnischen Ausrufen, überhaupt an farbigerer Ausdrucksweise Anstoß genommen.« Die Forschung kennt einige Beispiele für die Änderungen, die Autor und Verlag schließlich um des Druckes willen vornahmen. Meidner mußte nicht nur auf Bagatellen eingehen, sondern vor allem Spitzen gegen Krieg und Militarismus abmildern.

Das Buch enthält neben dem Text einen Zyklus von zwölf Zeichnungen, die keine Ilustrationen von Textstellen darstellen, sondern nur im weiteren Sinn inhaltlich mit der Prosa korrespondieren. Sie zeigen neben einem Selbstporträt Büßer und Beter, die ohne Hintergrund dargestellt sind, in verdrehter Körperhaltung, mit dramatisch ausgestreckten Händen, das Gesicht zermartert. Es sind Abbilder von Meidners zerrissener Seele.

Im Sommer 1918 war das Buch endlich da, im August und September wurde es von mehreren bedeutenden Kritikern besprochen. Wilhelm Hausenstein (*Münchner Neueste Nachrichten*, 23. August 1918) sah darin »eine wesentliche Urkunde, an der unsere verworrenen, reißenden, mit Schmerz getränkten Tage künftig erkannt sein werden.« Alle waren beeindruckt von dem Furor, der aus Meidners Prosa spricht. »So etwas ist Zunder, den jeder Funke zur Lohe aufschlägt«, schrieb Paul Westheim in einem 1923 erschienenen Buch, »Mit dem heiligen Feuer der Überzeugung stiebt's aus ihm heraus.«

Meidner selbst verwarf bald die allzu deutliche Offenbarung seiner nun hinter ihm liegenden Zerrissenheit. In einer *Autobiographischen Plauderei* von 1923 heißt es: »Den Spleen, die Übergeschnapptheit und Schamlosigkeit, welche in meiner früheren Prosa walteten, habe ich weit, weit hinter mir gelassen und so sehr hat mich der Gottesglaube geklärt und nüchtern gemacht, daß ich heute nur noch mit tiefer Schamröte in jenen jugendlichen Arbeiten lesen kann.« Meidner hatte seinen Frieden mit Gott und der Welt gemacht, allerdings um den Preis, seine beste Schaffensphase hinter sich zu lassen.   CW

Literaturauswahl
Gerda Breuer und Ines Wagemann (Hrsg.): *Ludwig Meidner. Zeichner, Maler, Literatur. 1884-1966.* 2 Bände (1991). Ludwig Kunz (Hrsg.):

Ludwig Meidner. Dichter, Maler und Cafés
(1973). LOTHAR LANG: *Expressionismus und*
Buchkunst in Deutschland 1907-1927 (1975). GER-
HARD LEISTNER: *Idee und Wirklichkeit. Gehalt*
und Bedeutung des urbanen Expressionismus
in Deutschland, dargestellt am Werk Ludwig
Meidners (1986).

Mendelssohn, Peter de
{eigtl. Peter Mendelssohn, 1908-1982}
Fertig mit Berlin?
Roman.
Leipzig: Reclam, 1930. 344 S.
19,4 x 12,8 cm. Br. / Ln. Einbandentwurf
v. E. R. Weiss. Druck: Philipp Reclam jun.,
Leipzig.

Peter de Mendelssohns Erstlingswerk
Fertig mit Berlin? erschien in der Reihe
Junge Deutsche des Leipziger Reclam-
Verlages. Den Einbandentwurf schuf Emil
Rudolf Weiss. Die Reihe stand unter dem
Zeichen eines springenden Fohlens. Die
darin aufgenommenen Titel erschienen in
der Regel in zwei Ausstattungsvarianten,
als Broschur und als Leinenausgabe. Die
Gestaltung des Schutzumschlags war
gewöhnlich reihentypisch: Autorenporträt
mit einem blauen Streifen. Mendelssohns
Romanausgabe weicht davon ab. Hier
ist der Umschlagentwurf mit markanten
Gebäuden Berlins illuminiert.

Bevor Mendelssohn mit dem Roman
auftrat, hatte er sich als Übersetzer von
Texten C. D. Dalys hervorgetan, die im
Internationalen Psychoanalytischen Verlag
in Wien erschienen waren und sich mit
Hindu-Mythologie, mit dem Kastrations-
und Menstruationskomplex befaßten.
Das war frühzeitig bezeichnend für die
Vielseitigkeit des Autors, der sich in einem
lebenslang umfangreichen literarischen
und publizistischen Schaffen mit höchst
divergierenden Themen des Kultur- und
Wissenschaftslebens auseinandersetzen
sollte. Neben vielen Romanen, unter

denen freilich keiner als für seine Zeit
prägend hervorgehoben wird, erschienen
Biographien, Studien zur Kriegspolitik,
immer wieder Übersetzungen, kulturphi-
losophische Abhandlungen, und – was für
die Bücherzunft besonders hervorhebenswert ist – hervorragende Briefwechsel- und
Tagebuch-Ausgaben, deren Herausgeber
und Kommentator er ist, namentlich der
von Thomas Mann. Die Verlagsgeschichte
verdankt ihm Standardwerke wie *Die*
Zeitungsstadt Berlin (1959), oder das
monumentale Opus *S. Fischer und sein*
Verlag (1970), aber auch kleine feinsinnige Aufsätze, wie seine Erinnerungen
an Jakob Hegner, in dessen langjährigem
Wirkungsort Hellerau bei Dresden Peter
de Mendelssohn, der Sohn eines reformbe-
geisterten jüdischen Goldschmieds, einen
Teil seiner Kindheit und Jugend verbrachte.

Der Erstlingsroman *Fertig mit Berlin?*
sollte nach dem am 31. März 1930 abgeschlossenen Verlagsvertrag erst *Berlin Grau*
in Grau heißen. Er kam wahrscheinlich (dies
ist eine Hypothese) durch die Vermittlung
von Klaus Mann zu Reclam. Klaus Mann war
ein Jugendfreund von de Mendelssohn (das

Broschureinband von E. R. Weiss

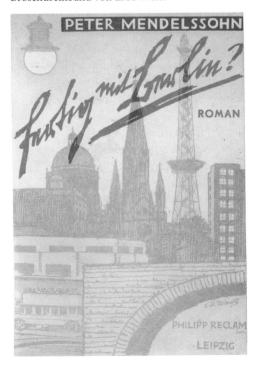

»de« in seinem Namen ließ Mendelssohn übrigens erst 1941 im Exil beim Erwerb der britischen Staatsangehörigkeit einändern) und könnte ihn dem Verlag empfohlen haben, als er von diesem selbst stark umworben wurde für eine Autorschaft in der Reihe *Junge Deutsche*, aber nichts liefern konnte. Die Reihe *Junge Deutsche* hatte 1927 Ernst Sander begründet, der 1924 zu Reclam gekommen und dort als Lektor tätig war, aber auch selbst Bücher englischer und französischer Autoren übersetzte. Meisterlich sind seine Übertragungen von Texten Maupassants, Balzacs und Gustave Flauberts. Mit der Reihe sollte jungen, noch unbekannten deutschen Autoren eine öffentliche Plattform geschaffen werden. Dies gelang auch, denkt man an Namen wie Ernst Penzoldt oder Manfred Hausmann, die später in großen deutschen Literaturverlagen zu erstaunlichen Erfolgen kamen. Auch ein weiterer Autor der Reihe *Junge Deutsche*, der heute so gut wie vergessen ist, Heinrich Hauser mit seinem Roman *Brackwasser*, einer wehmütigen Liebesgeschichte um einen Matrosen, brachte es zu hohen Ehren und erhielt 1929 den Gerhart-Hauptmann-Preis. Ein ähnlicher Erfolg, heißt es in einer chronikhaften Verlagsgeschichte zu Reclam über die Jahre von 1828 bis 2003, sei Peter de Mendelssohns *Fertig mit Berlin?* nicht zuteil geworden. Eine Enttäuschung muß das Buch, für das der Autor 400 Reichsmark erhielt und ein Versprechen auf 12,5 % Honorar des Ladenpreises, wenn genügend Exemplare davon verkauft würden, aber auch nicht gewesen sein. Im Jahr des Erscheinens wurden noch eine zweite und dritte Auflage gedruckt, freilich weiß man nicht, in welcher Höhe. Schon ein Jahr nach dem Erstling erschien ein zweiter Roman von Mendelssohn mit dem Titel *Paris über mir* in derselben Reihe und in vergleichbarer Ausstattung. Beide Romane wurden im Literaturblatt der *Frankfurter Zeitung*

von Siegfried Kracauer besprochen. Zum Erstlingswerk ist die Rezension wortspielerisch mit *Unfertig in Berlin* überschrieben. Und eine Notiz in der Zeitschrift *Der Bücherwurm* (Heft 1/1931) regte auch nicht gerade zum Lesen an: »Peter Mendelssohns behaglich plätscherndes *Fertig mit Berlin?*«, heißt es dort, »erscheint gegenüber dieser brutalen Lebenswirklichkeit zum Jammern kindlich. Das gewaltige Problem der wachsenden Weltstadt ist nur an der äußersten Peripherie erfaßt.«

Die Reihe *Junge Deutsche*, in der *Fertig mit Berlin?* erschien, wurde nach dem Weggang Ernst Sanders von Reclam nur noch kurze Zeit weitergeführt und 1931 eingestellt. Peter de Mendelssohn veröffentlichte 1932 noch einen weiteren Roman *Schmerzliches Arkadien*, nun im Universitas-Verlag Berlin, eine autobiographisch getönte Liebesgeschichte um das Schicksal eines Auslandsdeutschen, bevor er im April 1933 in den Zug steigen mußte, um Deutschland in Richtung Paris zu verlassen.   EF

Literaturauswahl

DIETRICH BODE: *Reclam. Daten und Hintergründe zur Verlagsgeschichte. 1828-2003* (2003). HILDE SPIEL: *Die hellen und die finsteren Zeiten. Erinnerungen 1911-1946* (1989). ROLAND STARK: *Junge Deutsche – eine Reihe des Reclam-Verlages*; in: *Börsenblatt für den Deutschen Buchhandel* Nr. 69/2000.

Meyrink, Gustav

{eigtl. Gustav Meyer, 1868-1932}

Der heiße Soldat und andere Geschichten.

München: Albert Langen Verlag, 1903.
147 S., 2 Bl. 15 x 11,5 cm. Br. / Ln.
(= Kleine Bibliothek Langen Bd. 62.)
Druck: Hesse & Becker, Leipzig.

Die nachweislich erste Veröffentlichung Gustav Meyrinks findet sich in der Nummer 29 des 6. Jahrgangs der

Broschureinband von Bruno Paul

Illustrierten Wochenschrift *Simplicissimus*, die im Oktober 1901 im Verlag Albert Langen in München erschien. Es war eine kleine Erzählung namens *Der heiße Soldat*; diese sollte später zusammen mit weiteren neun Erzählungen den Titel für Meyrinks Erstlingswerk abgeben.

Gustav Meyrink, der mit bürgerlichem Namen Gustav Meyer hieß und am 18. Januar 1868 in Wien als uneheliches Kind der Schauspielerin Marie Meyer und des württembergischen Ministers Carl Freiherr Varnbühler von und zu Hemmingen geboren wurde, hatte nach dem Besuch der Handelsakademie in Prag 1888/89 ebendort mit dem Neffen des Dichters Christian Morgenstern das Bankgeschäft Meyer & Morgenstern gegründet. Sein Lebenswandel war unstet, der eines eleganten, exzentrischen Dandys, mit starken Neigungen zum Okkultismus und instinktiver Abneigung gegen Adel und etabliertes Bürgertum und deren Degenerationserscheinungen. Es war nur eine Frage der Zeit, daß er, mit dieser

Lebenshaltung, bald auch die Nähe zur Kunst suchte. So verkehrte er seit 1895 im Verein deutscher bildender Künstler in Böhmen, wo er unter anderem Rainer Maria Rilke, Emil Orlik, Oskar Wiener und Hugo Steiner(-Prag) traf. Letzterer sollte später so kongenial wie mystisch-düster Meyrinks berühmten Roman *Der Golem* bebildern. Der Erfolg des Romans, 1915 bei Kurt Wolff erschienen, stellte den Autor nicht nur wirtschaftlich sicher, sondern brachte ihm auch den Ruf ein, der bedeutendste Mystiker des Jahrhunderts zu sein.

Im Jahre 1900 erkrankte Meyrink an einem schweren Rückenmarkleiden, in dessen Folge er mehrfach ärztliche Betreuung in Anspruch nehmen mußte. In diese Zeit fallen Meyrinks erste Schreibversuche. Während eines Kuraufenthalts lernte er 1901 in Dresden den Kulturhistoriker und Schwager Alfred Kubins, Oskar A. H. Schmitz, kennen, der Meyrink riet, eine seiner Geschichten an das Münchner Satire-Blatt *Simplicissimus* zu schicken. Meyrink kam dieser Anregung nach. Dort soll

Ludwig Thoma, einer der erfolgreichsten Autoren seiner Zeit und damals Redakteur der Zeitschrift, das Manuskript sofort nach Eingang für den Druck vorgeschlagen haben. Von da an verging kaum ein Halbjahr, in dem nicht wenigstens eine Geschichte Meyrinks im *Simpl* abgedruckt wurde. In der Jubiläums-Nummer vom 1. April 1925, zum 25jährigen Jubiläum der Zeitschrift, resümierte Meyrink sein Verhältnis dazu folgendermaßen: »Und nun, zum Schluß, lassen Sie mich Ihnen danken, denn was ich literarisch geworden bin, danke ich allein dem *Simplicissimus*...«

Gustav Meyrinks Erstlingswerk erschien im Herbst 1903 als Band 62 in der *Kleinen Bibliothek Langen*, die speziell für den Bahnhofsbuchhandel konzipiert war. Auffällig waren die Bücher durch die damals eher ungewöhnlich anmutenden, originären künstlerischen Umschläge. So hoben sich diese Bücher zum Teil beträchtlich vom allgemeinen Sortimentsangebot ab und stachen den Käufern gleich ins Auge. Albert Langen, der Verleger, hatte diese Idee und Werbeform aus Frankreich mitgebracht, wo der 1869 geborene Rheinländer 1892 eine Kunsthandlung gegründet hatte, der er Ende 1893/Anfang 1894 einen Verlag angliederte. Gestalter und Illustratoren seiner Bücher waren unter anderem die später als Zeichner besonders durch ihre Arbeiten für den *Simplicissimus* berühmt gewordenen Thomas Theodor Heine, Olaf Gulbransson, Bruno Paul, Ferdinand von Reznicek und Eduard Thöny. Den Umschlag für *Der heiße Soldat und andere Geschichten* entwarf Bruno Paul. Geheftet kostete das Buch 1 Mark, gebunden 1,50 Mark. Im Verlagskatalog zum 10jährigen Jubiläum 1904 wird es im 3. Tausend angezeigt. Später wird es unverändert als 11. Band in *Langens Mark-Bücher* aufgenommen, einer Sammlung moderner Literatur, und erschien dort bis Ende der 1910er Jahre als gebundener Pappband bis zum

22. Tausend. Und da die zehn Erzählungen ausnahmslos auch in den 1913 erstmals erschienenen »Gesammelten Novellen« *Des deutschen Spießers Wunderhorn* Eingang fanden, wurden sie bis Anfang 1920 in weiteren 12 000 Exemplaren verbreitet. Ein Erfolg, der auch nach dem Tode Meyrinks 1932 anhielt.

Meyrinks Geschichten, häufig phantastischen Geschehens mit unerwarteten Pointen (eine gekonnte Technik des zur Satire neigenden Autors), rückten mit gespitzter Feder provinziellen Kunstprodukten, stumpfsinnigen Ärzten und Wissenschaften, vor allem aber den Gewohnheiten des preußischen Militärs zu Leibe, was sie für viele volksnah machte.

Die Literaturkritik erkannte die Begabung Meyrinks sehr früh. So schrieb die *Wiener Neue Freie Presse*, daß sie sich in den knappen »kapriziösen Skizzen« an Mark Twain oder Peter Altenberg erinnert fühle. Die Münchener *Neuesten Nachrichten* erkannten: »Ein meisterhaft geschriebenes Buch! Man weiß nicht, was man mehr bewundern soll: die reiche Phantasie, die prächtige Schilderungsgabe oder die stark satirische Seite...«

Meyrinks Geschichten haben auch Eingang in die *Graphischen Bücher* bei Faber & Faber Leipzig gefunden, wo sie als Band 31 mit Originallithographien von Manfred Butzmann und in durchgängig zweifarbigem Druck erschienen sind. M F

Literaturauswahl

HELGA ABRET: *Albert Langen. Ein europäischer Verleger* (1993). HARTMUT BINDER: *Ein Leben im Bann der Magie* (2009). EDUARD FRANK: *Gustav Meyrink. Werk und Wirkung* (1957). HANNS LUDWIG GEIGER: *Es war um die Jahrhundertwende* (1953).

Morgner, Irmtraud {1933-1990}

Das Signal steht auf Fahrt.
Erzählung.

Aufl.: 7500 Expl. Berlin: Aufbau-Verlag, 1959. 123 S. 17,8 x 11 cm. Engl. Br.
Umschlag: Marianne Gossow.
(= Die Reihe 24.) Druck: Druckhaus Maxim Gorki, Altenburg.

Irmtraud Morgner wurde mit einem 1974 im Berliner Aufbau-Verlag veröffentlichten Roman *Leben und Abenteuer der Trobadora Beatriz nach Zeugnissen ihrer Spielfrau Laura* gewissermaßen über Nacht in Deutschland bekannt. Das Ausland folgte mit Übersetzungen ins Englische, Französische, Tschechische und Serbokroatische. Mit Neugier erwartete man die Fortsetzung der aufgenommenen Erzählfäden, die in einer Roman-Trilogie untergebracht werden sollte, welche als *Salman-Trilogie* angekündigt war. 1983 erschien mit dem sogenannten Hexenroman *Amanda* der zweite Band, während der dritte Band *Das heroische Testament* auf Grund des frühen Todes Fragment bleiben sollte. Was Irmtraud Morgner in den beiden Romanen mit ihrer Zauberfeder beschrieb, was sie in geradezu zügelloser Fabulierlust aus Mythologie und DDR-Wirklichkeit in ihren poetischen Hexentöpfen zusammenquirlte, das ist längst zur Lektüre ganzer Frauen- und Männergenerationen geworden. In Nachbetrachtungen wurden die Bücher gar als eine Art Bibel der Frauenemanzipation bezeichnet, was sie wahrscheinlich sind und bleiben, aber was die Dimension ihres ästhetischen Avantgardismus gar nicht ausschöpft. Walter Jens beschrieb die Romane, kurz vor Morgners frühem Tod, einmal treffend: »Hier liegt ein Romanzyklus vor, der, sorgfältig bedacht, als das große Gegen-, nein, Mitwerk zur ›Ästhetik des Widerstands‹ von Peter Weiss erscheint: Hier wie dort das Wechselspiel von Geschichte und Mythos, hier wie dort die Verteidigung von Kunst, Traum und Phantasie im Zeitalter des von imperativer Dogmatik gefährdeten Sozialismus; hier wie dort der ›Goldglanz der Legende‹ in der Alltagswürdigkeit; hier wie dort der Rückgriff auf Nothelfer aus dem Bezirk der Antike: Herakles drüben und hüben Pandora; … Herakles, Trostspender im Dunkel; Pandora, Wegweiserin zum großen Voraus.« Ein Romanzyklus, wie wir wohl erkennen, der beileibe nicht allein auf die DDR zugeschnitten war, sondern auf das Aufbrechen verkrusteter Gesellschaften, wo man solche auch immer wahrnahm.

Ich erzähle das alles, weil von dem ganzen Phantasiereichtum, den Irmtraud Morgner in diesen Romanen vor uns ausbreitete, von der zum Teil umwerfenden Komik, von dem lebensbewältigenden Humor, von der souveränen Draufschau auf die gesellschaftlichen Verhältnisse in ihrem

Umschlag von Marianne Gossow

Erstlingswerk *Das Signal steht auf Fahrt* (1959) noch so gar nichts zu spüren war.

Die Tochter eines Lokomotivführers, die in Leipzig bei Hans Mayer Germanistik studiert, bei Ernst Bloch Philosophiegeschichte gehört hatte, danach Redaktionsassistentin bei der Zeitschrift *Neue Deutsche Literatur* geworden war, war vier Jahre alt, als sie ihr Vater das erste Mal mit in den Lokomotivschuppen schleppte, um ihr die großen Dampfmaschinen aus der Nähe zu zeigen. »Es schadet nichts«, kommentierte er die Vorführung, »wenn du beizeiten weißt, wie die Lokführer und Heizer ihr Geld verdienen.« Als sie ihre Lust am Schreiben entdeckte, kehrte sie in diese Kindheiterlebnisse wieder ein und rüttelte, wie sie uns erzählte, die Geschichte eines Lokführers namens Hübner zurecht. Natürlich mit viel Zeitkolorit, mit den Erfahrungen ihres jungen Lebens in den fünfziger Jahren, mit der Aufbruchstimmung aus dieser Zeit. Es ist daraus ein Buch wie auf Bestellung geworden. Alle akuten politischen Probleme wurden abgehandelt und in die Entwicklung eines Menschen hineingestopft. Als am Ende der Lokomotivführer Hans Hübner seine Maschine aus dem Schuppen fährt, entrollt sich ein Band, »mit weißen unregelmäßigen Buchstaben beschrieben: Der Sozialismus siegt.« Irmtraud Morgner hat sich später über dieses Erstlingswerk selbst gewundert, nicht weil sie den Sozialismus nicht mochte, er hatte nach Selbstauskunft ihren Aufstieg ermöglicht, sondern weil das Buch unnötig war, es spiegelte keine »eigensinnigen, unverwechselbaren Menschen.« Es war das Gegenteil, ein Widerspruch zu dem, was Irmtraud Morgner als große Autorin ausmachte.

Das Signal steht auf Fahrt erschien in einer Literaturreihe, die der Aufbau-Verlag Berlin 1958 zur Pflege und Förderung des literarischen Nachwuchses gegründet hatte und in der bis zu deren Einstellung im Jahre 1961 insgesamt 65 Titel herauskamen. Die Reihe hieß *Die Reihe*, Morgners Erzählung, die in 7500 Exemplaren aufgelegt wurde, war deren 24. Band. Es waren alles schmale, in unregelmäßigen Abständen erscheinende Broschüren, in denen neue Prosa und Lyrik rasch publiziert werden konnte, von Autoren, wie es hieß, die von der neuen Republik geprägt worden waren. Jeder Band kostete 1,95 M (DDR). EF

Literaturauswahl
IRMTRAUD MORGNER: *Apropos Eisenbahn*; in: Gerhard Schneider (Hrsg.), *Eröffnungen. Schriftsteller über ihr Erstlingswerk* (1974). Marlis Gerhardt (Hrsg.): *Irmtraud Morgner. Texte, Daten, Bilder* (1990).

Mosebach, Martin {geb. 1951}
Das Bett. Roman
Hamburg: Hoffmann und Campe, 1983. 550 S. 22 x 14 cm. Pp. mit Umschl. Umschlaggestaltung: Max Bartholl. Druck und Bindung: Richterdruck, München.

Als *Das Bett* 1983 erschien, war Martin Mosebach bereits 32 Jahre alt. Um ein Jugendwerk handelt es sich bei dem Romanerstling demnach nicht, wie der Autor später selbst betonte. Während seines Referendariats hatte der angehende Jurist zwar bereits erste Prosatexte verfaßt, allerdings eher zum Zeitvertreib. Dies änderte sich, als er 1980 mit dem Literaturförderpreis der Jürgen-Ponto-Stiftung bedacht wurde, deren Jury unter anderen Golo Mann angehörte. Sich in seinen schriftstellerischen Ambitionen bestätigt sehend, widmete sich Mosebach von nun an ganz dem Schreiben. An dem erforderlichen Stoff mangelte es ihm offensichtlich nicht: Das Manuskript seines ersten Romans – wie alle Bücher von Mosebach mit der Hand geschrieben – umfaßte mehr als tausend Seiten. Der für einen noch unbekannten Autor monströse und entsprechend risikobehaftete

MARTIN MOSEBACH

Das Bett

ROMAN

HOFFMANN UND CAMPE

Umschlag von Max Bartholl

Textumfang rief denn auch Widerstand auf Seiten des Verlages Hoffmann und Campe hervor – es wurden deutliche Kürzungen verlangt. Daß es dazu letztlich nicht kam, war dem Votum Horst Krügers zu verdanken, der den Verlag damals beriet und zur Streitschlichtung angerufen wurde. Er entschied im Sinne des jungen Autors.

Die Bedenken des Verlages sollten sich als begründet erweisen. Die Kritiken fielen zum Teil verheerend aus, und auch in Klagenfurt wurde, wie sich Mosebach später erinnerte, »der dort noch vor Erscheinen präsentierte Ausschnitt teils mit Neugier betrachtet, teils heftig getadelt.« Von den Lesern wurde *Das Bett* lange Zeit kaum beachtet. Erst mit der Neufassung, die 2002 im Deutschen Taschenbuch Verlag erschien und mit einem Nachwort des Autors versehen war, setzte eine breitere Rezeption ein. Inzwischen war das Œuvre Mosebachs um zahlreiche weitere, wesentlich erfolgreichere Romane (zum Beispiel *Westend*, 1992; *Die Türkin*, 1999; *Der Nebelfürst*, 2001), Erzählungen, Lyrik und Dramen angewachsen. Im Vergleich zeigt sich, daß entscheidende Ingredienzen seines Schreibens im Debüt bereits vorhanden sind – von der

Vorliebe für antriebsschwache, schicksalsergebene (Anti-)Helden bis zur elaborierten, detailverliebten und von Bildern geradezu überbordenden Sprache. Die antiquiert wirkende Fabulierfreude ist es auch, die dem Autor und seinem Werk höchst widerstreitende Wertungen von seiten der Literaturkritik einträgt. Als Mosebach, der häufig mit Autoren wie Thomas Mann, Robert Musil und Heimito von Doderer in eine Reihe gestellt wird, am 27. Oktober 2007 mit dem Georg-Büchner-Preis ausgezeichnet wurde, schlugen die Emotionen im literarischen Feuilleton besonders hoch. Navid Kermani konstatiert in seiner Laudatio auf den Preisträger: »Bereits in seinem Erstling tritt er mit der stilistischen Sicherheit eines alten Meisters auf«, und huldigt ihm überschwenglich: »Jeder seiner Sätze ist wohlgeformt, die Grammatik stets korrekt, der Rhythmus von gleichmäßiger Beschwingtheit, die Erzählung streng chronologisch und jedenfalls auf den ersten Eindruck auktorial so ungebrochen, als hätte es nie Joyce, nie Adorno gegeben.« Uwe Wittstock (*Die Welt*) bescheinigt ihm einen »gepflegten, eleganten, distinguierten Tonfall, wie man ihn beispielsweise bei Henry James findet«, und für Ulrich Greiner (*Die Zeit*) ist Mosebach »unbestreitbar einer der intelligentesten, einfallsreichsten und sprachmächtigsten Dichter der Gegenwart«.

Die Gegenseite positioniert sich mal mehr, mal weniger vehement. So erkennt Joachim Güntner (*Neue Zürcher Zeitung*) an: »Mosebachs Prosa ist wohlgeformt, seine Sprache nie ruppig. Dieses Gepflegte hat zweifellos ästhetische Reize«, und kommt nicht umhin festzustellen: »allein es bleibt, so grossartig manches gefasst ist, der Eindruck einer gleichsam wächsernen Kultiviertheit.« Sigrid Löffler brachte die ästhetische Kritik am Werk Mosebachs in einem Interview mit dem *Deutschlandradio* unmißverständlich auf den Punkt: »Also

hier ist ein Poseur am Werk, der alteuropäisch vornehm tut und sich exquisit gebildet aufführt, aber das ist mehr Historismus und sprachliche Hochstapelei, lauter Plüsch und Talmi«.

Das Werk oder gar den Autor zu bewerten, ist hier weder das Ziel noch der geeignete Ort. Festzuhalten bleibt jedoch, daß sich mit der Literatur Martin Mosebachs, die im bewußten Rückgriff auf das traditionelle schriftstellerische Handwerk gleichsam aus der Zeit gefallen scheint, eine individuelle Stimme im Chor der Gegenwartsliteratur artikuliert, die eine breite Leserschaft zu faszinieren weiß. CH

Literaturauswahl

MARTIN MOSEBACH: *Kein Jugendwerk*. In: Renatus Deckert (Hrsg.): *Das erste Buch. Schriftsteller über ihr literarisches Debüt* (2007). MATTHIAS BEILEIN: *Martin Mosebach*. In: Bernd Lutz und Benedikt Jeßing (Hrsg.): *Metzler Lexikon Autoren* (2010).

Mühsam, Erich {1878-1934}
Billy's Erdengang.
Eine Elephantengeschichte für artige Kinder.

Verse von Onkel Franz [d. s. Hanns Heinz Ewers u. Erich Mühsam]. Mit vielen lustigen Bildern von Paul Haase. Berlin: Globus Verlag G.m.b.H., [1904]. 32 S. 30,5 x 24,5 cm. Br. Druck: A. Seydel & Cie. G.m.b.H.

Erich Mühsams Weg in die deutsche Literaturlandschaft war kein gradliniger, obgleich er uns heute folgerichtig erscheinen mag. Eher unvermutet stehen am Anfang seiner schriftstellerischen Existenz zwei Werke, die nur randläufig vom großen Bohemien und anarchistisch-politischen Dichter etwas erzählen. Das sind die 1903 im Berliner Singer Verlag veröffentlichte Streitschrift *Die Homosexualität*.

Ein Beitrag zur Sittengeschichte unserer Zeit und das gemeinsam mit dem sieben Jahre älteren Hanns Heinz Ewers verfaßte Kinderbuch *Billy's Erdengang*. Freilich muß hinzugefügt werden, daß eine Vielzahl an Kabarett-Texten im mündlichen Vortrag existent waren oder in mehr oder weniger bekannten oder nur kurzzeitig existenten Zeitschriften zum Abdruck kamen, eine Praxis, die wir auch von anderen jungen Künstlern der damaligen Zeit ausreichend kennen.

Erich Mühsam, als viertes Kind eines Apothekers in Berlin geboren, entdeckte schon frühzeitig während seiner Lübecker Schulzeit seine Neigung, sich schreibend mitzuteilen. Es war sein Vorzug, die beobachteten Dinge aphoristisch verknappt und zugleich ganz und gar rebellisch gegen das wilhelminische Preußentum zu formulieren. Es wird von daher nicht erstaunen, daß man ihn »wegen sozialistischer Umtriebe« vorzeitig vom Gymnasium relegierte. Nur widerwillig ließ er danach eine Apothekerausbildung über sich ergehen, um nach nur kurzer Anstellung als Apothekergehilfe den bürgerlichen Beruf an den Nagel zu hängen. Am 1. Januar 1901 ließ sich Mühsam in Berlin als »freier Schriftsteller« nieder, ausgestattet mit monatlich 100 Mark, die ihm als Erlös seiner Teilhaberschaft am Familienvermögen von seinem Vater zugemessen wurden.

In kürzester Zeit verstand es der geistreiche, verbal immer auffällige Mühsam, sich seinen Freundeskreis zu erschließen, der ihn dichterisch stimulierte, in seinen politischen Anschauungen herausforderte und im Lebensumfeld den Begriff des wahren Bohemiens als permanente Verweigerung von bürgerlicher Etikette, Anpassung und Gehorsam lebendig werden ließ. Das war zu Beginn vor allem der Friedrichshagener Künstlerkreis um die Gebrüder Julius und Heinrich Hart und Peter Hille, das waren Paul Scheerbart und Johannes Schlaf,

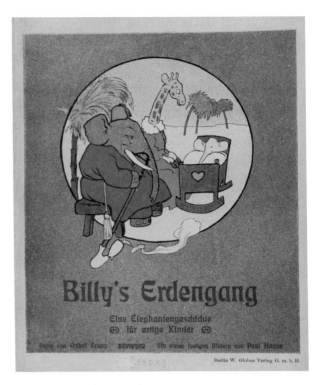

Broschureinband von Paul Haase

Gustav Meyrink und Gustav Landauer, um nur einige zu nennen. Aber das war eben auch Hanns Heinz Ewers, der als späteres NSDAP-Mitglied im Auftrage Hitlers den verklärenden Horst-Wessel-Roman schreiben sollte, zu jener Zeit aber noch ganz der Boheme zugehörte. Mühsam selbst erinnerte sich: »In das zweite freigewordene Zimmer meiner Wirtin zog Hanns Heinz Ewers. Das war der einzige unter uns, dessen Freude an ungezwungenem und bewegtem Leben von praktischem Geschäftssinn wohltätig gebändigt war … Er verstand sich auf Geldverdienen, aber, wo es irgend ging, ließ er andere mitverdienen.« Ewers war damals unter anderem Chefredakteur einer Kinderzeitschrift und Autor einiger Kinderbücher und erhielt, nach Mühsams Erinnerung, im Sommer 1904 vom Verleger des Berliner Globus Verlages »den Auftrag, zu Weihnachten ein Fabelbuch zu schreiben«. Er machte

Mühsam sogleich die Offerte, sich an der Arbeit zu beteiligen. »Es wurde eine Elefantengeschichte in Knittelversen, die in Anlehnung an Rideamus's *Willis Werdegang* den Titel bekam *Billys Erdengang*. Wir haben das Buch gemeinsam mit Paul Haase, der es entzückend illustrierte, in wenigen Stunden, einander mit immer lustigeren Einfällen überschreiend, hingehauen, und es erlebte viele Auflagen.«

Im gleichen Jahr erschien auch Mühsams Gedichtband *Die Wüste* bei Eduard Eisselt in Berlin, den er selbst, unter welchen Überlegungen auch immer, irreführend als »mein erstes Buch« etikettierte. Das geschah wahrscheinlich aus dem Gefühl heraus, daß er *Billy's Erdengang* mehr als ein Produkt des Spaßes empfand, *Die Wüste* aber als das Buch betrachtete, das ihm »den Zugang zur anerkannten Literatur« erschloß; »Gedichte, voll von Angriff und Anklage, deren Wesen einmal ein Kritiker nicht ganz salonfähig, aber ziemlich zutreffend als ,das Stimmungskotzen eines galligen Magens' bezeichnete.«

Dem originalgetreuen Abdruck der Erstausgabe von *Billy's Erdengang* wurde im Band 28 der Reihe *Die Graphischen Bücher* im Verlag Faber & Faber eine zweite Version (in Typographie und Illustration) hinzugefügt, die vom Hamburger Künstler Artur Dieckhoff ins Bild gesetzt und vom Leipziger Buchgestalter Gert Wunderlich in die typographische Fassung gebracht worden ist. M F

Literaturauswahl
ERICH MÜHSAM: *Unpolitische Erinnerungen* (1958). CHRIS HIRTE: »*Ihr seht mich nicht feige*«. *Erich Mühsam. Biografie* (1985).

Müller, Heiner {1929-1995}
Der Lohndrücker.
Mitarbeit: Inge Müller. Berlin: Henschelverlag, 1958. 40 S. 19 x 12 cm. Engl. Br. Gestaltung und Schutzumschlag von Henry Götzelmann. (= Zeitgenössische Dramatik.) Gesamtherstellung: Betriebsberufsschule Heinz Kapelle, Pößneck.

Heiner Müller und Hagen Stahl
Zehn Tage, die die Welt erschütterten. Szenen aus der Oktoberrevolution nach Aufzeichnungen John Reeds.
Leipzig: Friedrich Hofmeister, 1958. 47 S. 18,5 x 12 cm. Engl. Br. Druck: Offizin Andersen Nexö in Leipzig.

Die Bestimmung des Erstlingswerkes von Heiner Müller ist alles andere als einfach. Fest steht, daß *Zehn Tage, die die Welt erschütterten* und *Der Lohndrücker* 1957 geschrieben und 1958 in Buchform publiziert wurden. Das erste Stück nach dem gleichnamigen Reportagebuch von John Reed entstand zum 40. Jahrestag der Oktoberrevolution im Auftrag der Volksbühne Berlin. Hagen Stahl oder Mueller-Stahl, wie sich der Dramaturg und Regisseur sonst nannte, war Mitarbeiter dieses Theaters. Von ihm dürfte die Idee zum Stück ausgegangen sein, dessen Dramaturgie und sprachliche Gestalt aber unverkennbar durch Heiner Müller geprägt wurden. Dargestellt werden in sich abgeschlossene Szenen aus den entscheidenden Tagen der russischen Oktoberrevolution. Das Stück ging erstmals am 22. November 1957 in der Regie von Hans Erich Korbschmidt über die Bühne. Publiziert wurde es zuerst in der Nummer 1 (November) der 1957 gegründeten Zeitschrift *Junge Kunst*, zu deren Redaktionskollegium Müller einige Zeit gehörte.

Das zweite Stück ging zurück auf ein Hörspiel, das Müller, unterstützt von sei-

Broschureinbände der Ausgaben von Henschel (links) und Friedrich Hofmeister

ner Frau Inge Müller und ausgerüstet mit einem Stipendium des Kulturfonds, 1956 schrieb. Es wurde aber vom Rundfunk nicht angenommen. Müller griff darin den Stoff des unvollendeten *Büsching*-Projekts von Brecht auf. Von Eduard Claudius gab es zum gleichen Stoff bereits einen hochgelobten Roman *Menschen an unserer Seite* (1951) und von der Brecht-Schülerin Käthe Rülicke das Buch *Hans Garbe erzählt* (1952) mit Protokollen der Gespräche, die im Berliner Ensemble mit dem Aktivisten der sozialistischen Produktion geführt worden waren. Der Maurer hatte 1948 einen Ringofen unter Feuer erneuert. Müller arbeitete sein Hörspiel Anfang 1957 für die Bühne um. Im Mai-Heft 1957 der Zeitschrift *Neue Deutsche Literatur* wurde es auf Initiative des Redakteurs und späteren Dramatikers

Claus Hammel abgedruckt. Schon am 27. Mai 1957 erwarb der Bühnenvertrieb des Henschelverlags die Bühnenrechte und brachte ein Bühnenmanuskript für den Gebrauch der Theater heraus. Zahlreiche junge Theaterleute und Autoren, darunter Heinar Kipphardt, Peter Hacks und B. K. Tragelehn, Meisterschüler für Regie bei Brecht, setzten sich für das Stück ein. Ende des Jahres erhielt *Der Lohndrücker* durch einen Anerkennungspreis des Kulturministeriums sein offizielles Plazet. Die Uraufführung fand am 23. März 1958 in der Regie von Günter Schwarzlose auf der neu eingerichteten Studiobühne der Leipziger Städtischen Theater statt. Am 2. September kam es in einer Doppelaufführung zusammen mit einem zweiten Müller-Stück, *Die Korrektur*, zur Hauptstadtpremiere, in der

Regie von Hans-Dieter Mäde am Maxim-Gorki-Theater.

Sowohl *Zehn Tage* als auch *Der Lohndrücker* fanden in der Presse eine überwiegend positive Einschätzung, man erwartete von den Stücken entscheidende Impulse für die »zeitgenössische sozialistische Dramatik« (*Tribüne*, 30. November 1957). Die Wochenzeitung *Sonntag* (Nr. 36, 1958) sprach angesichts der Uraufführung des *Lohndrückers* gar von einem »theatergeschichtlichen Ereignis«. Die Veröffentlichung der Stücke in Buchform dagegen wurde anscheinend nicht registriert. Die Heiner-Müller-Literatur beschäftigt sich nur mit der Aufführungsgeschichte, während sie über die ersten Bücher eher Widersprüchlichkeiten verbreitet. Neben dem Bühnenmanuskript vom Henschelverlag gibt es von beiden Stücken Bühnenmanuskripte, die Friedrich Hofmeister in Leipzig 1957 für die damals stark geförderten Laienspieltheater herstellte. Doch Bühnenmanuskripte werden nicht für den Buchmarkt produziert, sondern nur für Theatermacher. Das Heiner-Müller-Archiv kann zu der hier entscheidenden Frage, welches Buch zuerst da war, keine Auskunft erteilen. Ein Blick in das *Börsenblatt für den Deutschen Buchhandel* (Leipzig, Nr. 24, 14. Juni 1958) ergibt, daß sowohl der Henschelverlag als auch der Friedrich Hofmeister Musikverlag ihre Müller-Stücke als Neuerscheinungen im Programm der DDR-Verlage zum V. Parteitag der SED vom 10. bis 16. Juni 1958 ankündigten, Hofmeister irritierenderweise neben *Zehn Tage* auch eine eigene Ausgabe des *Lohndrückers* für Laienspielgruppen, tatsächlich erschienen im Herbst des gleichen Jahres. Im Katalog des *Börsenblattes* zur Herbstmesse wurde *Lohndrücker* von Henschel immer noch in Vorbereitung aufgeführt, Hofmeister dagegen verzichtete in dieser Ausgabe auf eine detaillierte Vorstellung des Programms.

Auch über die Auflagenhöhe lassen sich nur Vermutungen anstellen. Vom *Lohndrücker* wurden 1959 und 1960 im Henschelverlag zwei um das Stück *Die Korrektur* erweiterte Nachauflagen gedruckt. Von der 3. Auflage wurden rund 2000 Exemplare gedruckt. In diesem Bereich dürfte auch die 1. Auflage gelegen haben, ebenso die von *Zehn Tage*. Weiteres Indiz für die relativ niedrige Auflage ist, daß alle Ausgaben, einschließlich der Bühnenmanuskripte, äußerst rar sind und auf dem Antiquariatsmarkt sehr selten auftauchen. Während Müller sein Stück *Zehn Tage, die die Welt erschütterten* für schlecht hielt und nicht in spätere Werksammlungen aufnahm, wurde *Lohndrücker* zu dem von der Kritik vorausgesagten Meilenstein in der Literatur- und Theatergeschichte, und das auf Grund seiner viel bewunderten lakonischen, die sozialen Widersprüche herausarbeitenden Dramaturgie sowie der metaphorischen Sprachkunst. CW

Literaturauswahl

HEINER MÜLLER: *Krieg ohne Schlacht. Leben in zwei Diktaturen* (1992). TOM BITBURGER: *Sprengsätze. Der »Lohndrücker« von Heiner Müller und der 17. Juni 1953* (1996). JAN-CHRISTOPH HAUSCHILD: *Heiner Müller oder Das Prinzip Zweifel. Eine Biographie* (2001). Frank Hörnigk (Hrsg.): *Heiner Müller Material. Texte und Kommentare* (1988). ANDREAS KELLER: *Drama und Dramaturgie Heiner Müllers zwischen 1956 und 1988* (1992). Oliver Schwarzkopf, Hans-Dieter Schütt (Hrsg.): *Heiner Müller. 1929-1995. Bilder eines Lebens* (1996). MARIANNE STREISAND: *Heiner Müllers »Der Lohndrücker« – Zu verschiedenen Zeiten ein anderes Stück*. In: Inge Münz-Koenen (Hrsg.): *Werke und Wirkungen. DDR-Literatur in der Diskussion* (1987). REINHARD TSCHAPKE: *Heiner Müller* (1996).

HEINER MÜLLER und HAGEN STAHL

Zehn Tage,
die die Welt erschütterten

Broschurumschlag

Müller, Herta {geb. 1953}
Niederungen.
Prosa.
Bukarest: Kriterion, 1982. 126 (+2) S.
23 x 16 cm. Br. (= kriterion hefte.)
Satz und Druck im polygraphischen
Betrieb »13 Decembrie 1918«, Bukarest.

Herta Müller gehört zu der kleinen, aber
gewichtigen Gruppe von Autoren, die
im Rumänien der Ceaușescu-Ära mit dem
Schreiben begonnen hat. Aufgewachsen
in einem Dorf in der rumänischen
Provinz Banat, wurde sie geprägt durch
das Minderheitenschicksal der Banater
Schwaben. Sie waren unter der österreichischen Herrschaft im 18. Jahrhundert
eingewandert und hatten die unterent-
wickelte Provinz besiedeln und landwirt-
schaftlich erschließen helfen. Die deutsche
Herkunft blieb identitätsstiftend über alle
Herrschaftswechsel im 20. Jahrhundert
hinweg. Dem nationalsozialistischen
Regime in Deutschland begegneten die
Rumäniendeutschen mit Sympathie und
Unterstützung. Müllers Vater ging gar
zur Waffen-ss. Bei Kriegsende hatten die
Rumäniendeutschen dafür in besonderer
Weise zu büßen, obwohl auch die Rumänen
bis 1944 mit Deutschland verbündet gewe-
sen waren. So mußte Müllers Mutter
Zwangsarbeit in der Sowjetunion leisten.
Während der sozialistischen Umgestaltung
in Rumänien bedrängte die Kollektivierung
der Landwirtschaft die Menschen im Dorf.

Doch Herta Müller erlebte die dörfliche Gemeinschaft nicht als Schutz vor
der harten Wirklichkeit der Diktatur, sondern als eigenes Zwangssystem mit der
Tendenz zu Anpassung und Unterordnung.
Ehe sie staatliche Repressionen erlebte, litt
sie unter der strengen Erziehung durch
die Familie und begann, sich dagegen
zu wehren. Ihre Mutter wollte, daß sie
Schneiderin würde, und hoffte deshalb, daß
sie die Aufnahmeprüfung für das Lyzeum in

Temeswar nicht bestehen würde. Auch das
Studium der Germanistik und Romanistik
von 1973 bis 1976 mußte sie gegen den
Willen der Mutter durchsetzen. Später,
als die Mutter unter den ersten Büchern
der Tochter litt, hielt sie ihr die langen
Schulbesuche vor, so Müller 1989 in einem
Interview.

Müller begann früh mit dem
Schreiben, anfangs von Gedichten. Erste
Veröffentlichungen sind für das Jahr 1972
in Anthologien junger Lyrik aus dem Banat
und in der *Banater Presse* nachgewiesen.
In Temeswar, der Hauptstadt des Banat,
lernte sie die nur wenig älteren schwä-
bischen Autoren, wie Rolf Bossert, William
Totok und ihren späteren Mann Richard
Wagner, kennen, die sich zunächst in der
»Aktionsgruppe Banat« und nach deren
Auflösung im offiziellen »Literaturkreis
Adam Müller-Guttenbrunn« zusammen-
fanden. Hier fand sie Anerkennung für ihre
jetzt entstehenden Erzählungen, die seit
1979 regelmäßig in den rumäniendeutschen
Zeitschriften, Jahrbüchern und auch in der
Neuen Banater Zeitung erschienen und zum
großen Teil in ihr erstes Buch Eingang
fanden.

Die Entstehung ihres ersten Buches
war überschattet von der Bedrängung durch
den Geheimdienst Securitate, der sie als
Informantin anwerben wollte und nach
ihrer Weigerung für die Entlassung aus
der Maschinenbaufabrik »Tehnometal«
in Temeswar sorgte, bei der die junge
Absolventin von 1976 bis 1979 als Übersetzerin angestellt war. Danach hatte sie
um ihren Lebensunterhalt zu kämpfen,
versuchte durch Privatunterricht Geld zu
verdienen, bis man sie als Lehrerin anstell-
te. In ihrer Rede beim Bankett vor der
Verleihung des Nobelpreises stellte Herta
Müller einen direkten Zusammenhang zwischen dem Antrieb zum Schreiben und der
Isolation in der Fabrik nach ihrer Absage an
die Securitate her. Sie saß auf der Treppe

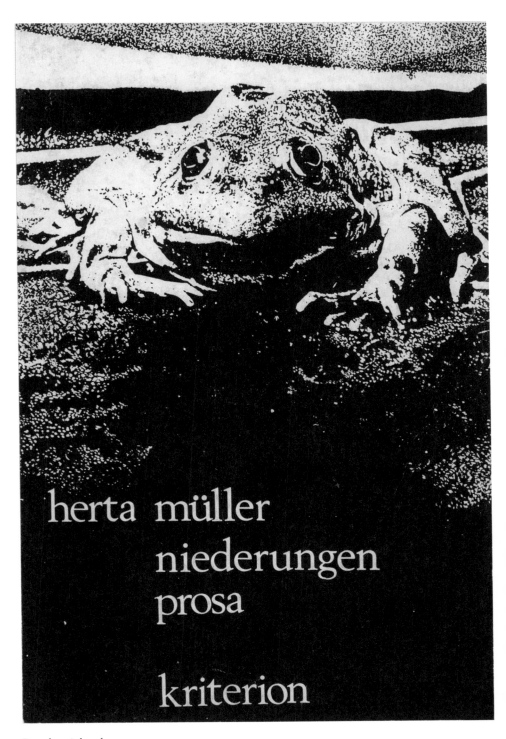

Broschureinband

auf einem Taschentuch und wartete tagelang auf die Entlassung: »…das Schreiben hat im Schweigen begonnen, dort auf der Fabriktreppe, wo ich mit mir selbst mehr ausmachen mußte, als man sagen konnte.«

Das erste Buch erschien 1982 im Kriterion Verlag Bukarest, dem innerhalb des staatlichen Verlagswesens die Herausgabe rumäniendeutscher Literatur oblag. Das Impressum nennt den Lektor Rolf Frieder Marmont. In der Herta-Müller-Literatur ist von »starken Eingriffen der Zensur« (Josef Zierden) die Rede, ohne daß diese im einzelnen nachgewiesen werden. Auch die 1984 im Rotbuch Verlag herausgekommene Lizenzausgabe ist davon nicht frei. Erst 2010 veröffentlichte der Carl Hanser Verlag eine bereinigte Fassung, die laut Anmerkung des Verlags die ursprüngliche Fassung herstellt. Die Rotbuch-Ausgabe läßt drei Texte der Kriterion-Ausgabe fort und nimmt statt dessen drei andere Texte aus Müllers zweitem Buch *Drückender Tango* (Kriterion 1984) auf und ändert die Anordnung der Texte vollkommen. Die Kriterion-Fassung besteht aus der titelgebenden, knapp 70seitigen Erzählung *Niederungen* und 15 Prosaminiaturen, die allesamt Momentaufnahmen aus dem Leben der Banater Schwaben festhalten. Die meisten Geschichten sind aus der Perspektive eines heranwachsenden Kindes geschrieben, für das das dörfliche Leben noch nicht selbstverständlich ist. Es gibt aber auch Erzählungen, die aus dem Rückblick geschrieben sind, wie die Traumerzählung *Die Grabrede*, die den Tod des Vaters der Erzählerin verarbeitet. In der Titelerzählung werden mit bestechender Genauigkeit durch den wißbegierigen, unverstellten Kinderblick die Strukturen und Charaktere des Dorfes bloßgestellt. Biederkeit und Rückständigkeit sind noch die geringsten Schwächen. Haß und Intoleranz sind allgemein verbreitet. Außenseiter werden gebrandmarkt und isoliert. Gewalt in der Familie ist an der Tagesordnung, besonders gegen die Heranwachsenden, die zu Zucht und Ordnung erzogen werden. Der Mensch ist mit einer als feindlich empfundenen Natur konfrontiert, der er seine Nahrung abtrotzen muß. Pflanzen und Tiere sind in nützlich und schädlich unterteilt. Haustiere werden mißhandelt. Die Beobachtungen des Kindes werden scheinbar assoziativ aneinandergereiht, durch Metaphern und schnelle Wechsel zwischen Wirklichkeit und Phantasie des Kindes scharf akzentuiert.

Vorgeführt wird von Herta Müller also eine Gemeinschaft, die alles andere als in Einklang mit sich, der Tradition und der Landschaft ist. Eine Antiidylle, die in der Tradition der kritischen Dorfgeschichte steht. »…es war ein Schreiben gegen diese Identität, auch gegen dieses Banat-Schwäbische Dorf, gegen diese sprachlose Kindheit, die alles unterdrückte. Ich habe also immer nur Erfahrungen aufgeschrieben, mehr war das eigentlich nicht. Ich hatte mir nicht vorgenommen, etwas über diese Gegend, über diese Bevölkerung zu schreiben«, resümierte Herta Müller in einem Interview 1985 ihren Schreibansatz. Sie hat sich unter anderem zur Beeinflußung durch Theodor Kramer und Thomas Bernhard bekannt, die beide, ähnlich wie Müller mit den Banater Schwaben, mit ihren österreichischen Landsleuten haderten.

Heimatverbundene Banater Schwaben empfanden Müllers Blick auf die Provinz als Provokation. Das wurde schon deutlich nach der Veröffentlichung der Kurzgeschichte *Das schwäbische Bad* in der *Neuen Banater Zeitung* (24. Mai 1981), die einen Sturm der Entrüstung auslöste. Zahlreiche Leserbriefe beklagten die ungerechte Darstellung des schwäbischen Lebens. In ähnlicher Richtung verlief später die Rezeption in der landsmannschaftlichen Presse der Bundesrepublik, die diese Art »Nestbeschmutzung« gar in der Nähe der Ceaușescu-Politik zur Diffamierung der deutschen Minderheit ansiedelte. Wie stark Müller auch unter diesen noch dazu von der Securitate geschürten Meinungsäußerungen litt, so sind sie dennoch nur Randerscheinungen im Verhältnis zu der sonst überwiegend positiven Aufnahme bei Lesern und Kritik. Die rumäniendeutschen Kritiker priesen das Buch als »wichtigsten Belletristiktitel des Jahres« und lobten die »programmatische Enttabuisierung« und die Sprachkraft der Autorin (Hellmut Seiler). Zahlreich waren auch die Rezensionen in Deutschland nach Erscheinen der Rotbuch-Ausgabe. Ein »mitreißendes literarisches Meisterstück«, urteilte F. C. Delius im *Spiegel* (30. Juli 1984). Die Entdeckung einer unbekannten deutschsprachigen Provinz für die Literatur wurde ebenso gewürdigt wie die eigenständige Bild- und Sprachwelt. Zur Rezeption des Buches gehört ein Segen an Literaturpreisen, der von da an Herta Müllers Weg beständig begleiten sollte. Für *Niederungen* erhielt sie den Förderpreis des Literaturkreises Adam Müller-Guttenbrunn (1981), den Debütpreis des Rumänischen Schriftstellerverbandes (1982), den Literaturpreis des Verbandes der Kommunistischen Jugend Rumäniens (1982), den Aspekte-Literaturpreis (1984), den Literaturförderpreis der Freien Hansestadt Bremen (1985) und den Rauriser Literaturpreis (1985).   CW

Literaturauswahl
HERTA MÜLLER: *Cristina und ihre Attrappe oder Was (nicht) in den Akten der Securitate steht* (2009). HERTA MÜLLER: *Jedes Wort weiß etwas vom Teufelskreis.* In: faz.net (2010). PAOLA BOZZI: *Der fremde Blick. Zum Werk Herta Müllers* (2005). Norbert Otto Eke (Hrsg.): *Die erfundene Wahrnehmung. Annäherung an Herta Müller* (1991). GRAZZIELLA PREDOIU: *Faszination und Provokation bei Herta Müller. Eine thematische und motivische Auseinandersetzung* (2001). Ernest Wichner und Lutz Dittrich (Bearb.): *Herta Müller. Der kalte Schmuck des Lebens* (2010).

Musil, Robert

{eigtl. Robert Edler von Musil, 1880-1942}

Die Verwirrungen des Zöglings Törleß.

Wien und Leipzig: Wiener Verlag, 1906. 316 S. 20 x 14 cm. Br. mit Einbandzeichnung v. Plessner. Druck: K. u. k. Hofbuchdruckerei Fr. Winiker & Schickardt, Brünn.

Zur Zeit der Veröffentlichung seines ersten Buches Ende 1906 studierte Robert Musil an der Universität in Berlin Philosophie und experimentelle Psychologie. Trotz des respektablen Erfolgs seines literarischen Erstlings schloß er 1908 sein Studium mit einer Dissertation *Beitrag zur Beurteilung der Lehren Machs* ab und dachte noch eine Weile über eine wissenschaftliche Karriere nach. Zuvor hatte er die Offiziersausbildung und seinen ersten Beruf als Ingenieur aufgegeben. Er lebte in einer für seine Familie problematischen Liebesbeziehung mit einem Mädchen aus dem Volk. Der Vater, ein erfolgreicher Universitätsprofessor in Brünn, tadelte den Lebenswandel des Sohnes ebenso wie seine literarischen Ambitionen. Musil hatte sich vor dem *Törleß* mit »lyrischen Meditationen« versucht, ehe er sich entschloß, sich seinem großen Thema, dem eigenen Leben, unmittelbar zuzuwenden. *Die Verwirrungen des Zöglings Törleß* stellen den klassischen Fall eines Schlüsselromans dar, selbst die Namen der Figuren, Basini, Beineberg und Reiting, klingen ähnlich wie die der realen Vorbilder (Fabini, Boyneburg-Lengsfeld und Reising).

Musil kannte nicht nur die Atmosphäre der k. u. k. Militär-Oberrealschule in Mährisch-Weißkirchen (Hranice) aus eigenen leidvollen Schuljahren, sondern war an den Demütigungen eines Mitschülers beteiligt gewesen. Aus Pietät wollte er die Story einem anderen jungen Schriftsteller überlassen und nahm sich des Stoffes erst an, nachdem dieser abgelehnt hatte. Mit der

Broschureinband von Plessner

Prostituierten befriedigen oder homoerotisch abreagieren. Das Treiben findet seinen Höhepunkt in sadistischen Quälereien eines Mitschülers, der bei kleinen Diebstählen ertappt worden ist und aus Angst vor der Anzeige bei den Vorgesetzten alles über sich ergehen läßt.

Kerr veröffentlichte im *Berliner Tag* vom 21. Dezember 1906 eine Rezension, mit der er dem Werk gebührende Beachtung verschaffte: »Robert Musil ist in Südösterreich geboren, fünfundzwanzig Jahre alt, und hat ein Buch geschrieben, das bleiben wird.« Wilhelm Herzog urteilte in der Zeitschrift *Nation*: »In einem ungewöhnlich feinen, schlichten persönlichen Stil ist dieses merkwürdige Buch geschrieben. Eine differenzierende Psychologie, die in die dunkelsten Schichten der menschlichen Brust hellseherisch eindrang und die leisesten Schwingungen mit feinhöriger Präzision aufzunehmen vermochte, schuf sich hier eine neue, reine, durchsichtige Form.« Die eigentliche Bedeutung des Werkes wurde jedoch erst nach dem Zweiten Weltkrieg mit dem allmählichen Durchbruch für Musil erkannt. Seither gibt es immer wieder Stimmen, wie die des Kritikers Marcel Reich-Ranicki, die dieses Erstlingswerk dem literarischen Rang nach über das Hauptwerk *Mann ohne Eigenschaften* stellen.　CW

Niederschrift des Romans begann Musil im Herbst 1902 während seiner Zeit an der Technischen Hochschule in Stuttgart, im Frühjahr 1905 war die Arbeit abgeschlossen. Er schickte das Manuskript nacheinander an Eugen Diederichs (Jena), Bruns (Minden) und Schuster & Loeffler (Berlin) und erhielt von allen drei Verlagen bestürzend knappe Absagen. Daraufhin wandte er sich an den einflußreichen Kritiker Alfred Kerr, der aufgeschlossen war und sich vermutlich beim Wiener Verlag für den Druck verwendete. In seinem Nachruf auf Musil schrieb Kerr, daß er mit ihm »jede Zeile dieses Buches im Manuscript … zusammen durchgearbeitet« habe. Ende 1906 lag das Buch gedruckt vor. Es handelt von einigen jungen Zöglingen, die in einer Provinzstadt eine Militärschule besuchen, hier ihre erwachenden Triebe bei

Literaturauswahl
ROBERT MUSIL: *Briefe 1901-1942. Hrsg. Adolf Frisé* (1981). ROBERT MUSIL: *Tagebücher. Hrsg. v. Adolf Frisé* (1983). KARL CORINO: *Robert Musil. Leben und Werk in Bildern und Texten* (1988). Karl Dinklage (Hrsg.): *Robert Musil. Leben, Werk, Wirkung* (1960). Karl Dinklage, Elisabeth Albertsen, Karl Corino (Hrsg.): *Robert Musil. Studien zu seinem Werk* (1970). ROLF SCHNEIDER: *Die problematisierte Wirklichkeit. Leben und Werk Robert Musils* (1975).

N

HANS ERICH
NOSSACK

GEDICHTE

… siehe Seite 354

… siehe Seite 353

Neutsch, Erik {geb. 1931}
Die Regengeschichte.
Erzählung.
[1.-15. Tsd.] Halle (Saale): Mitteldeutscher
Verlag, 1960. 62 S. 18 x 11,2 cm. Br.
Gestaltung v. Herbert Kreißig.
(= Treffpunkt heute.) Druck: Neues
Deutschland, Berlin.

Erik Neutsch ist durch den großangelegten Roman *Spur der Steine* (1964)
weit über die Grenzen Deutschlands hinaus
bekannt geworden. Dieser Roman entwirft
am Schicksal des rebellischen Zimmermanns
Hannes Balla, der wie ein Glückssucher
durchs Land zieht und ein selbstbewußtes
Leben zu führen versucht, dem sich alles
unterordnen soll, ein eindrucksvolles Bild
von der Aufbruchzeit in der DDR. Neutschs
erfolgreichstes Buch wurde mit Manfred
Krug und Eberhard Esche in den Hauptrollen von der DEFA verfilmt (1966). Es ist
inzwischen in mehr als einer halben Million
Exemplaren verbreitet. Was in diesem
Roman zur Vollendung drängte, ein Bild
des Arbeiters zu zeigen, in dessen Gestalt
und Wandlung die Wandlung einer ganzen
Gesellschaft gezeigt werden kann, ist von
Anfang an ein Hauptanliegen von Neutschs
literarischem Schaffen. Schon in seinem
Erstlingswerk *Die Regengeschichte* führt uns
die Fabel in die Nähe eines Chemiearbeiters,
der in der Chlorelektrolyse am Laufe des
Regenwassers die komplizierten Vorgänge
in den Chlorzellen herauszufinden und
die gewonnenen Erkenntnisse im Betrieb
anzuwenden versucht, weil er – wie er
es, nach einem langen Arbeitsleben endlich
von kapitalistischer Ausbeutung befreit,
empfindet – »sein Werk« vorwärtsbringen
will. Also schon Neutschs Erstlingswerk
ist ein Beispiel dafür, wie der Autor
»Wirklichkeitserfahrung« aus dem Arbeiter-
leben benutzte, um daraus möglichst realistische Geschichten für die sich sozialistisch
entwickelnde Gesellschaft zu strukturieren.

Es war kein Wunder, daß das Sujet der
sozialistischen Presse gefiel, und die in
Halle (Saale) erscheinende Zeitung *Freiheit*
die *Regengeschichte* über mehrere Wochen
hinweg in Fortsetzungen vorabdruckte.
Von Anfang an sollte sie Bestandteil einer
Sammlung von Erzählungen werden, die
Neutsch nach dem Vorbild von Alphonse
Daudets *Briefe aus meiner Mühle*, nun viel
gegenwartsbezogener freilich, *Briefe aus
meiner Fabrik* nennen wollte, ihr später
jedoch den Titel gab: *Bitterfelder Geschichten*.
Der Mitteldeutsche Verlag erkannte ihre
Qualität, machte sie zum Separatum und
druckte sie als Buch. Ermuntert wurde
Neutsch nicht zuletzt von Anna Seghers, die
Die Regengeschichte in einem Vorabdruck
der Zeitschrift *Neue Deutsche Literatur* gelesen hatte und ihm in einem Brief Zuspruch
zuteil werden ließ: »So etwas, glaube ich,
sollte man nicht verschweigen in einer Zeit,
in der viel krampfhaftes und langweiliges
Zeug geschrieben wird.« Die Geschichte
schrieb Neutsch im Mönchsgut auf der Insel
Rügen, wohin er sich zurückgezogen hatte,
um Erwin Strittmatters Aufforderung zu
folgen, eine Erzählung über seine Erlebnisse
und Erfahrungen im Chemiekombinat
Bitterfeld zu schreiben. Unerprobt im
Schreiben war Neutsch nicht. Als Kultur-
und Wirtschaftsredakteur der DDR-Bezirks-
zeitung *Freiheit* in Halle (Saale) hatte er
schon über Jahre hinweg Reportagen über
die Umbrüche in der DDR-Gesellschaft
geschrieben und viel Stoff für sein literarisches Schaffen gesammelt. EF

Literaturauswahl
Klaus-Detlef Haas (Hrsg.): *Wie Spuren im Stein.
Das literarische Werk von Erik Neutsch* (2007).
KLAUS WALTHER: *Erik Neutsch. Spur des Lebens.*
2010.

Broschureinband von Herbert Kreißig

Nossack, Hans Erich {1901-1977}
Gedichte.
Hamburg: Wolfgang Krüger Verlag,
[1947]. 76 S. Engl. Br. 18 x 11,5 cm.
Druck: Reinhold Wittig, Wiesbaden.

Seine Liebe galt der Dramatik, seinen
Ruhm erlangte er mit Prosa, doch an
die Öffentlichkeit trat er mit Gedichten. So
läßt sich Hans Erich Nossacks Weg in die
Literatur umreißen. Geschrieben hatte er
seit den zwanziger Jahren fast ausschließlich Stücke. Nur eines, *Ilnin*, wurde 1926
vom Bühnenvertrieb Gustav Kiepenheuer
angenommen. Erst nach langen Jahren
der Arbeit an Bühnenstücken erfolgte im

Broschureinband

Jahre 1941 »ganz aus heiterem Himmel« ein
»Anfall von Gedichten, auf der Straße, in der
Bahn, in den Luftschutznächten, überall«,
schrieb er in einem rückschauenden Brief
an Hermann Kasack vom 29. Dezember
1960. Seine Frau übergab sie jemand, der
jemand kannte, bis sie auf dem Tisch von
Kasack, dem einflußreichen Lektor des
Berliner Peter Suhrkamp Verlages vormals
S. Fischer, gelandet waren. Es entspann sich
ein ausufernder Briefwechsel, der sich auch
auf den Verleger ausweitete. Für das Jahr
1943 plante der Verlag einen Gedichtband.
Doch die Kriegswirtschaft schnürte die
Möglichkeiten des Verlages immer stärker
ab, so daß bis zum Kriegsende nur drei
Proben in verschiedenen Heften der hauseigenen Zeitschrift *Neue Rundschau* publiziert wurden. Auch nach 1945 änderte sich
die Lage anfangs nicht. Aus Berlin kamen
hinhaltende Briefe, hatte doch Suhrkamp
seine liebe Not, die Bücher seiner von anderen Verlagen umworbenen prominenten
Hausautoren wieder auf den Buchmarkt zu
bringen. Entnervt ergriff Nossack die sich
ergebende Gelegenheit, bei dem von Berlin
nach Hamburg übergesiedelten Wolfgang
Krüger Verlag unterzukommen. Der Lektor
Hartmann Goertz überzeugte den Verleger
und machte den Weg für das Hamburger
Talent frei. Krüger gehörte zu den privi-
legierten Unternehmern, die von der britischen Besatzungsmacht bald nach dem
Krieg eine Verlagslizenz und das nötige
Papier zum Drucken erhielten. Deshalb
konnte er von Nossack binnen zweier Jahre
drei Bücher drucken, neben den beiden
Prosasammlungen *Nekyia. Bericht eines
Überlebenden* (1947) und *Interview mit
dem Tode* (1948) die zuerst erscheinenden
Gedichte.

Während der abschließenden Arbeiten
am Manuskript im August 1946 hatte
Nossack kurzzeitig gezögert, ob er die »gestrigen Fußspuren« wirklich öffentlich machen
sollte. Doch es siegte der Wunsch, endlich

gedruckt zu werden. Seine in vielen Jahren des Wartens geübte Geduld wurde jedoch aufs Neue geprüft. Die Mangelwirtschaft und der kalte Winter 1946/47 machten ihm einen Strich durch die Rechnung. Weihnachten 1946 lag keines der beiden in Produktion befindlichen Bücher fertig auf dem Tisch. Zuletzt stockte es in der Buchbinderei, die keinen Strom bekam und deshalb monatelang nicht arbeiten konnte. Am 29. April 1947 hielt der 46jährige endlich das erste Exemplar der *Gedichte* in den Händen. In einem Brief an seinen Freund Hans H. König schreibt Nossack über eine zweite Ausgabe des Gedicht-Bandes, die der Verleger noch 1947 in seinem zweiten Unternehmen, dem Aldus-Verlag in Diez/ Lahn, für die Französische Besatzungszone veranstaltet habe. Die Farben des Einbandes seien bei diesem Druck verändert worden, »und die Sache macht sich sehr viel besser«, heißt es am 2. August 1947. Diese Ausgabe konnte nicht nachgewiesen werden. Vielleicht handelt es sich um eine Bindequote, die aber mit dem Impressum von Krüger erschienen sein dürfte.

Nossack lebte mit seiner Frau in bedrückenden Verhältnissen. Der Sohn eines angesehenen Hamburger Kaufmanns, der sich in den zwanziger Jahren eine Liason mit der Kommunistischen Partei geleistet und mit dem Vater überkreuz gelegen hatte, war 1933 in den Schoß der Familie zurückgekehrt und hatte bald im Kontor das Kommando über Kaffee und Kakao übernommen. Während der schweren Luftangriffe auf die Hafenstadt in den Jahren 1943 und 1944 war er mehrfach privat und geschäftlich ausgebombt worden. Deshalb konnte er nach Kriegsende nur improvisieren, mit der Folge, daß er von der Hand in den Mund leben mußte. Mühselig hielt er sich die späten Stunden des Tages für seine schriftstellerischen Arbeiten frei.

Nur kurz gönnte sich Nossack die Freude über sein erstes Buch, dann quäl-te ihn der Ärger, daß die Zeitungen und Zeitschriften seine Bücher übergingen, obwohl er sich persönlich einschaltete, den Versand der Besprechungsexemplare steuerte und verschiedene Gespräche führte. Die Bühnenstücke, an denen sein Herzblut hing, lehnten seine Verleger rundweg ab, auch die Theaterdramaturgen taten sich schwer. Die wenigen Stücke, die die Bühne erreichten, wurden gleich wieder vom Spielplan abgesetzt. Weil ihm der lyrische Sinn abhanden gekommen war, blieb nur die Prosa, die Nossack wie Kleist eigentlich für unter seiner Würde hielt. Die Währungsreform 1948 hatte die kurze erste Publikationsperiode beendet. Doch Nossacks Prosa nahm ihren Weg. 1950 wurde er ihretwegen in die Mainzer Akademie gewählt, und 1955 schloß er mit Peter Suhrkamp einen Vertrag ab, der ihn in den kommenden Jahren wirtschaftlich tragen sollte. Die Gedichte blieben vergessen. Erst in dem Sammelband *Der Andere* (1976, herausgeben von Christof Schmid) ließ der Autor wieder sechs Proben aus dem Erstling aufnehmen, nur eine Ergänzung war hinzugekommen. Sie waren Zeugnisse der biographisch schwierigen, aber entscheidenden Periode am Ende des »Dritten Reiches«. Einsamkeit, Todesahnung und apokalyptische Visionen hatten ihn nicht überwältigt, waren statt dessen zur Stimulanz für sein Nachkriegswerk geworden.   CW

Literaturauswahl
HANS ERICH NOSSACK: *Die Tagebücher. 1943-1977*. Hrsg. v. Gabriele Söhling (2. Aufl. 2001). WOLFGANG MICHAEL BUHR: *Hans Erich Nossack: Die Grenzsituation als Schlüssel zum Verständnis seines Werkes* (1994). Günter Dammann (Hrsg.): *Hans Erich Nossack. Leben – Werk – Kontext* (2000). JOSEPH KRAUS: *Hans E. Nossack* (1981). GABRIELE SÖHLING: *Hans Erich Nossack* (2003).

P

Die Aufführungsrechte des Stückes für Bühnen und Hörfunk sind ausschließlich zu erwerben durch den Henschelverlag Kunst und Gesellschaft, Abteilung Bühnenvertrieb, 104 Berlin

1. Auflage 1973. Lizenz-Nr. 391/240/47/73
Alle Rechte vorbehalten
VEB Hinstorff Verlag Rostock
Printed in the German Democratic Republic
Einbandgestaltung: Horst Hussel
Satz: Druckerei „Franz Maecker", Neuruppin
Druck und Einband:
Offizin Andersen Nexö, Leipzig BT III
Bestell-Nr.: 522 222 1
EVP 4,80

Notiz in der „Berliner Zeitung" vom 26. Dezember:

Am Abend des 24. Dezember wurde der Jugendliche Edgar W. in einer Wohnlaube der Kolonie Paradies II im Stadtbezirk Lichtenberg schwer verletzt aufgefunden. Wie die Ermittlungen der Volkspolizei ergaben, war Edgar W., der sich seit längerer Zeit unangemeldet in der auf Abriß stehenden Laube aufhielt, bei Basteleien unsachgemäß mit elektrischem Strom umgegangen.

Anzeige in der „Berliner Zeitung" vom 30. Dezember:

Ein Unfall beendete am 24. Dezember das Leben unseres jungen Kollegen
                    Edgar Wibeau
Er hatte noch viel vor!
                    VEB WIK Berlin
AGL   Leiter   FDJ

Anzeigen in der „Volkswacht" Frankfurt/O. vom 31. Dezember:

Völlig unerwartet riß ein tragischer Unfall unseren unvergessenen Jugendfreund
                    Edgar Wibeau
aus dem Leben.
            VEB (K) Hydraulik Mittenberg
Berufsschule   Leiter   FDJ

Für mich noch unfaßbar erlag am 24. Dezember mein lieber Sohn
                    Edgar Wibeau
den Folgen eines tragischen Unfalls.
                    Else Wibeau

5

… siehe Seite 357

ANARCHIE

… siehe Seite 359

Plenzdorf, Ulrich {1934-2007}
Die neuen Leiden des jungen W.
Rostock: Hinstorff Verlag, 1973. 108 S.
20,2 x 12,6 cm. Pp. mit Deckelzeichnung
von Horst Hussel. Druck: Offizin Andersen
Nexö, Leipzig.

Ulrich Plenzdorf betrat 1973 mit der Buchveröffentlichung seines Romans *Die neuen Leiden des jungen W.* erstmals die literarische Bühne. Und doch, darf man sagen, stand der Autor schon länger im Rampenlicht. Die literarische Idee und die erste Niederschrift waren, wie bei einer Reihe von literarischen Debüts anderer Autoren auch, viel älter, als es das Veröffentlichungsdatum auswies.

Die Urfassung wurde bereits in den Jahren 1968/69 im Auftrag der DDR-Filmgesellschaft DEFA als Szenarium für einen Film geschrieben. Plenzdorf arbeitete damals, nach einem Studium an der Filmhochschule Babelsberg, als Szenarist und Filmdramaturg und debütierte als solcher 1964 mit dem Drehbuch zu dem Film *Mir nach, Canaillen!*, der mit Manfred Krug in der Hauptrolle ein großer Erfolg wurde. Der neue Film aber, den er über das Schicksal des jungen Edgar Wibeau, des Helden aus *Die neuen Leiden des jungen W.* geschrieben hatte, blieb vorerst unrealisiert. Plenzdorf verletzte dieser Umstand offenbar kaum. Wie er später in einem Gespräch bekannte, hatte er »die ganze Sache ja ursprünglich für die Schublade geschrieben«. Zu stark noch empfand die kritische Autorenzunft in der DDR die Restriktionen eines unter dem Begriff »Kahlschlag« in die Annalen eingegangenen Plenums der SED, dessen Auswirkungen seit Mitte der sechziger Jahre wesentliche künstlerische Werke behinderten oder zu unterdrücken versuchten beziehungsweise deren Wirkung einzuschränken trachteten. Knapp zwei Jahre nach der ersten Niederschrift – das Manuskript trägt als Abschlußvermerk das Datum

Einband von Horst Hussel (Hinstorff) und Umschlag von Willy Fleckhaus (Suhrkamp); gegenüber eine Doppelseite aus der Hinstorff-Ausgabe

Pl

358

9. 4. 1971, 14.00 MEZ – legte Plenzdorf die Prosafassung vor, die im März 1972 im Heft 2 der Zeitschrift *Sinn und Form* veröffentlicht wurde. Die danach dramatisierte Fassung kam im Mai 1972 am Landestheater Halle/Saale zur Uraufführung. Die sich an die Vorveröffentlichung und an die Uraufführung anschließenden, zum Teil leidenschaftlich und konträr geführten öffentlichen Debatten machten den Autor fast sprachlos; er notierte: »Im Moment bin ich einfach in der Situation, dazusitzen und zu sammeln und glücklicherweise auch Dinge interpretiert zu hören, von denen ich nicht dachte, daß sie drinstehen.« Die allmähliche Liberalisierung der DDR-Kulturpolitik rückte eine Buchpublikation dringend ins öffentliche Interesse.

Der sich damals für die jüngere kritische Literatur engagierende Rostocker Hinstorff Verlag nahm den Autor unter Vertrag. Der Verlag hatte mit Jurek Becker, Fritz Rudolf Fries, Franz Fühmann, Klaus Schlesinger und Rolf Schneider wichtige Autoren in seinem Programm und war dabei, sich neben dem Berliner Aufbau-Verlag als ein bedeutender Literaturverlag der DDR zu konstituieren. Im März 1973 lieferte er eine erste Auflage an den Buchhandel aus. Noch im gleichen Jahr erschien in der DDR eine zweite Auflage. Für den Buchmarkt der Bundesrepublik, Österreichs und der Schweiz erschien der Text bei Suhrkamp in Frankfurt in Lizenz. Ein Jahr später bot die Büchergilde Gutenberg ihren Mitgliedern eine Buchclubausgabe als Novität an.

Der Roman hat seither in millionenfacher Auflage Leser in aller Welt gefunden. Er wurde in mehr als 20 Sprachen übersetzt und gehörte als Bühnenstoff, besonders in den siebziger Jahren, nicht nur in Deutschland zu den meistgespieltesten Theaterstücken.

Der kleine Roman wird literaturgeschichtlich als bedeutendes Werk der »DDR-Literatur« empfunden. Mit Hilfe der Rückblendetechnik werden Leben, Pläne und Wirken eines für die DDR-Realität exzentrischen, nach Selbstverwirklichung strebenden Jugendlichen beleuchtet, dessen Tod zu Kommentaren über die beängstigenden Versäumnisse der Elterngeneration veranlaßt. Die Brisanz dieser Figur, dieses Edgar Wibeau, für die Spannungsfelder im DDR-Leben, für unaufgearbeitete Konflikte im privaten und gesellschaftlichen Leben, so stellte es sich bald heraus, waren nicht nur die Probleme einer Provinz, sondern zeitlos und übertragbar auch auf andere Gegenden und Gesellschaftsformen. Das machte schließlich die weltweite Wirkung dieses Stoffes aus.

Eine Ausgabe des Textes erschien auch in den *Graphischen Büchern* von Faber & Faber Leipzig mit Originalholzschnitten des bekannten deutschen Malers Harald Metzkes. MF

Literaturauswahl
Peter J. Brenner (Hrsg.): *Plenzdorfs »Neue Leiden des jungen W.«* (1982). Inge Münz-Koenen (Hrsg.): *Werke und Wirkungen. DDR-Literatur in der Diskussion* (1987).

Plievier, Theodor {1892-1955}
Anarchie. Roman.
Weimar: Verlag der Zwölf, [1919]. 15 S. 21,6 x 14 cm. Br. (= Die Zwölf-Schriften.)

Eins der ersten Bücher überhaupt, das nach dem Zweiten Weltkrieg auf dem deutschen Buchmarkt erschien, war Theodor Plieviers dokumentarischer Roman *Stalingrad*. Das erregende Buch gehörte zu den ersten 14 Titeln, die der im August 1945 neu gegründete Berliner Aufbau-Verlag bis zum Jahresende 1945 herausgab. Es startete mit einer Auflage von 6000 Exemplaren und erreichte im Folgejahr sechs weitere Auflagen, so daß bis Ende 1946 insgesamt 150 000 Exemplare davon verbreitet waren. Ein ungewöhnlicher Erfolg für die Nachkriegszeit, der internationalisiert wurde durch die Übersetzung in 14 Sprachen, so daß der Roman schließlich ein Millionenpublikum erreichte. Später wurde das Buch als Theaterstück und Fernsehfilm dramatisiert. Es wurde des Autors erfolgreichstes Buch.

Wenn man von dort her historisch zurückspult und über Plieviers Erstlingswerk nachdenkt, dann fällt vielen zuerst der Kriegsflotten-Roman *Des Kaisers Kulis* ein, der von Wieland Herzfeldes Malik-Verlag in auffälliger Rückengestaltung 1930 herausgegeben wurde und der in manchen Nachschlagewerken auch tatsächlich als sein Erstlingswerk ausgewiesen wird.

Theodor Plieviers literarisch-publizistischer Beginn hat aber einen anderen Zuschnitt. Der Globetrotter durch Europa und die Welt, als Wanderbursche und Matrose, wird lebensreformerisch beeinflußt und von anarchistischem Gedankengut gefangengenommen, das sich aus Ideen und Theorien von Michail Bakunin speist und auch Friedrich Nietzsche zum Vordenker hat. Zugleich werden die Ideen der sogenannten Naturpropheten jener Zeit von ihm verarbeitet.

Plievier gründet zusammen mit Karl Raichle und Gregor Gog 1919 den Verlag der Zwölf. Es wird darum gerätselt, wo der Verlag gegründet wurde. Es ist von Urach, Weimar, mitunter von Dresden, auch von Berlin die Rede. Jedenfalls wird in einem in der Uracher Zeitung *Der Ermstalbote* von Karl Raichle verfaßten Artikel am 14. Oktober 1919 von einer Broschüre gesprochen, die kürzlich erschienen sei, und die eigentlich nur das Heft *Anarchie* meinen kann, das als Plieviers Erstlingswerk angesehen werden muß und bei Wilpert/Gühring auch als solches ausgewiesen wird. Im Heft ist als Verlagsort Weimar und als Vertriebsanschrift die Adresse von Plievier in Urach angegeben. Charakteristisch ist der

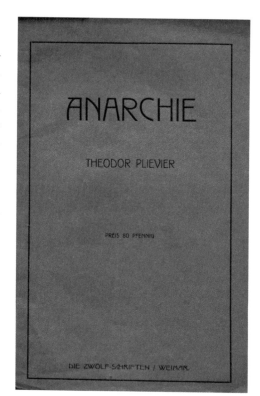

Broschureinband

folgende Aufruf der Broschüre: »Brüder, Ahasverusnaturen, die ihr suchet im Reiche der Seele; die ihr schöpfet aus den Tiefen eigenen Ichs, die ihr einen Pfad suchet aus Dunkel zum Licht, aus Sklaverei menschlicher Schwäche zur Bewusstheit – und in Stunden der Ruhe diesen Weg nachzeichnet: Euch zum Merkstein auf Eurer Strasse zum Paradiese, der Menge jüngerer Brüder zu Fackeln und Leuchtfeuern. Literaten, Maler, Philosophen: Gottsucher, namenlose Männer des dämmernden Morgen, Euch diese Worte zum Grusse, Willkommen zur Mitarbeit. / Verlag der Zwölf.«

Damit beginnen die Flugschriften, die Plievier verfaßt oder befördert hat, aufrührerische Texte, die seine Aktivitäten bis weit in die zwanziger Jahre hinein beherrschen und im Verlag der Zwölf, Reihe *Die Zwölf-Schriften*, oder in anderen syndikalistisch gesinnten Unternehmen erschienen sind.

Über die Auflage der Erstschrift war nichts zu erfahren, aber aus bekannten

Auflagen anderer Flugblätter, beispielsweise von der Schrift *Hunger*, die in 15 000 Exemplaren gedruckt und von Plievier in 6000 Exemplaren sofort an anarchistische Zeitschriften und andere anarchistische Netzwerke weiterverkauft wurde, läßt sich schließen, daß auch die Auflage von *Anarchie* relativ hoch gewesen sein muß, vermutlich mindestens 5000 Exemplare. Wie Plievier die Mittel für den Druck der Flugschriften zusammengebracht hat, die zum Teil wie *Anarchie* in sehr guter Druckqualität erschienen, war im einzelnen nicht aufzulösen. Vorkassen, Verkaufserlöse und Sponsorengelder werden die tragenden kommerziellen Säulen gewesen sein, auf denen das Projekt der Flugschriften ruhte. Für das vierseitige Flugblatt *Hunger* heißt es, daß es von Käthe Kollwitz materiell unterstützt wurde. Sie zeichnete überdies ein Vorblatt für die Schrift, die Plievier auf seinen Reisen durch Deutschland verteilte und damit Geld für die Hungerzentren in Rußland einwarb.

Der Verlag der Zwölf wurde von Plievier gegründet und von ihm allein betrieben. Es gab keine weiteren Angestellten, so daß der Verleger-Autor auch nur für sich selbst zu sorgen hatte. Es wird anstrengend gewesen sein, sich immer über Wasser zu halten, aber der Verlag der Zwölf wird wohl im heutigen handelsrechtlichen Sinne gar nicht als richtiger Verlag anzusehen sein. Es war eine Art Selbstverlag, von dem es heißt, daß er weder Kassen- noch Versandbücher geführt habe und die gesamte Buchhaltung auf fliegende Zettel geschrieben worden sei. Harry Wilde, Plieviers Biograph, vermutet hinter dem Verlagsnamen das Evangelium und die Jünger Jesu, was durchaus zum damaligen Missionseifer von Plievier passen würde, der aus dem oben genannten Aufruf besonders deutlich wird.

Nach dem Erscheinen von *Anarchie* gab es zahlreiche Notate in der linksorientierten Presse. Aber auch bürgerli-

che Zeitungen bemerkten die Plievierschen Glaubensbekenntnisse. Was beeindruckt haben muß, war nicht nur der Freiheitswille, der in der Flugschrift zum Ausdruck kam, sondern auch die Sprache, in die er gefaßt war. Aber es gab auch Ärger, und ausgerechnet mit Karl Raichle, den Plievier einst zusammen mit Gregor Gog zu seiner »Dreierbande« gezählt hatte, die sich um lebensreformerische Projekte bemühte. Karl Raichle warf der Erstlingsschrift geistigen Diebstahl vor und bezichtigte Plievier des Plagiats, weil er meinte, in *Anarchie* Gedanken und Sprachelemente zu erkennen, die von ihm vorgeformt worden seien. Ein publizistisches Geplänkel mit hoher Verdächtigungsfrequenz, das am Schluß zur gerichtlichen Auseinandersetzung aber nicht die Kraft hatte. Zur Abwendung voneinander reichte es. Raichle hatte sich zuvor schon enger an Johannes R. Becher angeschlossen, den er in Urach beherbergte. Die Resonanz der Erstlingsschrift von Plievier dürfte von der strittigen Zeitungsdebatte im Uracher *Ermstalboten* profitiert haben. Plievier konnte Anfang der zwanziger Jahre seiner Verlagsbuchhandlung in Berlin, oder wie man das auch nennen mochte, eine anarchistische Teestube anschließen, die bald zu einem in zuständigen Kreisen beliebten Szenetreffpunkt wurde, später aber auch den Zeitumständen wieder zum Opfer fiel.　EF

Literaturauswahl
Hans-Dieter Mück (Bearb.): *»Verschwörerwinkel«
am Grünen Weg. Der »Uracher Kreis« Karl
Raichles: Sommerfrische für Revolutionäre des
Worts. 1918-1931.* Ausstellungskatalog (1991)
HARRY WILDE: *Theodor Plievier. Nullpunkt der
Freiheit* (1965). *Das Haus in der Französischen
Straße. Vierzig Jahre Aufbau-Verlag. Ein
Almanach* (1985).

Polgar, Alfred {1873-1955}
**Der Quell des Übels und andere
Geschichten.**
München: Verlag Albert Langen, 1908.
120 (+ 6) S. Kl.-8°. Br. / Ln. / Leder.
(= Kleine Bibliothek Langen, Bd. 90.)
Druck: Hesse & Becker, Leipzig.

Wir dürfen für den *Quell des Übels
und andere Geschichten* von einer
Auflage von 1000 Exemplaren ausgehen,
die in drei Varianten auf den Markt kamen:
als geheftete, farbig illustrierte Broschur
für 1 Mark, als Leinenband für 1,50 Mark
und als in Saffianleder eingebundene Lieb-
haberausgabe für 2,80 Mark. Der durch-
schnittliche Stundenlohn eines ungelernten
Arbeiters lag in dieser Zeit bei etwa 20
Pfennigen und darunter, was die zeitgenössischen Maßstäbe für den Buchpreis deutlich
macht. Es ist deshalb auch vielfach zu beobachten, daß die bekannten Literaturverlage
immer wieder nach kleinen, populären
Buchreihen Ausschau hielten, mit denen
sie preisgünstig ihre schöngeistig-litera-
rischen Erzeugnisse dem Publikum vermitteln konnten. Die *Kleine Bibliothek Langen*,
in der Polgars erstes eigenständiges Buch
erschien, war ein solch geglückter Versuch.
Mit der Reihe, die vier Jahre nach der
Verlagsgründung begann, sollten vor allem
moderne Autoren des Auslands, Franzosen,
Skandinavier und Russen, dem deutschen
Publikum nahegebracht werden, was
nach dem geistig motivierten Knalleffekt
der Verlagsgründung in Paris (»Hamsuns
›Mysterien‹ müssen in Deutsch erscheinen«)
durchaus folgerichtig war. Jüngere deutsche
Autoren rückten in das Talente-Ensemble
der Reihe, weil man sie aus dem Reservoir
der für die Satirezeitschrift *Simplicissimus*
Schreibenden, die dem Verlag Langen
hauptsächlich das Geld brachte, bequem
herausfischen konnte.

Alfred Polgar, aus einer nicht sonderlich wohlhabenden, jüdischen Wiener

Familie kommend, Handelsschüler mit Sinn
für Theater, Musik und Literatur war, ein-
undzwanzigjährig, in die Redaktion der
Wiener Allgemeinen Zeitung eingestie-
gen, hatte dort erst aus Gerichtssaal und
Parlament berichtet und war dann in
die Literatur- und Theaterkritik hinein-
gewachsen, was den sarkastischen Karl
Kraus veranlaßte, in einem Bonmot seiner
feurigen Zeitschrift *Die Fackel* davon zu
sprechen, daß es »übrigens alte Wiener
Tradition (sei), daß der beste Kritiker für
das schäbigste Montagsblatt schreiben
muß.« Jedenfalls vollzog Polgar dort, und
seit 1905 auch als Mitarbeiter der Berliner
Schaubühne, die Fingerübungen für seine

Einband

pointierten Kritiken und Feuilletons, mit
denen er die Wiener Kulturwelt begeisterte.
Schon vor oder in Gleichzeitigkeit mit der
ersten eigenständigen Buchausgabe, dem
Quell des Übels, hatte Polgar, zusammen mit
Egon Friedell, dem Wiener Publikum kleine
dramatische Kabinettstückchen angeboten,
die im Kabarett »Fledermaus« aufgeführt
wurden und durch die Alltäglichkeit der
Konflikte erstaunten, die sie aufs Korn nahmen. *Goethe* hieß ein Sketch, der ande-

re, eine sogenannte Musteroperette, *Der Petroleumkönig oder Donauzauber* (beides 1908), gutbesuchte Suite-Aufführungen, deren gedruckte Texte, teils im Eigenverlag erschienen, mehr als Sprechgrundlage denn als Lesestoff gedacht waren. Das hat uns dazu bewogen, den *Quell des Übels* als Polgars Erstlingswerk zu behandeln.

Jedenfalls war der Autor bereits bekannt, als sein Erstlingswerk erschien. Die Geschichten, die dieses versammelte, waren ohnehin verstreut schon über längere Zeit hinweg im *Simplicissimus* erschienen. Kurzprosa, die sehr differenziert beurteilt wurde. Sein Biograph Ulrich Weinzierl meinte, daß sich Polgars erzählerische Strahlkraft aus der Vorkriegsepoche des Ersten Weltkriegs, verglichen mit seinen Leistungen als Kritiker, eher sehr bescheiden ausnähme. »In den meisten dieser Arbeiten«, schrieb er, und da sind *Der Quell des Übels und andere Geschichten* prononciert eingeschlossen, »ist ein erstaunlich geringer Anteil der realen, der äußeren Welt enthalten, dafür eine Menge seelisches Unglück; arme und zugleich armselige Männchen treten (übrigens gerne im Caféhaus) auf, die Damen vergeblich anbetend. Die Wonnen und Leiden des Neurasthenikerdaseins werden besungen. Der Stilist Polgar konnte damals schon fast alles auf Punkt und Pointe bringen, aber er hatte noch fast nichts zu sagen.«

Auch Zeitgenossen waren irritiert. Arthur Schnitzler äußerte sich distinguiert, hob die Intelligenz des Autors, zugleich aber einen Mangel an Gestaltungskraft hervor. Und Polgar selbst? Als er später sein dichterisches Frühwerk Revue passieren ließ, konnte er kaum eine Geschichte entdecken, für die er sich einen Platz in seinem Œuvre gewünscht hätte. Er schloß die Geschichten des Erstlings aus seinen späteren Auswahlbänden, die besonders in den bekannten Rowohlt-Ausgaben wie *An den Rand geschrieben, Schwarz auf Weiß, Bei dieser Gelegenheit* und anderes mehr für Furore sorgten, weitgehend aus. Geradezu wehleidig beschrieb er seine Erinnerungen daran. Wenn jemand dort hineinschaue, meinte er, wäre es quälend, als würde jemand eine kriminelle Vergangenheit von ihm aufspüren.

Alfred Polgar ist, ungeachtet der beschissenen Windeln, die er an sich ausmachte, einer der bedeutendsten Feuilletonisten der Weimarer Republik geworden, der sich gegen alles wehrte, was die Menschen erniedrigte. Nach 1933 fanden wir den Flüchtling in den Exilverlagen wieder, in Zürich und Amsterdam, bevor er 1943 nach New York übersiedelte. EF

Literaturauswahl

HELGA ABRET: *Albert Langen. Ein europäischer Verleger* (1993). ULRICH WEINZIERL: *Alfred Polgar. Eine Biographie* (1985).

… siehe Seite 386

… siehe Seite 391

… siehe Seite 393

… siehe Seite 381

Reger, Erik
{eigtl. Hermann Dannenberger, 1893-1954}
Union der festen Hand.
Roman einer Entwicklung.
1.-6. Tsd. Berlin: Ernst Rowohlt Verlag,
1931. 588 S. 20 x 12,5 cm. Br. mit Umschl.

Hermann Dannenberger, der seit 1924 regelmäßig in verschiedenen Zeitungen veröffentlichte, benutzte das Pseudonym Erik Reger, weil er als Angestellter im Pressebüro der Dortmunder Krupp-Werke nicht ohne Genehmigung seiner Vorgesetzten publizieren durfte. Reger gehörte zu den Jahrgängen, die unmittelbar nach Schule und Studium 1914 in den Krieg ziehen und nach dem Krieg ihr Leben völlig neu aufbauen mußten. 1919 aus englischer Kriegsgefangenschaft

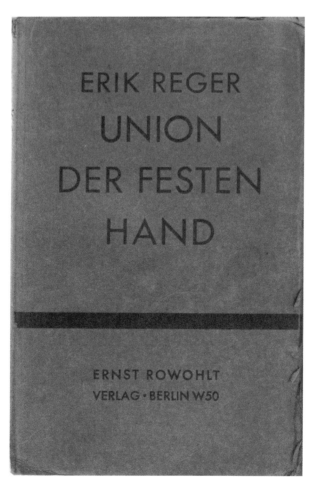

Broschureinband

zurückgekehrt, mußte der aus Bendorf/ Rhein stammende Geisteswissenschaftler über die Anstellung bei Krupp froh sein. Sie sicherte ihm die Existenz, und hier lernte er unmittelbar an der Quelle so genau wie kaum ein anderer Autor seiner Zeit das Funktionieren des Wirtschaftslebens kennen. Er hatte auch Gelegenheit, den Charakter und die Lebensphilosophie der Repräsentanten von Stahl und Kohle an Rhein und Ruhr, aber auch ihrer Kontrahenten in der Arbeiterbewegung zu studieren. 1927 gab Reger seine Anstellung bei Krupp auf, um schließlich Mitarbeiter der *Frankfurter Zeitung* zu werden. Im Zeichen der Neuen Sachlichkeit begann er, sich publizistisch mit den Machenschaften des Industriekapitals auseinanderzusetzen, das am Beginn der dreißiger Jahre auf die Koalition mit rechtsradikalen und nationalsozialistischen Kreisen zusteuerte. Die Quintessenz seiner Erfahrungen bündelte er in dem Roman *Union der festen Hand*, dem er eine »publizistische Funktion« zuwies.

Die Personen und Geschehnisse beruhten auf realen Vorbildern und historischen Tatsachen. Dargestellt werden die Entwicklungen an Rhein und Ruhr von 1918 bis in die unmittelbare Gegenwart. Hinter den Figuren Freiherr von Risch-Zander, Wirtz, Schellhase jun. und Alfons Hachenpoot verbergen sich Gustav Krupp von Bohlen und Halbach, Hugo Stinnes, Fritz Thyssen und Alfred Hugenberg, der in den zwanziger Jahren seinen Pressekonzern gewaltig ausbaute. Selbst der Philosoph der Schwerindustrie Jodici stellt eine kaum verhohlene Parodie auf Oswald Spengler dar. Die Interessengemeinschaft »Union der festen Hand« konnte von Zeitgenossen leicht als der »Langnamverein« der rheinisch-westfälischen Schwerindustrie identifiziert werden. Reger wählte seine Verschlüsselung nicht nur aus Selbstschutz, sondern wollte auf diese Weise auch das Modellhafte der Konstellationen im Roman herausarbeiten. Tatsächlich hatten die desavouierten Personen keine Handhabe, gegen das Buch juristisch vorzugehen. So reagierte die Wirtschaft erst, nachdem die Story allgemein Wirbel ausgelöst hatte.

In der von mehreren Industrie- und Handelskammern sowie Wirtschaftsverbänden herausgegebenen Zeitung *Ruhr und Rhein* hieß es im November 1931 über Reger, er habe als »Angestellter untergeordneter Funktion« »eigentliche Fühlung zu den in seinem Buch behandelten Dingen, ihrer Entstehung und ihren Abläufen« nie gehabt. Aufreizend wirkten neben den überlieferten Zynismen der Protagonisten vor allem die Enthüllungen über die Finanzierung des Nationalsozialismus durch die Industrie. Paul Fechter, der in der *Deutschen Allgemeinen Zeitung* (19. August 1931) den Roman mit dem von ihm verabscheuten Heinrich Mannschen Roman *Untertan* verglich, tröstet sich damit, daß bei Reger die Arbeiter und ihre Führer »genau so trübe und peinliche Gesellen« seien wie ihre Herren und Meister. Seine eigentliche Unterstützung fand Reger in der linksliberalen Presse. So schrieb Alfons Goldschmidt in der *Weltbühne* (Nr. 27/1931) von »lebenden Kraken«, die das Ruhrgebiet im Griff haben. Ähnlich lautet das Fazit in dem *Berliner Tageblatt*, der *Frankfurter Zeitung* und dem *Tagebuch*, die die Authentizität der Schilderungen hervorhoben. Der sozialdemokratische *Vorwärts* (28. Mai 1931) kritisierte den Fatalismus, der in Regers Buch herrsche, war aber in der Einschätzung der positiven Kräfte in der Arbeiterbewegung viel zu optimistisch, wie die braune Machtübernahme 1933 zeigte. Der Preisrichter Carl Zuckmayer erkannte Erik Reger den Kleist-Preis des Jahres 1931 zu. Er lobte in seiner Laudatio die geradezu »biologische Treue und Unparteilichkeit« der Erzählung sowie die »Leidenschaft der geistigen Durchdringung«. Ein Jahr später gelang es Reger, mit dem Roman *Das wach-*

same Hähnchen an den dokumentarischen Stil des Erstlings anzuknüpfen. Dann beendete der Nationalsozialismus vorläufig seine Karriere als politischer Schriftsteller. Nach einer mißglückten Emigration in die Schweiz (1934) arbeitete Reger als Redakteur und Lektor im Deutschen Verlag und schrieb Unterhaltungsliteratur. Erst im Jahr 1945 konnte er seine Talente wieder entfalten. Er wurde Mitherausgeber der Berliner Zeitung *Tagesspiegel* und setzte sich vehement für Demokratie und gegen die Umwälzungen im Ostteil der Stadt ein. Die Rezeption des 1946 im Ostberliner Aufbau-Verlag neu aufgelegten Erstlings geriet in die Debatte um die Vereinigung von KPD und SPD. Reger zog das Buch 1948 aus dem Verkehr und kündigte den Vertrag mit dem Ostverlag, um sich fortan ganz der Publizistik zu widmen. CW

Literaturauswahl

HELMUT LETHEN: *Bürgerliche Aufklärung über die Produktionssphäre. Erik Reger: Union der festen Hand*; in: *Lethen, Neue Sachlichkeit 1924-1923. Studien zur Literatur des »Weißen Sozialismus«* (2. Aufl. 1975).

Regler, Gustav {1898-1963}
Zug der Hirten. Roman.
Berlin, Lübeck, Leipzig: Otto Quitzow Verlag, 1929. 187 S. 19 x 12,5 cm. Ln. Einbandentwurf: Hugo Steiner-Prag, Leipzig. Druck: Buchdruckerei Werner & Hörnig, Lübeck. Bindung: Buchbinderwerkstätten E. O. Friedrich, Leipzig.

Gustav Regler gehört zu den vielen Schriftstellern im 20. Jahrhundert, die vor ihrer literarischen Laufbahn wissenschaftlich publizierten. 1923 erschien im Verlag Bruno Dietze, Leipzig, seine Dissertation *Die Ironie im Werk Goethes*, mit der er in München zum Dr. phil. promoviert wurde. Wesentliche Anregungen zur

Beschäftigung mit dem Klassiker empfing er bei seinem Heidelberger Lehrer Friedrich Gundolf, einem Jünger Stefan Georges. Zum Doktorvater wählte er aber den Münchner Germanisten Franz Muncker. Reglers erster Verleger Bruno Dietze war sein Schwiegervater, ein Unternehmer, der in den wirtschaftlich schwierigen Zeiten einen Textilkonzern führte und nebenher eine Reihe von Firmen besaß, meist Textilherstellung und -handel, aber kurzzeitig auch einen Verlag. Regler trat nach dem Ende der akademischen Zeit in die Dienste von Dietze, bis er nach der Scheidung von seiner ersten Frau Charlotte eigene Wege ging und 1926 Journalist bei der *Nürnberg-Fürther-Morgenpresse* wurde.

In seiner Autobiographie *Das Ohr des Malchus* (1958) schildert Regler, daß er, angeregt durch André Gides *Rückkehr des verlorenen Sohns*, während eines Paris-aufenthaltes im Jahr 1928 in drei Wochen das Manuskript seines ersten Romans *Zug der Hirten* in einem Café nahe der Kirche St. Sévérin zu Papier brachte. Doch die Forschung brachte zu Tage, daß er schon als Student 1919 seinem Tagebuch das Projekt »Moses in Horeb« anvertraute, damals noch unter dem Eindruck der Lektüre von Stefan Georges *Algabal*, einem Gedicht-Zyklus über ein archaisches Priesterkönigtum. Auch eine starke Anlehnung an Heinrich Mann, seine charismatischen Protagonisten und seinen expressiven Erzählstil wurden nachgewiesen (André Banuls). Der Sohn eines katholischen Buchhändlers in der saarländischen Kleinstadt Merzig war bestens mit der biblischen Geschichte vom Auszug der Israeliten aus der ägyptischen Gefangenschaft vertraut.

Zug der Hirten erschien im Otto Quitzow Verlag mit Hauptsitz in Lübeck, der in den zwanziger Jahren immerhin Paul Gurk, Josef Ponten, Edwin Erwin Dwinger und Thomas Mann verlegte. Empfohlen hatte das Manuskript Max Tau, der spä-tere Cheflektor von Bruno Cassirer, der es für den Verlag zu begutachten hatte: »Die Sprache überzeugte mich sofort. Hier schien mir ein Dichter am Werk zu sein, dem man nur Ruhe für seine Entwicklung wünschen konnte«, schrieb er in seinen Erinnerungen *Das Land das ich verlassen mußte* (1961). Regler widmete das Buch Julie Meyer, einer liberalen Journalistin, der er sich in dieser Zeit verbunden fühlte. Das Buch wurde bereits im Oktober 1928 fertiggestellt, und nicht erst 1929, wie im Buch angegeben ist. Während der Absatz zu wünschen übrig ließ, war das Presseecho sehr erfreulich. Das Regler-Archiv in Merzig weiß von elf Besprechungen, die mehrheitlich positiv ausfielen. Gelobt wurden der souveräne Umgang mit dem übermächtigen biblischen Stoff und der lakonische Stil der Erzählung, der literarisches Talent bewies. So schrieb Hermann Kesten in der *Literarischen Welt* (Nr. 43, 1928): »… eine mythische Dichtung von Gustav Regler, einem neuen Autor, von dem wir sogleich vorweg sagen wollen, daß er ein Dichter ist, daß er schreiben kann, sogar Bücher schreiben kann.« Es gab aber auch drei kritische Stimmen, so von Theodor Kappstein in der jüdischen *Central-Verein-Zeitung* (8, 1929), dem »das Feuer der gläubigen Erleuchtung« fehlte. Am schärfsten urteilte der Erzähler und Parodist Robert Neumann (*Die Literatur*, September 1929): »Dichte Sprache, dünne Handlung – beide im Zwielicht eines unklaren Ernstes.«

Das Buch eröffnete nicht nur Reglers literarisches Schaffen, sondern stiftete indirekt auch seinen Bund fürs Leben. Bei seinem Lübecker Verleger begegnete er dem Maler und Schriftsteller Otto Tetjus Tügel, der ihn in die Künstlerkolonie Worpswede mitnahm. Dort lernte der junge Autor am Ende eines überschwenglichen Festes Marieluise Vogeler, die Tochter des Malers Heinrich Vogeler, kennen. Sie wurde seine Geliebte, Frau und bald schon Weggefährtin

Einband von Hugo Steiner-Prag

seinem autobiographischen Bekenntnis *Das Ohr des Malchus*. Gott, Wahrheit, Sehertum und Führerschaft, Kategorien in *Zug der Hirten*, verbinden den ersten Roman mit den folgenden. Eine Begegnung mit Reglers Erstling ist seit 1994 in der Werkausgabe des Stroemfeld Verlages wieder leicht möglich. CW

Literaturauswahl
ANDRÉ BANULS: *Deutscher Exodus im Jugend-Stil Gustav Reglers. Nietzsche, Stefan George und Heinrich Mann als Inspirationen von Zug der Hirten*; in: Uwe Grund, Ralph Schock und Günter Scholdt (Hrsg.): *Gustav Regler – Dokumente und Analysen. Tagebuch 1940 und Werkinterpretationen* (1985). ALFRED DIWERSY: *Gustav Regler. Bilder und Dokumente* (1983). MICHAEL ROHRWASSER: *Der Stalinismus und die Renegaten. Die Literatur der Exkommunisten* (1991). GERHARD SAUDER: *Nachwort zu Regler, Werke. Band 1: Zug der Hirten u.a.* (1994). GÜNTER SCHOLDT: *Gustav Regler 1898-1963. Saarländer – Weltbürger* (1988). GÜNTER SCHOLDT: *Gustav Regler. Odysseus im Labyrinth der Ideologien. Eine Biographie in Dokumenten* (1998).

Reimann, Hans
{eigentl. Johannes, 1889-1969}
Die Dame mit den schönen Beinen und andere Grotesken.
München: Müller, 1916. 212 (+ 4) S. Pp.
Einbandzeichn. v. Emil Preetorius.
Druck: Mänicke und Jahn in Rudolstadt.

im Exil. Am Beginn ihrer langen gemeinsamen Zeit widmete ihr Regler im Oktober 1928 ein frisch aus der Presse kommendes Exemplar seines ersten Romans. Auch in Merzig herrschte nach Erscheinen des Buches große Freude. Sicher wird es in den Auslagen der elterlichen Buchhandlung einen Ehrenplatz erhalten haben, bezeugt ist jedenfalls, daß sich der »immer klamme« Vater doch zu drei Inseraten des Buches in der *Merziger Zeitung* mitreißen ließ, um auf den beginnenden Ruhm seines Sohnes aufmerksam zu machen, wie die Nachlaß-Verwalterin Annemay Regler-Repplinger mitteilte.

Seinen literarischen Durchbruch erlebte Regler mit seinem dritten Buch *Wasser, Brot und blaue Bohnen*, das 1932 in Willi Münzenbergs Neuem Deutschen Verlag erschien. Darin prangerte er den Strafvollzug der Weimarer Republik an. Politische Themen sollten auch künftig Reglers Œuvre bestimmen, vom Spanienkrieg über die Abrechnung mit dem Stalinismus bis hin zu

Im August 1914 mußte der Offiziersanwärter der Reserve Johannes Reimann, Sohn eines Leipziger Kohlenhändlers, zum Militär einrücken. Erst erlebte er den Vormarsch der deutschen Truppen im Westen, dann ritt er mit seinem Pferd Panna, das ihn bis in die letzten Kriegstage begleiten sollte, über die ostgalizischen Niederungen. In Warschau brachte er eine Satire zu Papier, mit der seine Mitarbeit am Münchner *Simplicissimus* begann. Sie war wie zahlreiche folgende Grotesken und komische Anekdoten dem Leben abgelauscht. Der Kriegsalltag im Osten ließ Reimann genügend Muße, seinem seit dem Leipziger Nikolaigymnasium angestauten Spott freien Lauf zu lassen. Es sammelten sich zahlreiche »zivile« Grotesken an, die er einem Urlauber gebündelt mit nach Leipzig gab. Seine Frau Thea, eine Sängerin, »reichte sie dem Verlag Georg Müller ein. Sie wurden akzeptiert und erschienen im selben Jahr (1916) unter dem Titel ›Die Dame mit den schönen Beinen‹«, erinnerte sich Reimann Jahrzehnte später in seiner Autobiographie *Mein blaues Wunder* (1959). Der Münchner Verlag Georg Müller, der sich bei Kriegsbeginn im Zenit seines Schaffens befand, zeichnete sich durch die buchkünstlerische Qualität seiner Titel aus wie durch den Spürsinn für kommende Talente. Hans Reimann hatte gleich am Beginn eine glückliche Hand mit Verlagen, wie auch die Unterbringung seines zweiten Buches *Die schwarze Liste. Ein heikles Bilderbuch* im Kurt Wolff Verlag belegt, das im selben Jahr wie sein erstes Buch erschien. Mit dem in seiner Heimatstadt Leipzig residierenden Unternehmen, das sich für den Expressionismus rückhaltlos einsetzte, stand er schon als gelegentlicher Gebrauchsgraphiker im geschäftlichen Verkehr. Neben seinem Studium an der Münchner Akademie zeichnete Reimann für Kurt Wolff Einbände und Umschläge.

Mit den nicht wenigen Rezensionen seines Erstlings war der Autor nicht zufrieden. Kasimir Edschmid lobte ihn sehr, während er von A. H. Kober verrissen wurde. Eitel Freude löste dagegen ein Leserbrief aus, den Reimann zufällig 1918 in einem Granattrichter von französischem Boden auflas. Deutsche Kriegsgefangene hatten aus England an den Verleger Georg Müller geschrieben, um im Schreibstubendeutsch ihr Wohlgefallen an dem Buch auszudrücken und nach »ähnlichen Proben« zu verlangen. Müller war vierzigjährig bereits im Jahr

zuvor an Scharlach gestorben, doch der in diesem Brief enthaltene Gruß erreichte den Autor auf diese wunderliche Weise. Reimann wurde für einige Jahrzehnte ein Publikumsliebling, geschätzt wegen seiner satirischen und parodistischen Fähigkeiten sowie seiner virtuosen Verschriftlichung des sächsischen Dialekts. Seine Talente, die er auch auf der Kabarettbühne und in seinen eigenen satirischen Zeitschriften *Der Drache* (1919-1925) und *Das Stachelschwein* (1924-1929) unter Beweis stellte, erwiesen sich schon in dem ersten Buch. Reimanns frecher Stift kannte keine Scheu vor Autoritäten und machte selbst vor der Familie nicht halt. Die Porträts von Großmutter und Großvater im Erstling sind getreue Konterfeis von Oma und Opa Saupe, den Eltern seiner »tückischen« Stiefmutter, wie den Erinnerungen *Mein Blaues Wunder* zu entnehmen ist.

Die Dame mit den schönen Beinen konnte sich gut auf dem Buchmarkt durchsetzen. Georg Müller verlegte noch 1916 eine 2. Auflage, 1919 folgte das 7.-11. Tausend und 1922 bei Paul Steegemann in Hanover, zu dem Hans Reimann inzwischen gewechselt war, das 12.-21. Tausend. Für Steegemann wollte er 1931 nach etlichen erfolgreichen Büchern eine Parodie auf Hitlers *Mein Kampf* schreiben. Doch er zog das bereits angekündigte Projekt zurück, nachdem ihn ein aus Leipziger Zeiten bekannter Schriftstellerkollege, der spätere Präsident der Reichsschrifttumskammer Hanns Johst, vor Gewalttätigkeiten seitens der SA gewarnt hatte. Daraus entwickelten sich während der Nazizeit weitere Kompromisse, die bis heute Gegenstand der Kritik an Reimann sind. CW

Literaturauswahl
HANS REIMANN: *Mein blaues Wunder* (1959).
Reinhard Stridde (Bearb.): *Beschreiben und Bezeichnen. Aus der Chronik einer Leipziger Künstlerfamilie. Hans Reimann, Peter Reimann, Andreas Reimann* (1999).

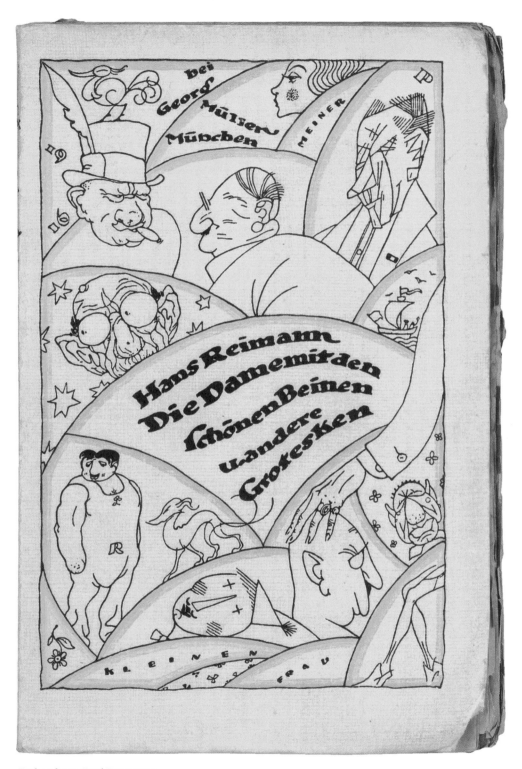

Einband von Emil Preetorius

Remarque, Erich Maria
{eigtl. Erich Paul Remark, 1898-1970}
Die Traumbude. Ein Künstlerroman.
Mit 4 Gedichten von Fritz Hörstemeier.
Dresden: Verlag der Schönheit, 1920. 213 S.
16 x 12 cm. Pp. mit Deckelillustration von
F. Weschke. (= Bücherei der Schönheit 4.)
Gedruckt bei G. Reichardt, Groitzsch
(Bez. Leipzig).

Im November 1916 wurde Erich Paul Remark, Sohn eines Buchbinders in Osnabrück, zum Kriegsdienst eingezogen. Nach dem preußischen Schliff in der Rekrutenausbildung kam er an die Westfront zu einer Armierungstruppe, die Eisenbahnstrecken reparierte und Telefonleitungen legte, dann und wann aber auch in vorderster Linie Stacheldrahtzäune zie-

Einband mit Illustration von F. Weschke

hen mußte. Schon sechs Wochen nach seiner Ankunft erlitt er am 31. Juli 1917 eine Verwundung, die er im Duisburger St.-Vinzenz-Krankenhaus auskurieren mußte. Durch einige Komplikationen dauerte die Genesung von Knie, Handgelenk und Nacken lange, möglicherweise verzögerte der frontmüde Patient durch Manipulationen den Prozeß. Als er schließlich wieder an die Front beordert werden sollte, beendete der Waffenstillstand den Krieg. Noch nach dem Beginn der Novemberrevolution wurde er mit dem Eisernen Kreuz I. Klasse dekoriert. Aus dem Wehrdienst entlassen, knüpfte er da an, wo er vor dem Krieg aufgehört hatte: Er beendete zunächst das Studium am Katholischen Lehrerbildungsseminar in Osnabrück. Das autoritäre, dünkelhafte Auftreten der Professoren, die die Kriegsteilnehmer wie unbedarfte Schüler behandelten, rief seinen Widerstand hervor. Ebenso die herablassende Behandlung durch einen vorgesetzten Pfarrer, den er während einer seiner Anstellungsverhältnisse als Volksschullehrer erlebte. 1920 brach Remark seine pädagogische Laufbahn abrupt ab.

Dazu ermutigten ihn erste kleinere Veröffentlichungen, die in Lokalzeitungen und der Zeitschrift *Die Schönheit* erschienen, und der Roman *Die Traumbude*. Er hatte in ländlicher Einöde als Aushilfslehrer das Manuskript zu Ende gebracht. Der Roman widerspiegelt den Traum vom Künstlerdasein, der Remarks Leben seit der Schulzeit überstrahlte. Diesen Traum hegte er zusammen mit einem Kreis von Gleichgesinnten, der sich 1916 um den Maler und Dichter Fritz Hörstemeier versammelte. In seiner Dachwohnung empfing dieser Lebenskünstler seine wesentlich jüngeren Adepten, um ihnen ein Leben in Kunst und Schönheit nahezubringen. Hörstemeier hing der Nacktkörperkultur an, die seit der Jahrhundertwende in Deutschland eine naturnahe, ganzheitliche Lebensgestaltung predigte. Der plötzliche Tod des Idols im Alter von nur 35 Jahren traf Remark im März 1918 ebenso schwer wie der Krebstod der geliebten Mutter ein Jahr zuvor. Beide Ereignisse kulminierten zusammen mit den unverarbeiteten Fronterlebnissen. Remark erhielt Urlaub, um an Hörstemeiers Beerdigung teilzunehmen und dabei für den Freund die Orgel zu spielen. Im Lazarett legte Remark seine zaghaften Versuche, mit dem Krieg fertig zu werden, beiseite, um sich in einer wahren Flut von Versen, Prosatexten und Tagebucheintragungen die Bedrückungen von der Seele zu schreiben. Schließlich begann er mit den Erinnerungen an die unbeschwerte Zeit in Hörstemeiers Traumbude. Dem fertigen Buch stellte er die Widmung voran: »Dem Andenken Fritz Hörstemeiers, Lucile Dietrichs«. Remarks erster Roman war somit ein Versuch, sich der seelischen Erschütterungen seines jungen Lebens durch Flucht in die Idylle zu entziehen. Er ist ein Hohelied auf die Freundschaft, die Liebe und die Kunst, das ganz aus der Zeit fällt. Bei der Gestaltung der Hauptfiguren griff der Autor kaum verschlüsselt auf die Protagonisten der Hörstemeier-Schar zurück, einschließlich des Schwarms der Hauptperson.

Remark reichte den Roman in dem Verlag ein, der das Leib- und Magenblatt der jungen Schar, *Die Schönheit*, veröffentlichte. Wie bei zahlreichen kleinen Unternehmen, die sich einer Idee verschrieben hatten, war die geschäftliche Grundlage des Verlages der Freikörperkultur äußerst angespannt. So mußte der Autor einen Druckkostenzuschuß leisten, der bei gutem Verkauf zurückerstattet worden wäre. Doch dazu kam es nicht. Der Absatz war äußerst gering, so daß die erste Auflage noch lieferbar war, als der Roman *Im Westen nichts Neues* (1929) zu einem Welterfolg wurde. Nach nicht ganz sicherer Quelle soll der Ullstein-Verlag auf lebhaften Wunsch des Autors den Bestand aufgekauft haben, um das Buch aus dem Verkehr zu ziehen und den zahlreichen böswilligen Kritikern dessen Lektüre zu erschweren. Remarque, wie er sich seit Anfang der zwanziger Jahre nach dem französischen Ursprung des Familiennamens nannte, formulierte seine Ablehnung der *Traumbude* im Alter drastisch: »Ein wirklich entsetzliches Buch … Wenn ich nicht später etwas besseres geschrieben hätte, wäre das Buch Anlaß zum Selbstmord.« Im Kontrast zu der Legende vom Aufkauf der Restauflage steht die Tatsache, daß eine niederländische, eine russische und eine lettische Übersetzung erschienen, nachdem der Autor 1929/30 weltberühmt geworden war. Mindestens der niederländische Verlag muß die Rechte mit Zustimmung des Autors erworben haben.

Es sollten noch Jahre vergehen, in denen Remark Vertreter einer Steinmetzfirma, Redakteur einer Werbezeitung und Sportreporter war, ehe er den Mut fand, sich dem zentralen Thema seiner Generation, dem Kriegserlebnis, zu stellen. Während dieser Wartezeit fand er seinen sachlichen, reportageartig nüchternen Stil, der ihn berühmt machte. CW

Literaturauswahl
FRANZ BAUMER: *Erich Maria Remarque* (3. erg. Aufl. 1994). THOMAS F. SCHNEIDER: *Erich Maria Remarque. Ein Chronist des 20. Jahrhunderts. Eine Biographie in Bildern und Dokumenten* (1991). Thomas F. Schneider, Donald Weiss (Bearb.): *Erich Maria Remarque. Die Traumbude. Station am Horizont. Die unselbständigen Publikationen (1916-1968). Eine Bibliographie* (1995). Thomas F. Schneider (Hrsg.): *Erich Maria Remarque. Leben, Werk und weltweite Wirkung* (1998). WILHELM VON STERNBURG: *»Als wäre alles das letzte Mal«. Erich Maria Remarque. Eine Biographie* (1998). Tilman Westphalen (Hrsg.): *Erich Maria Remarque. 1898-1970* (1988).

Renn, Ludwig

{eigtl. Arnold Friedrich Vieth von
Golßenau, 1889-1979}

Krieg.

1.-10. Tsd. Frankfurt am Main: Frankfurter
Societäts-Druckerei G.m.b.H. Abteilung
Buchverlag, 1929. 415 S. 19 x 11 cm.
Ln. mit Umschl. Einband und Umschlag:
Albert Fuß. Druck: Frankfurter Societäts-
Druckerei G.m.b.H.

Nicht wenige Autoren arbeiten an ihrem
ersten Buch sehr lange, doch kaum
einer brauchte einen so großen Anlauf wie
Ludwig Renn. Er selbst datierte die Anfänge
in das Jahr 1916, gelegentlich sogar noch früher. Der erste Impuls zum Schreiben entstand
im Zusammenhang mit seiner Tätigkeit als
Adjutant eines Regimentskommandeurs. In
dieser Funktion hatte der aus altem säch-
sischem Adel stammende junge Leutnant
Arnold Friedrich Vieth von Golßenau 1915
die Berichte der einzelnen Truppenführer
über den Verlauf der ersten Kriegsmonate
einzufordern und im Kriegstagebuch des
Regiments festzuhalten. »Was da stand, war
ganz richtig, aber alles Wichtige war ausgelassen, wenn es der Führung irgendwie
unangenehm war.« Von der Erschöpfung
der Truppe durfte ebensowenig die Rede
sein wie vom Versagen der Führung und
von unnötigen Verlusten. Golßenau meldete sich frustriert wieder an die Front, wo
er sich in der Gemeinschaft seiner Truppe
geborgen fühlte. In der Freizeit versuchte
er fortan, sein Kriegserlebnis zu protokol-
lieren, fuhr deshalb 1916 gar im Urlaub an
den belgischen Ort Dinant, wo er in den
ersten Kriegstagen Zeuge und Mitwirkender
eines heillosen Durcheinanders geworden
war. Ihn bedrückte vor allem das Erlebnis
eines Massakers an der Zivilbevölkerung,
die fälschlich des heimtückischen Terrors
gegen die deutschen Truppen bezichtigt
worden war. In seinem Bericht *Über die
Voraussetzungen zu meinem Buch ›Krieg‹*,

1928 in der Zeitschrift *Linkskurve* erschienen, berichtet er darüber offener als in dem
Buch selbst.

Spätestens seit seiner Entlassung aus
der sächsischen Sicherheitspolizei Ende
1920 arbeitete Renn intensiv an *Krieg*. Er
erinnert sich, während seiner Arbeit in
der Landwirtschaft 1922 seine Hauptfigur
Ludwig Renn, durch dessen Augen er den
Krieg darstellte, erfunden zu haben. Alle
Episoden des Buches hatte der Offizier
Golßenau erlebt, der sich aber nach der
zwangsweisen Verabschiedung aus dem
Dienst nicht mehr dem Offizierskorps zugehörig fühlte. Golßenau hatte sich während
des Kapp-Putsches geweigert, auf die
demonstrierende Bevölkerung Riesas schie-
ßen zu lassen. Deshalb wollte er nicht mehr
als Offizier vor die Öffentlichkeit treten.
Vorbild für die Hauptfigur war der Gefreite
Degenkolb, ein zuverlässiger, dienststei-
friger Soldat aus seiner Truppe, über dessen
Vorleben der Autor nichts wußte. Da ihm
fiktives Erzählen zeitlebens fremd blieb,
beließ er es dabei, den Gefreiten während des
Kriegsdienstes zu zeigen. Das Manuskript
wuchs auf mehrere tausend Seiten an, so
daß es für den Druck viel zu umfangreich
war. Bei der Herstellung der Druckfassung
half der Journalist Fritz Herbert Lehr,
dem Renn das Buch zum Dank widmete.
Während der Nazizeit sollte dieser den
Freitod wählen. Welche Fassung Renn 1926
fertig hatte und an verschiedene Verlage
sandte, ist nicht geklärt. Tatsache ist, daß
alle Editionshäuser dankend ablehnten, das
Kriegsthema für erledigt hielten. Erst die
Redaktion der *Frankfurter Zeitung*, die sich
1928 verstärkt der Aufarbeitung des Krieges
widmete, verhalf dem Werk zum Druck.
Zuvor war schon Arnold Zweigs *Streit um
den Sergeanten Grischa* in Fortsetzungen
erschienen, wenig später sollte Erich Maria
Remarques *Im Westen nichts Neues* folgen.
Der Renn-Herausgeber Günther Drommer
vermutet, Zweig, mit dem Renn seit 1922

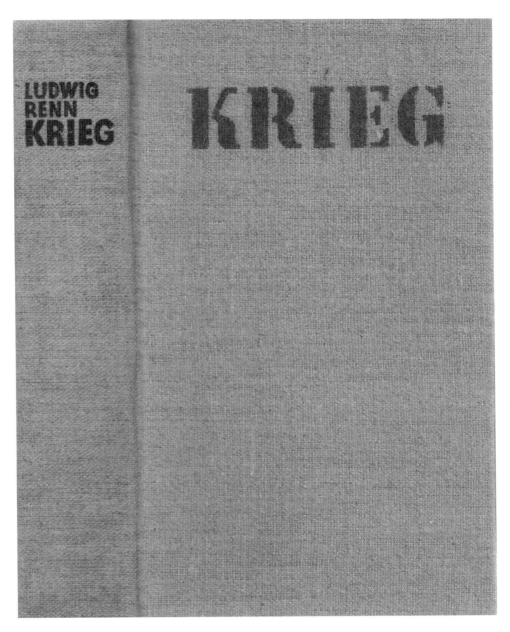

Einband von Albert Fuß

bekannt war, habe ihm die Türen geöffnet. Die Frankfurter Societäts-Druckerei, Inhaberin der *Frankfurter Zeitung*, publizierte sogleich nach dem am 16. September 1928 beginnenden Fortsetzungsdruck in der Zeitung die Buchausgabe. Schon zu Weihnachten 1928 widmete Renn seiner Mutter ein Exemplar der zweiten, auf 1929 vordatierten Auflage. Das Buch wurde ein durchschlagender Erfolg mit einer Gesamtauflage von 160 000 Exemplaren. Ausgaben in 15 weiteren Sprachen folgten im Laufe der kommenden Jahrzehnte, wie Renn 1969 in einem Interview angab. Die Gesamtauflage bezifferte er allein in deutscher Sprache auf 341 000 Exemplare.

Im Gegensatz zu den höchst umstrittenen Kriegsbüchern von Zweig und Remarque wurde Renns Werk allgemein positiv aufgenommen. Selbst in der rechten Presse konnte man sich mit seiner Sicht auf den Krieg anfreunden. »Mein Held gehorcht, weil er nicht weiß, um welches Zieles willen er nicht gehorchen sollte. Wegen dieses Gehorsams lieben die Nationalisten mein Buch«, schrieb der Autor 1928 lakonisch. Das Hohelied auf den Kameradschaftsgeist im Schützengraben und die Kritik an der militärischen Führung, den »Etappenschweinen«, waren mehrheitsfähig. Obwohl Renn, der fortan den Namen seiner Hauptfigur führte, im Erscheinungsjahr des Buches Mitglied der KPD und des »Bundes proletarisch-revolutionärer Schriftsteller« wurde, versuchte die NSDAP, ihn noch 1933/34, als Renn unter Anklage der nationalsozialistischen Justiz stand, für ihre Sache zu gewinnen. Aus der Haft entlassen, entzog sich Renn den Werbungen durch die Flucht in die Schweiz. Wenig später gehörte er zu den wenigen Kommandeuren, die gegen die Franco-Truppen und ihre italienischen und deutschen Verbündeten im Spanischen Bürgerkrieg ernsthaften militärischen Widerstand zu organisieren verstanden. Das

Bekenntnis zu Renns Erstling hielt auch in der zweiten Nachkriegszeit an, von Arnold Zweig über Anna Seghers bis zu Hans Mayer reicht die Zahl der prominenten Bewunderer. Namentlich Renns Berichtsstil wird immer wieder gelobt. Renn hatte ihn nicht aus einer künstlerischen Tradition entwickelt, sondern aus der Militärgeschichtsschreibung entlehnt und beim Führen seines Tagebuchs erprobt. Namentlich in einer Schilderung des Russisch-Japanischen Krieges, *Rasplata* von Semjonow, sah er ein Vorbild für seine eigene Arbeit. Er verwies aber auch auf die Expeditionsberichte von Sven Hedin. Dieser Vorzug kennzeichnet aber zugleich auch Renns Grenze: Häufig wird der Stil auch kritisiert. Marcel Reich-Ranicki nennt ihn »naiv, holzschnittartig«.   CW

Literaturauswahl
LUDWIG RENN: *Über die Voraussetzungen zu meinem Buch »Krieg«*. In: Gerhard Schneider (Hrsg.): *Eröffnungen. Schriftsteller über ihr Erstlingswerk* (1974). LUDWIG RENN: *Das Schreiben ist schwer*. In: *Hammer und Feder. Deutsche Schriftsteller aus ihrem Leben und Schaffen* (1955). ANNEMARIE AUER: *Ein Geschöpf seines Autors. Zum Gattungsproblem bei Ludwig Renn*. In: Auer, *Standorte – Erkundungen. Acht kritische Versuche* (1967). GÜNTHER DROMMER, *Nachwort zu*: *Ludwig Renn: Krieg* (2001). LUDWIG MARTIENSSEN: *Schriftsteller – Historiker – Kämpfer. Interview mit Ludwig Renn*; in: Anneliese Löffler (Hrsg.): *Auskünfte. Werkstattgespräche mit DDR-Autoren* (1974). MARCEL REICH-RANICKI: *Der brave Soldat Ludwig Renn*; in: ders., *Deutsche Literatur in West und Ost* (1963).

Richter, Hans Werner {1908-1993}
Die Geschlagenen. Roman.
Mit zwei Karten auf dem Vorsatz.
München: Verlag Kurt Desch, 1949.
460 S. 18,5 x 12 cm. Hln. mit Umschl.
Umschlagentwurf: Frans Masereel. Druck:
Buchdruckerei Max Schmidt & Söhne,
München.

Einband

Hans Werner Richter ist der Nachwelt vor allem als Spiritus rector der »Gruppe 47« in Erinnerung, seine realistischen Zeitromane hingegen sind weitgehend vergessen. Beide Arbeitsfelder ergaben sich durch einen literaturgeschichtlich bedeutsamen Zensurfall. Die US-amerikanischen Besatzungsbehörden hatten den Herausgeber des *Ruf. Unabhängige Blätter der jungen Generation* aus der Redaktion gedrängt, nachdem sich die Zeitschrift durch kritische Berichte über das Besatzungsregime hervorgetan hatte. Eine Tagung, auf der die Nachfolgezeitschrift *Skorpion* vorbereitet werden sollte, wurde zur Gründungsveranstaltung für die Gruppe. Doch Richters publizistisches Talent lag brach, so kam ihm die Einladung des Kurt Desch Verlages, einen Roman zu schreiben, sehr gelegen. Der Cheflektor des führenden Nachkriegsunternehmens, Gunter Groll, hatte ihn kurz vor Weihnachten 1947 in seiner kärglichen Behausung in München besucht, um ihm den Vorschlag zu unterbreiten: »Sie können es, ich weiß es, sie können einen Roman schreiben«, so Groll nach der Erinnerung des Autors. Richter dachte an eine größere Reportage, für die er Erfahrungen mitbrachte. Man einigte sich auf einen Zeitroman über den Krieg, »nur vielleicht von Reportage ausgehend«. Wenige Tage später traf der Verlagsvertrag ein, der einen monatlichen Vorschuß vorsah.

Richters Realistik von Schützenloch und Kriegsgefangenenbaracke beruhte auf eigenem Erleben. Er hatte die Invasion der Alliierten in Italien miterlebt und war 1943 bei Cassino in amerikanische Gefangenschaft geraten. Im Lager Camp Ellis, wo Richter bei Kriegsende interniert war, betätigte er sich bei der Umerziehung der größtenteils nationalsozialistisch infiltrierten Gefangenen. In der Lagerzeitung und später bei der zentralen Kriegsgefangenenzeitung *Ruf* erwarb er sich erste publizistische Erfahrungen. Seine Überzeugung, daß die Deutschen vom nationalsozialistischen Ungeist nur durch den Einsatz deutscher Antifaschisten befreit werden könnten, nicht durch die Besatzungsmächte, brachte er 1946 bei seiner Rückkehr nach Deutschland mit.

Als Richter auf der dritten Tagung der »Gruppe 47« im April 1948 in Jugenheim erstmals aus dem Roman vortrug, erntete er, nach seiner Erinnerung, die gruppenübliche vernichtende Kritik: »Klischees, ein Klischee an dem anderen ...« Nur Gunter Groll, der als Kritiker der *Süddeutschen Zeitung* anwesend war, wagte eine Verteidigung des Talents. Die große Öffentlichkeit verhielt sich nach Erscheinen des Romans im Juni 1949 wesentlich aufgeschlossener. Das Buch wurde gut verkauft und erschien in Lizenz in London,

New York und in den Niederlanden. Er hatte es mit einer denkwürdigen Widmung drucken lassen: »Meinen vier Brüdern ...« Alle fünf Brüder gingen unbeschadet aus Krieg und Nachkrieg hervor, ein seltenes familiäres Glück in dieser Zeit. – 1951 erhielt Richter für den Roman den Fontane-Preis des Senats von Berlin. Anerkannt wurde von der Kritik vor allem der zeitdokumentarische Wert des Buches, während die politische Haltung seines Autors in Zweifel gezogen wurde – so von dem Berliner Kritiker Walther G. Oschilewski, der am 25. März 1951 im *Telegraf* die Preiswürdigkeit Richters in Frage stellte, weil er vor 1933 in der Kommunistischen Partei tätig gewesen war und an dem deutschdeutschen Gespräch von Schriftstellern und Intellektuellen aus beiden Teilen Deutschlands am 26. und 27. März 1951 in Starnberg teilgenommen hatte.   CW

Literaturauswahl
HANS WERNER RICHTER: *Briefe. Hrsg. v. Sabine Cofalla* (1997). SEBASTIAN MROZEK: *Hans Werner Richter. Zum Prosawerk eines verkannten Schriftstellers* (2005). Toni Richter (Hrsg.): *Die Gruppe 47 in Bildern und Texten* (1997). Jürgen Schutte, Elisabeth Unger und Irmgard Gemballa (Hrsg.): *Dichter und Richter. Die Gruppe 47 und die deutsche Nachkriegsliteratur* (1988).

Richter, Helmut {geb. 1933}
Land fährt vorbei. Gedichte.
Mit 14 Lithographien v. Frank Ruddigkeit. Aufl.: 2000 Expl. Halle (Saale): Mitteldeutscher Verlag, 1967. 18 S. 18,5 x 16,2 cm. Ln. mit Umschl. Typographie: Heinz Braune. Satz und Buchdruck: Werkstätten der Hochschule für Grafik und Buchkunst Leipzig.

Am Anfang von Helmut Richters Dichterleben, der mit dem Text zu dem Lied *Über sieben Brücken mußt du gehn*, einer deutschen Rockballade, weltweit bekannt wurde, stehen Verse von eindringlicher Kraft, die eine Begegnung mit seiner alten Heimat, einem nordmährischen Landstrich, reflektieren, aus dem er einst ausgesiedelt worden ist. Es sind keine Verse der Bitterkeit, nur Kindheitserinnerungen, die wieder heraufsteigen und nach den Bitternissen der Geschichte fragen, nach Lebensmustern, die sie hervorbringt, nach Veränderungsmöglichkeiten, die immer in ihr schlummern, und nach dem Zustand der eigenen Seele und ihren Abgründen. Ein Thema, das den Dichter ein Leben lang begleitet hat, wie sein letzter Lyrikband *Was soll nur werden, wenn ich nicht mehr bin?* (2008) beweist.

Land fährt vorbei, ein Erstlingswerk, eine Paraphrase auf *Lebenszeit*, die Helmut Richter, den Gründer der renommierten Kulturzeitschrift *Leipziger Blätter*, bis an die Spitze der kleinsten Hochschule der Welt, das deutsche Literaturinstitut in Leipzig, geführt hat.

Land fährt vorbei ist in einer für einen ersten Gedichtband erstaunlichen Auflage von 2000 Exemplaren erschienen, und – was hervorhebenswert ist – in Zusammenarbeit mit dem Institut für Buchgestaltung der Leipziger Hochschule für Grafik und Buchkunst entstanden. Der Autor manifestierte damit von seinen ersten Zeilen an seine Liebe zur Buchkunst, die ihn bald zum gefragten Laudator über das Thema »Kunst und Literatur« und deren Liaison werden ließ.   EF

Literaturauswahl
HELMUT RICHTER: *Wiedersehn nach Jahr und Tag* (1998). HELMUT RICHTER: *Im Gespräch mit Klaus Kändler*; in: *Über sieben Brücken mußt du gehn. Literarische Landschaften* (1983).

Umschlag mit Illustration von
Frank Ruddigkeit

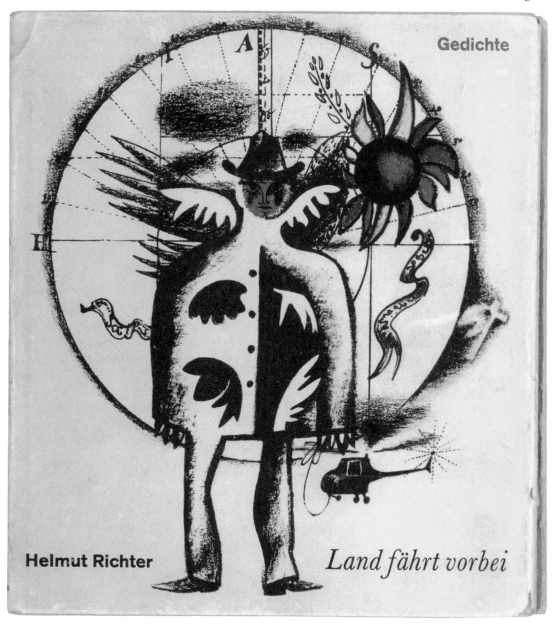

Rilke, Rainer Maria

{eigtl. René Rilke, 1875-1926}

Leben und Lieder.

Bilder und Tagebuchblätter.

Straßburg i. E. und Leipzig: G. L. Kattentidt – Jung Deutschlands Verlag, [1894]. 87 (+ 3) S. 15 x 11,5 cm. Br.

Gleich dem nur wenige Monate älteren Hofmannsthal trat Rilke schon als Schüler in die literarische Welt – seinerzeit noch mit dem amtlichen Vornamen René. Doch der erste Auftritt des Prager Genius war im Gegensatz zu dem des Wieners höchst unvollkommen. Ja, die Talentprobe genierte Rilke schon wenige Jahre später derart, daß er den Druck am liebsten ungeschehen gemacht hätte.

Nach dem Besuch der verhaßten Militärschule in Mährisch-Weißkirchen (Hraniče) und dem der kaum mehr geliebten Handelsschule in Linz bereitete sich Rilke ab 1892 in nur drei Jahren privat auf das Abitur vor. Das Geld für die helfenden Privatlehrer hatte sein Onkel Jaroslav Rilke bereitgestellt, der für den Neffen ein Jurastudium und die Übernahme seiner Anwaltskanzlei vorsah. Rilke wohnte wieder in Prag, bei der Tante Gabriele in der Wassergasse, unweit der Gegend, in der er die frühen Jahre verbracht hatte, ehe sich die elterlichen Bande lösten.

Zwei Ereignisse waren entscheidend für die Druckgeschichte des ersten Buches. Im Januar 1893 lernte er im Hause einer anderen, adligen Tante Valerie von David-Rhonfeld, seine erste Muse, kennen. Sogleich verliebte er sich in diese Freundin seiner Cousine und bestürmte sie derart, daß sich die jungen Leute bald verlobten. Valerie malte und schrieb Geschichten, so daß sich Rilke schwärmerisch eine emanzipierte, künstlerisch kreative Gemeinschaft ausmalte. Die Liebe beflügelte den jungen Dichter zu zahlreichen neuen Dichtungen. Das andere entscheidende Ereignis war die beginnende Zusammenarbeit mit dem jungen Verleger Georg L. Kattentidt, einem ehemaligen Redakteur der *Frankfurter Zeitung*, der 1892 in Straßburg einen Verlag eröffnet hatte. Zu seinen ersten Unternehmungen gehörte die Gründung einer Halbmonatsschrift »für Dichtkunst, Kritik und modernes Leben« mit dem Haupttitel *Jung-Deutschland und Jung-Elsaß*. Sein Ziel war es offensichtlich, die deutsche Literatur im Grenzbereich zum romanischen Kulturkreis zu stärken. Aus diesem Grund war er besonders aufgeschlossen, als ihm Rilke, ein junger Dichter aus einem ähnlich umkämpften Grenzbereich, dem deutsch-slawischen, seine Mitarbeit anbot. Rilke war seit einiger Zeit mit zunehmendem Erfolg bemüht, seine Texte bei verschiedenen Zeitschriften und Zeitungen unterzubringen. Doch nirgendwo begegnete man ihm so aufgeschlossen wie in Straßburg. Im ersten Jahrgang von *Jung-Deutschlands Musenalmanach* (1894), einem anderen Unternehmen Kattentidts, erschien Ende 1893 der Gedicht-Zyklus *Lautenlieder*. Weitere Publikationen in der Zeitschrift und in den nächsten Musenalmanachen sollten folgen. Bald plante Rilke, bei Kattentidt eine eigene Zeitschrift, *Jung-Deutschland und Jung-Österreich*, zu begründen. Doch daraus wurde mangels Abonnenten nichts. Hingegen nahm der eigene Gedichtband, den er im Januar 1893 bei Cotta vergeblich unterzubringen versucht hatte, schnell Gestalt an. Das Manuskript bestand aus Gedichten, die 1891 in Linz, während eines Aufenthaltes in Schönfeld im Sommer 1892 und in Prag neben den Schularbeiten entstanden waren. Der junge Verleger mußte jedoch einen Druckkostenzuschuß verlangen. Rilkes Eltern und die Erben des inzwischen verstorbenen Onkels verweigerten ihre Unterstützung. Valerie sprang ein. Sie überließ ihm ihr Geld, das sie monatlich und zu Weihnachten bekam, selbst

Broschureinband

wertvolle alte Spitzen aus dem Besitz ihrer Großmutter soll sie veräußert haben. Im August 1894 muß Rilke in Straßburg zu letzten Absprachen gewesen sein, schon im November lag *Leben und Lieder* gedruckt vor – mit der Widmung: »Vally von R ... zu eigen«.

Zwei Besprechungen des Buches sind nachgewiesen. *Sterns literarisches Bulletin* brachte am 1. April 1895 eine Annotation, gezeichnet J. R., und in *Jung-Deutschland und Jung-Elsaß* (3. Jg., Heft 6/7), als Hausblatt des Verlegers nicht eben ins Gewicht fallend, lobte H. Turdus das neue Talent. Das Ergebnis war also alles andere als berauschend. Immerhin öffnete ihm das erste Buch Türen. Er trat dem Verein deutscher Dichter und Künstler in Böhmen »Concordia« bei und fand die Unterstützung des einflußreichen Germanisten und Universitätsprofessors August Sauer. Der kleine Erfolg des Buches fiel zusammen mit dem im Juli 1895 bestandenen Abitur, von dem er sich anschließend im Ostseebad Misdroy erholte. Dort fand er vorübergehend Gefallen an einer jungen Arzttochter aus Prag. Im September danach löste er die Verlobung mit Valerie, ehe er mit dem Studium in Prag begann. Die arme Frau, Muse und Mäzenatin des Erstlings, sollte keinen zweiten Mann im Leben mehr finden und noch Jahrzehnte später, 1927, nach dem Tod des Dichters, wenig freundlich über den undankbaren jungen Genius sprechen.

Wie hoch die Auflage von *Leben und Lieder* war, ist nicht bekannt. Die Zeiten überdauert haben nur wenige Exemplare. Rilke sprach 1906 davon, daß der Band, »soviel ich weiß und hoffe, eingestampft worden« ist (Brief an Zdenek Broman Tichy vom 7. Januar 1906). Im öffentlichen Besitz sind laut Erhebungen der Staatsbibliothek zu Berlin nur sieben Exemplare vorhanden. Ein Auftauchen auf dem Büchermarkt ist also in jedem Fall eine Sensation.

Im Jahre 2006 bot ein amerikanisches Antiquariat ein Exemplar für 75 000 Dollar an. CW

Literaturauswahl

RAINER MARIA RILKE: *»Sieh dir die Liebenden an«. Briefe an Valery von David-Rhonfeld. Hrsg. v. Renate Scharffenberg und August Stahl* (2003). RALPH FREEDMAN: *Rainer Maria Rilke. Der junge Dichter. 1875 bis 1906* (2001.) HANS EGON HOLTHUSEN: *Rainer Maria Rilke in Selbstzeugnissen und Bilddokumenten* (1958). WOLFGANG LEPPMANN: *Rilke. Sein Leben, seine Welt, sein Werk* (Überarb. Neuausgabe 2002). SASCHA LÖWENSTEIN: *Poetik und dichterisches Selbstverständnis. Eine Einführung in Rainer Maria Rilkes frühe Dichtungen* (2004). HORST NALEWSKI: *Rainer Maria Rilke in seiner Zeit* (1985). INGEBORG SCHNACK: *Rainer Maria Rilke. Chronik seines Lebens und seines Werkes* (1990).

Ringelnatz, Joachim

{eigtl. Hans Bötticher, 1883-1934}

Simplicissimus Künstlerkneipe und Kathi Kobus.

Herausgegeben vom Hausdichter Hans Bötticher (d. i. J. Ringelnatz). Selbstverlag 1909. 48 S. + 25 Abb. 21 x 13,5 cm. Br. Druck: Druckerei Meisenbach, Riffarth & Co.

D as ist der Hausdichter!‹ flüsterten sich die Leute zu, wenn ich um zehn Uhr abends in den ›Simpl‹ trat. Ich hatte inzwischen die berüchtigten Bowlen der Kathi und ihre Sekthausmarke und alles und jedes dort bedichtet, auch eine kleine Broschüre zusammengestellt, die dort verkauft wurde. Ich kriegte Prozente von dem Erlös.« So erinnert sich der am 7. August 1883 geborene Hans Bötticher, bekannt als Joachim Ringelnatz, in seinem Buch *Mein Leben bis zum Kriege*, das 1931 im Ernst Rowohlt Verlag erschien. *Simplicissimus Künstlerkneipe* war eine kleine Broschüre von 48 Seiten, die der Autor, Vortragskünstler und Kabarettist

Broschureinband mit Zeichnung von
Thomas Theodor Heine

SIMPLICISSIMUS
KÜNSTLER-KNEIPE
UND
KATHI KOBUS

Herausgegeben vom

Hausdichter HANS BÖTTICHER

——————— Selbstverlag ———————

im Auftrage der Kneipen-Besitzerin Kathi Kobus anläßlich des siebenjährigen Bestehens ihrer Künstler-Kneipe (in der Türkenstraße 57 im Stadtteil Schwabing) zusammengestellt hatte und deren Fluidum in großen Teilen Bötticher alias Ringelnatz unter seinem bürgerlichen Namen und unter den Pseudonymen Pinko Meyer und Fritz Dörry bedichtet hatte.

Das Büchlein erschien am 1. Mai 1909 im Selbstverlag ohne Angaben zu Preis und Auflage, die bis heute nicht zu ermitteln waren. Es wurde ausschließlich im »Simplicissimus« vertrieben. Der Absatz der ersten Auflage muß nicht schlecht gewesen sein, oder vom Erstdruck gab es zu wenig Exemplare, denn schon im Folgejahr wurde eine Nachauflage notwendig, die neben der Möglichkeit, Druckfehler der Erstauflage zu berichtigen, auch den Austausch oder die Ergänzung von Abbildungen und Beiträgen möglich machte. So konnte beispielsweise dort ein Nachruf auf Anton Acbé aufgenommen werden, der im August 1909 verstorben war und zum festen Künstlerkreis des Lokals gezählt und als Inhaber der größten Malschule Münchens die Kunstszene der Stadt am Jahrhundertanfang stark mitgeprägt hatte.

Die zweite, nicht als solche gekennzeichnete Auflage erschien, um vier Seiten vermehrt, in gleicher Ausstattung. Wurde die erste Auflage in der Druckerei Meisenbach, Riffarth & Co. gefertigt, produzierte die zweite die Münchner Klischee-Anstalt, Amalienstraße 6, eine Firma in Schwabing quasi um die Ecke. Der erweiterte Umfang hatte eine andere Anordnung der Beiträge zur Folge. Auch einige neue Photos tauchen auf, darunter ein Porträt von Anton Acbé und ein Faschingswagen von 1910. Die sogenannte 2. Auflage ist ebenso selten wie die 1. Auflage und in den Antiquariaten ebenso teuer. Laut Eintrag in seine geschäftlichen, von Ringelnatz »Hauptbuch« genannten Aufzeichnungen erhielt der junge Dichter

»von jedem (verkauften) Exemplar 40 Pf., später weniger«.

Ringelnatz war 1908 nach München gekommen, versuchte sich zuerst als Satiriker für das, nach eigenen Angaben, »Revolverblatt« *Grobian*, das zwar druckte, was er lieferte, aber ihm kein Honorar zahlte. Er wurde dann Vertreter einer Kaffeehandlung, ehe er im August eine Stellung als Buchhalter und Korrespondent im Reisebüro C. Bierschenk annahm. Dieser Aufgabe war er nicht gewachsen, so daß ihm der Inhaber bereits im Frühjahr 1909 die Stellung kündigte. In diese Zeit fällt Ringelnatz' Bekanntschaft mit Kathi Kobus. Die körperlich stattliche Dame, weithin erfahren in Wirtschaft und Ausschank und mit Herz für junge Künstler, Bohemiens und geadelte Dichter- und Malerfürsten, hatte 1903 die Räume des ehemaligen Kaffeehauses »Kronprinz Rudolf« in der Türkenstraße übernommen und ihr Lokal wenig später auf den Namen der bissigen satirischen Zeitschrift *Simplicissimus* getauft. Albert Langen, der Verleger, obzwar zuerst mißmutig des Namenklaus wegen, räumte ihr aber die Nutzung des Namens ein, da verschiedene seiner Autoren und Illustratoren für die Kobus bürgten und diskutierend, zeichnend oder dichtend ihre Nächte in ihrem Etablissement verbrachten. Thomas Theodor Heine – dessen rote Bulldogge, die eine Kette zerreißt, die Schutzmarke der Zeitschrift war – zeichnete auch das Wappen des Lokals, allerdings verwandelt er diese dort in eine Dogge, die erfolglos versucht, eine Sektflasche zu öffnen.

Neben Th. Th. Heine, Rudolf Wilke und Olaf Gulbransson, den Zeichnern der Zeitschrift *Simplicissimus*, verkehrten häufig in der Künstler-Kneipe auch Frank Wedekind, Erich Mühsam, Max Halbe und Ludwig Scharf. Eine Literaturgeschichte des beginnenden 20. Jahrhunderts ist ohne ihre Namen undenkbar. In diesem Klima der mal gereizten, mal heiteren Geselligkeit kommt der junge Autor zu seinen ersten Auftritten: Auf der Bühne des Lebens, die ein Kneipenpodium war, wird er belauscht, bekommt Zuspruch und Beifall, hat Kredit bei der Kobus und wird sich bald den Ruf und die »Anstellung« als Hausdichter erarbeiten. Viel ist das nicht, aber ein Eintrittsbillett in die Literatur allemal. Erich Mühsam notierte in seinen *Unpolitischen Erinnerungen* über diese Zeit folgendes: »So lange, bis Wedekind in der ›Torgelstube‹ einen festeren Kreis um sich schloß … und bis Konkurrenz-Lokale, wie der ›Bunte Vogel‹ und ›Boheme‹, einen Teil der Künstlerschaft von dem nicht übertrieben abwechslungsreichen Lärm, Gedränge und Gestank der echtesten Münchner Künstlerkneipe abzogen, fluktuierte im ›Simplicissimus‹ der Kathi Kobus die Geistigkeit Münchens in allen ihren Verästelungen und Cliquen, und man konnte an manchen Abenden die heterogensten Elemente der Literatur und Kunst an den verschiedenen Tischen vertreten sehen …« Hier wurde der Dichter Hans Bötticher aus Wurzen in Sachsen entdeckt, geschliffen und schaumgeboren, mitten im Bajuwarischen, der sich seit Dezember 1919 Joachim Ringelnatz nannte und uns Lesern viel Heiterkeit schenkte und ein wenig Melancholie.

Mit farbigen Zeichnungen und zwei Originallithographien des Münchner Illustrators Florian Mitgutsch ausgeschmückt, erschien der Erstling von Joachim Ringelnatz 2007 auch in den *Graphischen Büchern* bei Faber & Faber Leipzig. MF

Literaturauswahl
JOACHIM RINGELNATZ: *Mein Leben bis zum Kriege* (1931). ERICH MÜHSAM: *Unpolitische Erinnerungen* (1958).

Rinser, Luise {1911-2002}
Die gläsernen Ringe.
Eine Erzählung.
[1.-5. Tsd.] Berlin: S. Fischer Verlag, 1941. 251 S. 18 x 11 cm. Br. / Ln. mit Umschl. Ausstattung von E. R. Weiss. Druck: Spamer A.-G. Leipzig.

Luise Rinsers Schriftstellerkarriere begann nach ihrem Bekenntnis mit dem Kauf einer Lilie, zu der sie in der Blumenhandlung eine zweite »verletzte« dazu geschenkt bekam. Mit ihren literarischen Versuchen war sie vorher wiederholt gescheitert, hatte eine Romantrilogie und eine im Himalaya spielende Erzählung verbrannt. An der Lilie wollte sie ihren Stil nach dem Vorbild von Ernst Jünger schulen, dessen *Abenteuerliches Herz* sie gerade gelesen hatte. Am gleichen Nachmittag des Jahres 1938 entstand die Erzählung *Die Lilie*, die später in das erste Buch eingehen sollte. Ihr

Umschlag von E. R. Weiss

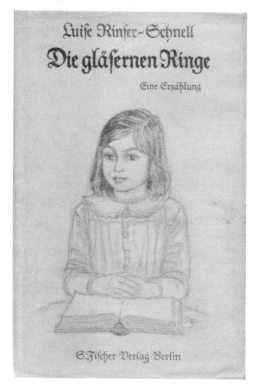

Verlobter kam, las die Geschichte und rief: »Du kannst ja schreiben!!« Er drängte sie, die Erzählung an die *Neue Rundschau* zu schicken. Sie wurde nicht nur angenommen und gedruckt, sondern erregte auch das Interesse des Verlegers Peter Suhrkamp, in dessen Haus die Zeitschrift erschien. Er fragte nach weiteren Texten, die Rinser aber nach dem Autodafé nicht vorzeigen konnte. Der Verleger und seine künftige Autorin einigten sich dennoch bei ihrem ersten Besuch in Berlin, daß sie ein Buch schreiben werde. »Ich begann das bestellte Buch am Tage des Kriegsbeginns 1939. Ich rettete mich ins Schreiben. Das Buch wurde 1940 gedruckt und hatte großen Erfolg.« So erinnert sich Rinser in der Rückschau *Lebensweg* (1971).

Rinser befand sich in jenen Jahren in einer schwierigen Lage. Sie war Lehrerin in München-Lochhausen gewesen und hatte ihren Beruf 1939 aufgeben müssen. In den Erinnerungen gibt sie als Grund dafür an, daß sie nicht in die NSDAP und deren Unterorganisationen eintreten wollte. Doch sie war BDM-Führerin und gehörte der NS-Frauenschaft und dem NS-Lehrerbund an, wie neuere Forschungen nachgewiesen haben. Im Mai 1939 heiratete sie ihren langjährigen Verlobten Horst Günther Schnell, der in diesem Jahr Dritter Kapellmeister am Staatstheater Braunschweig wurde. Verheiratete Frauen mußten nach den damaligen Gepflogenheiten aus dem Lehramt ausscheiden. 1940 und 1941 kamen ihre Söhne Christoph und Stephan zur Welt. Die Ehe war bald zerrüttet und wurde geschieden, nachdem Schnell ein Verhältnis mit einer anderen Frau angefangen hatte. Schnell wurde Erster Kapellmeister in Rostock und fiel 1943 an der russischen Front, allerdings nicht als Widerstandsgeist in einer Strafkompanie, wie Michael Kleeberg jüngst nachgewiesen hat, sondern er wurde gleich nach seinem Tod in Rostock geehrt. Rinser stellte ihr Leben unter dem Nationalsozialismus als eine lupenreine Widerstandskarriere dar. Doch konnte sie nicht nur ihre literarische Laufbahn durch viele kleine Veröffentlichungen in Zeitschriften und Zeitungen sowie Arbeiten für die UFA erfolgreich vorantreiben, sondern hatte auch in frühesten Veröffentlichungen dem Nationalsozialismus durchaus gehuldigt, aus welchen Motiven auch immer. In der Zeitschrift *Herdfeuer* veröffentlichte sie 1935 sogar ein Hitler-Gedicht. In Lebensgefahr brachte sie allerdings ihre 1944 privat geäußerte Ansicht, daß der Krieg verloren sei und der Mann ihrer Freundin, ein Wehrmachtsoffizier, sich absetzen und untertauchen solle. Das Ehepaar denunzierte sie, woraufhin sie verhaftet wurde und mit einer Verurteilung wegen Wehrkraftzersetzung zu rechnen hatte. Doch sie erhielt Hafturlaub, und der Prozeß kam kurz vor Kriegsende nicht mehr zustande, weil sich ein einflußreicher Freund bei der UFA für sie einsetzte und ihr Anwalt für Verzögerung bis zum Kriegsende zu sorgen verstand.

Mit dem Erzählzyklus *Die gläsernen Ringe* warf Rinser ihren Blick zurück auf glückliche und bedrückende Kindertage. Die guten Zeiten waren verbunden mit dem Kloster Wessobrunn, wo sie bei gütigen Verwandten viele Ferien verbracht hatte. Das bildete den biographischen Hintergrund der Erzählungen. Ansonsten hat Rinser die Lebensstationen ihres Alter ego recht frei gestaltet. Mitgegeben hat sie ihrer Protagonistin von sich die rebellische und melancholische Natur, die sie in permanente Scharmützel mit dem Vater, einem mitunter kleinlichen Lehrer, der herrischen Mutter und der wechselnden Lehrerschaft verwickelte. Was das Buch für viele Leser so aufregend machte, war eben dieser antiduckmäuserische Charakter der Heldin wie auch die Rückbesinnung auf die Tugenden des bayerischen Katholizismus und die Neugier auf geistige Erweiterung jenseits des christlichen Horizonts. Rinser beschäftigte sich schon in den dreißiger Jahren mit Zen-Buddhismus und holte diese Erfahrung mit dem buddhistischen Großvater in die Erzählung hinein.

Das Buch führte seine Leser in martialischer Zeit in eine friedvolle Kindheit mit Konflikten beim Erwachsenwerden zurück; es stärkte damit ihre Überlebenskräfte, von Widerstandsgeist kann aber nach neueren Forschungsergebnissen nicht gesprochen werden. Die Rezeption muß auch begrenzt geblieben sein. Die Rinser-Bibliographie in dem Materialienband von Hans-Rüdiger Schwab (1986) weist nur zwei zeitgenössische Besprechungen nach, wenngleich es laut José Sánchez de Murillo mehr gegeben haben soll. Eine erschien charakteristischerweise in der Schweiz: Max Wehrli (*Neue Schweizer Rundschau*, 1941/42) sah das Faszinierende dieses Erstlingswerkes in der »geistigen Energie, mit der die oft allzu gern aufgerufenen dämonischen Mächte der ›Kreatur‹ gesehen und erlebt, aber auch überwunden und an Ort und Stelle verwiesen werden«. Von entscheidender Bedeutung für Rinsers Entwicklung wie für ihre öffentliche Wahrnehmung nach 1945 war das erst nach Kriegsende bekanntgemachte Votum von Hermann Hesse, in dessen Bannkreis sie während der Arbeit an *Gläserne Ringe* immer stärker geraten war. Er bedankte sich im Mai 1941 für die Zusendung des Buches. »Ich habe … Ihre wunderbare Kindheitsgeschichte mit dankbarer Hingabe gelesen, mich an Ihren Zaubern erquickt und sie überaus liebgewonnen, habe mit wahrer Freude wieder einmal ein reines edles Deutsch gelesen, und mich auch sehr über den Ausklang des Buches und sein Bekenntnis zum Geistigen gefreut.« Dieses Bekenntnis zum Geistigen angesichts von Krieg, Terror und nationalsozialistischer Infiltration war für viele sensible Leser eine Bestärkung und sorgte für die anhaltende Langzeitwirkung

des Buches: Bereits 1993 wurde das 350. Tausend allein im Fischer Taschenbuch Verlag verkauft. Im Jahr der Erstausgabe konnte noch das 6. bis 10. Tausend erscheinen. Ob damit der Bedarf vorläufig gedeckt war oder dem Buch im Zeichen der Kriegswirtschaft die Notwendigkeit zum Nachdruck abgesprochen wurde, ist bislang nicht bekannt. Rinser erhielt jedenfalls kein Publikationsverbot, wie sie selbst angab, sondern die *Kölner Zeitung* veröffentlichte selbst noch 1944 und 1945 in Fortsetzungen den Roman *Hochebene*. CW

Literaturauswahl
LUISE RINSER: *Den Wolf umarmen* (1981). HENNING FALKENSTEIN: *Luise Rinser* (1988). GUDRUN GILL: *Die Utopie Hoffnung bei Luise Rinser. Eine sozio-psychologische Studie* (1991). MICHAEL KLEEBERG: *Luise Rinsers Vergesslichkeit*. In: *Der Spiegel* (2/2011). THOMAS LOTHAR: *Die Schuldproblematik in Luise Rinsers literarischem Werk* (1991). SELMA POLAT: *Luise Rinsers Weg zur mystischen Religiosität. Glauben erwachsen aus Erfahrung* (2001). *Luise Rinser. Zu ihrem 65. Geburtstag am 30. April 1976* (1976). Hans-Rüdiger Schwab (Hrsg.): *Luise Rinser. Materialien zu Leben und Werk* (1986). JOSÉ SÁNCHEZ DE MURILLO: *Luise Rinser. Ein Leben in Widersprüchen* (2011).

Roth, Eugen {1895-1976}
Die Dinge die unendlich uns umkreisen. Gedichte.
München: Kurt Wolff Verlag, 1918. 42 S., 1 Bl. 21 x 13 cm. Br. (= Der Jüngste Tag Bd. 53.) Druck: Dietsch & Brückner, Weimar.

Es war der Gedichtband *Ein Mensch* (1935), der mit seinen zeitlosen Versen, sehr eingänglichen, besinnlichen Lebensweisheiten zum Synonym für den Dichter Eugen Roth wurde. Nachdem er sich mehr aus Zwang, Roth war von den Nationalsozialisten 1933 »wegen Unzuverlässigkeit« aus seiner Position als Lokalchef der *Münchner*

Neuesten Nachrichten gedrängt worden, dem »Leierkastenhumor« verschrieben hatte, hätte er es sich nicht träumen lassen, daß gerade diese heiter-ironischen, dem Politischen scheinbar abholden Verse zu seinem Markenzeichen werden würden. Der Band machte Roth berühmt – und reich. Weit über eine Million Exemplare in sich immer wieder erneuernden Auflagen wurden davon verkauft. Wohin er sich, widerwillig, wie wir anmerken, geflüchtet hatte, in einen zwar treffsicheren, aber schwerelosen lyrischen Spaß, das stand ganz im Gegensatz zu seinen lyrischen Anfängen. Wie eine Polarisierung konnte man es empfinden, wenn man die »Ein-Mensch-Gedichte«: »Ein Mensch erblickt das Licht der Welt/ Doch oft hat sich herausgestellt/ Nach manchem trüb verbrachten Jahr/ Daß dies der einzige Lichtblick war« mit den Versen verglich, die das Erstlingswerk *Die Dinge die unendlich uns umkreisen* charakterisieren:

> »Die Dinge, die unendlich uns
>   umkreisen,

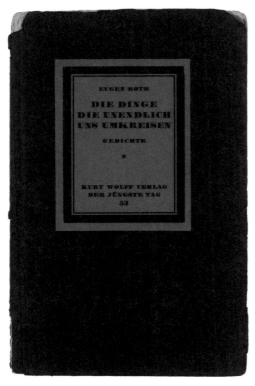

Broschureinband

Sie scheinen alle plötzlich still zu
              stehen.
Da ist Musik von Tritten, wunder-
              leisen,
Du winkst mir, wie im Traum zu dir
              zu gehen.
Da stehst Du, einen Weg
              hinauszuweisen
Und Deine Hände leuchten vor
              Geschehen:
Nun seh ich's auch: Gesprengt das
              Tor der Zeit
Und lichte Brücken hängen
              himmelweit.«

Hier die Menschheitsgesten des Expressionismus, dort die kleinen Gebrechen des Alltags, die unpathetischen Beobachtungen unserer Unzulänglichkeiten.

In Hans von Webers kleiner Zeitschrift über Bücher und andere Dinge *Der Zwiebelfisch* wird Eugen Roths Erstlingswerk im Novemberheft 1918 unter der Zeile »Schöne Bücher wertvollen Inhalts« als erschienen angezeigt. Die 80 Pfg.-Hefte der Reihe *Der Jüngste Tag* werden in Ausstattung und Druck als »bester Friedensarbeit ebenbürtig« gelobt. Weiter heißt es: »Der Verlag verdient höchste Anerkennung für die Beharrlichkeit nicht nur, mit der er jedem jungen Talent die Bahn ebnet, sondern auch für den lächerlich geringen Preis, der ihm kaum einen Verdienst ermöglicht und ein großes Opfer für seine idealen Ziele bedeutet. – Für solch deutschesten Idealismus verdient der Verlag den Beifall aller Deutschen. Die alldeutschen Antisemiten aber hetzen gegen ihn.«

Kurt Wolff hatte in seinem Verlag viele Lektoren, angestellte oder freie Mitarbeiter, die zugleich Schriftsteller und in programmatischen Fragen Anhänger der modernen literarischen Strömungen waren. Kurt Pinthus, Franz Werfel, der 1913 die Reihe *Der Jüngste Tag* mitbegründet hatte, Albert Ehrenstein oder Walter Hasenclever waren Exponenten des Expressionismus. Sie wußten die Talente der Zeit um den Verlag zu scharen, und Kurt Wolff vertraute ihren Urteilen. Aus diesem Dunstkreis kamen auch Eugen Roths Förderer. In einer autobiographischen Erzählung wußte er sich daran zu erinnern, daß insonderheit Klabund und Bruno Frank seine ersten literarischen Schritte liebevoll begleitet hätten. »Dankbar gedenke ich des liebenswerten Klabund«, schrieb er, »der sich ernsthaft meiner annahm und in meinem ersten, im *Jüngsten Tag* erschienenen Lyrikbändlein die ›Hoffnung auf einen kommenden Stern‹ sah.« Er sei »als hoffnungsvoller Dichter« herumgereicht worden, vermerkte Roth nicht ohne Eitelkeit, nachdem Kurt Wolff seinen ersten Gedichtband verlegt hatte. Er habe nun bedeutende Autoren kennengelernt, was darauf schließen läßt, daß er vor 1918 der literarischen Boheme noch fern gestanden hatte.

Roth wurde in München als Sohn eines Journalisten geboren, besuchte dort und im Kloster Ettal das Gymnasium und meldete sich 1914 als Kriegsfreiwilliger. Schon im Oktober 1914 erlitt er eine schwere Verwundung (»seine zweite Geburt«), die ihn nach der Heimkehr zum Kriegsgegner machte und ihn schon während des sich anschließenden Studiums der Germanistik und Kunstgeschichte in München lockere Verbindungen zu literarisch geprägten Zeitschriften finden ließ. Ein erstes Gedicht veröffentlichte er 1915 in der Münchner illustrierten Wochenschrift *Jugend*, was er selbst als seine Geburtsstunde als Schriftsteller ansah. Später sprach er mit Blick auf seine frühe Lyrik weniger euphorisch über die Anfänge. Er machte sich fast ein wenig lustig darüber, wenn ihm diese »Titelungeheuer« wieder begegneten, wie sie mit Ausgaben wie *Die Dinge die unendlich uns umkreisen* »im Schwange« waren.

Das große literarische Vergnügen jedenfalls, das er dem lesenden Publikum verschaffte, ist mit seinen Büchern aus den dreißiger und vierziger Jahren verknüpft, mit den *Ein-Mensch-Ausgaben*, der *Frau in der Weltgeschichte*, den Gedichtbänden vom *Wunderdoktor* und schließlich seinem *Tierleben für jung und alt*. EF

Literaturauswahl
EUGEN ROTH: *Lebenslauf in Anekdoten* (1962).
EUGEN ROTH: *Sämtliche Werke Bd. 5: Anekdoten und Erinnerungen* (1977).

Roth, Joseph {1894-1939}
Hotel Savoy.
Berlin: Verlag Die Schmiede, 1924. 145 S.
18,2 x 13,6 cm. Pp. / Ln. mit Umschl.
Einband u. Umschlag v. Georg Salter.
(= Die Romane des XX. Jahrhunderts.)

Auf eine Rundfrage der *Frankfurter Zeitung*, was das beste Buch des Jahres sei, nannte Heinrich Mann 1924 die Werke von Joseph Roth. Tatsächlich hatte der 1894 geborene und seit Beginn der zwanziger Jahre journalistisch arbeitende Roth Ende 1923 und im Jahre 1924 gleich mit drei Romanen auf sich aufmerksam gemacht. Der Roman *Das Spinnennetz* erschien zwischen Oktober und November 1923 als Fortsetzungsroman in der Wiener *Arbeiter-Zeitung*, dem offiziellen Organ der Sozialistischen Partei Österreichs, die Romane *Hotel Savoy* und *Die Rebellion* erschienen auch als Fortsetzungsromane (im Februar/März 1924 in der renommierten *Frankfurter Zeitung* und im Juli/August 1924 im Berliner *Vorwärts*), bekamen aber noch im gleichen Jahr als Frühjahrs- beziehungsweise Herbstnovität im Berliner Verlag Die Schmiede eine Buchausgabe. Glaubt man Roths eigenen Schriftzeugnissen, etwa einem Brief vom 24. Januar 1928 an Arnold Zweig (»Ich habe seit 1920 Entwürfe liegen, halbfertige Manuscripte, die zu vollenden mich meine materielle Not gehindert hat«), dann will er sich seit Beginn seiner journalistischen

Arbeit mit dem Schreiben von Romanen beschäftigt haben. Roth debütierte fulminant und umfangreich, schriftstellerischer Erfolg und damit materielle Sicherheit stellten sich aber erst mit den beiden Romanen *Hiob* (1930) und *Radetzkymarsch* (1932) ein, was freilich nicht lange anhielt, da nach der faschistischen Machtergreifung in Deutschland Roth nach Paris emigrierte, wo er seiner Muttersprache verlustig ging, seine Verleger und auch seine Leser verlor.

Das Manuskript von *Hotel Savoy* schickte Roth, nach Auskunft seines Biographen David Bronson, an seinen Freund Oskar Maurus Fontana in Wien, der zum damaligen Zeitpunkt als Lektor im dort ansässigen E. P. Tal Verlag arbeitete. Doch trotz wärmster Empfehlungen seines Lektors konnte sich der Verleger nicht entschließen, das Werk des relativ unbekannten Autors zu veröffentlichen. Nach dessen Absage kontaktierte Roth einen weiteren Freund, den Dichter Rudolf Leonhard, der, zwar nur fünf Jahre älter, bereits mehrere Gedichtbände, Schauspiele und Essaysammlungen veröffentlicht hatte und seit Ende 1922 als Lektor in dem ein Jahr zuvor gegründeten Berliner Verlag Die Schmiede tätig war. Dieser Verlag prägte in den zwanziger Jahren maßgeblich die literarische Landschaft Deutschlands mit. Wir finden dort neue Bücher von Benn, Becher, Döblin, Hasenclever, Herrmann-Neiße, Kafka, Kisch, Klabund, Leonhard, Heinrich Mann, Proust und Sternheim, um nur einige zu nennen. Und welchen Einfluß Leonhard auf das Programm des jungen Verlags ausübte, beweist die Tatsache, daß er Roth sofort um Zusendung eines weiteren Manuskripts bat – *Die Rebellion* – und den Verleger Julius B. Salter bewog, beide Romane noch im gleichen Jahr herauszugeben. Ein auch für damalige Verhältnisse fast einzigartiger Vorgang.

Hotel Savoy erschien vermutlich im Juni oder Anfang Juli 1924. Diese Angabe ist mangels verbindlicher Quellen aus einer Anzeige im *Börsenblatt für den Deutschen Buchhandel* und einem Brief von Roths Frau Friederike an die Freundin Paula Grübel vom 14. Juli (»… *Hotel Savoy* schicke ich diese Woche ab.«) zu schlußfolgern. Der Roman erschien ohne Bandzählung in den damals üblichen und preislich divergierenden Varianten Pappband und Leinenband mit Schutzumschlag in der neugegründeten Reihe *Die Romane des xx. Jahrhunderts*, in der im gleichen Jahr neben Roths zweitem Buch *Die Rebellion* auch neue Bücher von Karel Čapek, Francis Carco, Albert Daudistel und Franz Kafka erschienen. Einband und Schutzumschlag entwarf der junge Georg Salter, der nur wenige Jahre später zu einem der bedeutendsten Buchgestalter Deutschlands avancierte. Es sind auch Exemplare, die außerhalb der Reihe, also ohne Reihentitel und -signet, erschienen, bekannt. Der Verlag selbst äußerte sich zur neuen Reihe in seinen Werbemitteln wie folgt: »Unter diesem Titel will der Verlag die beste Epik der jüngeren Generation in einer einheitlichen Sammlung herausgeben. Im Gegensatz zu allen Versuchen, die in den letzten Jahren von Verlagen häufig unternommen wurden, einen bestimmten Kunststil, sei es Naturalismus oder Expressionismus, oder eine bestimmte Richtung zu propagieren, hat sich der Verlag das Ziel gesetzt: ohne jede Tendenz Romane zu bringen, die höchstes künstlerisches Niveau haben, dabei so fesselnd und klar geschrieben sind, daß sie jedem Publikum zugänglich sind.«

Ein wirtschaftlicher Erfolg indes dürfte Roths erstes Buch nicht geworden sein. Von Heinrich Manns Hinweis auf den Autor abgesehen, bleibt es im Feuilleton dazu eher still. Zwar erscheinen 1925 sogar zwei Auflagen in russischer Sprache, an denen aber weder der Autor noch der Verlag finanziell partizipieren. Einen größeren deutschen Leserkreis erreicht das Buch aber

Umschlag von Georg Salter

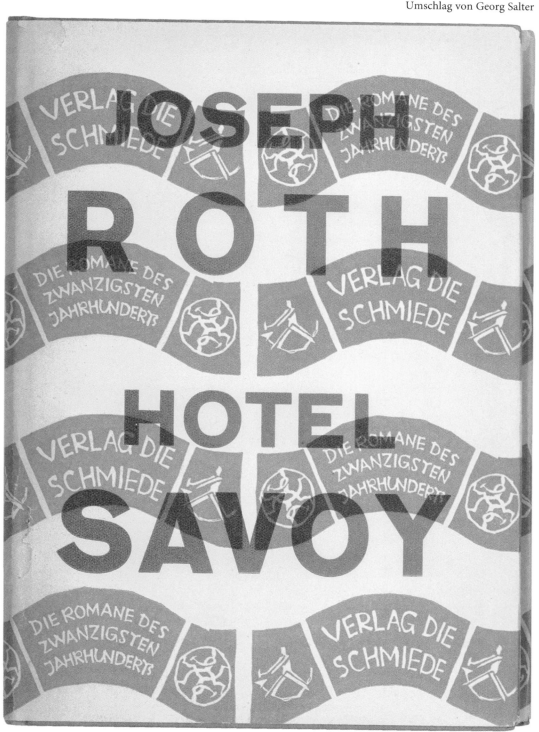

nicht. Das verführt Roth in einem Brief vom 14. Juni 1925 an Bernard von Brentano zu folgendem Sarkasmus: »Mein Buch ist 4 mal in's Russische übersetzt [irrtümliche Annahme oder Übertreibung des Autors]. Ich habe 200 000 Leser in Rußland. In Deutschland 4 u. ½. Bin ich ein deutscher Schriftsteller? Von den deutschen 4 ½ sind 2 ½ auch russische Juden.«

Gesicherte Angaben über die Auflagenhöhe gibt es nicht, sie dürfte bei etwa 2000 Exemplaren gelegen haben. Joseph Roths Debütband blieb in der Erstauflage bis zur Liquidation des Verlages, 1930, lieferbar.

In der Reihe *Die Graphischen Bücher* bei Faber & Faber hat der Leipziger Maler und Graphiker Hartwig Ebersbach das *Hotel Savoy* mit 8 Originalholzschnitten, 11 Scherenschnitten und 30 Kapitelzeichnungen geschmückt und damit den Band 26 der Reihe zusammen mit dem Typographen Gert Wunderlich zum buchkünstlerischen Erlebnis werden lassen.   MF

Literaturauswahl

JOSEPH ROTH: *Ich zeichne das Gesicht der Zeit. Essays-Reportagen-Feuilletons.* Hrsg. v. Helmuth Nürnberger (2010). FRANK HERMANN/HEINKE SCHMITZ: *Der Verlag Die Schmiede 1921-1929. Eine kommentierte Bibliographie* (1996). DAVID BRONSEN: *Joseph Roth. Eine Biographie* (1993).

Rubiner, Ludwig
{Pseudonym: Ernst Ludwig Grombeck, 1881-1920}
Die Indischen Opale.
Kriminal-Roman.
Berlin, Leipzig: Hermann Hillger, 1910. 112 S. 17 x 11,5 cm. Br. mit Porträt des Autors. (= Kürschners Bücherschatz Nr. 736.) Druck von Oscar Brandstätter.

Ludwig Rubiner ist der Nachwelt als politischer Schriftsteller in Erinnerung, der mit Artikeln, Aufsätzen und Gedichten die Zeitgenossen wachrütteln, wenn nicht die Welt aus den Angeln heben wollte. Bekannt ist auch seine Lektoratstätigkeit im Gustav Kiepenheuer Verlag, an dessen Umwandlung in eine Pflanzstätte der zeitgenössischen Literatur er in entscheidendem Maße mitwirkte. In der Lyrikanthologie *Kameraden der Menschheit* sammelte Rubiner die linke, aktivistische Literatur und trug damit zur Positionsbildung am Beginn der Weimarer Republik bei. Ganz im Gegensatz dazu gehört sein erstes Buch einem Genre der Unterhaltungsliteratur an. Er schrieb für den damals erfolgreichen Unterhaltungsverlag Hermann Hillger den Kriminalroman *Die indischen Opale.* Für die Veröffentlichung verwendete er das Pseudonym Ernst Ludwig Grombeck, damit eine Grenze zu seinen ernsten publizistischen und literarischen Bemühungen ziehend, die bis in seine Studentenzeit 1904 zurückreichten.

Rubiner stammte aus einer ostjüdischen Familie, die noch vor der Geburt des Sohnes aus Galizien nach Berlin übergesiedelt war. Über den Vater ist bekannt, daß er ebenso wie später der Sohn bei verschiedenen Berliner Zeitschriften publizistisch tätig war und unter den Pseudonymen Gerhard Stein und Otto Waldeck Unterhaltungsromane schrieb. Ludwig Rubiner studierte seit 1902 in Berlin zunächst Medizin, dann bis 1906 Musikwissenschaft, Kunstgeschichte, Philosophie und Literaturwissenschaft. Er verkehrte früh in den Kreisen der Berliner Boheme, lernte hier Erich Mühsam und Paul Scheerbart kennen und schloß Freundschaft mit dem späteren Galeristen und Zeitschriftenherausgeber Herwarth Walden. 1906 schrieb er das Libretto *Der Nachwächter* für eine Oper von Walden, das jedoch nicht überliefert ist. Im selben Jahr wie den Kriminalroman veröffentlichte er gemeinsam mit Walden eine Einführung zu Puccinis *Madame Butterfly*, erschienen in der Reihe *Schlesinger'sche Opernführer*. Der Musik gehörte auch ein großer Teil seiner publizistischen Tätigkeit, die seit 1906 in Zeitschriften der Avantgarde, unter anderem in Waldens *Der Sturm* und Franz Pfemferts *Der Demokrat* und *Die Aktion*, ihren Platz fand. Theater und Literatur waren weitere Hauptfelder seiner an dem Vorbild Alfred Kerr geschulten Kritiken. Ein anderes Aufgabenfeld schuf sich Rubiner in der Übersetzung und Nachdichtung russischer Literatur, so von Michail Kusmin, Nikolai Gogol und Fjodor Ssollogub. Er sprach ausgezeichnet Russisch und hielt sich 1909 den größten Teil des Jahres in Rußland auf. Er lernte die Russin Frida Ichak kennen, seine spätere Frau, ebenfalls Übersetzerin, unter anderem von Lew Tolstoi, Iwan Turgenjew und Leo Trotzki. Nachgewiesen sind aus der Entstehungszeit des Krimis weitere Auslandsaufenthalte in Österreich und der Schweiz. 1912 begann Rubiner eine produktive Berichterstattung aus Paris. Da hatte er im Kreis um Pfemferts Zeitschrift *Die Aktion* schon seinen Lebens- und Arbeitsmittelpunkt gefunden.

Aus der Skizze seines schriftstellerischen Werdegangs wird deutlich, daß Rubiner den Ausflug in den Kriminalroman nicht wegen des literarischen Experiments unternahm. Er brauchte schlichtweg Geld, um sein Leben zu fristen. Man kann davon ausgehen, daß er erst an die Arbeit ging, nachdem er von dem Berliner Verlag einen Vertrag bekommen hatte. Unterlagen zur Entstehungs- und Wirkungsgeschichte sind nicht bekannt. In derselben Reihe *Kürschners Bücherschatz* erschienen auch mehrere Bücher von Rubiners Vater, so daß dessen Vermittlung beim Zustandekommen von Rubiners Buch angenommen werden kann. Das Profil der Buchreihe läßt sich am besten durch die Aufzählung einiger bekannter Autoren umreißen: Hedwig Courths-Mahler, Alphonse Daudet, Maxim Gorki, Bret Harte, Alexander Sacher-Masoch, Anton Tschechow, Jules Verne, Fedor von Zobeltitz und Emile Zola.

Broschureinband mit Porträt von Ludwig Rubiner Titelblatt s. S. 363

Das Buch handelt von dem mysteriösen Verschwinden eines reichen Kunst- und Edelsteinsammlers und der Geschichte zweier Opale, die in das exotische orientalische Milieu Istanbuls führt. Der Kriminalfall erweist sich innerhalb des Genres als relativ harmlos. Der Sammler wird nach einem nicht geplanten Kidnapping wieder freigelassen und stirbt unglücklicherweise an dessen Folgen. Kolportageelemente kommen ins Spiel durch eine allzu brave Dreiecksgeschichte zwischen der Tochter und dem Neffen des Sammlers und einer kriminellen Schönheit, die sich am Ende völlig überraschend aus Verzweiflung erschießt, weil sie in Liebe zu dem Neffen entflammt ist und nicht erhört wird, nachdem sie zuvor den Ganovenfreund erschossen hat. Reizvoll an dem Buch sind die Passagen über das Großstadtleben in Berlin, das schnellebig, motorisiert dahinrauscht, während sich hinter den Mauern der Privathäuser aus dem alten Jahrhundert Dramen abspielen. »Und so finden die Leser Ihres Bücherschatzes von allem etwas in diesem Roman, vor allem aber von meiner innigsten Neigung, der zur Schönheit der modernen Großstadt«, heißt es am Beginn des Buches in einem fiktiven Brief des Autors an seinen Verleger. Rubiners *Kriminal-Sonette*, die er 1913 zusammen mit Friedrich Eisenlohr und dem Amerikaner Livingstone Hahn in Paris verfaßte, haben dagegen ein prägnanteres Profil. Hier sind die Ganoven listige Betrüger, die der Polizei und dem Geldadel manches Schnippchen schlagen und damit die bürgerliche Gesellschaft herausfordern. Von diesem Buch führt schon eher ein Weg zum Milieu von Brechts *Dreigroschenoper*. CW

Literaturauswahl
CORNELIA CAROLINE FUNKE: »*Im Verleger verkörpert sich das Gesicht der Zeit*«. *Unternehmensführung und Programmgestaltung im Gustav Kiepenheuer Verlag 1909-1944* (1999).
KLAUS PETERSEN: *Ludwig Rubiner. Eine Einführung mit Textauswahl und Bibliographie* (1980).
KLAUS SCHUHMANN, *Nachwort zu: Ludwig Rubiner: Der Dichter greift in die Politik ein* (1976).

Rühmkorf, Peter {1929-2008}
Irdisches Vergnügen in g. Gedichte.

[1.-2. Tsd.] Hamburg: Rowohlt Verlag, 1959. 67 S. 22 x 15,5 cm. Pp. Umschlagentwurf: Werner Rebhuhn. Gesamtherstellung: J. J. Augustin, Glückstadt/Elbe.

Im Herbstprogramm 1959 zeigt der Rowohlt Verlag dem deutschen Buchhandel elf Neuerscheinungen an. Eine davon war der erste eigenständige Band des damals knapp dreißigjährigen Peter Rühmkorf. Der junge Autor befand sich in doppeltem Sinne in bester Gesellschaft. Erstens hatte er ein Jahr zuvor eine Lektorenstelle im Rowohlt Verlag angetreten und schickte sich an, bald selbst Einfluß auf das Verlagsprogramm zu nehmen; zweitens kam sein Gedichtband *Irdisches Vergnügen in g* in ein literarisches Umfeld, das wir heute – mit historischem Abstand – als eines der besten und erfolgreichsten bezeichnen dürfen. Im gleichen Programm von 1959 finden wir nämlich unter anderem die später zu Kultbüchern gewordenen Titel von Vladimir Nabokov *Lolita* und die Hymne der beat generation *Unterwegs. On the road* von Jack Kerouac. Außerdem werden verzeichnet die mit *Literarischen Essays* fortgeführte Werkveröffentlichung Albert Camus' und der in Ergänzung einer Werkausgabe erscheinende Roman *Zeno Cosini* von Italo Svevo. Kenner der Literatur dürften nur bei Nennung dieser Namen und Titel mit der Zunge schnalzen. Ein hochkarätiges Halbjahresprogramm also, und zwischen diesen Namen ein bis dato nur einem kleinen Kreis bekannter Autor namens Peter Rühmkorf, der freilich die zeitgenössische Lyrikszene mit einer als Experimentalrealismus etikettierten Ästhetik, die sich zugleich gegen restaurative Elemente in der Adenauer-Ära wehrte, ganz schön durcheinanderwirbelte.

Rühmkorf, geboren am 25. Oktober 1929 in Dortmund, hatte neben seinen Studien der Pädagogik und Kunstgeschichte, später auch der Psychologie und Germanistik, konsequent seit Anfang der fünfziger Jahre einen schriftstellerischen Weg eingeschlagen, der sich in vielfältigen kulturkritischen wie lyrischen Texten widerspiegelte. So gab er unter anderem die Zeitschrift *Die Pestbeule* heraus, redigierte die Texte und gründete etwas später unter gleichem Namen ein Kabarett. Gemeinsam mit seinem Freund Werner Riegel, dem frühverstorbenen Lyriker und Essayisten, gründete er die Monatsschrift *Zwischen den Kriegen*, und mit Riegel veröffentlichte er auch gemeinsam erste Gedichte in dem Band *Heiße Lyrik*. Das war 1956. Von da an bis 1958 schrieb er unter dem Pseudonym Leslie Meier in den Zeitschriften *Studenten-Kurier* und *Konkret* Lyrik-Kritiken. Die Rubrik hieß bezeichnenderweise *Lyrik-Schlachthof*, und die dort unters Messer kommenden Autoren wurden nicht selten hart gehäutet vom forschen Urteil des jungen Kritikers.

Rühmkorf alias Meier fand als Lyriker und als Kritiker immerhin soviel Anerkennung, daß die beiden Juroren des Hugo-Jacobi-Preises für Lyrik, Hans Bender und Ferdinand Lion, 1958, unabhängig voneinander, der eine Rühmkorf und der andere Leslie Meier, für den Preis vorschlugen. Nach der Preisverleihung zeigte dann auch der Rowohlt Verlag, nach dem Ausscheiden Wolfgang Weyrauchs aus dem Lektorat, Interesse an dem jungen Autor und bot ihm die verwaiste Lektorenstelle an. Für Rühmkorf bedeutete das erstmals eine Art sicherer Existenz. Jetzt konnte er von einer gesicherten materiellen Basis aus an der Fortschreibung seiner Gedichte arbeiten. Er selbst schrieb über diese Zeit und über die Entstehung seines Gedichtbandes später nicht unkritisch in *Die Jahre die Ihr kennt*: »Erst allmähliches Begreifenlernen dieser Art von Brotschreiberei als restlos entfremdete Arbeit«. Gemeint war die Lektoratsarbeit im Verlag. Und weiterhin heißt es: »Im dialektischen Gegenschlag: Schreiben als Wutanfall: Politische Oden, Hymnen, Gesänge, Gedichtband *Irdisches Vergnügen in g* (mit g als Schrumpfform von Brockes' *Irdischem Vergnügen in Gott* und zugleich physikalischem Symbol der Fallbeschleunigung).«

Der Titel hat überdauert. Rühmkorf ist als Sprachvirtuose gefeiert worden, als Aufklärer und als Mann von großer Fabulierlust. Er selbst hat sich als »Jetzt-

Umschlag von Werner Rebhuhn

schreiber« verstanden, der die gesellschaftliche Wirklichkeit attackieren wollte, um sie vernünftiger einzurichten. Der Autor gehört zu den bedeutendsten deutschen Dichtern der zweiten Jahrhunderthälfte.

In der Reihe der *Graphischen Bücher. Erstlingswerke deutscher Autoren des 20. Jahrhunderts* bei Faber & Faber Leipzig wird als Band 12 ein bibliophiler Druck des Erstlings mit 33 Originallinolschnitten des Hamburger Künstlers Klaus Waschk angeboten. MF

Literaturauswahl
PETER RÜHMKORF: *Die Jahre die Ihr kennt* (1972). PETER RÜHMKORF: *Wenn ich mal richtig Ich sag … Ein Bilder-Lesebuch* (2004). Manfred Durzak und Hartmut Steinecke (Hrsg.): *Zwischen Freund Hein und Freund Heine: Peter Rühmkorf. Studien zu seinem Werk* (1989). Hermann Gieselbusch u.a. (Hrsg.): *100 Jahre Rowohlt. Eine illustrierte Chronik* (2008).

S

… siehe Seite 411

… siehe Seite 409

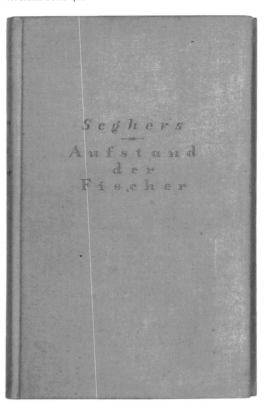

ERNST VON SALOMON

DIE GEÄCHTETEN

1931

ERNST ROWOHLT VERLAG · BERLIN

… siehe Seite 397

Sachs, Nelly
{eigtl. Leonie Sachs, 1891-1970}
Legenden und Erzählungen.
Berlin-Wilmersdorf: F. W. Mayer, 1921.
124 (+ 3) S. 18,5 x 12,5 cm. Pp. Druck:
Herrosé & Ziemsen G.m.b.H. in Witten-
berg (Bez. Halle).

Die Geschichte des ersten Buches von Nelly Sachs trägt in großem Maße ähnliche Züge wie ihre darin erzählten Heiligenlegenden. Es geht um Anfechtungen des Lebens, schicksalhafte Verknüpfungen und glückliche Rettung. Sachs erhielt zu ihrem fünfzehnten Geburtstag 1906 den seinerzeit schon berühmten Roman *Gösta Berling* von Selma Lagerlöf geschenkt. Damit begann ihre Begeisterung für die spätere Nobelpreisträgerin, die durch die Lektüre der 1906 in Deutsch erscheinenden *Legenden und Erzählungen* weitere Nahrung erfuhr. Den Titel sollte Sachs für ihr erstes Buch direkt übernehmen, ebenso die Wahl von Stoffen der Renaissance und der germanischen Vorwelt. In Briefen an ihren späteren Verleger Siegfried Unseld gibt Sachs 1963 an, daß sie mit fünfzehn Jahren ihre Legenden geschrieben habe. Es spricht aber eher dafür, wie die Herausgeberin des Frühwerks Ruth Dinesen nachweist, daß Sachs fünfzehnjährig mit dem Schreiben von Legenden begann, aber sämtliche Texte erst bis etwa 1914 zu Papier brachte. In die Entstehungsgeschichte fällt das unglückliche Liebesverhältnis zu einem Mann, von dem bis heute weder Name noch Herkunft bekannt sind. Daran erkrankte Sachs schwer. Der behandelnde Arzt, dem sie einige Gedichte zeigte, gab ihr den Rat, mit dem Schreiben fortzufahren und so ihr Leid zu bewältigen. Sie liebte in ihrem ganzen Leben keinen anderen Mann mehr und blieb ohne Berufstätigkeit bei den Eltern, bis der Vater, ein Gummifabrikant, und die Mutter zwei Jahrzehnte später gestorben waren. Bedingungslose Liebe, die bis zum Opfertod reicht, ist nicht zufällig Thema mehrerer Legenden.

1915 bemühte sich Sachs nachweislich darum, einen Verlag für die *Legenden* zu finden, wie ihrem Brief an Cotta vom 9. Oktober zu entnehmen ist. Doch erst lange nach der *Legenden*-Phase, als sie sich schon ganz der Lyrik hingab – in ihrem 29. Lebensjahr –, entschloß sie sich ohne erkennbaren Anlaß, die schon Jahre liegenden *Legenden und Erzählungen* zu publizieren. Über den Verleger Mayer ist nichts bekannt. Es lassen sich nicht einmal weitere Bücher von ihm nachweisen. Vermutlich handelt es sich bei dem Buch also um einen privat finanzierten Druck, der in geringer Auflage erschien. Ein Exemplar ging im November 1921 nach Schweden als Geburtstagsgruß an Selma Lagerlöf. »Es ist geschrieben von einer jungen Deutschen, die in der großen schwedischen Dichterin ihr leuchtendes Vorbild verehrt«, heißt es in der Widmung. Die Antwort vom 5. Dezember war ebenso lakonisch wie ermutigend: »Herzlichen Dank für das schöne Buch! Hätte es selbst nicht

Einband

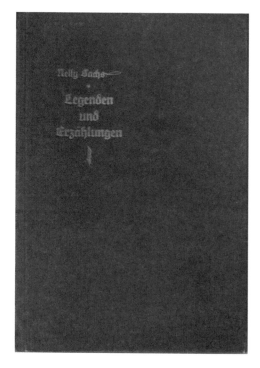

besser machen können«. Damit endete schon die Wirkungsgeschichte des Buches.

Sachs bezog in der Frühzeit ihre Anregungen aus der Romantik und der christlichen Mystik, Novalis und Jakob Böhme hießen ihre Penaten. Erst ab 1933 begann sie, sich mit Martin Buber, der jüdischen Dichtung und ihrer eigenen jüdischen Herkunft zu beschäftigen. Während der Nazizeit fand sie Anschluß an die jüdischen Kulturkreise in Berlin und wußte sich hier mit ihrer Lyrik einen Namen zu machen. Im letzten Moment konnte sie im Mai 1940 mit ihrer Mutter nach Schweden fliehen. Dabei half ihr Selma Lagerlöf, die wenige Monate vor ihrem Tod eine einfache Bitte um Hilfe an das schwedische Königshaus aufgesetzt hatte. In Schweden angekommen, versuchte Sachs anfangs neben Gedichten auch ihre frühen Legenden für den Druck ins Schwedische übersetzen zu lassen. Doch nachdem ihr Nachrichten über die Judenvernichtung in Deutschland und das Schicksal von Angehörigen und Bekannten zu Ohren gekommen waren, gab sie diese Bemühungen auf. Der Glaube an irdische oder doch wenigstens himmlische Gerechtigkeit, der in den Frühwerken waltete, ging ihr für immer verloren.

Das erste Buch von Sachs gehört heute zu den großen Raritäten unter den Erstlingswerken. Der Wert ist kaum zu schätzen, weil es praktisch nicht gehandelt wird. CW

Literaturauswahl
Briefe der Nelly Sachs. Hrsg.: Ruth Dinesen, Helmut Müssener (1984). FRANZ-JOSEF BART-MANN: »... *denn nicht dürfen Freigelassene mit Schlingen der Sehnsucht eingefangen werden ...«. Nelly Sachs (1891-1970) – eine deutsche Dichterin* (1991). RUTH DINESEN: *Nelly Sachs. Eine Biographie* (1994). RUTH DINESEN: »*Und Leben hat immer wie Abschied geschmeckt«. Frühe Gedichte und Prosa* (1987). BIRGIT LERMEN, MICHAEL BRAUN: *Nelly Sachs. »an letzter Atemspitze des Lebens«* (1998).

Salomon, Ernst von {1902-1972}
Die Geächteten. Roman.

1.-10. Tsd. Berlin: Ernst Rowohlt Verlag, 1930. 486 S. 19,5 x 11,5 cm. Ln. m. Umschlag/Br. Druck: G. Kreysing, Leipzig.

Im Heft 12/1930 der Zeitschrift *Der Bücherwurm* empfahl Hermann Hesse »Bücher für Weihnachten«. Wir sind dem eigentlichen Leben nahe, schrieb er, »wenn wir täglich eine oder zwei Stunden für Weise und Dichter übrig haben.« Was die Zeitschrift danach freilich an Büchern auflistet, dürfte nicht durchgängig den Beifall Hesses gefunden haben. Es waren Romane von Beumelburg, Blunck und Dwinger darunter, und auch *Die Geächteten*, das Erstlingswerk von Ernst von Salomon. Als Broschur für 5,–, als Ganzleinenband für 7,50 M wurde es angeboten. »Hier spricht einer aus der verwirrten Kriegs- und Nachkriegsgeneration«, annotierte es die *Monatsschrift für Bücherfreunde*, »den der vermeintliche Zusammenbruch aller Werte und der fanatische Wille, ein neues Deutschland zu schaffen, in ein Verbrechen verstrickte.« Die broschierte Fassung der *Geächteten*, Erstausgabe der ersten 10 000 Exemplare des Erstlingswerks ebenso wie die Leinenausgabe, war in das Jahr 1931 verlegt. Ein verlegerischer Taschenspielertrick, der auf dem Schutzumschlag schon die Pressestimmen auflistet, die mithalfen, dem Roman einen beträchtlichen Leserkreis zu verschaffen. Er »gehört zu den wichtigsten Urkunden der neuesten Zeitgeschichte« (*Deutsche Tageszeitung*, Berlin), heißt es da, oder »Das Buch ist von einem starken Talent geschrieben, … ungeheuer aufschlußreich« (*Deutsche Allgemeine Zeitung*, Berlin), oder »Die Schilderungen sprühen von heißem, farbigem Leben: wie Sturmesatem braust es durch die Darstellung seelischer Vorgänge« (*Kölnische Zeitung*). Aus den *Münchner*

Neuesten Nachrichten wird Ernst Jünger zitiert: »Es verdient, gelesen zu werden, weil es das Schicksal der wertvollsten Schicht jener Jugend, die während des Krieges in Deutschland heranwuchs, erfaßt.« Bezeichnende Urteile Gleichgesinnter, die von konservativen Zeitschriften wie der *Tat* skandiert wurden, die den Roman als eines der ergreifendsten Dokumente der Nachkriegszeit bezeichnete und damit vor allem um Beifall in den intellektuellen Mittelschichten warb.

Was war geschehen?

Ernst Rowohlt hatte Ernst von Salomon persönlich kennengelernt. Er wird von dem stürmischen Leben des Endzwanzigjährigen beeindruckt gewesen sein und ihn angestiftet haben, dies für seinen Verlag autobiographisch aufzuarbeiten. Salomon, Sohn eines preußischen Offiziers, in Kadettenanstalten erzogen, hatte sich nach dem Ersten Weltkrieg einem Freikorps angeschlossen

---

…enband M 6.—

…lich, knapp, rasch-
…e, Spannung und
…Virbel von Größe
« *Franz Schauwecker*

…ne Geschichte des
…d erzählt ist. Die
…klos und sachlich,
…ch ist etwas Trei-
…f Szene folgt, von
…zen Werkes.«
Wilhelm Michel

…and M 5.50

…r gehört Arnolt
…onnen mit seiner
…a darstellerischen
…n hat.«

…g und die Taten
…wildesten Jahren
…at … Ein aus-
…nit regsten Anteil
…ird, langsam und
…als der Geist der

…rlin W 50

Ernst von Salomon
Die Geächteten

Deutsche Tageszeitung, Berlin
»Mit atemloser Spannung liest man dieses aus dem innersten Begreifen des Mitgestaltenden geschilderte Stück deutscher Nachkriegsgeschichte. Ein erstaunlich gewandt, … blendend geschriebenes Buch. Es gehört zu den wichtigsten Urkunden der neuesten Zeitgeschichte.«

Deutsche Allgemeine Zeitung, Berlin
»Das Buch ist von einem starken Talent geschrieben, … ungeheuer aufschlußreich: Ernst von Salomon kann ausgezeichnet berichten, hinstellen, Bilder geben, deuten … hervorragende Schilderungen.«

Ernst Jünger in den Münchner Neuesten Nachrichten
»Es verdient gelesen zu werden, weil es das Schicksal der wertvollsten Schicht jener Jugend, die während des Krieges in Deutschland heranwuchs, erfaßt.«

Kölnische Zeitung
»Ausgezeichnet geschrieben. Die Schilderungen sprühen von heißem farbigem Leben: wie Sturmesatem braust es durch die Darstellung seelischer Vorgänge … Glänzender Stil.«

Frankfurter Zeitung
»Es ist atemlos, jagend … geschrieben. Er kann schildern und seine Gefühle gestalten. Er hat Leidenschaft und Farbe. Wir loben sein Buch.«

Floyd Gibbons
Der rote Napoleon
8. Tausend
Deutsch von Franz Fein
Mit einer Umschlagzeichnung von Theo Matejko
Kartoniert M 6.50

*

8 Uhr-Abendblatt, Berlin
»Ein amerikanischer Kriegskorrespondent hat aus der Fülle seiner Erfahrungen des Weltkrieges diese grandiose Utopie des roten Napoleon geschaffen. Ein gigantisches Bild eines Krieges der farbigen Rassen gegen die weiße Rasse, der bereits in nächster Zukunft spielt. Ein Buch von genialem Wurf … das so mitreißt wie kaum ein anderes Werk utopistischer Literatur. Es ist zugleich der Kampf des Kommunismus gegen den Kapitalismus, der mit dem Siege des Kapitalismus und dem Zusammenbruch des großen Eroberers endet. Franz Fein hat eine ausgezeichnete deutsche Übersetzung geliefert.«

Deutsche Allgemeine Zeitung
»Wenn der Schein nicht trügt, dürfte der Verlag Ernst Rowohlt mit dem Zukunftsgemälde des Amerikaners Floyd Gibbons, in das Deutsche von Franz Fein ausgezeichnet übertragen, einen ganz großen Schlag landen.«

Ernst Rowohlt Verlag
Berlin W 50

und an Kämpfen im Baltikum und in Oberschlesien teilgenommen. Kampf dem Bolschewismus, hieß die Parole, unter der er in den Kapp-Putsch marschiert war, um die sozialdemokratisch geführte Regierung zu stürzen, was Deutschland bekanntlich an den Rand eines Bürgerkriegs brachte. Als Mitglied der »Organisation Consul« war er am tödlichen Attentat auf Walther Rathenau beteiligt. Das brachte Salomon fünf Jahre Zuchthaus ein. Der Roman *Die Geächteten* beschreibt diese Lebensstationen und stellt sie in ein Licht, das – folgerichtig – dem wirklichen Leben Salomons entspricht, dem Kampf für ein Deutschland, das die Weimarer Republik erwürgt, das im Sinne der erzkonservativen Kräfte die sogenannte deutsche Ehre wieder herstellt. Diese rechtslastigen Betrachtungen waren freilich mit Stilmitteln bewältigt, die dem Autor manche Bewunderung eintrugen, mitunter von den besten Literaten der Zeit. Robert Musil beispielsweise war von der Begabung des Verfassers überrascht, vom Roman gepackt, einem Roman, den Salomon in seinen letzten Teilen in der Justizvollzugsanstalt Moabit schrieb, wo er 1929 wieder einmal wegen undemokratischer Kampfformen (Bombenattentate) einsaß.

Nachdem Rowohlt 1931 einer Pleite entgangen war, von Ullstein gestützt werden mußte, 1932 die wirtschaftliche Atemnot wieder verringern konnte durch den großen Erfolg von Hans Falladas Roman *Kleiner Mann – was nun?*, wurde von Salomons Roman *Die Geächteten* die zweite Auflage vorbereitet, die 1933 erschien und den Roman bis ins 20. Tausend brachte. Bis 1937 sind wohl insgesamt vier Auflagen erschienen, Exemplarzahl: 28 000. Daneben gab es eine Lizenzausgabe für den C. Bertelsmann Verlag in Gütersloh, die die Exemplarzahl bis 1940 auf 104 000 aufstockte.

Ernst Salomon selbst hielt sein Erstlingswerk nicht für sein bestes Buch. Er versah mit diesem Etikett andere Titel seines Schaffens, wie beispielsweise *Die Stadt* (1932, ebenfalls bei Rowohlt), was bei der Kritik allerdings auf wenig Verständnis stieß. Richtig ins Gerede kam er Jahrzehnte später noch einmal mit dem dokumentarischen Roman *Der Fragebogen* (1951), ebenfalls stark autobiographisch geprägt, in dem er einen 131 Fragen umfassenden Fragebogen der Alliierten zwecks Entnazifizierung als Gerüst wählte, um, wie er glaubte, das Absurde dieser amerikanischen Aktion freizulegen. Von seinem deutsch-nationalen Gedankengut rückte er nicht ab. Der Roman führte zum Teil zu stürmischen Diskussionen. Er wurde ein Bestseller in der jungen Bundesrepublik Deutschland. EF

Literaturauswahl

ERNST VON SALOMON: *Der Fragebogen* (1951). PAUL MAYER: *Ernst Rowohlt in Selbstzeugnissen und Bilddokumenten* (1968). MARKUS JOSEF KLEIN: *Ernst von Salomon. Eine politische Biographie* (1992).

Schickele, René {1883-1940}
Sommernächte.
Gedichte von René Schickele
(Paul Savreux).

Strassburg (Els.): Verlagsbuchhandlung Ludolf Beust, 1902. 71 S. Br. mit einer Einbandzeichn. v. Georg Ritleng. 20,5 x 13 cm. Druck: Buch- und Kunstdruckerei Breitkopf & Härtel.

René Schickele gehörte zu jenen Schriftstellern, die von Jugend an Sendungsbewußtsein in sich tragen und Gleichgesinnte um sich scharen müssen. Schon in der Schulzeit trat er unter dem Pseudonym Paul Savreux mit Gedichten, Kritiken und Essays an die Öffentlichkeit, unter anderem mit einem Ausblick auf die *Dichtung von morgen*. Als der elsässische Dichter Friedrich Lienhard, »der in der Berliner Zeitschrift *Die Heimat*

Gedichte Schickeles druckte, in Straßburg seinen Mitarbeiter aufsuchte, fand er zu seiner Überraschung einen fünfzehnjährigen Gymnasiasten«, überlieferte Schickele-Herausgeber Hermann Kesten. Von solchen Erfolgen beflügelt, entwich der angehende Dichter kurz vor dem Abitur dem Bischöflichen Gymnasium in Straßburg. Der Vater, ein elsässischer Polizeikommissar, war darüber wenig erbaut, mußte aber den genialischen Sohn nach etlichen vergeblichen Vorhaltungen schließlich gewähren lassen. Schickele besuchte in den folgenden Jahren einige Vorlesungen an der Straßburger Universität, doch seine Berufung zur Literatur stand unerschütterlich fest.

Zu Weihnachten 1901 hob Schickele mit Freunden im Atelier des Malers Georg(es) Ritleng »Das jüngste Elsaß« aus der Taufe, einen Kreis, der sich der neueren Literatur und Kunst verpflichtet fühlte und den Brückenschlag zwischen Deutschland und Frankreich anstrebte. Damit standen die jungen Leute gleich im Gegensatz zu mehreren mentalen Strömungen im Elsaß, das erst nach dem Deutsch-Französischen Krieg 1870/71 von Deutschland annektiert und der Reichsregierung direkt unterstellt worden war. Eine starke Strömung hielt fest an der Orientierung an Paris, eine andere regionalbetonte setzte auf Selbständigkeit und den elsässischen Dialekt, eine dritte nationalistische Richtung, zu der Schickeles Förderer Lienhard gehörte, strebte eine kulturelle Eingliederung des Elsaß in die deutsche Kultur an. Schickele, dessen Mutter Französin war und der zuerst französisch sprechen gelernt hatte, sah gerade in der kulturellen Symbiose eine Chance für das Elsaß, überregionale Bedeutung zu erringen. »Geistiges Elsässertum« nannte der Mitstreiter Ernst Stadler dieses Programm. 1901 arbeitete Schickele mit dem Verlagsbuchhändler Ludolf Beust in Straßburg an der Gründung einer

Broschureinband von Georg Ritleng

Zeitschrift, die gleichermaßen deutsche und französische Autoren in Originalsprache publizieren sollte. Dagegen gab es jedoch von den verschiedenen Gruppierungen so starke Gegenwehr, daß das Projekt in dieser Form aufgegeben wurde. Ein Jahr später gründete Schickele unter anderem Dach die deutschsprachige Zeitschrift *Der Stürmer*, die hauptsächlich Texte aus dem Freundeskreis, zu dem Otto Flake und Ernst Stadler gehörten, veröffentlichte.

In dieses Jahr der hektischen Betriebsamkeit nach dem Abbruch des Schulbesuchs fällt auch die Entstehung von Schickeles erstem Gedichtband: »Als ich die *Sommernächte* schrieb, empfing ich zum erstenmal das Abendmahl des Lebens. Und so berauschend kam es über mich, daß ich taumelte vor all der goldenen Lichtfülle, daß ich Sänge stammelte, unbewußt, die in mir brannten und lachten und weinten …«, schrieb er in einem Brief vom 9. März 1903. Die Gedichte sind noch wenig stilsicher und entlehnen ihre Mittel nach Belieben bei unterschiedlichsten Vorbildern, von dem jugendlichen Goethe über Verlaine und Maeterlinck bis zu Richard Dehmel und Friedrich Lienhard, dem er einen Zyklus im Band widmete. Beeindruckend ist, wie nah beieinander Allmachtsphantasien und pennälerhafter Liebesschmerz, Mordgelüste und Mutterverehrung stehen. Den Kern bildet jedoch die Apotheose von Leben und Jugend: »Achtzehn Jahr! - / O Sturm in den Segeln, o Sturm mir im Herzen, / O Leben!«

Das Buch erschien mit der Jahresangabe 1902 noch im Jahr 1901. Der Freund Georg Ritleng hatte für den Broschureinband eine florale Zeichnung geliefert. Mit ornamentalem Buchschmuck und einem Satz in der neuen Eckmanntype des Jugendstilgraphikers Otto Eckmann gab sich das Buch betont modern. Einen Eindruck von der Aufnahme des Gedichtbandes bei den Zeitgenossen vermittelt ein Zitat aus dem Buch *Zeitgenössische Dichtung des Elsaß* (1905) von Karl Gruber: »Der Dichter Schickele zeigte keine materielle Stoffwelt, sondern alles Gegenständliche, Gegenwärtige und Gefühl erschien transponiert in eine heiße Atmosphäre phantastischen Allempfindens. ... Kurz, alle Wunder und alle Seifenblasen Jüngstdeutschlands gaukelten vor der deutschen Linie und bereiteten ihr die Verlegenheit, endlich zur Moderne Stellung zu nehmen.« Die kulturelle Szene in Straßburg war irritiert, während die literarische Jugend Schickele auf ihr Schild hob – spätestens, als ein Jahr darauf der zweite Band *Pan* erschien. Seine literaturgeschichtliche Bedeutung fand Schickele aber nicht durch die frühe Lyrik, sondern durch sein Engagement bei der Herausgabe verschiedener expressionistischer Zeitschriften und durch seine Romane. CW

Literaturauswahl
Friedrich Bentmann (Hrsg.): *René Schickele. Leben und Werk in Dokumenten* (1974). MICHEL ERTZ: *Friedrich Lienhard und René Schickele.*

Elsässische Literaten zwischen Deutschland und Frankreich (1990). GUNTER MARTENS: *Stürmer in Rosen. Zum Kunstprogramm einer Straßburger Dichtergruppe der Jahrhundertwende.* In: Roger Bauer u.a. (Hrsg.): *Fin de Siècle. Zu Literatur und Kunst der Jahrhundertwende* (1977). JULIE MEYER: *Vom elsässischen Kunstfrühling zur utopischen Civitas Hominum. Jugendstil und Expressionismus bei René Schickele* (1981). HANS WAGENER: *René Schickele. Europäer in neun Monaten* (2000).

Schmidt, Arno {1914-1979}
Leviathan.
Erzählungen.

1.-2. Tsd. Hamburg, Stuttgart, Berlin u. Baden-Baden: Rowohlt Verlag, 1949. 116 S. 19 x 11,4 cm. Pp. Ausstattung: Karl Staudinger. Druck: Westholsteinische Verlagsdruckerei Boyens & Co., Heide in Holstein.

Der Band ist Mrs. Lucy Kiesler, New York, USA gewidmet, »meiner Schwester, ohne deren nimmer fehlende Hilfe ich längst verhungert wäre.« Von den Honoraren des Erstlingswerks *Leviathan* hätte er verhungern müssen! Er bekam dafür 500 DM. Bis 1952, also in Dreijahresfrist, wurden davon 600 Exemplare verkauft.

Es war das Unwahrscheinlichste passiert, erinnert sich sein Lektor Kurt W. Marek, »was einem Lektor passieren kann: Das Manuskript befand sich unter der täglich eingehenden Post! Der Mann hieß Arno Schmidt und das Manuskript ›Leviathan‹. Es war das tollste Stück Genie-Prosa, das ich je sah. Ich gierte drauf, den Autor zu sehen. Er kam, ein Athlet mit Denkerstirn. Er saß mit krampfhaft geballten Fäusten vor mir auf dem Stuhl. Man mußte jeden Augenblick gewärtig sein, daß er einen anspringt. Er eröffnete das Gespräch mit Injurien. Wenn der Mann nicht dieses unwahrscheinliche, dieses sprachlich geradezu glühende Stück Prosa eingesandt hätte, hätte ich ihn nach fünf Minuten rausgeschmissen. Aber hier

Einband von Karl Staudinger

war ein großer Autor!« Danach erzählt Marek die Story weiter, die Begegnung Schmidts mit Rowohlt, den »Wasserfall von Beschimpfungen«, den Schmidt herabstürzen ließ. Wir haben auf Anhieb die faszinierende wetterwendische Physiognomie eines literarischen Genies wie ein Standbild vor Augen.

Aber der Reihe nach: Leviathan, im biblischen Buch Hiob ein Krokodil, ein großes gefährliches Wassertier, wird in den Sagen der Menschheit zum dämonischen Ungetüm, gewissermaßen zu einer Naturgewalt, die sich nicht beherrschen läßt. Kulturphilosophisch gesehen, entsteht daraus das leviathanische Prinzip, die Sicht auf die Menschheitsgeschichte von der Antike bis heute und bis in die Zukunft als einer Geschichte von Kriegen und Untergängen. Diese historische Dimension machte Arno Schmidt deutlich, indem er die Titelgeschichte seines Erstlingswerks, von *Leviathan* also, einrahmte in zwei Erzählungen, die im Altertum spielen. Diese heißen: *Gadir oder erkenne Dich selbst* und *Enthymesis oder W. i. E. H.* Im *Leviathan* selbst werden Fluchterlebnisse aus dem Jahre 1945 reflektiert. Ein deutscher Soldat sinnt über die Schuldigen am Krieg nach, ohne sich selbst in diesen Kreis einzuschließen. Als die Eisenbahn, mit der er aus Schlesien herausflüchtet, auf einer eingestürzten Eisenbahnbrücke anhalten muß, bekommt die dämonische Kraft des Leviathan die Gewalt über ihn, und er stürzt sich in den Abgrund. Man kann sich dieser Angriffe nicht entledigen, man kann sich nicht davonmachen, meinte die Botschaft. Dieses Gefühl von Unentrinnbarkeit wurde ein Grundgefühl vieler Figuren in Arnold Schmidts Erzähltexten, die auf das Erstlingswerk folgten.

Leviathan, eine Erzählung mit durchaus expressionistischen Einfärbungen, entstand 1946. Der Vorabdruck eines Teils der Erzählung erschien in der *Zeit* vom 10. März 1949. Es war Schmidts erste Veröffentlichung überhaupt. Wenn man dachte, diese sowie ein empfehlender Brief Hermann Hesses an das Publikum hätten den Absatz des gedruckten Bandes befördert, so sah man sich bald enttäuscht. Es erging *Leviathan* wie dem Erstlingswerk von Heinrich Böll *Der Zug war pünktlich* (ebenfalls 1949). Das Publikum wollte in dieser Zeit nichts wissen von Krieg und Flucht und Untergang und ähnlichen apokalyptischen Bildern, es schaute nach vorn, nach Möglichkeiten des Wieder-Aufstehens, des Aufbaus, nicht zurück auf die infamen Ereignisse. Das kam später. Nur so erklärt es sich, daß so hervorragende Texte wie Schmidts und Bölls Erstlingswerke, Kriegs-/Nachkriegsgeschichten, so wenig Resonanz beim Publikum fanden. Von Schmidts Erstlingswerk wurden 600, von Bölls 650 Exemplare bis Ende 1952 verkauft. Arno Schmidt verbitterte über diese Ignoranz und konnte sein gespaltenes Verhältnis zum Lesepublikum nicht wieder korrigieren. Auch im Verlag hinterließ das Desinteresse seine Spuren. Rowohlt dachte zunächst nicht daran, einen neuen Text von Schmidt zu publizieren. In dieser, vom Verlag her gesehen, entschlußarmen Zeitspanne erhielt Arno Schmidt 1951 den Literaturpreis der Mainzer Akademie der Wissenschaften und der Literatur. Er empfing ihn aus der Hand von Alfred Döblin, einem Mann, der ihm für das eigene literarische Schaffen Vorbild war. Dieser Achtungserfolg veranlaßte Rowohlt, noch 1951 einen zweiten Erzählband, *Brands Haide*, herauszubringen, ohne Schmidt schon die Sicherheiten als Hausautor einzuräumen.

In der öffentlichen Wahrnehmung blieb Arno Schmidt umstritten. Für viele war er der große Geheimtip der fünfziger Jahre, für andere waren seine Bücher nichts weiter als Blödsinn. Das Bild des Hungerleiders, des Eremiten, des Unangepaßten und des verkannten Genies wußte er wie eine Aura um sich zu legen. Und das stimmte ja auch vielfach mit dem Leben überein. Schmidt, der in ärmlichen Verhältnissen in verschiedenen deutschen Städten aufgewachsen war und das Gefühl von Zurückgesetztsein nie richtig los bekam, wechselte 1956 den Verlag. Er ging zu Stahlberg und, je nach Beschaffenheit seiner Texte, zu anderen Unternehmen. Als er 1973 den Goethe-Preis der Stadt Frankfurt am Main zugesprochen bekam, hatte er immer noch nicht seinen schwierigen Start als Schriftsteller vergessen. Vorwurfsvoll sprach er in der Dankesrede von dem bösen »Zu spät« seiner Anerkennung. ᴇ ꜰ

Literaturauswahl
ᴡᴏʟꜰɢᴀɴɢ ᴀʟʙʀᴇᴄʜᴛ: *Arno Schmidt* (1998).
ᴘᴀᴜʟ ᴍᴀʏᴇʀ: *Ernst Rowohlt in Selbstzeugnissen und Bilddokumenten* (1968).

Anatol.

Berlin, 1893.
Verlag des Bibliographischen Bureaus.
Alexanderstraße 2.

Broschureinband

Schnitzler, Arthur {1862-1931}
Anatol.
Einleitung von Loris.
Aufl.: 1000 Expl. Berlin: Verlag des Bibliographischen Bureaus, 1893. 138 S. 8°. Br. Druck: G. Pätz, Naumburg a. S.

Schnitzlers Anfänge waren vorsichtig tastend. Seit frühen Jahren war er sich seiner »Künstlernatur« gewiß, doch daß sie für eine literarische Karriere ausreichen würde, daran zweifelte er lange. In den Fußstapfen seines Vaters, des bekannten Arztes und Direktors der Allgemeinen Wiener Poliklinik, widmete er sich zunächst einer medizinischen Laufbahn. Nach der Promotion wurde er Assistenzarzt am selben Haus wie der Vater, übernahm 1888 gar für einige Zeit die Redaktion der von diesem gegründeten *Internationalen Klinischen Rundschau.* Angesichts einer frühen literarischen Veröffentlichung bemerkte der Vater, er möge endlich »für den laryngologischen Atlas das ›Cap. über Lues‹ schreiben,

was ihm ja leicht fallen dürfte, da sein Stück ein ähnl. Thema habe!!« (Tagebuch 1879-1882, S. 358). Unzufrieden war er auch mit dem Liebesleben des Sohnes, das ähnlich vielfältig und ungeordnet verlief wie das der titelgebenden Figur Anatol in Schnitzlers erstem Buch. Die Hauptrollen spielten im Leben die Näherin Jeanette Heeger, die verheiratete »Thalhofwirtin« Olga Waissnix in Reichenau sowie die Schauspielerinnen Marie (Mizi) Glümer und Adele Sandrock, die Nebenrollen dagegen sind trotz Schnitzlers minutiöser Tagebuchaufzeichnungen kaum zu überschauen.

Schnitzlers Schreibversuche waren lange Zeit zaghaft und für ihn unbefriedigend. Freunde begannen damit, die ersten Stücke und Erzählungen an Redaktionen und Verlage zu schicken. So übergab der befreundete Schriftsteller Lothar Spitzer das Lustspiel *Das Abenteuer seines Lebens* dem Wiener Theateragenten O. F. Eirich, der den Einakter 1888 gegen Bezahlung der Druckkosten als Bühnenmanuskript drucken ließ. Die Hauptfiguren darin hießen schon Anatol und Max. Noch mangelte es der »Posse« (Schnitzler) an dem später so bewunderten Esprit und der Leichtigkeit des am französischen Boulevardstück studierten Dialogs. Immerhin erlebte Schnitzler am 13. Mai 1891 im Theater in der Josefstadt die Uraufführung des Stücks, das er dann aber nicht in die Buchausgabe aufnahm. Inzwischen entstanden weitere Einakter um *Anatol*, so daß sich allmählich ein Zyklus bildete, den wiederum Freunde gedruckt sehen wollten. Hugo von Hofmannsthal, der viel jüngere Gefährte, schrieb unter seinem Pseudonym Loris einen späterhin berühmten Prolog. Hermann Bahr empfahl das Manuskript mit Brief vom 17. Januar 1892 dem Berliner Verleger Samuel Fischer. Der ließ sich *Anatol* schicken und war auch bereit, das Buch zu drucken, wenn Schnitzler die Hälfte der Druckkosten, das waren 200 Mark, übernehmen wollte (Brief vom 12. Februar 1892). Warum der Autor auf diesen Vorschlag nicht einging, läßt sich aus der Korrespondenz mit dem späteren Hausverlag nicht ablesen. Bekannt ist der weitere Gang der Dinge: Schnitzlers Freund Wilhelm König übergab das Manuskript dem Bibliographischen Bureau in Berlin, bei dem Schnitzler ebenfalls Herstellungskosten zahlen mußte: 578,50 Mark, wovon 300 Mark sofort zu entrichten waren. König streckte das Geld vor. Die Auflage betrug 1000 Exemplare, eingerechnet 100 Rezensions- und 50 Freiexemplare, und erschien im Oktober 1892. Das junge Verlagshaus operierte trotz solcher Geschäftsbedingungen derart schlecht, daß es wenige Jahre später, 1895, in Konkurs ging. Samuel Fischer, der inzwischen die Novelle *Sterben* von Schnitzler in Herstellung hatte, mußte Schnitzlers Erstling im Oktober 1895 aus der Pfandkammer holen. Es waren noch 534 broschierte und 36 gebundene Exemplare

vorhanden. Er versah die Restauflage mit neuem Titelblatt und lieferte sie 1896 weiter aus. Von der eigentlichen Erstausgabe dürften also nach Adam Riese 430 Exemplare in die Welt gegangen sein.

Bis zur Aufführung des Zyklus sollten noch viele Jahre vergehen. Erst am 3. Dezember 1910 kam es zur gleichzeitigen Uraufführung am Deutschen Volkstheater in Wien und am Lessingtheater in Berlin. Doch schon im Vorfeld der Buchausgabe war es zur Aufführung einzelner Stücke daraus gekommen, so von *Abschiedssouper* am 14. Juni 1893 im Sommertheater in Bad Ischl. Julius Bauer notierte dazu in der *Neuen Freien Presse* vom 18. Juli, daß »der geistvolle Dialog« »von feinem, dramatischem Talent« zeuge. Es gab aber auch distanzierte Berichte. Der Kritiker der *Wiener Allgemeinen Zeitung* (18. Juli) sah sich an Henri Murgers *Zigeunerleben* erinnert. »Der Stoff ist ein ähnlicher, nur an den Ingredienzen, über die Murger verfügt: Esprit und Humor, fehlt es.« Schnitzler registrierte alle Besprechungen des Buches in seinem Tagebuch. Besonders die in der »S. M. Ztg. von Hirschfeld« erfreute ihn. Ebenso eine eher beiläufige Bemerkung von Alfred Kerr, der von den »entzückenden Anatoldramen« schrieb.

Schnitzler hatte auch späterhin keinen Grund, sich seines ersten Buches zu genieren. In allen Werkausgaben und vielen Sammelbänden findet *Anatol* bis heute seinen gebührenden Platz.   CW

Literaturauswahl

ARTHUR SCHNITZLER: *Jugend in Wien. Eine Autobiographie* (1984). »Seh'n Sie, das Berühmtwerden ist doch nicht so leicht!« *Arthur Schnitzler über sein literarisches Schaffen.* Ausgew. v. Irène Lindgren (2002). SAMUEL FISCHER und HEDWIG FISCHER: *Briefwechsel mit Autoren.* Hrsg. v. Dierk Rodewald, Corinna Fiedler (1989). KONSTANZE FLIEDL: *Arthur Schnitzler* (2005). HARTMUT SCHEIBLE: *Arthur Schnitzler in*

Selbstzeugnissen und Bilddokumenten dargestellt (11. Aufl. 1998). GUNTER SELLING: *Die Einakter und Einakterzyklen Arthur Schnitzlers* (1975). ULRICH WEINZIERL: *Arthur Schnitzler. Lieben, Träumen, Sterben* (1994).

Schnurre, Wolfdietrich {1920-1989}
Man sollte dagegen sein.
Ein Hörspiel.

Berlin: DIE VAGANTEN, 1949. 32 S.
14 x 10,5 cm. Heft. Druck: Herm. Möhl, Berlin.

Schnurres erste Buchveröffentlichung geschah so lautlos und von der Öffentlichkeit unbemerkt, daß ihre Existenz unbekannt blieb und lange Zeit in keinem Lexikon und keiner Sekundärveröffentlichung aufgetaucht ist, bis sie vom Bearbeiter des Eintrags bei Wilpert/Gühring vermerkt wurde. Dabei war Schnurre schon in der frühen Nachkriegszeit eine bekannte Größe der jungen deutschen Literatur. Er gehörte zu den Begründern der »Gruppe 47« und las auf dem Gründungstreffen 1947 am Bannwaldsee bei Füssen seine bald berühmte Erzählung *Das Begräbnis*. Ab 1950 erschien sein Werk, Kurzgeschichten, Lyrik, Romane, Hör- und Fernsehspiele, in dichter Folge – alle Bücher von Kritik und Publikum mit beachtlicher Aufmerksamkeit bedacht.

Wie die meisten Hör- und Fernsehspiele bei Schnurre entstand auch das erste Hörspiel *Man sollte dagegen sein* auf der Grundlage eines schon vorliegenden Prosatextes. Schnurre betrachtete sie als Sekundärprodukte, die er hauptsächlich des schnöden Mammons wegen anfertigte. Er war schon in der Nachkriegszeit freischaffend und mußte für Frau und Sohn sorgen, so daß er über Aufträge der gut zahlenden Rundfunkanstalten froh war. Aus Krieg und Gefangenschaft zurückgekehrt, hatte es ihn nur wenige Wochen in einer Anstellung

bei Ullstein gehalten: »… ich konnte keine Vorgesetzten mehr ertragen…« Die literaturkritischen Publikationen in der *Deutschen Rundschau* und die Veröffentlichungen von Erzählungen und Kurzgeschichten, besonders in den Berliner Zeitschriften *Horizont* und *Athena*, waren ehrenvoll, aber nicht übermäßig ertragreich. Die Urfassung von *Man sollte dagegen sein* erschien im Heft 5, 1947/48 der *Athena*. Die Umarbeitung zum Hörspiel entstand für den Süddeutschen Rundfunk Stuttgart, der die Inszenierung in einer Bearbeitung von Eberhard Kuhlmann unter der Regie von Oskar Nitschke am 20. bis 24. August 1948 aufnahm und am 22. September erstmals sendete. Katharina Blencke weist in ihrem Sendeverzeichnis von Schnurres Hörspielen weiterhin eine Inszenierung durch RIAS Berlin unter der Regie von Hanns Kornbiegel nach, die am 24. März 1949 erstmals auf Sendung ging. Wahrscheinlich wurde dadurch die 1949 gegründete Berliner Theatertruppe ohne

Heftumschlag

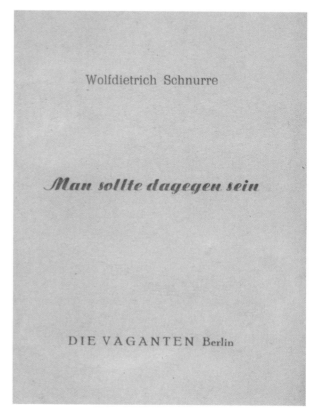

festes Haus DIE VAGANTEN auf Schnurres Hörspiel aufmerksam. Die Gründer Horst Behrend und Günter Rutenborn verstanden ihre Bühne als »Stätte christlicher Verkündigung«, die anfangs ausschließlich weltanschaulich ambitionierte Stücke inszenierte. Zur Eröffnung einer Lesereihe *Der Schriftsteller in dieser Zeit* veranstalteten sie am 10. November 1949 im Gemeindehaus der Evangelischen Matthäus-Gemeinde in der Schloßstraße von Berlin-Steglitz einen Abend mit Wolfdietrich Schnurre, der »eigene Arbeiten« las, wie es auf dem Programmzettel heißt. Weitere Donnerstagabende galten Jochen Klepper und Wolfgang Borchert. In diesem Zusammenhang wurde der Druck des antimilitaristischen Werks veranstaltet. Das Heft erschien unter dem Namen der Theatertruppe, ohne daß ihm in nennenswerter Zahl weitere Bücher folgen sollten. Das Stück, das in der Zukunft, im Jahr 1955, spielt, handelt von einem bösen Traum, den der Umbruchredakteur Hans Hase hat. Er träumt, daß er als Pazifist und Wehrdienstverweigerer zum Tode verurteilt werden soll. Die allgemeine Wehrpflicht ist über Nacht wieder eingeführt worden, Standgerichte mit drakonischer Härte walten wieder ihres Amtes, so wie es Hase und die Deutschen gerade erst während der Hitlerzeit erlebt hatten. Selbst Hases Arbeitgeber, die pazifistische Zeitung *Der Weltfrieden*, paßt sich der Lage mit einem radikalen Akt der »Gleichschaltung« an. Das Stück besitzt viele Qualitäten: Es ist geschickt analytisch vom Ende her aufgebaut; der Spannungsbogen wird durch immer neue Ungeheuerlichkeiten bis zum Schluß gesteigert. Auch die sprachliche Gestaltung ist überzeugend: Berliner Jargon und Witz der Hauptfigur und ihrer Freunde stehen in krassem Widerspruch zu Befehlston und falscher Jovialität der Vertreter von Militär und Justiz.   CW

Literaturauswahl
MATHIAS ADELHOEFER: *Wolfdietrich Schnurre. Ein deutscher Nachkriegsautor* (1990). IRIS BAUER: *»Ein schuldloses Leben gibt es nicht«. Das Thema Schuld im Werk von Wolfdietrich Schnurre* (1996). KATHARINA BLENCKE: *Wolfdietrich Schnurres Nachlaß* (1993). KATHARINA BLENCKE: *Wolfdietrich Schnurre. Eine Werkgeschichte* (2003). Ilse-Rose Warg (Hrsg.): *Er bleibt dabei. Schnurre zum 75. Erinnerungen und Studien* (1995).

Scholtis, August {1901-1969}
Ostwind. Roman der oberschlesischen Katastrophe.
Einband, Schutzumschlag und Titelvignette von Hans Alexander Müller. 1.-4. Aufl. (= Tsd.) Berlin: S. Fischer Verlag, 1932. 354 S. 18,5 x 11,5 cm. Ln. mit Umschl. Druck: Bibliographisches Institut AG. in Leipzig.

Das erste Buch von August Scholtis war sogleich sein bestes und erfolgreichstes. Scholtis stammte aus dem nach dem Siebenjährigen Krieg bei Österreich gebliebenen Teil Schlesiens, dem Hultschiner Ländchen. Als Einziger seiner Familie entschied er sich nach der Gründung der Tschechoslowakischen Republik für die deutsche Staatsbürgerschaft und mußte deshalb sein Heimatdorf Bolatitz verlassen. Nach ruhelosen Jahren als Angestellter in Schlesien und angehender Schriftsteller in Prag und Wien zog Scholtis 1929 nach Berlin, dem damals unbestrittenen literarischen Zentrum im deutschsprachigen Raum. Ermutigt durch Paul Fechter, der einige seiner ersten Texte in der *Deutschen Allgemeinen Zeitung* veröffentlichte, setzte er sich an seinen ersten Roman. Weil er eine Schreibmaschine leihweise »nur einen Monat zur Verfügung« hatte, schrieb er den Text binnen kürzester Zeit, »zumeist aus dem Stegreif«, auf das Papier. »Jedenfalls dichtete ich aus echtester Wut«, so bekannte der junge Autor gleich nach der

Publikation des Romans in der Zeitschrift *Querschnitt* (Heft 12/1932). Sein Zorn galt der Schlesien-Politik des Reiches seit der Kaiserzeit, die sich durch Ignoranz gegenüber der Lage der Oberschlesier auszeichnete. Das Verdienst von Scholtis' Roman bestand darin, aus intimer Kenntnis der sozialen, kulturellen, sprachlichen und ethnischen Zustände in seiner Heimat als einer der ersten Autoren Oberschlesien in einem zeitgeschichtlichen Roman literarisch gestaltet zu haben. *Ostwind* reihte sich ein in eine Folge von kritischen Provinzromanen, die am Ende der Weimarer Republik erschienen, so von Oskar Maria Graf, Lion Feuchtwanger und René Schickele. Einer Selbstcharakteristik des Elsässers Schickele (in der Anthologie *Menschheitsdämmerung*) entnahm Scholtis das Motto zu seinem Buch: »Mein Herz ist zu groß für ein Vaterland und zu klein für zwei.«

Scholtis sandte das fertige Manuskript an mehrere große literarische Verlage. S. Fischer entschied sich, der neuen Stimme im literarischen Leben zur Geltung zu verhelfen. Oskar Loerke, der das Buch lektorierte, schrieb in sein Tagebuch: ein »merkwürdiges Buch, teils roh und dilettantisch, teils von volkstümlich ergreifender dichterischer Kraft«. Im April-Heft des Jahres 1932 warb der Verlag in der hauseigenen Zeitschrift *Neue Rundschau* für den Debütanten: Oberschlesien, das »Elsaß des Ostens«, habe seinen »berufenen Sprecher« gefunden. Für die Gestaltung des Buches hatte der Verlag Hans Alexander Müller gewonnen, Professor an der Leipziger Akademie für graphische Künste und Buchgewerbe, dessen Holzschnitte die deutsche Buchszene mitbestimmten, bis er 1934 ins Exil getrieben wurde. Nach dem Erscheinen der ersten Auflage von 4000 Exemplaren im April 1932 setzte sogleich eine intensive Besprechung des Buches ein, an der sich die großen liberalen Tageszeitungen, voran die *Frankfurter Zeitung* und das B*erliner*

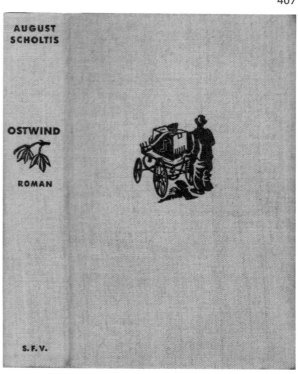

Einband von Hans-Alexander Müller

Tageblatt, beteiligten, aber auch völkische und nationalsozialistisch orientierte Blätter. Trotz dieses oder jenes kritischen Einwandes war die Zustimmung allgemein, was für eine Zeit äußerster politischer Polarisierung bemerkenswert ist. Die expressive Wucht der Erzählung und ihre originelle sprachliche Gestalt überzeugten ebenso wie die Themenwahl. Oberschlesien war nicht nur eine deutsche Region unter vielen, sondern einer der unbefriedeten Krisenherde, an denen die Weimarer Republik wenige Monate später zugrunde gehen sollte. Zu den Kritikern gehörten Herbert Jhering, Werner Milch, Josef Nadler, Gerhart Pohl und Paul Rilla.

Eine breitere Aufnahme beim Lesepublikum wurde durch die nationalsozialistische Machtübernahme verhindert. Selbst die positive Besprechung in Will Vespers nationalsozialistischer Zeitschrift *Neue Literatur* nutzte jetzt nichts mehr. Scholtis hatte in *Ostwind* rassistische Auslassungen über die Oberschlesier mit beißendem Hohn bedacht. Das Buch wurde aus dem Verkehr genommen, amtlich dokumentiert in der *Liste des schädlichen und unerwünschten Schrifttums* von 1935. Nicht richtig ist die von Scholtis nach 1945 lancierte Behauptung, er habe danach Schreib- oder Publikationsverbot gehabt. Scholtis trat der Reichsschrifttumskammer bei und veröffentlichte bis in die Kriegszeit hinein mehrere Bücher. Er begrüßte sogar rückhaltlos den deutschen Einmarsch in Polen 1939, wurde doch dadurch in Scholtis' Augen die unnatürliche Teilung Oberschlesiens im Gefolge des Versailler Vertrages revidiert. Scholtis, den das Thema Oberschlesien lebenslang nicht losließ, sollte bei dieser Haltung nicht stehenbleiben. Ende der fünfziger Jahre gehörte er zu den ersten namhaften Schlesiern, die die unheilvolle deutsche Polenpolitik seit Friedrich II. bedauerten und in scharfer Abgrenzung zu der Landsmannschaft die Aussöhnung mit Polen beförderten. Zu den Langzeitwirkungen des Romans zählt, daß sich Horst Bienek, die schlesische Stimme der nächsten Generation, nachdrücklich auf Scholtis und seinen Erstling berief.   CW

Literaturauswahl
MAREK ZYBURA: *August Scholtis. Untersuchungen zu Leben, Werk und Wirkung* (1997).

Schwitters, Kurt {1887-1948}
Anna Blume. Dichtungen.
Mit einem lyrischen Porträt von Christof Spengemann. 1.-5. Tsd. Hannover: Paul Steegemann Verlag, 1919. 37 (+ 3) S. 22 x 14,5 cm. Heft mit Umschlagzeichn. v. Kurt Schwitters. (= 39.-40. Band der Sammlung Die Silbergäule.) Druck: Edler & Krische, Hannover

Kurt Schwitters besaß bereits einige Bekanntheit in avantgardistischen Künstlerkreisen, als sein erstes Buch ein Jahr nach dem Ende des Ersten Weltkrieges in seiner Heimatstadt Hannover bei dem gerade erst gegründeten Verlag Paul Steegemann erschien, der sich bald einen Namen durch die von ihm verlegte expressionistische und dadaistische Literatur machte. In Berlin besaß Schwitters in Herwarth Walden mit seiner Galerie »Der Sturm« einen unermüdlichen Förderer, der seine Kunst gegen die Anfeindungen selbst aus den Reihen der Modernisten, geschweige aus denen der konservativen Kunstwarte, verteidigte. Über dem Impressum vermerkt das Buch, daß die »Merzbilder« von Schwitters ständig im »Sturm« ausgestellt seien. Schwitters hatte 1909 bis 1914 die Königliche Sächsische Akademie der Künste in Dresden absolviert und gehörte 1916 zu den Mitbegründern der hannoverschen Sezession. Begonnen hatte er mit akademischen, konventionellen gegenständlichen Bildern und neuromantischen Versen. Doch unter dem Eindruck der Novemberrevolution und des sich in Hannover bildenden avantgardistischen Kunstkreises, der in enger Verbindung mit der holländischen »de Stijl«-Bewegung, dem Bauhaus in Weimar und dem Berliner »Sturm«-Kreis stand, fand Schwitters zu seiner epochemachenden Collagetechnik: Aus Abfällen des täglichen Lebens, wie Fahrscheinen, Eintrittskarten, alten Nägeln und Konservenbüchsen, leimte und nagelte er seine Werke zusammen. Sie waren begleitet von parodistischen Texten, die in ähnlicher Weise mit Versatzstücken bürgerlichen Bildungsgutes, journalistischen Phrasen und Marketing-Losungen arbeiteten.

Seinen Verlag fand der Autor auf naheliegendem Wege. Paul Steegemann bewegte sich in den gleichen Kreisen Hannovers wie Schwitters. In der Reihe *Die Silbergäule*, einem nachhaltigen Forum für neue Dichtung und politische Essays, befand sich Schwitters in der guten Gesellschaft von Heinrich Mann, Kurt Hiller, Heinrich Vogeler, Carl Hauptmann und Mynona.

Heftumschlag, gestaltet
von Kurt Schwitters

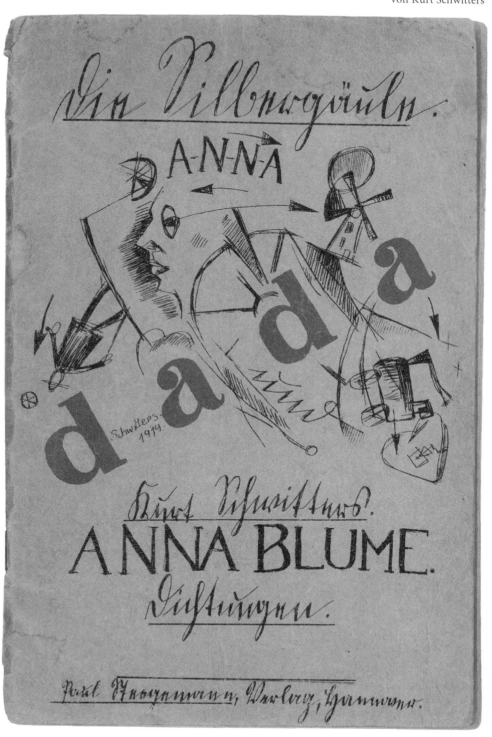

Das nächste Doppelheft der Reihe war wiederum Schwitters, diesmal seinen »Merz-Zeichnungen«, vorbehalten. Der Autor des einführenden Textes war ein enger Freund, der sozialdemokratische Schriftsteller und Journalist Christof Spengemann. Nach dessen Verhaftung 1936 und der Zerschlagung der hannoverschen Kunstszene durch die Nazis ging Schwitters 1937 ins norwegische Exil, von wo er 1940 weiter nach Großbritannien floh.

Die öffentliche Aufnahme des Bandes war vor allem bestimmt durch das titelgebende Gedicht *An Anna Blume*, dessen poetische Substanz ebenso faszinierte wie abstieß. Das Liebesgedicht provozierte den Bildungsspießer. Im *Hannoverschen Volksblatt* hieß es resümierend, der Bürger habe sich gesunden Sinn bewahrt und zertrete solche »Mistpflanzen«. Doch auch der Dadaisten-Führer Richard Huelsenbeck dozierte kategorisch: »Dada lehnt Arbeiten wie die berühmte ›Anna Blume‹ des Herrn Kurt Schwitters grundsätzlich ab ...« Dennoch erlebte es bis 1922 zwei Nachauflagen und bestimmt heute zu nicht geringem Teil den Nachruhm des Dichters. CW

Literaturauswahl
Ingried Brugger, Siegfried Gohrs, Gunda Luyken (Hrsg.): *Schwitters. Ausstellungskatalog* (2002). HANS-JÜRGEN HERETH: *Die Rezeptions- und Wirkungsgeschichte von Kurt Schwitters dargestellt anhand seines Gedichts »An Anna Blume«* (1996). Annja Müller-Alsbach, Heinz Stahlhut (Bearb.): *Kurt Schwitters. Merz – ein Gesamtbild. Ausstellungskatalog* (2004). ERNST NÜNDEL: *Kurt Schwitters in Selbstzeugnissen und Bilddokumenten* (1981). Karin Ochard, Isabel Schulz (Hrsg.): *Merzgebiete. Kurt Schwitters und seine Freunde. Ausstellungskatalog* (2006). GERHARD SCHAUB: *Kurt Schwitters. »Bürger und Idiot«. Beiträge zu Werk und Wirkung eines Gesamtkünstlers* (1993).

Seghers, Anna
{eigtl. Netty Radványi, 1900-1983}
Aufstand der Fischer von St. Barbara.
1.-3. Tsd. Potsdam: Gustav Kiepenheuer Verlag, 1928. 188 S., 2 Bl. 18 x 11 cm. Ln. Einbandentwurf von Georg Salter. Druck: Offizin Haag-Drugulin, Leipzig.

Über die Inverlagnahme des Werkes schreibt Fritz H. Landshoff in seinen Erinnerungen: »Ich hatte das Glück, dem Verlag eine damals unbekannte junge Autorin zuzuführen, die schnell Weltruhm erwarb und noch heute mit ihrem Werk eine hervorragende Stellung in der Weltliteratur einnimmt: Anna Seghers. Eines Tages fand ich auf meinem Schreibtisch das an mich adressierte Manuskript einer Erzählung von weniger als hundert Schreibmaschinenseiten: *Der Aufstand der Fischer von St. Barbara* von Seghers. Da kein Vorname hinzugefügt war, konnte ich nicht erkennen, ob der Absender männlichen oder weiblichen Geschlechts war. Ein paar Wochen später erhielt ich einen Anruf von einer Frau Dr. Radvanyi. Sie gab sich als Autorin dieses Manuskriptes zu erkennen und fragte mich, ob ich es bereits gelesen hätte und eine Entscheidung gefällt wäre. Ich mußte verneinen. Sie bat mich um baldige Lektüre, da sie kurz vor der Geburt eines Kindes stünde und gern wissen wolle, ob ihr Buch angenommen sei. Am nächsten Morgen rief ich sie an und berichtete ihr, ich hätte das Manuskript gelesen und sei so stark beeindruckt, daß ich ihr sogleich die Zusage machen könne, die Erzählung noch im Herbst des Jahres herauszubringen. Wenige Tage später ließ sie mich wissen, daß sie eine Tochter geboren habe. Ich schickte ihr Blumen in die Klinik und besuchte sie, sobald sie nach Hause zurückgekehrt war, und wir schlossen unseren ersten Vertrag.«

Für die Erzählung, einen Stoff aus der Fremde, eine Rebellion armer Fischer, über

KLEISTPREIS 1928

Phot. G. Jadesohn

ANNA SEGHERS

AUFSTAND DER FISCHER VON ST. BARBARA

7. bis 9. Auflage

GUSTAV KIEPENHEUER VERLAG

Umschlag der 7.-9. Auflage; Einband der 1. Auflage
siehe Seite 394

die atemlos erzählt wird, erhielt die Autorin 1928 den Kleist-Preis. Dieser Preis, 1911 gestiftet und 1912 erstmals verliehen, wurde jährlich durch einen Vertrauensmann der Kleist-Stiftung an »aufstrebende, unbemittelte Dichter deutscher Sprache« vergeben. 1928 war Hans Henny Jahnn, der 1920 für sein Drama *Pastor Ephraim Magnus* Kleist-Preisträger geworden war, der Vertrauensmann. Er erkannte Anna Seghers diese große Literatur-Ehrung zu. 1929 erschien ein Sonderprospekt mit Foto und Pressestimmen. Arbeitgeberzeitungen und die rechte Presse haben das Werk verunglimpft oder als tendenziös abgewiesen. Ansonsten erfuhr es hohes Lob.

»Ein Fischerdorf – die Welt. Ein Aufstand – das Leben. Hier ist der Typ der sozialen revolutionären Novelle. Keine Anklage – kein Pathos – kein Geschrei. Das schöne, reife Werk eines jungen, neuen Dichters.« (Verlagsankündigung)

»Wenn man das kleine Buch zuklappt, ist's als begebe man sich aus der Wirklichkeit in ein literarisches Dasein, und man stellt die Gabe des jungen Autors, von dem man nicht einmal den Vornamen erfährt, ohne Besinnen in die schmale Reihe großer deutscher Prosadichtung, ohne Abstand neben Büchners Novelle *Lenz*.« (b. z. am Mittag)

Mit dem *Aufstand der Fischer von St. Barbara* kündigte sich die große Erzählerin an, die mit dem Roman *Das siebte Kreuz* Weltruhm erlangen sollte. Der Roman aus Hitlerdeutschland, wie es im Untertitel heißt, geschrieben im mexikanischen Exil, wohin Nazideutschland die standhafte Kommunistin vertrieben hatte, war wie ein Fanal dafür, daß die Kraft der Schwachen stärker sein konnte als der grausame faschistische Terror. 1942 im Exilverlag El libro libre in Mexiko City veröffentlicht, wurde der Roman 1946 das große literarische Ereignis im befreiten Deutschland. Noch bevor die Autorin 1947 nach Berlin zurückkehrte, waren von dem erzähle-

rischen Meisterwerk, im Berliner Aufbau-Verlag erschienen, 60 000 Exemplare verkauft worden. Das Lob darüber war einhellig. Arbeitgeberzeitungen und rechte Presse waren zeitweilig entmachtet und konnten nicht, wie 1928 bei Erscheinen des *Aufstands der Fischer von St. Barbara*, in tendenziöses Geschrei ausbrechen, weil sich eine Autorin auf die Seite der Unterdrückten geschlagen hatte. Die Erzählung *Aufstand der Fischer von St. Barbara* wurde nun vielfach wiederaufgelegt.

Es gibt auch eine Reihe von illustrierten Ausgaben, so eine von 1951 mit Bildern von Hans Mau, 1981 eine mit Lithographien von Nuría Quevedo. Eine illustrierte Ausgabe ist außerdem als Band 20 in der Reihe *Die Graphischen Bücher* bei Faber & Faber Leipzig erschienen, augestattet mit 17 Federzeichnungen und zwei Originallithographien von Willi Sitte.   M F

Literaturauswahl

ANNA SEGHERS, *Brief an den Verlag*; in: Gerhard Schneider (Hrsg.): *Eröffnungen. Schriftsteller über ihr Erstlingswerk* (1974). Kurt Batt (Hrsg.): *Über Anna Seghers. Ein Almanach zum 75. Geburtstag* (1975). FRITZ H. LANDSHOFF: *Amsterdam, Keizersgracht 333. Erinnerungen eines Verlegers* (1991). MAX SCHROEDER: *Von hier und heute aus. Kritische Publizistik* (1957).

Seidel, Ina {1885-1974}
Gedichte.
Berlin: Egon Fleischel & Co., 1914. 127 S. 18,5 x 12,5 cm. Pp. / Halbpergament. Druck: Buchdruckerei Roitzsch Albert Schulze, Roitzsch.

Ina Seidel gehörte zu einer Dynastie von Schriftstellern, über die man nur mit der Hilfestellung ihres Sohnes (Pseudonym: Christian Ferber: *Die Seidels. Geschichte einer bürgerlichen Familie*) Überblick gewinnt. Angefangen hatte es mit ihrem Großvater,

Heinrich Alexander Seidel (1811-1861), der als mecklenburgischer Pfarrer mit Gedichten hervorgetreten war. Sein Sohn, der Ingenieur Heinrich Seidel (1842-1906), wurde mit erbaulichen Genrebildern aus dem bürgerlichen Leben bekannt. Ina Seidel heiratete 1907 dessen Sohn, den evangelischen Pastor Heinrich Wolfgang Seidel (1876-1945), ihren Vetter, der sich mit zunehmendem Alter als Erzähler profilierte. Ihr jüngerer Bruder, Willy Seidel (1887-1934), hatte sich zum Zeitpunkt ihres literarischen Debüts als Autor des Insel-Verlages bereits einen Namen gemacht. Ina Seidel jedoch brachte es zur größten Popularität und öffentlichen Anerkennung aus dem Kreise der schreibenden Familie. Schon 1932 wurde sie Mitglied der Preußischen Akademie der Künste. Nach dem Krieg gehörte sie zu den Gründungsmitgliedern der Akademien in Darmstadt und Berlin (West).

Großes Vorbild für Ina Seidels Dichtung war die ostpreußische Balladendichterin Agnes Miegel, mit der sie sich bald nach Erscheinen ihres ersten Buches befreundete. Erster Förderer war Börries von Münchhausen, Herausgeber des *Göttinger Musenalmanaches*, an den sich die junge Frau gewandt hatte. Er bestärkte ihre Anfänge und vermittelte sie an seinen Verlag, das kleine Berliner Unternehmen von Egon Fleischel, das später von der Deutschen Verlags-Anstalt in Stuttgart, Seidels langjährigem Hausverlag, übernommen werden sollte. Münchhausen war es auch, der ihr Buch nach dem Erscheinen im zweiten Kriegsmonat 1914 in den *Leipziger Neuesten Nachrichten* begrüßte: »So ungewiß ich über die Kraft meiner Fürsprache bin – der Macht dieser Kunst bin ich ganz sicher.« Er förderte seinerzeit die neuromantische Lyrik und vor allem die Balladendichtung. So kam ihm Ina Seidel mit ihrem Sinn für Fabelwesen und erzählende Lyrik wie gerufen.

Die junge Autorin lebte seinerzeit in der märkischen Kleinstadt Eberswalde, wo ihr Mann Pastor einer evangelischen Gemeinde war. Zu ihrem Umgang gehörten die Berliner Autoren Albrecht Schaeffer und Ernst Lissauer, der bald nach Kriegsausbruch Haßgesänge gegen England publizierte. So ließ sich die friedfertige junge Frau ebenfalls dazu hinreißen, einige patriotische Gedichte an das fertige Manuskript anzuhängen, etwa das *Marschlied*: »Für Deutschland ist kein junges Blut,/ Kein Herzblut nicht zu schad.« Schon der nächste Gedichtband *Neben der Trommel her* (1915) war von der Ernüchterung über die Folgen des Krieges beherrscht.

Ihr ureigenstes Thema sollte die Liebe zwischen Mutter und Kind werden, bestimmend schon für verschiedene Gedichte des ersten Bandes. Nach der Geburt ihres ersten Kindes war sie 1908 im Kindbett schwer erkrankt. Nur unter größten Anstrengungen hatte sie eine dauernde Fesselung an den Rollstuhl überwunden, blieb aber zeitlebens

Einband

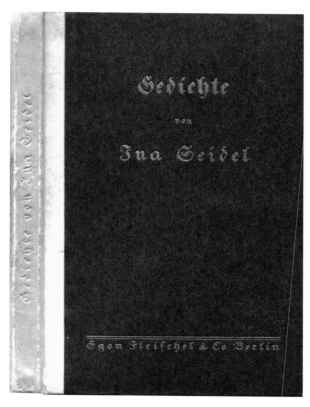

gehbehindert. In dieser Zeit entwickelte sie gleichermaßen einen eisernen Willen wie einen Hang zur Mystifizierung des Mütterlichen. Der erste Gedichtband war bald vergessen, nur wenige Gedichte nahm sie später in die Sammlung ihres lyrischen Werkes auf. Popularität errang sie mit ihren Romanen. Ihr großer Erfolg wurde *Das Wunschkind* (1930), mit dem sie bei den Nationalsozialisten große Anerkennung erfuhr. Die deutschnationale Dichterin erlag »für einige Zeit der Suggestion der nationalsozialistischen Parolen«, wie sie 1945 ihr Engagement für den NS-Staat in einem Brief euphemistisch umschrieb.   CW

Literaturauswahl
JAN-PIETER BARBIAN: *»Ich gehörte zu diesen Idioten«. Ina Seidel im Dritten Reich*. In: BARBIAN: *Die vollendete Ohnmacht? Schriftsteller, Verlage und Buchhändler im NS-Staat* (2008). CHRISTIAN FERBER: *Die Seidels. Geschichte einer bürgerlichen Familie. 1811-1977* (1982). HORST MÜHLEISEN: *Ina Seidel in Eberswalde. 1914-1923* (2000).

Soyfer, Jura {1912-1939}
Vom Paradies zum Weltuntergang. Dramen und Kleinkunst.
Bearbeitet und herausgegeben von Otto Tausig. Wien: Globus-Verlag, 1947. 274 S., 1 Bl. 19 x 11,5 cm. Pp. mit Umschl. Umschl. v. H. Sussmann. Druck: Globus, Buch- und Kunstdruckerei, Wien.

Jura Soyfers erstes Buch erschien acht Jahre nach seinem Tod. Er hatte nach dem Einmarsch der deutschen Truppen in Österreich in die Schweiz fliehen wollen, war am 13. März 1938 an der Grenze gefaßt und ins Konzentrationslager Dachau, später nach Buchenwald eingewiesen worden. Seine bevorstehende Entlassung und schon genehmigte Auswanderung nach den USA verhinderte eine Typhuserkrankung, der er am 16. Februar 1939 erlag. Soyfer arbeitete

vor allem für die Bühne, so erschienen zu seinen Lebzeiten nur wenige publizistische Texte und agitatorische Gedichte in der Arbeiterpresse. Der Sohn eines jüdischen Industriellen war mit seiner Familie 1920 vor der russischen Revolution aus Charkow geflohen, fand aber in Wien zum Ärger seiner Eltern schon früh seine Heimat in der sozialdemokratischen Schülerorganisation, später der Sozialdemokratischen Arbeiter-Partei Österreichs (SPÖ), um nach deren Kapitulation vor dem Austrofaschismus im Jahr 1934 wie viele Intellektuelle zur Kommunistischen Partei Österreichs (KPÖ) zu wechseln. Seine Theaterkunst entwickelte Soyfer in enger Zusammenarbeit mit dem in einem Wiener Café residierenden Kabarett der engagierten Linken »ABC im Regenbogen«. Der Kabarettist und Theaterkritiker Hans Weigel hatte ihn dort eingeführt. Schon bald avancierte er zum Hausautor, der seine Stücke ganz den bescheidenen Gegebenheiten der kleinen Bühne anpaßte und an den Texten bis zur Premiere weiterarbeitete. Soyfer beherrschte ebenso virtuos die Mittel des Wiener Volkstheaters wie des politischen Kabaretts und des Brechtschen Lehrstückes.

Weitgehend ungedruckt, drohte nach Soyfers Tod der unwiderrufliche Verlust seines Werkes. Freunde, die nach dem Anschluß Österreichs 1938 ins Ausland flohen, retteten Manuskripte und Zeitungsausschnitte; besonders rühmlich wirkte dabei Soyfers letzte Liebe, Helli Ultmann-Andis, die nach New York emigrierte. Der Herausgeber des ersten Sammelbandes, Otto Tausig, der zur kommunistischen Freien Österreichischen Jugend (FÖJ) gehörte, hatte zum New Yorker Nachlaß keinen Zugang, so baute er seine Ausgabe auf den Texten auf, die sich unmittelbar nach dem Krieg in Wien zusammentragen ließen. Verschiedentlich griff er in die Fragmente ordnend und bearbeitend ein.

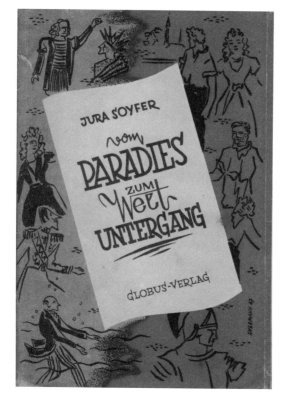

Umschlag von H. Sussmann

Das Buch erschien im Globus-Verlag, einem Unternehmen der KPÖ, das mit seinen graphischen Betrieben und einem eigenen Buchvertrieb auf dem österreichischen Buchmarkt der Nachkriegszeit einigen Einfluß besaß. Es war das erste sichtbare Zeichen der Existenz des begabten, allzu früh gestorbenen Wiener Dramatikers. In Graz und Wien wurden besonders 1947, aber auch in den darauffolgenden Jahren Stücke von Soyfer auf kleinen Bühnen inszeniert. Seinen Durchbruch erlebte Soyfer, der zwischenzeitlich in der DDR gedruckt (1962) und auch gespielt wurde, erst 1975, als gleich sieben seiner Stücke und szenischen Lesungen aufgeführt wurden. Die Soyfer-Begeisterung hielt auch in den folgenden Jahren an. CW

Literaturauswahl
HORST JAKARTA: *Jura Soyfer. Leben, Werk, Zeit* (1987). PETER LANGMANN: *Sozialismus und Literatur. Jura Soyfer. Studien zu einem österreichischen Schriftsteller der Zwischenkriegszeit* (1986).

Spiel, Hilde {1911-1990}
Kati auf der Brücke. Roman.
Berlin, Wien, Leipzig: Paul Zsolnay Verlag, 1933. 292 S. 19 x 11,5 cm. Ln. Einband von Rudolf Geyer. Druck: Manz, Wien.

Die Nachwelt kennt Hilde Spiel vor allem als Kulturkritikerin und Autorin zweier die Epoche bilanzierender Erinnerungsbände (*Die hellen und die finsteren Zeiten, Welche Welt ist meine Welt?*). Doch seit frühen Jahren veröffentlichte sie auch Romane und Erzählungen. Wie bei vielen jungen Schriftstellern handelt ihr erstes Buch von selbst erlebten, gerade vergangenen Ereignissen. Spiel stammte aus einer jüdischen Wiener Familie, die schon seit Generationen integriert war. Ihr Vater war ein Naturwissenschaftler, der im Laufe seines Leben manche, meist wenig einträgliche Erfindung machte. Nach dem Kriegsdienst mußte er in den zwanziger Jahren um die Existenz seiner Familie ringen. Die Mutter, eine emanzipierte Frau, führte ein selbstbestimmtes Leben. Hilde Spiel, wie die Eltern katholisch getauft, besuchte die Schwarzwaldschule in Wien, ganz in der Nachbarschaft des »Cafés Herrenhof«, seinerzeit ein wichtiger Treff für Wiener Literaten, darunter Franz Werfel, Robert Musil und Robert Neumann. Schon als Schülerin war Spiel regelmäßig Gast in der »Loge«, die von dem »Guru« Ernst Pollak geführt wurde. Hier verkehrte auch der junge Friedrich Torberg, ihr langjähriger Weggefährte, der nur wenig früher im gleichen Verlag wie Spiel seinen ersten Roman, den viel beachteten Gymnasiasten-Roman *Der Schüler Gerber hat absolviert* (1930), veröffentlichte. Spiel war sportbegeistert, ging zu Schwimmwettkämpfen, fuhr selbst Ski und lief Schlittschuh. In ihren Erinnerungen erzählt Spiel auch von der Liebe zu einem Journalisten, die bald mit einem »Seelenriß, der niemals heilen« sollte, ihr Ende fand. Unter dem

Pseudonym Hans Habe sollte er es später zu einiger Bekanntheit bringen.

Der Impuls zum Schreiben bestand neben der Verarbeitung dieses frühen Leids vor allem in der Polemik gegen den herrschenden Jugenddiskurs, der seinerzeit von Intellektuellen und Politikern in meist fortgeschrittenem Alter in Österreich wie Deutschland geführt wurde. Spiel wollte der Jugend selbst eine Stimme verleihen und zeigen, was in einer heranwachsenden Frau vor sich geht. Kati, Alter ego der Erzählerin, befindet sich auf der Brücke zum Erwachsensein und muß schon menschliche Enttäuschungen und seelische Verwirrungen verarbeiten.

Den Kontakt zum Paul Zsolnay Verlag vermittelte Robert Neumann, selbst Hausautor in dem aufstrebenden Wiener Unternehmen. Neumann soll den Text auch »kräftig gekürzt und gestrafft« haben. Waren die österreichischen Autoren traditionell auf die Dienste der großen deutschen Verlage angewiesen, besaßen sie mit Zsolnay erstmals eine eigene, leistungs-

Titelblatt

HILDE SPIEL

Kati
auf der Brücke

ROMAN

1933
PAUL ZSOLNAY VERLAG
BERLIN · WIEN
LEIPZIG

starke Wiener Firma. Die Verlagsleitung bot jungen, hoffnungsvollen Autoren in dieser Zeit gern Hilfe an. Am 21. März 1933 schrieb die Autorin in ihr Notizbuch, daß das erste Exemplar des Buches gekommen sei, und war gekränkt, »weil das Papier zu dünn und der Band zu schmal geraten sei«. Das Echo muß dann doch befriedigend gewesen sein, wie aus einem Interview kurz nach Erscheinen hervorgeht: »Mit einmal war ich in diesem strahlenden Taumel des Widerhalls« (*Neues Wiener Tageblatt*, 31. Dezember 1933). Spiel erinnert sich, daß ihr Roman gute Kritiken erhielt, unter anderem von Torberg. Mit ihren 22 Jahren erhielt die Studentin im Dezember 1933 sogar den Julius-Reich-Preis der Stadt Wien.

Sie blieb soweit realistisch, daß sie ihr Studium der Philosophie mit der Promotion (1936) zu Ende führte. Kurzzeitig Mitglied der Sozialdemokratischen Arbeiterpartei, war sie von der Niederschlagung des Februaraufstandes 1934 und den anschließenden Repressionen schockiert. Ihren Bruch mit der reaktionären Entwicklung im Land vollzog sie 1936, als ihr Doktorvater Moritz Schlick, Haupt des »Wiener Kreises der logischen Positivisten«, auf offener Straße erschossen wurde, zur hämischen Freude der rechten Presse. Sie ging mit ihrem späteren Mann, dem Publizisten Peter de Mendelssohn, nach London, wo sie gemeinsam die Integration versuchten, letztlich aber doch Emigranten blieben.

Der Roman war weithin vergessen, Nachauflagen und Neuausgaben wurden nicht veranstaltet. Marcel Reich-Ranicki rechnete dessen zeitweiligen Ruhm vor allem der Jugend seiner Autorin an. Doch nach der Neuausgabe, zusammen mit zwei anderen Vorkriegsromanen unter dem Titel *Frühe Tage* (1986; der Roman separat 1988), können sich interessierte Leser davon überzeugen, daß sich die Pubertätsgeschichte ihre Frische bewahrt hat.   CW

Literaturauswahl
HILDE SPIEL: *Die hellen und die finsteren Zeiten.
Erinnerungen 1911-1946* (1989). HILDE SPIEL. *Die
Grande Dame. Gespräch mit Anne Linsel in der
Reihe »Zeugen des Jahrhunderts«* (1992). Hans
A. Neunzig und Ingrid Schramm (Hrsg.): *Hilde
Spiel. Weltbürgerin der Literatur* (1999). MAR-
CEL REICH-RANICKI: *Über Hilde Spiel* (1998).
WALTRAUD STRICKHAUSEN: *Die Erzählerin
Hilde Spiel oder »Der weite Wurf in die Finsternis«*
(1996). SANDRA WIESINGER-STOCK: *Hilde Spiel.
Ein Leben ohne Heimat?* (1996).

Stadler, Ernst {1883-1914}
Praeludien.
Titelzeichnung und Buchschmuck von
Georges Ritleng. Strassburg i. E.: Verlag
von Josef Singer, 1905. 92 S.
17,5 x 11 cm. Pp. Druck: DuMont-
Schauberg, Strassburg.

TRAUMLAND

Illustration von Georges Ritleng und Titelblatt

Ernst Stadler, der im elsässischen
Straßburg aufwuchs, sah seinen Weg
vom Beginn an nicht in der Abgrenzung
von der benachbarten französischen Kultur,
sondern in Annäherung und Symbiose.
Seine wissenschaftliche Laufbahn führte
ihn später für längere Zeit nach Oxford,
London und Brüssel, wo er ebenso aufgeschlossen Anregungen aufnahm. So stand
er bald in dem Ruf, ein wahrer Europäer
zu sein, ein um so bemerkenswerteres
Prädikat, denkt man an die nationalistischen
Tendenzen der Zeit. Schon der Gymnasiast
und Student zählte zu einem Kreis junger Literaten, Künstler und Intellektuellen,
dem »Jüngsten Elsaß«, der sich seit 1901
um den Schriftsteller René Schickele schar-
te und sich für Literatur und Kunst der
Nachbarkulturen begeisterte. Zunächst traf
man sich im Atelier des Straßburger Malers
Georg(es) Ritleng, später in einem der mit-
telalterlichen Wachtürme an der Ill. Der
nur wenig ältere Schickele wußte den Kreis
sogleich ins Gespräch zu bringen und schuf
auch die nötigen Publikationsmöglichkeiten.
Im Straßburger Verlag von Josef Singer
gründete er eine Zeitschrift mit dem vielsa-
genden Titel *Der Stürmer. Halbmonatsschrift
für künstlerische Renaissance im Elsass*, die
allerdings schon nach wenigen Monaten
eingestellt werden mußte, ebenso erging
es dem Nachfolgeorgan *Der Merker*. Doch
selbst in Berlin, wohin Schickele für einige

Zeit ging, wußte er in der von ihm redigierten Zeitschrift *Das neue Magazin für Literatur, Kunst und soziales Leben* seine Freunde zu platzieren. So konnte Stadler früh mit Gedichten, dramatischen Skizzen und Literaturkritiken an die Öffentlichkeit treten.

Seine literarischen Versuche standen schon bald unter dem Einfluß Hugo von Hofmannsthals und Stefan Georges. Sichtbares Zeichen dieser Verehrung waren die Widmung des lyrischen Spiels *Freundinnen* für Hofmannsthal in seinem ersten Buch und die Übernahme orthographischer Eigenheiten von George, wie des hochgestellten Punkts statt Komma. Einen weiteren Einfluß auf Stadlers Anfänge hatte die Beschäftigung mit den französischen Symbolisten. Nachdichtungen von vier Gedichten Henri de Régniers nahm er gar in den eigenen Band auf. Im Herbst 1904 stellte Stadler seine Dichtungen für den Druck zusammen. Zwei handschriftliche Manuskripte sind überliefert. Den Verlag brauchte er nicht lange zu suchen, stand er doch mit Josef Singer schon wegen seiner Beiträge in den Zeitschriften und Anthologien des »Jüngsten Elsaß« in Arbeitskontakt. Für die Gestaltung des Buches wurde aus Stadlers Freundeskreis Georges Ritleng gewonnen – ein neuromantischer Maler, der ein Blumenstilleben für den Einband schuf und die Zwischentitel mit Motiven aus dem alten Straßburg illustrierte, so mit dem Wachtturm an der Ill, in dem sich der *Stürmer*-Kreis traf. Stadler stellte die Widmung voran: »Meinen Eltern«.

Das Buch mit dem gedruckten Erscheinungsjahr 1905 war schon im Dezember 1904 fertig. Es wurde in der Straßburger Gesellschaft mit »Verwunderung und Verlegenheit« aufgenommen, wie die Stadler-Biographin Nina Schneider ermittelt hat. »Man war betroffen von der schweren farbenüberladenen Sprache,

wohl auch vom Inhalt mancher Gedichte«, erinnerte sich die Jugendfreundin Luise Bresslau-Hoff. Für die Freunde ging die Nachahmung von Hofmannsthal und George zu weit, und sie vermißten die gelebte Substanz. Schickele schrieb in seiner Zeitschrift *Das neue Magazin* im Januar 1905: »Ein hübsch ausgestattetes Bändchen … Aber es sind keine Präludien – fertige Kunstart, doppelt fertig. *Viel* Kunst und etwas Lebensleere.«

Zur Verwunderung der Straßburger Gesellschaft hatte nicht zuletzt beigetragen, daß Stadlers Vater eine stadtbekannte Persönlichkeit war, Ministerialrat und Kurator der Universität, zu dessen Tatkraft das träumerische Wesen der Gedichte in sichtbarem Gegensatz stand. Nach der reservierten Aufnahme des Buches wandte sich Stadler nach dem Vorbild des Vaters und des älteren Bruders, eines Juristen, energisch seiner beruflichen Karriere zu, promovierte und habilitierte in wenigen Jahren an der Straßburger Universität im Fachgebiet Deutsche Philologie und Literatur, ohne allerdings das Dichten ganz aufzugeben. Erst neun Jahre nach seinem Erstling erschien sein zweites und zugleich letztes Buch zu Lebzeiten, *Der Aufbruch*, mit dem sein Ruhm verbunden ist. Wenige Monate später wurde er in Flandern vom Ersten Weltkrieg verschlungen.   CW

Literaturauswahl
GÖTZ SCHMIDT: *Aufbruch und Ende. Die Dichtung Ernst Stadlers* (2000). NINA SCHNEIDER: *Ernst Stadler und sein Freundeskreis. Geselliges Europäertum zu Beginn des zwanzigsten Jahrhunderts, mit Bild- und Textdokumenten dargestellt* (1993).

Stramm, August {1874-1915}
Sancta Susanna.
Dramatische Dichtung.
Berlin: Verlag Der Sturm, 1914. 18 S.
18,6 x 12,5 cm. Br. (= Sturm-Bücher 1.)
Druck: Carl Hause, Berlin.

Am 1. September 1915 fällt August Stramm im Ersten Weltkrieg an der russischen Front. Er ist einundvierzig Jahre alt, promovierter höherer Beamter bei der deutschen Reichspost und als Autor und Literat erst seit gut einem Jahr der literarischen Öffentlichkeit bekannt. August Stramm gilt als Pionier des Frühexpressionismus und als Klassiker der Moderne. Sein Weg in die Literatur war lang und schmerzvoll, und den kurzen Ruhm nach Veröffentlichung seiner ersten Arbeiten konnte der bereits am ersten Mobilmachungstag, am 2. August 1914, einberufene Soldat nicht mehr genießen. Nachweislich schrieb Stramm seit 1903 – eine erste literarische Veröffentlichung erschien in der *Vossischen Zeitung*. In den Jahren 1909 bis 1913 entstanden seine wesentlichen dramatischen Arbeiten, unter anderem auch *Sancta Susanna*. Doch die jahrelange erfolglose Suche nach einem Verlag beendete erst ein Besuch in der Berliner »Sturm«-Galerie, die Begegnung mit dem Galeristen und Herausgeber der gleichnamigen Kunstzeitschrift, Herwarth Walden, am 23. März 1914.

Es gab nur wenige in Deutschland, die wie Walden so frühzeitig und so konsequent neue Kunstrichtungen protegierten und Foren schufen, daß diese sich auch entfalten konnten. Sein Urteil war sicher und häufig frei von kommerziellen Interessen. Er war im besten Sinne ein Förderer der Kunst, omnipotent in der Wahrnehmung der verschiedenen Kunstgenres, ob dies die Musik war (er selbst hatte Klavier, Komposition und Musikwissenschaft studiert), das Theater, die Literatur oder die bildende Kunst. Walden war beseelt von dem Gedanken, die auseinanderfliehenden Kräfte wieder zu vereinen. Erst der von ihm 1904 ins Leben gerufene »Verein für Kunst«, dann die 1910 gegründete Zeitschrift *Der Sturm* und weitere zwei Jahre später die gleichnamige Galerie in Berlin – das waren Orte der Begegnung, Sammelbecken künstlerischer und intellektueller Auseinandersetzungen. Die Namen seiner Autoren und Künstler lesen sich heute wie ein *Who's who* der Moderne. Und in dieses Siedebecken der Ideen stieß August Stramm, kam ins Gespräch und schickte Walden, wie es heißt, »ein paar Werkchen«.

Bereits am 1. April 1914, nur eine Woche nach der ersten Begegnung, lud Walden August Stramm privat zu sich nach Hause ein. Wie bedeutungsvoll dieser Besuch für Stramm gewesen sein muß, beweist die Tatsache, daß der Autor an diesem Tag mit der ersten Eintragung sein sogenanntes Tagebuch beginnt, das fortan bis zu seinem

Broschureinband

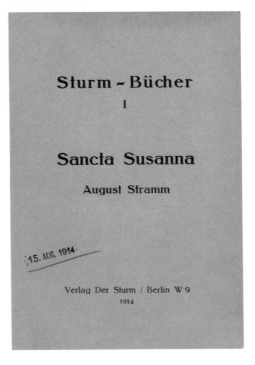

frühen Tod alle wichtigen Gedichte in Erst- und später in Reinschrift enthält, so wie die Namen und Stilrichtungen der von Walden empfohlenen Künstler.

Danach geht es Schlag auf Schlag: Noch im April 1914 überarbeitet Stramm auf Anraten Waldens das als *Sturmbuch 11* im gleichen Jahr erscheinende Stück *Rudimentär*. Es soll im 1. Juli-Heft der Zeitschrift *Der Sturm* abgedruckt werden. Doch schon im 2. Mai-Heft der Zeitschrift erscheint die *Sancta Susanna*, dort noch mit dem Untertitel *Ein Gesang der Mainacht*, der sich in der späteren Buchausgabe nicht mehr findet. Alles von August Stramm, im Gedicht wie in den dramatischen Texten, sind Schreie in die Welt, in deren Widerhall selbst die Form zerbersten kann.

Die Höhe der Erstauflage war nicht mehr genau zu eruieren, dürfte aber kaum mehr als 500 Exemplare betragen haben. Erschienen ist sie zwischen dem 1. und 10. Juni 1914. In einem Brief an Walden vom 11. Juni schreibt Stramm: »Der Drucker hat übrigens auch in der *Sancta Susanna* einen Fehler gemacht, der in der *Sturm*-Nummer nicht ist. Seite 7 sechste Zeile von unten ist eine Zeile ausgeblieben ›der... oh ...‹ Aber es tut keinen Abbruch, da das Gestammel ›Mud‹ statt ›Mudder‹ in der Situation bei- nahe noch besser wirkt.«

Stramm hatte die Stücke *Rudimentär* und *Sancta Susanna* selbst als »scharf gegensätzlich dramatisch« beschrieben, was auf den Gegensatz zwischen dem naturalistischen Einakter *Rudimentär* und dem symbolischen Stimmungsdrama *Sancta Susanna* verweisen mochte.

Der Erstling Stramms eröffnete bei Walden die »Schriftenreihe des Verlages *Der Sturm*« (auch *Sturm*-Bücher genannt). Sie ergänzten die wichtigen Kataloge zur Bildkunst, etwa zu Bewegungen wie »Die Futuristen« oder »Der Blaue Reiter« und zu einzelnen Künstlern wie Chagall, Feininger, Kandinsky, Klee, Kokoschka und anderen

um das Literarische. Sie kamen als gelb- broschierte Hefte mit 20 bis 60 Seiten Umfang im Oktavformat auf den Markt und kosteten damals 50 Pfennig.

Am 15. Oktober 1918, drei Jahre nach Stramms Tod, wurde das Drama als erste und einzige Aufführung der *Sturm*-Bühne mit der von Walden komponierten Musik öffentlich dargeboten. 1921 vertonte Paul Hindemith das Stück.

Von *Sancta Susanna* ist in den *Graphischen Büchern* von Faber & Faber Leipzig 2002 eine bibliophile Ausgabe mit zum Teil farbigen Originallithographien von Achim Freyer erschienen.   M F

Literaturauswahl
Jeremy Adler (Hrsg.): *August Stramm. Alles ist Gedicht. Briefe, Gedichte, Bilder, Dokumente* (1990). ALFRED RICHARD MEYER: *Die maer von der musa expressionistica* (1948). Paul Raabe (Hrsg.): *Expressionismus. Der Kampf um eine lite- rarische Bewegung* (1987).

Strauß, Botho {geb. 1944}
Schützenehre.
Erzählung.

Mit 8 farb. Linolschnitten v. Axel Hertenstein. Aufl.: 500 num. u. v. Autor u. Künstler sign. Expl. Düsseldorf: Verlag Eremiten-Presse, 1974/75. [16] S. 30 cm. Engl. Br., Blockbuch. Umschlagillustration v. Axel Hertenstein.

Das Erstlingswerk von Botho Strauß, die Erzählung *Schützenehre*, erschien mit der Jahresangabe 1974/75 im Düsseldorfer Verlag Eremiten-Presse. Die bibliophile Ausgabe ist mit farbigen, von den Originalstöcken abgezogenen Linolschnitten von Axel Hertenstein ausgestattet und mit einer Auflage von 500 Exemplaren einem kleinen Leserkreis vorbehalten. Etwa eine Dekade zuvor war die Schrift erstmals bereits in der von Victor Otto Stomps in der Eremiten-Presse edierten Anthologie

Umschlag von Axel Hertenstein

Autorenliste des Verlages mit Namen wie Alfred Andersch, Ingeborg Bachmann, Paul Celan, Hans Magnus Enzensberger, Günter Grass, Ernst Jandl, Walter Jens, Hermann Lenz, Friederike Mayröcker, Martin Walser und Gabriele Wohmann – um nur einige zu nennen – wie das *Who's who* der deutschsprachigen Gegenwartsliteratur. Viele von ihnen wurden bereits kurze Zeit nach Veröffentlichung ihrer Texte in der Eremiten-Presse populär. Bei Botho Strauß sollte es etwas länger dauern.

Das schriftstellerische Debüt des jungen Strauß war 1963 gänzlich unbemerkt von der Literaturkritik erfolgt, der exquisite Einzeldruck stieß kaum auf entsprechende Resonanz. Daran änderte sich auch nichts, als der Text 1975 in einer weiteren Anthologie erschien, den von Martin Gregor-Dellin herausgegebenen *Deutschen Erzählungen aus drei Jahrzehnten. Deutschsprachige Prosa seit 1945.* Immerhin widmete sich Rolf Michaelis in der Wochenzeitung *Die Zeit* (Ausgabe vom 21. März 1975) einer ausführlichen Besprechung der *Schützenehre* sowie der ebenfalls 1975 publizierten Erzählungen *Marlenes Schwester* und *Theorie der Drohung.* Darin heißt es über den Erstling: »Die im Konjunktiv einer Zeugenaussage verfaßte Grotesk-Satire auf einen Schützenkönig ... ist eine Stilübung, die noch nicht auf die späteren Texte von Strauß schließen läßt.«

Prosa *Alphabet 1963* abgedruckt worden. Daß der damals erst neunzehnjährige Strauß in diesem Kleinverlag mit literarisch höchst anspruchsvollem Repertoire ein Forum für seinen ersten schriftstellerischen Gehversuch erhielt, kam nicht von ungefähr, denn der Verleger hatte sich die Förderung junger Talente auf die Fahne geschrieben. Stomps verstand sich als »Verleger der Jungen« und veröffentlichte viele Erstlingswerke später bekanntgewordener Autoren. Die bewußte Abgrenzung vom zeitgenössischen Literaturmarkt war Programm, wie bereits 1949 im ersten Verlagskatalog zu lesen war: »Der Verlag Eremiten-Presse stellt sich uneigennützig in den Dienst von Dichtung und Kunst. Er will keiner literarischen Garde dienen oder zeitgebundenen Tendenzen folgen. Sein Bemühen liegt darin, abseits von jeder Hervorstellung ›gängiger‹ Schriftsteller, einen wesentlichen Beitrag zum literarischen Geschehen unserer Tage zu leisten.« So liest sich denn auch die

Botho Strauß war zu diesem Zeitpunkt kein Unbekannter mehr. Ab 1967 hatte er sich als feinnerviger Theaterkritiker einen Namen gemacht. 1970 war er dem Ruf Peter Steins an die Berliner Schaubühne am Halleschen Ufer gefolgt, wo er als Dramaturg reüssierte. Als Strauß dann 1972 mit dem Stück *Die Hypochonder* (Bühnenmanuskript: Verlag der Autoren, 1972; 1979 im Carl Hanser Verlag zusammen mit *Bekannte Gesichter, gemischte Gefühle* als Buch veröffentlicht) sein Debüt als Dramatiker gab, richteten die

Kritikerkollegen erwartungsgemäß ihre Aufmerksamkeit auf die Inszenierung. Die Uraufführung fand im Deutschen Schauspielhaus in Hamburg statt, die Regie führte Claus Peymann. Das Debütstück wurde ein eklatanter Mißerfolg – bei Publikum und Kritik rief das hochkomplexe, mit zahlreichen literarischen Anspielungen gespickte Drama nur Verwirrung und Unverständnis hervor. Doch mit seinem dritten Theaterstück, der *Trilogie des Wiedersehens* (1976, Uraufführung 1977), gelang Strauß der Durchbruch zum Erfolg, und mit den nachfolgenden Bühnenwerken *Groß und klein* (1978, Uraufführung 1978) sowie *Kalldewey. Farce* (1981, Uraufführung 1982) avancierte er schließlich zu einem der meistbeachteten deutschen Dramatiker.

Zudem konnte sich Botho Strauß schon bald als Erzähler etablieren. Das Gespür des Verlegers Victor Otto Stomps für junge Talente sollte sich letztlich auch in seinem Fall als untrüglich erweisen. Hatten die ersten Prosastücke noch weitgehend abseits des Literaturbetriebs ein Schattendasein geführt, wurden die 1977 veröffentlichte Erzählung *Die Widmung* und der Prosaband *Paare, Passanten* (1981) enorme Publikumserfolge. Den sprach- und gesellschaftskritischen Ansatz, der in *Schützenehre* bereits erkennbar ist, hat Strauß in seinen späteren Werken kontinuierlich weiterentwickelt. Insofern kann der Erstling als Grundstein der literarischen Entwicklung dieses großen Schriftstellers betrachtet werden. CH

Literaturauswahl
RALF RUHL: *Die Eremiten-Presse und ihr Gründer V. O. Stomps. Porträt eines Kleinverlages* (1985).
HELGA AREND: *Mythischer Realismus – Botho Strauß' Werk von 1963 bis 1994* (2009).

Strittmatter, Erwin {1912-1994}
Ochsenkutscher.
Roman.
1.-20. Tsd. Potsdam: Märkische Druck- und Verlags-GmbH, 1950. 323 S.
20 x 14 cm HLn. mit Umschl. Einband und Umschl. v. Werner Nerlich. Satz und Druck: Märkische Druck- und Verlags-GmbH, Potsdam.

Das Leben hatte ihn schon arg mitgenommen, als er mit 38 Jahren sein erstes Buch veröffentlichte. Bäcker, Tierzüchter, Fabrikarbeiter, Landarbeiter und Neubauer war er gewesen, nicht zu vergessen die Militärzeit, die er in einer der SS unterstellten Polizeieinheit verbrachte, wie erst jüngst bekannt wurde. Die Mär vom Aufstieg des Tellerwäschers zum Millionär hieß sozialistisch-realistisch ausgedrückt: »…er stieg nicht aus seiner Klasse auf, sondern mit ihr.« Im Alter widersprach Strittmatter diesem immer neu variierten Brecht-Wort heftig: Auch ohne die Gründung der DDR wäre über kurz oder lang sein Erstling, an dem er seit seiner Rückkehr aus der Kriegsgefangenschaft arbeitete, veröffentlicht worden.

Von Böhmen, wohin er sich bei Kriegsende geflüchtet hatte, war er 1945 nach Saalfeld in Thüringen gegangen, um seinen Kindern wieder nahezusein, die bei der geschiedenen Frau lebten. Hier arbeitete er in einer Gärtnerei, bis er von der Mutter in Bohsdorf, dem Lausitzer Heimatdorf, hörte, daß dort im Zuge der Bodenreform Land verteilt wurde. Anfang Dezember 1945 ging er mit einem der beiden Söhne nach Hause, wurde Neubauer, gründete eine neue Familie. Kapitelweise schickte er den entstehenden Roman um den Hütejungen mit dem sprechenden Namen Lope Kleinermann an Werner Nickold, Chefredakteur der *Thüringischen Landeszeitung*. In ihm fand er einen ersten Förderer, der ihn ermutigte und in Gestaltungsfragen beriet. Bereits im Dezember 1945 war das zweite Kapitel fertig, 52 sollten es insgesamt werden, wie Strittmatter an Nickold schrieb. Doch die Arbeit am Manuskript ging viel langsamer voran als geplant. Die endlich zugeteilten drei Hektar Land und die Kleintierzucht forderten ihren Tribut, die Familie wollte ernährt werden. Die politische Arbeit kam hinzu. Strittmatter wurde für die SED geworben und übernahm 1947 zeitweise den Posten eines Amtsvorstehers für mehrere Gemeinden. Nebenher schrieb er für die *Märkische Volksstimme* in Potsdam über das Leben vor Ort. Daraus ergab sich zum 1. Dezember 1947 die Festanstellung bei der Märkischen Druck- und Verlags-Gesellschaft als Redakteur der Lokalredaktion Spremberg. Er zog mit der Familie in die nahe gelegene Kreisstadt, schrieb Berichte, Glossen, Theaterkritiken und kleine Geschichten.

Ende 1949 war endlich der Roman mit dem Titel *Ochsenkutscher* fertig. Seine ersten Leser erreichte er ab 24. Februar 1950 durch den Fortsetzungsabdruck in der *Märkischen Volksstimme* und erregte sogleich ungewöhnliche Aufmerksamkeit. Zahlreiche Leser meldeten sich zu Wort, die Einsendungen wurden in der Rubik *Wie gefällt unser neuer Roman?* abgedruckt. Die meisten waren von dem Schicksal des Ochsenkutschers beeindruckt, doch viele Leser stießen sich an Strittmatters derber Sprache, die der auf den märkischen Feldern unverkennbar ähnlich klang, aber nicht für literaturwürdig gehalten wurde. Außerdem wurde eine Entwicklung des Helden vermißt. Strittmatter schilderte in der Tradition des kritischen Dorfromans das soziale Elend auf dem Land während der Weimarer Republik. Sein Protagonist sucht seinen Platz im Leben und kann doch trotz aller geistigen Anstrengungen seine Fesseln nicht sprengen. Die SED-Kreisleitung Senftenberg polemisierte gegen den Roman, Lehrer aus dem Land-

kreis Cottbus verfaßten Resolutionen. Der Kritiker Hermann Schirrmeister (*Märkische Volksstimme*, Nr. 154, 1951), der eine öffentliche Leserdiskussion referierte, sprach von einem »Zille der Sprache«, dessen »Kraftausdrücke« er gegen kleinliche Einwendungen verteidigte. Zeitweise dachte die Chefredaktion darüber nach, den Abdruck des Romans zu beenden. Schriftstellerkollegen, darunter Eduard Claudius, sprangen Strittmatter zur Seite. Schließlich entschloß sich die Chefredaktion, den Roman zu verteidigen. Sie brachte nicht nur den Abdruck zu Ende, sondern publizierte auch eine Buchausgabe, um dessen Bedeutung zu unterstreichen. Strittmatter widmete das Buch einem der Protagonisten der älteren proletarischen Literatur: »Hans Marchwitza, dem väter-

Einband von Werner Nerlich

lichen Freunde, zum 60. Geburtstag«. Mitte Dezember 1950 erhielt Strittmatter das erste Exemplar seines Buches. Darin waren einige anstoßerregende Stellen stilistisch geglättet worden.

Mit dem Erstling stieg Strittmatter kometenhaft zu dem hoffnungsvollen neuen Erzähler der DDR schlechthin auf. Davon zeugt nicht nur die hohe Startauflage von 20 000 Exemplaren, der sogleich eine zweite folgte, sondern auch das gleichzeitige Erscheinen in der Büchergilde Gutenberg (Ost), die seinerzeit 50 000 Mitglieder hatte. Zahlreiche gebundene Ausgaben und Taschenbücher folgten im Aufbau-Verlag, dessen Autor er auf Initiative des Cheflektors Max Schroeder wurde. Außerdem erschienen im Lauf der Jahre zahlreiche Übersetzungen. »Strittmatters Roman ... ist die Bewährungsprobe einer sehr kräftigen schöpferischen Begabung, die mit diesem Erstlingswerk sich einreiht unter die zeitgenössischen deutschen Schriftsteller von Geltung«, lautete das Urteil des seinerzeit einflußreichen Publizisten und Literaturwissenschaftlers Alfred Kantorowicz, dem Strittmatter dafür bis ins hohe Alter dankbar war. Er wurde Mitglied des Schriftstellerverbandes und überhäuft mit Anfragen nach Lesungen und der Teilnahme an Diskussionen. Und er konnte für seine Familie erstmals neue Möbel kaufen, ein Schlafzimmer und ein Wohnzimmer, darunter sieben Stühle, für jedes Familienmitglied einschließlich des Babys einen, wie der Biograph Günther Drommer ermittelte.

Eine angekündigte Fortsetzung, in der Lope Kleinermann in die DDR hineinwachsen sollte, blieb Strittmatter seinen Lesern schuldig, schrieb statt dessen mit der Geschichte von Tinko, seinem Großvater und dem Heimkehrer-Vater einen neuen Roman, der ebenso heftig diskutiert wurde. CW

Literaturauswahl
ERWIN STRITTMATTER: *Nur, was ich weiß und fühle. Gespräch mit Alexander U. Martens in der Reihe »Zeugen des Jahrhunderts«* (1994). GÜNTHER DROMMER: *Erwin Strittmatter. Des Lebens Spiel* (2001). Günther Drommer, Eva Strittmatter (Hrsg.): *Erwin Strittmatter. Eine Biographie in Bildern* (2002). HENNING GLOEGE: *Der unbekannte Strittmatter* (2007). MARTIN RESO, REINHARD HILLICH u.a.: *Erwin Strittmatter* (1977).

T

… siehe Seite 428

DER DRAMATISCHE WILLE

Das ungeheure Welterleben unserer Generation schafft sich im Drama seine Sprache für Schicksal und Wollen. Das Drama ist der geistige Ausdruck unserer Zeit. Der heutige Mensch liest das Drama, wie man gestern noch die Erzählung las, als fesselndes, einfaches Buch. „Der dramatische Wille" macht zum ersten Male das Drama durch fortlaufenden Druck lesbar wie einen Roman.

ERNST TOLLER
DIE WANDLUNG
DAS RINGEN EINES MENSCHEN

Zerfall und Aufbau kämpfen in Ernst Tollers Drama ihre phantastische Schlacht. In visionär kühnen Szenen glüht die starke Begabung des jungen Dichters, der mit diesem Erstlingswerk um die höchsten ethischen Probleme ringt.

Preis jedes Bandes M. 3.—
GUSTAV KIEPENHEUER VERLAG
POTSDAM

Ernst Toller
Die Wandlung

… siehe Seite 428

… siehe Seite 437

Thelen, Albert Vigoleis {1903-1989}
Schloss Pascoaes. Gedichte.
Mit farbiger Zeichnung v. Carlos Carneiro.
Aufl.: 150 num. u. 10 nicht num. Expl.
Nr. 1, 2, 3, 7, 13, 33, 50, 100 u. 150
sign. u. nicht für den Handel bestimmt.
Zürich/Amsterdam: Rhein-Verlag A.G.,
April 1942. 62 S. 23,5 x 15,3 cm. Hln.
Druck: G. J. Thieme, Nijmegen auf Prima
Luxe Text Papier.

In der Presse wurde er 1953 als »aus-
gewachsener« Debütant mit 50 Jahren
gefeiert. Die Rede ist von Albert Vigoleis
Thelen und seinem Jahrhundertwerk *Die
Insel des zweiten Gesichts*. Alles falsch:
Debütiert hat Thelen nämlich bereits 1942
mit einem bibliophilen Gedichtband, dessen Entstehungs- und Verlagsgeschichte so
verworren ist, wie es die Zeitläufte damals
waren.

Ans Licht gekommen ist diese
Geschichte (die zugleich Teil der Geschichte
des berühmten Rhein-Verlags, in dem Joyce
Ulysses erstmals auf Deutsch erschien) erst
vor kurzem: im ersten Briefband Thelens,
Meine Heimat bin ich selbst (2010), der
damit auch einige blinde Flecken in der
Exil-Verlagsgeschichtsschreibung tilgt.

Albert Vigoleis Thelen, vor der Machtergreifung der Nazis nach Mallorca ausgewandert, dort als Übersetzer und ab 1933
auch als Rezensent antifaschistischer deutscher Literatur tätig, hat das Glück, daß er
mit seiner Frau Beatrice nach Ausbruch
des Spanischen Bürgerkriegs (und einem
kurzen Aufenthalt in der Schweiz, der wegen
Mittellosigkeit des Autors schnell beendet
ist) Zuflucht in Portugal findet: bei dem
heute vergessenen Mystiker und Dichter
Teixeira de Pascoaes, dessen Werk er ins
Deutsche und Niederländische übersetzt.
Den Krieg werden Vigoleis und Beatrice
auf dem Weingut des millionenschweren
Portugiesen überdauern, finanziell ganz der
Großzügigkeit ihres Gastgebers ausgeliefert.

So ist Thelens Debütwerk durchdrungen
von Flair und Mystik des Ortes in der
portugiesischen Provinz Porto: *Schloß
Pascoaes* heißt der in nur 150 Exemplaren
auf Bütten abgezogene Band, der zum
Subskriptionspreis von 10 Reichsmark bzw.
7,50 Gulden angeboten wird.

Nichts verrät in den schwermütigen
Gedichten, die das Schloß beschreiben (Titel
zum Beispiel: *Die Einfahrt, Im indischen Saal,
Das Königszimmer*) und den mystischen
Geist seines Inhabers mehr als nur reflektieren (zum Beispiel: *Meditation, Die Runde der
Melancholie*), den späteren Prosaiker, der
als *Erzweltschmerzler und Sprachschwelger*
(Jürgen Pütz) in die Literaturgeschichte
eingegangen ist. Allenfalls ist bereits hier
der Hang zu ausgefallener Lexik zu erkennen: Thelens Sprachmacht (und damit der
besondere Reiz der Lektüre seiner Werke)
besteht eben darin, daß er den uralten
Wortschatz der deutschen Sprache (fußend
auf *Adelung* und *Grimmschem Wörterbuch*)
lustvoll neu erstehen läßt – und dabei
an keiner Stelle altertümelnd oder antiquiert wirkt. Ernst und getragen sind die
heute nicht mehr leicht zu rezipierenden
Verse des 39jährigen Debütanten – von
der Schalkhaftigkeit und der schelmischen
(und virtuosen) Wortverspieltheit der *Insel*
ist Thelen hier noch meilenweit entfernt.

Schloss Pascoaes war dem Mystiker zu
seinem 65. Geburtstag gewidmet. Thelen
hat sich (vergeblich) für die weltweite
Verbreitung von dessen Werk eingesetzt,
sogar mit dem Nobelpreis-Komitee kor-
respondiert – und dem »großen Dichter«
sein Erstlingswerk gewidmet. Sein Verleger
war der in der Exil-Geschichte bislang völlig unbekannte Dr. Kolóman Kollár, ein
Ungar, der ins berühmte Amsterdamer L. J.
Veen-Verlagsimperium eingeheiratet hatte
und zeitweilig als Chef von vier deutschsprachigen und niederländischen Verlagen
arbeitete. Kollár war außerdem mit dem
jüdischen Inhaber des Rhein-Verlags, Dr.

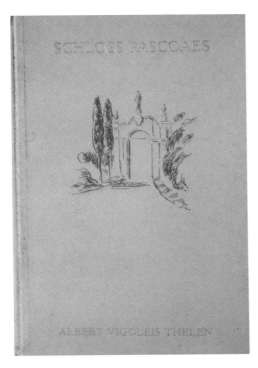

Einband mit Zeichnung von Carlos Carneiro

Daniel Bródy, befreundet, und als der 1942 die wenig judenfreundliche Schweiz verlassen mußte, übernahm Kollár kurzzeitig den Verlag, wovon die 1979 von Bertold Hack veröffentlichte Verlagsgeschichte nichts weiß (und in der Bibliographie auch Thelens Buch nicht aufführt). Kollárs Intermezzo als Rhein-Verleger ist in Gänze nicht mehr aufzuklären; seinen Autor Thelen wollte er als – was auch immer das sein mag – »literarischen Treuhänder« einsetzen – aber schon Anfang 1943 gibt Kollár sein Rhein-Verlag-Engagement wieder auf; es scheint zu einem Zerwürfnis mit Bródys Vertrauensleuten gekommen zu sein.

Thelen hat sich zeitlebens als Lyriker gesehen und bis ins hohe Alter Gedichte geschrieben – ist aber mit seiner Prosa als einer der sprachmächtigsten deutschen Autoren des 20. Jahrhunderts in die Literaturgeschichte eingegangen. Sein Erstlingswerk ist dagegen völlig wirkungslos geblieben, woran sicher auch die Kriegsgeschehnisse ihren Anteil haben. Heute ist der bibliophile Band (zahlreiche Gedichte aus dem *Schloß*-Zyklus werden 1979 bei Claassen im Band *Im Gläs der Worte* wiederveröffentlicht) eine gesuchte Rarität auf dem Antiquariatsmarkt. UF

Literaturauswahl
ALBERT VIGOLEIS THELEN: *Die Insel des zweiten Gesichts* (1953). ALBERT VIGOLEIS THELEN: *Die Literatur in der Fremde. Literaturkritiken* (1996). ALBERT VIGOLEIS THELEN: *Meine Heimat bin ich selbst. Briefe 1929-1953.* Hrsg. v. Ulrich Faure u. Jürgen Pütz (2010). JÜRGEN PÜTZ: *Doppelgänger seiner selbst. Der Erzähler Albert Vigoleis Thelen* (2006).

Toller, Ernst {1893-1939}
Die Wandlung.
Das Ringen eines Menschen.
1.-5. Tsd. Potsdam: Kiepenheuer, 1919. 94 S. 18 x 11,5 cm. Br. (= Der dramatische Wille. Dritter Band.) Druck: Mänicke und Jahn in Rudolstadt.

Obgleich noch jung an Jahren und nur durch einige Gedichtveröffentlichungen bis dahin hervorgetreten, zählte Ernst Toller zum Zeitpunkt des Erscheinens seines ersten Buches schon zu den umstrittensten Autoren Deutschlands. Er hatte sich an den Kämpfen im Rahmen des Munitionsarbeiterstreiks im Januar 1918 unter der Führung von Kurt Eisner beteiligt und dort schon Flugblätter mit Szenen aus seinem entstehenden ersten Stück *Die Wandlung* verteilt. Während der bayerischen Revolution stand er als Vorsitzender der bayerischen USPD hinter der Regierung von Kurt Eisner und übernahm den Vorsitz des Zentralrats der bayerischen Arbeiter-, Bauern- und Soldatenräte und während der Räteherrschaft nach Eisners Ermordung die Führung der roten Truppen. Nach der Niederschlagung der Räterepublik wurde er steckbrieflich gesucht und nach seiner

Verhaftung in einem aufsehenerregenden Prozeß wegen seiner Beteiligung an der Revolution zu fünf Jahren Festungshaft verurteilt. Das Gericht beschäftigte sich auch mit Tollers Gedichten und dem Stück *Die Wandlung*, deren »ethische Grundhaltung« nicht zuletzt zur Begründung des im Vergleich mit anderen Literatenprozessen milden Urteils herangezogen wurde.

Ernst Toller gehörte zu den ersten zeitgenössischen Autoren des 1909 gegründeten Gustav Kiepenheuer Verlages, der vorher nur klassische Autoren publiziert hatte. Das Lektorat des neuen Programmzweiges führte der junge Dichter Ludwig Rubiner, der wie Toller politisch links engagiert war. Rubiners Frau Frida gehörte ebenfalls zu den Kombattanten der Räterepublik und wurde deshalb zu einer Haftstrafe verurteilt. Durch diese Konstellation war Rubiner mit Toller und seinem Stück bekannt geworden, und er hatte es mit einem Gutachten vom 12. Juli 1919 Kiepenheuer wärmstens empfohlen: »Die Wandlung ist ein Drama, das mit größter schöpferischer Phantasie geschrieben ist, eine Dichtung deren Inhalt das Erbarmen mit der leidenden Menschheit ist.« Aus Rubiners Feder dürfte auch die Erklärung stammen, mit der die Übernahme des inkriminierten Autors in den Verlag verteidigt wurde: »Der Verlag gewann aus diesem bedeutenden Erstlingswerk Tollers die Überzeugung, es hier mit einem jungen Dichter zu tun zu haben, der bestimmt ist, eine sehr große Rolle in der Zukunft der deutschen Dichtung zu spielen ...« Das Buch wurde als dritter Band in die neue Reihe *Der dramatische Wille* aufgenommen und erschien in einer Erstauflage von 5000 Exemplaren. Es muß Ende Oktober fertig gewesen sein, denn am 2. November bedankte sich der Verleger Kurt Wolff für ein ihm gewidmetes Exemplar.

Die Buchausgabe profitierte stark vom Erfolg der Uraufführung des Dramas, die am 30. September 1919 im Berliner Theater

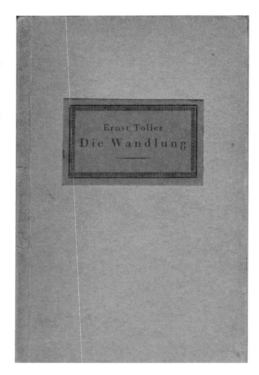

Broschureinband

»Die Tribüne« über die Bühne ging. Der junge Regisseur Karlheinz Martin und der Hauptdarsteller Fritz Kortner, der erstmals auf einer Berline Bühne stand, lösten wahre Begeisterungsstürme aus. Herbert Jhering sprach vom »reinsten Abend ... seit langem« und Alfred Kerr von einer »inneren Musik«, die das Stück über seine dramatischen Schwächen hinwegträgt. Der junge Brecht urteilte dagegen: »Flache Visionen, sofort zu vergessen. Kosmos dünn. Der Mensch als Objekt. Proklamation statt: als Mensch.«

Das Drama handelt von dem idealistischen jungen Bildhauer Friedrich, der in einen sinnlosen Kolonialkrieg eilt, um der inneren Leere und Ruhelosigkeit zu entrinnen. Zurückgekehrt, erkennt er allmählich, wie verkehrt die Welt eingerichtet ist. Er ruft am Ende das Volk zur Revolution der Liebe auf, die mit der eigenen Menschwerdung beginnen und in der Zertrümmerung der Burgen fortgesetzt werden muß. Der Funke springt über. Das dramaturgische Handwerkszeug fand Toller bei dem im Drama zitierten Strindberg und seiner Trilogie *Nach Damaskus.* Statt einer geschlossenen Handlung mit Figurenentwicklung stellte er ein Stationendrama mit Typen wie Mutter, Schwester, Freund und reichem Onkel auf die Bühne. Glühende Leidenschaft, Zorn gegen die Kriegstreiber in Deutschland und weltumspannende Liebe bilden das zusammenhaltende Band.

Geschrieben hatte Toller *Die Wandlung* 1917 und 1918 während des Jurastudiums in Heidelberg, in Berlin, München und in einer Militärarrestanstalt. Diese erste Haft war verhängt worden, weil Toller mit anderen jungen Leuten einen kulturpolitischen »Bund der Deutschen Jugend« gegründet hatte. Die Justiz schritt gegen ihn ein, nachdem der Bund durch Antikriegsbekundungen, Flugblätter und eine öffentliche Lesung, auch aus Tollers unvollendetem Stück, auf sich aufmerksam gemacht hatte. Der jüdische Kriegsfreiwillige Toller war desillusioniert aus dem Feld zurückgekommen. Die Mauer zu den christlichen Deutschen war nicht niedergebrochen, und Deutschlands Mitschuld am Kriege stand 1917 für Einsichtige außer Frage. Schwer enttäuscht war er über das Versagen der Väter, zuletzt erlebt auf der Tagung von Dichtern und Denkern 1917 auf der Burg Lauenstein (Thüringen), an der unter anderem Richard Dehmel, Eugen Diederichs und Max Weber teilnahmen. Toller verstand, daß die Jugend selbst das Wort ergreifen mußte, wollte sie Gehör erlangen. So bildet der innere Wandel des Autors den Kern seines aktivistischen Stückes. CW

Literaturauswahl
ERNST TOLLER: *Eine Jugend in Deutschland. Gesammelte Werke Bd. 4. Hrsg. v. John M. Spalek und Wolfgang Frühwald* (1978). DIETER DISTL: *Ernst Toller. Eine politische Biographie* (1993). RICHARD DOVE: *Ernst Toller. Ein Leben in Deutschland* (1993). CORNELIA CAROLI-

NE FUNKE: *»Im Verleger verkörpert sich das Gesicht seiner Zeit«: Unternehmensführung und Programmgestaltung im Gustav Kiepenheuer Verlag 1909 bis 1944* (1999). STEFAN NEUHAUS: *Ernst Toller und die Weimarer Republik. Ein Autor im Spannungsfeld von Literatur und Politik* (1999). WOLFGANG ROTHE: *Ernst Toller in Selbstzeugnissen und Bilddokumenten* (1983). BIRGIT SCHREIBER: *Politische Retheologisierung. Ernst Tollers frühe Dramatik als Suche nach einer »Politik der reinen Mittel«* (1997). John M. Spalek und Wolfgang Frühwald (Hrsg.): *Der Fall Toller. Kommentar und Materialien* (1993).

Torberg, Friedrich

{eigtl. Friedrich Kantor, 1908-1979}
Der ewige Refrain.
Lieder einer Alltagsliebe.
Wien: Saturn-Verlag, 1929. 32 S.
17 x 12,5 cm. Pp. Druck von Josef Schwarz, Wien IX.

Friedrich Torberg war ein vielseitig begabter Autor, der mit Romanen, Erzählungen, Essays, Kritiken, Kabarett-Texten, Parodien, Filmdrehbüchern und Gedichten hervortrat. Viele Jahre ver-

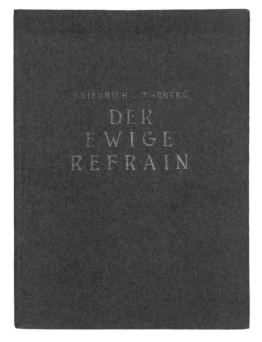

Einband

diente er sein Geld im Journalismus, war Sportreporter, politischer Kommentator, nach dem Krieg zwölf Jahre lang Chefredakteur der kulturpolitischen Zeitschrift FORVM. Nebenher betätigte er sich als Übersetzer, Herausgeber und Autor von Rundfunk- und Fernsehsendungen. Sein Einfluß auf das literarische Leben und den Zeitgeist Österreichs nach 1945 kann nicht hoch genug veranschlagt werden. Er war auch ein bekennender Sportfan und Fußballnarr, der in der Jugend selbst gern Fußballspieler geworden wäre und sich mangels Aufstiegschancen in dieser Sportart mit Erfolg dem Wasserballsport hingegeben hatte. Nach dem schönsten Tag in seinem Leben gefragt, schwankte Torberg in späteren Zeiten, »ob es der Tag gewesen sei, an dem mir innerhalb einer Viertelstunde Karl Kraus von Alfred Polgars guter Meinung über mich erzählte und Alfred Polgar ein gleiches von Karl Kraus – oder der Tag, an dem ich im Entscheidungsspiel um die tschechoslowakische Wasserballmeisterschaft … beide Tore geschossen habe«. Kokett wertete er schließlich den Sporterfolg höher als den Ritterschlag durch Kraus und Polgar.

Die Sportbegeisterung führt mitten hinein in die Entstehungsgeschichte von Torbergs erstem Buch. Torbergs Familie übersiedelte 1921 von Wien nach Prag, weil sein Vater nach Jahren in einer staatlichen Spiritusfirma wieder in die Geschäftsleitung seiner alten Prager Firma mit vielen Spiritusraffinerien in den k.u.k. Nachfolgestaaten eintrat. Für den Sohn begann eine Zeit der schulischen Mißerfolge, die damit zusammenhing, daß er in Wien ein humanistisches Gymnasium besucht hatte und nun auf dem Prager Realgymnasium viel stärker in den naturwissenschaftlichen Fächern gefordert wurde. Während er im Deutschunterricht und in den Fremdsprachen überdurchschnittliche Leistungen erbrachte, konnte er das Pensum in Mathematik und anderen realen Fächern nur schwer bewältigen. So fiel er schließlich 1927 durch die Matura, auch weil er sich in einigen verknöcherten, wenn nicht sadistischen Lehrern Feinde gemacht hatte. Ein Jahr später bestand er zwar die Prüfung, doch er hatte so eine Wut auf die Schule im Bauch, daß er einen stark autobiographischen Roman, *Der Schüler Gerber hat absolviert* (1930), schrieb, in dem er den Geist und die Methoden des Prager Schulwesens scharf attackierte. Im Sport fand er dagegen Ausgleich und Anerkennung. Er war seit dem Umzug nach Prag Mitglied im jüdischen Sportclub Hagibor, wo er im Schwimmsport und Wasserball manchen Erfolg feierte. Die Liebe zu seinem Verein wurde beflügelt durch die attraktiven Schwimmerinnen, die landesweit führend waren. Sein Liebeswerben, unter anderem bei der Meisterschwimmerin Hedy Bienenfeld, wurde nicht erhört und verursachte einen anhaltenden Schmerz, der sich in den Gedichten von Torbergs erstem Buch *Der ewige Refrain* niederschlug. Die 27 Gedichte des Bandes handeln von unerfüllter Sehnsucht, zeitweiliger Hoffnung und abschließender Resignation. Die Widmung am Ende des Buches zeigt, daß die Verzweiflung sich in Grenzen hielt und wohl Teil des anakreontischen Imponiergehabes war: »Diese Lieder gehören Dir, deren Erdennamen ich ihnen nicht voransetzen will, weil sie dann ihrer Himmelsherkunft beraubt wären.« Das Buch selbst war eine Liebesgabe für die Angebetete.

Gedichte schrieb Torberg seit frühester Jugend. Bereits in den ersten Kriegsjahren 1915/16, damals Schüler der 2. Klasse, fand er Anerkennung durch den Vortrag eigener patriotischer Verse. Die kaisertreuen Eltern, die ihre Gesinnung durch den ruinösen Kauf von Kriegsanleihen und gar die Spende des Chanukkah-Leuchters bewiesen, waren stolz auf den Sohn. Auch im Familienleben zeichnete sich Torberg durch die Anfertigung und den Vortrag von Gelegenheitsgedichten aus. In der Prager Zeitschrift *Jung Juda* erschienen ab 1923 neben journalistischen Texten erste Gedichte von ihm über jüdische Themen und jüdisches Selbstverständnis. In verschiedenen Vereinen, in denen er oder sein Vater Mitglied waren, gewann Torberg schon als Schüler einen Ruf als unterhaltsamer Conferencier. Bei einer dieser Veranstaltungen saß Max Brod, der führende Kopf der Prager deutschen Literatur, im Publikum und äußerte sich hinterher anerkennend über das junge Talent. Daraus ergab sich ein Zusammentreffen in der Redaktion des *Prager Tagblatts*, bei der Brod die unterhaltsamen Texte ablehnte, die Gedichte dagegen lobte. So erschienen 1927 zwei Gedichte in der führenden deutschen Tageszeitung Prags. Torberg gehörte fortan zu deren Mitarbeitern, bis er einige Jahre später gar in die Redaktion eintrat.

Für die Veröffentlichung des zweiten Gedichts wählte er das Pseudonym Torberg, das sich aus der zweiten Silbe des Familiennamens Kantor und dem Geburtsnamen der Mutter Berg zusammensetzte. Damit wollte er das kommende Werk von seinen unterhaltenden Texten abgrenzen. Bei Torbergs zweitem Buch, *Der Schüler Gerber*, ist die Vermittlung Max Brods dokumentiert, so wird die helfende Hand des Mentors vielleicht auch beim Druck des ersten Buches im Spiel gewesen sein. Weder Torberg noch die Torberg-Biographen teilen Näheres über die Druckgeschichte mit. Torberg war die Anhäufung pubertärer Liebesgedichte schon bald peinlich. Das Buch verschwand »nicht ohne mein Zutun« aus dem Handel, wie sich Torberg salomonisch ausdrückte. Es ist heute wohl noch rarer als der mit 5500 Exemplaren weitaus stärker verbreitete erste Roman *Der Schüler Gerber hat absolviert*, der bis heute das meistgelesene Werk des Autors ist. CW

Literaturauswahl

FRIEDRICH TORBERG: *Auch Nichtraucher müssen sterben. Essays, Feuilletons, Notizen, Glossen.* Hrsg. v. David Axmann und Marietta Torberg (1985). FRIEDRICH TORBERG: *Pegasus im Joch. Briefwechsel mit Verlegern und Redakteuren.* Hrsg. v. David Axmann und Marietta Torberg (1984). FRIEDRICH TORBERG: *Die Tante Jolesch oder Der Untergang des Abendlandes in Anekdoten* (1975). MARCEL ATZE U. MARCUS G. PATKA: *Die »Gefahren der Vielseitigkeit«. Friedrich Torberg. 1908-1979* (2008). DAVID AXMANN: *Friedrich Torberg. Die Biographie* (2008). FRANK TICHY: *Torberg. Ein Leben in Widersprüchen* (1995).

Trakl, Georg {1887-1914}
Gedichte.
Aufl.: 1000 Expl. Leipzig: Kurt Wolff Verlag, 1913. 65 S. 20,6 x 12,6 cm. Br. / Pp. (= Der Jüngste Tag Bd. 7/8.) Druck: Poeschel & Trepte, Leipzig.

Nicht ohne Grund rät Erhard Buschbeck seinem Jugendfreund Georg Trakl im Sommer 1909: »Du mußt doch wirklich auch einmal für Dich etwas Reklame machen.« Sichtlich bemüht empfiehlt er Trakl – bis dahin Autor einiger Gedichte und zweier, bei ihrer Uraufführung in Salzburg eher verheerend durchgefallener Einakter –, sich gleich in *Kürschners Literaturkalender* verzeichnen zu lassen. In Trakls Antwortbrief auf diesen werbestrategischen Vorstoß heißt es: »Ich wünschte sehr, daß Deine liebenswürdigen Bemühungen Erfolg hätten und sage Dir im Voraus allen Dank. Was Deinen Vorschlag angeht, so scheint mir derselbe ausgezeichnet, und ich werde sicherlich nicht versäumen, ihm demnächst Folge zu geben.«

Georg Trakl ist diesem Vorhaben offenkundig nicht nachgekommen, überließ »Reklame« in eigener Sache lieber seinen Freunden. Sein fehlendes Geschick in Selbstvermarktungsfragen erwies sich eher als kontraproduktiv, als sich im Jahre 1913 eine Publikation seiner Gedichte im Kurt

Wolff Verlag anbahnen sollte: Trakl war – ohne freilich den bereits unterzeichneten Vertrag genau genug gelesen zu haben – davon ausgegangen, der Verlag werde das eingereichte Konvolut seiner Gedichte im Ganzen drucken und reagierte auf ein Schreiben des Lektors Franz Werfel, in dem nur von einer Auswahlpublikation die Rede war, entsprechend erbost. Jede dafür notwendige vertragliche Rückendeckung ignorierend, drohte er dem Verlag: »Ich ersuche Sie daher, von diesem meinem Entschluß, der unumstößlich ist, Kenntnis zu nehmen und die beabsichtigte Auswahlpublikation um so gewisser unterlassen zu wollen, da ich sonst die Unterzeichnung Ihres Vertragsangebots für unverbindlich erachten und meine Gedichte ohne weiteres zurückfordern müßte. Dementsprechend sehe ich mich auch veranlaßt, die Annahme des mir angewiesenen Betrages bis auf weiteres zu verweigern.«

Zwar ist zu Trakls Rechtfertigung einzuräumen, daß Werfel fälschlicherweise angenommen hatte, Trakl wäre über diese verlegerische Entscheidung bereits informiert gewesen. Letztlich war es der Gelassenheit des Verlegers zu verdanken, daß ein Kompromiß gefunden werden konnte: »Vertraglich wären wir durchaus berechtigt, die Gedichte jetzt teilweise, später als Ganzes, oder auch in noch anderer Form zu publizieren. – Es ist uns aber nicht darum zu tun, gegen Ihren Willen, auf einem Vertrag basierend, zu handeln, sondern mit Ihrem Willen die Gedichte Ihnen zur Freude zu publizieren und von Anfang an ein sympathisches Verhältnis zwischen Ihnen und dem Verlag herzustellen.«

Trakls *Gedichte* erschienen Ende August 1913 in der neuen Verlagsreihe *Der Jüngste Tag* als bis dahin erster Doppelband zu einem Preis von 1,60 Mark in Broschur und 2,50 Mark in der gebundenen Ausgabe. Sie blieben Trakls einzige selbständige Veröffentlichung zu Lebzeiten.

Daß Kurt Wolff Anfang April 1913 einem lobenden Wink von Karl Kraus gefolgt war und den Kontakt zum Dichter gesucht hatte, konnte Trakl nicht anders denn als Glücksfall erscheinen. Sein Freund Buschbeck und er hatten zu diesem Zeitpunkt zwar bereits über 100 Subskribenten für die Gedichte gefunden, die – vollmundig im *Brenner* annonciert – »demnächst in einem größeren deutschen Verlage« erscheinen sollten, waren in ihren Bemühungen aber weder über die nur mäßig engagierte Vermittlung Hermann Bahrs noch über den Kontakt zum Münchner Verlag Albert Langen weitergekommen. Zwar war die unter dem Titel *Dämmerung und Verfall* eingereichte Sammlung bei Albert Langen »übereinstimmend als sehr talentvoll befunden worden«. Im Gegensatz zu dem Trakl verehrenden Karl Borromäus Heinrich, der Lektor in erster Instanz war, hatten die weiteren Gutachter aber »auch mancherlei Einwände« gemacht. Dies führte letztlich dazu, daß »die nötige Einstimmigkeit, das Werk in Verlag zu nehmen«, nicht erzielt werden konnte. Deshalb mußte Trakl das, was er nur einen guten Monat später vom jungen Leipziger Verleger in Aussicht gestellt bekam, tief beeindrucken. Kurt Wolff schrieb dem jungen Autor: »Es ist mir besonders daran gelegen, durch eine intensive Propaganda und eine besonders große Anzahl von Rezensions-Exemplaren, die ich versenden will, zu erreichen, daß dies(es) Erstlingsbuch von Ihnen Ihren Namen überall bekannt macht, daß zahlreiche Besprechungen erscheinen und somit das Interesse für Ihr Schaffen ein für allemal geweckt ist.« Wolff kommentiert sein Honorarangebot von 150 Kronen nebst 12 Freiexemplaren für Trakl eher spektakulär als zu vorsichtig: »Mein im Vertrag festgesetztes Honorarangebot geschieht nach sorgfältiger Kalkulation, und ich glaube, es für ein erstes Versbuch sehr günstig nennen zu dürfen, zumal, wenn Sie berücksichti-

Der jüngste Tag

NEUE DICHTUNGEN

GEORG TRAKL

—

GEDICHTE

LEIPZIG,

Kurt Wolff/Verlag

H. WAGNER 13.

Einband von Wilhelm Wagner

gen, daß ich das Buch sehr gut ausstatten werde und eine kostspielige Propaganda machen will.«

Die wirtschaftlichen Interessen verpflichtete Realität der Publikationstätigkeit entsprach den weitläufigen Versprechungen Kurt Wolffs dann nicht annähernd: Obwohl man den von Wilhelm Wagner gestalteten Heften *Der Jüngste Tag* solide handwerkliche Qualität keinesfalls absprechen konnte, und auch deren Preis nicht gering war, muß berücksichtigt werden, daß Wolff mit dieser Reihe eher in dem sich entfaltenden Massensektor des Buchmarktes Fuß zu fassen versuchte, um der neuen *Insel-Bücherei*, den Ullsteinbüchern oder auch den Reclamheften ein konkurrenzfähiges Produkt entgegenzusetzen. Die im Mai desselben Jahres veröffentlichte erste Serie von sechs Büchern war weitgehend auf positive Resonanz gestoßen. Sie war zu diesem Zweck auch entsprechend beworben worden. Trakls Gedichtband, der die zweite Serie eröffnete, konnte bereits von öffentlichkeitswirksamen Mitnahmeeffekten profitieren, wurde selbst aber nicht in dem Maße gefördert, wie Wolff dies in seinen Briefen angekündigt hatte. Mit der bei Poeschel & Trepte gedruckten Erstauflage von 1000 Exemplaren ging der Verleger jedenfalls kein bedeutendes Risiko ein. Auch die angekündigten Bemühungen, dem Werk zahlreiche Rezensionen zu verschaffen, müssen sich in Grenzen gehalten haben: Aus dem ersten Halbjahr nach der Veröffentlichung sind gerade einmal drei Rezensionen zu Trakls *Gedichten* bibliographiert. Eine stammte von Walter Hasenclever, zur selben Zeit Lektor im Kurt Wolff Verlag, eine andere von Otto Pick, einem Jugendfreund des Lektors Werfel, die dritte kam aus der Feder von Ludwig Ullmann, der bereits seit 1910 näher mit Trakl bekannt war. Aus dem Zirkel der bereits bestehenden Zeitungs- und Verlagskontakte sind die Gedichte offen-

bar nicht herausgetreten. Trakls geringe Bekanntheit zu Lebzeiten hatte nicht nur mit der ästhetischen Neuheit seiner Gedichte zu tun. Sie war vor allem der literaturpolitischen Ausrichtung seiner Förderer auf Karl Kraus' *Fackel* geschuldet und der damit verbundenen Marginalisierung der Beziehungen zu den führenden Organen des Expressionismus – den Berliner Zeitschriften *Der Sturm* und *Die Aktion*. Eine weiterreichende Anerkennung seines Werks durch die Drucklegung von *Sebastian im Traum* im Herbst 1914, seiner zweiten Veröffentlichung bei Kurt Wolff, hat Trakl nicht mehr erlebt.

In Band 34 der *Graphischen Bücher* von Faber & Faber Leipzig hat eine geradezu bezaubernde bibliophile Inszenierung von Trakls Gedichten stattgefunden, mit zehn Zeichnungen und vier Originallithographien von Johannes Heisig, Berlin, und in typographischer Gestaltung von Rainer Groothuis, Hamburg. MF

Literaturauswahl
OTTO BASIL: *Georg Trakl in Selbstzeugnissen und Bilddokumenten* (1965). FRANZ FÜHMANN: *Vor Feuerschlünden. Erfahrung mit Georg Trakls Gedicht* (1982). SIEGLINDE KLETTENHAMMER: *Georg Trakl in Zeitungen und Zeitschriften seiner Zeit* (1990). HANS WEICHSELBAUM: *Georg Trakl. Eine Biographie* (1994).

Traven, B. {ca. 1882/1890-1969}
An das Fräulein von S.....
München: I. Mermet Verlag, 1916. 85 S.
19 x 13,5 cm. Br.

B. Traven gilt als der rätselhafteste und geheimnisumwitterteste Autor des 20. Jahrhunderts. Der Name ein Pseudonym, der Autor erst Jahre nach seinem Tod, 1969, in seinen biographischen Umrissen erkennbar, Gegenstand der Boulevardpresse wie ernsthafter Literaturhistoriker, das Werk vielgelesen, in hohen Auflagen weltweit verbreitet; man spricht von weit über 30 Millionen Exemplaren in aller Welt.

Noch heute verbindet man Travens Einstieg in die Literatur mit der Veröffentlichung des Romans *Das Totenschiff*. Dieser erschien 1926, und tatsächlich war er das erste Buch, das den Namen B. Traven trug. Aber seinen literarischen Anfang nahm Traven als Richard Maurhut (obgleich auch hier die Biographen nicht restlos Klarheit schaffen konnten, ob dieser Name sein bürgerlicher Name oder bereits ein zugelegtes Pseudonym war).

Zum Zeitpunkt des Erscheinens seines Erstlingswerks *An das Fräulein von S.....* lebte Traven in München. Hierher kam er, nachdem er versucht hatte, als Schauspieler und Regisseur an mehreren Bühnen in Deutschland seinen Unterhalt zu verdienen. Die Traven-Biographen vermuten, daß er sich in München voll und ganz der »Schriftstellerei« widmen wollte, die »in zunehmendem Maße die Signatur seiner Existenz geworden« (Guthke) war. Im Nachlaß finden sich aus dieser Zeit zwei Romantyposkripte, Dramatisches und Lyrisches sowie Dutzende von Erzählungen, die teils unveröffentlicht blieben und teils verstreut in Tages- und Wochenzeitungen verbreitet wurden. Eine seinem Thema in *An das Fräulein von S.....* sehr nahe kommende Skizze, *Mutter Beleke*, in der er den Heldenkult im Krieg durch ironische Verfärbungen lächerlich zu machen verstand, fand sogar Aufnahme in das Reclamheft *Kriegsnovellen*, das im Juni 1916 erschien.

Insgesamt hatten aber in dieser Zeit Travens Bemühungen um literarische Anerkennung kaum Erfolg. Viele an verschiedene Periodika und Verlage verschickte Texte kamen mit Ablehnungsbescheid zurück; mangelndes Interesse und die höchst unterschiedliche literarische Qualität seiner Arbeiten waren die Ursache. Der ihn immer stärker beherrschende Gedanke

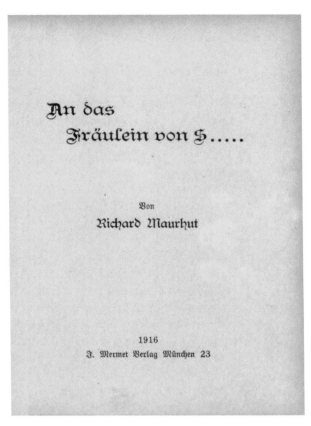

Titelblatt

eines pazifistischen, individualistisch ausgeprägten Sozialismus, der ihn geistig in die Nähe von Kurt Eisner, Ernst Toller oder Erich Mühsam rückte, ließ ihn nach einem Medium suchen, über das er seine Ansichten öffentlich machen konnte, und das er sich mit der Gründung der Zeitschrift *Der Ziegelbrenner* im September 1917 schuf.

Zuvor aber debütierte er mit der Novelle *An das Fräulein von S.....* Der Text erschien im Herbst 1916 im Mermet Verlag München. Der Verlag firmierte unter »Verlagsbuchhandlung Irene Mermet« in der Münchner Herzogstraße 45 II. Andere Hinweise auf seine Existenz waren nicht zu erhalten. Weder kann man Eintragungen im Gewerbeamt noch im Buchhändlerverzeichnis nachweisen. Es ist sehr wahrscheinlich, daß die Novelle die einzige

Verlagspublikation blieb. Traven hatte die Schauspielstudentin Irene Alda (Mermet war der Name ihres Adoptiv-Vaters) in Düsseldorf kennengelernt, und sie war ihm später nach München gefolgt. Sie wurde seine Mitarbeiterin an der Zeitschrift *Der Ziegelbrenner*, seine erste Verlegerin und seine Weggefährtin bis Mitte der zwanziger Jahre, den ersten Jahren seines mexikanischen Exils.

In welcher Auflage die Novelle erschien, konnte nicht ermittelt werden. Sicher war die Auflage klein, vielleicht nicht höher als 1000 Exemplare. Angeboten wurde die einfache Broschur zu 1,20 Mark, in Bütten-Umschlag zu 2,– Mark, die gebundene Ausgabe kostete 3,– Mark. 30 numerierte Exemplare wurden »in äusserst vornehmem Liebhaber-Einband« für zuerst 12,– dann 15,– Mark angeboten. Offensichtlich nur dieser Ausgabe wurde ein dreiseitiger Einführungstext, unterschrieben mit I. Mermet, beigeheftet, der den Exemplaren der Normalausgabe fehlt. Noch im vierten Heft der Zeitschrift *Der Ziegelbrenner*, im Juli 1918, bewirbt Traven sein Buch in allen Varianten. Der Absatz blieb mäßig, die Resonanz im Feuilleton war karg; Traven mußte noch weitere zehn Jahre warten, ehe er als Autor mit dem Roman *Das Totenschiff* Anerkennung fand.

Eine Ausgabe des Erstlings erschien in den *Graphischen Büchern* bei Faber & Faber Leipzig mit 12 Originalholzschnitten von Karl-Georg Hirsch. MF

Literaturauswahl
KARL S. GUTHKE: *B. Traven. Biographie eines Rätsels* (1987). RET MARUT (d. i. B. TRAVEN) (Hrsg.): *Der Ziegelbrenner 1917-1921. Faksimiledruck mit einem Nachwort von Rolf Recknagel* (1967). ROLF RECKNAGEL: *B. Traven. Beiträge zur Biografie* (2. erw. Aufl. 1971).

Tucholsky, Kurt {1890-1935}
Rheinsberg.
Ein Bilderbuch für Verliebte.
Mit Illustrationen von Kurt Szafranski. Berlin: Axel Juncker Verlag, 1912. 110 S., 1 Bl. 16,8 x 12,6 cm. Br. / Ln. (= Orplidbücher Bd. III). Druck: Aldus Druck, Berlin.

Ich weiß genau«, schreibt Kurt Tucholsky am 28. Januar 1913 an Hermann Hesse, »daß *Rheinsberg* eine gemachte Sache ist, die man so schreibt, wenn man verliebt ist. Nein, es wird nicht mein Beruf sein, Bücher zu schreiben.« Wer immer noch rätseln mag, ob Autoren irren können, denen sei diese Briefzeile zur Kenntnis gebracht.

Rheinsberg. Ein Bilderbuch für Verliebte markierte Tucholskys literarischen Beginn, und es wurde zugleich dessen erfolgreichstes Buch. Laut Anzeige im *Börsenblatt für den deutschen Buchhandel* erschien das Büchlein am 15. November 1912, als Broschur für 70 Pfennige, in der gebundenen Ausgabe für 1 Mark. 1918 wurde das 11.-15. Tausend ausgeliefert. 1920 erschien bereits das 50. Tausend. Die letzte Ausgabe zu Tucholskys Lebzeiten erschien 1932 im 111.-121. Tausend. Die verschiedenen Ausgaben des Erstlingswerks erlebten x-fache Abwandlungen im Einband, für die Kurt Szafranski verantwortlich zeichnete.

Tucholsky hatte offensichtlich mit seinem Stoff einen Nerv der Zeit getroffen. Der freizügige Ton der Geschichte von Claire und Wölfchen war neu im prüden wilhelminischen Deutschland. Unentwegt mit sexuellen Andeutungen spielend, komplimentierte sich das Paar durch die schöne brandenburgische Gegend um Rheinsberg, dabei war es weder verlobt noch verheiratet.

Tucholskys Freund und Autorenkollege Walter Mehring notierte später: »Das infantile Schlafzimmer-Gealber (hat) er phonetisch waschecht aufnotiert ...« Die Geschichte hatte natürlich einen realen Hintergrund. Der einundzwanzigjährige

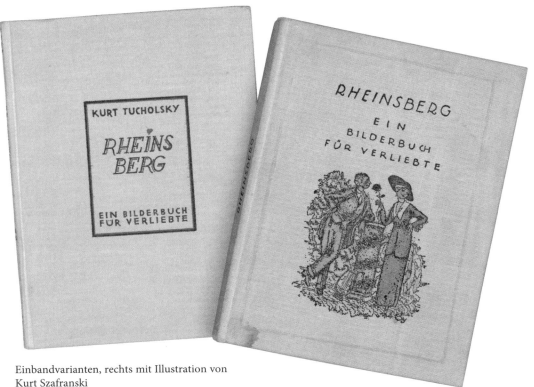

Einbandvarianten, rechts mit Illustration von
Kurt Szafranski

Jurastudent, der gerade erste Erfolge als Journalist verzeichnen konnte, hatte im Sommer 1911 ein aufregendes Wochenende mit der um ein Jahr älteren Geliebten Else Weil; übrigens eine der ersten Frauen, die in Preußen Medizin studieren durften. Dieses Erlebnis sollte den Hintergrund für den heiter-verspielten Roman abgeben. Darin spottet Tucholsky über die herrschende Moral und macht kurzen Prozeß mit den sogenannten preußischen Werten. Dies sollte überhaupt das Markenzeichen des 1890 geborenen Sohnes eines wohlhabenden jüdischen Berliner Kaufmanns werden, besonders in Beiträgen und Feuilletons in der linksbürgerlichen Zeitschrift *Schaubühne*, der späteren *Weltbühne*, aber auch in unter verschiedenen Pseudonymen erscheinenden Büchern.

An dem aus Notizbüchern herausgefeilten »Bilderbuch für Verliebte« war auch der gleichaltrige und ebenfalls in Berlin ansässige Illustrator und Plakatmaler Kurt Szafranski beteiligt, der damals für den Reklameverlag Hans Lindenstaedt tätig war. Tucholsky erinnerte sich fast zehn Jahre später an die Entwicklungsgeschichte seines Büchleins: »Rheinsberg … Et hoc meminisse juvabit … Die Sache war damals so, daß ich das Buch, nach dem später generationsweise vom Blatt geliebt wurde, an der See schrieb, auf die Postille gebückt, zur Seite die wärmende Claire, und es, nach Berlin zurückgekehrt, Herrn Kunstmaler Szafranski vorlas. Das war eine Freude –! Der Dicke sagte, einen solchen Bockmist hätte er wohl alle seine Lebtage noch nicht vernommen, aber wenn ich es ein bißchen umarbeitete und wenn er es illustrierte, dann würde es schon gehen. Ich arbeitete um, ließ die hübschen Stellen weg, walzte die mäßigen etwas aus, und inzwischen illustrierte jener, denn was ein richtiger Plagiatmaler ist, der ist fleißig. Während er abzeichnete, ging ich zu Herrn Verlegermeister Axel Juncker.

Verleger sind keine Menschen. Sie tun nur so. Dieser warf mich mit Buch hinaus.

Nun ist das weiter keine Schande. R. Tagore ist, wie Hans Reimann berichtet, auch erst bei Kurt Wolff abgewiesen worden, und nur der plötzlich bekommene Nobelpreis rettete ihn davor, bei Ullstein verlegt zu werden. Ich erhielt den Nobelpreis nicht – Rosegger stand damals in der engeren Wahl –; aber nachdem mir Verlegermeister Juncker noch rasch mitgeteilt hatte, daß Liebespaare niemals so miteinander reden, nahm er es doch. Das war ihm ganz recht…

Es wurde ein Bombengeschäft. Über meine Verdienste will ich gar nicht erst reden; Szafranski kaufte sich jedenfalls von den seinen etwas, das er in befreundeten Kreisen als Häuschen ausgibt, und gehört heute zu den geachtetsten Mitbürgern Zehlendorfs. Der Verleger tat das, was Verleger immer tun: er setzte zu.«

Bevor alles soweit war, hatte Tucholsky Anfang September 1911 die erste Fassung von *Rheinsberg* an Max Brod nach Prag geschickt, den er gemeinsam mit Szafranski wenig später dort besuchte. Am 24. Oktober 1911 bedankte sich Tucholsky für dessen Kommentar zur vorliegenden Fassung: »… ich danke Ihnen vielmals für Ihren Brief, und vor allem für Ihre Kritik. Ich bin sehr vergnügt, daß Sie auch getadelt haben. Den Schluß habe ich geändert, (die Idee des ersten stammte übrigens von Szafranski, na ja …)« Max Brod dürfte sich bei Axel Juncker für den Druck von *Rheinsberg* besonders eingesetzt haben, erfolgreich.

Der 1902 in Berlin-Charlottenburg gegründete Axel Juncker Verlag war zum Sammelbecken junger jüdischer Literatur geworden. Brod veröffentlichte dort seit 1906; andere Autoren waren Franz Werfel oder auch Meyer Aaron Goldschmidt, der mit seinem Buch *Ein Jude* 1912 bereits in 4. Auflage erschien. Dort erschien also auch Tucholskys Erstling. Es blieb sein einziges Buch bei Juncker. Dem Vernehmen nach partizipierte Tucholsky nicht ausreichend an dem sich einstellenden großen kommer-

ziellen Erfolg. Er hatte die Rechte für 125 Mark an Juncker verkauft, und dieser war erst spät bereit, Tucholsky Tantiemen auf den ungewöhnlich hohen Absatz zu zahlen.

Es geschieht sehr selten, daß ein Erstlingswerk einen so durchschlagenden Erfolg hat wie *Rheinsberg*. Der Kurt Tucholsky, der Kaspar Hauser, der Theobald Tiger, der Peter Panter und Ignaz Wrobel, der fünfgesichtige, scharfzüngige und unermüdliche Beobachter und Kritiker des preußischen Militarismus und eines in der Demokratie versagenden Deutschlands, war aus dem *Bilderbuch für Verliebte* noch nicht herauszulesen. Man hätte es 1912 sicher nicht für möglich gehalten, daß die Bücher des Mannes, der den Ausflug mit einer Medizinstudentin ins brandenburgische Rheinsberg als zärtlich-heitere Liebesgeschichte in seine Notizbücher gekritzelt hatte, einmal auf dem faschistischen Scheiterhaufen enden und er, einsam im schwedischen Exil, des Schreibens müde werden würde.

Auch vor und nach Tucholskys Tod im Jahre 1935 sind zahlreiche illustrierte Ausgaben erschienen, darunter die mit farbigen Bildern von Kurt Szafranski ausgestattete des Verlags J. Singer, 1930, sowie die mit zauberhaften Illustrationen von Max Schwimmer versehene Ausgabe des Mitteldeutschen Verlags Halle (Saale) aus dem Jahre 1949. Bei Faber & Faber in Leipzig gab es 2006 als 30. Band der *Graphischen Bücher* eine mit zwei Originalradierungen und 19 Federzeichnungen ausgestattete Ausgabe von Gudrun Brüne, der langjährigen Gefährtin des Jahrhundertmalers Bernhard Heisig. MF

Literaturauswahl

KURT TUCHOLSKY: *Briefe. Auswahl 1913-1935* (1983). HELGA BEMMANN: *Kurt Tucholsky. Ein Lebensbild* (1990). MICHAEL HEPP: *Kurt Tucholsky* (1998). Richard von Soldenhoff (Hrsg.): *Kurt Tucholsky. 1890-1935. Ein Lebensbild* (1985).

SÖLDNER UND SOLDAT

… siehe Seite 440

Drama.

… siehe Seite 445

H. Ungar   Knaben und Mörder

… siehe Seite 442

Uhse, Bodo {1904-1963}
Söldner und Soldat.
Paris: Editions du Carrefour, 1935. 326 S.
22 x 14,5 cm. Ln./ Br. mit Umschl.
Einband und Umschl. v. John Heartfield.

Literarische Pläne hegte Uhse seit der abgebrochenen Gymnasialzeit. Doch erst »die erzwungene Muße« nach der Flucht 1933 aus Deutschland ließ das erste Werk reifen. Es behandelt seinen Weg durch die Weimarer Republik. Ein autobiographisch geprägtes Buch mithin und ein Bekenntnis zu seinen neuen Freunden im antifaschistischen Exil. Der Sohn eines preußischen Offiziers, der nach der Scheidung der Eltern und Schwierigkeiten mit der Stiefmutter schon als junger Mann mit der Familie brach, stand politisch während der Weimarer Republik auf der äußerst rechten Seite. Wie im Buch der Ich-Erzähler gehörte Uhse zum Bund Oberland e.V., der am 9. November 1923 an der Seite der Nationalsozialisten in München gegen die Republik putschte. Er wechselte 1927 zu den Nationalsozialisten, nachdem diese sich als

Einband von John Heartfield

Sammelbecken rechter Strömungen durchsetzen konnten, und gründete 1929 in deren Auftrag in Itzehoe die erste nationalsozialistische Tageszeitung in Norddeutschland, die *Schleswig-Holsteinische Tageszeitung*. Er war dazu prädestiniert auf Grund seiner Lehrjahre beim *Bamberger Tagblatt*, mit deren Schilderung das Buch beginnt. Er war kein Karrierist, sondern Überzeugungstäter, wie man daran ersehen kann, daß er sich an die Brüder Gregor und Otto Strasser hielt, die innerhalb der NSDAP eine sozialpolitische Fronde bildeten und schließlich von Hitler ausgeschaltet wurden. Uhse wurde auf Grund dieser auch persönlichen Nähe 1930 aus der Chefredaktion in Itzehoe entlassen und schließlich auch aus der Partei ausgeschlossen. Schon zuvor stand er in Kontakt zu den Protagonisten der Bauernrevolte in Schleswig-Holstein. Zusammen mit Bruno von Salomon und anderen führenden Köpfen schloß er nun ein Bündnis mit der KPD und engagierte sich im »Reichsbauernkomitee«. Im Rahmen dieser politischen Arbeit verfaßte er drei Schriften, die noch vor seinem ersten künstlerischen Buch veröffentlicht wurden.

Im Pariser Exil begann er bald mit der Arbeit an seinem Abrechnungsbuch. Die ersten Versuche zeigte er Egon Erwin Kisch, dem literarischen Reporter, dessen Stil für ihn als Journalist vorbildlich war. Nach Uhses Auskünften fiel Kischs Urteil hart, aber heilsam aus. Uhse verwarf die Vorarbeiten, um die Erlebnisse ganz neu zu strukturieren. Er konzentrierte sich auf zwei Bereiche: die frühen Jahre im Bund Oberland 1921 bis 1923 und die Jahre an der Itzehoer Zeitung 1929 bis 1930. Im Interesse der Erzählstringenz erlaubte er sich Änderungen in der Abfolge der Ereignisse, hielt sich aber bei der Gestaltung der Protagonisten weitgehend an die zeitgeschichtlichen Figuren. Der Uhse-Spezialist Kay Dohnke hat erst jüngst für die Neuausgabe des Romans (1992) noch einmal die lokalgeschichtlichen Fakten nachgezeichnet und mit Uhses literarischer Verarbeitung verglichen.

Ob jemand den Kontakt mit dem von Willi Münzenberg im Auftrag der KPD gegründeten Verlag Editions du Carrefour vermittelte, ließ sich nicht feststellen. Uhse war durch seine politische Vergangenheit und seine Veröffentlichungen in der Exil-presse kein Unbekannter. Der Insider-bericht aus der noch in Gärung begriffenen Nazi-Partei hatte Aussicht, Sensation zu machen. Vorabdrucke in mehreren Exilzeitschriften bereiteten den Boden. Zudem dürfte Kisch seine Hilfe bei der Verlagssuche nicht versagt haben. Das Buch kam im Frühjahr 1935 heraus. Gestaltet war es von John Heartfield, der für den Umschlag mit Schwarz, Weiß und Rot die Farben der rechten Republikgegner wähl-te und mit Fahne und Bundschuh den militanten Charakter unterstrich. Das Lese-zeichen zeigt ein Foto von Uhse in einer Dreiergruppe mit Hitler. Uhse war mit dem Ergebnis nicht zufrieden: »Der komplizierte Entwurf, bei dem verschiedene Farben ineinander verschmolzen, wurde im Druck verdorben, da der Verleger die Arbeit aus Sparsamkeitsgründen einem Drucker über-geben hatte, der der Aufgabe nicht gewach-sen war.« Auch der vom Verlag bestimmte Titel paßte ihm nicht. Noch im selben Jahr erschien in der Verlagsgenossenschaft aus-ländischer Arbeiter in der UdSSR Moskau-Leningrad eine Lizenzausgabe in einer Auflage von 5000 Exemplaren.

Das Buch erregte tatsächlich in dem beschränkten Rahmen des Exils einige Aufmerksamkeit. Mehrere Schriftsteller rezensierten das Buch, sahen in der Wand-lung eines ehemaligen Nazis zu einem Antifaschisten ein Hoffnungszeichen und lobten auch die literarische Leistung, so F. C. Weiskopf im *Gegen-Angriff* (Prag, Zürich, Paris am 4. Mai 1935), Gustav Regler in *Unsere Zeit* (Paris, Basel, Prag, Nr. 4/5, 1945), Kisch in der *Rundschau* (Basel am 6. Juni 1935), Rudolf Olden in *Das neue Tage-Buch* (Paris am 8. Juni 1935) und Hans Günther in der *Internationalen Literatur* (Moskau, Heft Nov. 1935). Den Lesern im nationalsozialistischen Deutschland, denen das Buch beim Verständnis des wahren Charakters der Nazis hätte helfen können, blieb das Buch allerdings unzugänglich, wenn sie es nicht im Kriegsgefangenenlager kennenlernten, wie der Uhse-Herausgeber Günter Caspar belegt. Erst 1956 erschien mit der Edition im Aufbau-Verlag die erste Ausgabe in Deutschland. Die Erstausgabe von 1935 ist heute eine Rarität, vor allem mit dem Umschlag von Heartfield.   CW

Literaturauswahl
Günter Caspar (Hrsg.): *Über Bodo Uhse. Ein Almanach* (1984). GÜNTER CASPAR, *Kommentar zu: Bodo Uhse, Söldner und Soldat. Wir Söhne. Gesammelte Werke in Einzelausgaben, Bd. 1* (1974). KAY DOHNKE, *Nachwort zu: Söldner und Soldat* (1992). KLAUS WALTHER: *Bodo Uhse* (1984).

Ungar, Hermann {1893-1929}
Knaben und Mörder.
Erzählungen.
Aufl.: 2000 Expl. Leipzig, Wien u. Zürich: E. P. Tal & Co, 1920. 124 S. 18,4 x 11,6 cm. Pp. Druck: Offizin der Waldheim-Eberle A. G., Wien.

Im Spätherbst des Jahres 1920 veröffentli-chte der Verlag E. P. Tal & Co. Hermann Ungars Erstling, den Erzählungsband *Knaben und Mörder*. Dies war und blieb das erfolgreichste Werk des Autors. Das Buch erlebte als einzige Veröffentlichung Ungars zu dessen Lebzeiten eine zweite Auflage. Diese erschien 1922, wie die erste in noch-mals 2000 Exemplaren, und blieb bis Ende der zwanziger Jahre lieferbar. 1927 über-nahm der Rowohlt Verlag, dessen Autor

Ungar mit seinen Folgebüchern inzwischen geworden war, die Restbestände des Titels. Das Buch wurde ins Tschechische übersetzt. Der im Alter von 36 Jahren am 28. Oktober 1929 verstorbene Autor hatte das seltene Glück, mit seinem Debüt gleich eine größere literarische Öffentlichkeit für sich zu interessieren.

Der junge, erst Anfang 1919 von Ernst Peter Tal gegründete Verlag hatte kein unverwechselbares literarisches Profil; die Sammlung von Autoren und Titeln schien zu Beginn seiner Tätigkeit eher zufällig. Tal war vor der Verlagsgründung Mitarbeiter des Berliner S. Fischer Verlags, hatte dort zeitweise Prokura und leitete bis zum Kriegsausbruch 1914 die Theaterabteilung. Der Achtungserfolg des Erstlingswerks von Hermann Ungar war das Ergebnis einer eher ungewöhnlichen Presseresonanz. Und für die hatte Ungar vorwiegend selbst gesorgt.

Hermann Ungar kam als mährischer Jude am 20. April 1893 in Boskovice, einem Städtchen zwischen Brünn und Olmütz, zur Welt. Die Eltern waren wohlhabend, besaßen eine Spirituosenbrennerei. Der Vater war zeitweise Bürgermeister der dortigen jüdischen Gemeinde. Ungar wuchs zweisprachig auf. Bereits in seiner Gymnasialzeit schrieb er Stücke voller »leidenschaftlicher Liebe und (mit) vielen grauenhaft ermordeten Leichen«, wie später in seinem Tagebuch nachzulesen war. Nach einem kurzen Studium der hebräischen und arabischen Sprache in Berlin wechselte er zum Jurastudium nach München und später nach Prag, um dort 1918 zum Doktor zu promovieren. Als Kriegsfreiwilliger ausgezogen, kehrte er verwundet aus dem Krieg zurück, und wie es bei vielen anderen Künstlern zu beobachten war, verwandelte auch ihn das Kriegserlebnis derart, daß fortan dieses Zerstörungswerk seine literarischen Texte beherrschte. Vermutlich hat Ungar vor dem Hintergrund dieses Erlebnisses sogar sein

Einband

Frühwerk vernichtet. Noch bevor er 1919 als Dramaturg und Schauspieler an das Theater in Eger wechselte, entstand ein Roman, der als verschollen gilt, sowie das Theaterstück *Krieg*, das sich erhalten hat, aber bis heute unveröffentlicht ist. In die Zeit seiner etwa einjährigen Theatertätigkeit fiel auch die Niederschrift seiner beiden Erzählungen *Ein Mann und eine Magd* sowie die *Geschichte eines Mordes*, die in dem Band *Knaben und Mörder* vereinigt sind. Vermutlich kamen sie auf Vermittlung Walter Tschuppiks, der kurz zuvor die erste wesentliche Schrift zur tschechischen Revolution bei Tal & Co. veröffentlicht hatte, in den Verlag. Er war es auch, der zuerst, neben Ludwig Winder (in der *Deutschen Zeitung Bohemia*), im *Prager Tagblatt* am 12. Dezember 1920 auf Hermann Ungars Talent hinwies. Weitere, meist lobende Kritiken folgten unter anderem in der *Prager Presse,* im *Berliner BörsenCourier,* in *Das Tagebuch* und in der *Weltbühne;* selbst im konservativen deutschnationalen

Kunstwart, einer vielgelesenen und meinungsbildenden, aber der Avantgarde und den jungen Kunstströmungen gänzlich unaufgeschlossenen Zeitschrift, wurde das Buch freundlich besprochen. Den größten Einfluß auf den Erfolg hatten schließlich die Besprechungen von Stefan Zweig in der Wiener *Neuen Freien Presse* und Thomas Manns Kritik in der weitverbreiteten und einflußreichen Berliner *Vossischen Zeitung* vom 29. Mai 1921.

Voraus gingen zwei Briefe Ungars an Thomas Mann, die die Bitte weitergaben, Mann möge doch sein Werk besprechen. Am 22. April 1921 schreibt Thomas Mann in sein Tagebuch: »Brief von Dr. Ungar, der natürlich gern eine Besprechung seiner Erzählung möchte, die ich auch vorhabe … Las abends *Knaben und Mörder*«.

Freilich war für die Art der Ungarschen Prosa auch die Zeit günstig. Der literarische Expressionismus, der ein Jahrzehnt lang die Kritik beschäftigte, hatte den Zenit überschritten und begann, das Publikum vielfach zu ermüden. Wie sich in der Malerei etwa mit Dix, Beckmann oder Grosz eine Generation mit neuen künstlerischen Realitätswahrnehmungen formierte, artikulierte sich auch in der Literatur ein neuer Realitätsbegriff. Ungar kann mit seiner die Infamitäten einer ins Schleudern gekommenen Welt freilegenden Prosa neben Kafka als einer der ersten dieser neuen Schriftstellergeneration gelten, die in visionärer Sachlichkeit die Entfremdung zwischen Individuum und Gesellschaft ausdrückt. Anders als Kafka freilich, der zu Lebzeiten nur unzureichend wahrgenommen wurde, aber nach dem Zweiten Weltkrieg eine weltweite Renaissance erlebte, ist Hermann Ungar heute zu Unrecht beinahe gänzlich vergessen.

In der Reihe *Die Graphischen Bücher. Erstlingswerke deutscher Autoren des 20. Jahrhunderts* bei Faber & Faber Leipzig erschien 2001 eine bibliophile Ausgabe der Erzählungen mit Original-Aquatintaradierungen und Zeichnungen von Sascha Juritz. M F

Literaturauswahl
NANETTE KLEMENZ: *Hermann Ungar. Eine Monographie* (1970). Manfred Linke (Hrsg.): *Verschollene und Vergessene* (1971).

Unruh, Fritz von

{Pseudonym: Fritz Ernst, 1885-1970}

Jürgen Wullenweber.

Drama.

Berlin: Verlag von C. Freund, 1910. 111 S. 19,5 x 13 cm. Br. Druck von H. Franke in Dessau.

Fritz von Unruh stammte aus altem preußischem Adelsgeschlecht, für das die militärische Karriere der selbstverständliche Lebensweg war. Der Vater, General und Kommandant der Festung Königsberg, steckte den Achtjährigen wie seine vier Brüder in die Kadettenanstalt in Plön (Holstein), um ihn auf den vorbestimmten Beruf vorzubereiten. Der Vater spielte Cello und war auch sonst nicht ungebildet, doch den Besuch der Kunstakademie in Danzig verbot er dem Sohn. Die Kaiserin hätte ihn wegen seiner malerischen Begabung gern dorthin geschickt. Obwohl kaisertreu, wollte sich der Vater nicht von allerhöchster Stelle in die Erziehung der Kinder hineinreden lassen. Unter die Fittiche von Auguste Viktoria war Fritz von Unruh geraten, weil in Plön auch die Prinzen Oskar und August Wilhelm erzogen wurden und er die »hohe Auszeichnung« erfuhr, zusammen mit ihnen unterrichtet zu werden. Der Kontakt zu den Duzfreunden und der kaiserlichen Familie riß auch nicht ab, als Fritz von Unruh später künstlerisch und politisch auf Abwege geraten war. So las er mitten im Krieg sein anstößiges Antikriegswerk

Opfergang dem erschrockenen Kronprinzen Wilhelm vor.

Schon in der Kadettenanstalt begann Unruh zu schreiben und im *Plöner Wochenblatt* zu veröffentlichen. Er wählte ein Pseudonym, Fritz Ernst, weil er nicht zu Unrecht Konflikte mit seinen Ausbildern befürchtete. Ein Gedicht auf die Reiter der »Schutztruppe« in Deutsch-Südwest wurde beispielsweise als seine Veröffentlichung erkannt und vor angetretener Kompanie unnachsichtig gerügt. Achtzehnjährig schrieb er in seinem letzten Jahr in der Kadettenanstalt sein erstes Drama *Jürgen Wullenweber*, das 1910 vom Hoftheater Detmold unter dem Pseudonym Fritz Ernst uraufgeführt wurde. Es behandelt einen historischen Stoff aus der Hanse-Geschichte der Reichsstadt Lübeck. Jürgen Wullenweber ergreift im Bündnis mit den einfachen Bürgern die Macht in der Stadt, verjagt den alten Rat und beschlagnahmt Kircheneigentum, um damit einen Krieg der Hanse gegen den Dänenkönig zu finanzieren. Nachdem das Volk sich von Wullenweber abgewandt hat, wird er gestürzt und hingerichtet. Die großen Themen wie Staatsräson und Rebellion, Biederkeit und Idealismus, Krieg und Liebe deuten schon auf die kommenden viel diskutierten Stücke hin. Konfliktgestaltung, Figurenaufbau und Dialog zeugen von Talent.

Nach dem Erfolg der Uraufführung fand Unruh auch einen Verlag für die Buchausgabe. Das Unternehmen von Carl Freund gehörte nicht gerade zu den ersten Adressen für neue Literatur. Der Werbeanzeige auf der Buchrückseite ist zu entnehmen, daß Unterhaltungsschriftsteller wie Paul Ehrentraut, Julius Stinde und Friedrich Terburg das Programm bestimmten. Welcher Zufall Unruh in dieses Haus führte, ist ungeklärt. Vielleicht lag das Verlagsbüro in der Nähe seiner Kaserne. Er war inzwischen Offizier und diente im Berliner Garderegiment. Das Buch widme-

te er »Meinen geliebten Eltern in inniger Dankbarkeit!« Noch 1910 brachte es der Verlag in schlichtester Aufmachung auf den Markt, ohne daß es literaturgeschichtliche Spuren hinterlassen sollte.

Ermutigt durch den Bühnenerfolg machte sich Unruh an sein zweites Stück, *Offiziere*, das er bei Max Reinhardt einreichte und das von diesem angenommen wurde. Sei es, daß sein Regimentskommandeur davon Wind bekam, sei es, daß Unruh sich ihm offenbarte – der junge Dramatiker wurde vor die Alternative gestellt: Entweder er sagte die Aufführung ab, oder er hatte den Dienst zu quittieren. Für den Idealisten gab es kein Nachdenken: Seiner Berufung zum Dichten sicher, entschied er sich für die Bühne und erlebte mit der Inszenierung von Reinhardt am Deutschen Theater einen großen Erfolg. Von nun an riß die Kette der neuen Stücke und bedeutsamen Aufführungen nicht mehr ab. Der Krieg, in den er zunächst begeistert eilte, um schon im Oktober desillusioniert seinen ersten Antikriegstext zu schreiben, gab seinem Schaffen nun eine neue Richtung: Unruh wurde zu einem der bekanntesten deutschen Dichter und Pazifisten.

Das erste Buch war bald vergessen. Unruh erwähnte es nicht mehr, und so begannen biographische Notizen und selbst Monographien gewöhnlich mit dem zweiten Stück *Offiziere*. Die Unkenntnis darüber ist bis heute trotz exakter Bibliographien wie der bei Wilpert/Gühring so weit verbreitet, daß Antiquare das seltene Buch für einen Spottpreis anbieten, weil ihnen der Autor Fritz Ernst unbekannt ist.   CW

Literaturauswahl
INA GÖTZ: *Tradition und Utopie in den Dramen Fritz von Unruhs* (1975.) DIETER KASANG: *Wilhelminismus und Expressionismus. Das Frühwerk Fritz von Unruhs 1904-1921* (1980). FRIEDRICH RASCHE: *Fritz von Unruh. Rebell und Verkünder. Der Dichter und sein Werk* (1965).

Fritz Ernst.

Jürgen Wullenweber

Drama.

BERLIN, 1910.

Verlag von Carl Freund.

Einband

BERTHOLD VIERTEL

DIE SPUR

GEDICHTE

*

KURT WOLFF VERLAG
DER JÜNGSTE TAG
13

Viertel, Berthold {1885-1953}
Die Spur.
Leipzig: Kurt Wolff Verlag, 1913. 59 S.
22 x 13 cm. Br. / Pp. (= Der Jüngste Tag
13.) Druck: Poeschel & Trepte in Leipzig.

Berthold Viertels Leben war dem
Theater gewidmet. Seine Hauptleistung
erbrachte er für die Bühne. Die Freie
Volksbühne in Wien vor dem Ersten
Weltkrieg, das Staatsschauspielhaus in
Dresden nach der Novemberrevolution,
Max Reinhardts Bühnen im Berlin der
zwanziger Jahre, Filmstudios in Hollywood
und zuletzt das Burgtheater und das Berliner
Ensemble waren wichtige Wirkungsstätten
für den zu den großen Regisseuren der
ersten Jahrhunderthälfte gehörenden
Theatermann. Doch seine schöpferische
Leistung in der Literatur lag erstaunli-
cherweise nicht im Drama, sondern im
Gedicht, wenn man Kritiken und theoretische Äußerungen ausklammert. Viertel
bekannte, daß er diesen zweiten Ort für
sein Ich immer brauchte. »Es handelt sich
dabei nicht einfach um eine Alternative,
um einen mehr oder minder geregelten
Wechsel von Haltungen, sondern um eine
viel intimere Verbindung zwischen zwei
Polen.« Umfangreich ist sein lyrisches Werk
nicht, doch es brachte ihm Anerkennung
aus berufenem Munde.

Leidenschaft für Theater und Dichtung
gehörte am Ende des 19. Jahrhunderts zum
guten Ton in den bürgerlichen Kreisen
Wiens, zu denen die aus Galizien zuge-
wanderten jüdischen Eltern aufzuschließen
bemüht waren. Doch zur Verwunderung
des Vaters, eines Möbelhändlers, und
der eigentlich verständnisvollen Mutter
begeisterte sich der Gymnasiast für die
Modernen wie Gerhart Hauptmann,
Hamsun, Strindberg und Wedekind.
Gerade einmal vierzehnjährig legte er Peter
Altenberg im »Café Central« erste eigene
Versuche vor. Wenig später schrieb der

Schüler dem bewunderten Redakteur der
Fackel Karl Kraus seine Meinung über
das Schulwesen und erhielt nicht nur eine
Antwort, sondern wurde in der Fackel auch
zitiert. Am Ende seines Studiums, das er
von 1904 bis 1910 an der Philosophischen
Fakultät der Wiener Universität absolvierte,
gehörte Viertel zu den wenigen Autoren, die
in der Fackel gedruckt wurden, bis Kraus
die Zeitschrift ab Ende 1911 nur noch den
eigenen Texten vorbehielt. Der streitbare
Kritiker blieb dem jungen Adepten über alle
Meinungsverschiedenheiten hinweg lebenslang zugetan, obwohl der Reserveoffizier
Viertel den Antimilitaristen Kraus nach
dem Ausbruch des Ersten Weltkriegs durch
begeisterte Verse aus dem Feld enttäuschte.

Die Gedichte seines ersten Bandes gehören noch deutlich der morbiden Vorkriegs-
zeit an, handeln von Einsamkeit, grund-
loser Wehmut, Suizid von Gymnasiasten,
Liebesleid und Liebesglück. Viertel hatte
das Manuskript für den Band Anfang
Oktober 1912 zusammengestellt, wie er seinem Freund Hermann Wlach schrieb. Für
einen Fackel-Mitarbeiter naheliegend, sandte Viertel es an Kurt Wolff nach Leipzig, in
dessen jungem Verlag Kraus schon bald eine
zentrale Stellung einnahm. Der Titel wurde
in die Reihe Der Jüngste Tag aufgenommen, die Anfang 1913 von Wolff mit seinen
Lektoren Franz Werfel, Walter Hasenclever
und Kurt Pinthus entworfen worden
war. Im Impressum ist vermerkt, daß das
Buch im Oktober bei Poeschel & Trepte
gedruckt wurde. Die Freiexemplare trafen
beim Autor spätestens Ende November ein,
denn er widmete am 1. Dezember Gerhart
Hauptmann ein Exemplar »in Ehrfurcht«.
Die gedruckte Widmung »Meiner Frau«
richtete sich an seine erste Frau Grete, die
er im November 1912 geheiratet hatte. Auch
das erste Gedicht Widmung gehörte seiner
Geliebten, durch deren Einfluß sich seine
Seele endlich gelöst habe: »Da nimm die
Lilien früher Tage.«

Während der junge Regisseur in jenen Jahren mit der »Freien Volksbühne« erste künstlerische, wenn auch nicht materielle Erfolge feierte, an die sich Zeitgenossen noch in späten Jahren erinnerten, scheint sein Gedichtband verhalten aufgenommen worden zu sein. Franz Pfemfert hatte schon nach den ersten Gedichtveröffentlichungen bei Kraus von »Viertellyrik der ›Fackel‹« gesprochen und sie der »Advokatenlyrik der Hardenschen ›Zukunft‹« gleichgestellt. 1918 erschien wenigstens eine Nachauflage. Der Autor stand zu seinem Erstling und schrieb nach der zweiten »Welt-Zertrümmerung« nur leicht ironisch: »Meine lyrischen Bekenntnisse … begannen mit der Lebensbilanz vierzehnjähriger Selbstmörder, die also dem Tod auf dem Schlachtfeld ein Präveniere gespielt hatten. Das war damals gut bürgerlich, als junge Proletarier hätten wir uns wohl dem Kampf des Lebens tatkräftiger gestellt.«   CW

Literaturauswahl
BERTHOLD VIERTEL: *Dichtungen und Dokumente. Gedichte, Prosa, autobiographische Fragmente* (1956). Siglinde Bolbecher (Hrsg.): *Der Traum von der Realität – Berthold Viertel* (1998). IRENE JANSEN: *Berthold Viertel. Leben und künstlerische Arbeit im Exil* (1992). Josef Mayerhöfer (Hrsg.): *Berthold Viertel. Regisseur und Dichter (1885-1953)* (1975). Friedrich Pfäfflin (Bearb.): *Berthold Viertel (1885-1953). Eine Dokumentation* (1969).

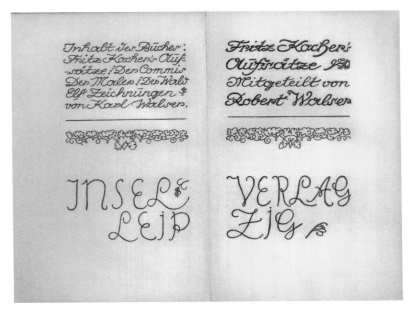

… siehe Seite 453

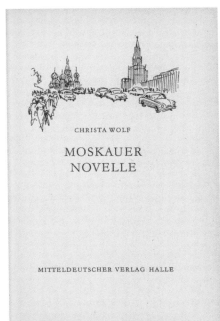

CHRISTA WOLF

MOSKAUER
NOVELLE

MITTELDEUTSCHER VERLAG HALLE

… siehe Seite 459

… siehe Seite 475

Walser, Martin {geb. 1927}
Ein Flugzeug über dem Haus und andere Geschichten.
[1.-2. Tsd.] Frankfurt/Main: Suhrkamp Verlag, 1955. 175 S. 18,6 x 11,4 cm. Ln. Druck: L. C. Wittich, Darmstadt.

Im Herbst 1955 erschien im Suhrkamp Verlag Frankfurt am Main Martin Walsers literarisches Erstlingswerk *Ein Flugzeug über dem Haus und andere Geschichten* in einer Auflage von 2000 Exemplaren. Im gleichen Jahr, auf der Mai-Tagung in Berlin, hatte der 1927 in Wasserburg am Bodensee geborene Autor für seine Erzählung *Templones Ende* den Preis der »Gruppe 47« zugesprochen bekommen. Die Erzählung war eine von neun Geschichten, die, Monate später als Sammlung veröffentlicht, den literarischen Anfang von Walsers späterer eindrucksvoller Entwicklung ausmachen sollten. Walser war nicht unerprobt, was Schreiben und Wirkung anging. Schon während seines Studiums der Germanistik, Philosophie, Anglistik und Geschichte war er zuerst als freier, ab 1950 als fester Mitarbeiter des Süddeutschen Rundfunks in Stuttgart tätig. In dieser Zeit entstanden Wortbeiträge, kleinere Features, vor allem als Redakteur der Senderreihe *Zeichen der Zeit*, deren sozial- und kulturkritisches Thema es war, das bundesdeutsche Wirtschaftswunder kritisch zu beleuchten. Überdies schrieb Walser zahlreiche Hörspiele, und er arbeitete an einem größeren Prosastoff mit dem Titel *Schüchterne Beschreibungen*. Das Manuskript wurde nie veröffentlicht, lediglich kleinere Passagen daraus arbeitete der Autor in den 1960 erschienenen Roman *Halbzeit* ein. Allerdings las Walser 1953, bei seinem ersten Auftritt vor der »Gruppe 47«, aus eben diesem Manuskript, was ihn nachhaltig als Autor weiterempfehlen sollte. Zuvor hatte der Gründer der Gruppe, der Schriftsteller Hans Werner Richter, Walser

mit der Erzählung *Die Niederlage* im Maiheft der Zeitschrift *Die Literatur. Blätter für Literatur, Film, Funk und Bühne* vorgestellt, und es schien nur eine Frage der Zeit, bis Walsers Durchbruch als Autor zu erwarten war. Das Erscheinen des Prosaerstlings war das noch nicht. Zwar betrat Walser sprachgewaltig die literarische Bühne, aber ein Teil der Kritiker wollte in Walser einen Kafka-Adepten ausgemacht haben, was der Leser heute kaum noch zu begreifen in der Lage ist.

Tatsache war, daß Walser über Kafka promoviert und in der genannten Zeitschrift, die ihn als Erzähler vorgestellt hatte, einen Monat zuvor in einem literarhistorischen Aufsatz seine Kafka-Nähe deutlich gemacht hatte. Besonders die Rezension in der *Frankfurter Allgemeinen Zeitung* von Paul Noack wollte in Walser einen Kafka-Epigonen erkennen, aber auch Wolf Jobst Siedlers Besprechung im Berliner *Tagesspiegel* wie auch die von Hans Egon Holthusen in der *Süddeutschen Zeitung* waren von diesem Vorwurf nicht frei. Immerhin avancierten Walser und sein Frühwerk gleich zum Gegenstand des besten deutschen Feuilletons.

Peter Suhrkamp, der Walser um eine Auswahl seiner Erzählungen gebeten und sich damit die Rechte am ersten Walser-Buch gesichert hatte, schrieb dem Autor am 16. Juni 1955, nachdem dieser dem Verlag zwölf Erzählungen unter dem Titel *Beschreibung meiner Lage* zugesandt hatte, folgendes: »Nach eingehender Beschäftigung mit den von Ihnen eingereichten Erzählungen finden Sie mich nunmehr zu einer Ausgabe eines Bändchens noch in diesem Herbst bereit. Ich will Ihnen dazu offen sagen, daß ich mir keine Illusionen über den Erfolg mache. Nach dem Bild, das ich jetzt gewann, halte ich es aber in Ihrem Interesse für notwendig, daß jetzt ein Buch von Ihnen erscheint.« Dann eröffnete der Verleger dem Autor Vorschläge zu

GEFAHRENVOLLER AUFENTHALT

Als mich damals die Lust überkam, mich auf mein Bett zu legen, wußte ich wirklich nicht, wohin das führen würde. Es war noch nicht Abend. Ich kann auch nicht sagen, daß ich müde war. Wie immer, so war ich auch an diesem Nachmittag einige Stunden am Fenster gestanden und hatte zugesehen, wie sich draußen die Leute durch die Straßen schleppten. Die einen wohnten links von mir, die anderen rechts. Andere Unterscheidungen waren nicht mehr möglich. Ob es an meinen Augen lag oder an den Leuten, vermag ich auch heute noch nicht zu sagen.

An jenem Nachmittag drehte ich mich früher als sonst vom Fenster weg und legte mich, angezogen wie ich war, auf mein Bett. Meine Arme fielen ausgestreckt links und rechts neben mich hin und blieben liegen. Seit diesem Augenblick habe ich auch nicht mehr die geringste Bewegung vollbracht. Am Anfang dachte ich,

18

es sei Müdigkeit, dann dachte ich, es sei eine Laune und eine Lust, den Bewegungslosen zu spielen. Bald konnte ich nicht mehr sagen, ob ich freiwillig liegen blieb oder ob mich eine Krankheit oder noch Schlimmeres dazu zwang. Ich lag einfach. Nun ging aber das Leben weiter. Nicht daß ich das Zimmer hätte verlassen müssen, um einem Beruf nachzugehen. Ich war ja gewohnt, in meinem Zimmer zu sein. Aber auch dem Einsamsten sind heute Pflichten aufgebürdet, wenn er weiterleben will. Und wer will nicht weiterleben?

Da kamen zuerst die Männer von der Eisfabrik: wie immer hatten sie große rote Gummiröhren über Hände und Arme gestülpt und trugen weiße Eisstangen, die sie wie Säuglinge an ihre Lederschürzen preßten, in mein Zimmer und legten sie auf den Tisch. Sie grüßten mich, streiften das Geld ein, das auf dem gewohnten Platz lag, und schoben sich unter Entschuldigungen, die sie aus wulstigen Mündern murmelten, rasch wieder zur Türe hinaus. Das Eis lag auf dem Tisch und

19

Doppelseite

Struktur, Umfang und zu Titeln einzelner Erzählungen wie zum ganzen Band.

Von den zwölf Erzählungen sollten nur neun zum Druck gelangen. Die Erzählungen *Ein verdorbenes Geschäft*, *Der Schwächere* und *Eine Banane genügt* sollten ersatzlos entfallen. Walser zeigte sich rasch bereit, diesem Vorschlag zu folgen, und hat nach eigenen Angaben auch später diese drei Erzählungen nicht an anderer Stelle veröffentlicht.

Weiterhin empfahl der Verlag, daß sich der Autor noch einmal mit den Titeln einzelner Erzählungen befassen sollte, die, wie der Verlag noch vor den künftigen Rezensenten meinte, »nur schlecht die Herkunft von Kafka« verdecken könnten. So wurde aus der *Beschreibung meiner Lage* in der Druckfassung der Titel *Gefahrvoller Aufenthalt*, aus *Die Geschichte eines älteren Herrn* würde *Templones Ende* und aus *Die Geschichte eines Pförtners* schließlich *Die Klagen über meine Methoden häufen sich.*

Zuletzt schrieb Suhrkamp im bereits zitierten Brief, kommt der »von Ihnen vorgeschlagene Titel für das Bändchen (…) unseres Erachtens nicht in Betracht. Der unbefangene Leser wird diesen Titel auf den Autor beziehen. Wesentlicher ist, daß es ein ausgesprochener Kafka-Titel ist. Wir müßten uns also einen neuen Titel noch überlegen. Will man den Titel einer Geschichte für das ganze Bändchen nehmen, wurde hier im Kreis meiner Mitarbeiter dafür *Ein Flugzeug über dem Haus* für am richtigsten befunden.« Um der Gefahr zu entgehen, diese Erzählung hätte für die endgültige Auswahl eine zentrale Bedeutung, einigte man sich zum Schluß auf den Zusatz *und andere Geschichten.*

An der Erstauflage verkaufte der Verlag einige Jahre. 1963, im Gründungsjahr der *edition suhrkamp*, fand der Titel als Band 30 Aufnahme in diese Verlagsreihe und verkaufte sich als preiswertes Taschenbuch in mehr als siebzigtausend Exemplaren. Im Band 24 der *Graphischen Bücher* bei Faber & Faber Leipzig wurde das Erstlingswerk Walsers in einer bibliophil ausgestatteten Ausgabe herausgegeben. Der Berliner Künstler Johannes Vennekamp hat dazu acht mehrfarbige Originaltransparentlithographien und phantasievolle kleine Bildobjekte geschaffen, von denen 45 Wiedergaben reproduziert wurden. MF

Literaturauswahl
PETER SUHRKAMP: *Briefe an die Autoren* (1961).
JOSEF-HERMANN. SAUTER: *Interviews mit Schriftstellern. Texte und Selbstaussagen* (1986).
MARTIN WALSER: *Geschichten, die sich selber schreiben*; in: Renatus Deckert (Hrsg.): *Das erste Buch. Schriftsteller über ihr literarisches Debüt* (2007).

Walser, Robert {1878-1956}
Fritz Kocher's Aufsätze.
Mitgeteilt von Robert Walser. Doppeltitel u. 11 Zeichnungen v. Karl Walser. Auflage: 1300 Expl. Leipzig: Insel-Verlag, 1904. 127 S., 11 Taf. 18 x 12 cm. Pp. / Ldr. Druck: Breitkopf und Härtel in Leipzig.

Der Geschichte seines ersten Buches wohnte schon das spätere Schicksal von Robert Walser inne. Walser eröffnete mit *Fritz Kocher's Aufsätzen* ein bemerkenswertes Œuvre, das späterhin viele Bewunderer haben sollte, doch vom zeitgenössischen Publikum wurde es nicht angenommen. Das erste Buch war weit mehr als eine Talentprobe, fiel jedoch auf dem Buchmarkt glatt durch.

Auf Grund der beengten Verhältnisse im Elternhaus mußte Walser, siebentes Kind eines erfolglosen Buchbinders und kleinen Händlers in Biel, nach dem Progymnasium eine Lehre als Bankkaufmann aufnehmen und im Anschluß seinen Unterhalt selbst bestreiten. Er sollte die Arbeitsstellen und Berufe ebenso häufig wechseln wie seine allzeit provisorischen Wohnstätten. Nachdem sich die erwünschte Laufbahn eines Schauspielers nach einem niederschmetternden Votum von Josef Kainz erledigt hatte, entdeckte er seine literarischen Fähigkeiten. Zunächst schrieb er vor allem Gedichte, die wie seine spätere Prosa nur einen Gegenstand kannten – das Schicksal des begabten Bürogehilfen Robert Walser. Sein eigentlicher Entdecker war der angesehene Schweizer Kritiker Josef Viktor Widmann, der in der Berner Tageszeitung *Der Bund* vom 8. Mai 1898 erste Gedichte von ihm veröffentlichte und ihn auch späterhin nachhaltig unterstützte. Zufällig las Franz Blei, damals in Zürich ansässig, die Texte, war davon angetan und lud den angehenden Autor zu sich ein. 1899 trat Walser eine Reise nach München an, um sich mit Alfred Walter Heymel, Rudolf Alexander Schröder und Otto Julius Bierbaum, die damals die Zeitschrift *Die Insel* vorbereiteten, bekannt zu machen. Der Walser-Biograph Robert Mächler vermutet, daß ihm Franz Blei dazu geraten hatte. 1901 hielt sich Walser erneut in München auf, wo Blei inzwischen lebte und Walser neben den *Insel*-Protagonisten auch Frank Wedekind, Max Dauthendey und andere Dichter näher kennenlernte, ohne allerdings sein Einzelgängertum aufgeben zu können. Regelmäßig erschienen nun seine Texte in der *Insel*. Nach diesem längeren Deutschlandaufenthalt, der ihn auch zum Bruder Karl, dem angehenden Maler und Buchkünstler, nach Berlin geführt hatte, zurück in der Schweiz, veröffentlichte er zwischen März 1902 und August 1903 im *Bund* die in den letzten Jahren entstandenen fiktiven Schulaufsätze von Fritz Kocher

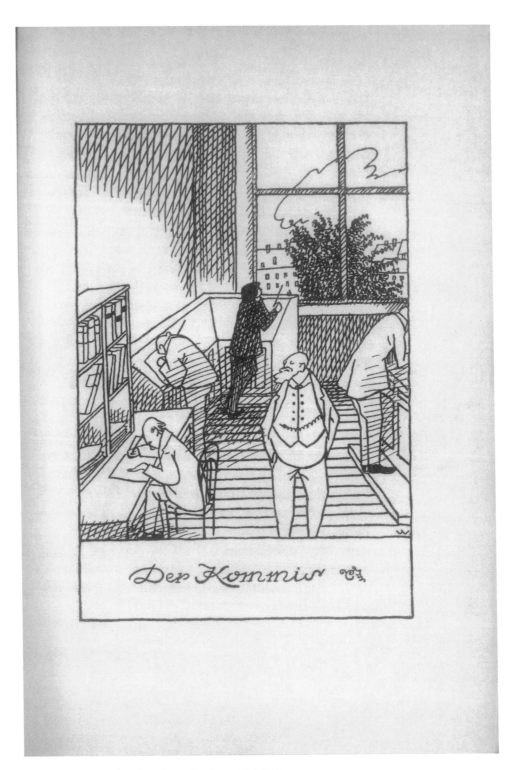

Illustration von Karl Walser; Doppeltitel von Karl Walser
siehe Seite 449

sowie weitere Prosaskizzen aus dem späteren Buch.

So hatte Walser genügend Texte zusammen, um im November 1903 mit dem Insel-Verlag in Verhandlungen über ein Buch treten zu können. Zunächst dachte Walser, ermuntert von Franz Blei, an einen umfänglichen Sammelband, doch der Verlagsleiter Rudolf von Poellnitz entschied sich für einen schmalen Prosaband, dem später ein Bändchen Gedichte und eventuell eines mit Dramen folgen sollten. Im September/Oktober einigte sich Walser mit dem Verlag über die Vertragsbedingungen, am 29. November bedankte sich Walser für die ersten Exemplare des »hübschen« Buches, zu dem Bruder Karl Zeichnungen beisteuerte. Robert Walser erhielt 250 Mark und forderte im Frühjahr 1905 weitere 100 Mark, die er erhalten sollte, wenn die Herstellungskosten durch den Verkauf hereingekommen wären. Doch dieser Fall, für den 350 Exemplare hätten verkauft werden müssen, trat nie ein. Im April 1905 waren nur 47 der 1300 hergestellten Exemplare verkauft. An dem Mißerfolg änderte auch nichts, daß es einige positive Besprechungen des Buches gab, voran eine von Widmann im *Bund*. Das Buch blieb unverkäuflich, selbst nachdem es 1910 im Preis herabgesetzt worden war. Bald darauf wurde es verramscht. Der neue Verlagsleiter, Anton Kippenberg, der keine Ader für Walsers vertrackten Humor hatte, sah sich auf Grund des Mißerfolges nicht an die in Aussicht gestellten Folgeprojekte gebunden. Walser war deshalb inzwischen zu Bruno Cassirer gewechselt.

Der Ärger über den Mißerfolg wurde in Walsers Augen vermehrt durch den Siegeszug von Hermann Hesses *Peter Camenzind*, der im selben Jahr wie *Fritz Kocher's Aufsätze* erschienen war. Noch am Ende seines Lebens in der Anstalt Herisau erinnerte er sich mit Bitternis daran, daß Kritiker ihm Hesses Stil empfahlen, um erfolgreich zu sein. Walser hatte nicht wahrgenommen, daß gerade Hesse seine Leistung wiederholt und nachhaltig öffentlich würdigte. CW

Literaturauswahl
ROBERT WALSER: *Briefe. Hrsg. v. Jörn Schäfer und Robert Mächler* (1975.) JÜRG AMANN: *Robert Walser. Eine literarische Biographie in Texten und Bildern* (1995). Katharina Kerr (Hrsg.): *Über Robert Walser* (1978). ROBERT MÄCHLER: *Das Leben Robert Walsers. Eine dokumentarische Biographie* (2003). HEINZ SARKOWSKI, WOLFGANG JESKE: *Der Insel Verlag 1899-1999* (1999). CARL SEELIG: *Wanderungen mit Robert Walser. Hrsg. v. Anne Gabrisch* (1989).

Wedekind, Frank
{eigtl. Benjamin Franklin Wedekind, 1864-1918}

Prolog zur Abendunterhaltung der Kantonsschüler.
Aufl.: 200 Expl. Aarau: H. R. Sauerländer, [1884]. 7 S. 21 x 13 cm. Heft.

Kaum ein Autor seiner Generation war beim Publikum so umstritten wie Frank Wedekind. Die Theaterzensur war ihm ständig auf den Fersen. Hatte eine Bühne endlich die Scheu vor dem heiklen Autor überwunden, so erwartete sie bei der Premiere ein Skandal. Meist bewirkt durch den Tabubruch, Sexualität, namentlich von Weib und Kind, öffentlich gemacht zu haben. Doch mindestens einmal wurden er und eines seiner Werke auf Händen getragen.

Im Januar 1884 zitterte der Kantonsschüler Benjamin Franklin Wedekind vor der Maturitätsprüfung, doch das Ende der Büffelei war in Sicht. Der Tag des feierlichen Abschlusses der Schulzeit stand fest. Für den 1. Februar 1884 bereiteten die Schüler eine festliche und doch vergnügliche Abendunterhaltung im Kreise der Lehrer und Eltern vor. Wedekind brachte dazu mitten in der Prüfungsvorbereitung einen Prolog »unter heftigen Geburtsschmerzen zur Welt«, wie er seinem Freund Oskar Schibler im Januar schrieb. Schwierigkeiten bereitete sicher nur der Anlaß, zu dem die rechten Worte gefunden werden wollten. Sonst brauchte ihn zum Dichten niemand zu bitten. Seit Jahren schon besaß er in seiner Heimatstadt Lenzburg und auch am Schulort Aarau den Ruf des besten Gelegenheitsdichters weit und breit. Viele Gedichte und Lieder, die später in seine Bücher eingingen und von ihm auf dem Brettl vorgetragen wurden, entstanden schon in diesen Schuljahren. Der Kantonsschüler überzog nicht nur Verwandte, Mitschülerinnen und reife Frauen seines Lebenskreises mit lyrischen Postillen, sondern trug seine verruchten »Carmina« gern auch am abendlichen Kneiptisch vor. Ja, er stiftete schon in Schüleruniform mehrere Dichterbünde, so zuletzt in Aarau »Fidelitas«, zu dessen literarischem Leben vor allem Bruder Armin und Cousine Minna beitrugen. Wedekind beherrschte früh die klassischen Formen der Dichtung von der Anakreontik bis zur Romantik und wußte sie spielerisch, mit komischen Effekten zu gebrauchen. Nicht zufällig thronte Heine unter seinen Penaten.

Bei der Gestaltung seines *Prologs zur Abendunterhaltung der Kantonsschüler* scheint sich Wedekind stark an den einleitenden Texten zu klassischen Dramen orientiert zu haben, etwa an Goethes *Zueignung* und *Prolog auf dem Theater*, die dem *Faust*-Drama vorangehen. In ähnlichem Versmaß und Duktus spricht der Impressario des Abends Eltern, Angehörige und Verwandte an: »Seid mir willkommen, Ihr Lieben, die Ihr Euch all' / In diesem herrlichen Tempel eingefunden! –« Die Göttin Poesie tritt auf und weiht den Abend. Ganz feierlich verspricht sich der Vortragende eine idealische, menschheitsverbrüdernde Wirkung von der Kunst: »Wenn einst ein Gott uns schon auf

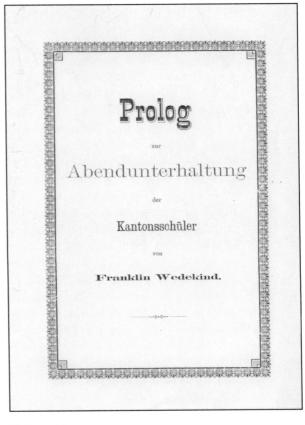

Heftumschlag

Erden / Verleiht, was er der Kunst verlieh, / Dann wird die Menschheit selig werden / Durch Einigkeit und Harmonie.«

Die Wirkung von *Prolog* und Vortrag sind durch eine Jugendfreundin, Sophie Haemmerli-Marti, überliefert: »Niemand wollte im ersten Moment in dem jungen Faust auf der Bühne den saloppen Jüngling mit der langen Tabakspfeife wiedererkennen, der bei Tag und Nacht Aaraus Gassen beunruhigt hatte. … Atemlos lauschten Mitschüler, Balldamen, Eltern und Professoren der wohllautenden Stimme mit ihren hohen und tiefen Registern, und der Autor selbst war sichtlich von seinen eigenen Tiraden ergriffen«. Der Erfolg muß auch im Familienkreise so einhellig gewesen sein, daß die fernwohnende Cousine und Dichterfreundin Minna vor Hybris warnte und ihm ein mahnendes Gedicht widmete, mündend in folgenden Versen: »Drum sag ich's Dir allein: Du mögest wallen / Als Dichter Deine Bahn, Dich freu'n, nie stützen / Auf bloßen Beifall nur, sonst wirst Du fallen / In Eitelkeit und Schmeicheleien-Pfützen.«

Die gute Aufnahme im Familienkreis ist um so bemerkenswerter, wenn man das bald nach Beginn des Studiums ausbrechende Zerwürfnis zwischen Vater und Sohn bedenkt. Der Vater war ein alter 48er Revolutionär, der es nach Jahren des Exils in Amerika zu einigem Vermögen gebracht hatte – sichtbares Zeichen dafür war der Erwerb von Schloß Lenzburg in der Schweiz, dem Wohnsitz der Familie. Er wollte den Sohn zur Juristerei verpflichten, während dieser nach Dichterruhm trachtete. Berichtet wurde sogar von Tätlichkeiten des Sohnes gegen den Vater und einer sich daran anschließenden mehrjährigen Funkstille zwischen beiden. Letztlich beendete nur der plötzliche Tod des Vaters die Zwistigkeiten. Frank Wedekind brach daraufhin das Studium endgültig ab und zog für Jahre nach Paris, wo er sein Erbteil durchbrachte.

Doch das ist ein anderes Kapitel. Hier bleibt nachzutragen, daß Wedekinds *Prolog* sogleich nach seinem erfolgreichen Vortrag auf den Tisch des Aarauer Verlegers Sauerländer kam und von diesem wenige Tage später gedruckt wurde. Überliefert ist Sauerländers Brief vom 13. Februar 1884, der der Sendung von 200 Exemplaren an den glücklichen Autor beilag. Vielleicht war das schon die gesamte Auflage. Sicher wird manches dieser Hefte im Bücherschrank von Aarauer Bürgern und ehemaligen Kantonsschülern schlummern. In öffentliche Bibliotheken haben sie allem Anschein nach keinen Eingang gefunden. Nur im Nachlaßteil von Wedekind in Aarau fand sich ein Exemplar. CW

Literaturauswahl
Frank Wedekind. Texte, Interviews, Studien. Hrsg.: Elke Austermühl, Alfred Kessler, Hartmut Vinçon (1989). ROLF KIESER: *Benjamin Franklin Wedekind. Biographie einer Jugend* (1990). GÜNTER SEEHAUS: *Frank Wedekind in Selbstzeugnissen und Bilddokumenten* (1974). Hartmut Vinçon (Hrsg.): *Frank Wedekinds Maggi-Zeit* (1992).

Weinert, Erich {1890-1953}
Der Gottesgnadenhecht und andere Abfälle.
Berlin: Elena Gottschalk Verlag, 1923. 15 S. 22 x 14,5 cm. Br. Druck: Wurster & Scheidter, Aschaffenburg.

Die Ausgabe erschien mit einem bemerkenswerten, an George Grosz erinnernden Titelbild von Erich Weinert, der selbst ausgebildeter akademischer Zeichenlehrer war. Eine eigenartige Auflagenbezeichnung war untergebracht, der Druckeintrag »3.-5. Auflage«; ungewöhnlich für die Erstausgabe eines Erstlingswerks. Vermuten läßt sich, daß dies aus Zensurgründen geschah, daß man die gegenüber militant politischer Lyrik wachsamen Behörden darauf aufmerksam machen wollte, daß schon alles einmal seine Richtigkeit gehabt hatte. Die Gedichtsammlung wurde dennoch, neben anderen Verlagsbüchern, 1924 konfisziert. Der Verlag bestand nur von 1923 bis 1925. Es ist anzunehmen, daß er eine Art Zweckgründung war, die sich auch dem satirischen Gedicht im Kabarett des Nachexpressionismus widmete, neben anderen ein wenig aufrührerischen Texten. 1924 standen beispielsweise Titel wie Paul Althaus, *Jack, Der Aufschlitzer,* oder Otto Flake, *Zum guten Europäer. 12 Chroniken Werrenwags,* im Programm. Nach dem Eingreifen der Staatsanwaltschaft sind uns keine weiteren Projekte des Verlags bekannt geworden. Weinerts Gedichte nach

Broschureinband mit Zeichnung von
Erich Weinert

Der Gottesgnadenhecht und andere Abfälle erschienen in wechselnden Verlagen.

Schon vor dem Erstlingswerk veröffentlichte Weinert Gedichte in verschiedenen Blättern: in der von Hans Reimann in Leipzig herausgegebenen Wochenschrift *Der Drache*, im Münchner *Simplicissimus*, der Berliner *Weltbühne*, in der *Neuen Leipziger Zeitung* und anderswo. In der Nachbarschaft der Magdeburger Zeitschrift *Die Kugel*, die einem Verlag gleichen Namens gehörte, plante Weinert schon 1920 eine Buchveröffentlichung mit Gedichten, die im Januar/Februar-Heft der Zeitschrift angekündigt wurde: »Demnächst erscheint *Rhythmische Gespräche*. Gedichte von Erich Weinert. Mit 6 Graphiken von Franz Bartels.« Diese Gedichtsammlung konnten wir, wie Wilpert/Gühring auch, als gedruckt nicht nachweisen. Nur ein paar Gedichte, *Vernunft, Gut und böse* sowie *Gott*, die im erwähnten Heft der Zeitschrift abgedruckt wurden, vermerken: »Aus *Rhythmische Gespräche*« (1919-20?). Wie dem auch sei, wir erkennen daraus, daß Weinert viele Gedichte in seiner lyrischen Vorratskammer aufbewahrte, ehe sie zum Druck kamen. Der Druck war für ihn nicht der Primäreffekt. Sein Schaffen war Sprechdichtung, die im Vortrag erprobt wurde. Das gibt seinen Gedichten eine sich fortschreibende Lebendigkeit. Erstdrucke und spätere Fassungen lassen das im Vergleich spüren. Was er im Vortrag wahrnahm als nicht pointiert genug, als fehlende Atempause oder als was auch immer, das holte er nach in korrigierter Zeichensetzung, in verbesserter Wortwahl, das wurde für eine fortwährend aktive Schreibweise genutzt. In einem Aufsatz *Zehn Jahre an der Rampe* schrieb er darüber: »Zum Schreiben meiner Gedichte habe ich gewöhnlich sehr wenig Zeit gehabt. Sobald ein politisches Ereignis eingetreten war, sollte es möglichst schon am gleichen Abend in einem Vortragsgedicht seinen Niederschlag fin-

den. Je schneller unsere Analyse der Maßnahmen des Klassenfeindes an die Versammlungen herangetragen wurde, umso mehr wurden Unklarheiten in der Meinungsbildung verhütet.« Ein treffender Blick auf die politische Anspannung, der er sich als Dichter unterworfen fühlte, auf die Improvisationskunst, die er als revolutionärer Sprechdichter von sich erwartete.

Viele seiner Gedichte trug Erich Weinert selbst in linksbürgerlichen Kabaretts und auf kommunistischen Versammlungen mit vorwiegend proletarischem Publikum vor. In Hans Reimanns Leipziger Kabarett *Retorte* rezitierte er von 1921 bis 1923 die meisten Gedichte aus der Sammlung *Der Gottesgnadenhecht*. Man geht sicher nicht fehl in der Annahme, daß einige Gedichte des Bandes von dem suggestiven Erleben in diesem Kabarett angeregt worden sind. Auch im Berliner Künstlercafé »Kü-Ka« war Erich Weinert Gast. Dadurch gewann der Dichter an öffentlicher Belichtung. Besonders brisante politische Zeitgedichte aus diesen Veranstaltungen wurden schnell von der Presse nachgedruckt, so daß diese und ihr Autor nicht nur in den Parteizeitungen, sondern auch in republikanischen Gazetten und Witzblättern Gegenstand des öffentlichen Gesprächs wurden. *Der Gottesgnadenhecht und andere Abfälle* und viele der dieser Sammlung nachfolgenden Gedichte übten mitunter eine solche Anziehungskraft aus, daß Weinerts Gegenparteien ihn gern als ihren Propagandisten umgewidmet hätten.

1933 ging Weinert erst in die Schweiz, dann nach Frankreich und dann nach Moskau ins Exil. EF

Literaturauswahl
EDITH ZENKER, *Nachbemerkung zu: Erich Weinert, Gesammelte Gedichte. Bd. 1: 1919-1925* (1970). WERNER PREUSS: *Erich Weinert. Leben und Werk* (1987).

Weisenborn, Günther {1902-1969)

Barbaren. Roman einer studentischen Tafelrunde.

Berlin: Sieben-Stäbe-Verlag, 1931. 242 S. 18,5 x 12,5 cm. Pp./Ln. mit Umschl. Einband und Umschlagzeichnung von Paul Pfund. Druck: Sieben-Stäbe-Verlags- und Druckerei-Gesellschaft m. b. H., Berlin.

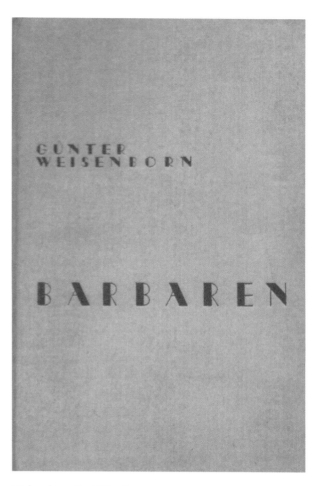

Einband von Paul Pfund

Wie bei Dramatikern oft, war Günther Weisenborns erstes Buch nicht sein erstes öffentlich bekannt gewordenes Werk. Bereits 1928 wurde sein Antikriegsstück *U-Boot S 4* gleichzeitig in Berlin, Stuttgart, Oldenburg und Bonn uraufgeführt. Weitere Dramen entstanden und wurden teilweise mit großem Aufsehen aufgeführt, unter anderem die gemeinsam mit Brecht bearbeitete Bühnenfassung von Gorkis Roman *Die Mutter* (1931) und sein eigenes antikapitalistisches Zeitstück *Die Arbeiter von Jersey* (1931). Die Tumulte um die Uraufführung dieses Stückes in Coburg fielen schon in die Zeit, als der Roman auf den Buchmarkt kam.

Den Stoff von *Barbaren*, einem Roman aus dem Studentenleben in den armen frühen Jahren der Weimarer Republik, kannte Weisenborn aus seiner eigenen Studienzeit zur Genüge. Der Sohn eines kleinen Kaufmanns begann 1923 in Köln Medizin zu studieren und wechselte 1924 nach Bonn, um hier Germanistik und Philosophie zu belegen. Zur Finanzierung seines Studiums arbeitete er in einem Walzwerk und bei einer Stopfkolonne im Gleisbau, gab Nachhilfestunden und half wie seine Figur Borbeeke in einem Internat als Erzieher. Er bekleidete auch Funktionen in der studentischen Selbstverwaltung ASTA, die sich für die sozialen Belange der zahlreichen bedürftigen Kommilitonen einsetzte. Die Rheinlandbesetzung durch französische und belgische Truppen und der Widerstand dagegen, die den Hintergrund des Romans bilden, waren das bestimmende politische Thema seiner Studienjahre und im Leben Kölns jener Tage allgegenwärtig.

Bereits 1926 versuchte Weisenborn, den Stoff seiner Jugend literarisch zu bewältigen. Das Drama *Die Studenten vom Rhein* blieb aber unveröffentlicht. Die Romanfassung schrieb er im argentinischen Misiones nieder, wohin er sich 1929/30 europamüde für einige Zeit zurückgezogen hatte. Dort verdingte er sich unter anderem auf einer Teefarm und als Postreiter.

Durch seine Bühnenpräsenz war Weisenborn 1931 kein unbekannter Autor mehr, doch das große öffentliche Interesse an dem Roman war wohl vor allem durch die Themen bürgerliche Jugend und politische Radikalität begründet. Der Weisenborn-Herausgeber H. D. Tschörtner ermittelte rund sechzig »teils emphatische, aber natürlich auch heftig ablehnende Rezensionen« des Buches. Der Kritiker der *Roten Fahne* und auch Alfred Kantorowicz (*Literarische Welt*) vermißten eine klare, politische Entwicklung der Hauptfigur in Richtung Marxismus. Hans Fallada kritisierte dagegen einige eher dramatische denn epische Elemente in Figurengestaltung und Szenenaufbau, fand aber: »… immerhin hat er uns da ein Dutzend Figuren hingesetzt, Studenten von heute, herrlich.« Walther Karsch resümierte in der *Weltbühne*, daß Weisenborn ein »Bild des Deutschland der Nachkriegszeit« gelungen sei.

Auf einer Veranstaltung des Republikanischen Studentenbundes an der Berliner Universität lernte Weisenborn Harro Schulze-Boysen kennen, der damals noch als Vertreter des »Jungdeutschen Ordens« sprach. Der spätere Fliegeroffizier baute während der Naziherrschaft eine der größten Widerstandsorganisationen auf, zu der auch Weisenborn seinen Beitrag leisten sollte. Weisenborn war den Nazis schon am Beginn ihrer Herrschaft ein Dorn im Auge, sein Erstling gehörte zu der Gruppe von Büchern, die gleich 1933 verboten wurden. CW

Literaturauswahl
Frank Overhoff (Hrsg.): *Günther Weisenborn zum 100. Geburtstag* (2002). ROSWITA SCHWARZ: *Vom expressionistischen Aufbruch zur inneren Emigration. Günther Weisenborns weltanschauliche und künstlerische Entwicklung in der Weimarer Republik und im Dritten Reich* (1995). H. D. TSCHÖRTNER: *Nachwort zu: Weisenborn, Barbaren. Roman einer studentischen Tafelrunde* (1992).

Weiß, Ernst {1882-1940}
Die Galeere. Roman.
Berlin: S. Fischer Verlag, 1913. 277 S.
18 x 12 cm. Br. Druck: Oscar Brandstetter in Leipzig.

Ernst Weiß, Sohn eines früh verstorbenen jüdischen Tuchhändlers in Brünn, studierte 1902 bis 1908 in Wien und Prag Medizin. Nach der Promotion wurde er erst in Bern bei Prof. Theodor Kocher, dann in Berlin bei Prof. August Bier Assistenzarzt, ehe er 1911 nach Wien zurückkehrte, um in der chirurgischen Abteilung des Wiedener Spitals unter Leitung von Prof. Julius Schnitzler, dem Bruder des Schriftstellers, eine Anstellung zu finden. Er mußte »täglich zwölf Stunden am Operationstisch und im Krankenhaus verbringen« und verdiente doch nicht genug, um ohne Unterstützung durch die Verwandten leben zu können. Die Anstrengungen wogen doppelt schwer, weil er seit Jahren an literarischen Arbeiten saß. Schon in Berlin entstand »unter dem ersten, fast betäubenden Eindruck« der Metropole der Roman *Die Galeere*. »In vier knappen Wochen war das Buch fertig«, heißt es in dem Brief an Stefan Zweig vom 7. Oktober 1913. *Die Galeere* hat einen jungen Wiener Wissenschaftler zum Helden, einen Monomaniker, der ganz im Dienst der Radiologie, seiner Galeere, aufgeht und doch an seelischer Vereinsamung und Bindungsunfähigkeit leidet. Als ein Krebstumor ausbricht, infolge unkontrollierten Umgangs mit der Strahlung, nimmt er aus Angst vor der Operation eine Überdosis Morphium, nachdem er zuvor drei Frauen und seine Mutter unglücklich gemacht hatte. Vom Stil her gehört der Roman noch zur psychologischen Schule der Jahrhundertwende und unterscheidet sich deutlich von den folgenden expressionistischen Werken des Autors.

Ernst Weiß erinnerte sich in seiner *Autobiographischen Skizze* (1927) und in den *Notizen über mich selbst* (1933), daß das Manuskript drei Jahre durch die Verlagslandschaft wanderte und es »kein einziger« von 23 Verlegern veröffentlichen wollte. Er habe deshalb seinerzeit beschlossen, den Arztberuf aufzugeben, »an dem ich mit allem hing, dem ich aber doch nicht gewachsen war«, um den »Lebenskampf« allein in der Literatur aufzunehmen. Doch hier verkürzte der Autor den Gang der Dinge. Zunächst gab er nur die Arbeit als Chirurg auf, weil er an Tuberkulose litt. Um die Krankheit zu kurieren, heuerte er auf dem Schiff »Austria« an und reiste als Schiffsarzt im ersten Halbjahr 1913 nach Indien und Japan. Mitte des Jahres muß er wieder zurück gewesen sein. Denn vom 1. Juli bis zum Jahreswechsel finden sich in Franz Kafkas Tagebüchern Eintragungen über die erste Begegnung mit Weiß und über weitere Zusammentreffen in Prag. Noch vor der Einschiffung erhielt Weiß, nach seinen Worten, plötzlich von den »vier größten Verlegern Deutschlands« S. Fischer, Kurt Wolff, Georg Müller und Rütten & Loening Nachricht, daß sie den Roman drucken wollten. »Ich wählte Fischer, und fand nach meiner Rückkehr das Buch gedruckt.« Ob jemand bei Samuel Fischer für Weiß ein gutes Wort einlegte, konnte nicht festgestellt werden. Weiß gab selbst an, daß der Wiener Schriftsteller Richard Arnold Bermann ihn ermutigt habe, auch Albert Ehrenstein sei er zu Dank verpflichtet. An anderer Stelle gedachte er Moritz Heimanns, des Cheflektors von S. Fischer, dem er wichtigen Rat zu danken hatte. Der Verlag war vorsichtig und ließ nur 1000 Exemplare drucken. 1919 wagte er eine Nachauflage von 8000 Exemplaren, die jedoch nur zur Hälfte verkauft wurden, während die andere Hälfte 1920 zur Disposition stand, als Weiß zu Kurt Wolff wechselte.

Nach den Anlaufschwierigkeiten muß Weiß die öffentliche Resonanz des Romans

mit großer Erleichterung aufgenommen haben. Einer der ersten, der ein Loblied auf das neue Talent sang, war der spätere Rowohlt-Lektor und Lyriker Paul Mayer: »Er experimentiert mit den Seelen seiner Menschen so kühn, wie der Held des Romans mit den Röntgenstrahlen. Es ist ein ungewöhnlicher Genuß, ihm bei seinen Analysen zuzusehen« (*Die Aktion*, 29. September 1913). Auch Rudolf Leonhard (*Die Bücherei Maiandros*, 1. November 1913) und Berthold Viertel (*Die Neue Rundschau*, 1914) teilen mit nur geringen Einschränkungen das Lob. Vor allem die allzu durchschaubare Symbolik störte diese beiden Kritiker: »Doch das Gelungene

Broschureinband

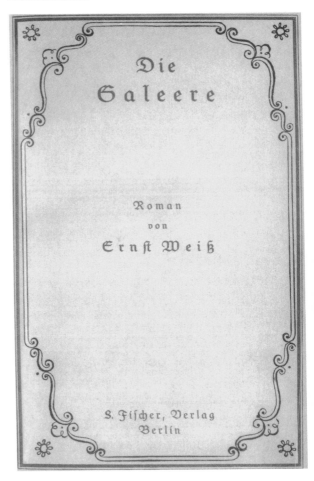

darin triumphiert über die Absicht. Die Atmosphäre ist stark, der Kern lebendig …« (Viertel). CW

Literaturauswahl
Heinz-Ludwig Arnold (Hrsg.): *Ernst Weiß. Text + Kritik, H. 76* (1982). Peter Engel (Hrsg.): *Ernst Weiß. Materialien* (1982). PETER ENGEL: *Massenherberge mit Wohlwollen für den Fremden. Die Bedeutung Berlins in Werk und Leben von Ernst Weiß*; in: Margarita Pazi, Hans Dieter Zimmermann (Hrsg.): *Berlin und der Prager Kreis* (1991). FRANZ HAAS: *Der Dichter von der traurigen Gestalt. Zu Leben und Werk von Ernst Weiß* (1986).

Weiss, Peter {1916-1982}
Från ö till ö.
Mit Illustrationen. Stockholm: Albert Bonniers Verlag, 1947. 81 S. 19,5 x 12,6 cm. Br.

Entstanden ist das erste veröffentlichte Buch von Peter Weiss 1944 im schwedischen Exil. Weiss hatte zu diesem Zeitpunkt schon zahlreiche in seiner deutschen Muttersprache geschriebene Manuskripte in der Schublade, die jedoch nicht veröffentlicht wurden. Seit seiner Jugendzeit widmete er sich auch intensiv der Malerei. Erst nachdem er in Stockholm eine Gruppe junger schwedischer Literaten, die sogenannten »Fyrtitalisterna« (dt. »die Vierziger«) kennenlernte, verlagerte er seine künstlerische Tätigkeit zeitweise von der Bildkunst auf das Schreiben. Er schrieb auf Schwedisch, um »als schwedischer Schriftsteller Bestätigung zu finden.«

Sein erstes Buch erschien 1947 in Stockholm bei dem renommierten Verlag Albert Bonniers unter dem Titel *Från ö till ö*. Von den darin enthaltenen 30 Prosagedichten waren einige bereits 1946 in der schwedischen Literaturzeitschrift *40-tal* veröffentlicht worden. Diese Texte reflektieren »in poetischer Verrätselung Kriegserlebnisse

und KZ-Welt« (H. Kesting). Allerdings waren der Erstling, wie auch die darauf folgenden Werke in Schweden, weniger erfolgreich als erhofft. Sie wurden zwar »von der Kritik teilweise positiv beurteilt«, allerdings nur von einem kleinen Publikum wahrgenommen. Weiss selbst begründete diese mangelnde literarische Anerkennung damit, daß die schwedische Sprache nicht sein genuines Ausdrucksmittel gewesen sei. Nach seinem Erstlingswerk veröffentlichte er 1948, erneut bei Bonniers *De Besegrade* (dt. »Die Besiegten«). Zwei weitere Bücher in schwedischer Sprache ließ er danach privat drucken, weil sich kein Verlag dafür fand. Gleichzeitig versuchte Weiss, in Schweden auch als Maler anerkannt zu werden. In einem Interview von 1979 sprach er selbst seinen ersten schriftstellerischen Werken die Bedeutung ab: »Das waren eigentlich noch Nebenprodukte, weil ich als Maler tätig war.« Ab 1960 (mit dem Roman *Der Schatten des Körpers des Kutschers*) ist Peter Weiss als Autor im Suhrkamp Verlag Frankfurt am Main zu Hause. Er erreicht mit der in drei Bänden veröffentlichten Ausgabe *Die Ästhetik des Widerstands* (1975-1981), einem fast tausendseitigen Werk, den Höhepunkt seiner analytischen Selbstbefragungen über Kunst, Politik und Moral.

Die erste deutsche Ausgabe seines Erstlingswerks erschien erst 1984: *Von Insel zu Insel. Mit einem Vorwort von Gunilla Palmstierna-Weiss. Aus dem Schwed. v. Heiner Gimmler. Mit 7 Abbildungen des Verfassers. Berlin: Frölich & Kaufmann, 1984. 79 S. 19,5 x 12,6 cm. Pp. im Schuber.* EF

Literaturauswahl
PETER WEISS: *Der Kampf um meine Existenz als Maler*; in: Peter Spielmann (Hrsg.), *Der Maler Peter Weiss. Ausstellungskatalog* (1980). JENS-FIETJE DWARS: *Und dennoch Hoffnung. Peter Weiss. Eine Biographie* (2007). HENNING FALKENSTEIN: *Peter Weiss* (1996). HEINRICH VORMWEG: *Peter Weiss* (1981).

Broschureinband

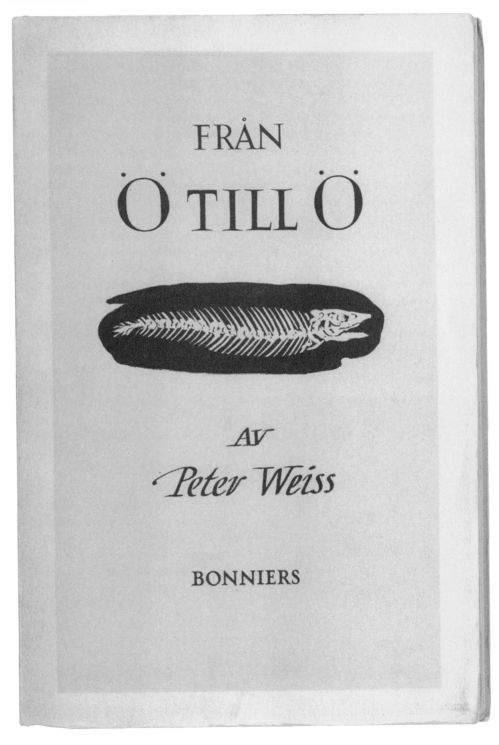

Welk, Ehm
{eigtl. Emil Welk, 1884-1966}
Belgisches Skizzenbuch.
Braunschweig: Kommissionsverlag von
Wilhelm Scholz, [1914]. 120 S. Br. mit
Umschlagzeichn. v. Wally Wilke.
20,5 x 17 cm. Druck von Albert Limbach
in Braunschweig.

Ehm Welk wird heute vor allem mit den Romanen *Die Heiden von Kummerow* (1937) und *Die Gerechten von Kummerow* (1943) in Verbindung gebracht, die er während der Nazizeit veröffentlichte, als er nur noch die Erlaubnis zum Schreiben von unpolitischen Büchern hatte. Der langjährige Journalist, zuletzt Chefredakteur der auflagenstarken Wochenzeitung *Die Grüne Post*, war 1934 nicht nur seines Amtes enthoben, sondern auch kurzzeitig in das Konzentrationslager Sachsenhausen eingeliefert worden. Er hatte es gewagt, Goebbels in einem Leitartikel persönlich anzugreifen. Welk ließ in seinen Kummerow-Romanen

Einband mit Zeichnung von Wally Wilke

die Welt seiner Kindheit in einem abgeschiedenen Dorf der Uckermark wiederaufleben. Es geht darin auf humorvolle Weise um so große Themen wie Gerechtigkeit, Gemeinsinn und soziales Mitgefühl. Die Auseinandersetzungen zwischen den Protagonisten drehen sich allerdings um das Wohl und Wehe eines Kuhhirten, wahrlich ein kleiner Konflikt angesichts der Gewaltherrschaft des Nationalsozialismus. Immerhin hielten die Bücher humane Werte hoch. Welks Name ist außerdem mit einem Kapitel aus der Theatergeschichte der Weimarer Republik verbunden. Die Inszenierung seines Stückes *Gewitter über Gottland* wurde 1927 zu einem Skandal, weil Erwin Piscator aus dem Drama um die Vitalienbrüder, die sich unter Führung von Claus Störtebeker gegen die Hanse auflehnten, ein linkes Tendenzstück machte. Die eine Hauptfigur Asmus trat bei Piscator in der Maske Lenins auf die Bühne. Der Regisseur mußte die Volksbühne nach den daraufhin ausbrechenden Auseinandersetzungen im Vorstand verlassen und eröffnete am Nollendorfplatz in Berlin die theatergeschichtlich bedeutende Piscatorbühne. Welks Stück war 1926 im S. Fischer Verlag erschienen, gut zehn Jahre vor den *Heiden von Kummerow*, doch erst zwölf Jahre nach seinem nur wenigen Welk-Experten bekannten ersten Buch, einem Reisebuch aus dem Jahr 1914. Das Buch ist so selten, daß selbst die Autorin einer vor nicht allzu langer Zeit erschienenen Welk-Monographie bekennen mußte, es nicht gesehen zu haben. Nur zwei wissenschaftliche Bibliotheken besitzen ein Exemplar. Unser Exemplar tauchte gerade im rechten Moment für diese Arbeit auf und konnte via Internet zu einem mäßigen Preis erstanden werden.

Die Entstehungsgeschichte des *Belgischen Skizzenbuches* steht in einem gewissen Zusammenhang mit *Gewitter über Gottland*. Der Welk-Biographie von

Konrad Reich folgend, darf davon ausgegangen werden, daß Welk schon in frühen Jahren im Schreiben sein Lebensziel sah. Kaum der kaufmännischen Lehre in Stettin entronnen, trat er eine Laufbahn im Journalismus an, wurde 1904 Volontär bei einer Zeitung in Stettin, dann Redakteur bei einem anderen Blatt. Schon mit 23 Jahren konnte er ohne höhere Schulbildung oder akademischen Abschluß in Stendal die Chefredaktion des *Altmärkers* übernehmen. 1910 wechselte er als Chefredakteur zum *Braunschweiger Allgemeinen Anzeiger*. Neben der journalistischen Tagesarbeit versuchte sich Welk da schon einige Jahre literarisch. Die erste Fassung von *Gewitter über Gottland*, gedichtet in klassischen Jamben, entstand nach Welks Erinnerung 1905 unter dem Eindruck der »erbitterten russischen Revolutionskämpfe«. 1913 holte er das Manuskript wieder hervor, um es zu überarbeiten und dem Herzoglichen Braunschweigischen Hoftheater anzubieten. Vergeblich. Im gleichen Jahr trat Welk seine erste Auslandsreise an, die ihn nach Belgien führte. Warum gerade in das Land an Maas und Schelde, dazu findet sich in dem Reisebuch ein versteckter Hinweis. Nach Brügge habe seine Sehnsucht gestanden, seit seine Mutter im heimatlichen Biesenbrow von einem Hausierer einen der seinerzeit beliebten Kalender mit Bildern und Geschichten erworben hatte. Darin stand eine Geschichte, die in Brügge um 1400 spielte, dorthin wollte er eines Tages reisen. Ein romantischer Impuls also, der in Welks Leben häufig eine Rolle spielte.

Von der Reise zurückgekehrt, schrieb Welk für seine Zeitung eine Folge von Skizzen über die Erlebnisse und Beobachtung in Belgien. Außerdem beschloß er, diese Skizzen in einer Buchausgabe zu sammeln. Nachdem *Gewitter über Gottland* unlängst vom Hoftheater abgelehnt worden war, wollte er nun mit diesem Buch seine literarische Existenz begründen. Den Verleger fand er in dem ortsansässigen Braunschweiger Buchhändler Wilhelm Scholz, der nebenher einen kleinen Verlag betrieb. Dieser brachte vor allem Braunschweig-Literatur heraus. Wie aus der Angabe »Kommissionsverlag« auf dem Titelblatt zu entnehmen ist, mußte Welk die Herstellung seines Buches selbst finanzieren, während sich der Verlag auf Vertrieb und Verkauf beschränkte. Das in allen Bibliographien genannte Erscheinungsjahr des Buches 1913 muß korrigiert werden. Es kann erst nach Kriegsbeginn 1914 gedruckt worden sein, denn im Vorwort ist die Rede von den Siegen bei Lüttich und Namur. Dort fanden Anfang August 1914 die ersten schweren Kämpfe des Krieges statt.

Das Buch macht im Vergleich mit der Buchgestaltung des seinerzeit vorherrschenden Jugendstils einen altmodischen Eindruck. Der Satzspiegel wird von Kästen eingerahmt, und die Kapitel beginnen mit ornamentalem Buchschmuck, aber nicht von der Hand eines der gerade auf diesem Gebiet glänzenden zeitgenössischen Buchkünstler, sondern aus dem altertümlichen Schmuckkasten des Braunschweiger Setzers. Der immerhin ansehnliche Broschureinband ist mit einer Federzeichnung der Burg Steen in Antwerpen verziert. Welk scheint die Zeitungsskizzen für den Druck nicht noch einmal gründlich durchgearbeitet zu haben. Nur so ist es erklärlich, daß er im ersten Kapitel seine Frau einführt, später aber nur von seinen Erlebnissen als vorgeblich alleinreisender Herr schreibt. Er war seit 1908 mit Käthe, geb. Levy, der Tochter eines »Schiffswrack- und Zigarrenhändlers«, verheiratet. Die Ehe war nicht lange glücklich und wurde 1921 kinderlos geschieden.

Das auch inhaltlich nicht übermäßig anspruchsvolle Buch ist wie eine klassische Reiseschilderung aufgebaut. Es beginnt mit der Anreise im Zug und endet nach den verschiedenen Reisestationen mit der Heimfahrt. Welk schildert ganz traditionell Landschaft, Architektur und Kunstschätze. Sein Weg führte ihn natürlich zu den berühmten, alten Städten des Landes wie Antwerpen, Gent, Brügge und Brüssel, aber auch zu den noch nicht allzu lange ausgebauten Nordseebädern wie Knocke-sur-Mer und Ostende, wo er die Sommerfrische genoß. Bemerkenswert an dem Buch ist allerdings Welks Blick für die politische Stimmung in Belgien am Vorabend des Krieges. Er spürte allenthalben eine Ablehnung Deutschlands, die sich bis zum Haß steigerte, selbst unter den Vlamen, die alldeutsche Strategen auf Grund ihrer germanischen Sprache gern Deutschland einverleiben wollten. Der Autor bekundete in dem Buch seinen Wunsch nach Völkerverständigung, was angesichts der allgemeinen Kriegseuphorie im Jahre 1914 eine mutige Minderheitenposition war, noch dazu für den Chefredakteur einer Tageszeitung. Während Welk in der Kriegsfrage also klüger war als die meisten Zeitgenossen, verkannte er einen anderen, bis heute anhaltenden Konflikt in Belgien. Die Differenz zwischen Vlamen und Wallonen hielt er für marginal und prophezeite eine baldige Verschmelzung beider Volksteile auf Grundlage der französischen Sprache.

Welks Abneigung gegenüber dem Krieg bewahrte ihn nicht davor, 1915 ins Feld ausrücken zu müssen. Er brauchte aber glücklicherweise als Sanitätshundeführer keinen Dienst an der Waffe tun. *Das Belgische Skizzenbuch* dürfte im Taumel der ersten Kriegsmonate untergegangen sein und nur wenige Käufer gefunden haben. Eine öffentliche Wirkung ist jedenfalls nicht überliefert. CW

Literaturauswahl

EHM WELK: *Mein Land, das ferne leuchtet. Ein deutsches Erzählbuch aus Erinnerung und Betrachtung* (1952). MATTHIAS FRISKE: *Kummerow im Bruch hinterm Berge. Ehm Welks Biesenbrower Land* (2002). KONRAD REICH: *Ehm Welk. Stationen eines Lebens* (1976). Reinhard Rösler, Monika Schürmann (Hrsg.): *... damit ich nicht noch mehr als Idylliker abgestempelt werde. Ehm Welk im literarischen Leben Mecklenburg-Vorpommerns nach 1945* (1998). KATJA SCHOSS: *»Kummerow im Bruch hinterm Berge« – Ehm Welk und sein Romanzyklus* (1999).

Werfel, Franz {1890-1945}
Der Weltfreund.
Gedichte.

Berlin-Charlottenburg: Axel Juncker-Verlag, [1911]. 116 S., 1 Bl. 19,5 x 13 cm. Br. mit Einbandillustration von Kurt Szafranski. Druck: Druckerei für Bibliophilen, Berlin.

Franz Kafka hielt am 23. Dezember 1911 in seinem Tagebuch den überwältigenden Eindruck fest, den eine Rezitation aus dem *Weltfreund* auf ihn machte: »Durch Werfels Gedichte hatte ich den ganzen gestrigen Vormittag den Kopf wie von Dampf erfüllt. Einen Augenblick fürchtete ich, die Begeisterung werde mich ohne Aufenthalt bis in den Unsinn mit fortreißen.« Wie kaum ein anderer Gedichtband wurde Franz Werfels Erstling ein Ereignis für eine ganze Generation. Die junge Prager deutsche Literatur erlebte mit dem Erscheinen den Durchbruch, der sie in ganz Österreich und Deutschland bekannt machte. Doch nicht nur die expressionistischen Dichter in Prag, Wien, Berlin und Leipzig jubelten Werfel zu, auch Rilke bewunderte Werfels Kraft, »die soviel Schweigen auf *ein* Mal gebrochen hat« (*Über den jungen Dichter*). Dabei zeichnete sich Werfels Lyrik gerade dadurch aus, daß er den ernsten, gedankenschweren Stil von Rilke oder Hofmannsthal, dem die jungen Dichter bislang nacheiferten, beiseite schob. Noch stärker war freilich Werfels Gegensatz zu Stefan George und dessen Kreis. Die Unmittelbarkeit, mit der sich

Broschureinband
von Kurt Szafranski

hier ein lyrisches Ich dem Leser mitteilte, stand diametral der Weltauffassung und der lyrischen Konzeption des Symbolismus entgegen. Der George-Schüler Friedrich Gundolf sprach deshalb in Hinblick auf Werfels Lyrik vom »Mangel an Würde«.

Werfels entscheidendes literarisches Erlebnis war Walt Whitman und dessen Hymnen *Grashalme*, die Werfel in einer Reclam-Ausgabe, übersetzt von Johannes Schlaf, kennenlernte. Der prophetische Gestus, die Liebe zum Leben, der Glaube an die Einheit von Mensch und Natur begeisterte den jungen Prager Dichter. Durch ihn fand Werfel den Mut, seine Erlebnisse und Träume aus der kaum verflossenen Kindheit zu Papier zu bringen und sie zu Symbolen für Kindheit und Jugend schlechthin zu erklären.

Franz Werfel diente zum Zeitpunkt des Erscheinens seines *Weltfreundes* als »Einjährig-Freiwilliger« beim böhmisch-österreichischen Militär auf dem Prager Hradschin und war damit beschäftigt, die Zukunftspläne, die sein Vater mit ihm hegte, gründlich zu durchkreuzen. Der Sohn eines wohlhabenden jüdischen Prager Handschuhfabrikanten bereitete den Eltern seit der Schulzeit anhaltende Sorgen. Mit Not hatte er das Abitur geschafft, ohne freilich ernstlich an ein Studium zu denken. 1910 war Werfel auf dringlichen Wunsch des Vaters in der Hamburger Speditionsfirma Brasch & Rothenstein tätig, um dort die kaufmännischen Fähigkeiten für die spätere Übernahme des väterlichen Unternehmens zu erwerben. Doch statt mit geschäftlichen Angelegenheiten beschrieb er das Firmenpapier mit Gedichten und Briefen, so an den Berliner Verleger Axel Juncker. Nach einer Absage von Ernst Rowohlt aus Leipzig setzte Werfel seine Hoffnung auf diesen seinerzeit hochangesehenen Lyrik-Verleger in Berlin-Charlottenburg. In dem Haus des vermögenden gebürtigen Dänen wurden Bücher von Else Lasker-Schüler, Rainer Maria Rilke, René Schickele, Emil Verhaeren und Max Brod verlegt. Juncker äußerte sich zunächst ähnlich ablehnend wie der Leipziger Kollege. Doch Max Brod, der einige Jahre ältere Prager Freund Werfels und schon anerkannte Autor, drohte seinem Verleger, daß er in einem Haus nicht bleiben wolle, welches einem Talent wie Franz Werfel keine Chance gewähre. Juncker lenkte im Herbst 1910 ein und wurde reichlich belohnt.

Karl Kraus veröffentlichte 1911 zwei Konvolute aus dem Manuskript als Vorabdruck in der *Fackel*. Brod las zum Abschluß einer Lesung aus eigenen Werken Mitte Dezember 1911 in Berlin aus Werfels Manuskript. Bald übernahmen zahlreiche Rezensenten das Loblied, darunter der junge Berthold Viertel: »… seine Freude teilt sich mit, sein Schwung macht schweben.« Das Buch erschien in einer ersten Auflage von angeblich 4000 Exemplaren, die bald vergriffen war. Eine Nachauflage ist für 1912 nachweisbar. (Die erste Auflage erkennt man an der Verlagsanzeige *Neue Lyrik*, die nur in dieser Auflage Rilke, *Das Buch der Bilder*, enthält.) Kein Lyrikband von Werfel sollte wieder ein solch breites Echo finden. Nachdem er seinen Dienst beim Militär beendet hatte, ging Werfel nach Leipzig, wo er im Verlag von Kurt Wolff Lektor und Hausautor wurde. Sein Vater änderte die Strategie: Er verzichtete nun darauf, den Sohn weiterhin auf die Übernahme der elterlichen Firma einzuschwören, um statt dessen als sein Agent künftig die Verlagsverträge möglichst vorteilhaft zu gestalten. Trotz des gelungenen Beginns hatte Werfel seine Mitte noch nicht gefunden, politisch, religiös und menschlich blieb er ein Zerrissener, durch den viele Strömungen der Zeit hindurchliefen. CW

Literaturauswahl
NORBERT ABELS: *Franz Werfel. Mit Selbstzeugnissen und Bilddokumenten* (1990).
PETER STEPHAN JUNGK: *Franz Werfel. Eine*

Lebensgeschichte (1987). KLAUS SCHUHMANN: *Walter Hasenclever, Kurt Pinthus und Franz Werfel im Leipziger Kurt Wolff Verlag* (1913-1919). *Ein verlags- und literaturgeschichtlicher Exkurs ins expressionistische Jahrzehnt* (2000). Michael Schwidtal, Václav Bok (Hrsg.): *Jugend in Böhmen. Franz Werfel und die tschechische Kultur – eine Spurensuche* (2001). MICHAEL WAGNER: *Literatur und nationale Identität. Österreichbewußtsein bei Franz Werfel* (2009).

Weyrauch, Wolfgang {1904-1980}
Der Main.
Eine Legende.
Mit 27 Abbildungen nach Feder-
zeichnungen v. Alfred Kubin. 1.-3. Tsd.
Berlin: Rowohlt, 1934. 119 S. 20 x 13 cm.
Pp. Druck: Leipziger Verlagsdruckerei AG.
vormals Fischer & Kürsten.

In der *Neuen Rundschau* vom Juni 1934 wird der Band vom Rowohlt Verlag folgender-maßen angezeigt: »Ein junger Mann, der das Leben in der Großstadt nicht mehr erträgt, kehrt in seine Heimat am Main zurück und wandert den Fluß hinab … Überall lebt der Fluß, bald als Segensspender, bald als Bringer des Verderbens. Der Wanderer kommt in die Hütte einer Familie, wo er Werden und Vergehen miterlebt. Diese schlichte Erzählung ist der Versuch zu einer wahrhaft symbolhaften Gestaltung. Jede Zeile ist vom Hauch des echt Dichterischen belebt. Ein Buch von deutscher Landschaft und Seele. Eine Legende der Gegenwart. Das Erstlingswerk eines vielversprechenden Dichters.« Man merkt den Zeitbezug, die Suche nach Heimat als Lebenssinn. Der Band wurde 1947 wieder aufgelegt, im Siegel-Verlag Frankfurt am Main, in unveränderter Ausstattung. Von 1950 bis 1958, bevor er freier Schriftsteller wurde, war Weyrauch selbst Lektor im Rowohlt Verlag, an den sein Erstlingswerk durch Paul Mayer vermittelt worden war. Mayer, seit 1919 bei Rowohlt angestellt, war zusam-men mit Franz Hessel, der ebenfalls dort als Lektor arbeitete, Förderer vor allem der Autoren, die sich literarischen Kleinformen verschrieben hatten, wie Kurt Tucholsky oder Joachim Ringelnatz, und Themen bevorzugten, die den Zeitgeist widerspie-gelten bzw. attackierten. Wichtig war es, daß die neuen Bücher, die in den Verlag kamen, Rowohlt selbst einigermaßen gefie-len. Walther Kiaulehn, der das Buch *Mein Freund der Verleger. Ernst Rowohlt und seine Zeit* geschrieben hat, erinnert sich, daß der Verleger, wenn neue Manuskripte bearbeitet wurden, seine Lektoren immer fragte: »Paßt es zu mir? Dann her damit!« Dies wirft ein Schlaglicht auf die Verlegerphilosophie, daß es Rowohlt nämlich darauf ankam, eine Autoren-, eine Literaturfamilie um sich zu versammeln.

Wolfgang Weyrauch, der Schau-spielschüler, der danach an Theatern in Bochum, Münster und Thale im Harz spielte, der in Frankfurt/Main und Berlin deutsche und romanische Literatur und Geschichte studierte, war 1929 zu ersten literarischen Ehren gekommen, indem eine Erzählung von ihm, *Die Ehe*, in die Anthologie *24 neue deutsche Erzähler* ein-gerückt war, die der Gustav Kiepenheuer Verlag aufgelegt hat, und in der er neben Texte zu stehen kam, die von Joseph Roth, Erich Kästner, Anna Seghers, Ernst Toller, Marieluise Fleisser und anderen stammen, die die Richtung Neue Sachlichkeit reprä-sentierten. Ebenfalls 1929 erschien *Die Ehe* in der Zeitschrift *Die neue Bücherschau* und erhielt durch Siegfried Kracauer loben-den Zuspruch. Weyrauch war nach dem Studium, nach 1929, Mitarbeiter mehre-rer deutscher Zeitungen, rauschte in sei-nen feuilletonistischen Texten wie ein Flaneur durch das Zeitgeschehen der Weimarer Republik und fand eher zufällig zu Beobachtungen, die das Zeitklima aus-drückten. Das Thema Großstadt war ein wichtiger Gegenstand seiner Betrachtungen.

In den dreißiger Jahren wurde dies abgelöst durch die Hinwendung zu eher ländlichem Leben, wozu wir auch die Legende *Der Main* rechnen wollen.

Der Main hat eine Eigenart. Jedem Abschnitt/Kapitel ist eine lyrische Strophe vorangestellt, Verse von eigenwilliger symbolischer Brünstigkeit, die unserem heutigen Geschmack wahrscheinlich nicht mehr entsprechen. Als Wolfgang Weyrauch aus dem Zweiten Weltkrieg zurück war und, durch das Grauen, das er erlebt und geschildert hatte, zu einer neuen Auffassung über die Funktion der Literatur kam, hat er in der Neuauflage des Bandes (1947) auf diese pathetischen Einsprengsel verzichtet. Er wird gewußt haben, warum. Jetzt propagierte er unter dem Begriff »Kahlschlag«

gewissermaßen eine Erneuerung der Literatur, was sich in einer Sammlung neuer deutscher Geschichten, die von ihm 1949 unter dem Titel *Tausend Gramm* im Rowohlt Verlag herausgegeben wurden, so liest: »Wo der Anfang der Existenz ist, ist auch der Anfang der Literatur. Schönheit ohne Wahrheit ist böse. Wahrheit ohne Schönheit ist besser.« Die Sammlung gilt als authentisches Zeugnis der sogenannten Kahlschlag-Literatur nach dem Krieg.   EF

Literaturauswahl
WALTHER KIAULEHN: *Mein Freund der Verleger. Ernst Rowohlt und seine Zeit* (1967). ULRIKE LANDZETTEL: *»Mein Gedicht ist mein Messer«. Der Schriftsteller Wolfgang Weyrauch zwischen sprachlichem Experiment und gesellschaftlichem Engagement* (1991).

Einband von Alfred Kubin

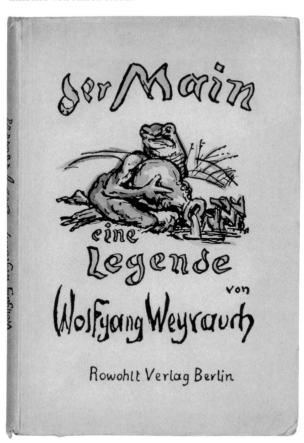

Wiechert, Ernst
{Pseudonym: Ernst Barany, 1887-1950}
Die Flucht.
Roman.
Buchschmuck (Umschlagzeichnung u. 11 Initialzeichnungen) v. Friedrich Tucholski. Aufl.: 1800 Expl. Berlin: Concordia Deutsche Verlagsanstalt, 1916. 214 (+ 2) S. Br. 18,5 x 12 cm. Druck: Hallberg & Büchting, Leipzig.

Ernst Wiecherts frühe Jahre glichen in vieler Hinsicht dem Leben seines Helden, des Lehrers Peter Holm, in seinem ersten Buch *Die Flucht*. Er wuchs als Sohn eines Försters in großer Abgeschiedenheit in den Wäldern Masurens auf. Um die Schule zu besuchen, mußte er die Eltern verlassen und in die Stadt ziehen. Aus dem Blickwinkel des väterlichen Forsthauses war Königsberg die Großstadt schlechthin, mit allen Zivilisationskrankheiten wie Lärm, Verkehr, rastloser Beschäftigung und moralischer Verworfenheit. Gleich Holm verlor Wiechert früh die Mutter – kurz vor der Entstehungszeit des Romans –, den

Vater dagegen erst viel später. Er studierte und wurde Lehrer. Mit den Schülern kam er gut zurecht, wußte sie für seinen Unterricht zu begeistern, doch mit dem Lehrerkollegium stand er in gespanntem Verhältnis. Holms Entschluß, den Beruf an den Nagel zu hängen, um in die Wälder zurückzukehren und dort Bauer zu werden, war sicher auch in Wiecherts Augen eine große Verlockung. Jedenfalls sollte das Motiv in anderen Romanen, bis hin zu seinem großen Erfolg *Das einfache Leben* (1939), wieder auftauchen. Allerdings sah der Erzähler in Holms Weg eine Flucht vor sich selbst. Auch der Freitod war Wiechert kein fremder Gedanke, wie seinen Erinnerungen *Jahre und Zeiten* (1949) zu entnehmen ist. Seine Mutter hatte sich 1912 das Leben genommen und mußte von der Familie nach damaligem Dogma ohne kirchlichen Segen zu Grabe getragen werden. Den engstirnigen Pfarrer, der das verfügte, vergaß Wiechert sein Lebtag nicht. Selbst bis in die Lektüre hinein gibt es Parallelen zwischen Autor und Figur. Die deutschen Realisten werden genannt, vor allem aber die Skandinavier Ibsen, Bang und Lagerlöf; und Schopenhauer nimmt einen zentralen Platz ein. Schließlich sollten in späteren Jahren die Liebe zu einer verheirateten Frau und die Scheidung, nach glückloser erster Ehe, für Wiechert zum persönlichen Schicksal werden. Er mußte deshalb Ostpreußen verlassen, um 1930 in Berlin seinen Schuldienst fortzusetzen.

Wiechert schrieb den Roman nach Ermittlungen des Biographen Guido Reiner von 1913 bis zum Mai 1914. Er trat in dieser Zeit gerade seine erste Anstellung an – als Lehrer an der Oberrealschule, die er unlängst selbst besucht hatte. Der Zorn über die Zeit als »Kandidat des höheren Lehramtes« war noch frisch, obwohl er im neuen Kollegium auf ein menschenfreundlicheres Regime traf. Er konnte sich eine eigene Wohnung einrichten, mit einem

Broschureinband von Friedrich Tucholski

Schreibtisch aus frischem Kiefernholz. Und seit 1912 war er verheiratet mit Meta, geb. Mittelstädt, einer Försterstochter aus ähnlichen Verhältnissen wie er, mit der er dennoch bald unglücklich wurde. Er nannte sein Buch *Die Flucht* – ein seltsamer Titel »für jemanden, der eben sein Amt und sein Glück gegründet hatte«, wie er in *Jahre und Zeiten* schreibt. Dem Druck voran steht die Widmung: »Meiner Frau zu eigen«.

Auf Grund der scharfen Attacken gegen die Lehrerschaft am Beginn des Romans tat Wiechert sicher gut daran, sein erstes Buch unter Pseudonym erscheinen zu lassen. Wie er zu seinem Verlag kam, ist nicht bekannt. Die Concordia Deutsche Verlagsanstalt gehörte zu den bekannten

Verlagen der Zeit, bei der neben vielen Unterhaltungsschriftstellern in jenen Jahren so bekannte Autoren wie Karl Emil Franzos und Marie Ebner-Eschenbach erschienen. Die Ausgabe, noch ganz im Jugendstil, wurde von seinem Freund Friedrich Tucholski mit Buchschmuck versehen, hübsch anzusehen vor allem die Einbandzeichnung, die einen masurischen See zwischen Hügeln und Wäldern zeigt. Die Auflage betrug nach Ermittlungen des Bibliographen Guido Reiner 1800 Exemplare. Restbestände führte später der Verlag Habbel & Naumann in Regensburg und Leipzig. Reiner weist zwei Besprechungen, in der Zeitschrift *Der Kunstwart* und im Berner *Bund*, nach. Als das Buch erschien, befand sich Wiechert schon Jahre im Feld – ein Freiwilliger, der später lange Zeit brauchen sollte, um sich mit dem verlorenen Krieg abzufinden. 1936 veranstaltete die Grote'sche Verlagsbuchhandlung eine Neuausgabe, in der sich der mittlerweile geschätzte Erzähler zu seinem Erstling bekannte: »... ich will mich dieses Anfangs nicht schämen. Wir steigen alle aus Irrtum und Schmerzen auf, und nur wer im Unvollkommenen beharrt, mag den Anfang wie das Ende als eine Last mit sich tragen.«

Das Buch ist heute sehr selten, sicher auch, weil den Antiquaren das Pseudonym nicht geläufig ist und sie dem wenig spektakulären Druck keine Beachtung schenken. CW

Literaturauswahl
ERNST WIECHERT: *Jahre und Zeiten. Erinnerungen* (1949). MANFRED FRANKE: *Jenseits der Wälder. Der Schriftsteller Ernst Wiechert als politischer Redner und Autor* (2003). AXEL SAN-JOSÉ MESSING: *Untersuchungen zum Werk Ernst Wiecherts* (Diss. 1987). HELMUT OLLESCH: *Ernst Wiechert* (1956). HANS-MARTIN PLESSKE: *Das »Mißlingen des Lebens« in Ernst Wiecherts frühen Romanen*; in: *Zuspruch und Tröstung. Beiträge über Ernst Wiechert und sein Werk* (1999). GUIDO REINER: *Ernst-Wiechert-Bibliographie* (1972-1982).

Wohmann, Gabriele
{geb. Guyot, 1932}
Mit einem Messer. Zwei Erzählungen.
Aufl.: wahrscheinlich 100 Expl. Stierstadt im Taunus: Verlag Eremiten-Presse, 1958. 30 S., 1 Bl. 20 x 9,5 cm. Br. Einbandentwurf: Karl Ludwig Rothenberger. (= studio 58. Hrsg. v. Horst Bienek.)

Gabriele Wohmann wuchs in völlig anderen Familienverhältnissen auf, als sie in ihren Büchern schildert. Während sie Familie und Ehe fast ausschließlich als Misere und Gefängnis darstellt, liebten sich ihre Eltern und boten den Kindern eine sorgenfreie und harmonische Kinderstube, in der sie an Kunst und Literatur herangeführt wurden und statt nationalsozialistischer Ideologie humanistische Werte vermittelt bekamen. Der Vater Paul Daniel Guyot, evangelischer Pfarrer und Direktor des Hessischen und Rheinisch-Westfälischen Diakonievereins, bewahrte die Kinder durch kompromißlosen Einsatz selbst vor der Mitgliedschaft in der Hitler-Jugend. Auch nach 1945 verschaffte er seiner Tochter Sonderbedingungen. So legte sie ihr Abitur 1951 im Nordseepädagogium Langeoog ab, einer Privatschule auf einer ostfriesischen Insel. Dem Studium der Germanistik in Frankfurt am Main entzog sich Wohmann schon nach vier Semestern. Wieder in Darmstadt, heiratete sie 1953 Reiner Wohmann, der ihr künftig den Rücken frei halten und nach seinem Ausscheiden aus dem Lehrerberuf in den achtziger Jahren ein wichtiger Mitarbeiter werden sollte. Ihren Lebensunterhalt als Hilfslehrerin bestreitend, begann Wohmann 1956 ernsthaft mit dem Schreiben, das sie bald in exzessiver Weise betrieb. Sie lebte damals noch mit ihrem Mann im Haus ihrer Eltern. Bis Ende 1959 entstanden angeblich 145 Erzählungen und Kurzgeschichten sowie ein Roman. Mit den ersten Veröffentlichungen wuchs sie schnell in die Literaturszene der Bundesrepublik hinein. Später zog sie nach Darmstadt, wo sie in der Künstlersiedlung Park Rosenhöhe in Nachbarschaft von Karl Krolow und Georg Hensel wohnte. 1959 wurde sie zur Jahrestagung der »Gruppe 47« eingeladen, der sie bis zur Auflösung angehörte.

Nachdem Walter Höllerer 1957 in der Zeitschrift *Akzente* eine erste Erzählung von ihr gedruckt hatte, erhielt Wohmann gleich drei Verlagsangebote, von Luchterhand, Piper und Walter. Den Ausschlag für Luchterhand, dem sie ihren fertiggestellten Roman überließ, gab, daß »der damalige Verleger, Eduard Reifferscheid, schon Anfängern 12 1/2 Prozent gewährte«, erinnert sich die Autorin 2007. Auch mit Piper und Walter kamen wenig später Bücher zustande. In ihrem Rückblick ganz vergessen hat Wohmann den Erzählungsband *Mit einem Messer*, der 1958 in der Eremiten-Presse erschien, im selben Jahr wie der Roman *Jetzt oder nie*. Die Eremiten-Presse wurde von ihrem Gründer V. O. Stomps seinerzeit in Stierstadt betrieben, im »Schloß Sanssouris«, einem Fachwerkhaus, in dem es zwar Mäuse (»Souris«) gab, aber nicht in der Kasse des Verlegers. Stomps, der bereits vor dem Krieg mit der Raben-Presse sein Glück als Verleger versucht hatte, war schon damals eine legendäre Figur, die trotz dauernder wirtschaftlicher Schwierigkeiten eine gewisse Anziehungskraft auf Autoren ausübte. Die Resonanz seiner Bücher blieb allerdings auf künstlerische Kreise beschränkt. Ein Haus für Gesamtwerke konnte er ohnehin nicht bieten.

Im Rückblick *Vier Jahrzehnte Eremiten-Presse* (1989) berichten Stomps' Nachfolger, wie es zu dem Erzählungsband *Mit einem Messer* kam, der unter dem Mädchennamen von Wohmann, Gabriele Guyot, erschien. Stomps vereinbarte am 23. November 1957 mit dem Hessischen Rundfunk eine Buchreihe *studio 58*, in dem Texte der

Broschureinband von Karl Ludwig Rothenberger

Sendefolge *Studio für Literatur* veröffentlicht werden sollten. Herausgeber war Horst Bienek, der Redakteur des *Studios*. Stomps erhielt einen Druckkostenzuschuß von 150 DM vier Wochen vor Auslieferung und sollte dafür tausend Exemplare drucken, reduzierte die Auflage jedoch eigenmächtig auf nur hundert Exemplare. »Aber als Stomps nicht einmal mehr diese Menge herstellte, gab Bienek die Reihe auf.« Gerade einmal sechs Bände waren fertig geworden, neben Büchern von Helmut Heißenbüttel, Wolfdietrich Schnurre und Günter Bruno Fuchs der Erzählungsband von Wohmann.

In den beiden Erzählungen *Mit einem Messer* und *Sand der Enttäuschungen* werden Momente aus dem Leben zweier Frauen in mittlerem Alter geschildert. Sie sind einsam, voller Komplexe, sehnen sich nach der Liebe eines idealen Mannes und werden bitter enttäuscht, als sie sich resignierend auf einen wenig anziehenden Ersatz einlassen wollen: Der eine ritzt in das Fleisch einer Pflanze ein »Nein« zum Zeichen der Ablehnung, der andere bestiehlt die Ich-Erzählerin gar, anstatt sie zu beglücken. Verwandt sind die Erzählungen mit dem ersten Roman *Jetzt oder nie* in der psychologischen Ausleuchtung der Hauptfigur und in dem virtuosen Einsatz des inneren Monologs bis hin zum Bewußtseinsstrom. Der Bitumenvertreter in *Jetzt und nie* gehört zur Gruppe von Durchschnittstypen, die an ihren gewiß bescheidenen Möglichkeiten vorbeigelebt haben und selbst am Ende ihrer Tage vor einer eindeutigen Bilanz zurückscheuen. Am nächsten verwandt ist er wohl mit Arthur Millers Protagonisten, der im *Tod eines Handlungsreisenden* seinem Schicksal erliegt. Berufsleben, Whisky und schneller Sex haben ihn körperlich zerrüttet. Er betrügt die kranke Frau und schiebt sein Kind in ein Heim ab. Das Erzählmuster entnahm Wohmann Joyces *Ulysses*: 24 Stunden aus dem Leben des Protagonisten, zusammengeschnitten aus dem Bewußtseinsstrom verschiedener Figuren. Für den Erzählungsband liegen keine Rezensionen vor, anhand des Romans jedoch läßt sich erkennen, auf welche Vorbehalte Wohmann am Beginn ihrer Laufbahn stieß. Geradezu vernichtend fällt die Besprechung von Werner Wien im *Berliner Tagesspiegel* (4. Oktober 1959) aus: Der innere Monolog von Joyce sei »längst durch die Enkel verschlissen«. Er spricht von »schöner literarischer Nabelschau« und nennt die Autorin ein »junges Ding«, das »Männchen wie Weibchen erst unterhalb des Nabels für interessant nimmt«. Moderater, wenngleich kaum wohlwollender, fallen die Kritiken in der *Neuen Zürcher Zeitung*, im *Züricher Tagesanzeiger*

und der *Süddeutschen Zeitung* aus. Erst die spätere Stellungnahme von Heinz Meyer (*Deutsche Post*, 5. Oktober 1967) erkennt rückhaltlos die Begabung der Autorin an. Ihre mediokren Figuren und Konflikte sollten ein ständiger Grund für ablehnende kritische Äußerungen bleiben, am krassesten formuliert von dem Germanistikprofessor Hans Mayer: »Mutmaßungen über Mief, miserabel in der Mentalität, beliebig machbar, völlig indiskutabel«.   CW

Literaturauswahl
GABRIELE WOHMANN: *Das Pfarrhaus*. In: Martin Greiffenhagen (Hrsg.): *Pfarrerskinder. Rückblicke auf ein protestantisches Elternhaus* (1982). GABRIELE WOHMANN: *Rückblick, ausnahmsweise*. In: Renatus Deckert (Hrsg.): *Das erste Buch. Schriftsteller über ihr literarisches Debüt* (2007). MARTIN EBBERTZ und FRIEDOLIN RESKE: *Vier Jahrzehnte Eremiten-Presse. 1949-1989* (1989). GÜNTER HÄNTZSCHEL u.a.: *Gabriele Wohmann* (1982). GERHARD P. KNAPP und MONA KNAPP: *Gabriele Wohmann* (1981). Thomas Scheuffelen (Hrsg.): *Gabriele Wohmann. Materialienbuch* (1977). HANS WAGENER: *Gabriele Wohmann* (1986).

Wolf, Christa {1929-2011}
Moskauer Novelle.
Mit Illustr. v. Hans Mau. Halle/ Saale: Mitteldeutscher Verlag, 1961. 105 S. 19,2 x 12 cm. Pp. mit Umschl. Umschlagentwurf: Kurt Stumpe. Gesamtherstellung: Betriebsberufsschule Heinz Kapelle, Pößneck.

Einer Reihe von Lesern war Christa Wolf bereits bekannt, bevor ihr Erstlingswerk als Buch erschien. Denn nicht weniger als sechs Tageszeitungen und eine Zeitschrift hatten die Novelle als Vorabdruck in Fortsetzungen veröffentlicht oder die bevorstehende Buchausgabe mit Textabdrucken flankiert. Die Novelle erschien zuerst in der Zeitschrift *Junge Kunst*. Es folgten Abdrucke in der Berliner *Frau von heute*,

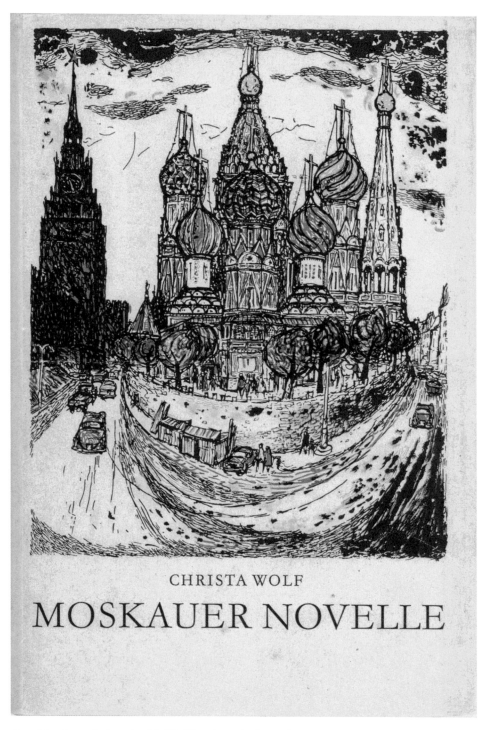

CHRISTA WOLF

MOSKAUER NOVELLE

Umschlag der 2. Auflage (1961); Titelblatt der 1. Auflage mit
Illustration von Hans Mau siehe Seite 449

der *Handelswoche* und *Nationalzeitung,* in der Karl-Marx-Städter (Chemnitzer) *Freien Presse,* in der *Leipziger Volkszeitung* und in der Magdeburger *Volksstimme.* Bereits im Herbst 1960 sendete der Berliner Rundfunk einen längeren Auszug aus dem Text. Und der Verlag bemühte sich sehr um die Popularisierung des Autorennamens.

Nur wenige Wochen nach dem Erscheinen der Buchausgabe fand man die Novelle in einer Anthologie wieder, die elf junge Autoren der DDR unter dem Titel *An den Tag gebracht* vereinte. Eine wahrlich konzertierte Aktion für die Beheimatung einer literarischen Debütantin auf dem Buchmarkt.

Lange schon hatte Christa Wolf als Lektorin Erfahrungen im Umgang mit Literatur gesammelt und ihre Anschauungen und theoretischen Überlegungen in verschiedenen Rezensionen und literaturkritischen Essays niedergelegt.

Christa Wolf, geboren am 18. März 1929, hatte Ende der vierziger Jahre in Jena ein Studium der Germanistik begonnen, das sie ab 1951 in Leipzig fortsetzte und dort 1953 zum Abschluß brachte. Im Herbst 1953 wurde sie wissenschaftliche Mitarbeiterin im 1950 gegründeten Deutschen Schriftstellerverband in Berlin, was ihr zu vielen wichtigen Autorenbegegnungen verhalf und ihr Einblicke in die damaligen Auseinandersetzungen um Literatur und Politik verschaffte. Nach einem kurzen Intermezzo als Lektorin des Berliner Verlags Neues Leben (1956) wechselte sie 1958 für zwei Jahre in die Redaktion der Zeitschrift *Neue Deutsche Literatur* (NDL). Bald entstand der Wunsch, selbst schriftstellerisch tätig zu werden. In einem Brief vom Juni 1956 wurde sie, offenbar ausgelöst durch ein vorausgegangenes Gespräch, von Louis Fürnberg ermuntert, diesen Schritt zu wagen. Fürnberg bescheinigte ihr Talent und sah in ihrer Arbeit als Kritikerin keinen Hinderungsgrund gegenüber eigenen literarischen Ambitionen. Im Sommer 1959 legte sie die *Moskauer Novelle* als ersten eigenen literarischen Text vor. Den äußeren Anstoß für die Novelle mögen zwei Reisen gegeben haben, die sie gemeinsam mit Schriftstellern nach Moskau unternahm. Durch ihre Ende 1959 erfolgte Übersiedelung nach Halle fand sie Kontakt zum Mitteldeutschen Verlag, für den sie schon als Außenlektorin tätig war und der ihr bald einen Verlagsvertrag ausstellte, der die Erstveröffentlichung der *Moskauer Novelle* garantierte.

Christa Wolf wollte die Geschichte einer Liebe zwischen der Deutschen Vera und dem Russen Pawel, die 1945 getrennt werden und erst ein anderthalb Jahrzehnt später wieder zusammentreffen, nicht als Liebesgeschichte bezeichnet wissen. Es war nicht nachzuholen, was die Unbill der Zeit verhindert hatte. Das Leben hatte sich verändert. So bezaubernd auch eine Liebe zweier Menschen sein mochte, man durfte sich dem Zwang der Zeit nicht entziehen, in den Lebensgefühlen insgesamt in einem noch viel höheren Sinne »menschlicher zu werden«.

Ich glaube, es war dieser Anspruch, den Christa Wolf an ihre Geschichte stellte, der sie später mit dem Text nicht mehr so recht glücklich werden ließ und den Versuch vereitelte, die Novelle vorbehaltlos in die Zeitgeschichte einzuordnen. Christa Wolf hat sich in dem Band *Eröffnungen. Schriftsteller über ihr Erstlingswerk* ausführlich zu ihrem Verhältnis zu ihrem eigenen Erstlingswerk geäußert. Dies ist eine Studie in Sachen Dialektik, ein Beleg für den verantwortungsvollen Umgang mit der eigenen Personalgeschichte, ein Selbstverständigungsversuch ohne Beschönigung – und freilich mit offenem Schluß, da es Christa Wolf, aufgefordert, über ihr Erstlingswerk zu sprechen – offenbar nur mühselig gelang, der *Moskauer Novelle* den Platz in ihrem Œuvre einzuräumen, der ihr zukommt. So ist es zu verstehen, daß dem Erscheinen des Buches 1961 zwar noch im selben Jahr eine 2. Auflage folgte, dann aber über Jahrzehnte hinweg keine weitere. Die Skepsis der Autorin war stark, mit ihrem Frühwerk nicht den Ton und nicht die Dramaturgie gefunden zu haben, die ihr für ihre Texte angemessen erschienen, so daß erst mit der Vorbereitung der Werkausgabe das Tabu wieder gebrochen wurde. Eine Voraussetzung übrigens dafür, daß 1999 in der Reihe *Die Graphischen Bücher* bei Faber & Faber Leipzig eine bibliophile Ausgabe mit sieben Originallithographien von Erhard Göttlicher, Hamburg erscheinen konnte. MF

Literaturauswahl
CHRISTA WOLF: *Ein Arbeitsbuch. Studien – Dokumente – Bibliographie.* Hrsg. v. Angela Drescher (1989). CHRISTA WOLF: *Über Sinn und Unsinn von Naivität*; in: Gerhard Schneider (Hrsg.), *Eröffnungen. Schriftsteller über ihr Erstlingswerk* (1974).

Heftumschlag von Arno Drescher

Wolf, Friedrich {1888-1953}
Das bist du.
Ein Spiel in 5 Verwandlungen.
[4] Bühnenskizzen von [Conrad] Felix-müller. Dresden: Verlag Neue Schaubühne (Dresdner Verlag von 1917), 1919. 74 S., 3 Bl. 22,5 x 14,5 cm. Heft mit Umschlagzeichn. v. Arno Drescher. (= Dramen der Neuen Schaubühne Band IV.) Druck: Lehmannsche Buchdruckerei und Verlagsbuchhandlung in Dresden. Vorzugsausgabe: 100 numerierte und vom Autor signierte Expl. auf holzfreiem Papier.

Der Rheinländer Friedrich Wolf absolvierte 1912/13 Medizinalpraktika in Meißen und Dresden, lernte hier seine erste Frau kennen, Kaethe Gumpold, eine Innenarchitektin und Anhängerin der Reformideen aus der Hellerauer Schule von Emile Jaques-Dalcroze, und siedelte sich mit ihr 1916 in Langebrück bei Dresden an. Ab 1914 diente der Patriot als Truppenarzt im Ersten Weltkrieg, dessen Sinnlosigkeit er erst während des Zusammenbruchs des Kaiserreiches erkannte. Geprägt war der Sohn eines jüdischen Kaufmanns aus Neuwied vor allem durch die Jugendbewegung. Als Mitglied des Altwandervogels und der Freideutschen Jugend nahm er 1913 an dem Treffen auf dem Hohen Meißner teil, mit dem die bürgerliche Jugend ihren Anspruch auf selbstbestimmte Lebensgestaltung und gemeinschaftliches Leben bekundete.

Seine Schreibversuche nahmen Gestalt an in der Auseinandersetzung mit dem Krieg, dem so viele Altersgefährten zum Opfer fielen. Während der Revolutionstage 1918 fand Wolf in Dresden Anschluß an die USPD und die »Gruppe der sozialistischen Geistesarbeiter« und wurde Mitglied im

Zentralen Arbeiter- und Soldatenrat der Republik Sachsen. Dresden war seinerzeit ein Zentrum des Expressionismus, unter dessen Einfluß sein erstes veröffentlichtes Stück *Das bist du* entstand. Die Dresdner Dichter und Künstler, zu denen Albert Ehrenstein, Walter Hasenclever, Walter Rheiner, Oskar Kokoschka und Conrad Felixmüller zählten, hatten in den Zeitschriften *Neue Blätter für Kunst und Dichtung*, *Die Neue Schaubühne* und *Der Zwinger* wichtige Organe der expressionistischen Richtung, in denen auch Wolf seine Gedanken über die Erneuerung der Bühne veröffentlichte. Der 1917 gegründete Dresdner Verlag, später Verlag Neue Schaubühne, bot ihm die Möglichkeit, sein vom Schauspielhaus des Sächsischen Landestheaters inszeniertes Stück zu publizieren. Ausgehend von seinem Studium von Tolstoi und Laotse versucht Wolf, dem Leben nach dem ungeheuren Sterben wieder seinen Sinn zu geben: Nur die Verwandlung währt ewig, während der Mensch auch über den Mord hinweg zur Liebe zurückfinden kann. Mit der Uraufführung am 9. Oktober 1919 unter der Leitung des jungen Wiener Regisseurs und Dichters Berthold Viertel setzte sich der Expressionismus auf dem offiziellen Theater der sächsischen Hauptstadt durch. Größten Wert legte Wolf, der einige Zeit in München bildender Künstler werden wollte, auf die Gestaltung der Bühne.

Viertel hatte den erst zweiundzwanzigjährigen Felixmüller engagiert, mit dem Wolf nach 1945 ein zweites Mal zusammenarbeiten sollte. Felixmüllers Gestaltung mit ihrer radikalen Abkehr von der konventionellen naturalistischen Nachahmung von realen Räumen, seine symbolträchtigen, farbintensiven, ekstatischen Bühnenbilder trugen nicht wenig zu der begeisterten Aufnahme des Stückes bei. Die Reproduktionen verleihen auch der Buchausgabe trotz der bescheidenen Druckqualität ihren Reiz. Der einflußreiche

Literaturwissenschaftler Oskar Walzel lobte an der Inszenierung die starke Bedeutung des Zusammenschlusses von »Dichtung, bildender Kunst und Schauspielkunst« für den Kunstbetrieb Dresdens. Prof. Friedrich Kummer rief erleichtert aus: »… endlich einmal kein Zerrissener. Hier lauscht ein reiner Mensch in die unendliche Welt, und er hört die Harmonie.« Für Wolf war die Dramaturgie des Stückes wie auch die geistige Welt des Dresdner Expressionismus nur eine Episode. Deutschlandweit bekannt wurde er erst mit seinen sozialen Tendenzstücken wie *Cyankali* (1929) und *Die Matrosen von Cattaro* (1930). CW

Literaturauswahl

CHRISTEL BERGER: *Friedrich Wolf 1953. Eine unvollständige Biographie rückwärts* (2006). Lew Hohmann (Hrsg.): *Friedrich Wolf. Bilder einer deutschen Biographie. Dokumentation* (1988). WERNER JEHSER: *Friedrich Wolf. Leben und Werk* (1965). HENNING MÜLLER: *Friedrich Wolf. 1888-1953. Deutscher Jude, Schriftsteller, Sozialist* (2009). Emmi Wolf, Brigitte Struzyk (Hrsg.): *Auf wieviel Pferden ich geritten … Der junge Friedrich Wolf. Eine Dokumentation* (1988).

Wolfenstein, Alfred {1883-1945}
Die gottlosen Jahre.
Gedichte.

[1. Tsd.] Berlin: S. Fischer, 1914. 87 S. 23,5 x 16,5 cm. Pp. Druck: Spamersche Buchdruckerei, Leipzig.

Im Antiquariat habe ich Ende der neunziger Jahre einmal ein Exemplar des *Jahrbuchs für neue Dichtung und Wertung* gesehen, das 1919/1920 von Alfred Wolfenstein unter dem Titel *Die Erhebung* herausgegeben worden ist und mit einer bezeichnenden Zueignung versehen war: »Dies Sammelwerk einer Generation (1919), die heute in alle Winde zerfallen ist, bleibt demnach gegen die neue Kriegszeit bestehen, wie damals gegen die alte. In großer Herzlichkeit für Frau Annie Rath von Alfred Wolfenstein. Prag, Weihnachten 1933.« Was kam in dieser Widmung nicht alles zusammen? Wolfenstein, der Jude und Pazifist, verfolgt und geflohen, am Beginn einer erzwungenen Reise durch die Städte Europas, die im Selbstmord in Paris endet, bekennt, den literarischen Ertrag einer Generation zu bündeln, der expressionistischen, der er nur lose zugehörig war. Denn *Die gottlosen Jahre*, sein Erstlingswerk, bewegte sich abseits der literarischen Moden. Er versuchte, die Vereinzelung des Menschen ohne das große Pathos der Expressionisten gedanklich zu analysieren und in präzisen Sprachbildern auf den Punkt zu bringen.

Wolfenstein, der Rechtswissenschaften studiert hatte und zum Dr. jur. promoviert worden war, nahm danach die schriftstellerische Tätigkeit ernster als das Leben eines Gerichtsreferendars. Bevor es zum gedruckten Erstlingswerk kam, konnte Wolfenstein Gedichte verstreut in unterschiedlichen Zeitschriften veröffentlichen, in der österreichischen Zeitschrift für Musik und Theater *Der Merker* oder in René Schickeles *Weißen Blättern*. Sein erstes Gedicht veröffentlichte aber 1912 die Berliner Zeitschrift *Die Aktion*. Es kam bis 1917 zu einer engen Zusammenarbeit mit dem Ausnahmeblatt, dessen Herausgeber Franz Pfemfert seinen Autoren zwar keine Honorare zahlte, sie aber schnell bekannt machte und Verbindungen schaffte zu Verlegern wie Ernst Rowohlt oder Samuel Fischer, mit denen er mehr oder weniger befreundet war. So wurde Oskar Bie, Redakteur der literarischen Zeitschrift *Neue Rundschau*, auch rasch auf Wolfenstein aufmerksam und nahm einige seiner Gedichte in deren Spalten auf, die sich dann in der Sammlung *Die gottlosen Jahre* wiederfinden. Als der Band erschien, waren 34 Gedichte davon noch nicht veröffentlicht.

Wir sind in der Zeit vor dem Ersten Weltkrieg, wo S. Fischer noch als Verlag des Naturalismus galt, wo aber, 25 Jahre nach Gründung, schon mehr als 150 Autoren die Verlagsbibliographie bevölkerten und *viele* literarische Richtungen ins Haus Einzug gehalten hatten, darunter Autoren wie Richard Dehmel, Hugo von Hofmannsthal und Hermann Hesse, und selbst avantgardistische Texte ihren Platz fanden. Das war es ja gerade, was S. Fischer als Verlag so beständig machte, daß er Altes pflegte und allem Neuen gegenüber aufgeschlossen war. Alfred Wolfenstein paßte gut in dieses Konzept. Zwei weitere Gedichtbände folgten auf *Die gottlosen Jahre* bei S. Fischer, *Die Freundschaft* (1917) und *Menschlicher Kämpfer* (1919), bevor Wolfenstein zu Paul

Einband

Cassirer, in den Verlag Die Schmiede und andere Verlagshäuser abwanderte.

Die gottlosen Jahre wurden von der Kritik wahrgenommen. In der *Neuen Rundschau*, der *Aktion*, der *Zeitschrift für Bücherfreunde*, im *Zeit-Echo* äußerten sich Robert Musil, Rudolf Kayser, Fritz Swiefert und Max Herrmann-Neiße. Sie hoben den sprachlichen Feinsinn und die intellektuellen Züge in der frühen Lyrik Wolfensteins hervor. Eine zweite Auflage der Gedichtsammlung hat es nicht gegeben, aber immer wieder wurden Gedichte daraus in anderen Sammelbänden veröffentlicht, so in Kurt Pinthus' *Menschheitsdämmerung* (1919 ff.), in Franz Pfemferts *Das Aktionsbuch* (1917), in der Sammlung *Lyrische Dichtung deutscher Juden* (1920), in Rudolf Kaysers *Verkündigung* (1921), in Heinrich Eduard Jacobs *Sammlung Verse der Lebenden* (1924) und anderen Ausgaben mehr, eine Kontinuität in der Rezeption Wolfensteinscher Gedichte, die auch nach dem Zweiten Weltkrieg vornehmlich in Sammlungen von expressionistischer Dichtung anhält und dem Urteil der germanistischen Forschung ein wenig entgegensteht, daß sich Wolfensteins lyrisches Vermächtnis weitgehend verbraucht hätte. E F

Literaturauswahl
PETER FISCHER: *Alfred Wolfenstein. Der Expressionismus oder die verendende Kunst* (1968). PETER DE MENDELSSOHN: *S. Fischer und sein Verlag* (1970).

Wüsten, Johannes {1896-1943}
Semper die Mumie.
Hamburg: Konrad Hanf Verlag, 1921.
28 S., 2 Bl. 21 x 14,5 cm. Pp.

Kupferspäne, gestreut ins Album der deutschen Gemütstiefe.« Der Kupferstecher, Maler und Schriftsteller Johannes Wüsten notierte diese Sentenz auf einem später im Nachlaß gefundenen Blatt Papier. Diese spricht zu uns in einem doppelten Sinne: Für den natürlichen Abfall beim Ausstechen der Kupferplatten im Atelier und für den widerhakenden Geist eines hellsichtigen, engagierten Künstlers und Schriftstellers. Dennoch ist heute nur wenig über den Autor zu erfahren. Die Auskünfte über sein Leben und Wirken sind knapp und spärlich. Doch hat er uns mit *Semper die Mumie* eine der wichtigsten und originellsten Parodien der deutschen Literatur hinterlassen. Als Erstlingswerk liefert sie allerdings nur wenige Anhaltspunkte für seine späteren Arbeiten.

1896 als Sohn eines Predigers in Heidelberg geboren, siedelte Wüsten nach Kinder- und Jugendzeit und absolvierter Tischlerlehre in Görlitz 1914 nach Fischerhude über und nahm im Dunstkreis der Worpsweder Künstlerkolonie bei Otto Modersohn Malunterricht. Kaum zwanzigjährig berief man ihn zum Militärdienst ein. Aus dem Krieg – mehrfach verwundet – kehrte er 1918 zurück. »Überreif an Erlebnissen kam ich zurück ohne die Möglichkeit, diese Erlebnisse meiner Jugend entsprechend schon verwenden zu können.« Zu schreiben begann Wüsten, offensichtlich angeregt durch die in Worpswede diskutierten Ideen der modernen Kunst, bereits 1915/16; dies belegen handschriftlich in ein Diarium eingetragene Verse aus dieser Zeit. Nach dem Ende des Ersten Weltkrieges ließ sich Wüsten in Hamburg nieder, wo er zu den Begründern der 1919 ins Leben gerufenen *Hamburger Sezession* gehörte. Dort fand er auch Anschluß an den Hamburger Konrad Hanf Verlag, der sich im revolutionären Fieber der Soldaten- und Matrosenräte kurzzeitig zu einem Sammelpunkt junger literarischer Begabungen mauserte. Der aus der gleichnamigen Druckerei hervorgegangene Verlag verlegte zunächst neben Kleingartenkalendern, einem *Deutschen*

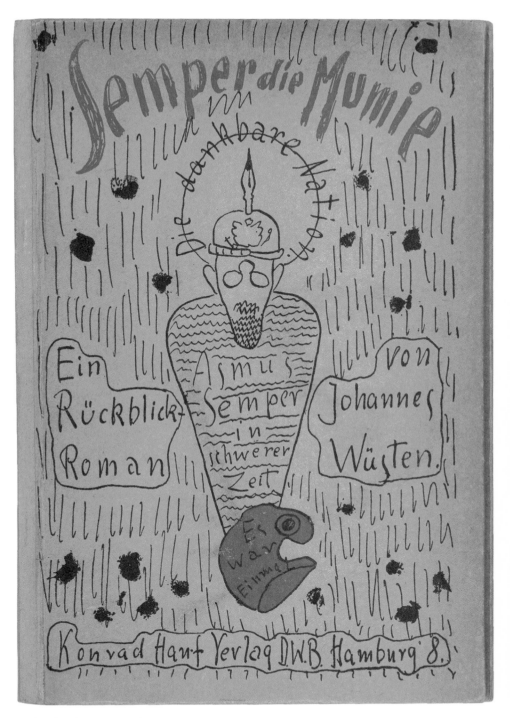

Einbandzeichnung von Johannes Wüsten

Kanu-Jahrbuch und der Zeitschrift *Bau-Rundschau* vor allem niederdeutsche Dichtungen, Sagen und Märchen. 1920/21 aber wandelte sich das Verlagsbild. Mit Heinrich Vogeler, den Brüdern Ludwig und Otto Tetjus Tügel, Paul Duysen und Johannes Wüsten nahm er Autoren aus dem Worpsweder Künstlerkreis auf. Durch Arbeiten des Expressionisten Franz Jung oder Hans Henny Jahnns wurde er zu einem ernstzunehmenden modernen literarischen Verlagshaus. Als Wüsten 1922 zurück nach Görlitz ging, war er bereits mit drei Arbeiten im Verlag vertreten. Etwa zeitgleich, im Frühherbst 1921, erschienen Wüstens erster Zyklus von Illustrationen für den Roman von Paul Duysen *Jedermann, der viehische Mensch. Ein Schrei in die Zeit. Psychoanalytischer Roman* und sein eigenes literarisches Debüt *Semper die Mumie. Ein Rückblicksroman.* Nur wenige Wochen später folgte *Ywon. Eine Geschichte vom doppelten Leben*, das in mancher Literaturgeschichte irrtümlich als sein Erstlingswerk ausgewiesen wird. Die Auflagen waren sicher nicht sehr hoch; eine exakte Exemplarzahl der Auflage seines Erstlings war für uns nicht nachzuweisen.

Die sich besonders gegen den Schriftsteller Otto Ernst richtende Parodie *Semper die Mumie* erschien in der *Sammlung Kulturfragen*, in der unter anderem auch grundlegende theoretische Arbeiten von Heinrich Vogeler zu finden waren, etwa die Zeitstudie *Expressionismus* oder der Essay *Die Freiheit der Liebe in der kommunistischen Gesellschaft.* Otto Ernst, der schon Karl Kraus in Wien zu einer Polemik gereizt hatte, war der Autor einer Bildungsromanfolge, die seit Erscheinen des ersten Bandes, *Asmus Sempers Jugendland*

(1905), breiten Anklang in der bürgerlichen Leserschaft gefunden hatte. Dieser und auch der zweite Band, *Semper der Jüngling* (1908), wurden in den folgenden fünf Jahren nach ihrem Erscheinen in mehr als 50 000 Exemplaren verbreitet und lagen 1933 zusammen in mehr als 300 000 Exemplaren vor. Besonders der dritte Band, *Semper der Mann. Eine Künstler- und Kämpfergeschichte* (1916), wird Wüsten zum Widerspruch angeregt haben. Angefeindet wurde Ernst vor allem wegen seiner philiströsen Kritik an Nietzsche, zu dessen Verehrern Wüsten gehörte, und wegen seiner kaisergläubigen, gemütsvollen Selbstgenügsamkeit. Einen Widerhall allerdings fand Wüstens Polemik damals kaum. Bei den Vorbereitungen auf die vorliegende Edition konnten wir kaum auf eine Zeitungs- oder Zeitschriftenbesprechung stoßen. Nur im *Zwiebelfisch*, 13. Jg. 1921/22, fanden wir eine Notiz folgenden Wortlauts: »Bissige, sicher treffende Parodie des berüchtigten Machwerks von Otto Ernst, das man in Süddeutschland kaum kennt, in der Hamburger Gegend aber unter den Spießern seine schläfrige Gemeinde gefunden hat«, – und da weiß man nun nicht ganz genau, ob sich das auf die Parodie oder auf das parodierte Ursprungswerk bezieht.

In der Reihe *Die Graphischen Bücher* bei Faber & Faber Leipzig hat Hans Ticha 1995 eine bibliophile Ausgabe des Romans mit 10 Originalholzschnitten und 6 Holzschnitt-Vignetten ausgestattet. MF

Literaturauswahl
JOHANNES WÜSTEN: *Die Verrätergasse. Stücke, Aufsätze, Gedichte, Autobiographisches, Briefe.* Hrsg. v. H. D. Tschörtner (1976).

Z

… siehe Seite 489

… siehe Seite 485

… siehe Seite 493

Zech, Paul {1881-1946}
Waldpastelle. Sechs Gedichte.
Aufl.: 500 Expl. auf echt Bütten, 10 Expl.
auf Kaiserlich Japan. Berlin-Wilmersdorf:
A. R. Meyer, 1910. 6 S. 19,5 x 14,5 cm.
Heft mit einer Umschlagvignette von Julius
August Vetter. (= Lyrische Flugblätter.)
Druck: Druckerei der Bibliophilen, Berlin.

Paul Zech gehört zu den nicht wenigen Schriftstellern, die über ihren
Lebenslauf eines momentanen Vorteils oder
einer Laune wegen immer wieder Nebel
verbreiten. So ist es der Zech-Forschung
bis heute nicht gelungen, alle offenen
Fragen zu seinem frühen Lebenslauf zu
klären. Eines der Rätsel ist ein angeblicher
Privatdruck des Gedichtbands *Das schwarze
Revier*, der laut der Bibliographin Hedwig
Bieber bereits 1909 in Elberfeld erschienen
sein soll. Sie fertigte ihr Verzeichnis mit
Hilfe des Sohnes Rudolf R. Zech an und
behauptete, das Buch gesehen zu haben
(vgl. den Katalog *Paul Zech*, hrsg. von
Fritz Hüser). Ihr folgend, wird auch bei
Wilpert/Gühring dieser Druck als Nummer
1 verzeichnet. Paul Raabe ist in seinem
Verzeichnis vorsichtiger und verzichtet auf
die Aufnahme des Titels. Der Druck ist
in keiner öffentlichen Bibliothek nachgewiesen und auch bei privaten Sammlern
nicht bekannt. Weder erwähnt Zech ihn
in den Briefen an Stefan Zweig, dem er ab
1910 alle frühen Drucke schickte, noch in
dem Antrag auf Unterstützung, den er 1914
mit Lebenslauf und Bibliographie bei der
Deutschen Schillerstiftung einreichte. Somit
ist bis zum Beweis des Gegenteils davon
auszugehen, daß der Druck eine Fiktion ist.
Laut dem Zech-Experten Arthur Hübner
wollte Zech mit der Rückdatierung des
Gedichtzyklus *Das schwarze Revier* nachweisen, daß er schon 1909 mit dem Thema
Leben im Kohlerevier hervorgetreten sei,
vor allen literarischen Konkurrenten.
Immerhin sind sich die Biographen einig,
daß der Stoff dieser Gedichte selbst erlebt
war. Aus einfachen Verhältnissen stammend, muß Zech eine unruhige Kindheit
und Jugend verlebt haben. Die Familie verließ Westpreußen, um sich nach mehreren
Stationen schließlich im letzten Jahrzehnt
des 19. Jahrhunderts in Elberfeld anzu-
siedeln. Weder der Beruf des Vaters noch
die Wohnorte der Familie noch die schu-
lische Laufbahn Zechs sind sicher ermittelt. Doch er hat wohl weder eine höhere
Schule besucht noch ein Studium absolviert und deshalb auch keine Promotion
zum Dr. phil. erreicht, wie er später gelegentlich behauptete. Vermutlich waren die
Verhältnisse zuhause so beschaffen, daß
er schon in jungen Jahren sein Brot selbst
verdienen mußte, unter anderem kurzzeitig im Kohlebergbau. Ab 1903 ist Zechs
Wohnort in Elberfeld nachgewiesen, laut
den Elberfelder Adreßbüchern der Zeit war
er als Lagerist und dann als Konditor tätig.
1904 gründete er eine eigene Familie, aus
der bald zwei Kinder hervorgingen.

Seit 1907 sind öffentliche Auftritte,
Lesungen und Veröffentlichungen in Zei-
tungen und Zeitschriften nachgewiesen. In
Elberfeld hatte er einige Freunde, die gleichfalls voll literarischer Pläne steckten. Im
Ergebnis entstanden 1910 zwei Anthologien,
an denen sich Zech beteiligte – die eine,
Gedichte, in Elberfeld herausgegeben von
der Literarischen Gesellschaft Elberfeld, die
andere mit dem Titel *Das frühe Geläut*
in Berlin von dem expressionistischen
Verleger Alfred Richard Meyer publiziert.
Weitere Autoren des zweiten Bandes waren
Christian Gruenewald, Ludwig Fahrenkrog
und Julius August Vetter. Damit kam Zech
in Verbindung mit Alfred Richard Meyer,
dem Zech im wesentlichen den Beginn seiner literarischen Karriere verdankte. 1910
veröffentlichte Meyer innerhalb seiner Reihe
Lyrisches Flugblatt den Druck *Waldpastelle*,
der Zechs erstes selbständig erschienenes
Buch war. 1912 folgte die umfangreichere

Sammlung *Schollenbruch* und 1913 wiederum als *Lyrisches Flugblatt* der Zyklus *Das schwarze Revier*, der Zech größere Aufmerksamkeit verschaffte und seinen Nachruhm als expressionistischer Lyriker bis heute prägt. Das Titelblatt zeichnete Ludwig Meidner: eine Anzahl hohläugiger Kumpel, vor einem Schacht gruppiert. Im Verhältnis zu diesem sozialkritischen Band kommt der Erstling *Waldpastelle* wesentlich traditioneller daher. Es handelt sich um sechs neuromantische Naturgedichte, die fern von der Zivilisation angesiedelt sind. Der Wald wird bedichtet im Wandel der Jahreszeiten. Flora und Fauna werden angedeutet, das Lichtgeschehen beschrieben. Das lyrische Ich läßt sich von der Stimmung der Natur tragen, jauchzt im Sommer und leidet im Winter. Das dünne Heftchen ist sauber auf Bütten gedruckt und mit einer passenden Vignette des Elberfelder Freundes Julius August Vetter, der auch als Dichter hervortrat, versehen: einen üppig im Blatt stehenden Laubbaum am Waldesrand zeigend. Es wurde im November 1910 gedruckt. Im Brief vom 18. Dezember bittet Zech, Stefan Zweig eine Rezension über *Das frühe Geläut* und *Waldpastelle* zu schreiben. Zweig tat ihm den Gefallen wohl erst, als der größere Band *Schollenbruch* vorlag. Immerhin bestärkte er Zech brieflich: »In ihren letzten Gedichten finde ich nun das, was den früheren noch abging: persönliche Note. Eine Silhouette formt sich. … Und das ist's was mich so freut an Ihren letzten Versen, dass ich hier eine Schärfe zu glauben sehe, die mir ein gutes Bild, ein wahres Weltbild verspricht.« Richtig begeistert war Zweig jedoch erst von dem Heft *Das schwarze Revier*: »Dieses kleine Flugheft wiegt durch die Kraft seiner Tatsächlichkeit und die bildnerische Wucht viele breite lyrisch zerfließende Bücher auf…« (*Neue Freie Presse*, 13. April 1913).

Zum Durchbruch, den Zech in jenen Jahren vor dem Ersten Weltkrieg erlebte, trug auch Else Lasker-Schüler bei, die die literarischen Regungen in ihrer Geburtsstadt Elberfeld verfolgte und Zech ermutigte, 1912 nach Berlin umzusiedeln. Hier führte sie ihn in den Kreis um ihren Mann, Herwarth Walden, und dessen Galerie »Der Sturm« ein. CW

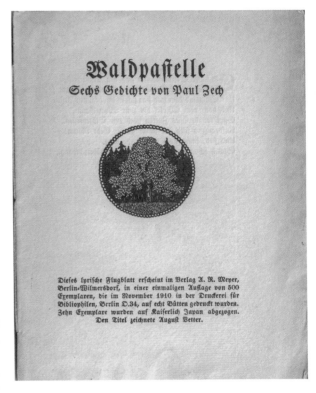

Heftumschlag mit Vignette von Julius August Vetter

Literaturauswahl

STEFAN ZWEIG, PAUL ZECH: *Briefe. 1910-1942. Hrsg. v. Donald G. Daviau* (1984). *Paul Zech Lesebuch. Zusammengestellt v. Wolfgang Delseit* (2005). UWE ECKARDT: *Paul Zech in Elberfeld*; in: *Romerike Berge. Zeitschrift für das Bergische Land* (H. 4, 1996). Heinz-B. Heller, Peter Zimmermann (Hrsg.): *Literatur im Wuppertal. Geschichte und Dokumente* (1981). Fritz Hüser (Hrsg.): *Paul Zech* (1961). BERT KASTIES: *Paul Zech – Annäherung an einen Verwandlungskünstler*; in: *Paul Zech, Ausgewählte Werke. Band 1: Gedichte* (2001). Joachim Müller (Hrsg.): *Die Akte Paul Zech* (1964).

Zuckmayer, Carl {1896–1977}
Kreuzweg.
Drama in vier Akten.
München: Kurt Wolff, 1921. 122 S.
20,5 x 12,5 cm. Pp. Druck: Spamersche
Buchdruckerei Leipzig.

Nach vier Jahren an der Front schied Carl Zuckmayer bei Kriegsende als Leutnant aus dem Militärdienst aus, um erst in Frankfurt am Main und dann in Heidelberg die Universität zu besuchen. Vielseitig interessiert, besuchte er philosophische, nationalökonomische, germanistische, kunstgeschichtliche, aber auch naturwissenschaftliche Vorlesungen. In dem noch jungen Dozenten für Kunstgeschichte Wilhelm Fraenger fand er einen Förderer, der ihn gar zu einer Dissertation über Rembrandt als Regisseur überreden wollte. In Fraengers Kreis wurden nicht nur wissenschaftliche Debatten geführt, sondern auch Geselligkeit gepflegt, Musik und Laienschauspiel produziert. Doch für Zuckmayer war das Studium nur ein Durchgangsstadium – Vorbereitung auf die eigentliche Laufbahn, die der Literatur und dem Theater gehören sollten. Schon seit Schülertagen nahm er rezeptiv an der jüngsten Literatur regen Anteil, selbst im Feld befand er sich durch die Frontbuchhandlung immer auf der Höhe des aktuellen Buchmarkts. Er kannte die Werke fast aller expressionistischen Talente von Georg Trakl bis Walter Hasenclever. Sein Leitstern hieß aber Gerhart Hauptmann, dessen Vorliebe für historische Stoffe wie Bauernkrieg und Reformation direkten Einfluß auf Zuckmayers Stoffwahl für seine ersten Dramen und Versuche hatte. Noch im Feld arbeitete er, nach seinen Erinnerungen *Als wär's ein Stück von mir*, intensiv Bücher über die Unruhen des 16. Jahrhunderts durch.

Seit 1917 gehörte er zu den regelmäßigen Beiträgern von Franz Pfemferts Zeitschrift *Die Aktion*, und in Frankfurt trat er nach der fehlgeschlagenen Revolution dem Mitarbeiterstab der literarischen und politischen Zeitschrift *Tribunal* bei, die von dem Studenten und späteren sozialdemokratischen Politiker und Widerstandskämpfer Carlo Mierendorff geführt wurde. Mit Mierendorff und anderen Freunden besuchte er eifrig das Frankfurter Theater, in dem der Expressionismus in der Nachkriegszeit seinen Durchbruch auf der Bühne mit Uraufführungen von Fritz von Unruh, Walter Hasenclever und Paul Kornfeld feierte.

In Heidelberg, wohin Zuckmayer mit dem *Tribunal*-Kreis 1919 umzog, machte er sich, durch die vielen Einflüsse enthusiasmiert, an sein erstes Stück, das anfangs *Kreuzweg zu Ende* hieß. Es stand natürlich unter dem Einfluß des expressionistischen Dramas, obwohl Zuckmayer das Werk von Paul Claudel und Francis Jammes, die Tierbilder Franz Marcs und die »Märchen- und Menschenwelt« Gerhart Hauptmanns als Vorbilder benannte. Frisch aus der Feder schickte er es seinem Freund, dem nur wenig älteren Regisseur und Dramatiker Ludwig Berger, der es am Staatlichen Schauspielhaus in Berlin unterbringen konnte. Der neue Intendant Leopold Jessner war in dieser Zeit bemüht, dem ehemaligen Königlichen Preußischen Schauspielhaus eine gründliche Neuorientierung zu verordnen. Am Tag der Annahme des Stückes durch das Theater empfahl Berger seinem Verleger Kurt Wolff den Druck: »Die Verleger werden sich wie Hunde auf ihn stürzen, wenn die Annahme publik wird« (Berger an Wolff, 23. September 1920). Zuckmayer sandte dem Münchner Verleger das Manuskript und erhielt mit Brief vom 25. Oktober 1920 die Zusage und gleich einen Verlagsvertrag. Am 10. Dezember 1920 ging die Uraufführung unter der Regie von Berger im Schauspielhaus am Gendarmenmarkt über die große Bühne.

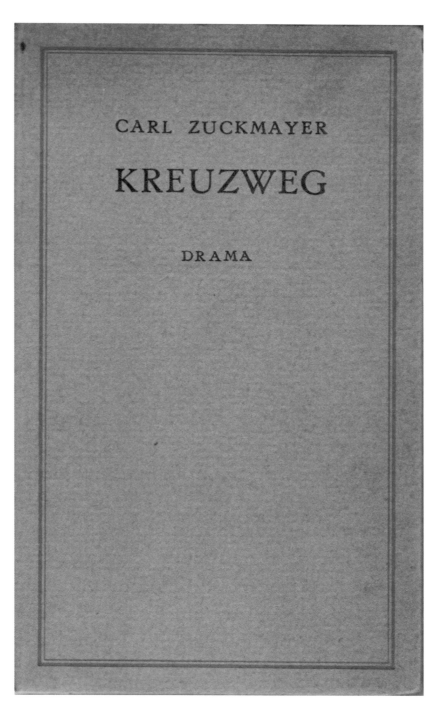

Einband

Das Buch wurde laut Impressum im Frühjahr 1921 gedruckt.

Das Stück handelt in Ort und Zeit recht unbestimmt von einer Bauernrevolte, die sich gegen Not, Unterdrückung und Willkür der Herrschaft richtet. Alle handelnden Personen sind Getriebene, unglückliche Seelen, die sich traumwandlerisch oder ekstatisch überladen auf der Szene gerieren. Fast jede hat einen eigenen Kreuzweg zu bestehen. Markante Schwerpunkte bilden der Verrat und die Einkerkerung eines Bauernchristus sowie der Tyrannenmord am Bauernschinder. Das Geschehen endet nicht mit Befreiung oder erneuter Unterjochung, sondern mit weiterem Blutvergießen, ratloser Suche und Flucht in unbestimmte Ferne.

Die fehlende klare Konturierung der Handlung war wohl ein Hauptgrund, warum das Stück bei der Uraufführung glatt durchfiel. Schon während der Aufführung wurde »geschimpft, gezischelt und an ernst gemeinten Stellen gelacht«. Die »eisige« Ablehnung des Publikums am Ende wurde nur durch den »frenetischen Beifall« von Carlo Mierendorff und anderen Freunden unterbrochen. Das wohl härteste Urteil, weil aus dem Munde eines Berufenen, kam von Alfred Kerr, der die Schwächen des Stückes der gesamten Richtung ankreidete: »Es gab drei Stunden lang nur Geharftes, Weichexpressionistisches, Zufälliges, Hingereihtes … Der junge Zuckmayer ist also kaum ein Einzelgeschöpf: sondern wie eine Münze des modischen Münzkastens. Dieselben Züge stets. Einer wie der andre« (*Berliner Tageblatt*, 11. Dezember 1920). Siegfried Jacobsohn (*Die Weltbühne*, H. 52, 1920) anerkannte dagegen wenigstens das Talent Zuckmayers, »dessen Name kaum zur Berühmtheit geschaffen ist, aber ihr möglicherweise nicht entrinnen wird«. Er fragte, ob nicht eine »rationalistische« Regie der verworrenen Handlung hätte Herr werden können.

Einschneidende Folgen hatte das Drama im Privaten. Die Eltern, ein Fabrikantenpaar aus Mainz, waren nach dem Besuch der Aufführung in Berlin so konsterniert, daß sie daraufhin die finanzielle Unterstützung des Sohns einstellten, ohne freilich den persönlichen Kontakt abreißen zu lassen. Zuckmayer war während der Proben der Schauspielerin und Darstellerin der Christa im Stück, Annemarie Seidel, einer Schwester der Dichterin Ina Seidel, näher gekommen. Seine erst im Januar des Jahres geschlossene Ehe ging daran zugrunde.

Auf Zuckmayer kamen einige schwere Jahre zu, in denen er weiter nach seinem Stoff und seiner Dramaturgie suchte. Doch mit den Komödien *Der fröhliche Weinberg* (1925) und *Der Hauptmann von Köpenick* (1931) folgten die Stücke, mit denen er zu einem der erfolgreichsten Dramatiker der Weimarer Republik werden sollte. An *Kreuzweg* dachte er fortan nur mehr mit Bauchgrimmen. Immerhin war der Durchfall ehrenvoll. »Ein junger Dramatiker mußte umstritten sein, sonst war er nichts wert. Das wenigstens hatte ich erreicht…« (*Als wär's ein Stück von mir*). CW

Literaturauswahl

CARL ZUCKMAYER: *Als wär's ein Stück von mir. Horen der Freundschaft* (1966). THOMAS AYCK: *Carl Zuckmayer. Mit Selbstzeugnissen und Bilddokumenten* (8. Aufl. 2002). ARNOLD BAUER: *Carl Zuckmayer* (2. erg. Aufl. 1977). Barbara Glauert (Hrsg.): *Carl Zuckmayer im Spiegel der Kritik* (1977). ARNOLD JOHN JACOBIUS: *Motive und Dramaturgie im Schauspiel Carl Zuckmayers. Versuch einer Deutung im Rahmen des zwischen 1920 und 1955 entstandenen Gesamtwerkes* (1971).

Zweig, Arnold {1887-1968}
Aufzeichnungen über eine Familie
Klopfer. Das Kind.
Zwei Erzählungen.
München: Albert Langen Verlag, 1911.
132 S. 14,5 x 11,8 cm. Br. mit Umschlag-
zeichn. von Alfons Woelfle / Ln. / Leder.
(= Kleine Bibliothek Langen Bd. 110.)
Druck: Hesse & Becker, Leipzig.

Arnold Zweig, der sich schon vor
Veröffentlichung seines Erstlingswerks
als Mitherausgeber und Mitverfasser eines
studentischen Musenalmanachs und einer
Zweimonatsschrift für Studenten namens
Die Gäste hervorgetan hatte, in denen er
erste literarische Versuche preisgab, war von
Anfang an mit dem Thema seiner jüdischen
Herkunft befaßt. Glogau, wo Zweig geboren und von wo er mit der Familie in die
Bergarbeiterstadt Kattowitz gezogen war, in
der sie der Vater als Sattlermeister notdürftig
ernährte, diese Landschaft und ihre sozialen Probleme sensibilisierten frühzeitig die
Stimmungen des Heranwachsenden. In den
Aufzeichnungen über eine Familie Klopfer
rekonstruiert der Ich-Erzähler Heinrich
Klopfer die Lebensgeschichte seines verstorbenen Vaters, eines deutsch-jüdischen
Dichters. In diesen *Aufzeichnungen* erkennt
man in dem Schüler Peter Klopfer Arnold
Zweig selbst. Er reflektiert, daß er ein kleiner Judenjunge ist und was dies bedeutet,
einer zu sein: »... die Jungen rufen es dir
auf der Straße nach, daß es dir das Herz
umdreht vor Zorn, die Lehrer lassen es dich
höhnisch fühlen, und manchmal sondern
sich auch die Klassenkameraden von dir.«
    Die Verfolgung der Juden liegt von
Anfang an wie ein Schleier über Zweigs
literarischem Schaffen und verschafft
dem Erstlingswerk wie den kommenden
Dichtungen und Romanen häufig den
autobiographischen Hintergrund. Die
Geschichte überwölbt das Leben von vier
Generationen, und es ist sicher nicht her-

geholt, wenn man darin als literarisches
Vorbild die *Buddenbrooks* von Thomas
Mann erkennt, auch wenn diese weitaus
monumentaler angelegt sind. Arnold Zweig,
der auf Wunsch der Eltern ursprünglich
selbst Lehrer werden sollte, verdankt dem
Schulrat Jakob Hacks am Gymnasium in
Kattowitz den ersten Zuspruch, seine literarischen Versuche fortzusetzen. »Wenn aus
mir etwas geworden ist«, wird Zweig später
zitiert, »ihm danke ich davon ein gerüttelt
Maß«. Auch Freunden wie Ludwig Meidner,
Arnold Ulitz oder dem späteren Philologen
Rudolf Clemens, dem Kern der Gruppe
um die Zeitschrift *Die Gäste*, verdankte er
Ermunterung. Kontakt hatte er zudem zu der
satirischen Zeitschrift *Simplicissimus* gefunden, in der er 1910 die zweite Geschichte seines Erstlingswerks, *Das Kind*, vorveröffent-
lichen konnte. Wahrscheinlich fand er vor
dem Hintergrund dieser Zusammenarbeit
den Weg zum Verlag von Albert Langen,
der das Satiricon herausgab und der mit

Broschureinband von Alfons Woelfle

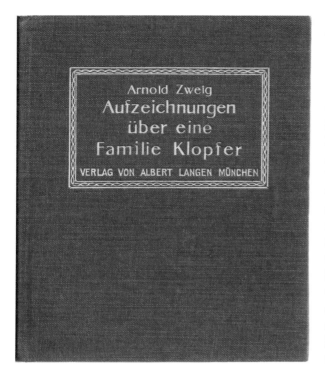

Leineneinband

seiner *Kleinen Bibliothek* ein breiteres Publikum für moderne internationale und junge deutsche Autoren erschließen wollte. *Das Kind* reichte Zweig 1910 übrigens zu einem Zeitschriften-Preisausschreiben ein, in dessen Jury auch Thomas Mann saß. Dieser lehnte die Geschichte jedoch für die engere Wahl des Wettbewerbs ab.

Als das Erstlingswerk 1911 erschien, vermutlich in 1000 Exemplaren, erzielte es nicht mehr als einen Achtungserfolg, der aber nachhaltiger wurde, als er sich zuerst anließ. 1922 wurde der Titel in einem Verlagsprospekt des Verlags Die Schmiede, Berlin, angekündigt, ohne dort existent zu werden. Bis 1923 erlebte der Band *Aufzeichnungen über eine Familie Klopfer* immerhin sieben Auflagen und wurde in den folgenden Jahrzehnten fortgepflegt in anderen Ausgaben und Sammlungen bei verschiedenen Verlagen. 1952 hat er sogar Eingang in die Leipziger *Insel-Bücherei*

(Auflage: 20 000 Exemplare) gefunden. Wichtiger war aber noch, daß Arnold Zweig, der mit Blick auf die Entstehung der Erstlingserzählungen später schreibt: »... im Jahre 1909 überschwemmte mich ein erster Durchbruch von Produktivität«, nach der *Klopfer*-Novelle die spielerische Nachahmung erfolgreicher literarischer Zeitgenossen, wie Thomas Manns, überwand und 1912 mit *Novellen um Claudia*, einem Roman, an dem er auch schon länger arbeitete, zunehmend zu einer eigenen Handschrift fand. Der Roman brachte noch nicht den großen Durchbruch, aber die anerkennende Beachtung in literarisch-interessierten Kreisen nahm zu. Diese wurde weiter vergrößert durch die Uraufführung des Theaterstücks *Ritualmord in Ungarn* am Deutschen Theater in Berlin unter der legendären Leitung von Max Reinhardt (1914 in Buchfassung im Hyperionverlag). Als das Stück in überarbeiteter Fassung als *Die Sendung Semaels* (1915) den Kleist-Preis erhielt, war der Weg frei für die zukünftige literarische Karriere. Diese betraf vorrangig den Bühnenautor. Mit dem überwältigenden Erfolg des Romans *Der Streit um den Sergeanten Grischa*, der 1927 im besten Sinne des Wortes ein Bestseller wurde und Arnold Zweig international bekannt machte, erhielt die schriftstellerische Laufbahn Arnold Zweigs ihren eindeutigen Zuschnitt. Sein Metier wurde der Roman. EF

Literaturauswahl
Arnold Zweig. Ein Almanach. Briefe, Glückwünsche, Aufsätze (1962). WILHELM VON STERNBURG: *Arnold Zweig* (1990). Georg Wenzel (Hrsg.): *Arnold Zweig. 1887-1968. Werk und Leben in Dokumenten und Bildern* (1978).

Zweig, Stefan {1881-1942}
Silberne Saiten.
Gedichte.
Titelblatt, Randleisten und Einband-
zeichnung von Hugo Steiner-Prag. Berlin,
Leipzig: Schuster & Loeffler, 1901. 88 S.
21 x 14 cm. Br. Druck von Gottfr. Pätz in
Naumburg a. S.

Im Banne von »Jung Wien« und den
französischen Symbolisten verstand sich
Stefan Zweig zu Beginn seiner Laufbahn
als Dichter, wenngleich sich sein Talent
später vor allem in der Prosa entfalten
sollte. Schon der Schüler des Wiener
Maximiliansgymnasiums widmete seine
Freizeit fast ausschließlich der Lektüre und
den eigenen poetischen Versuchen, während
er Sport und Spaziergänge weitgehend ver-
mied. Er berauschte sich an den frühreifen
Dichtungen Hofmannsthals und tröstete
sich angesichts von deren Unerreichbarkeit
mit den Unzulänglichkeiten des jungen
Rilke, dessen allmählicher Aufstieg zur
Reife Zweig für realistischer hielt. Obwohl
seine schulischen Leistungen nicht überra-
gend waren, ließen ihn die Eltern gewähren.
Der Vater, ein in Wien lebender jüdisch-
böhmischer Textilfabrikant, verstellte ihm
auch später nicht den Weg in die Literatur,
weil sein älterer Bruder die Firma übernehmen wollte. Dem Jüngeren wurde nur die
Absolvierung eines Studiums abverlangt,
ein Wunsch, dem er von 1900 bis 1904
nachkam und den er schließlich 1904 mit
einer Dissertation über den französischen
Philosophen Hippolyte Taine glänzend
erfüllte. Wie immer in seinem Leben, wurde
das, was er anpackte, ein Erfolg. Zweig
dankte seinen Eltern für das Verständnis
mit der gedruckten Widmung im ersten
Buch: »Meinen lieben Eltern zu eigen.
Wien, Februar 1901«.

Wie seine literarischen Vorbilder
drängte es Zweig früh nach Veröffentlichung
seiner Versuche. Gedichte von ihm erschienen unter anderem in der führenden
Berliner Zeitschrift *Die Gesellschaft*, in
Maximilian Hardens *Zukunft* und regelmäßig in der *Deutschen Dichtung*, die von
Karl Emil Franzos redigiert wurde. Schon
in der Schulzeit hätte er »einen Versband
der staunenden Welt versetzt«, wenn sein
Freund Adolph Donath ihn nicht davon
abgehalten hätte (Brief an Franzos,
vom 10. Dezember 1901). Aus seinen
Erinnerungen *Die Welt von gestern* geht hervor, daß sich Zweig nach der bestandenen
Matura mit Begeisterung an die »wie ich
meinte: unerbittliche – Auslese« aus seinen
Gedichtmanuskripten machte. Tatsächlich
teilte er Franzos am 2. November 1900
mit, daß er das Manuskript zusammengestellt habe. Der Ältere empfahl ihm offenbar seinen Hausverlag Concordia in Berlin.
Zweig entschied sich aber für Schuster &
Loeffler, wo Freund Donath schon Autor
war, vermutlich, weil ihm das Renommee
und die Gestaltung der Bücher mehr
zusagten. In der *Welt von gestern* heißt
es: »Ich sandte das Manuskript verwegen
genug gerade an jenen Verlag, der damals
der repräsentative für deutsche Lyrik war,
Schuster & Löffler, die Verleger Liliencrons,
Dehmels, Bierbaums, Momberts...« Der
Verlag nahm das Manuskript an, und
bereits im Februar 1901 lag das Buch des
jungen österreichischen Dichters auf den
Tischen der Buchhändler und Kritiker.
Hugo Steiner aus Prag, einer der kommenden großen Buchkünstler, zeichnete
Titelblatt und Randleisten und illustrierte
den Umschlag mit einer Dorflandschaft in
der Dämmerung.

Zweig, der das Buch an einige der
bekanntesten deutschen Dichter sand-
te, erinnerte sich an die beglückenden
Reaktionen von Liliencron und Dehmel.
Auch Rilke dankte und übersandte einen
Sonderdruck seiner neuesten Gedichte.
Der Komponist Max Reger vertonte gar
zwei Gedichte aus dem Band. Der Zweig-

Biograph Donald A. Prater ermittelte vierzig Besprechungen der *Silbernen Saiten* in dem Zeitraum Februar bis Oktober 1901, von denen nur eine im *Berliner Tageblatt* negativ ausfiel. »Wir haben selten ein Erstlingswerk in Händen gehabt, das sich rühmen könnte, so frei von Fehlern zu sein, an denen man den Anfänger zu erkennen glaubt«, hieß es in der *Norddeutschen Allgemeinen.* Der Kritiker der *Revue Franco-Allemande* hob die »virtuose Verstechnik« hervor, ein Lob, das auch die neuere Zweig-Forschung (Gabriella Rovagnati) wiederholt, während sie ansonsten thematische Enge und fehlende Lebenswahrheit konstatiert. Streng ging Jahre später der junge Erich Mühsam in einem Beitrag zum *Führer durch die moderne Literatur* (Hrsg. v. Hanns Heinz Ewers, 1911) mit *Silberne Saiten* ins Gericht. Er sprach von »aufdringlicher Süßlichkeit und wässeriger Geschwollenheit« und von »Formspielereien«, wie sie für die Jung-Wiener Dichtung typisch seien. Zweig verfuhr mit seinem Erstling später ähnlich rigoros: Er erlaubte keine Neuauflage und nahm auch keine Probe daraus in die Ausgabe *Die Gesammelten Gedichte* von 1924 auf. Seit 1966 sind die ersten Gedichte wieder innerhalb der von Richard Friedenthal herausgegeben Werkausgabe besser zugänglich. Doch das erste Buch ist eine große Rarität geworden, nach der Zweig-Sammler lange suchen müssen.   CW

Literaturauswahl
STEFAN ZWEIG: *Die Welt von gestern. Erinnerungen eines Europäers* (1981). STEFAN ZWEIG: *Briefe 1897-1914. Hrsg. v. Knut Beck, Jeffrey B. Berlin und Natascha Weschenbach-Feggeler* (1984). Knut Beck, Volker Michels, Donald A. Prater (Hrsg.): *Die Zeit gibt die Bilder, ich spreche nur die Worte dazu. Stefan Zweig 1881-1942. Eine Ausstellung* (1993). THOMAS HAENEL: *Stefan Zweig. Psychologe aus Leidenschaft. Leben und Werk aus der Sicht eines Psychiaters* (1995). OLIVER MATUSCHEK: *Stefan Zweig. Drei Leben – eine Biographie* (2006). HARTMUT MÜLLER: *Stefan Zweig. Mit Selbstzeugnissen und Bilddokumenten* (1988). DONALD A. PRATER: *Stefan Zweig. Das Leben eines Ungeduldigen* (1981).

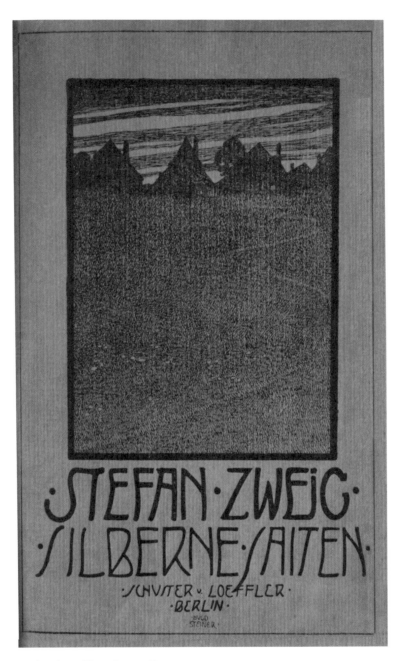

Einband von Hugo Steiner-Prag

*Spezielle Literatur zu den einzelnen Autoren der
Erstlingswerke wird unter den Einzelbeiträgen
verzeichnet

ABRET, HELGA: *Albert Langen. Ein europäischer
Verleger.* München: Langen Müller, 1993.

Anz, Thomas u. Stark, Michael (Hrsg.):
*Manifeste und Dokumente zur deutschen Literatur.
1910-1920.* Stuttgart: Metzler, 1982.

Barck, Simone; Schlenstedt, Silvia; Bürgel,
Tanja (Hrsg.): *Lexikon sozialistischer Literatur.
Ihre Geschichte in Deutschland bis 1945.*
Stuttgart: Metzler, 1994.

Barmer, Wilfried u.a. (Hrsg.): *Geschichte der
deutschen Literatur von 1945 bis zur Gegenwart.*
München: C. H. Beck, 1994.

BAUMGÄRTNER, ALFRED CLEMENS:
Lesen. Ein Handbuch. Hamburg: Verlag für
Buchmarkt-Forschung, 1974.

BECK, KNUT: *100 Jahre S. Fischer Verlag.
1886-1986. Eine Bibliographie.*
Frankfurt/M.: S. Fischer, 1986.

BERMANN FISCHER, GOTTFRIED U. BRIGITTE:
Briefwechsel mit Autoren. Hrsg. v. Reiner Stach.
Frankfurt/M.: S. Fischer, 1990.

BOLLIGER, HANS; MAGNAGUAGNO, GUIDO U.
MEYER, RAIMUND: *Dada in Zürich.*
Zürich: Arche u. Kunsthaus Zürich, 1985.

BRÜHL, GEORG: *Die Cassirers. Streiter für den
Impressionismus.* Leipzig: Edition Leipzig, 1991.

BRÜHL, GEORG: *Herwarth Walden und
»Der Sturm«.* Leipzig: Edition Leipzig, 1983.

Die Bücherstube. Hrsg. v. Ernst Schulte-Strathaus,
Günther Hildebrandt u. Paul Renner. 1.-4. Jg.
München: Horst Stobbe / Buchenau u. Reichert,
1920-1925.

*Der Bücherwurm. Eine Monatsschrift für
Bücherfreunde.* Begr. v. Walter Weichardt.
1.-28. Jg. Dachau bei München: Einhorn /
Leipzig: Karl Rauch u.a., 1910-1943.

Corino, Karl (Hrsg.): *Genie und Geld.
Vom Auskommen deutscher Schriftsteller.*
Nördlingen: Greno, 1987.

Daiber, Hans (Hrsg.): *Wie ich anfing.
24 Autoren berichten von ihren Anfängen.*
Düsseldorf: Claassen, 1979.

Deckert, Renatus (Hrsg.): *Das erste Buch.
Schriftsteller über ihr literarisches Debüt.*
Frankfurt/M.: Suhrkamp, 2007.

EMMERICH, WOLFGANG: *Kleine
Literaturgeschichte der DDR.*
Leipzig: Gustav Kiepenheuer, 1996.

ERBER-BADER, ULRIKE: *Deutschsprachige Verlagsalmanache des 20. Jahrhunderts.* 2 Bände. Marbach am Neckar: Deutsche Schillergesellschaft, 2001.

Faber, Elmar; Wurm, Carsten (Hrsg.): *Autoren- und Verlegerbriefe 1945-1969.* Berlin: Aufbau Taschenbuch Verlag, 1991-1994.

FAURE, ULRICH: *Im Knotenpunkt des Weltverkehrs. Herzfelde, Heartfield, Grosz und der Malik-Verlag 1916-1947.* Berlin u. Weimar: Aufbau-Verlag, 1992.

FISCHER, SAMUEL u. HEDWIG: *Briefwechsel mit Autoren. Hrsg. v. Dierk Rodewald u. Corinna Fiedler.* Frankfurt/M.: S. Fischer, 1989.

Freeden, Eva von; Schmitz, Rainer; Fischer, Jürgen (Hrsg.): *Sein Dämon war das Buch. Der Münchner Verleger Georg Müller.* München: Allitera Verlag, 2003.

FUNKE, CORNELIA CAROLINE: »*Im Verleger verkörpert sich das Gesicht seiner Zeit«. Unternehmensführung und Programmgestaltung im Gustav Kiepenheuer Verlag 1909 bis 1944.* Wiesbaden: Harrassowitz, 1999.

Geschichte des Suhrkamp Verlages. 1. Juli 1950 bis 30. Juni 1990. Frankfurt/M.: Suhrkamp Verlag, 1990.

Gieselbusch, Hermann; Moldenhauer, Dirk; Naumann, Uwe; Töteberg, Michael (Hrsg.): *100 Jahre Rowohlt. Eine illustrierte Chronik.* Reinbek bei Hamburg: Rowohlt, 2008.

GÖBEL, WOLFRAM: *Der Kurt Wolff Verlag 1913-1930. Expressionismus als verlegerische Aufgabe. Mit einer Bibliographie des Kurt Wolff Verlages und der ihm angeschlossenen Unternehmen 1910-1930.* Frankfurt/M.: Buchhändler-Vereinigung, 1977.

GROSZ, GEORGE: *Ein kleines Ja und ein großes Nein. Sein Leben von ihm selbst erzählt.* Hamburg: Rowohlt, 1955.

GRUSCHKA, BERND R.: *Der gelenkte Buchmarkt. Die amerikanische Kommunikationspolitik in Bayern und der Aufstieg des Verlages Kurt Desch 1945 bis 1950.* Frankfurt/M.: Buchhändler-Vereinigung, 1995.

GÜNTHER, EBERHARD: *Verleger – mehr als ein Beruf.* Halle (Saale): Projekte Verlag 2009.

HALL, MURRAY G.: *Österreichische Verlagsgeschichte 1918-1938.* 2 Bände. Wien, Köln, Graz: Hermann Böhlau, 1985.

Haupt, Sabine u. Würffel, Stefan Bodo (Hrsg.): *Handbuch des Fin de Siècle.* Stuttgart: Kröner, 2008.

Das Haus in der Französischen Straße. Vierzig Jahre Aufbau-Verlag. Ein Almanach. Mit einer Verlagschronik 1945-1984 von Ruth Glatzer. Berlin u. Weimar: Aufbau-Verlag, 1985.

HERMANN, FRANK: *Der Malik-Verlag. 1916-1947. Eine Bibliographie.* Kiel: Neuer Mailik Verlag, 1989.

HERMANN, FRANK u. SCHMITZ, HEINKE: *Der Verlag Die Schmiede 1921-1929. Eine kommentierte Bibliographie.* Morsum/Sylt: Cicero-Presse, 1996.

Hauberg, Jo u.a. (Hrsg.): *Der Malik-Verlag. 1916-1947. Chronik eines Verlages.* Kiel: Neuer Malik Verlag, 1986.

Herzog, Andreas (Hrsg.): *Das literarische Leipzig. Kulturhistorisches Mosaik einer Buchstadt.* Leipzig: Edition Leipzig, 1995.

HOEFT, KLAUS-DIETER u. STRELLER, CHRISTA: *Aufbau-Verlag 1945-1984. Eine Bibliographie.* Berlin u. Weimar: Aufbau-Verlag, 1985.

Holstein, Jürgen (Hrsg.): *Blickfang. Bucheinbände und Schutzumschläge Berliner Verlage 1919-1933. 1000 Beispiele, illustriert und dokumentiert.* Berlin: Holstein, 2005.

HOLSTEIN, JÜRGEN: *Georg Salter. Bucheinbände und Schutzumschläge aus der Berliner Zeit 1922-1934.* Berlin: Holstein, 2003.

JACOB, HERBERT u.a.: *Literatur in der DDR. Bibliographische Annalen 1945-1962. 3 Bände.* Berlin: Akademie-Verlag, 1986.

Jacoby, Edmund (Hrsg.): *Lexikon linker Leitfiguren.* Frankfurt/M. u.a.: Büchergilde Gutenberg, 1988.

JENS, INGE: *Dichter zwischen rechts und links. Die Geschichte der Sektion Dichtkunst der Preußischen Akademie der Künste.* 2., erw. Aufl. Leipzig: Gustav Kiepenheuer, 1994.

Jens, Walter (Hrsg.): *Kindlers neues Literatur-Lexikon.* 2. Aufl. München: Kindler, 1996.

Jeske, Wolfgang (Bearb.): *Die Bibliographie des Suhrkamp-Verlages. 1950-2000.* Frankfurt/M.: Suhrkamp, 2002.

JOSCH, PETER: *Alfred Richard Meyer – Bibliographie.* In: *Philobiblon,* H. 1, 1982, S. 34-88.

Kaes, Anton (Hrsg.): *Manifeste und Dokumente zur deutschen Literatur. 1918-1933. Weimarer Republik.* Stuttgart: Metzler, 1983.

KIAULEHN, WALTHER: *Mein Freund der Verleger. Ernst Rowohlt und seine Zeit.* Reinbek bei Hamburg: Rowohlt, 1967.

Killy, Walther (Hrsg.): *Literatur Lexikon. Autoren und Werke deutscher Sprache.* Gütersloh: Bertelsmann, 1988-1993.

KOCH, ERNESTINE: *Albert Langen. Ein Verleger in München.* München u. Wien: Langen-Müller, 1969.

Korall, Harald (Hrsg.): *Literatur 71. Almanach. 25 Jahre Mitteldeutscher Verlag.* Halle/S.: Mitteldeutscher Verlag, 1971.

KOSCH, WILHELM: *Deutsches Literatur-Lexikon. Biographisches und bibliographisches Handbuch.* 2 Bände. Halle (Saale): Max Niemeyer, 1927-1930.

KOSCH, WILHELM: *Deutsches Literatur-Lexikon. Biographisches und bibliographisches Handbuch.* 3., völlig neu bearb. Aufl. Bern: Francke / Berlin u.a.: Walter de Gruyter, 1968 ff.

KRELL, MAX: *Das alles gab es einmal.* Frankfurt/M.: Heinrich Scheffler, 1961.

Lammers, Joseph u. Unverfehrt, Gerd (Hrsg.): *Vom Jugendstil zum Bauhaus. Deutsche Buchkunst 1895-1930.* Ausstellungskatalog. Münster: Westfälischen Landesmuseums Münster, 1981.

LINKS, CHRISTOPH: *Das Schicksal der DDR-Verlage. Die Privatisierung und ihre Konsequenzen.* Berlin: Ch. Links, 2009.

Die Linkskurve. Jg. I-IV. 1929-1932. Unveränderter Nachdruck. Glashütten im Taunus: Auvermann, 1970.

LOEFFLER, KARL U. KIRCHNER, JOACHIM: *Lexikon des gesamten Buchwesens.* 3 Bände. Leipzig: Hiersemann, 1935-1937.

LOERKE, OSKAR: *Der Bücherkarren. Besprechungen im Berliner Börsen-Courier. 1920-1928.* Hrsg. v. Hermann Kasack unter Mitarbeit v. Reinhard Tgahrt. Heidelberg: Lambert Schneider, 1965.

LOERKE, OSKAR: *Literarische Aufsätze aus der Neuen Rundschau.* Hrsg. v. Reinhard Tgahrt. Heidelberg: Lambert Schneider, 1967.

LORENZ, HEINZ: *Die Universum-Bücherei. Geschichte und Bibliographie einer proletarischen Buchgemeinschaft 1926-1939.* Berlin: Elvira Tasbach, 1996.

MARCUSE, LUDWIG: *Mein zwanzigstes Jahrhundert. Auf dem Weg zu einer Autobiographie.* Zürich: Diogenes, 1975.

MARTYNKEWICZ, WOLFGANG: *Salon Deutschland. Geist und Macht. 1900-1945*. Berlin: Aufbau-Verlag, 2009.

MAYER, HANS: *Die umerzogene Literatur. Deutsche Schriftsteller und Bücher. 1945-1967*. Berlin: Siedler, 1988.

MAYER, HANS: *Die unerwünschte Literatur. Deutsche Schriftsteller und Bücher. 1968-1985*. Berlin: Siedler, 1989.

MELZWIG, BRIGITTE: *Deutsche sozialistische Literatur 1918-1945. Bibliographie der Buchveröffentlichungen*. Berlin u. Weimar: Aufbau-Verlag, 1975.

MENDELSSOHN, PETER DE: *S. Fischer und sein Verlag*. Frankfurt/M.: S. Fischer, 1970.

MERTZ, PETER: *Und das wurde nicht ihr Staat. Erfahrungen emigrierter Schriftsteller mit Westdeutschland*. München: C. H. Beck, 1985.

MEYER, JOCHEN: *Paul Steegemann Verlag. 1919-1935. / 1949-1955. Sammlung Marzona*. Stuttgart: Hatje, 1994.

MICHALZIK, PETER: *Unseld. Eine Biographie*. München: Blessing, 2002.

Mittelmeier, Martin (Hrsg.): *Ungeschriebene Werke. Wozu Goethe, Flaubert, Jandl und all die anderen nicht gekommen sind*. München: Luchterhand, 2006.

MITTENZWEI, WERNER: *Die Mentalität des ewigen Deutschen. Nationalkonservative Dichter 1918 bis 1947 und der Untergang einer Akademie*. 2. Aufl. Leipzig: Faber & Faber, 2003.

Müller-Enbergs, Helmut; Wielgohs, Jan; Hoffmann, Dieter (Hrsg.): *Wer war wer – DDR. Ein biographisches Lexikon*. Überarb. u. erw. Aufl. Berlin: Ch. Links, 2001

PIPER, REINHARD: *Briefwechsel mit Autoren und Künstler. 1903-1953*. Hrsg. v. Ulrike Buergel-Goodwin und Wolfram Göbel. München: R. Piper & Co., 1979.

PFÄFFLIN, FRIEDRICH: *100 Jahre S. Fischer Verlag. 1886-1986. Buchumschläge. Über Bücher und ihre äußere Gestalt*. Frankfurt/M.: S. Fischer, 1986.

RAABE, PAUL: *Die Autoren und Bücher des literarischen Expressionismus. Ein bibliographisches Handbuch in Zusammenarbeit mit Ingrid Hannich-Bode*. 2., verbesserte u. erw. Aufl. Stuttgart: Metzler, 1992.

RADDATZ, FRITZ J.: *Unruhestifter. Erinnerungen.* München: Propyläen, 2003.

REICH-RANICKI, MARCEL: *Lauter Lobreden.* Stuttgart: Deutsche Verlags-Anstalt, 1985.

REICH-RANICKI, MARCEL: *Lauter Verrisse.* Stuttgart: Deutsche Verlags-Anstalt, 1984.

RICHTER, HANS WERNER: *Im Etablissement der Schmetterlinge. Einundzwanzig Porträts aus der Gruppe 47.* München: Carl Hanser, 1986.

Richter, Toni (Hrsg.): *Gruppe 47 in Bildern und Texten.* Köln: Kiepenheuer & Witsch, 1997.

RIESS, CURT: *Café Odeon. Unsere Zeit, ihre Hauptautoren und Betrachter.* Zürich: Europa Verlag, 1973.

Röder, Werner (Hrsg.): *Biographisches Handbuch der deutschsprachigen Emigration nach 1933.* München: K. G. Saur, 1980-1983.

RÜHLE, JÜRGEN: *Literatur und Revolution. Die Schriftsteller und der Kommunismus in der Epoche Lenins und Stalins.* Köln: Kiepenheuer & Witsch, 1987.

Ruprecht, Erich u. Bänsch, Dieter (Hrsg.): *Manifeste und Dokumente zur deutschen Literatur. 1890-1910. Jahrhundertwende.* Stuttgart: Metzler, 1982.

Sarkowski, Heinz (Bearb.): *Der Insel Verlag. Eine Bibliographie. 1899-1969.* 2. überarb. und ergänzte Aufl. Frankfurt/M., Leipzig: Insel Verlag, 1999.

SARKOWSKI, HEINZ u. JESKE, WOLFGANG: *Der Insel Verlag 1899-1999. Die Geschichte des Verlags. 1899-1964. Chronik 1965-1999.* Frankfurt/M.: Insel Verlag, 1999.

Sarkowski, Heinz (Hrsg.): *Wenn Sie ein Herz für mich und mein Geisteskind haben. Dichterbriefe zur Buchgestaltung.* Frankfurt/M.: Mergenthaler Verlag, 1965.

SAUTER, JOSEF-HERMANN: *Interviews mit Schriftstellern. Texte und Selbstaussagen.* Leipzig u. Weimar: Gustav Kiepenheuer, 1986.

SCHAUER, GEORG KURT: *Kleine Geschichte des deutschen Buchumschlages im 20. Jahrhundert.* Königstein im Taunus: Karl Robert Langewiesche, 1962.

Schmidt, Diether (Hrsg.): *Manifeste Manifeste. 1905-1933. / In letzter Stunde. 1933-1945. Schriften deutscher Künstler des zwanzigsten Jahrhunderts.* 2 Bände. Dresden: Verlag der Kunst, 1964-1965.

Schneider, Gerhard (Hrsg.): *Eröffnungen. Schriftsteller über ihr Erstlingswerk.* Berlin und Weimar: Aufbau, 1974.

SCHNELL, RALF: *Die Literatur der Bundesrepublik. Autoren, Geschichte, Literaturbetrieb.* Stuttgart: Metzler, 1986.

SCHRADER, BÄRBEL U. SCHEBERA, JÜRGEN: *Die »Goldenen« zwanziger Jahre. Kunst und Kultur der Weimarer Republik.* Leipzig: Edition Leipzig, 1987.

SCHRADER, BÄRBEL U. SCHEBERA, JÜRGEN: *Kunstmetropole Berlin 1918-1933. Dokumente und Selbstzeugnisse.* Berlin und Weimar: Aufbau-Verlag, 1987.

Schutte, Jürgen u.a. (Hrsg.): *Dichter und Richter. Die Gruppe 47 und die deutsche Nachkriegsliteratur.* Katalog. Berlin: Akademie der Künste, 1988.

SCHÜTZ, HANS J.: *»Ein deutscher Dichter bin ich einst gewesen«. Vergessene und verkannte Autoren des 20. Jahrhunderts.* München: C. H. Beck, 1988.

SMOLEN, JOSEF; STAMMERJOHANN, JÜRGEN: *Der Jüngste Tag. Eine neue Bibliographie.* Berlin: Bernhard Blanke, 2003.

SÖHN, GERHARD: *Literaten hinter Masken. Eine Betrachtung über das Pseudonym in der Literatur.* Berlin: Haude & Spener, 1924.

SPIEL, HILDE: *Die hellen und die finsteren Zeiten. Erinnerungen. 1911-1946.* München: List, 1989.

SPIEL, HILDE: *Welche Welt ist meine Welt? Erinnerungen. 1946-1989.* München: List, 1990.

SÜSKIND, W. E.: *gekannt, verehrt, geliebt. 50 Nekrologe aus unserer Zeit.* München: Max Hueber, 1969.

Thema, Stil, Gestalt. 1917-1932. 15 Jahre Literatur und Kunst im Spiegel eines Verlages. Katalog einer Ausstellung anläßlich des 75jährigen Bestehens des Gustav Kiepenheuer Verlages. Leipzig und Weimar: Gustav Kiepenheuer, 1984.

Unseld, Siegfried (Hrsg.): *Aus aufgegebenen Werken von Samuel Beckett, Karl Krolow, Wolfgang Koeppen, Hans Erich Nossack, Peter Weiss, Uwe Johnson, Wolfgang Hildesheimer, Nelly Sachs, Paul Celan und Martin Walser.* Frankfurt/M.: Suhrkamp, 1968.

Viesel, Hansjörg (Hrsg.): *Literaten an der Wand. Die Münchner Räterepublik und die Schriftsteller. Texte, Materialien, Dokumente.* Frankfurt/M.: Büchergilde Gutenberg, 1980.

WAGENBACH, KLAUS: *Die Freiheit des Verlegers. Erinnerungen, Festreden, Seitenhiebe.* Berlin: Wagenbach, 2010.

Weidle, Barbara (Hrsg.): *Kurt Wolff. Ein Literat und Gentleman.* Ausstellungskatalog. Bonn: Weidle, 2007

Werke und Jahre. 1937-1962. Otto Müller Verlag Salzburg. Salzburg: Otto Müller, 1962.

WILPERT, GERO VON: *Lexikon der Weltliteratur. Deutsche Autoren. Biographisch-bibliographisches Handwörterbuch nach Autoren und anonymen Werken.* 4., völlig neu bearb. Aufl. Stuttgart: Kröner, 2004.

WILPERT, GERO VON U. GÜHRING, ADOLF: *Erstausgaben deutscher Dichtung. Eine Bibliographie zur deutschen Literatur 1600-1990.* Bearb. v. Harro Kieser u. Beate Mnich. 2., vollst. überarb. Aufl. Stuttgart: Kröner, 1992.

REINHARD WITTMANN: *Geschichte des deutschen Buchhandels. Ein Überblick.* München: C. H. Beck, 1991.

Wolf, Heiner (Bearb.): *Jedes Buch ist ein Abenteuer. Ein Almanach. Vierzig Jahre Verlag Neues Leben, Berlin.* Berlin: Verlag Neues Leben, 1986.

WURM, CARSTEN: *Der frühe Aufbau-Verlag. 1945-1961. Konzepte und Kontroversen.* Wiesbaden: Harrassowitz, 1996.

Zeller, Bernhard (Hrsg.): *Das 20. Jahrhundert. Von Nietzsche bis zur Gruppe 47.* Marbach am Neckar: Deutsche Schillergesellschaft, *1993.* (= Marbacher Kataloge.)

ZUCKMAYER, CARL: *Geheimreport.* Hrsg. v. Gunther Nickel u. Johanna Schrön. Göttingen: Wallstein, 2002.

Der Zwiebelfisch. Eine kleine Zeitschrift über Bücher und andere Dinge. Hrsg. v. Franz Blei, Hans von Weber u.a. (Hrsg.): München: Hans von Weber, 1909-1948.

Danksagung und Fotonachweis

Für sachkundige Beratung sowie für die freundliche Bereitstellung von Originalen, Bildern und Dokumenten danken wir dem Archiv der Akademie der Künste Berlin – besonders den Mitarbeiterinnen Maren Horn, Franka Köpp, Christina Möller und Sabine Wolf; dem Deutschen Buch- und Schriftmuseum Leipzig, der Deutschen Nationalbibliothek – Haus Leipzig sowie der Deutschen Nationalbibliothek in Frankfurt/Main; der Staatsbibliothek zu Berlin – Preußischer Kulturbesitz; der Bayerischen Staatsbibliothek München; der Österreichischen Nationalbibliothek Wien; der Zentral- und Landesbibliothek Berlin, Abteilung Historische Sammlungen – besonders Volker Scharnefsky –; dem Gustav Regler Archiv Merzig und dem Wedekind-Archiv der Aarauer Kantonsbibliothek in der Schweiz. Zu danken ist ebenso vielen privaten Sammlern und Antiquaren, die mit Auskünften und der Einsicht in seltene Exemplare halfen und/oder Scans bereitstellten. Hervorgehoben seien Jörg Armer, Christian Bartsch, Axel Brumma, Lutz Dettmann, Hans-Peter Haack, Klaus Haupt, Konrad Hawlitzki, Arthur Hübner, Wolfgang Jeske, Wolfgang Kaiser, Herbert Kästner, Jens Stupin und Hans-Udo Wittkowski. Wolfgang Kaiser korrigierte freundlicherweise einen Teil des Manuskriptes.

Die Literaturauswahl am Ende der Artikel wurde in den Registern nicht berücksichtigt. Die fett gedruckten Seitenzahlen verweisen auf die Einzelbeiträge zu den Autoren und die teils verstreuten Abbildungen.

KEHLMANN   KELLERMANN   KEMPOWSK

KIRSCH SARAH   KIRSTEN   KISCH   KLABUI

KRAMER   KRAUS   KREUDER   KROLOW   KU

SCHÜLER   LEHMANN   LEIP   LENZ   LEONHARI

MANN KLAUS   MANN THOMAS   MAURER   M.

SOHN   MEYRINK   MORGNER   MOSEBACH

MUSIL   NEUTSCH   NOSSACK   PLENZDORF

REMARQUE   RENN   RICHTER HANS WERNER

ROTH EUGEN   ROTH JOSEPH   RUBINER

SCHMIDT   SCHNITZLER   SCHNURRE   SCHOLT

SPIEL   STADLER   STRAMM   STRAUSS   STRITT

TRAVEN   TUCHOLSKY   UHSE   UNGAR   UNRUH

WEDEKIND   WEINERT   WEISENBORN   WI

WEYRAUCH   WIECHERT   WOHMANN   WOLI

WÜSTEN   ZECH   ZUCKMAYER   ZWEIG ARN